十三經注疏

尚書

傳孔安國　疏孔穎達
譯註金東柱

譯註 尚書正義 1

상서정의

전통문화연구회

東洋古典現代化와 十三經注疏 譯註

본회가 東洋古典의 飜譯과 敎育, 情報化 등 古典現代化 사업을 시작한 지 어느덧 25년이 되었다. 그간 우리나라의 고전국역 상황을 보면, 東洋古典에 대한 번역문제는 1960년 중반에 한국고전번역을 정부에서 추진하면서 우선 四書五經 등 기본고전을 모범 번역하자는 논의가 있었지만 우리 고전이 아니라고 무산되었다.

1980년대에 韓國學 연구와 한국고전번역의 先決課題는 물론, 國際政治 관계나 經濟상의 이유로도 필요하다는 논의가 제기되었다. 그 후 1988년 본회가 발족하면서 東洋古典 번역을 착수하여, 1990년대 말경 본회에서 소위 '新注'의 四書三經을 註까지 懸吐完譯함으로써 東洋學과 韓國學徒들의 袖珍本이 되고 敎育界와 文化界까지 파급되었다.

그 후 본회 창립 20주년이 되면서 다시 동양고전현대화의 과제와 목표를 논의하면서, 단순한 韓國學의 선결과제를 넘어 東洋文化에 대한 源泉的이며 體系的인 檢討의 필요성이 대두되었으니, 이제 우리는 東洋文化의 先導的 역할을 담당할 준비를 갖추고 21세기에 先進文化强國 건설로 새 歷史를 이루자는 것이었다.

일반적으로 十三經은 核心的 儒家經典의 總稱이지만, 이는 東洋文化의 뿌리라 하겠다. 우리 역사상으로 十三經은 저 멀리 삼국시대에 이미 高句麗의 太學에서 기본 교과로 채택하였고, 百濟에서는 五經博士 制度를 두었고, 新羅 薛聰은 九經을 方言으로 읽었고, 高麗에서는 國子監이나 九齋學堂에서 교육하였으며, 朝鮮朝 成均館과 鄕校, 書堂과 書院에서는 四書五經 등을 교육하여 人材 등용과 국가정책에 절대적 영향을 끼쳤다.

이 十三經의 代表的 註釋書는 漢·唐 시기의 '古注'라 일컬어지는 十三經注疏와, 그 후 宋代의 朱子的 世界觀이 반영된 '集註'와 '集傳' 등의 '新注'가 두 개의 軸이라 할 수 있다.

그런데 우리는 조선조에서부터 朱子學 일변도의 學風으로 경도되어, 그 偏向性이 오늘에까지 이르렀음은 심히 不幸이라 하겠다. 中國에서는 明·淸 시기에 訓詁學, 考證學이라는 學風이 일어 十三經注疏가 經學硏究의 標準이 되었고, 日本에서는 反朱子的 見解와 陽明學의 영향을 받아 明治維新 때 이미 漢文大系 등의 古典整理 사업으로 '古注' 연구가 一般化된 사실을 간과해서는 안 되겠다.

이에 東洋文化의 核心이라 할 수 있는 十三經注疏를 譯註하고, 이를 통해 우리 文化의 傳統에 대해 體系的으로 이해하고 復元함으로써, 그간 편협했던 학술 風土를 넘어 多樣性과 客觀性을 모색하고, 아울러 古典現代化의 水準을 높이고 融合的이고 自生的인 韓國學을 진작시켜야 할 것이다.

오늘날 중국과 일본에서 번역하지 못한 십삼경주소를 본회에서 130여 책으로 10년 안에 完譯하고, 이와 아울러 韓中日 三國의 東洋古典語彙 情報網을 구축함으로써, 우리의 東洋學과 韓國學 연구에 礎石과 架橋가 되어 우리나라가 先進文化强國으로 昇華되고 世界文化 발전에까지 기여하기를 기대한다.

이 十三經注疏의 번역은 三經과 三禮와 春秋三傳과 ≪論語≫, ≪孟子≫, ≪孝經≫, ≪爾雅≫ 등의 十三經을 經은 물론이요 注와 疏까지 譯註하는 것으로, 原典의 傳統性과 번역의 現代性을 기본으로 하여 漢學元老와 新進學者의 協同硏究飜譯으로 추진하고자 한다.

또한 註釋은 宋代의 소위 '新注'와 비교하고, 明淸代의 注와 韓國 先賢의 注와 見解, 그리고 日本의 注를 가급적 반영하며, 深度 있는 硏究解題를 하기로 하였다. 한편 古典의 우리식 讀解文法인 懸吐를 經과 注에 달고 방대한 疏에는 편의상 構文을 이해할 수 있는 標點을 달며, 經·注·疏 전체에 대한 內容索引을 할 계획이다.

끝으로 오랫동안 飜譯과 校閱에 종사하여 오신 元老漢學者와 10여 년 이상 漢學을 연수한 新進學者로서, 이 십삼경주소의 연구번역에 참여하여 難解한 注疏의 譯註에 헌신하시는 모든 분들께 무한한 감사를 드린다.

또한 고전현대화에 대한 政府의 지대한 關心과 支援에 감사를 드리며, 그간 직간접으로 지도편달하여 주신 학계와 교육계 및 문화계 인사 여러분께 심심한 謝意를 표하며, 앞으로도 따뜻한 관심과 엄정한 叱正을 부탁드리며 내내 평강과 행복을 기원한다.

社團法人 傳統文化硏究會 會長 李啓晃

解題

金有美[*)]

1. 序 言

先史시대는 文字가 창제되기 이전으로, 주로 口傳이나 事物을 통해 의사소통과 문화계승이 이루어졌다. 동아시아 文字 창제 기원[1)]을 상세히 고증할 수는 없으나, ≪周易≫ 〈繫辭〉 등에 上古 문헌인 河圖洛書·結繩·書契·八卦 등의 연원이 나타나 있으므로, 이로부터 文字에 의한 歷史시대가 시작되었음을 알 수 있다.

≪尙書≫는 문자가 창제되어 역사가 기록된 이래, 본격적인 史書로서 동아시아 最古의 것이다. ≪尙書≫는 본디 '書'로 칭한 原始 公文書(檔案)였다. 그런데 이 '尙書'의 명칭은 ≪墨子≫ 〈明鬼 下〉의 '尙書夏書'라는 구절에 처음 등장하나, 淸代 王念孫 등은 여기에 있는 '尙書'를 서명이 아닌 '上者(위로는)'라는 뜻으로 보았다.

한편 ≪尙書≫는 秦 始皇(B.C. 259~B.C. 210)의 焚書와 項羽(B.C. 232~B.C. 202)의 咸陽宮 放火로 자취를 감추었다가, 漢 文帝(B.C. 202~B.C. 157) 때 伏勝이 전한 今文本 ≪尙書≫와 漢 景帝(B.C. 188~B.C. 141) 때에 孔子의 古宅에서 발견된 古文本 ≪尙書≫의 형태로, 다시 세상에 전해지게 되었다. 그리고 現行本 ≪尙書≫는 東晉代 梅賾이 헌상한 ≪孔傳古文尙書≫로, 唐 太宗(598~649)의 명으로 孔穎達 등이 ≪尙書正義≫를 편찬할 때 標準으로 삼은 것이다. 이러한 연유로 편찬된 ≪尙書正義≫는 唐代 官撰書로서, 國學의 정식 기본서로 채택되었으며, 中國을 비롯한 동아시아에 지대한 영향을 주었다. 우리나라에서도 ≪尙書正義≫가 三國시대 말기에 들어와 經學의 중추가 된 것으로 추정되며, 이로

---

*) 韓國學中央研究院 韓國學大學院 古文獻管理學 專攻.

1) 漢字 創製說은 伏犧(伏羲·庖犧·炮羲)氏의 八卦說, 朱襄說, 倉頡(蒼頡)說, 沮誦·倉頡說, 梵·佉盧·倉頡說 등이 있다. 이후 商代 龜甲獸骨文·金文을 거쳐 周代 金文이 나타났는데, 周代 초기 字體는 前代와 유사하였으나, 추후에 변형이 나타나 秦代 小篆·漢代 隸書·魏晉代 楷書로 이어졌다.(李敦柱, ≪漢字學總論≫, 博英社, 2004, 101~107쪽 ; 沃興華, 金熙政 譯, ≪簡明 중국 서예 발전사≫, 다운샘, 2007, 13~32쪽)

부터 현재에 이르기까지 古代 문화유산을 이해하기 위한 필수적인 經學書로 자리 잡은 것으로 여겨진다.

2. ≪尙書≫의 定義와 原流

1) 經으로서의 ≪尙書≫

經은 古代 官書로서, 聖人이 정리한 古代 儒家 經典을 지칭한다. ≪尙書≫ 〈酒誥〉의 '經德秉哲'을, 孔安國의 ≪尙書≫ 傳에서는 '능히 덕을 항상 보존하고 지혜를 붙잡아 지키다.〔能常德秉智〕'라고 풀이하고 있음을 볼 때, 經은 '常(항상·기본)'[2]의 의미를 포함하는, 사람이 지켜야 할 '常道의 원칙'이라고 할 수 있다.[3]

이러한 經은 내용상 周公에서 진작되어, 孔子(六經刪定說)에서 기초가 이루어졌으며, 형식상 秦代에 六經으로 완성되었다. 흔히 ≪詩≫·≪書≫를 가장 중시하여 병칭하였는데, 春秋시대에는 ≪詩≫·≪書≫·≪禮≫·≪樂≫으로 나열하였고, 戰國시대 荀子(B.C. 313?~B.C. 238)에 이르러 ≪春秋≫를 포함하였으며, 秦代 儒學者들이 著作한 ≪禮記≫ 〈經解〉에서 ≪易≫을 추가하여, ≪詩≫·≪書≫·≪樂≫·≪易≫·≪禮≫·≪春秋≫로 六經이 완비되었다. 이와 같이 經으로서의 ≪尙書≫는 다른 經들보다 중시되었을 뿐만 아니라, 성격상 經史子集의 經部 외에 史部·子部에도 속할 수 있어 그 위상 또한 매우 크다 하겠다.

한편 漢代를 전후로 古代 문헌의 字·詞·句나 내용이나 사상을 풀이한 注釋도 중시되어, 漢·晉代의 注(傳·箋·集解·解詁)와 唐·宋代의 疏(正義)가 성행하다가 注·疏가 합해졌다.[4] ≪尙書≫의 주요 注釋書로는 西漢代 ≪尙書大傳≫·≪洪範五行傳≫[5] 및 東漢

---

2) ≪爾雅≫ 〈釋言〉에 '基 經也'·'典 經也'와 같이, 經은 기본이 되는 典範을 의미한다고 할 수 있다.

3) 蔣伯潛·蔣祖怡, 崔錫起·姜貞和 譯, ≪儒教 經典과 經學≫, 景仁文化社, 2002, 1~6쪽 ; 李民·王健, 〈前言〉, ≪尙書譯注≫, 上海古籍出版社, 2004, 4쪽.

4) 徐復觀, 高在旭·金哲運·兪成善 譯, ≪中國經學史의 基礎≫, 강원대학교출판부, 2007, 97쪽 ; 林東錫, ≪中國學術綱論≫, 高麗苑, 1986, 20~24쪽.

5) ≪尙書大傳≫은 伏勝(伏生)의 弟子인 張生과 歐陽生 등이 伏勝 생전에 남긴 말을 기록한 것으로, 陳壽祺 ≪尙書大傳輯校≫에서 볼 수 있다. 그리고 劉向의 ≪洪範五行傳≫은 伏勝의 三傳弟子인 夏侯始昌(董仲舒의 영향을 받음)에게서 유래되었다.(徐復觀, 위의 책(2007), 180~184쪽)

代 馬融과 鄭玄 등의 尙書注와 魏晉南北朝 ≪孔傳古文尙書≫·唐代 ≪尙書正義≫·宋代 ≪書經集傳≫ 등이 있다.

2) ≪尙書≫의 명칭과 유래

≪尙書≫를 先秦 문헌에서는 주로 '書'[6]로 칭하였는데, 〈夏書〉·〈商書〉·〈周書〉와 같이 각 篇名과 결합하여 쓰기도 하였다. 또한 앞서 언급하였듯이, ≪墨子≫에서 '尙書'라는 어휘가 보이나 書名으로 사용된 것은 아니다. 대신 漢代 ≪春秋繁露≫·≪史記≫[7] 등에서 '書'와 '尙書'가 병칭되어 나타나는 것을 볼 수 있다. 이때 '尙書'의 뜻에 대해, ≪尙書正義≫ 〈尙書序〉에는 "上古의 書이기 때문에 '尙書'라 이른다."라고 하였다. 한편 春秋시대에는 이미 經이 書의 일종으로 쓰였으며, 戰國시대에는 經이 書名과 결합되는 양상이 보인다. 또한 ≪漢書≫[8] 등에서 儒家 經典을 열거한 것을 보면, '書經'도 漢代를 전후로 보편적으로 사용되었음을 알 수 있다. 이로 볼 때, '書'·'尙書(儒家)'·'書經(聖典)'의 세 이름이 漢代에

---

6) 출토된 龜甲獸骨文에는 손으로 붓을 잡은 형태인 聿字가 있어, 聲符인 者字가 합해져 書字가 생성된 것으로 추정된다. 그리고 ≪春秋左氏傳≫ 莊公 23년 조의 '君擧必書'라는 말과 같이, 書는 본래 筆書의 의미인 動詞로 쓰이다, 冊을 의미하는 名詞로 확대되었다. 이 과정에서 ≪春秋左氏傳≫ 襄公 14년 조의 '史爲書', ≪國語≫ 〈周語 上〉의 '史獻書'에서와 같이, 역사 著作을 인용 시 '書'로 통칭하였다. 따라서 上古시대로부터 유전된 대다수의 書는 孔子가 刪定한 ≪尙書≫의 ≪書≫와 엄밀히 구별된다.(鄭傑文·傅永軍, ≪經學十二講≫, 中華書局, 2007, 89~90쪽 ; 劉起釪, ≪尙書學史≫, 中華書局, 1989, 4~5쪽 ; 李民·王健, 앞의 책(2004), 7쪽)

7) ≪春秋繁露≫ 〈正貫〉 '書曰', 同書 〈煖燠常多〉 '尙書曰' ; ≪史記≫ 〈五帝本紀〉 "그러나 ≪尙書≫가 유독 堯를 기재한 이래〔然尙書獨載堯以來〕", 同書 〈儒林列傳〉 "漢이 안정되자, 伏生이 그 ≪書≫를 찾으니,……학자들이 이로 말미암아 자못 ≪尙書≫를 말할 수 있었다. 山東에 있는 大師가 ≪尙書≫를 섭렵해서 가르치지 않음이 없었다.〔漢定 伏生求其書……學者由是頗能言尙書 諸山東大師無不涉尙書以敎矣〕"

伏勝은 漢代 今文尙書의 始祖로, 이때 '尙書'가 書名으로 정착된 것으로 보이나, 馬王堆帛書 〈要〉篇에 있는 '尙書多於矣'가 帛書의 필사 시기인 文帝 이전에 이루어진 것이기 때문에, '尙書'의 명칭이 伏勝 이전에 이미 보편화되었다고 볼 수 있다.(劉起釪, 위의 책(1989), 7~8쪽 ; 姜廣輝 主編, ≪中國經學思想史≫ 제1권, 中國社會科學出版社, 2003, 418쪽)

8) ≪漢書≫ 〈律曆志 下〉에 "≪書經≫ 〈湯誓〉에 湯이 夏桀을 정벌하였다.〔書經湯誓湯伐夏桀〕"라고 하였고, "≪書經≫ 〈牧誓〉에 武王이 商紂를 정벌하였다.〔書經牧誓武王伐商紂〕"라고 하였고, 同書 〈楊胡朱梅云傳〉에 "吳章이 ≪尙書經≫을 전공하여 博士가 되었다.〔章治尙書經爲博士〕"라고 하였다.

통용되어 현재에 이르렀다고 할 수 있다. 참고로 西歐에서는 'Document Classic(文件)'이나 'Book of Document'[9]라는 명칭으로 알려져 있다.[10]

≪尙書≫의 유래를 보면, ≪周易≫에서 三皇·五帝시대의 일을 기술한 것과는 상반되게, ≪尙書≫는 堯舜시대에서부터 夏代·商代·周代의 일만을 다루고 있다. 이는 비록 ≪尙書≫ 〈堯典〉의 '曰若稽古', 〈洪範〉의 '我聞在昔', 〈康誥〉·〈酒誥〉의 '王若曰', 〈呂刑〉의 '若古有訓' 등과 같은 口傳說話도 포함하고 있으나, ≪尙書≫가 기본적으로 公文書로서 객관적인 사실만을 기록하고자 한 것에 기인한 것으로 보인다. 이외에도 春秋시대 문헌의 逸失이나, 孔子가 '怪力亂神'을 기피한 것에도 원인이 있다고 할 수 있다.

이와 같이 孔子가 刪定한 ≪尙書≫는 본래 唐·虞·夏·商·周의 史官의 기록을 바탕으로 이루어졌다. 이러한 ≪尙書≫의 기초 자료를 제공한 史官에 대해 살펴보면, 아직까지 夏代 이전의 史官[11] 제도에 대해서는 자세히 알려지지 않고 있으나, ≪論語≫ 〈爲政〉篇의 '殷因於夏禮'라는 구절에 근거해서 夏代 제도를 계승한 商代를 통해 그 면모를 짐작할 수 있다. 출토된 商代의 龜甲獸骨文에는, 당시 君王이 上帝에 대해 올린 祭祀를 포함한 제반 활동과 관련하여, 貞卜官員이 啓示 받고자 하였던 내용이 기록되어 있다. 이 貞卜官員은 商代의 元始적 史官으로, 龜甲獸骨文(卜辭)·靑銅銘文(靑銅銘辭)·≪尙書≫·≪詩經≫ 등의 문헌에 의거하면, 商代와 周代 초기에는 史官으로 史·御史·大史·卿史·內史가 있었던 것으로 알려져 있다. 그리고 ≪周禮≫에 보이는 바와 같이, 周代에는 大史·小史·內

9) 西歐에서 처음으로 ≪尙書≫가 번역되어 소개된 것으로는, Antoine Gaubil 神父의 ≪Shu ching(書經(Paris : 1770년))≫이 있다. 그리고 가장 보편적인 것으로는, James Legge와 Bernhard Karlgren의 著作이 있다.(Michael Loewe, ≪Early Chinese texts : A bibliographical guide≫, the society for the study of early China and the institute of East Asian studies, university of California, 1993, pp. 387~388)

10) 鄭傑文·傅永軍, 앞의 책(2007), 89쪽 ; M. Loewe, 李學勤 譯, ≪中國古代典籍導讀≫, 遼寧省敎育出版社, 1997, 401쪽.

11) 古代 史官은, ≪周易≫ 巽卦 〈象傳〉의 '史巫'와 같이 巫術과 文字에 정통하였다. 傳說에 五帝의 黃帝가 左史와 右史를 설치하였다고 하나 고증할 수 없다. 대신 夏代의 文字가 발견되지는 않으나, ≪呂氏春秋≫ 〈先職覽〉 '夏太史令終古出其圖法'에서, 夏代의 史官(太史令)의 존재 가능성을 엿볼 수 있다. 이때 주목할 것은 史官의 史의 본래 의미로, 龜甲獸骨文에서, 史는 事와 동일한 문자로 인식되며, 事는 국가적 大事인 上帝에 대한 祭祀儀禮로 압축되어, 史의 주요 직무는 天官으로 추론된다.(奚椿年, ≪中國版本文化叢書 : 中國書源流≫, 江蘇古籍出版社, 2010, 13~14쪽 ; 李致忠, ≪中國古代書籍≫, 中國國際廣播出版社, 2010, 36쪽 ; 胡淀咸, 〈釋史〉, ≪中國古代史論叢≫ 第1輯, 福建人民出版社, 1981, 217~224쪽)

史·外史·御史 등의 여러 史官으로 발전하였다. 이와 같이 商代의 史官 제도는 周代에 이르러 完備되어, 史官이 周代 국가 도서관(盟府·故府·公府 등)을 관장하였으며, 여기에 보관된 문헌은 官書에 속하였다. 周代에 체계화된 史官과 藏書 기구는 秦代·漢代에도 이어져서 보다 전문화되었다.

그런데 商·周代의 史官의 임무는 크게 두 가지로 분류할 수 있다. 하나는 君王의 정치 활동 중에 수반되는 각종 文書를 작성하는 것으로, ≪周禮≫에 '史'가 붙은 官員은 모두 각 해당관의 文書 작성을 담당하였다. 그리고 다른 하나는 後代 君王에게 교훈을 주기 위하여 당시 君王의 言行을 기록하는 것으로, 君王의 신변의 史官이 수시로 君王의 言事 기록을 담당하였다. ≪禮記≫ 〈玉藻〉에는 "動作은 左史가, 言語는 右史가 기록하였다.〔動則左史書之 言則右史書之〕"하였고, ≪漢書≫ 〈藝文志〉의 "左史는 言語를, 右史는 事件을 기록하였다. 事件은 ≪春秋≫가 되었고, 言語는 ≪尙書≫가 되었다.〔左史記言 右史記事 史爲春秋 言爲尙書〕"라고 하여, 비록 左右 史官의 직책이 바뀌어 기술되어 있으나, 史官의 업무가 계획적으로 분장되어 이루어졌음을 알 수 있다. 또한 여기에 언급한 記事는 年月을 누적해 기록한 大事記로 주로 ≪春秋≫와 晉代 출토된 ≪竹書紀年≫에 보이며, 記言은 講話의 記錄과 文告로 주로 ≪尙書≫와 ≪逸周書≫에 보인다. 따라서 위의 사항들을 총괄하자면, ≪尙書≫는 史官이 기록한 두 가지 형태의 公文書(文書 작성, 君王의 言事 기록)를 포괄하는 문헌이라고 할 수 있다.[12)]

3) 周公과 孔子의 ≪尙書≫ 편찬

≪墨子≫ 〈貴義〉에 "옛적(周代)에 周公 旦은 아침에 ≪書≫ 100篇을 읽었다.〔昔者周公旦朝讀書百篇〕"라고 되어 있으며, 또한 이 周公은 ≪尙書≫ 〈大誥〉·〈康誥〉·〈酒誥〉·〈梓材〉·〈洛誥〉·〈多士〉·〈無逸〉·〈君奭〉·〈多方〉·〈立政〉 등과 관련이 있다고 전해진다. 즉 周公은 〈大誥〉로 여러 諸侯와 臣下를, 〈康誥〉·〈酒誥〉·〈梓材〉로 康叔을 훈계하였다. 그리고 〈洛誥〉·〈無逸〉·〈立政〉으로 成王을 깨닫게 하였으며, 〈多方〉·〈多士〉로 殷士 및 여러 국가들을 권면하였다. 또 〈君奭〉으로 召公 奭이 成王을 돕도록 가르쳤다.

≪論語≫ 등에는 孔子가 ≪詩≫·≪書≫·≪禮≫·≪樂≫으로 문인들을 교육하였으며, ≪尙書≫의 중요성도 강조한 일이 나타나 있다. 또한 ≪史記≫ 〈孔子世家〉에 "孔子 시대에

---

12) 劉起釪, 앞의 책(1989), 3~4쪽 ; 李民·王健, 앞의 책(2004), 3~9쪽 ; 富谷至, 林炳德 譯, ≪목간과 죽간으로 본 중국고대문화사≫, 사계절출판사, 2005, 176~177쪽 ; 衛文選, ≪中國歷代官制簡表≫, 山西人民出版社, 1987, 12~21쪽.

는 周王室이 쇠미해져서, ≪禮≫·≪樂≫이 그치고 ≪詩≫·≪書≫가 이지러졌다. 그리하여 三代의 禮를 추적하고 書傳에 序를 하였다. 위로는 唐虞시기로 하고 아래로는 秦 穆公에 이르기까지 그 일을 편차하였다.〔孔子之時 周室微 而禮樂廢 詩書缺 追跡三代之禮 序書傳 上紀唐虞之際 下至秦穆 編次其事〕"라 하였고, ≪漢書≫ 〈藝文志〉에 "≪書≫의 기록된 바가 원대하다. 孔子에 이르러 찬정되었다. 위로 堯에서 시작하여 아래로 秦나라에서 끝냈으니, 모두 100篇이었고, 거기에 序를 지어 그 저작한 뜻을 말하였다.〔書之所記遠矣 至孔子纂焉 上斷於堯 下訖於秦 凡百篇而爲之序 言其作意〕"라고 하였고, ≪尙書璇璣鈐≫에 "孔子가 ≪書≫를 구하여, 黃帝의 玄孫 帝魁의 ≪書≫를 얻었는데, 秦 穆公에 이르기까지 모두 3,240篇이었다. 먼 것을 잘라버리고 가까운 것을 취하여, 세상에 법도가 될 만한 것을 정하니 120篇이었다. 102篇은 ≪尙書≫로 삼고, 18篇은 ≪中候≫로 삼았다.〔孔子求書 得黃帝玄孫帝魁之書 迄於秦穆公 凡三千二百四十篇 斷遠取近 定可以爲世法者 百二十篇 以百二篇爲尙書 十八篇爲中候〕"라고 하여, 孔子가 ≪尙書≫를 刪定한 과정에 대해 설명하였다. 그러나 이 중 ≪尙書璇璣鈐≫의 3,240篇 刪定說에 대해서, 鄭玄 등은 온전히 믿기 어렵다고 하여 진실성에 대한 논란이 있기도 하였다.[13)]

4) ≪尙書≫ 편찬 이전의 문헌

≪周易≫ 〈繫辭〉에는 上古 문헌에 대한 소개가 있다. 그리고 ≪呂氏春秋≫ 〈先職覽〉에는 "夏代 太史令 終古가 그 圖法을 내놓았다.〔夏太史令終古出其圖法〕"[14)]라고 되어있고, ≪尙書≫ 〈多士〉에는 "殷代 先人에게 典冊이 있었다.〔惟殷先人 有冊有典〕"[15)]라고 되어있다. 또한 春秋시대 孔子가 六經을 정리하기 이전에는, ≪三墳≫·≪五典≫·≪八索≫·≪九丘≫·≪易≫·≪詩≫·≪禮≫·≪樂≫·≪夏書≫·≪商書≫·≪周書≫·≪乘≫·≪檮杌≫·≪春秋≫·≪時≫·≪行≫·≪卜≫·≪世≫·≪令≫·≪語≫·≪故志≫·≪訓典≫·≪圖≫·≪法≫·≪書≫·≪數≫·≪夏時≫·≪坤乾≫ 등이 있었다고 한다. 이와 관련하여 ≪周禮≫ 〈春官〉의

13) 徐復觀, 앞의 책(2007), 19쪽.

14) ≪呂氏春秋≫ 〈先職覽〉에서 圖法은 그림으로 된 法度類의 문헌으로 볼 수 있다. 그러나 전해지는 실물이 없어 고증하기 어렵다.(李致忠, 앞의 책(2010), 36~38쪽)

15) ≪尙書≫ 〈多士〉에서 商代의 冊은 龜冊을 가리키는 것으로 보인다. ≪安陽發掘報告≫ 〈新獲卜辭寫本後記〉에는 출토된 '冊六' 2字가 새겨진 1片의 甲骨이 수록되어 있다. 繩索 구멍이 있는 것으로 보아, 龜冊은 甲骨板을 꿰어 만든 것으로 사료된다. 이는 ≪禮記≫ 〈曲禮 上〉과 ≪史記≫ 〈龜策列傳〉에서 보이는 바와 같이, 筮策과 대비되는 卜에 사용된 서사 재료로서, ≪說文解字≫ 〈冊部〉의 형태와도 일맥상통한다.(奚椿年, 앞의 책(2010), 19~20쪽)

"外史는 三皇·五帝의 책을 관장하였다.〔外史 掌三皇五帝之書〕"는 구절과, ≪春秋左氏傳≫ 昭公 12년 조의 "〈楚나라〉 左史 倚相이……≪三墳≫·≪五典≫·≪八索≫·≪九丘≫를 잘 읽었다.〔左史倚相……是能讀三墳五典八索九丘〕"는 구절을 예로 들 수 있다. 이것을 보건대, 이 문헌들은 일찍이 西周 왕실에 소장되어, 春秋시대에도 있었던 것으로 여겨진다. 따라서 六經 전에 上古 문헌의 존재 가능성이 다분하나, 실물의 부재로 깊이 논할 수 없다.[16)]

3. 시대별 ≪尙書≫ 정리와 연구

1) 先秦시대

商·周代는 學術이 官府에 속해 있던 시대로 天子와 諸侯 주위에 있는 史官이 최고 지식인층을 이루었으나, 春秋시대에는 天子가 官府(職守)를 상실하게 되자, 學術이 四夷에 존재하게 되면서 지식이 士 계층으로 확산되어, 戰國시대에는 思想界가 형성되어 百家爭鳴의 시대로 접어들었다. 이와 같은 儒家를 포함한 諸子百家를, 漢代 司馬談은 六家로, 劉歆과 班固는 九流十家로 분류하였으며, ≪漢書≫ 〈藝文志〉에서는 官府[17)]에서 기원한 것으로 보았다.[18)]

이러한 經學의 배경에서 孔子가 刪定한 六藝의 原著도 史官에게서 유래되어, 孔子는 周나라의 徵藏史 老聃에게 ≪禮≫와 萇弘에게 ≪樂≫을 물었다고 전해진다. ≪尙書≫[19)]도

---

16) 姜廣輝 主編, 앞의 책(2003), 28~127쪽.

17) 儒家는 戶籍과 田土를 담당한 司徒, 道家는 公文書를 담당한 史官, 名家는 禮를 담당한 禮官, 墨家는 宗廟를 담당한 淸廟官, 法家는 法令을 담당한 理官, 陰陽家는 天文과 曆法을 담당한 羲和官, 縱橫家는 外交을 담당한 行人官, 雜家는 君王에게 直諫을 담당한 議官, 農家는 농사를 담당한 農稷官, 小說家는 출입 기록을 담당한 稗官에서 비롯되었다.

18) 李致忠, 앞의 책(2010), 35~39쪽; 朱淵淸, 金慶浩 譯, ≪중국출토문헌자료와 학술사상≫, 주류성출판사, 2010, 22~23쪽.

19) 이 당시에는 竹木이 簡牘의 형태로 주로 사용되었는데, 近代 王國維는 簡牘 제도에 대해 分數(策의 長短은 '二尺四寸之分數')·倍數(牘의 長短은 '五之倍數')說로 설명하였다. 이 說은, ≪儀禮注疏≫ 〈聘禮〉에 인용된 鄭玄이 지은 ≪論語序≫의 "易詩書禮樂春秋策皆長二尺四寸"과도 부합된다. 또한 簡牘의 長短과 字數의 관련성에 있어서 문헌마다 다르나, 정현이 주를 한 ≪尙書≫에는 "三十字 一簡之文"으로 나와 있다. 한편 2008년 淸華大學校生 趙偉國이 기증한 淸華簡에는 ≪尙書≫와 관련된 여러 篇이 포함되어 있어, ≪孔傳古文尙書≫가 僞書임을 재확인시켰다.(胡平生, 〈簡牘檢署攷導言〉, ≪簡牘檢署攷校注≫, 上海古籍出版

周代 史官에서 孔子에게 직간접적으로 전해진 것으로 사료된다. 이후 孔子에서 門徒로 ≪尙書≫가 전수되어, ≪箋註陶淵明集≫ 〈聖賢群輔錄〉에는 孟氏가, ≪經義考≫에는 漆雕開가 ≪書≫를 전했다고 하였다. 이 漆雕開 외에 宓子賤을 거론하기도 하는데, 그를 伏勝의 연원으로 보기도 한다. 그리고 戰國시대 孟子는 ≪書≫로 政治觀을, 荀子는 ≪書≫로 經學觀을 체계화하여, ≪論語≫·≪孟子≫·≪荀子≫ 등에 ≪書≫가 자주 인용되었다. 또한 孔子의 집안에서 대대로 家書가 전해졌는데, ≪史記≫ 〈孔子世家〉·≪孔子家語≫ 〈序〉에는 子襄(孔安國의 祖)이 준엄한 秦法 때문에 이 孔氏家傳本 ≪尙書≫를 벽에 숨겼다고 되어있어, 孔門家에서도 ≪尙書≫가 전수되었음을 짐작할 수 있다. 이 밖에도 ≪墨子≫·≪管子≫·≪莊子≫·≪韓非子≫ 등의 諸子書에도 ≪書≫가 두루 인용되어 있다.[20]

2) 秦漢시대

春秋戰國시대에 이어져온, 儒家를 비롯한 諸子百家는 秦나라의 통일 이후에도 계속 전해졌다. 그러나 秦 始皇의 焚書·挾書律과 項羽의 咸陽宮 放火로, 대부분의 문헌이 소실되었다. 그리하여 西漢代 惠帝(B.C. 210~B.C. 188)는 挾書律을 폐지하였고, 文帝·景帝는 儒家를 비롯한 여러 문헌을 獻書하게 하였다. 이때 민간에 전해오는 典籍들이 당시 文字인 隸書로 베껴져 조정에 바쳐졌는데, 이를 今文經이라고 한다. 그리고 이를 토대로, 유실된 문헌을 복원하고자, 문헌의 整理와 注釋을 위주로 하는 訓詁學이 행해졌다. 이후 武帝(B.C. 154~B.C. 87)는 董仲舒의 건의로 오직 儒學만을 숭상하여, 建元 5년(B.C. 136)에 太學을 건립하고 五經博士(今文學派)를 두었다. 뒤이은 元帝(B.C. 75~B.C. 33)·成帝(B.C. 52~B.C. 7)에 이르러서는 經學이 융성해져서, 이후 14經 博士를 세우기도 하였다.

한편 추후에 당시 통용되지 않던 古文字로 된 典籍들이 나타났는데, 이를 古文經이라고 한다. 이 古文經의 출현으로, 기존 今文經의 학술적 권위가 위태로워지자, 이들 간에 논쟁이 지속되었다. 여기에 東漢代 光武帝(B.C. 6~A.D. 57)를 전후로 讖緯書[21]가 나타나서,

---

社, 2004, 10~32쪽)

20) 蔣伯潛·蔣祖怡, 앞의 책(2002), 4쪽 ; 劉起釪, 앞의 책(1989), 49~50쪽.

21) 讖緯는 商·周 교체기에 등장한 〈洪範〉에 기인하여, 戰國시대 陰陽과 五行을 결합한 陰陽五行說을 이루었으며, 西漢 武帝 때에 董仲舒가 발전시켜, 東漢 光武帝 때에는 그 영향력이 비대해졌다. 이후 晉代 武帝 때 금해졌으나 완전히 사라지지 않자, 北宋代 歐陽修가 삭제를 주장하였고, 南宋代 魏了翁이 ≪九經正義≫를 편찬하면서 이를 모두 삭제하였다. 이러한 讖緯說은 今文學의 계통으로 볼 수 있는데, 古文도 今文보다는 덜하나 역시 陰陽五行을 포함하였다. 한편 書緯로는 ≪璇璣鈐≫·≪考靈曜≫·≪刑德放≫·≪帝命驗≫·≪運期授≫·

今文經·古文經·緯書가 병립하였다. 이후 熹平 연간(172~184)에 經文을 통일하고자, 洛陽의 太學에 石經을 세웠는데, 이것이 熹平石經(漢石經·一體石經)이다. 결국 鄭玄이 古文을 위주로 今文도 참고하여, 今古文 兩派의 經說을 종합하면서, 논쟁이 점차 사라졌다. 대신 鄭學(鄭玄의 學)을 공박하는 王學(王肅의 學)이 대립하였다.22)

이와 같은 經學의 분위기에서, 秦代를 거치며 ≪尙書≫ 역시 소실되었다.23) 그러나 西漢代 중앙을 중심으로 문헌 복원에 노력을 기울인 결과로, 今文本 ≪尙書≫인 伏生本과 古文本 ≪尙書≫인 孔氏家傳本·孔壁本·河間獻王本·中古文本·百兩本이 나오게 되었다. 그리고 東漢代에는 今文本 ≪尙書≫가 歐陽本과 大·小夏侯本으로 발전하였고, 古文本 ≪尙書≫인 杜林漆書本이 賈逵의 訓·馬融의 傳·鄭玄의 注로 인하여 유행하였다.24)

(1) 今文尙書(伏生本)

漢 文帝 때에 伏勝이 29(28)篇25)의 今文本 ≪尙書≫를 전하였다. 그리고 이후에 河內지방의 여자가 오래된 집에서 〈泰誓〉26)를 얻어서 이를 헌상하였는데, 이때 〈泰誓〉가 隸書로 옮겨져, 今文本 ≪尙書≫로 편입되면서 총 29篇을 이루었다.

伏勝은 濟南 출신의 秦代 博士로, 秦 始皇 때에 簡冊을 벽에 숨겼나. 戰亂이 끝나자 꺼내보니, 수십 篇이 일실되고 28篇만을 얻었다. 伏勝이 이것으로 齊와 魯에서 가르쳤는데, ≪尙書≫에 정통함이 文帝에까지 알려졌다. 당시 伏勝의 나이는 90여 세로 상경할 수 없자, 晁錯를

≪帝驗期≫·≪五行傳≫·≪尙書中候≫ 등이 있다.(何耿鏞, 장영백·조관희·김애영·박덕교·전영숙 譯, ≪經學概說≫, 청아출판사, 1992, 83~90쪽; 蔣伯潛·蔣祖怡, 앞의 책(2002), 331쪽)

22) 何耿鏞, 위의 책(1992), 79~110쪽; 徐復觀, 앞의 책(2007), 101~108쪽.

23) 劉邦이 關中에 들어간 후, 蕭何가 秦宮의 檔案圖籍(法令, 戶籍冊, 地圖)을 구해내었는데, ≪尙書≫가 그중에 포함되었다고 전해지는 말이 없다.(鄭傑文·傅永軍, 앞의 책(2007), 95쪽; 蔣善國, 앞의 책(1988), 6쪽)

24) 劉起釪, 앞의 책(1989), 67~130쪽.

25) 伏生本 29篇은 이후에 歐陽生과 大·小夏侯가 〈康王之誥〉와 〈顧命〉을 1篇으로 합해서 28篇을 만들었고, 여기에 〈泰誓〉가 더해져서 29篇을 이루었다. 한편 ≪論衡≫ 〈正說〉에는 今文 29篇이 北斗와 七宿를 합한 숫자(4×7+1=29)와 같다고 하였다.(沈慶昊, ≪漢學入門≫, 황소자리 출판사, 2007, 315쪽)

26) 劉歆의 ≪移讓太常博士書≫, 王充의 ≪論衡≫ 〈正說〉 참조. 〈泰誓〉를 얻은 시기에 대하여, 景帝·武帝·宣帝 세 가지 說이 있으며, 吳承仕는 先秦에 인용된 〈眞泰誓〉·漢代 민간에서 조정에 바친 〈僞泰誓〉·僞古文의 〈泰誓〉로 설명하였다.(李民·王健, 앞의 책(2004), 25~30쪽; 徐復觀, 앞의 책(2007), 172~173쪽)

보내어 배우게 하였다. 그래서 晁錯는 伏勝으로부터 전수받은 것을 기록하여[27], ≪尙書≫를 궁에 올려 秘府에 소장하게 하였다.[28] 이것이 추후에 출현한 〈泰誓〉와 합하여 29篇을 이루었다. 이후 伏勝의 弟子인 歐陽生과 張生으로부터, 歐陽氏學과 夏侯氏學으로 발전하여 今文尙書學의 三家가 성립되었다. 그런데 이들 今文本에 다소 차이가 있자, 熹平石經의 ≪尙書≫ 底本을 歐陽本으로 하되, 大・小夏侯 두 가문의 異文을 注로 밝혀 校勘記로 새겨놓았다.[29]

伏生本 ≪今文尙書≫ 29篇

虞書(2篇)	1.堯典 2.皐陶謨
夏書(2篇)	3.禹貢 4.甘誓
商書(5篇)	5.湯誓 6.盤庚 7.高宗肜日 8.西伯勘黎 9.微子
周書(20篇)	10.牧誓 11.洪範 12.金縢 13.大誥 14.康誥 15.酒誥 16.梓材 17.召誥 18.洛誥 19.多士 20.無逸 21.君奭 22.多方 23.立政 24.顧命 25.康王之誥 26.費誓 27.呂刑 28.文侯之命 29.秦誓

(2) 古文尙書

① 孔氏家傳本

孔安國(今文 歐陽學派)의 집안에 古文本 ≪尙書≫가 있어, 孔安國이 今文으로 그것을 읽었다고 하는데, 今文本 ≪尙書≫보다 10여 篇이 많았으나, 今文과 함께 망실되었다.[30]

② 孔壁本(魯恭王本)

西漢 武帝 말기 魯恭王이 孔子의 古宅을 헐다가, 벽에서 蝌蚪文으로 된 古文本 ≪尙書≫

---

27) 伏勝이 연로하여 알아듣기 힘들자, 딸이 그의 말을 晁錯에게 전하였다. 이때에 齊나라 方言이 潁川 方言과 달라서, 晁錯가 10개 중에 2・3개를 알아듣지 못하고 대략 그 의미로써 책을 읽어나갔을 뿐이라고 하였다. 이에 古文學派에서는 伏生이 ≪書≫를 口頭로 전하여 본래의 經을 잃었다고 하나, 이는 단지 伏勝이 經을 설명하는 상황으로, 본래의 經이 훼손된 것을 의미하는 것이 아니다.(徐復觀, 위의 책(2007), 169~170쪽)

28) ≪史記≫ 〈儒林列傳〉 참조.

29) 鄭傑文・傅永軍, 앞의 책(2007), 96~97쪽. 熹平石經의 字數는 총 18만 5,000字 내외였으나, 전란으로 훼손되었다. 현재 잔존 편에는 대략 1,000字가 있으나, 伏生本은 전해지지 않는다.(M. Loewe, 앞의 책(1997), 407쪽 ; 朱淵淸, 앞의 책(2010), 48~49쪽)

30) ≪史記≫ 〈儒林列傳〉 참조.

를 얻었다. 今文本 ≪尙書≫ 29篇보다 16篇이 더 많았는데, 孔安國 집안에서 조정에 올렸다. 그러나 巫蠱의 일로 학관에 들지 못하여, 이후 16篇이 今文과 함께 망실되었다.[31)]

孔壁本 逸書 16篇(24篇 -〈九共〉을 9편으로 나눌 경우)

虞夏書(7篇)	1.舜典 2.汩作 3.九共 4.大禹謨 5.益稷(棄稷) 6.五子之歌 7.胤征
商書(6篇)	8.湯誥 9.咸有一德(咸有壹德) 10.典寶 11.伊訓 12.肆命 13.原命
周書(3篇)	14.武成 15.旅獒 16.冏命

③ 河間獻王本

漢 景帝의 아들인 河間獻王(劉德, ?~B.C. 130)이 先秦 古文인 ≪周官≫·≪尙書≫·≪禮記≫·≪孟子≫·≪老子≫ 등을 얻어, 漢 武帝 때에 헌상하였디.[32)] 이 本은 선해지지 않아, 成帝 때 中古文本인지는 알 수 없는데, 孔壁本의 傳寫本으로 주장하는 이들도 있다.[33)]

④ 中古文本(中秘·中書·秘書本)

劉向(B.C. 77?~B.C. 6)이 秘府를 정리할 때에, 今文本과 古文本이 부존되어 있었다. 劉向은 이때 中古文를 사용하여, 今文 三家本을 교정하였다. 대체로 상통하나, 불일치하는 부분이 있었다. 첫째는 16篇 逸書의 존재, 둘째는〈酒誥〉脫簡 1개와〈召誥〉脫簡 2개의 유실된 文字, 셋째는 상이한 700여 文字와 누락된 수십여 文字가 있었다.[34)]

⑤ 張霸 僞造 百兩本

漢 成帝 때 東萊의 張霸는 伏生本 29篇으로 수십 篇을 만들고, ≪春秋左氏傳≫·〈書序〉의 내용을 전후에 붙여서, 百兩篇을 이루어 헌상하였다. 그러나 이후 궁실 소장의 ≪尙書≫로 校勘하다가 僞造로 밝혀져 削黜되었다. 이로부터 ≪尙書≫ 100篇說[35)]이 성행하였다.[36)]

---

31) ≪漢書≫〈楚元王傳〉, 同書〈藝文志〉참조.

32) ≪漢書≫〈景十三王傳〉참조.

33) 鄭傑文·傅永軍, 앞의 책(2007), 98쪽; 朱淵淸, 앞의 책(2010), 50쪽.

34) ≪漢書≫〈藝文志〉참조.

35) 西漢代 張霸가 편집한〈書序〉100篇說이 유행하여, 東漢代 馬融·鄭玄 등이 孔子가 著作한 것으로 여겼다. 그러나 宋代에는 孔子의〈書序〉100篇 著作說을 의심하였다.(李民·王健, 앞의 책(2004), 22~26쪽)

36) ≪漢書≫〈儒林傳〉, ≪論衡≫〈佚文〉참조.

⑥ 杜林漆書本

孔壁本 계통으로, 漆書는 漆墨으로 紙帛 위에 쓴 것이다. 東漢에 杜林(?~47)이 西州에서 漆書 古文本 ≪尙書≫ 1卷을 얻어, 항상 보배같이 아꼈다.37) 杜林本漆書을 衛宏·徐巡·賈逵·馬融·盧植·鄭玄도 귀하게 여겼다. 그런데 이 本에는 단지 今文 29篇이 있었을 뿐, 孔壁에서 나온 16篇은 없었다. 또한 이 本은 비록 古文本 ≪尙書≫에 속하지만, 내용상 今文과 古文을 상호 보완하여 전해진 것으로, 古文 부분은 이미 모두 今文字體로 쓰인 것이었다.38)

鄭玄本 ≪今文尙書≫ 34篇

虞書(2篇)	1.堯典 2.皐陶謨
夏書(2篇)	3.禹貢 4.甘誓
商書(7篇)	5.湯誓 6.盤庚上 7.盤庚中 8.盤庚下 9.高宗肜日 10.西伯戡黎 11.微子
周書(20篇)	12.泰誓上 13.泰誓中 14.泰誓下 15.牧誓 16.洪範 17.金縢 18.大誥 19.康誥 20.酒誥 21.梓材 22.召誥 23.洛誥 24.多士 25.無逸 26.君奭 27.多方 28.立政 29.顧命 30.康王之誥 31.費誓 32.呂刑 33.文侯之命 34.秦誓

鄭玄本 ≪古文尙書≫ 24篇

虞夏書(15篇)	1.舜典 2.汨作 3~11.九共(9篇) 12.大禹謨 13.益稷 14.五子之歌 15.胤征
商書(6篇)	16.湯誥 17.咸有一德 18.典寶 19.伊訓 20.肆命 21.原命
周書(3篇)	22.武成 23.旅獒 24.冏命

(3) 기타

西漢代 陸賈의 ≪新語≫와 賈誼의 ≪新書≫에는 ≪書≫에 대한 자세한 언급이 있다. 특히 賈誼는 ≪新書≫ 〈道德說〉에서 ≪書≫를 ≪詩≫보다 먼저 거론하여 ≪書≫를 중시하였을 뿐만 아니라, 洛陽人으로 암송을 잘하였다. 당시 洛陽 등지에서는 민간에서 나온 ≪書≫를

37) ≪後漢書≫ 〈杜林傳〉 참조.

38) 朱淵清, 앞의 책(2010), 50쪽 ; 鄭傑文·傅永軍, 앞의 책(2007), 101쪽.

암송한 사람들이 있었다고 전해져, 다른 本도 있었을 가능성이 있다. 이외에도 漢代 著作 중에는 逸書가 인용된 곳이 있다.[39]

3) 魏晉南北朝시대

魏晉代에는 玄學이 생겨났고 南北朝代에는 經學이 南北으로 대치하였는데, 이때 義疏學이 나타나 隋代를 거쳐 唐代에 이어졌다. 한편 魏代 正始 연간(240~248) 三體(古文·小篆·隸書)로써 石經을 새겨 正始石經(魏石經·三體石經)을 이루었다.[40]

이러한 經學의 흐름 속에서, 西晉을 전후로 鄭玄의 ≪古文尙書≫와 王肅의 ≪古文尙書≫가 대립하였으며, 이후 西晉 말기 永嘉의 난으로, 秘府에 소장되었던 歐陽과 大·小夏侯 三家의 ≪今文尙書≫와 逸書 16篇을 포함한 ≪古文尙書≫도 망실되었다. 단지 南北朝시대에는 29편의 ≪古文尙書≫가 남아 있었다.

그런데 東晉 元帝(276~322) 때에, 豫章內史 梅賾[41]이 孔安國 傳이 포함된 ≪古文尙書≫를 헌상하였다. 이 本은 ≪今文尙書≫ 29篇을 33篇으로 늘리고, 25篇을 僞造하여, 劉向이 말한 古文 58篇을 이룬 것이었다. 이 중 ≪今文尙書≫는 〈堯典〉을 〈堯典〉·〈舜典〉[42] 2篇으로, 〈皐陶謨〉를 〈皐陶謨〉·〈益稷〉 2篇으로, 〈盤庚〉을 上·中·下 3篇으로 나누어서 만들어졌다. 또한 ≪尙書≫ 도입부에는 孔安國의 〈序〉 1篇을 두어, 총 59篇으로 구성하였다. 그리고 유행하던 〈書序〉 100篇說에 근거하여, 개별 篇 앞에 書序를 붙이고, 篇마다 고문헌 자료를 토대로 쓰인 孔安國傳을 附記하였다. 그 후 이 本은 학관에 세워져 南北朝시대에 널리 流傳되었으며, 唐代 ≪五經正義≫와 宋代 十三經注疏를 편찬 시 底本으로 사용되면서

---

39) 徐復觀, 앞의 책(2007), 168~169쪽; 劉起釪, 앞의 책(1989), 103~104쪽.

40) 何耿鏞, 앞의 책(1992), 111~123쪽.

41) 梅賾의 이름에 대해, ≪世說新語≫에는 '頤'로, ≪隋書≫ 〈經籍志〉에는 '賾'으로 되어있다. 이 밖에 ≪經典釋文≫에서는 梅頤 혹은 枚頤으로, 字가 仲眞이라고 하였다. 한편 ≪尙書正義≫ 〈堯典〉과 ≪晉書≫를 통해, 晉代 ≪古文尙書≫의 전수 과정을 鄭沖→蘇愉→梁柳→臧曹→梅賾으로 추론하기도 한다. 또한 이에 梁柳가 皇甫謐의 從姑母의 아들이므로, 皇甫謐이 본 ≪尙書≫와 연관성이 있다고도 하나, 이에 대해 회의적으로 보는 이들도 있다.(蔣伯潛·蔣祖怡, 앞의 책(2002), 105쪽; 李學勤, 앞의 책(1996), 633~635쪽)

42) ≪經典釋文≫ 〈敍錄〉에 의하면 梅賾이 헌상한 ≪孔傳古文尙書≫에는 〈堯典〉 1篇이 亡失되어, 王肅이 注를 한 〈舜典〉 '愼徽五典' 이하로 〈舜典〉을 삼았다. 또한 추후에 姚方興이 올린 〈舜典〉에는 '曰若稽古帝舜曰重華協于帝' 12字가 더 있으며, 간혹 이 아래에 '濬哲文明溫恭允塞玄德升聞乃命以位'가 더 있는 것도 있다.

經學史의 正宗이 되어, 현재에도 통행되고 있다. 그러나 이 本은 宋代를 거쳐 明淸代에 僞作이라고 확증되면서 ≪僞孔傳古文尙書≫로 칭해졌다.43)

≪孔傳古文尙書≫ 今文 33篇

虞書(4篇)	1.堯典 2.舜典 3.皐陶謨 4.益稷
夏書(2篇)	5.禹貢 6.甘誓
商書(7篇)	7.湯誓 8.盤庚 上 9.盤庚 中 10.盤庚 下 11.高宗肜日 12.西伯戡黎 13.微子
周書(20篇)	14.牧誓 15.洪範 16.金縢 17.大誥 18.康誥 19.酒誥 20.梓材 21.召誥 22.洛誥 23.多士 24.無逸 25.多方 26.立政 27.君陳 28.顧命 29.康王之誥 30.呂刑 31.文侯之命 32.費誓 33.秦誓

≪孔傳古文尙書≫ 古文 25篇

虞書(1篇)	1.大禹謨
夏書(2篇)	2.五子之歌 3.胤征
商書(10篇)	4.仲虺之誥 5.湯誥 6.伊訓 7.太甲 上 8.太甲 中 9.太甲 下 10.咸有一德 11.說命 上 12.說命 中 13.說命 下
周書(12篇)	14.泰誓 上 15.泰誓 中 16.泰誓 下 17.武成 18.旅獒 19.微子之命 20.蔡仲之命 21.周官 22.君陳 23.畢命 24.君牙 25.冏命

4) 隋唐시대 이후

前代에서 이어온 南北學의 갈등이 지속되자, 唐代에 이르러서 太宗은 貞觀 4년(630)에 顔師古에게 五經을 考定하여 ≪五經定本≫을 撰成하게 하였다. 이후 勅命으로 孔穎達・顔師古 등에게 ≪五經正義≫44)를 편찬하게 하여, 마침내 五經이 통일되었다. 이때에 經義를

---

43) 朱淵淸, 앞의 책(2010), 50~51쪽 ; 董治安 主編, ≪古文獻學基礎知識叢書 經部要籍槪述≫, 江蘇敎育出版社, 2008, 22쪽.

44) ≪五經正義≫에서 '正義'는 唐代 정치적 통합을 이루기 위하여, 문화적으로 前代의 번잡한 經說(義疏)을 통일(正)함을 의미한다. 그리고 명칭과 관련하여, 孔穎達이 ≪五經義訓≫ 100여 편을 撰定하고 ≪五經義贊≫이라고 하였으나, 詔勅으로 ≪五經正義≫로 개명하였다.(何耿鏞, 앞의 책(1992), 125쪽 ; 趙吉惠・郭厚安・趙馥浩・潘策, 김동휘 譯, ≪中國儒學史≫2,

절충하되, 隋代의 학풍을 따라 南學을 위주로 經學을 통일하였다. 또한 前代의 漢代 訓詁學과 魏晉南北朝시대의 義疏學에도 영향을 받았다. 그 후 편찬과 수정이 완료되자, 高宗은 永徽 4년(653)에 ≪五經正義≫를 천하에 반포하고, 잇달아 明經科[45]를 시행할 것을 정하였다. 그리고 文宗은 開成 2년(837)에 鄭覃 등의 건의를 받아들여, 石經을 長安에 있는 國子監에 세웠는데, 이를 開成石經(唐石經)이라고 하였다.[46]

이와 같은 經學의 대립과 통일은 ≪尙書≫에서도 보인다. 南北朝시대에 北朝는 鄭玄이 전한 ≪尙書≫를, 南朝는 梅賾이 전한 ≪孔傳古文尙書≫를 주로 삼았다. 그러나 北朝 말에 劉焯・劉炫이 南朝의 費甝의 ≪尙書義疏≫를 숭상하여 疏를 하고, 陸德明이 ≪經典釋文≫〈音義〉를 지어, 점차 南朝의 ≪孔傳古文尙書≫가 北朝의 鄭玄의 것보다 우세해졌다.[47] 이후 隋代를 거쳐, 唐代 孔穎達이 ≪五經正義≫를 撰定할 때에, ≪尙書正義≫를 王德韶・李子雲 등이 제작하면서 梅賾의 ≪孔傳古文尙書≫를 標準으로 삼았다. 이로 인해 東漢 이래로 전해오던 鄭玄 등의 尙書本들이 자취를 감추게 되었다. 그런데 天寶 연간(742~756)에 玄宗이 衛包에게 이것을 今字體인 楷書體로 고쳐 쓰게 하였는데, 난해한 글자로 인해 적지 않은 부분이 잘못 쓰였다. 그럼에도 이 本이 唐代 開成石經의 내용으로 채택되어, 모든 ≪尙書≫ 版本의 시초가 되었다.[48]

唐代 陸德明의 ≪經典釋文≫을 거쳐, 北宋・南宋 교체기에 吳棫의 ≪書裨傳≫에서 본격적으로 ≪孔傳古文尙書≫의 僞作說을 제기하였다. 당시 吳棫 외에도 鄭樵・洪邁・晁公武 등이 의심하였고, 南宋代 朱熹는 구체적으로 僞作을 논증하였으며, 朱熹의 弟子인 蔡沈은 이를 계승하여 ≪書經集傳≫을 편찬하여 元・明代에 널리 영향을 주었다. 이후 元代 趙孟頫의 ≪書今古文集注≫와 吳澄의 ≪書纂言≫에서는 前代의 僞作說을 심화시켰고, 明代 梅鷟의 ≪讀書譜≫・≪尙書考異≫에서는 이를 변증적으로 발전시켰다. 그리고 淸代 閻若璩의 ≪古文尙書疏證≫으로 僞作說이 마침내 종합되어, 뒤이은 惠棟의 ≪古文尙書考≫에서 閻若璩의 說을 완비하여 僞作을 명백히 하였으며, 程廷祚・崔述・丁晏 등이 논증을 보충하

신원문화사, 1997, 256쪽)

45) 과목인 九經 字數에 따라, 大經(≪禮記≫・≪春秋左氏傳≫)과 中經(≪毛詩≫・≪周禮≫・≪儀禮≫)와 小經(≪周易≫・≪尙書≫・≪春秋公羊傳≫・≪春秋穀梁傳≫)으로 구분하였다.(何耿鏞, 위의 책(1992), 128쪽)

46) 何耿鏞, 위의 책(1992), 125~126쪽; 皮錫瑞, 李鴻鎭 譯, ≪中國經學史≫, 同和出版公社, 1984, 150~153쪽.

47) 蔣伯潛・蔣祖怡, 앞의 책(2002), 367쪽; 李民・王健, 앞의 책(2004), 24쪽.

48) 李民・王健, 앞의 책(2004), 24쪽; 朱淵淸, 앞의 책(2010), 51~52쪽.

였다. 이러한 僞作說에 대해, 毛奇齡 등이 반격하였으나, 이미 확증된 僞作을 부인하기에는 한계가 있었다. 이와 같이 ≪古文尙書≫가 僞作으로 드러나자, 학자들은 ≪今文尙書≫ 연구로 전환하여 漢代 經學에 관심을 기울이게 되었다.49)

4. 淸代 阮元의 十三經注疏 중 ≪尙書正義≫

1) 편찬 배경 및 底本

唐末五代에 木版 인쇄술이 시작되어, 後唐 長興 3년(932)에 9經을 처음으로 木版에 새겨 인쇄하였다. 그리고 南宋 光宗 紹熙 연간(1190~1194)에는 처음 注疏를 합한 合刊本이 제작되었으며, 이후 十行本(正德本)이 만들어져 最古의 版本을 이루어, 閩本·監本·毛本·殿本에 영향을 주었다. 그러나 계속된 翻刻으로 인하여, 글자를 판독하기가 갈수록 힘들게 되었다. 그리하여 淸代 嘉慶 21년(1816)에 阮元이 南宋代 十行本 11經과 北宋代 單疏本으로 전해진 ≪儀禮≫·≪爾雅≫ 2經을 중심으로, 여러 本을 두루 참고하여 교정하고, ≪經典釋文≫의 注釋과 직접 작성한 〈十三經校勘記〉를 덧붙여서 간행하였다. 이를 阮本 또는 阮刻本이라고 하며, 後代에 善本이 되었다.50) 이와 같이 阮元이 江西 南昌에서 출간한 十三經注疏 중에는 現行本 ≪尙書正義≫가 포함되어 있다.51)

阮元은 ≪尙書≫에 관한 방대한 저술들을 수집하고 정리하여, 광범위한 版本을 ≪尙書正義≫의 校勘에 참고하였다. 이때 唐石經, 宋臨安石經, 古本, 岳本, 葛本, 宋板, 宋十行本, 閩本, 明監本, 毛本, 陸德明(唐)의 ≪經典釋文≫, 毛居正(宋)의 ≪六經正誤≫, 王天與(元)의 ≪尙書纂傳≫, 彭元瑞(淸)의 ≪石經考文提要≫, 顧炎武(淸)의 ≪九經誤字≫, 浦鏜(淸)의 ≪十三經正字≫, 盧文弨(淸)의 ≪群書拾補≫, 山井鼎(日本)의 ≪七經孟子考文≫ 등

---

49) 鄭傑文·傅永軍, 앞의 책(2007), 105쪽 ; 李民·王健, 위의 책(2004), 30~36쪽.

50) 당시 阮元에게는 풍부한 수장본과 많은 문객들이 있었으나, 阮元이 河南으로 轉勤가게 되어 직접 校勘을 하지 못하였다. 이러한 이유로 〈十三經注疏校勘記〉는 당시 저명한 학자들이 각기 도맡았으며, 阮元은 단지 총괄하여 再校勘하고 그 是非만을 정하였다. 이때 ≪尙書正義≫는 徐養原(1758~1825)에게 전적으로 校勘이 위임되었다.(葉德輝, 朴徹庠 譯, ≪書林淸話≫, 푸른역사, 2011, 455~457쪽 ; 梁晨, 〈論阮元硏究≪尙書≫的成就與方法〉, ≪蘭台世界≫, 第36期, 2012, 1쪽)

51) 蔣伯潛·蔣祖怡, 앞의 책(2002), 377쪽 ; 李學勤 主編, ≪十三經注疏 尙書正義≫, 北京大學出版社, 1999, 2쪽.

이 사용되었다.[52)]

2) 내용 체제

十三經注疏 ≪尙書正義≫는 5부분으로 구성되어 있다. 도입부는 孔安國의 〈尙書序〉인 孔序(大序·傳序)로, ≪尙書≫의 기원 및 이를 얻은 경위와 傳을 지은 상황이 기술되어 있다. 그리고 두 번째 부분은 經文 58篇이며, 세 번째 부분은 書序(小序) 63篇으로 각 篇의 앞에 서술되어 있다. 그리고 네 번째 부분은 孔安國의 孔傳이며, 다섯 번째 부분은 孔穎達의 疏(正義)이다.

≪尙書≫의 중심인, 두 번째 부분은 4書 58篇(古文 25篇, 今文 33篇)으로 되어 있다. 4書는 〈虞書〉·〈夏書〉·〈商書〉·〈周書〉[53)]로, 堯舜·夏·商·周시대의 기록이다.[54)]

尙書序(卷1)	
虞書(卷2~5)	1.堯典 2.舜典 3.大禹謨 4.皐陶謨 5.益稷
夏書(卷6~7)	6.禹貢 7.甘誓 8.五子之歌 9.胤征
商書(卷8~10)	10.湯誓 11.仲虺之誥 12.湯誥 13.伊訓 14.太甲 上 15.太甲 中 16.太甲 下 17.咸有一德 18.盤庚 上 19.盤庚 中 20.盤庚 下 21.說命 上 22.說命 中 23.說命 下 24.高宗肜日 25.西伯戡黎 26.微子
周書(卷12~20)	27.泰誓 上 28.泰誓 中 29.泰誓 下 30.牧誓 31.武成 32.洪範 33.旅獒 34.金縢 35.大誥 36.微子之命 37.康誥 38.酒誥 39.梓材 40.召誥 41.洛誥 42.多士 43.無逸 44.君奭

52) 梁晨, 위의 책(2012), 1쪽.

53) 現行本 ≪尙書≫는 〈虞書〉·〈夏書〉로 독립되어 있으나, 先秦 문헌 중 ≪春秋左氏傳≫ 文公 18년 조에 나오는 〈虞書〉 외에, 唐虞의 일은 모두 〈夏書〉로 되어있다. ≪墨子≫ 〈明鬼〉의 '尙者夏書 其次商周之書'와 같이, 당시는 夏·商·周 三代의 역사 지식만을 알고 있었던 연유로 보인다. 또한 ≪春秋左氏傳≫은 漢人이 편집한 것으로 알려져 있어, 여기에만 나오는 〈虞書〉도 後代에 만들어진 것일 수도 있다. 게다가 漢代에 ≪虞夏書≫의 형태로 등장하기 시작한다는 점에서, 이러한 사실을 뒷받침한다 하겠다.(鄭杰文·傅永軍, 앞의 책(2007), 94쪽; 劉起釪, 앞의 책(1989), 6~7쪽)

54) 李民·王健, 앞의 책(2004), 33쪽; 沈慶昊, 앞의 책(2007), 313~314쪽.

	45.蔡仲之命 46.多方 47.立政 48.周官 49.君陳 50.顧命 51.康王之誥 52.畢命 53.君牙 54.冏命 55.呂刑 56.文侯之命 57.費誓 58.秦誓

≪尙書≫의 구성 시기[55]와 관련해서 加上學說이 거론된다. 즉 ≪尙書≫가 시기별로 순차적으로 구성된 것이 아니라, 周公의 때를 전후로 지어진 篇들을 중심으로, 商代・夏代・堯舜시대 逆順으로 추가되었다는 說이 인정되고 있다. 이 중 五誥인 〈大誥〉・〈康誥〉・〈酒誥〉・〈召誥〉・〈洛誥〉와 〈金縢〉・〈梓材〉・〈多士〉・〈多方〉 등이 西周代에 가장 먼저 성립되고, 이를 토대로 春秋戰國시대를 거쳐 秦代까지 편집된 것으로 본다. 그러나 차례는 역사적 순서를 감안하여 虞・夏・商・周로 편찬되었다. 이때 〈堯典〉은 虞舜시대 史官에 의해 지어져서, 唐堯시대의 著作이 아니므로, 〈虞書〉에 편입되었다.[56]

또한 文體는 ≪尙書≫ 대부분의 篇章이 역대 君王의 言行이나 史蹟의 기록인 것을 고려하여, 관례적으로 謨・訓・誥・誓・命으로 분류된다. 이와는 다르게 孔安國은 六體(典・謨・訓・誥・誓・命)로, 孔穎達은 十例(典・謨・貢・歌・誓・誥・訓・命・征・範)로 보았다. 그리고 語法은 古代의 大衆에 대한 號令文이 주로 되어있는데, 이는 古代 標準語로서 現代의 白話體와는 다른 언어 체계를 보여준다. 특히 감탄사(都・兪・吁・咈)・대명사(余・予・台・朕)・조사(夫・者) 등의 성분들은, 現代에 사용되는 감탄사(好呀・唯・唉・嗳)・대명사(我)・조사(吧・的) 등과 音韻・形態・文法 등의 요소에서 차이를 보인다.[57]

---

55) 今文 29篇에서, 〈虞書〉의 〈堯典〉・〈皐陶謨〉와 〈夏書〉의 〈禹貢〉・〈甘誓〉는 周代 말기에 지어진 것으로 보이나, 언어나 사상을 고려하면 〈堯典〉의 연대는 春秋시대 말기 이후로, 〈禹貢〉은 秦代까지 유추할 수 있다. 그리고 〈商書 湯誓〉는 표면상 연대가 西周代로 가장 이르다. 비록 〈盤庚〉의 연대가 더 이르다고 하나, 周代에 쓰여진 것으로 보인다. 또 〈高宗肜日〉・〈西伯戡黎〉・〈微子〉는 戰國시대 즈음에 동일 저자가 만들었을 가능성이 있다. 〈周書 泰誓〉는 漢代의 僞作으로 보기도 하며, 〈牧誓〉・〈洪範〉・〈金縢〉은 武王 때에 정착되었으나, 後代의 것으로도 보거나 西周代의 것이라고도 한다. 주목할 것으로는, 成王 때에 속하는 周公 攝政 후 7년간의 12篇으로, ≪尙書≫의 핵심인 〈大誥〉・〈康誥〉・〈酒誥〉・〈梓材〉・〈召誥〉・〈洛誥〉・〈多士〉・〈無逸〉・〈君奭〉・〈多方〉・〈立政〉・〈顧命〉이 있다. 그리고 〈呂刑〉・〈文侯之命〉・〈費誓〉・〈秦誓〉는 春秋시대의 것으로, 그중 〈呂刑〉은 穆王 때의 것으로도 가정할 수 있으며, 〈文侯之命〉은 西周 말기 標準화된 冊命 金文과 유사하여 그 연대가 논쟁이 되고 있다.(M. Loewe, 앞의 책(1997), 403~405쪽 ; 李學勤, 林亨錫 譯, ≪잃어버린 고리 : 신출토문헌과 중국고대사상사≫, 학연문화사, 1996, 479~480쪽)

56) 沈慶昊, 앞의 책(2007), 316쪽 ; 鄭傑文・傅永軍, 앞의 책(2007), 93쪽.

57) 林東錫, 앞의 책(1986), 53쪽 ; 蔣伯潛・蔣祖怡, 앞의 책(2002), 113~114쪽.

3) 주요 논쟁 사항

(1) 著作者의 문제

현재까지 東晉 梅賾이 헌상한 ≪孔傳古文尙書≫의 실제 작자에 대해서는 정론화되지 못하고 있다. 皇甫謐・王肅・梅賾・孔安國・束皙・鄭沖 등의 다양한 說이 있으나, 아직까지 직접적인 증거를 밝히지 못하여 논쟁이 지속되고 있기 때문이다. 즉 梅鷟・王鳴盛 등은 皇甫謐로, 丁晏 등은 王肅으로, 閻若璩・惠棟 등은 梅賾이라고 하였으며, 陳夢家 등은 東晉의 또 다른 孔安國이 僞作者라고 주장하였다가 번복하기도 하였다. 또한 束皙・鄭沖 등을 작자로 보기도 하나 명확한 증거가 없다.[58]

(2) 출현 시기의 문제

현재 東晉出現說이 定說로 인정되고 있다. 이외에 兩次出現說도 있으나 논증이 미약하다. 兩次出現說은 東晉을 전후로 하여, 現行本 ≪孔傳古文尙書≫의 출현 시기를 둘로 보는 입장이다. 淸代 程延祚는 現行本 ≪孔傳古文尙書≫가 宋代 元嘉 연간(424~453)에 두 번째로 나온 本으로, 東晉代 梅賾이 헌상한 원래의 첫 번째 本이 아니라고 하였나. 그리고 丁晏・劉師培는 曹魏 초기와 西晉 사이에 이미 첫 번째 本이 존재한 것으로 보아, 梅賾이 헌상한 ≪孔傳古文尙書≫를 두 번째 本이라고 하였다. 이 說은 陳夢家와 馬雍도 지지하였다.[59]

(3) 字體의 문제

漢代 古文字[60]는 商周文字・周 宣王 이후의 籒文[61](大篆, 周代 標準字體)・秦 始皇 이후의 小篆(篆文・秦篆・篆書, 秦代 標準字體)과는 상이한, 戰國시대 6國(楚・燕・齊・韓・趙・魏) 文字에 해당한다. 즉 篆籒 계통의 字體가 周・秦의 西方 文字로 秦代 公文官의 字體로 쓰인 반면, 六國 文字는 齊・魯 등의 東方 文字로 秦代 文字 통일 정책으로 금지되어 민간에서만 통행되었다. 이후 漢代에 6國 文字로 된 민간 문헌이 발굴되면서, 古文字로 인식되었다.[62]

---

58) 李民・王健, 앞의 책(2004), 32쪽 ; M. Loewe, 앞의 책(1997), 409쪽.

59) 劉起釪, 앞의 책(1989), 194~195쪽 ; 皮錫瑞, 앞의 책(1984), 126쪽.

60) 古文字는 漢代 등장한 古代 문헌에 쓰인 文字로, 秦書八體에는 없으나, 王莽六體에는 들어 있다.

61) ≪漢書≫ 〈藝文志〉 '史籒十五篇'에서 史籒를 周 宣王 때에 太史 籒가 籒文(大篆)을 제작한 것으로 보거나, 太史가 읽는 책으로 보기도 한다.(李敦柱, 앞의 책(2004), 78~81쪽)

現行本 ≪孔傳古文尙書≫ 〈序〉에는 孔安國의 '隸古定'이 언급되어 있다. 여기서 '隸古定'이란, 당시 隸書나 楷書의 필법으로 古文(실제로는 6國 文字)의 字形을 그대로 따라 써서 정리한 것을 의미한다. 따라서 古文字를 隸書로 바꾸어 기록한 것이 아니다. 즉 '隸古'[63]는 이 결과로 특수하게 만들어진 字體이며, '定'은 動詞로 쓰인 것이다. 또한 이러한 字體를 '隸古定'이라고도 한다. 그런데 '隸古定'의 '隸'는 '正楷'와 동일하게 볼 수 있으며, 이 '正楷'의 개념이 東漢 말기에서 魏晉代 이후에야 보편화되었으므로, '隸古定'이 西漢代에 비롯되었다고 보기 어렵다. 이를 근거로 ≪孔傳古文尙書≫를 僞書라고 주장하기도 한다.[64]

(4) 그 밖의 문제

古文 25篇과 〈孔序〉・孔傳・書序는 後代人의 僞作으로 확인되었다. 즉 〈孔序〉와 孔傳은 孔安國의 著作이 아니며, 書序도 孔子의 著作이 아니다.

이 중 書序에 대한 다양한 說이 있어 왔는데, 淸代 朱彝尊은 孔子의 著作說(劉歆・班固・馬融・鄭玄・王肅・魏徵・程顥・董銖), 역대 史官들이 서로 주고받았다는 說(林光朝・馬廷鸞), 齊・魯의 儒生들이 차례대로 붙여서 만들었다는 說(金履祥), 孔子와 孔門의 著作說을 부정하는 說(朱子・蔡沈)을 소개하였다. 그런데도 여전히 孔子 著作說만을 옹호하는 학자들이 있으나, 현재는 적지 않은 학자들이 孔子 이전에 성립된 역대 史官의 글로 보고 있다. 따라서 孔子 著作說은 타당성이 낮을 뿐만 아니라, 書序가 伏生本에 포함되어 있었다는 것도

62) 王國維, ≪觀堂集林≫, 河北敎育出版社, 2003, 151~153쪽.

63) '隸古'는 본래 古文字에서 '隸定'을 거치며, 그 결구와 필법 등에 변화를 보인다. 이 결과 난해하고 奇怪한 文字가 생겨나, 隸古定本은 奇字가 적은 本과 많은 本의 두 계열로 발전하는 양상을 보였다. 奇字가 적은 本은 晉나라에서 南朝의 宋나라와 齊나라에 전해져서, 陸德明이 '宋齊舊本'이라고 칭하였다. 이는 원래 徐邈・李軌의 ≪音釋≫이 있었는데, 陸德明이 쇄신하여 〈音義〉를 지었다. 그리고 奇字가 많은 本은 언제부터 나타났는지는 자세히 알 수는 없으나, 奇字가 적은 本보다는 비교적 늦게 나와 隋唐 교체기에 광범위하게 流傳된 것으로 여겨진다. ≪經典釋文≫ 〈序錄〉을 통해, 이 兩種의 本은 唐代 초기에 모두 유행된 것으로 짐작된다. 그런데 당시 '宋齊舊本'을 ≪尙書≫의 眞本으로 오해하여, 晉代에서 唐代 天寶 연간 이전까지 正統의 本으로 삼았다. 한편 唐代 衛包 이전에 晉代 范甯이 이미 隸古定本을 당시 今字體(楷書)로 바꾸었다고 전해지나, 唐代에 이르러서는 失傳되었다.(劉起釪, 〈尙書的隸古定本, 古寫本〉, ≪史學史資料≫, 第三期, 1980, 39쪽 ; 李民・王健, 앞의 책(2004), 24쪽)

64) 顧廷龍, 〈尙書文字合編 前言〉, ≪燕京學報≫, 新二期, 北京大學出版社, 1996, 82~83쪽 ; 劉起釪, 앞의 논문(1980), 38~39쪽.

재고되어야 한다.[65)]

4) ≪尙書≫의 대표적 注釋書로서, 蔡沈의 ≪書經集傳≫과 비교

앞서 설명한 바와 같이, 唐代 官撰書로서 ≪五經正義≫는 南北의 經說을 통일하기 위해, 南學을 위주로 北學을 참고하여 만들어졌다. 본래 ≪五經正義≫ 이전에는 陸德明의 ≪經典釋文≫과 顔師古의 ≪五經定本≫이 주류를 이루었다. 그런데 이 두 책의 저자인 陸德明과 顔師古는 모두 南方 출신으로, ≪五經正義≫도 이러한 영향을 받아 南學을 따르게 되었다. 이 과정에서 前代의 義疏 형식이 채택되어, 經에 대해 注를 하고 다시 注에 대하여 疏를 하였다. 대체로 注는 南學의 것을, 疏는 南北學의 것을 아울렀으나, 注가 南學이면 가능한 疏는 北學을 따르는 방식으로 균형을 이루고자 하였다. 이 결과 ≪五經正義≫에 속한 ≪尙書正義≫도 이 체제에 따라 편찬되었다. 또한 孔穎達의 〈尙書正義序〉에 의하면, 隋代 초기에 ≪孔傳古文尙書≫가 河朔에 유입되어, 蔡大寶·巢猗·費甝·顧彪·劉焯·劉炫 등이 正義를 지은 것으로 되어있다. 이와 같은 前代의 經說을 가지고, 唐代 王德韶·李子雲 등이 정리하여 ≪尙書正義≫를 제작하였다.[66)]

≪五洲衍文長箋散稿≫에 의하면, 朱熹는 주로 四家의 注를 취하였다. 그러나 四家인 王安石은 穿鑿하고, 蘇軾은 簡略하며, 呂祖謙은 考證하고, 林之奇는 煩多하였다. 이 때문에 朱熹는 그의 제자인 蔡沈에게 ≪書經集傳≫을 완성하게 하였다. 그런데 이 ≪書經集傳≫은 독창적으로 注釋을 지어낸 것이 아닌, 이 四家의 注를 중심으로 流傳하는 經說을 수집하여 정리한 것으로 集注(集釋·集解)의 형태로 만들어졌다. 그리하여 이를 두고 元·明代에는 蔡沈의 ≪書經集傳≫을 중시하는 時義派와 漢·唐代의 여러 注疏를 중시하는 古義派로 나뉘게 되었다. 이후 明代 胡廣 등이 ≪五經大全≫을 편찬할 때, ≪書經集傳大全≫의 경우 蔡沈의 ≪書經集傳≫을 기본서로 하고 여러 學說을 모아 집대성하였다. 그러나 이 ≪五經大全≫은 淸代 顧炎武 등에 의하여 표절로 비난을 받았으며, ≪四庫全書總目提要≫에서는 ≪書經集傳大全≫이 陳櫟의 ≪尙書集傳纂疏≫·陳師凱의 ≪書蔡傳旁通≫을 모아서 만든 것이라고 평하였다. 그 결과 동일한 官撰書의 위치에 있으면서, 明代 ≪五經大全≫은 唐代 ≪五經正義≫보다 못하다고 평가받고 있다.[67)]

---

65) 徐復觀, 앞의 책(2007), 174~177쪽 ; 李民·王健, 앞의 책(2004), 33~34쪽 ; 金學主, ≪새로 옮긴 書經≫, 明文堂, 2012, 30쪽.

66) 蔣伯潛·蔣祖怡, 앞의 책(2002), 372~374쪽.

67) 何耿鏞, 앞의 책(1992), 168~169쪽 ; 蔣伯潛·蔣祖怡, 위의 책(2002), 396쪽.

5. ≪尙書≫가 우리나라에 끼친 영향

1) 尙書學史

우리나라는 일찍부터 中國과의 교류로, ≪尙書≫를 三國시대 이전에 이미 수입한 것으로 추정된다. 또한 三國시대·南北國시대에는 ≪尙書≫를 포함한 교육 과정이 이미 국가 기관에서 시행되고 있어, ≪尙書≫가 국가 차원에서 존숭되었음을 알 수 있다. 이 밖에도 전해지는 壬申誓記石[68]과 ≪三國史記≫·≪三國遺事≫에 수록된 薛聰의 方言으로, ≪尙書≫가 보편적으로 읽혔음을 알 수 있다. 또한 百濟에서는 4세기에 博士 王仁이 ≪論語≫와 ≪千字文≫을 일본에 전하였고, 6세기에 五經博士가 일본에 파견되어, ≪尙書≫도 이 시기를 전후로 일본에 전파[69]된 것으로 보인다. 한편 唐代 高宗이 永徽 4년(653)에 ≪五經正義≫를 천하에 반포하였으므로, 동시대인 三國시대 말기 즈음에 ≪尙書正義≫가 우리나라에 유입된 것으로 보인다. 이는 三國統一 이후 入唐留學生이 크게 늘어난 것으로 볼 때, 이미 前代에 唐나라의 교육 체제를 수용한 것으로 짐작되기 때문이다. 이와 같은 前代의 역량을 기반으로, 憲德王 13년(821)에 金雲卿이 唐나라의 賓貢科에 최초로 급제할 수 있었고, 이후 崔致遠 등의 임용자가 많이 배출될 수 있었던 것으로 판단된다.

이후 高麗시대에도 ≪尙書≫는 국가 기관에서 교육되었으며, 과거시험의 과목으로도 편제되었다. 高麗 초기 太祖(877~943)의 〈訓要十條〉 등 여러 문헌에는 ≪尙書≫의 내용이 들어 있어, 당시 ≪尙書≫의 위상을 알 수 있다. 그리고 이 시대에는 前代를 계승하여 ≪尙書正義≫가 자리를 잡아 폭넓게 읽혀진 것으로 보인다. 그러나 高麗 말기 朱子學이 도입되면서, ≪尙書≫에 관한 기본서가 孔穎達의 ≪尙書正義≫에서 蔡沈의 ≪書經集傳≫ 중심으로 전환되었다.

그 결과 朝鮮시대에는 ≪書經集傳≫이 풍미하여, 현재에까지 영향을 주고 있다. 朝鮮 초기에서 중기까지는, 權近을 비롯한 대다수의 학자들이 ≪書經集傳≫을 종주로 삼고 朱子學적인 ≪尙書≫ 해석을 하였으며, 중기에서부터는 當代 斯文亂賊으로 지목된 尹鑴·朴世堂 등이 ≪書經集傳≫에 대한 비판에 나서며, 脫朱子學적 ≪尙書≫ 해석을 시도하였다. 이러

68) 壬申誓記石에 "≪詩≫·≪尙書≫·≪禮記≫·傳을 차례로 습득하기를 맹세하되 3년으로 하였다.〔詩尙書禮傳倫得誓三年〕"라고 되어있다.

69) 秦 始皇이 파견한 徐福 일행에 의해, 日本에 ≪尙書≫가 이미 유입되었을 가능성도 있다.(劉起釪, ≪日本的尙書學與其文獻≫, 商務印書館出版, 1997, 1~2쪽 ; 竹內照夫, 이남희 譯, ≪동양철학의 이해≫, 까치, 1991, 237쪽)

한 추세를 이어, 朝鮮 후기에는 李瀷·丁若鏞·洪奭周·金正喜 등이 ≪尙書正義≫를 근간으로 淸代 考證學 등의 다양한 학문을 수용해서, ≪尙書≫를 문헌 비평학적으로 연구하여 독창적인 업적을 이루었다.70)

2) ≪尙書≫ 및 ≪尙書正義≫의 영향

≪尙書≫는 대개 君王의 修身·治道의 원리와 古代 統治制度에 영향을 주었다. 그뿐만 아니라 孔子의 刪定을 거치며 聖人의 大經으로서, 君王 외의 私人에게도 본받을 만한 常道로 인식되었다. 이로 인해 ≪尙書≫를 학문의 영역으로 연구하는 경향이 심화되어, 다양한 ≪尙書≫ 注釋本과 諺解本이 간행되기도 하였다.

한편 ≪尙書正義≫는 앞서 언급한 바와 같이, 高麗 말기 이전까지는 가장 권위 있는 注釋書로 중시된 것으로 보이나, 문헌의 부족으로 그 위상을 자세히 고찰하기가 어렵다. 그러나 李齊賢의 ≪益齋集≫에서 "唐虞의 揖讓은 千古에 으뜸이다.〔唐虞揖讓冠千古〕"라고 하는 등 ≪尙書≫와 관련된 사항들이 詩句로 인용되어 있어, 당시 ≪尙書≫가 지식인들 사이에서는 이미 보편화되어 있었음을 미루어 알 수 있다. 그리고 朝鮮시대에 비록 宋代 ≪書經集傳≫과 明代 ≪書經集傳大全≫이 주류를 이루었으나, 전해오는 문헌상에서 여러 학자가 ≪尙書正義≫와 관련된 사항을 언급한 것으로 볼 때, ≪書經集傳≫ 이전에 기본서로 뿌리 내린 ≪尙書正義≫의 위상이 여전히 지속되었음을 알 수 있다. 그 사례들을 살펴보면 다음과 같다.

麗末鮮初의 학자인 權近은, ≪五經淺見錄≫ 〈書淺見錄〉에서 ≪尙書正義≫의 내용에 공감하는 자신의 의견을 진술하였다. "蔡沈의 ≪書經集傳≫ 〈甘誓〉에서 '≪史記≫에 「啓가 즉위하자 有扈가 복종하지 않거늘, 드디어 멸망시켰다.」고 하였는데, 唐나라 孔穎達이 따라서 이르기를 「堯·舜은 禪讓을 하였는데, 啓만이 아버지를 이어 즉위하였기 때문에 복종하지 않은 것이다.」고 하였으니, 또한 억측을 했을 뿐이다.'고 하였다. 그러나 내가 살펴보건대, 예로부터 불법을 자행하는 신하가 장차 不義를 저지르려고 하면, 반드시 구실거리를 만들었다. 三代 적에도 역시 마찬가지였으니, 周公이 攝政하자 三監이 '周公이 장차 孺子에게 불리한 존재가 될 것이다.'라고 유언비어를 퍼뜨린 경우와 같은 것이 바로 이것이다. 啓가 왕위에 오르자 有扈가 복종하지 않았으니, 唐나라 孔穎達의 말이 혹 맞는 듯하다."고 하였다.

---

70) 金萬鎰, ≪朝鮮 17~18세기 尙書 解釋의 새로운 경향≫, 경인문화사, 2007, 44~60쪽 ; 朴鍾赫·張昌虎, ≪사서 삼경의 이해≫, 국민대학교출판부, 2006, 190~191쪽.

朝鮮 중기 金長生은, ≪經書辨疑≫ 〈書傳〉에서 孔安國의 傳을 언급하였다. "孔安國은 '舜의 부친은 눈을 가졌어도 능히 좋은 일과 나쁜 일을 분변하지 못했기 때문에, 당시 사람들이 그를 장님이라 일렀다.'고 했다."는 구절은 ≪尙書正義≫의 孔傳과 일치하므로, 金長生 역시 ≪尙書正義≫를 읽은 것으로 보인다.

朝鮮 후기로 오면 朱子學에서 일탈하여, 좀더 많은 학자들이 ≪尙書正義≫에 대해 거론하는 것을 볼 수 있다. 尹鑴는 ≪讀書記≫ 〈讀尙書〉에서 "蔡傳에서 '太甲은 仲壬의 靈柩 앞에서 즉위하였다.'고 말하면서 孔傳에서 '湯이 서거하자 殯所에 奠祭를 올렸다.'고 한 말을 배척하였는데, 孔傳의 말은 바꿀 수 없을 듯하다."고 하며, ≪書經集傳≫보다 ≪尙書正義≫를 옹호하는 입장을 나타냈다. 그리고 朴世堂은 ≪思辨錄≫ 〈尙書〉에서 "唐나라 孔穎達은 '죄가 있는 자는 변명할 말이 없고 죄가 없는 자는 변명할 말이 있건만, 아울러 모두 죄를 주어 차별함이 없었다.'고 하였다."고 하였으며, "蔡傳에서는 '司政을 典獄이다.' 하고, 漢나라 孔安國은 '諸侯이다.'고 하였다."라고 하는 등 ≪尙書正義≫의 내용 및 ≪書經集傳≫과의 차이점을 지적하였다.

이들 외에도 林泳과 李瀷은 鄭玄의 說과 ≪尙書正義≫를 비교하기도 하였으며, 李衡祥과 李顯益은 ≪尙書正義≫에 대한 자신의 소견을 진술하기도 하였다.

林泳의 ≪讀書箚錄≫ 〈書傳〉에서 "'我之不辟'에서의 '辟'을 '避'로 읽는 것은 鄭玄의 說이고, 本字로 읽은 것은 漢나라 孔安國의 說이었다."라고 하였으며, 李瀷은 ≪星湖疾書≫ 〈書經疾書〉에서 "正義에서 '周公이 일찍이 王政을 攝行하다가 다시 신하의 자리에 있게 되자, 그 마음이 기쁘지 않았다.'고 하였는데, 正義는 鄭玄의 저작이니, 孔穎達이 그것을 인용한 것이지, 孔穎達의 말이 아니다."라고 하였다. 李衡祥은 ≪瓶窩講義≫ 〈尙書〉에서 "唐나라 孔穎達은 '王은 淮夷를 치고 魯나라는 徐戎을 쳤다.'고 하였으니, 그렇다면 魯나라는 혹시 王을 도와 征討했던 것인가."라고 하였다. 또한 李顯益은 ≪正菴集≫ 〈書傳說〉에서 "孔穎達이 ≪世本≫에 '堯는 바로 黃帝의 玄孫이고, 舜은 바로 黃帝의 8代孫이다.'라고 한 것을 가지고, '堯의 딸은 舜의 曾祖에게 四從姊妹가 되므로 아내가 될 수 없다.'고 하면서 ≪世本≫의 오류를 의심하였으니, 그의 말이 옳다."라고 하였다.

이상과 같이 여러 학자들이 孔安國의 傳과 孔穎達의 疏를 인용한 점을 미루어서, 朝鮮시대 학자들도 ≪尙書正義≫의 중요성을 익히 알고 이를 섭렵한 것으로 볼 수 있다. 또한 正祖(1752~1800)가 經學을 권장한 시기를 전후로, 李瀷의 ≪書經疾書≫ · 丁若鏞의 ≪梅氏書平≫과 ≪尙書古訓≫ · 洪奭周의 ≪尙書補傳≫ · 金正喜의 ≪尙書今古文辨≫ 등 본격적인 注釋書가 등장하여, 前代 ≪尙書正義≫에 대한 연구의 맥이 이어진 것으로 평가할 수 있다. 이 중 丁若鏞의 ≪梅氏書平≫과 ≪尙書古訓≫은 ≪尙書正義≫를 기반으로 孔傳·孔疏와 蔡傳의 오류를 바로잡았을 뿐만 아니라, 그들이 미처 생각하지 못한 심오한 의미까지 찾아서 보완하였다. 이외에도 申綽이 梅賾本인 ≪孔傳古文尙書≫ 이전의 古文本을 복원하고 隸書로 필사한 ≪古尙書≫와, 漢·魏代 經學家들의 學說을 集注한 ≪尙書古注≫는, ≪尙書正義≫에 비견되는 秀作으로 평가되고 있다.

6. 結 言

現代의 다양한 학문은 古代 哲學(神學을 포괄하는 광의의 哲學)을 원류로 하고 있다. 그리고 그 哲學은 東洋·西洋으로 각기 발전해나갔으며, 그중 東洋에서는 儒家·道家·佛家가 주류를 이루었다. 여기서 특히 儒家에서는 經學이 가장 기본이 되며, 그 經學의 근본은 書에서 출발하고 있다. 이 書는 文字 이전 古代 說話를 포괄하는 광의의 '書'에서 孔子의 刪定을 거친 협의의 '書'로 변모하면서 '尙書'와 '書經'으로 지칭되었다.

이러한 광의의 書에서 유래된 ≪尙書≫는 上古시대의 문화발전을 보여주는 古代 문헌의 鼻祖라고 할 수 있다. 또한 宗教·哲學·歷史·文學·社會·政治·經濟·地理·科學·言語 등의 문화 全面의 유산을 담고 있어, 동아시아 古代 문화 연구의 始終을 총괄하는 문헌이라 할 수 있다. 특히 近現代에 들어서 考古學이 발전하면서, 실제 今文本 ≪尙書≫의 진실성으로 입증되고 있다. 비록 古文本 ≪尙書≫에 僞作이 있더라도, 東晉代에서 現代에 이르기까지 지대한 영향을 주었기 때문에, 여전히 연구할 가치가 있다.[71] 또한 ≪尙書≫는 諸子百家에 영향을 주었으며, 특히 〈洪範〉의 경우 春秋시대 儒家에서 孔子·曾子를 거쳐, 戰國시대 子思의 〈中庸〉과 〈五行〉에 직접 영향을 주어, 이후 孟子가 발전시켜 宋代 朱熹에 이르러 性理學의 근저가 되었다.[72] 따라서 ≪尙書≫는 時空을 초월한 思想의 근간이 되는 동아시아 古文書學(실용 문헌)의 公文書와 書誌學(비실용 문헌)의 經으로서, 標準이 되

71) 李民·王健, 앞의 책(2004), 29쪽 ; 成百曉, ≪書經集傳 上≫, 傳統文化硏究會, 1998, 6~7쪽.
72) 李學勤, 앞의 책(1996), 468~478쪽.

	〈洪範〉	〈中庸〉	〈五行〉
土(中)	思曰睿, 睿作聖	聰明睿知, 足以有臨也	聖
金(西)	聽曰聰, 聰作謀	寬裕溫柔, 足以有容也	仁
火(南)	言曰從, 從作乂	發强剛毅, 足以有執也	義
水(北)	貌曰恭, 恭作肅	齊莊中正, 足以有敬也	禮
木(東)	視曰明, 明作哲	文理密察, 足以有別也	智

는 最古이면서 最高의 文獻으로 평가할 수 있다.

本書인 ≪尙書正義≫는 淸代 阮元이 편찬한 十三經注疏 중의 하나로, 唐代 孔穎達이 定本으로 삼은 東晉 梅賾의 ≪孔傳古文尙書≫를 標準 底本으로 하고 있다. 이 ≪尙書正義≫는 中國 文化思想史에서 官撰書로서 最高의 위치를 차지하는 ≪五經正義≫에 속한 기본 經書이기도 하다. 따라서 本書를 통해 東洋學에 입문하고자 하는 이들에게는, 동아시아 문화의 始原을 이해하고, 당시 구어체의 특성을 반영한 문어체로서의 公文書 격식을 그대로 익힐 수 있는, 유의미한 연구서 및 학습서라고 할 수 있겠다.

≪尙書≫ 篇目 비교표

書別	篇	書序百篇	尙書大傳	大小夏侯本	歐陽本	孔壁本	史記	馬鄭本		孔傳古文本		
		張霸	今文27	今文29	今文31	古文58	今文68	今34	古24	今33	古25	書序
		据馬鄭本	輯本不完全	今文28 +泰誓1	今文28 +泰誓1 +盤庚2	今文34 +逸24		伏生29 +盤庚2 泰誓3	逸16 +九共8	伏生29 +盤庚2 舜典1 益稷1	僞25	序63
虞書·夏書	1	堯典	1	1	1	1	1	1		1		15
	2	舜典				[2]			2	2		16
	3	汩作				[3]			3			
	4	九共				[4]			4			
	5	九共				[5]			5			
	6	九共				[6]			6			
	7	九共				[7]			7			
	8	九共	2			[8]			8			1
	9	九共				[9]			9			
	10	九共				[10]			10			
	11	九共				[11]			11			
	12	九共				[12]			12			
	13	槀飫										
	14	大禹謨				[13]			13		3	
	15	皐陶謨		2	2	14	2	14		4		3
	16	益稷				[15]棄稷			15棄稷	5		
	17	禹貢	3	3	3	16	3	16		6		17
	18	甘誓		4	4	17	4	17		7		18
	19	五子之歌				[18]	5		18		8	19

	20	亂征				[19]	6		19		9	20
商書	21	帝告	4				7					11
	22	釐沃										
	23	湯征					8					21
	24	汝鳩					9女鳩					12
	25	汝方					10女房					
	26	夏社					11					4
	27	疑至										
	28	臣扈										
	29	湯誓	5	5	5	20	12	20		10		22
	30	典寶				23	13		21			23
	31	仲虺之誥					14中壨作誥				11	24
	32	湯誥				[21]	15		22		12	25
	33	咸有一德				[22]	16		23		17	亡
	34	明居					17					亡
	35	伊訓				[24]	18		24		13	5
	36	肆命				[25]	19		25			
	37	徂后					20					
	38	太甲					21太甲訓				14	6
	39	太甲									15	
	40	太甲									16	
	41	沃丁					22					26
	42	咸乂					23					2 咸沃
	43	咸乂										
	44	咸乂										
	45	咸乂										
							24大戊					
	46	伊陟										13
	47	原命				[26]	25		26			
	48	仲丁					26					27
	49	河亶甲										28
	50	祖乙										29
	51	盤庚	6	6	6	27	27	27		18		7
	52	盤庚			7	28		28		19		
	53	盤庚			8	29		29		20		

	54	說命					28				21	8
	55	說命									22	
	56	說命									23	
	57	高宗肜日	7	7	9	30	29	30		24		14
	58	高宗之訓					30訓 (高宗之訓)					
	59	西伯戡黎	8西伯戡耆	8	10	31	31西伯伐饑國	31		25		30
	60	微子	9	9	11	32	32	32		26		31
周書	61	泰誓(太誓)	10	10	12	33	33	33			27	9
	62	泰誓				34		34			28	
	63	泰誓				35		35			29	
	64	牧誓		11	13	36	34	36		30		32
			11大戰				35克殷					
	65	武成				[37]	36		37		31	33
	66	洪範(洪范)	12	12	14	38	37	38		32		34
	67	分器					38分殷之器物					35
	68	旅獒				[39]	39度邑		39		33	36
	69	旅巢命										37
	70	金縢	13	13	15	40	40	40		34		38
							41戒伯禽					
	71	大誥	14	14	16	41	42	41		35		39
	72	微子之命					43				36	40
	73	歸禾					44歸禾(餽禾)					41
	74	嘉禾	15				45					42
			16揜誥									
	75	康誥	17	15	17	42	46	42		37		10
	76	酒誥	18	16	18	43	47	43		38		
	77	梓材	19	17	19	44	48	44		39		
	78	召誥	20	18	20	45	49	45		40		43
	79	雒誥	21	19	21	46	50	46		41洛誥		44
	80	多士	22	20	22	47	51	47		42		45
	81	無逸	23毋逸	21毋劮	23毋劮	48毋逸	52無逸(無佚)	48		43		亡
	82	君奭		22	24	49	53	49		44		46
	83	成王政					54					47
	84	將蒲姑					55					48
	85	多方	24	23	25	50	56	50		46		49

	86	周官					57				48	50
	87	立政		24	26	51	58	51		47		亡
	88	賄息愼之命					59					51賄肅愼之命
	89	亳姑										52
	90	君陳									49	53
	91	顧命		25	27	52	60	52		50		54
	92	康王之誥				53	61康誥	53		51		55
	93	畢命					62				52	56
	94	君牙									53	57
	95	冏命	25臩命			54臩命 (54 boxed)	63臩命		54臩命		54	58
	96	蔡仲之命					64				45	59
	97	柴誓	26鮮誓	26	28	55	65肹誓	55			57費誓	60
	98	呂刑	27甫刑	27	29	56	66甫刑	56			55	61
	99	文侯之命		28	30	57	67晉文侯命	57			56	62
	100	秦誓		29	31	58	68	58			58	63
書序		書序兩篇			書序一篇	書序一篇		書序一篇		書序分各篇		

※ 劉起釪의 ≪尙書學史≫에 있는 표를 재정리한 것이다.(逸書 24篇은 □로 표시)

참고 문헌

1) 國外 도서 및 논문

姜廣輝 主編, ≪中國經學思想史≫ 제1권, 中國社會科學出版社, 2003.

顧廷龍, 〈尙書文字合編 前言〉, ≪燕京學報≫, 新二期, 北京大學出版社, 1996.

奚椿年, ≪中國版本文化叢書 : 中國書源流≫, 江蘇古籍出版社, 2010.

董治安 主編, ≪古文獻學基礎知識叢書 經部要籍概述≫, 江蘇教育出版社, 2008.

富谷至, 林炳德 譯, ≪목간과 죽간으로 본 중국 고대 문화사≫, 사계절출판사, 2005.

徐復觀, 高在旭·金哲運·兪成善 譯, ≪中國經學史의 基礎≫, 강원대학교출판부, 2007.

成百曉, ≪書經集傳≫上, 傳統文化硏究會, 1998.

梁晨, 〈論阮元硏究≪尙書≫的成就與方法〉, ≪蘭台世界≫, 第36期, 2012.

王國維, ≪觀堂集林≫, 河北教育出版社, 2003.

衛文選, ≪中國歷代官制簡表≫, 山西人民出版社, 1987.

劉起釪, 〈尙書的隷古定本, 古寫本〉, ≪史學史資料≫, 第三期, 1980.
———, ≪尙書學史≫, 中華書局, 1989.
———, ≪日本的尙書學與其文獻≫, 商務印書館出版, 1997.
李民・王健, 〈前言〉, ≪尙書譯注≫, 上海古籍出版社, 2004.
李致忠, ≪中國古代書籍≫, 中國國際廣播出版社, 2010.
李學勤 主編, ≪十三經注疏・尙書正義≫, 北京大學出版社, 1999.
蔣伯潛・蔣祖怡, 崔錫起・姜貞和 譯, ≪儒敎 經典과 經學≫, 景仁文化社, 2002.
鄭傑文・傅永軍, ≪經學十二講≫, 中華書局, 2007.
趙吉惠・郭厚安・趙馥浩・潘策, 김동휘 譯, ≪中國儒學史≫ 2권, 신원문화사, 1997.
朱淵淸, 金慶浩 譯, ≪중국출토문헌자료와 학술사상≫, 주류성출판사, 2010.
竹內照夫, 이남희 譯, ≪동양철학의 이해≫, 까치, 1991.
皮錫瑞, 李鴻鎭 譯, ≪中國經學史≫, 同和出版公社, 1984.
胡淀咸, 〈釋史〉, ≪中國古代史論叢≫, 第1輯, 福建人民出版社, 1981.
何耿鏞, 장영백・조관희・김애영・박덕교・전영숙 譯, ≪經學槪說≫, 청아출판사, 1992.
M. Loewe, 李學勤 譯, ≪中國古代典籍導讀≫, 遼寧省敎育出版社, 1997.

2) 한국서 및 논문

金萬鎰, ≪朝鮮 17~18세기 尙書 解釋의 새로운 경향≫, 경인문화사, 2007.
金學主, ≪새로 옮긴 書經≫, 明文堂, 2012.
朴鍾赫・張昌虎, ≪사서 삼경의 이해≫, 국민대학교출판부, 2006.
沈慶昊, ≪漢學入門≫, 황소자리출판사, 2007.
李敦柱, ≪漢字學總論≫, 博英社, 2004.
林東錫, ≪中國學術綱論≫, 高麗苑, 1986.

凡 例

1. 본서는 十三經注疏 중 ≪譯註 尙書正義≫의 제1책이다.
2. 본서의 底本은 阮元 校刻本 ≪尙書正義≫(淸 嘉慶 21년(1816) 阮元 校刻 十三經注疏, 中華書局, 2009, 이하 '阮刻本'으로 약칭)로 하되, 北京大 整理本 ≪尙書正義≫(十三經注疏整理委員會 整理, 北京大學出版社, 2000, 이하 '北京大本'으로 약칭)과 上海古籍 整理本 ≪尙書正義≫(黃懷信 整理, 上海古籍出版社, 2007)를 참고하였다.
3. 본서의 書名은 底本인 阮刻本의 〈重刻宋板注疏總目錄〉에는 '尙書正義'로, 卷次名에는 '尙書注疏'로 되어있다. 그런데 阮刻本의 〈重刻宋板注疏總目錄〉과 ≪四庫全書總目提要≫ 등에는 '尙書正義'로 되어있고, 국내외 학자들의 견해도 '尙書正義'가 적정하다고 밝히고 있어, 본서의 書名은 '尙書正義'로 하고, 卷次名은 서본대로 '尙書注疏'로 하였다.
4. 본서는 원전의 傳統性과 번역의 現代性을 구현하기 위해 노력하였다.
5. 原文의 經과 傳은 우리나라 전통 방식으로 懸吐하였다. 전통적으로 교육적 차원에서 암송을 위해 經에만 懸吐하고 小註나 疏에는 懸吐하지 않았다. 또한 疏는 經에 대한 字句 해석이 중심이므로, 본서에서도 간략하게 標點만 하였다.
6. 原文은 저본의 體制에 따라 經, 傳, 疏를 구분하고, 經은 大字로 표기하고, 傳과 疏는 【傳】과 【疏】로 표시하여 구분하였다.
7. 孔安國의 書序(小字)는 孔穎達의 說에 따라 經과 같이 大字로 표기하였다.
8. 原文의 分節은, 經과 傳은 저본의 분절을 따르고, 疏는 단락이 길 경우 의미 단락에 따라 역자 재량으로 분절하였다.
9. 저본의 反切 注는 생략하되, 문맥을 이해하기 위해 필요한 경우에만 살리고, 讀音이 특수하거나 僻字인 경우에는 ( ) 속에 한글로 音을 달아주었다.
10. 疏에서 설명 대상으로 인용한 經과 傳의 단어나 구절은 번역하지 않고 원문 그대로 〔 〕 속에 넣어주었다.

    예 〔若 順〕 ≪爾雅≫ 〈釋言〉의 글이다.
11. 飜譯은 原義에 충실하게 하되, 이해가 어려운 부분은 意譯 또는 補充譯을 하였다.

12. 飜譯文은 한글과 漢字를 混用하였으며, 맞춤법과 띄어쓰기는 한글 맞춤법과 표준어 규정을 따르는 것을 원칙으로 하였다.
13. 譯註는 故事, 官職, 校勘, 難解語, 역사적 사건, 人物, 인용문의 出典, 전문용어, 制度, 異說 등에 관한 사항을 밝혔다.
14. 校勘은 원문의 衍字, 誤字, 脫字, 倒文 등을 대상으로 하였다.
15. 校勘은 저본인 阮刻本의 校勘記 중 꼭 필요한 것만 선택하여 譯註에 반영하였다. 그 외에도 北京大本을 비롯한 여러 原典 자료를 참고하였으며, 이를 譯註에 밝혔다.
16. 阮刻本에서 校勘에 참고한 書目의 略稱은 다음과 같으며, 본서의 校勘註에도 약칭으로 표기하였다.
    - 葛本 : 明나라 崇禎 연간(1636~1643)의 永懷堂本
    - 古本 : 唐나라 이전 本으로 日本 足利學校에 所藏된 書寫本
    - 九經誤字 : 明末淸初 顧炎武(1613~1682) 撰, 唐石經으로 明監本을 校勘
    - 群書拾補 : 淸나라 盧文弨(1717~1795) 撰
    - 唐石經 : 唐나라 開成(836~840) 연간의 石刻本
    - 明監本 : 明나라 神宗 시기(1563~1620) 北國子監 刊行本
    - 毛本 : 明나라 崇禎(1628~1644) 연간의 毛晉의 汲古閣 校刊本
    - 閩本 : 明나라 嘉靖(1522~1566) 연간의 閩中御史 李元陽의 校刊本
    - 尙書纂傳 : 元나라 王天與(?~?) 撰
    - 石經考文提要 : 乾隆 56년(1791)의 石經을 바탕으로 工部尙書 彭元瑞(1731~1803) 撰
    - 釋文 : 唐나라 陸德明(550?~630)의 ≪經典釋文≫
    - 宋石經 : 宋臨安石經, 南宋 紹興(1131~1162) 연간의 石刻本
    - 宋板 : 北宋(960~1127) 말기에 板刻, 日本 山井鼎(1690~1728)의 ≪七經孟子考文≫에서 인용
    - 十行本 : 南宋(1127~1279) 시기 刊行本
    - 岳本 : 廖氏의 世綵堂本에 대한 岳珂(1183~1243)의 校勘本
    - 六經正誤 : 宋나라 毛居正(?~?) 撰
    - 七經孟子考文 : 日本人 山井鼎(1690~1728) 撰
    - 浦鏜 : 淸나라 때의 학자 浦鏜(?~1762)의 ≪十三經注疏正字≫
17. 孔安國의 傳은 '孔傳', 孔穎達의 '疏'는 '孔疏', 蔡沈의 傳은 '蔡傳'으로 약칭하였다.
18. 본서의 校勘에 사용된 符號는 다음과 같다.

( )〔 〕: (저본의 誤字)〔교감한 正字〕

〔 〕: 저본의 脫字 보충

( ) : 저본의 衍字 삭제

19. 본서에 사용된 주요 符號는 다음과 같다.

" ": 對話, 각종 引用

' ': " " 안에서 再引用, 强調

「 」: ' ' 안에서 再引用, 强調

( ) : 원문에서는 讀音이 특수한 글자나 僻字의 音
번역문에서는 간단한 譯註

〔 〕: 번역문과 뜻은 같으나 音이 다른 漢字나 句節, 譯註에서 인용한 原文, 疏에서 설명 대상으로 제시한 經이나 傳의 단어나 구절

≪ ≫ : 書名이나 典據

〈 〉: 篇章名, 作品名, 補充譯

【 】: 傳과 疏의 표시

○ : 저본에 사용된 단락 구분 표시 遵用

20. 본서의 疏에 사용한 標點符號는 中國의 출판본에 이미 상세하므로, 한국에서 재래로 사용해오던 표점방식을 보완하여, 文理의 이해를 돕는 정도로 간략히 하였다. 본서에 사용한 標點符號는 다음과 같다.

. : 문장의 종결

, : 한 문장 안에서 句나 節의 구분이 필요한 곳

· : 대등한 명사나 구절의 병렬

" ": 1차 인용, 대화

' ': 2차 인용, 대화, 강조, 經과 傳의 단어나 구절을 인용한 부분

「 」: 3차 인용, 2차 인용 안에서 대화·강조

: : 疏 내용을 포괄하는 '正義曰' 뒤에 사용

參考文獻

◇ 底本 관련 자료

- ≪尙書正義≫, 阮元(淸) 校刻, 十三經注疏(淸 嘉慶刊本), 中華書局, 1998.
- ≪尙書正義≫, 十三經注疏整理委員會 整理, 北京大學出版社, 2000.
- ≪尙書正義≫, 黃懷信 整理, 上海古籍出版社, 2007.
- ≪尙書正義≫, 尙書注疏, 欽定四庫全書, 迪志文化出版, 2006.

- ≪古文尙書考≫, 惠棟(淸) 著, 皇淸經解, 鳳凰出版社, 2008.
- ≪古文尙書寃詞≫, 毛奇齡(淸) 撰, 欽定四庫全書, 迪志文化出版, 2006.
- ≪古文尙書撰異≫, 段玉裁(淸) 撰, 皇淸經解, 鳳凰出版社, 2008.
- ≪今文尙書經說考≫, 陳喬樅(淸) 撰, 皇淸經解續編, 鳳凰出版社, 2008.
- ≪讀書管見≫, 王充耘(元) 撰, 欽定四庫全書, 迪志文化出版, 2006.
- ≪尙書講義≫, 史浩(宋) 撰, 欽定四庫全書, 迪志文化出版, 2006.
- ≪尙書古文疏證≫, 閻若璩(淸) 撰, 欽定四庫全書, 迪志文化出版, 2006.
- ≪尙書考異≫, 梅鷟(明) 撰, 欽定四庫全書, 迪志文化出版, 2006.
- ≪尙書廣聽錄≫, 毛奇齡(淸) 撰, 欽定四庫全書, 迪志文化出版, 2006.
- ≪尙書舊疏考證≫, 劉毓崧(淸) 撰, 皇淸經解續編, 鳳凰出版社, 2008.
- ≪尙書歐陽夏侯遺說考≫, 陳喬樅(淸) 撰, 皇淸經解續編, 鳳凰出版社, 2008.
- ≪尙書句解≫, 朱祖義(元) 撰, 欽定四庫全書, 迪志文化出版, 2006.
- ≪尙書今古文注疏≫, 孫星衍(淸) 撰, 續修四庫全書, 上海古籍出版社, 1995.
- ≪尙書今古文集解≫, 劉逢祿(淸) 著, 皇淸經解續編, 鳳凰出版社, 2008.
- ≪尙書大傳≫, 伏勝(漢) 撰, 文淵閣四庫全書, 臺灣商務印書館, 1986.
- ≪尙書大傳補遺≫, 孫之騄(淸) 輯, 欽定四庫全書, 迪志文化出版, 2006.
- ≪尙書大傳輯校≫, 陳壽祺(淸) 撰, 皇淸經解續編, 鳳凰出版社, 2008.
- ≪尙書譜≫, 宋翔鳳(淸) 撰, 皇淸經解續編, 鳳凰出版社, 2008.

• ≪尙書補疏≫, 焦循(淸) 著, 皇淸經解, 鳳凰出版社, 2008.
• ≪尙書埤傳≫, 朱鶴齡(淸) 撰, 欽定四庫全書, 迪志文化出版, 2006.
• ≪尙書說≫, 黃度(宋) 撰, 欽定四庫全書, 迪志文化出版, 2006.
• ≪尙書疏衍≫, 陳第(明) 撰, 欽定四庫全書, 迪志文化出版, 2006.
• ≪尙書略說≫, 宋翔鳳(淸) 撰, 皇淸經解續編, 鳳凰出版社, 2008.
• ≪尙書餘論≫, 丁晏(淸) 著, 皇淸經解續編, 鳳凰出版社, 2008.
• ≪尙書要義≫, 魏了翁(宋) 撰, 欽定四庫全書, 迪志文化出版, 2006.
• ≪尙書義考≫, 戴震(淸) 撰, 續修四庫全書編纂委員會 編, 上海古籍出版社, 1995.
• ≪尙書疑義≫, 馬明衡(明) 撰, 欽定四庫全書, 迪志文化出版, 2006.
• ≪尙書全解≫, 林之奇(宋) 撰, 欽定四庫全書, 迪志文化出版, 2006.
• ≪尙書精義≫, 黃倫(宋) 撰, 中華書局, 1985.
• ≪尙書注考≫, 陳泰交(明) 撰, 欽定四庫全書, 迪志文化出版, 2006.
• ≪尙書地理今釋≫, 蔣廷錫(淸) 撰, 欽定四庫全書, 迪志文化出版, 2006.
• ≪尙書集注音疏≫, 江聲(淸) 撰, 續修四庫全書, 上海古籍出版社, 1995.
• ≪尙書纂傳≫, 王天與(元) 撰, 欽定四庫全書, 迪志文化出版, 2006.
• ≪尙書通考≫, 黃鎭成(元) 撰, 欽定四庫全書, 迪志文化出版, 2006.
• ≪尙書稗疏≫, 王夫之(明) 撰, 船山全書編纂委員會 編校, 嶽麓書社出版, 1988.
• ≪尙書砭蔡編≫, 袁仁(明) 撰, 欽定四庫全書, 迪志文化出版, 2006.
• ≪尙書表注≫, 金履祥(宋) 撰, 欽定四庫全書, 迪志文化出版, 2006.
• ≪尙書後案≫, 王鳴盛(淸) 撰, 皇淸經解, 鳳凰出版社, 2008.
• ≪書經集傳≫, 蔡沈(宋) 撰, 欽定四庫全書, 迪志文化出版, 2006.
• ≪書經衷論≫, 張英(淸) 撰, 欽定四庫全書, 迪志文化出版, 2006.
• ≪書古微≫, 魏源(淸) 著, 皇淸經解續編, 鳳凰出版社, 2008.
• ≪書序述聞≫, 劉逢祿(淸) 著, 皇淸經解續編, 鳳凰出版社, 2008.
• ≪書傳≫, 蘇軾(宋) 撰, 欽定四庫全書, 迪志文化出版, 2006.
• ≪書傳大全≫, 蔡沈(宋) 集傳, 胡廣(明) 等編, 朝鮮 內閣本, 影印本, 學民文化社, 1998.
• ≪書傳輯錄纂註≫, 董鼎(元) 撰, 欽定四庫全書, 迪志文化出版, 2006.
• ≪書傳集註≫, 原本備旨本, 朝鮮圖書株式會社 編纂, 1982.
• ≪書傳會選≫, 劉三吾(明) 撰, 欽定四庫全書, 迪志文化出版, 2006.
• ≪書集傳纂疏≫, 陳櫟(元) 撰, 欽定四庫全書, 迪志文化出版, 2006.

- 《書集傳或問》, 陳大猷(宋) 撰, 欽定四庫全書, 迪志文化出版, 2006.
- 《書纂言》, 吳澄(元) 撰, 影印本, 臺灣商務印書館, 1983.
- 《書蔡氏傳旁通》, 陳師凱(元) 撰, 欽定四庫全書, 迪志文化出版, 2006.
- 《五誥解》, 楊簡(宋) 撰, 欽定四庫全書, 迪志文化出版, 2006.
- 《禹貢論》, 程大昌(宋) 撰, 欽定四庫全書, 迪志文化出版, 2006.
- 《禹貢鄭注釋》, 焦循(淸) 撰, 續修四庫全書, 上海古籍出版社, 1995.
- 《禹貢指南》, 毛晃(宋) 撰, 欽定四庫全書, 迪志文化出版, 2006.
- 《禹貢錐指》, 胡渭(淸) 著, 鄒逸麟 整理, 上海古籍出版社, 1996.
- 《禹貢錐指正誤》, 丁晏(淸) 著, 皇淸經解續編, 鳳凰出版社, 2008.
- 《禹貢會箋》, 徐文靖(淸) 撰, 欽定四庫全書, 迪志文化出版, 2006.
- 《融堂書解》, 錢時(宋) 撰, 欽定四庫全書, 迪志文化出版, 2006.
- 《增修東萊書說》, 時瀾(宋) 撰, 欽定四庫全書, 迪志文化出版, 2006.
- 《增修東萊書說》, 呂祖謙(宋) 撰, 文淵閣四庫全書, 臺灣商務印書館, 1983.
- 《陳氏尙書詳解》, 陳經(宋) 撰, 欽定四庫全書, 迪志文化出版, 2006.
- 《夏氏尙書詳解》, 夏僎(宋) 撰, 欽定四庫全書, 迪志文化出版, 2006.
- 《絜齋家塾書鈔》, 袁燮(宋) 撰, 欽定四庫全書, 迪志文化出版, 2006.
- 《胡氏尙書詳解》, 胡士行(宋) 撰, 欽定四庫全書, 迪志文化出版, 2006.
- 《洪範口義》, 胡瑗(宋) 撰, 欽定四庫全書, 迪志文化出版, 2006.
- 《洪範名義》, 黃道周(明) 撰, 欽定四庫全書, 迪志文化出版, 2006.
- 《洪範正論》, 胡渭(淸) 撰, 欽定四庫全書, 迪志文化出版, 2006.
- 《欽定書經傳說彙纂》, 欽定四庫全書, 迪志文化出版, 2006.

◇ 十三經注疏

- 《論語注疏》, 阮元(淸) 校刻, 十三經注疏(淸 嘉慶刊本), 中華書局, 1980.
- 《孟子注疏》, 阮元(淸) 校刻, 十三經注疏(淸 嘉慶刊本), 中華書局, 1980.
- 《毛詩正義》, 阮元(淸) 校刻, 十三經注疏(淸 嘉慶刊本), 中華書局, 1980.
- 《禮記正義》, 阮元(淸) 校刻, 十三經注疏(淸 嘉慶刊本), 中華書局, 1980.
- 《儀禮注疏》, 阮元(淸) 校刻, 十三經注疏(淸 嘉慶刊本), 中華書局, 1980.
- 《爾雅注疏》, 阮元(淸) 校刻, 十三經注疏(淸 嘉慶刊本), 中華書局, 1980.
- 《周禮注疏》, 阮元(淸) 校刻, 十三經注疏(淸 嘉慶刊本), 中華書局, 1980.

• ≪周易注疏≫, 阮元(淸) 校刻, 十三經注疏(淸 嘉慶刊本), 中華書局, 1980.
• ≪春秋穀梁傳注疏≫, 阮元(淸) 校刻, 十三經注疏(淸 嘉慶刊本), 中華書局, 1980.
• ≪春秋公羊傳注疏≫, 阮元(淸) 校刻, 十三經注疏(淸 嘉慶刊本), 中華書局, 1980.
• ≪春秋左傳正義≫, 阮元(淸) 校刻, 十三經注疏(淸 嘉慶刊本), 中華書局, 1980.
• ≪孝經注疏≫, 阮元(淸) 校刻, 十三經注疏(淸 嘉慶刊本), 中華書局, 1980.

◇ 經部

• ≪經問≫, 毛奇齡(淸) 著, 皇淸經解續編, 鳳凰出版社, 2008.
• ≪經義述聞≫, 王引之(淸) 著, 皇淸經解, 鳳凰出版社, 2008.
• ≪經典釋文≫, 陸德明(唐) 撰, 上海古籍出版社, 1985.
• ≪經傳釋詞≫, 王引之(淸) 撰, 文淵閣四庫全書, 臺灣商務印書館, 1986.
• ≪古微書≫, 孫瑴(明) 編, 影印本, 山東友誼書社, 1990.
• ≪九經古義≫, 惠棟(淸) 著, 皇淸經解, 鳳凰出版社, 2008.
• ≪九經誤字≫, 顧炎武(淸) 著, 皇淸經解續編, 鳳凰出版社, 2008.
• ≪群經評議≫, 兪越(淸) 撰, 續修四庫全書, 上海古籍出版社, 2001.
• ≪孟子集註大全≫, 朱熹(宋) 集註, 胡廣(明) 等編, 大東文化硏究院, 2004.
• ≪說文解字注≫, 許愼(漢) 撰, 段玉裁(淸) 注, 上海古籍出版社, 1993.
• ≪詩書古訓≫, 阮元(淸) 著, 皇淸經解續編, 鳳凰出版社, 2008.
• ≪周易啓蒙翼傳≫, 胡一桂(元) 撰, 欽定四庫全書, 迪志文化出版, 2006.
• ≪周易義海撮要≫, 李衡(宋) 撰, 欽定四庫全書, 迪志文化出版, 2006.

◇ 史部

• ≪舊唐書≫, 劉昫(後晉) 等撰, 中華書局, 1997.
• ≪國語≫, 左丘明(周) 撰, 學民文化社, 1990.
• ≪白虎通義≫, 班固(漢) 撰, 文淵閣四庫全書, 臺灣商務印書館, 1986.
• ≪史記≫, 司馬遷(漢) 撰, 裴駰(宋) 集解, 司馬貞(唐) 索隱, 張守節(唐) 正義, 中華書局, 1959.
• ≪水經注≫, 酈道元(北魏) 撰, 文淵閣四庫全書, 臺灣商務印書館, 1986.
• ≪隋書≫, 魏徵・長孫無忌(唐) 等撰, 中華書局, 1997.
• ≪新唐書≫, 歐陽修・宋祁(宋) 撰, 中華書局, 1997.

• ≪竹書統箋≫, 徐文靖(淸) 撰, 文淵閣四庫全書, 臺灣商務印書館, 1986.
• ≪漢書≫, 班固(漢) 撰, 顔師古(唐) 注, 中華書局, 1997.
• ≪後漢書≫, 范曄(南朝 宋) 撰, 中華書局, 1997.

◇ 子部

• ≪孔子家語≫, 王肅(魏) 編, 學民文化社, 2001.
• ≪孔子家語疏證≫, 陳士珂(淸) 輯, 中華書局, 1985.
• ≪管子校正≫, 管仲(周) 撰, 尹知章(唐) 注, 戴望(淸) 撰, 世界書局, 1955.
• ≪群書考索≫, 章如愚(宋) 編, 商務印書館, 1983.
• ≪道德經≫, 老聃(周) 著, 王弼(魏) 注, 文淵閣四庫全書, 臺灣商務印書館, 1986.
• ≪圖書編≫, 章潢(明) 撰, 文淵閣四庫全書, 臺灣商務印書館, 1986.
• ≪山海經≫, 郭璞(晉) 注, 欽定四庫全書, 迪志文化出版, 2006.
• ≪山海經廣注≫, 吳任臣(淸) 撰, 欽定四庫全書, 迪志文化出版, 2006.
• ≪新序≫, 劉向(漢) 撰, 文淵閣四庫全書, 臺灣商務印書館, 1986.
• ≪莊子集釋≫, 莊周(周) 撰, 郭象(西晉) 注, 陸德明(唐) 釋文, 成玄英(唐) 疏, 郭慶藩(淸) 輯, 王孝魚 點校, 中華書局, 1995.

◇ 集部

• ≪經書辨疑≫, 金長生(朝鮮) 撰, 大東文化研究院, ≪韓國經學資料集成≫49, 1997.
• ≪經書集說≫, 著者未詳(朝鮮), 大東文化研究院, ≪韓國經學資料集成≫70, 1997.
• ≪鹿門集≫, 任聖周(朝鮮) 撰, ≪甁窩講義≫, 李衡祥(朝鮮) 撰, 大東文化研究院, ≪韓國經學資料集成≫58, 1997.
• ≪茶田經義答問≫, 郭鍾錫(朝鮮) 撰, 大東文化研究院, ≪韓國經學資料集成≫67, 1997.
• ≪讀書記≫, 尹鑴(朝鮮) 撰, 大東文化研究院, ≪韓國經學資料集成≫1, 1997.
• ≪讀書箚錄≫, 林泳(朝鮮) 撰, 大東文化研究院, ≪韓國經學資料集成≫49, 1997.
• ≪无極集≫〈尙書講義〉, 梁周翊(朝鮮) 撰, 大東文化研究院, ≪韓國經學資料集成≫58, 1997.
• ≪甁窩講義≫, 李衡祥(朝鮮) 撰, 大東文化研究院, ≪韓國經學資料集成≫56, 1997.
• ≪本庵集≫〈箚錄〉, 金鍾厚(朝鮮) 撰, 大東文化研究院, ≪韓國經學資料集成≫58, 1997.
• ≪思辨錄≫, 朴世堂(朝鮮) 撰, 大東文化研究院, ≪韓國經學資料集成≫56, 1997.

- ≪尙書古注≫, 申綽(朝鮮) 撰, 大東文化硏究院, ≪韓國經學資料集成≫61, 1997.
- ≪尙書古訓≫, 丁若鏞(朝鮮) 撰, 大東文化硏究院, ≪韓國經學資料集成≫63, 1997.
- ≪尙書補傳≫, 洪奭周(朝鮮) 撰, 大東文化硏究院, ≪韓國經學資料集成≫65, 1997.
- ≪尙書疑義≫, 宋文欽(朝鮮) 撰, 大東文化硏究院, ≪韓國經學資料集成≫58, 1997.
- ≪尙書知遠錄≫, 丁若鏞(朝鮮) 撰, 大東文化硏究院, ≪韓國經學資料集成≫64, 1997.
- ≪書經疾書≫, 李瀷(朝鮮) 撰, 大東文化硏究院, ≪韓國經學資料集成≫49, 1997.
- ≪書釋義≫, 李滉(朝鮮) 撰, 大東文化硏究院, ≪韓國經學資料集成≫1, 1997.
- ≪書傳說≫, 李顯益(朝鮮) 撰, 大東文化硏究院, ≪韓國經學資料集成≫49, 1997.
- ≪書集傳詳說≫, 朴文鎬(朝鮮) 撰, 大東文化硏究院, ≪韓國經學資料集成≫68, 1997.
- ≪書淺見錄≫, 權近(朝鮮) 撰, 大東文化硏究院, ≪韓國經學資料集成≫49, 1997.
- ≪硏經齋全集≫, 成應海(朝鮮) 撰, 大東文化硏究院, ≪韓國經學資料集成≫59, 1997.
- ≪寗齋遺稿≫, 吳允常(朝鮮) 撰, 大東文化硏究院, ≪韓國經學資料集成≫59, 1997.
- ≪雲溪漫稿≫, 金鍾正(朝鮮) 撰, 大東文化硏究院, ≪韓國經學資料集成≫58, 1997.
- ≪洪範傳≫, 黃景源(朝鮮) 撰, 大東文化硏究院, ≪韓國經學資料集成≫58, 1997.
- ≪洪範直指≫, 徐瀅修(朝鮮) 撰, 大東文化硏究院, ≪韓國經學資料集成≫59, 1997.

◇ 번역서 및 기타

- ≪書經集傳≫, 成百曉, 傳統文化硏究會, 1998.
- ≪書經≫, 金學主, 明文堂, 1985.
- ≪漢文大系≫, 服部宇之(日本) 校訂, 富山房, 1979.

◇ 데이터베이스(DB) 자료

- 동양고전종합DB (http://db.cyberseodang.or.kr)
- 상우천고 (http://www.s-sangwoo.kr)
- 電子版 文淵閣四庫全書, 上海古籍出版社.
- 한국고전종합DB (http://db.itkc.or.kr)

目 次

欽定四庫全書總目 尚書正義二十卷

舊本엔 題漢孔安國傳이라 其書 至晉에 豫章內史梅賾(색)이 始奏於朝[1)]하여 唐貞觀十六年에 孔穎達等이 爲之疏하고 永徽四年에 長孫無忌等이 又加刊定하다 孔傳之依託은 自朱子以來로 遞有論辨하고 至國朝하여 閻若璩作尙書古文疏證하니 其事愈明이라 其灼然可據者는 梅鷟(작)尙書考異에 攻其註禹貢瀍水出河南北山一條[2)]와 積石山在金城西南羌中一條[3)]니 地名皆在安國後[4)]요 朱彝尊經義考에 攻其注書序東海駒驪扶餘馯(한)貊之屬一條[5)]니 謂駒驪王朱蒙은 至漢元帝建昭二年에 始建國하고 安國은 武帝時人이니 亦不及見일새라

1) 至晉……始奏於朝 : 梅賾은 東晉시대 사람으로, 字는 仲眞이다. 梅頤, 枚頤라고도 한다. 孔傳本 ≪古文尙書≫는 逸失되었고, 豫章內史 매색이 헌상한 ≪古文尙書≫는 후대에 '僞古文尙書'로 불렸다.

2) 瀍水出河南北山一條 : 〈禹貢〉의 "伊水·洛水·瀍水·澗水가 이미 黃河에 들어갔다.〔伊洛瀍澗 旣入于河〕"에 대한 孔傳에 "伊水는 陸渾山에서 나오고 洛水는 上洛山에서 나오고 澗水는 沔池山에서 나오고 瀍水는 河南 北山에서 나와서 네 개의 물이 合流하여 黃河로 들어간다.〔伊出陸渾山 洛出上洛山 澗出沔池山 瀍出河南北山 四水合流而入河〕"라고 하였다.

3) 積石山在金城西南羌中一條 : 〈禹貢〉의 "積石에 띄워 龍門의 西河에 이른다.〔浮于積石 至于龍門西河〕"에 대한 孔傳에 "積石山은 金城의 西南쪽에 위치해 있다.〔積石山在金城西南〕"라고 하였다.

4) 梅鷟(작)尙書考異……地名皆在安國後 : 梅鷟의 ≪尙書考異≫에 "漢나라 昭帝 始元 6년(B.C. 81)에 비로소 金城郡을 설치하였는데, 孔安國의 傳에서 '積石山은 金城 西南쪽에 위치해 있다.'고 하였다. 孔安國이 武帝 때에 죽은 사실이 ≪史記≫에 실려 있는데, 司馬遷 이전에 어떻게 이 지명을 알 수 있었겠는가? 그 조작에 대한 증거가 더욱 분명하다."라고 하였다.

5) 攻其注書序東海駒驪扶餘馯(한)貊之屬一條 : 망실된 〈賄肅愼之命〉 序의 "成王이 이미 東夷를 정벌하니, 肅愼이 와서 하례하였다.〔成王旣伐東夷 肅愼來賀〕"에 대한 孔傳에 "海東諸夷인 駒麗·扶餘·馯貊 등이, 武王이 商나라를 정복하자, 모두 길을 통하였다.〔海東諸夷

駒麗扶餘馯貊之屬 武王克商 皆通道焉]"라고 한 말이 보인다.

孔安國의 〈書序〉가 ≪昭明文選≫에 기록되자, 세상 사람들은 모두 독실하게 믿었으나, 오직 南宋의 朱熹만은 문체가 西漢 文字 같지 않다고 하여 후세 사람의 假託임을 의심하였다. 北宋 蘇軾의 ≪書傳≫에서는 '東夷'를 '淮夷'로 보았는데, 淸代 朱鶴齡의 ≪尙書埤傳附錄≫에서는 "子瞻(蘇軾)의 말이 옳다. 漢나라 孔安國이 '東夷'를 '海東諸夷'로 여긴 것은 크게 잘못이다. 三代의 시대에 군사를 괴롭히면서 바다를 건너 멀리 外夷를 정벌한 적이 어찌 있었던가?"라고 하였다.

舊本에는 〈漢孔安國傳〉이란 표제어가 적혀 있다. 〈孔安國의 傳이 달린〉 ≪尙書≫는 晉나라에 와서 豫章內史 梅賾이 처음으로 조정에 上奏하여, 唐나라 貞觀 16년(642)에 孔穎達 등이 疏를 달고, 永徽 4년(653)에 長孫無忌 등이 또 교정을 가하였다.

孔傳(孔安國의 傳)이 依託(조작)된 것에 대해서는 朱子(朱熹) 이후로 잇달아 論辨이 있었고, 國朝(淸朝)에 와서 閻若璩가 ≪尙書古文疏證≫을 지으니, 그 일이 더욱 분명하게 드러났다. 그 중에서 분명하게 증거를 댈 수 있는 것으로는 梅鷟의 ≪尙書考異≫에서 공박한, "〈禹貢〉의 瀍水는 河南 北山으로 나간다."라고 주를 단 한 조항과 "積石山은 金城 西南 羌中에 있다."는 한 조항이니, 그 지명들이 모두 孔安國 뒤에 생겨났기 때문이고, 朱彝尊의 ≪經義考≫에서 공박한, 〈書序〉의 "東海에 위치한 駒驪·扶餘·馯貊의 등속이다."라고 주를 단 한 조항이니, 駒驪王 朱蒙은 漢나라 元帝 建昭 2년(B.C. 37)에 와서 비로소 나라를 세웠고, 孔安國은 武帝 때 사람이므로 또한 〈그 나라들을〉 미처 보지 못했을 것이기 때문이다.

若璩則攻其注泰誓에 雖有周親이나 不如仁人이 與所注論語相反[1)]이라 又安國傳有湯誓언마는 而注論語予小子履一節엔 乃以爲墨子所引湯誓之文[2)]하니 -案安國論語注今佚하고 此條는 乃何晏集解所引이라- 皆證佐分明하여 更無疑義라

1) 若璩則……與所注論語相反 : 〈泰書〉의 '雖有周親 不如仁人'에 대한 傳에서는 "紂王은 至親이 비록 많았지만 周家의 仁人이 적은 것만 못하였다.[紂至親雖多 不如周家之少仁人]"라고 하였고, ≪論語≫ 〈堯曰〉의 '雖有周親 不如仁人'에 대한 傳에서는 "紂王의 至親이 비록 많았지만 周家의 仁人이 많은 것만 못하였다.[紂至親雖多 不如周家之多仁人]"라고 하여, 서로 다르게 注를 단 점을 지적한 것이다.

2) 又安國傳……湯誓之文 : 何晏의 ≪論語集解≫에 "孔安國이 '履는 殷湯의 이름이다. 이것은 桀王을 정벌하고 하늘에 고한 글이다.……≪墨子≫에 〈湯誓〉가 인용되었는데, 그 말이 이와 같다.〔孔安國曰 履殷湯名也 此伐桀告天文也……墨子引湯誓 其辭若此也〕"라고 되어있고, 〈湯誓〉의 내용은 ≪墨子≫ 〈尙賢 上〉에 "湯誓曰 聿求元聖 與之戮力同心 以治天下"라고 보인다. ≪尙書古文疏證≫에서는 "≪論語≫의 '予小子履' 1節에 대하여 '이것은 桀王을 정벌하고 하늘에 고한 글이다. ≪墨子≫에 인용된 〈湯誓〉가 이와 같다.'고 하였으니, 또한 ≪書傳≫과 서로 어긋난다. 이것이 한 가지 의심나는 점이다.〔論語予小子履一節云 此伐桀告天之文 墨子引湯誓若此 亦與書傳相戾 此一疑也〕"라고 한 것이다.

閻若璩는 〈泰誓〉에 단 注에 "비록 至親이 있었지만 仁人만 같지 못하였다."라고 한 것이 ≪論語≫에 단 注와 상반된 점을 공박하였다. 또 孔安國의 傳에 〈湯誓〉가 있건만, ≪論語≫의 '予小子履'란 한 구절에 注를 달 때에는 이에 "≪墨子≫에서 인용한 〈湯誓〉의 글이다."라고 하였으니, -상고하건대 孔安國의 ≪論語≫ 注는 逸失되었고, 이 조항은 바로 何晏의 ≪集解≫에 인용된 것이다.- 모두 증거가 분명하여 다시 의심할 여지가 없다.

至若璩謂定從孔傳은 以孔穎達之故하야는 則不盡然이라 考漢書藝文志敍古文尙書엔 但稱安國獻之나 遭巫蠱事[1]하여 未立於學官하고 不云作傳이요 而經典釋文敍錄엔 乃稱藝文志云 安國獻尙書傳이나 遭巫蠱事하여 未立於學官이라하고 始增入一傳字하여 以證實其事하고 又稱今以孔氏爲正하니 則定從孔傳者는 乃陸德明이요 非自穎達이라 惟德明은 於舜典下註云 孔氏傳亡舜典一篇하니 時에 以王肅注頗類孔氏라 故로 取王注從愼徽五典以下爲舜典하여 以續孔傳이라하고 又云 曰若稽古帝舜曰重華協于帝十二字는 是姚方興所上이니 孔氏傳本無라 阮孝緖七錄에도 亦云[2]이라 方興本은 或此下에 更有濬哲文明溫恭允塞玄德升聞乃命以位라 凡二十八字異聊出之나 於王注無施也라하니 則開皇中에 雖增入此文이나 尙未增入孔傳中이라 故로 德明云爾니라 今本二十八字는 當爲穎達增入耳니라

1) 巫蠱事 : ≪漢書≫에 의하면, "武帝 말년에 무제가 이미 연로한 관계로 鬼神에 淫惑하고 巫術을 崇信하였다. 이때 奸人 江充이 이를 계기로 간사한 짓을 하되 먼저 太子宮에 桐人

을 묻어놓고 상주하기를 '태자궁에 蠱氣가 있다.'고 하였다. 무제가 그 말을 믿고 江充으로 하여금 그 일을 다스리게 하니, 태자궁에서 과연 桐人을 찾아냈다. 태자는, 江充이 자기를 모함하기 위해 한 짓이라 생각하고 江充을 죽였다. 武帝는 태자의 實心을 모르고 江充의 말만 진실이라 믿고 즉시 丞相 劉屈氂를 시켜 三輔兵을 풀어서 태자를 치게 하였다. 태자는 장안의 죄수들을 풀어서 三輔兵과 맞서 싸웠으나 승리하지 못하고 湖 땅으로 달아났다가 결국 자살하였다."고 하였으니, 이것이 바로 巫蠱 사건이다.

2) 阮孝緖七錄 亦云 : '云'이 ≪經典釋文≫에는 '云然'으로 되어있다.

元나라 陳師凱의 ≪書蔡氏傳旁通≫에서는 "≪古文尙書≫에 注를 단 이는 王肅과 范甯이었다. ≪隋書≫ 〈經籍志〉에 王肅이 注를 단 ≪古文尙書≫ 11권과 范甯이 注를 단 ≪古文尙書≫ 〈舜典〉 1권이 있다.

陸德明의 ≪經典釋文≫에서 〈舜典〉에 王肅의 注를 이어 붙이고 '梅賾이 올린, 곧 孔安國이 傳(이하 孔傳)을 단 ≪古文尙書≫에는 〈舜典〉 1편이 없었다. 이때 王肅의 注가 자못 孔傳과 같았기 때문에 王肅의 注를 취하여 「愼徽五典」에서부터 이하를 〈舜典〉으로 삼고 孔傳에 이어 붙였다. 徐僊民도 이 本에 음을 달았지만, 지금은 舊本에 의하여 음을 단다.

「曰若稽古帝舜曰重華協于帝」란 12字는 姚方興이 올린 孔傳에는 본래 없었다. 阮孝緖의 ≪七錄≫에도 그렇게 적고 있다. 그러나 姚方興의 本에는 더러 이 아래에 다시 「濬哲文明溫恭允塞玄德升聞乃命以位」가 있다. 무릇 28字의 다른 점을 애오라지 끌어냈으나 王肅의 注에는 이를 다루지 않았다.'고 하였다.

나는 상고하건대 이 앞에서는 '王肅이 注를 달았다.'고 하고, 또 '지금은 구본에 의하여 음을 단다.'고 하고, 또 '애오라지 끌어냈으나 王肅의 注에는 이를 다루지 않았다.'고 하였으니, 陸德明은 아마 이 注는 바로 王肅의 本이라 생각하고, 姚方興이 올린 28字, 혹은 12字를 특별히 붙여넣은 것 같다. 또 상고하건대 ≪序錄≫에서도 '〈舜典〉 1편은 그대로 王肅의 本을 썼다.'고 하였으니, 지금 〈舜典〉에 달린 주는 바로 王肅의 주가 분명하다."라고 자세히 밝히고 있다.

閻若璩가 "孔傳을 따르기로 정한 것은 孔穎達 때문이다."라고 한 것으로 말하면, 다 그런 것은 아니다. 상고하건대 ≪漢書≫ 〈藝文志〉의 ≪古文尙書≫에 대한 서술에서는 단지 "孔安國이 ≪古文尙書≫를 바쳤으나 巫蠱의 사건을 만나서 學官에 세우지는 못했다."고만 칭하고 傳을 지었다고는 말하지 않았는데, ≪經典釋文≫의 〈敍錄〉에는 곧 "〈藝文志〉에 '孔安國이 ≪尙書傳≫을 바쳤으나, 巫蠱의 사건을 만나서 學官에 세우지는 못했다.'고 하였다."라고 칭하여 비로소 '傳'자를 하나 더 집어넣어서 그 일을 확실하게 증명하였고, 또 "지금 孔安國을 正宗으로 삼는다."라고 하였으니, 孔傳을 진정 따른 사람은 바로 陸德明이었고 孔穎達로부터가 아니었다.

오직 陸德明만이 〈舜典〉 아래에 注를 달기를, "孔傳에는 〈舜典〉 1편이 亡失되었으니, 이때에 王肅의 注가 자못 孔傳과 같다고 여겼으므로 王肅의 注를 취하여 '愼徽五典'으로부터 이하를 〈舜典〉으로 삼아서 孔傳에 이어 붙였다."라고 하였고, 또 "'曰若稽古帝舜曰重華協于帝'란 12字는 바로 姚方興이 올린 것이니, 孔傳에는 본래 없었다."라고 하였다. 阮孝緖의 ≪七錄≫에도 그렇게 적고 있다. "姚方興의 本에는 이 아래에 다시 '濬哲文明溫恭允塞元(玄)德升聞乃命以位'가 있는 듯하다. 무릇 28字의 다른 점을 끌어냈으나 王肅의 注에는 이를 다루지 않았다."고 하였으니, 開皇 연간(581~600)에 비록 이 글을 더 넣었지만, 아직 孔傳 속에는 더 넣지 못했기 때문에 陸德明이 이렇게 말한 것이다. 今本의 28字는 응당 孔穎達이 더 넣은 것으로 보아야 할 것이다.

梅賾之時는 **去古未遠**하니 **其傳實據王肅之注**하여 **而附益以舊訓**이라 **故**로 **釋文稱 王肅亦注今文**에 **所解大與古文相類**하니 **或肅私見孔傳而秘之乎**아 **此雖以末爲本**하여 **未免倒置**나 **亦足見其根據古義**니 **非盡無稽矣**라 **穎達之疏**는 **晁公武讀書志謂 因梁費甝**(함)**疏廣之**라 **然**이나 **穎達原序稱 爲正義者**는 **蔡大寶, 巢猗, 費甝, 顧彪, 劉焯, 劉炫六家**요 **而以劉焯, 劉炫**으로 **最爲詳雅**라하니 **其書實因二劉**요 **非因費氏**라 **公武或以經典釋文所列義疏 僅甝一家**라 **故**로 **云然歟**인저 **朱子語錄謂 五經疏**는 **周禮最好**요 **詩禮記次之**요 **易書爲下**라하니 **其言良允**이라 **然**이나 **名物訓故**는 **究賴之以有考**하니 **亦何可輕也**리오

梅賾이 살던 시대는 고대와 멀지 않았으니, 그 傳은 실로 王肅의 注에 근거하여 옛 풀이를 가지고 덧붙였기 때문에 ≪經典釋文≫에 "王肅이 또한 今文에 注를 달았는데, 풀이한 것이 대체로 古文과 서로 같았으니, 혹시 王肅이 사사로이 孔傳을 보고 그것을 秘藏하였는가?"라고 칭하였다. 이는 비록 末로 本을 삼아 倒置를 면치 못하지만, 또한 그것이 옛 뜻풀이에 근거한 것임을 충분히 볼 수 있으니, 전연 상고한 점이 없는 것은 아니다.

孔穎達의 疏는 晁公武의 ≪讀書志≫에 "梁나라 費甝의 疏에 의하여 확장되었다."라고 말하였다. 그러나 孔穎達의 原序에 "≪尙書正義≫를 지은 사람은 蔡大寶·巢猗·費甝·顧彪·劉焯·劉炫 6家인데, 그중에서 劉焯과 劉炫의 것만을 가장 상세하고 雅正한 것으로 여긴다."라고 하였으니, 그 글(正義)은 실로 두 劉氏에 의해 이루어진 것이고, 費甝에 의해 된 것이 아니다. 晁公武는 혹 ≪經典釋文≫에 열거된 義疏가 겨우 費甝 1家이기 때문에 그렇게 말한 듯하다.

≪朱子語錄≫에 "五經의 疏는 ≪周禮≫의 것이 가장 좋고, ≪詩經≫과 ≪禮記≫의 것이 그 다음이고, ≪易經≫과 ≪書經≫의 것이 최하위이다."라고 하였으니, 그 말이 맞다. 그러나 名物과 訓故(訓詁)는 결국 그를 힘입어 상고할 점이 있는데, 또한 어떻게 가볍게 여길 수 있겠는가?

尙書正義序

國子祭酒上護軍曲阜縣開國子 臣孔穎達 奉命撰
國子祭酒 上護軍 曲阜縣開國子 臣 孔穎達이 勅命을 받들어 撰하였다.

夫書者는 人君辭誥之典이요 右史記言之策이라 古之(正)〔王〕[1]者는 事總萬機하니 發號出令이 義非一揆라 或設教以馭下하고 或展禮以事上하고 或宣威以肅震曜하고 或敷和而散風雨하니 得之則百度惟貞하고 失之則千里斯謬라 樞機之發이 榮辱之(生)〔主〕[2]니 絲綸之動을 不可不愼이라 所以辭不苟出이니 君擧必書는 欲其昭法誡愼言行也라 其泉源所漸은 基於出震之君하고 黼藻斯彰은 郁乎如雲之后라 勳華揖讓而典謨起하고 湯武革命而誓誥興이라 先君宣父 生於周末하사 有至德而無至位하니 修聖道以顯聖人하사 芟煩亂而翦浮辭하고 擧宏綱而撮機要하여 上斷唐虞하고 下終秦魯하시니 時經五代하여 書總百篇이라 採翡翠之羽毛하고 拔犀象之牙角하며 罄荊山之石하니 所得者는 連城이요 窮漢水之濱하니 所求者는 照乘이라 巍巍蕩蕩하여 無得而稱이요 郁郁紛紛하여 於斯爲盛하니 斯乃前言往行이 足以垂法將來者也라 暨乎七雄已戰엔 五精[3]未聚하여 儒雅與深穽同埋하고 經典共積薪俱燎하니라

1) (正)〔王〕: 저본에는 '正'으로 되어있으나, 阮刻本에 "'正'은 마땅히 '王'이 되어야 한다."라고 한 것에 의거하여 '王'으로 바로잡았다.
2) (生)〔主〕: 저본에는 '生'으로 되어있으나, ≪周易≫ 〈繫辭 上〉에 "말과 행실은 군자의 지도리와 오늬의 역할을 하니, 지도리와 오늬의 발함은 榮辱의 주체이다.〔言行 君子之樞機 樞機之發 榮辱之主也〕"라고 한 것에 의거하여 '主'로 바로잡았다.
3) 五精 : 五行의 精氣를 가리킨다.

대개 ≪書≫라는 것은 임금의 말씀과 誥命을 적은 典則이요, 右史가 임금의 말씀을 기록한 책이다. 옛날의 왕은 모든 일을 총괄해야 하기 때문에 명령하는 방법이 한 가지뿐이 아니었다. 혹은 가르침을 베풀어 아랫사람을 어거하기도 하고, 혹은 예절을 갖추어 윗사람을 섬기기도 하며, 혹은 추상같은 위엄을 베풀어서 두렵게 하기도 하고, 혹은 온화한 은혜를 펴서 비바람처럼 적셔주기도 하였으니, 이렇게 하면 모든 법도가 바르게 펼쳐지고, 이렇게 하지 못하면 크게 잘못된다.

입은 지도리와 오늬의 역할을 하므로 명령에 따라 榮辱이 결정되니, 명령하는 일을 삼가지 않을 수 없다. 그래서 辭令을 구차하게 내보내지 못하니, 임금의 처사를 반드시 적는 것은 그 法誡를 밝히고 言行을 신중하게 하기 위함이었다.

샘물의 근원이 점차적으로 확대되듯 德政이 펼쳐지는 것은 임금에게서 시작되고, 화려한 보불 문장은 뭉게구름처럼 피어올랐다. 堯임금과 舜임금이 揖讓하니 典・謨가 일어나고, 湯王과 武王이 革命하니 誓・誥가 생겨났다.

先君 宣父(孔子)께서 周나라 말기에 태어나시어, 지극한 德이 있었으나 지극한 位를 가지지 못하셨다. 그래서 聖道를 닦아 聖人을 드러내시어, 煩亂한 것을 베어내고 근거없는 말을 잘라내셨으며, 大綱을 들고 機要를 취하여 위로는 唐・虞에서 시작하고 아래로는 秦・魯에서 끝내셨는데, 五代의 시기를 거쳐서 ≪書≫가 총 100편이 되었다. 翡翠의 羽毛를 채취하고 犀象의 牙角을 뽑은 셈이며, 荊山의 돌을 다 쪼갠 결과 얻은 것은 連城璧이요, 漢水의 물가를 끝까지 뒤진 결과 구한 것은 照乘璧이었다. 우람하여 무어라 일컬을 수 없고, 찬란하여 이에 최고로 빛났으니, 그래서 전인의 언행이 충분히 장래에 법이 될 수 있었다. 7國의 영웅들이 이미 전쟁을 벌일 때에 와서는 五精이 모이지 못하여 儒雅(儒生)가 깊은 함정과 함께 매몰되고, 經典이 쌓인 섶과 함께 타버렸다.

漢氏大濟區宇하고 **廣求遺逸**하여 **採古文於金石**하고 **得今書於齊魯**하니 **其文則歐陽夏侯二家之所說**을 **蔡邕碑石刻之**하고 **古文則兩漢亦所不行**을 **安國注之**나 **寔遭巫蠱**하여 **遂寢而不用**하고 **歷及魏晉**하여 **方始稍興**이라 **故**로 **馬鄭諸儒莫覩其學**[1)]하여 **所注經傳**이 **時或異同**이라 **晉世皇甫謐**이 **獨得其書**하여 **載於帝**

紀[2)]하니 其後傳授 乃可詳焉이라 但古文經은 雖然早出晩始得行이나 其辭富而備하고 其義宏而雅라 故復而不厭하고 久而愈亮하니 江左學者 咸悉祖焉이라

1) 莫覩其學 : ≪古文尙書≫는 後漢 말 劉歆 때에 잠시 학관에 세워졌다.

2) 晉世皇甫謐……載於帝紀 : ≪尙書考異≫에 의하면, 皇甫謐이 梁柳로부터 ≪古文尙書≫를 얻었기 때문에 ≪帝王世紀≫를 지으면서 孔傳 58편의 글을 실었다고 한다.

漢나라가 크게 區宇(天下)를 구제하고 널리 숨은 인재를 구하여 古文을 金石에서 채취하고 今書를 齊·魯에서 얻었으니, 今文은 歐陽(歐陽和伯)과 夏侯 二家(夏侯勝·夏侯建)가 설명한 것을 蔡邕이 碑石에 새겼고, 古文은 兩漢에서도 행해지지 못한 것을 孔安國이 注를 달았으나 마침 巫蠱 사건을 만나서 결국 좌절되고 쓰이지 못하였고, 魏·晉시대에 와서 비로소 약간 흥성하였다. 그러므로 馬融과 鄭玄 諸儒가 〈孔安國의 古文〉學을 보지 못하여, 經傳에 注를 단 것이 때로 혹 차이가 생김을 면하지 못하였다.

晉나라 세대에 皇甫謐이 홀로 ≪古文尙書≫를 얻어서 ≪帝王世紀≫에 실었으니, 그 뒤로 傳授가 자상할 수 있었다. 다만 古文經은 비록 일찍 나와서 늦게야 비로소 행해졌으나 그 말이 풍부하고 자세하였으며 그 뜻이 웅대하고 아담하였다. 그러므로 반복해도 싫증이 나지 않고 오래갈수록 더욱 명랑하니, 江左의 學者들이 모두 경전의 祖宗으로 삼았다.

近至隋初에 始流河朔하니 其爲正義者는 蔡大寶·巢猗·費甝·顧彪·劉焯·劉炫等이라 其諸公旨趣는 多或因循(怗)〔帖〕[1)]釋注文이니 義皆淺略하고 惟劉焯·劉炫이 最爲詳雅라 然이나 焯乃織綜經文하여 穿鑿孔穴하고 詭其新見하여 異彼前儒하니 非險而更爲險하고 無義而更生義니라 竊以古人言誥는 惟在達情이라 雖復時或取象이나 不必辭皆有意니라 若其言必託數하고 經悉對文이면 斯乃鼓怒浪於平流하고 震驚飆於靜樹니 使敎者煩而多惑하고 學者勞而少功이나 過猶不及은 良爲此也라 炫嫌焯之煩雜하여 就而刪焉이라 雖復微稍省要나 又好改張前義하여 義更太略하고 辭又過華하니 雖爲文筆之善이나 乃

非開獎之路니라 義旣無義하고 文又非文하니 欲使後生으로 若爲領袖인댄 此乃炫之所失이니 未爲得也니라

1) (怗)〔帖〕: 저본에는 '怗'으로 되어있으나, 阮刻本에 "살펴보건대 '怗'은 의심컨대 '帖'자의 誤字인 듯하다."라고 한 것에 의거하여 '帖'으로 바로잡았다.

근대 隋나라 초기에 와서 ≪古文尙書≫가 비로소 河朔(河北)에 유입되었으니, ≪正義≫를 만든 사람들은 蔡大寶·巢猗·費甝·顧彪·劉焯·劉炫 등이었다. 그러나 諸公의 취지는 대부분 예전대로 주석을 하기 위한 것이었으니, 뜻이 모두 淺短하였고, 그중에 오직 劉焯과 劉炫만이 가장 상세하고 雅正하였다. 그러나 劉焯은 經文을 짜 맞추어 이치에 닿지 않는 말을 하고 새로운 견해를 내세워서 前儒들과 다르게 해석하였으니, 험한 것이 아닌데서 다시 험한 것을 만들고 별 뜻이 없는데서 다시 다른 뜻을 만들어낸 꼴이 되었다.

가만히 살펴보면, 옛사람의 말과 誥命은 오직 뜻을 전달하는 데에 목적이 있었다. 비록 다시 때로는 象을 취하였지만, 반드시 말에 모두 뜻을 담지는 않았다. 만일 그 말들이 반드시 숫자를 맞추고 經이 모두 文을 대응하게 한다면 이것은 바로 평탄하게 흐르는 물에 激浪을 일으키고 가만히 있는 나무에 폭풍이 몰아치는 격이니, 가르치는 사람은 번잡하여 의혹이 많아지게 되고 배우는 사람은 고생만 잔뜩 하고 성과는 적어지게 된다. 지나친 것이 미치지 못한 것과 같다고 한 것은 바로 이런 경우를 두고 말한 것이다.

劉炫은 劉焯의 주석이 번잡한 것을 못마땅하게 여겨, 그의 주석을 删削하였다. 비록 약간은 요약하였지만 또한 전인의 뜻을 고치기를 좋아하여 뜻은 다시 너무 소략해지고 말은 또 너무 화려해졌으니, 비록 문장은 잘 되었으나 곧 독자를 인도하는 길은 아니었다. 뜻이 이미 뜻답지 못하고 글 또한 글답지 못하니, 後生으로 하여금 만일 領袖(儀則)로 삼게 한다면 이것은 劉炫의 실책이니, 득이 되지 못한다.

今奉明勅하여 考定是非하니 謹罄庸愚하고 竭所聞見하며 覽古人之傳記하고 質近代之異同하여 存其是而去其非하며 削其煩而增其簡하니 此亦非敢臆說이요 必據舊聞이니라 謹與朝散大夫行太學博士臣王德韶前四門助教臣李子雲

等과 謹共(銓)〔詮〕[1]敍하고 至十六年에 又奉勅하여 與前修疏人 及通直郎行四門博士驍騎尉臣朱長才, 給事郎守四門博士上騎都尉臣蘇德融, 登仕郎守太學助教雲騎尉臣隨德素, 儒林郎守四門助教雲騎尉臣王士雄等이 對勅使趙弘智하고 覆更詳審하여 爲之正義하니 凡二十卷이라 庶對揚於聖範하고 冀有益於童稚니라 略陳其事하여 敍之云爾니라

1) (銓)〔詮〕: 저본에는 '銓'으로 되어있으나, 阮刻本에 "'銓'은 응당 '詮'이 되어야 한다."라고 한 것에 의거하여 '詮'으로 바로잡았다.

지금 勅命에 의하여 옳고 그른 것을 고찰하여 정하니, 삼가 어리석은 생각과 견문을 다 기울여 쏟으며, 古人의 傳記를 열람하고 近代의 異同을 살펴서 옳은 것은 놓아두고 그른 것은 제거하며, 번잡한 것은 삭제하고 간략한 것은 보탰으니, 이것은 또한 감히 臆說을 한 것이 아니고 반드시 舊聞에 근거한 것이다.

삼가 朝散大夫 行太學博士 臣 王德韶, 前四門助教 臣 李子雲 등과 더불어 신중하게 서술하였고, 貞觀 16년(642)에 이르러 또 칙명에 의하여 전에 注疏를 한 사람 및 通直郎 行四門博士 驍騎尉 臣 朱長才, 給事郎 守四門博士 上騎都尉 臣 蘇德融, 登仕郎 守太學助教 雲騎尉 臣 隨德素, 儒林郎 守四門助教 雲騎尉 臣 王士雄 등이 勅使 趙弘智와 머리를 맞대고 다시 자세하게 살펴서 ≪尙書正義≫를 만들었으니, 무릇 20권이다. 聖上의 典範이 널리 펼쳐지기를 기대하고 아이들에게 많은 도움이 있기를 바란다. 그간의 일들을 약간 진술하여 서문을 쓰노라.

尙書注疏 卷第一

國子祭酒上護軍曲阜縣開國子 臣孔穎達等 奉勅命撰
國子祭酒 上護軍曲 阜縣開國子 臣 孔穎達 등이 勅命을 받들어 撰하였다.

尙書序

釋文에 此孔氏所作이니 述尙書起之時代하고 幷敍爲注之由라 故로 相承講之니라 今依舊爲音이라

≪經典釋文≫에 "이는 孔安國이 지은 것이니, ≪尙書≫가 생겨난 시대를 서술하고, 아울러 注를 달게 된 이유를 서술하였다. 그러므로 서로 이어서 강론하였다. 지금 舊本에 의하여 音을 단다."라고 하였다.

【疏】 正義曰 : 道本沖寂, 非有名言. 旣形以道生, 物由名擧, 則凡諸經史, 因物立名. 物有本形, 形從事著, 聖賢闡敎, 事顯於言, 言愜群心. 書而示法, 旣書有法, 因號曰書. 後人見其久遠, 自於上世. 尙者上也, 言此上代以來之書, 故曰尙書. 且言者, 意之聲, 書者, 言之記, 是故存言以聲意, 立書以記言, 故易曰 "書不盡言, 言不盡意." 是言者, 意之筌蹄, 書言相生者也. 書者, 舒也. 書緯璿璣鈐[1)]云 "書者, 如也." 則書者, 寫其言, 如其意, 情得展舒也. 又劉熙釋名云 "書者, 庶也, 以記庶物, 又爲著." 言事得彰著.

1) 書緯璿璣鈐 : 書緯는 尙書의 緯書로 西漢 말에 經義에 길흉화복의 의론을 붙여 豫言처럼 만든 일종의 讖書인데, ≪璿璣鈐≫, ≪考零曜≫, ≪帝命驗≫, ≪運期授≫, ≪刑德放≫ 등 5종이 있다.

正義曰 : '道'는 본래 공허하고 고요하니, 말할 수 있는 것이 아니다. 그러나 일단 형태가 道로써 생기고 사물이 이름으로 말미암아 거론되었다면 모든 經과 史는 사물로 인하여 이름을 설립한 것이다. 사물에는 본래의 형태가 있고 형태는 사물에 따라 나타나니, 聖賢이 가르침을 천명함에 일이 말에 드러나고 말이 여러 사람의 마음에 흡족하였다. 적어서 법을 보였고 일단 적는 데에 法이 있으므로 따라서 부르기를 '書'라고 한 것이다. 후

세 사람이 그 久遠의 연대가 上世에서부터 시작되는 것을 보았다. '尙'은 '上'의 뜻을 가진 글자이니, 이는 上代 이래의 書를 말한 것이다. 그러므로 '尙書'라고 한 것이다.

또한 말〔言〕은 뜻의 소리이고, 글〔書〕은 말의 기록이니, 이러므로 말을 두어서 뜻을 소리로 내고, 글을 설립하여 말을 기록하였다. 그러므로 ≪周易≫에 이르기를 "글은 말을 다 적지 못하고 말은 뜻을 다 말하지 못한다."라고 하였다. 이 '말'이란 것은 뜻의 筌蹄이니, 글과 말이 서로 생성되는 것을 말한다. '書'는 펼치다라는 뜻이다. 書緯인 ≪璿璣鈐≫에 "'書'는 같다는 뜻이다."라고 하였으니, '書'는 그 말을 베끼기를 그 뜻과 같이하여 情이 펼쳐지게 하는 것이다. 劉熙의 ≪釋名≫에 "'書'는 여럿〔庶〕의 뜻을 가졌으니, 庶物을 기록한 것이고, 또 나타나다라는 뜻이다."라고 하였으니, 일이 나타남을 말한 것이다.

【疏】 五經六籍[1], 皆是筆書, 此獨稱書者, 以彼五經者, 非是君口出言. 卽書爲法, 所書之事, 各有云爲, 遂以所爲, 別立其稱, 稱以事立, 故不名書. 至於此書者, 本書君事, 事雖有別, 正是君言. 言而見書, 因而立號. 以此之故, 名異諸部. 但諸部之書, 隨事立名, 名以事擧, 要名立之後, 亦是筆書, 故百氏六經總曰書也. 論議所謂"題意別名, 各自載耳." 昭二年左傳曰"晉韓起適魯, 觀書於太史氏, 見易象與魯春秋." 此總名書也.

1) 六籍 : 六經으로 ≪詩≫, ≪書≫, ≪禮≫, ≪樂≫, ≪易≫, ≪春秋≫를 가리킨다.

五經과 六籍이 모두 붓에 의해 적히거늘 여기서만 유독 '書'라고 칭한 것은 저 五經은 임금의 입에서 나온 말이 아니기 때문이다. 써서 法으로 삼은 것은 적는 일에 각각 말과 행동이 있으니, 드디어 행한 바를 가지고 별도로 그 호칭을 설립한 것이다. 호칭은 일을 가지고 설립한다. 그러므로 '書'라고 명칭하지 않는다.

이 '書'에 이르러서는 본래 임금의 일을 적었으니, 일은 비록 특별한 것이 있으나 그것이 바로 임금의 말이다. 말을 하면 쓰이게 되고 따라서 호칭이 설립된다. 이 때문에 명칭이 여러 부처마다 다르다. 다만 여러 부처의 책은 일에 따라 이름을 설립하고 이름은 일로써 거행되니, 요컨대 이름이 설립된 뒤에도 역시 붓으로 적기 때문에 百氏(諸子百家)와 六經을 총칭하여 책이라고 한 것이다. ≪論議≫에 이른바 "題意와 別名이 각각 그대로 실렸을 뿐이다."라는 것이다. 昭公 2년 조의 ≪春秋左氏傳≫에 "晉나라 韓起가 魯나라에 가서 太史氏에게서 책을 빌려볼 때 易象과 魯나라의 ≪春秋≫를 보았다."고 하였으니, 이것은 책을 총칭한 것이다.

【疏】 '序'者, 言序述尙書起〔訖〕[1]存亡注說之由, 序爲尙書而作, 故曰尙書序. 周頌曰

"繼序思不忘." 毛傳云 "序者, 緒也." 則緖述其事, 使理相胤續, 若繭之抽緖. 但易有序卦, 子夏作詩序, 孔子亦作尙書序, 故孔君[2]因此作序名也. 鄭玄謂之贊[3]者, 以序不分散, 避其序名, 故謂之贊. 贊者, 明也, 佐也. 佐成序義, 明以注解故也. 安國以孔子之序, 分附篇端, 故已之總述, 亦謂之序. 事不煩重 義無所嫌故也.

1) 〔訖〕: 저본에는 없으나, 阮刻本에 "宋本에는 '起' 아래에 '記'자가 있다. 浦鏜이 이르기를 '記는 의심컨대 訖자의 오자인 듯하다.'라고 하였는데, 살펴보건대 訖자가 옳다."라고 한 것에 의거하여 보충하였다.
2) 孔君 : '孔君'은 '孔公'과 같으니, 곧 孔安國을 가리킨다. 孔穎達이 孔安國을 '孔君'이라 칭한 것은 同姓祖에 대한 경칭인 것 같다. 그러나 번역에서는 '孔君'을 '孔安國'으로 표기하였다.
3) 贊 : 鄭玄은 序 대신 贊으로 적었다.

〔序〕 ≪尙書≫의 起訖(始終)과 存亡 그리고 注說의 이유에 대하여 서술함을 말한 것이니, '序'는 ≪尙書≫를 위해 지은 것이기 때문에 '尙書序'라고 한 것이다. ≪詩經≫ 〈周頌〉에 "代를 이을 것을 생각하여 잊지 못하리로다."라고 하였고, ≪毛詩傳≫에 "'序'는 실마리이다."라고 하였으니, 그 일을 서술하여 이치가 서로 이어지기를 마치 누에고치가 실을 뽑아내듯 하게 하였다. 다만 ≪易≫에는 序卦가 있으며, 子夏는 〈詩序〉를 짓고, 孔子 또한 〈尙書序〉를 지었다. 그러므로 孔安國이 이로 인하여 序名을 지었다.

鄭玄이 '贊'이라 이른 것은 〈孔子가 지은 ≪尙書≫의〉 序가 〈아직 각 편으로〉 분산되지 않아서, 그 序名을 피하려 했기 때문에 '贊'이라 이른 것이다. '贊'은 밝힌다는 뜻이고 돕는다는 뜻을 가진 것이니, 序의 뜻을 도와 이루어 注解로써 밝혔기 때문이다. 孔安國은 孔子의 序를 篇 끝에 나누어 붙였기 때문에 자기의 總述을 또한 '序'라고 하였으니, 일이 煩重하지 않고 뜻에 혐의할 바가 없기 때문이었다.

古者 伏犧氏之王天下也에 始畫八卦하고 造書契하여 以代結繩之政[1]하니 由是文籍이 生焉이니라

1) 結繩之政 : 상고시대의 정치라는 뜻이다. 상고시대에는 문자가 없었기 때문에 노끈에 매듭을 지어서 일을 기록하였는데, 큰일의 경우는 노끈의 매듭을 크게 짓고 작은 일의 경우는 노끈의 매듭을 작게 지었다고 한다.

옛날 伏犧氏가 천하에 왕 노릇을 할 때에 처음으로 八卦를 그리고 書契를 만들어서 結繩의 정치를 대신하니, 이로부터 文籍이 생겨났다.

○伏犧氏 伏古作虙(복)이니라 犧本又作羲요 亦作戱니라 說文云 賈侍中說此犧는 非古字라하고 張揖字詁云 羲는 古字요 戱는 今字라 一號包羲氏로 三皇[1]之最先이니 風姓이요 母曰華胥요 以木德王하니 卽太皞也니라 書者는 文字요 契者는 刻木而書其側이라 故曰書契也니라 一云 以書契約其事也라 鄭玄云 以書書木邊하여 言其事하니 刻其木을 謂之書契也라 結繩은 易繫辭(上)〔云〕[2] 上古에 結繩而治러니 後世에 聖人易之以書契라 文은 文字也요 籍은 籍書니라

1) 三皇 : 여기서는 伏犧, 神農, 黃帝를 가리킨다. 神農은 炎帝로서 姓은 姜이고, 모친은 女登이라 하며, 火德으로 왕 노릇을 하였는데, 三皇 중에 둘째이고, 黃帝는 軒轅으로서 姓은 姬이고 少典의 아들이며 모친은 附寶라 하고, 土德으로 왕 노릇을 하였는데, 三皇 중에 셋째이다.

2) (上)〔云〕: 저본에는 '上'으로 되어있으나, 阮刻本에 "'上'은 마땅히 '云'이 되어야 한다."라고 한 것에 의거하여 '云'으로 바로잡았다.

○'伏犧氏'의 '伏'을 옛적에는 '虙'으로 적었다. '犧'는 어떤 본에는 또 '羲'로도 적고 또한 '戱'로도 적었다. ≪說文解字≫에는 "賈侍中(賈嘉)이 '이 犧는 古字가 아니다.'고 했다."라고 하였고, 張揖의 ≪字詁≫에는 "'羲'는 古字이고 '戱'는 今字이다."라고 하였다. 다른 호칭은 '包羲氏'로서 三皇 중에 가장 먼저 나타난 帝王인데, 姓은 風이고 모친은 '華胥'라고 하며, 木德으로 왕 노릇을 하였는데, 곧 '太皞'이다.

'書'라는 것은 文字요, '契'라는 것은 나무를 깎아서 그 측면에 적는 것이다. 그러므로 '書契'라고 한다. 一說에는 "書契를 가지고 그 일을 약속한 것이다."라고 하였다. 鄭玄은 "글씨로 나무 가장자리에 적어서 그 일을 말하였으니, 그 나무에 새긴 것을 '書契'라 이른다."라고 하였다.

'結繩'에 대하여 ≪周易≫ 〈繫辭〉에 "상고시대에 노끈을 맺어서 정치를 하였는데, 후세에 와서 聖人이 書契를 가지고 바꾸었다."라고 하였다. 文은 文字요, 籍은 書籍이다.

【疏】'古者'至'生焉' ○正義曰:'代結繩'者, 言前世之政用結繩, 今有書契以代之. 則伏犧時, 始有文字以書事, 故曰"由是文籍生焉." 自今本昔曰古. 古者以聖德伏物, 敎人取犧牲, 故曰伏犧. 字或作宓犧, 音亦同. 律曆志曰"結作網罟 以取犧牲, 故曰伏犧." 或曰包犧, 言取犧而包之. 顧氏讀包爲庖, 取其犧牲, 以供庖廚. 顧氏又引帝王世紀[1]

云 "伏犧母曰華胥, 有巨人跡, 出於雷澤, 華胥以足履之, 有娠, 生伏犧於成紀, 蛇身人首." 月令云 "其帝太昊." 繫辭云 "古者包犧氏之王天下也." 是直變包言伏耳, 則伏犧是皇. 言'王天下'者, 以皇與帝·王, 據跡爲優劣, 通亦爲王. 故禮運云 "昔者先王." 亦謂上代爲王. 但自下言之, 則以上身爲王, 據王身於下, 謂之王天下也.

1) 帝王世紀 : 晉나라 皇甫謐이 찬술한 책이다. 孔安國의 說에 의하여 伏義·神農·黃帝를 三皇으로, 少皞·顓頊·帝嚳·堯·舜을 五帝로 삼은 점이 ≪史記≫와 다르다.

〈尙書序〉의 〔古者〕에서 〔生焉〕까지

○ 正義曰 : 〔代結繩〕 前世의 정치에서는 結繩의 방법을 사용하였는데, 지금 書契를 가지고 그를 대신함을 말한다. 伏犧 때에 비로소 文字를 가지고 일을 적었다. 그러므로 "이로부터 文籍이 생겼다."라고 한 것이다.

지금으로부터 옛적을 推本하는 것을 '古'라고 한다.

옛적에 聖德을 가지고 만물을 복종시키고 사람들에게 犧牲을 취하는 방법을 가르쳤기 때문에 '伏犧'라고 했다. 글자를 더러 '宓犧'라고 적기도 하는데, 音은 역시 같다. ≪漢書≫〈律曆志〉에 "그물을 맺어서 犧牲을 잡았기 때문에 '伏犧'라 했다."라고 하였다. 더러는 '包犧'라고 하는데, 犧牲을 잡아서 싸는 것을 말한다. 顧彪는 '包'를 '庖'로 읽었으니, 犧牲을 庖廚에 제공함을 취한 것이다. 顧彪는 또 ≪帝王世紀≫에서 "伏犧의 어머니는 '華胥'라고 한다. 雷澤에서 걸어 나온 巨人의 발자취를 발로 밟고 임신하여 成紀에서 伏犧를 낳았는데, 몸은 뱀의 몸이고 머리는 사람의 머리였다."라고 한 말을 인용하였다. ≪禮記≫〈月令〉에는 "그 帝는 '太皞'이다."라고 하였고, ≪周易≫〈繫辭〉에는 "옛적에 包犧氏가 天下에 왕 노릇을 할 때이다."라고 하였는데, 이것은 다만 '包'를 변개하여 '伏'으로 말했을 뿐이니, 伏犧가 바로 '皇'이다.

〔王天下〕 皇과 帝 그리고 王은 자취에 의거하여 우열을 삼으나 통틀어서 또한 '王'이라고 하기 때문이다. 그러므로 ≪禮記≫〈禮運〉에 "옛적 先王이다." 하였으니, 또한 上代에 왕 노릇함을 이른 것이다. 다만 아랫사람들로부터 말하면 윗사람의 몸을 '王'이라고 하고, 王의 몸이 아랫사람들에게 군림하면 천하에 왕 노릇을 한다고 이를 뿐이다.

【疏】 知伏犧始畫八卦者, 以繫辭云 "包犧氏之王天下也." 後乃云 "始畫八卦, 以通神明之德, 以類萬物之情." 故知之也. 知時造書契以代結繩之政者, 亦以繫辭云 "上古結繩而治, 後世聖人, 易之以書契, 蓋取諸夬." 是造書契, 可以代結繩也. 彼直言後世聖人, 知是伏犧者, 以理比況而知. 何則. 八卦畫萬物之象, 文字書百事之名, 故繫辭曰 "仰則觀象於天, 俯則觀法於地, 觀鳥獸之文與地之宜, 近取諸身, 遠取諸物, 始畫八卦." 是萬象見於卦. 然畫亦書也, 與卦相類, 故知書契, 亦伏犧時也. 由此孔意, 正欲須言伏犧時有書契, 本不取於八卦. 今云八卦者, 明書·卦相類, 據繫辭有畫八卦之成文而言, 明伏犧造書契也. 言'結繩'者, 當如鄭注云 "爲約, 事大大其繩, 事小小其繩." 王肅亦曰 "結繩, 識其政事" 是也. 言'書契'者, 鄭云 "書之於木, 刻其側爲契, 各持其一, 後以相考合, 若結繩之爲治." 孔無明說, 義或當然. 說文云 "文者, 物象之本也." 籍者, 借也, 借此簡書以記錄政事, 故曰籍. 蓋取諸夬, 夬者, 決也, 言文籍所以決斷, 宣揚王政, 是以夬繇曰 "揚于王庭." 繫辭云 "包犧氏之王天下." 又云 "作結繩而爲罔罟, 蓋取諸離." 彼謂結罔罟之繩, 與結爲政之繩異也. 若然, 尙書緯及孝經讖皆云 "三皇無文字." 又班固·馬融·鄭玄·王肅諸儒, 皆以爲"文籍初自五帝." 亦云 "三皇未有文字." 與此說不同, 何也.

伏犧가 처음으로 八卦를 그렸다는 것을 알 수 있음은 ≪周易≫ 〈繫辭〉에서 "包犧氏가 천하에 왕 노릇을 할 때이다."라고 하였고, 뒤이어서 곧 "비로소 八卦를 그려서 神明의 德을 통하고 萬物의 情을 분류하였다."라고 했기 때문에 알게 된 것이다.

이때 書契를 만들어 結繩의 정치를 대신했음을 알 수 있는 것도 또한 〈繫辭〉에서 "上古에 노끈을 맺어서 정치를 하였는데, 후세 성인이 書契를 가지고 바꾸었으니, 그는 아마도 夬卦에서 취하였을 것이다."라고 했기 때문이다. 이에 書契를 만들었으니, 結繩을 대신할 수 있는 것이다. 저기에서 단지 '후세 성인'이라고만 말했으나 그가 바로 '伏犧'란 점을 알 수 있는 것은 이치로 견주어 보아서 아는 것이다.

왜냐하면 八卦는 만물의 형상을 그리는 것이고, 文字는 온갖 일을 적는 명칭이다. 그러므로 〈繫辭〉에서 "위로는 하늘에서 象을 관찰하고 아래로는 땅에서 法을 관찰하며, 鳥獸의 문채와 천지의 알맞은 것을 관찰하며, 가까이는 자신에게서 취하고 멀리는 외물에게서 취하여 비로소 八卦를 그렸다."라고 하였으니, 이것은 萬象을 卦에 나타낸 것이나. 그러나 그리는 것 또한 쓰는 것이니, 卦와 더불어 같다. 그러므로 書契 또한 伏犧시대의 것임을 알 수 있다. 이로 말미암아 孔安國의 생각은 伏犧시대에 이미 書契가 있었음을 말하려고 했던 것이고 본래 八卦에서 취한 것은 아니었다. 지금 '八卦'라고 한 것은 문자와 卦가 서로 같음을 밝히기 위한 것이고, ≪周易≫ 〈繫辭〉에 있는 八卦를 그려 문채를 이루었다고 한 것에 의거해서 말한 것은 伏犧가 書契를 만든 것을 밝히기 위한 것이다.

〔結繩〕 鄭注에서 "약속을 하되 일이 클 경우는 그 노끈을 크게 맺고 일이 작을 경우는 그 노끈을 작게 맺었다."라는 것과 같이 보아야 할 것이다. 王肅도 "노끈을 맺어 그 정사를 기록했다."라고 한 것이 바로 이것이다.

〔書契〕 鄭玄이 "나무에 적어서 그 측면을 새겨 '契'를 만들어 각각 그 하나씩을 가졌다가 뒤에 서로 상고해 맞추어보기를 마치 노끈을 맺어 정치를 하는 것처럼 했다."라고 하였다. 孔安國이 분명히 말한 것이 없으나 뜻은 혹 그러했을 것이다.

≪說文解字≫에 "'文'은 物象의 근본이다."라고 하였다. '籍'은 빌리다라는 뜻이니, 이 簡書를 빌어서 정사를 기록하였기 때문에 '籍'이라 했다. "아마도 夬卦에서 취하였을 것이다."라고 한 '夬'는 決斷하다라는 뜻이니, 文籍이 決斷하여 王政을 宣揚하게 됨을 말한 것이다. 이 때문에 夬卦의 괘사에 "왕의 조정에서 드러냈다."라고 하였고, ≪周易≫ 〈繫辭〉에 "包犧氏가 천하에 王 노릇 할 때에"라고 한 것이다.

〈繫辭〉에 또 "노끈을 맺어 그물을 만든 것은 아마도 離卦에서 취하였을 것이다."라고 하였는데, 저기서 '그물을 맺었다.'는 노끈은 '맺어서 정사를 하였다.'는 노끈과 다르다. 만일 그렇다면 ≪尙書緯≫와 ≪孝經讖≫에서 모두 "三皇시대에는 文字가 없었다."라고 하고, 또 班固・馬融・鄭玄・王肅 諸儒도 모두 "文籍은 五帝시대부터 시작되었다."라고 하고, 또한 "三皇시대에는 文字가 없었다."라고 하였으니, 이 말과 다른 것은 무엇 때문인가?

【疏】 又蒼頡造書, 出於世本[1], 蒼頡豈伏犧時乎. 且繫辭云黃帝·堯·舜爲九事[2]之目, 末乃云 "上古結繩而治, 後世聖人易之以書契." 是後世聖人, 卽黃帝·堯·舜, 何得爲伏犧哉. 孔何所據而更與繫辭相反, 如此不同者. 藝文志曰 "仲尼沒而微言絶, 七十子喪而大義乖." 況遭秦焚書之後, 群言競出, 其緯文[3]鄙近, 不出聖人, 前賢共疑, 有所不取. 通人考正, 僞起哀·平, 則孔君之時, 未有此緯, 何可引以爲難乎.

1) 世本 : 古書 이름이다. ≪漢書≫ 〈藝文志〉에 "≪世本≫ 15편이 있었다."라고 하였는데, 劉向에 의하면 黃帝 이래 帝王・諸侯・卿大夫의 系諡・名號 등을 기록한 책이라고 한다.

2) 九事 : ≪周易≫ 〈繫辭 下〉에 나오는 垂衣裳而天下治・刳木爲舟・服牛乘馬・重門擊柝・斷木爲杵・弦木爲弧・易之以宮室・易之以棺槨・易之以書契 등 아홉 가지 일을 가리킨다. 이는 모두 黃帝와 堯・舜이 卦象에 따라 제도를 세운 것이다.

3) 緯文 : ≪緯書≫의 글이다. ≪緯書≫는 前漢 말기에 經義에 가탁하여 符籙과 瑞應을 말

한 책으로, 이른바 ≪易緯≫, ≪書緯≫, ≪詩緯≫, ≪禮緯≫, ≪樂緯≫, ≪春秋緯≫, ≪孝經緯≫의 '七經緯'라는 것인데, 모두 孔子가 지은 것으로 가탁하지만 실은 前漢의 말기에 생긴 것이다. 또 河洛圖讖이 七經緯와 함께 전한다.

光武帝가 讖緯를 좋아하였으므로 後漢에서 성행하였다. 大儒인 鄭玄 또한 주를 달았으므로 이에 經書와 緯書가 아울러 세상에 중한 존재가 되었다. 오직 孔安國과 賈逵의 무리만이 이를 그릇된 것으로 여겼고, 南朝 宋나라 大明 연간(457~464)에 비로소 圖讖을 금하였으며, 隋 煬帝가 復古의 차원에서 사방에 使者를 파견하여 그 緯書를 찾아내 불태웠다. 이 때문에 지금 전하는 것들은 모두 完本이 아니다.

또 蒼頡이 글을 만든 사실이 ≪世本≫에 나오니, 蒼頡은 아마 伏犧시대 사람이었던가? 또 ≪周易≫ 〈繫辭〉에는 黃帝·堯·舜이 아홉 가지 일의 조목을 만들었다고 하고서 끝에 가서는 곧 "上古시대에는 노끈으로 매듭을 맺어서 정치를 하였는데, 後世의 聖人이 書契로 바꾸었다."라고 하였나. 여기의 '후세의 성인'은 곧 黃帝·堯·舜인데, 어떻게 伏犧가 될 수 있겠는가? 孔安國은 어디에 근거했기에 다시 〈繫辭〉와 상반되어 이처럼 같지 않은 것인가? ≪漢書≫ 〈藝文志〉에 "仲尼가 작고하자 微言이 끊어지고, 70명의 제자가 죽으니 大義가 무너졌다."라고 하였다. 하물며 秦 始皇이 서적을 불태운 불행을 만난 뒤에는 여러 사람의 말이 경생석으로 쏟아져 나오지 않았던가? 그 緯書의 글은 뜻이 淺近하여 聖人에게서 나온 것이 아니므로 前賢들이 다 같이 의심하고 취하지 않았다. 박람강기한 사람이 考正한 결과 僞書는 漢나라 哀帝와 平帝 연간에 생겼으니, 孔安國 때에는 이와 같은 緯書가 없었는데, 어떻게 이것을 끌어다 힐난할 수 있겠는가?

【疏】 其馬·鄭諸儒, 以據文立說, 見後世聖人在九事之科, 便謂書起五帝, 自所見有異, 亦不可難孔也. 而繫辭云 後世聖人, 在九事之下者, 有以而然. 案彼文先歷說伏犧·神農蓋取, 下乃云"黃帝·堯·舜, 垂衣裳而天下治, 蓋取諸乾坤." 是黃帝·堯·舜之事也. 又舟楫取渙, 服牛取隨, 重門取豫, 臼杵取小過, 弧矢取睽, 此五者, 時無所繫, 在黃帝·堯·舜時, 以否皆可以通也. 至於宮室·葬與書契, 皆先言'上古'·'古者', 乃言後世聖人易之, 則別起事之端, 不指黃帝·堯·舜時. 以此葬事, 云古者, 不云上古, 而云易之以棺槨. 棺槨自殷湯而然, 非是彼時之驗, 則上古結繩, 何廢伏犧前也.

馬融·鄭玄 등 諸儒는 文籍에 의거하여 立說했기 때문에 後世의 聖人이 아홉 가지 일의 科에 들어 있는 것을 보고 문득 문적은 五帝시대에 생겼다고 하였으므로 자연 소견이 다른 것이니, 또한 孔安國을 힐난할 수 없다. 〈繫辭〉에서 後世의 聖人을 아홉 가지 일의 아래에 둔 것은 까닭이 있어서 그랬을 것이다. 상고하건대 저 〈繫辭〉의 글에서 먼저 伏犧・神農은 아마도 무엇에서 취하였을 것이라는 점을 일일이 말하고는 아래에서 "黃帝와 堯・舜이 衣裳을 드리우고 있음에 天下가 다스려졌으니, 아마도 乾卦와 坤卦에서 법을 취하였을 것이다."라고 하였으니, 이것은 黃帝와 堯・舜의 일이다.

또 舟楫은 渙卦에서 취하고, 服牛는 隨卦에서 취하고, 重門은 豫卦에서 취하고, 臼杵는 小過卦에서 취하고, 弧矢는 睽卦에서 취하였다는 이 다섯 가지에는 시대를 달지 않고 黃帝와 堯・舜의 시대에 두었으니, 그것은 비색한 것이 다 통할 수 있기 때문이었다. 宮室・葬事・書契에 대해서는 모두 먼저 '上古'와 '古者'를 말하고, 이에 後世의 聖人이 무엇으로 바꾸었다고 하였으니, 별도로 일의 단서를 일으킨 것이고 黃帝와 堯・舜의 시대를 가리킨 것이 아니었다. 이 때문에 葬事에서는 '古者'라 이르고 '上古'라 이르지 않았으며, '棺槨으로 바꾸었다.'라고 하였다. 棺槨은 殷湯으로부터 그렇게 한 것이고 저 시대를 징험한 것이 아닌데, 上古에 노끈 맺는 일이 어떻게 伏犧 이전에는 없었다고 할 수 있겠는가?

【疏】其蒼頡, 則說者不同, 故世本云 "蒼頡作書." 司馬遷·班固·韋誕·宋忠·傅玄皆云 "蒼頡, 黃帝之史官也." 崔瑗·曹植·蔡邕·索靖皆直云 "古之王也." 徐整云 "在神農·黃帝之間." 譙周云 "在炎帝之世." 衛氏云 "當在庖犧·蒼帝之世." 愼到云 "在庖犧之前." 張揖云 "蒼頡爲帝王, 生於禪通之紀." 廣雅曰 "自開闢至獲麟二百七十六萬歲, 分爲十紀, 則大率一紀二十七萬六千年, 十紀者, 九頭一也, 五龍二也, 攝提三也, 合雒四也, 連通五也, 序命六也, 循飛七也, 因提八也, 禪通九也, 流訖十也." 如揖此言, 則蒼頡在獲麟[1]前二十七萬六千餘年. 是說蒼頡其年代莫能有定, 亦不可以難孔也. 然紀自燧人而下, 揖以爲自開闢而設, 又伏犧前六紀後三紀, 亦爲據張揖·愼到·徐整等說, 亦不可以年斷. 其(涗)〔流〕[2]訖之紀, 似自黃帝爲始耳.

1) 獲麟 : 魯나라 哀公 14년에 孔子가 ≪春秋≫를 修撰하다가 기린을 포획했다는 소식을 듣고 絶筆하였다.

2) (涗)〔流〕: 저본에는 '涗'로 되어있으나, 위의 疏에 '流'로 되어있는 것에 의거하여 '流'로 바로잡았다.

蒼頡에 대해서는 說者가 동일하지 않다. 그러므로 ≪世本≫에는 "蒼頡이 글을 만들었다."라고 하였으며, 司馬遷・班固・韋誕・宋忠・傅玄은 모두 "蒼頡은 黃帝의 史官이었다."라고 하고, 崔瑗・曹植・蔡邕・索靖은 모두 단지 "옛적의 王이었다."라고만 하고, 徐

整은 "神農・黃帝의 중간에 존재했다."라고 하고, 譙周는 "炎帝의 세대 사람이었다."라고 하고, 衛包는 "당연히 庖犧・蒼帝의 세대에 존재했다."라고 하고, 愼到는 "庖犧 이전에 존재했다."라고 하였다.

張揖은 "蒼頡은 帝王을 지낸 사람으로 禪通紀에 태어났다."라고 하였다. ≪廣雅≫에 "天地開闢으로부터 獲麟에 이르기까지 276만 년을 10紀로 나누면 대충 1紀가 27만 6천 년이고, 10紀는 九頭紀가 1, 五龍紀가 2, 攝提紀가 3, 合雒紀가 4, 連通紀가 5, 序命紀가 6, 循飛紀가 7, 因提紀가 8, 禪通紀가 9, 流訖紀가 10이다."라고 하였다. 張揖의 이 말과 같다면, 蒼頡은 獲麟 전 27만 6천여 년에 존재하였다. 이는 蒼頡의 연대를 추정할 수 없음을 말한 것이니, 또한 孔安國을 힐난할 수 없다. 그러나 紀는 燧人으로부터 내려갔는데, 張揖은 開闢으로부터 베풀어간 것으로 여겼다. 또 伏犧 이전이 6紀이고 이후가 3紀이지만, 또한 張揖・愼到・徐整 등의 說에 의거하면 역시 연도로 단정할 수 없다. 流訖紀는 黃帝로부터 시작된 것 같다.

【疏】又依易緯通卦驗, 燧人在伏犧前, 表計寘其刻曰 "蒼牙通靈昌之成孔演命明道經." 鄭玄注云 "刻謂刻石而記識之." 據此, 伏犧前已有文字矣[1]. 又陰陽書稱 "天老對黃帝云 '鳳皇之象, 首戴德, 背負仁, 頸荷義, 膺抱信, 足履政, 尾繫武.'" 又山海經云 "鳳皇首文曰德, 背文曰義, 翼文曰順, 膺文曰仁, 腹文曰信." 又易繫辭云 "河出圖, 洛出書, 聖人則之." 是文字與天地竝興焉. 又韓詩外傳稱 "古封太山, 禪梁甫者萬餘人, 仲尼觀焉, 不能盡識." 又管子書稱 "管仲對齊桓公曰 '古之封太山者七十二家, 夷吾所識十二[2]而已. 首有無懷氏封太山, 禪云云.'" 其登封者, 皆刻石紀號, 但遠者字有彫毁, 故不可識, 則夷吾所不識者六十家, 又在無懷氏前. 孔子覩而不識, 又多於夷吾, 是文字在伏犧之前, 已自久遠, 何怪伏犧而有書契乎. 如此者, 蓋文字在三皇之前, 未用之敎世, 至伏犧乃用造書契, 以代結繩之政, 是敎世之用, 猶燧人有火, 中古用以燔黍捭豚, 後聖乃修其利相似.

1) 表計寘其刻曰……伏犧前已有文字矣 : '表計寘其刻'은 말이 잘 안 되는 것으로 보아 誤書나 落字가 있는 듯하고, 刻文에 있는 "蒼牙通靈昌之成孔演命明道經"에 대해서 鄭玄은 그 注에서 "刻은 돌에 새겨서 기록한 것이다."라고 하여 刻자만 풀이하였을 뿐이고, 孔穎達은 "이 刻文에 의거하면 伏犧 이전에 이미 문자가 있었다."라고 하였다. 그런데 ≪周易注疏≫를 위시하여 宋代 李衡이 撰한 ≪周易義海撮要≫와 章如愚가 편한 ≪群書考索≫ 등에 '蒼牙通靈'은 伏犧가 卦를 만든 것으로, '昌之成'은 文王이 辭를 단 것으

로, '孔演命'은 孔子가 十翼을 지은 것으로 적고 있으니, 伏犧 이전의 刻文에 문왕과 공자가 등장할 수 있겠는가?

또한 明代 孫瑴(손각)이 편한 ≪古微書≫에 "遂皇(燧人氏)이 비로소 '握機矩'를 만들어냈는데, 이것은 北斗를 본받아 七政表計冥圖를 작성하고 거기에 새기기를 '蒼渠通靈'라 했다."라고 하였으니, 刻文이 燧人氏시대의 것임을 분명히 밝히면서 여기에 문왕과 공자를 등장시킨 것은 또 무엇 때문인지 모르겠다. '置'자와 '冥'자가 다른 것도 주목할 문제이다. 元代 胡一桂만이 ≪周易啓蒙翼傳≫에서 고인의 작품이 아니고 당시 儒者의 손에서 나온 것이라고 의심하였다. 이 刻文에 대해서는 ≪周易注疏≫에서도 문왕과 공자를 등장시키고 있다.

2) 十二 : 無懷氏, 虙羲(어떤 本에는 黃帝), 神農, 炎帝, 黃帝, 顓頊, 帝嚳, 堯, 舜, 禹, 湯, 周 成王 등 12家를 가리킨다.

또 ≪易緯≫ 〈通卦驗〉에 의하면, 燧人은 伏犧 이전에 존재하였고, 〈表計〉에는 "蒼牙通靈昌之成孔演命明道經"이라고 새겨놓았다. 鄭玄이 여기에 注를 달기를 "'刻'은 돌에 새겨서 기록한 것이다."라고 하였다. 이에 의거하면 伏犧 이전에 이미 文字가 있었던 것이다. 또 ≪陰陽書≫에 일컫기를 "天老(黃帝의 신하)가 黃帝의 물음에 대답하기를 '鳳凰의 象은 머리에 德을 이고, 등에 仁을 지고, 목에 義를 메고, 가슴에 信을 안고, 발로 政을 밟고, 꼬리에 武를 매답니다.' 했다."라고 하였고, 또 ≪山海經≫에 "鳳凰의 首文을 '德'이라 하고, 背文을 '義'라 하고, 翼文을 '順'이라 하고, 膺文을 '仁'이라 하고, 腹文을 '信'이라 한다."라고 하였고, 또 ≪周易≫ 〈繫辭〉에 "河水에서 圖(河圖)가 나오고 洛水에서 書(洛書)가 나오니, 聖人이 그것을 본받았다."라고 하였으니, 이는 바로 文字가 天地와 아울러 일어났음을 의미한 것이다.

또 ≪韓詩外傳≫에서 일컫기를 "옛날 太山에 흙을 쌓아 壇을 만들어 하늘에 제사를 지내고, 梁甫(梁父)의 땅을 깨끗하게 하여 山川에 제사를 지낸 자가 만여 명이나 되었지만, 仲尼가 관찰하여 다 식별할 수 없었다."라고 하였고, ≪管子書≫에서 일컫기를 "管仲이 齊 桓公에게 고하기를 '옛날 太山에 흙을 쌓아 壇을 만들어 하늘에 제사를 지낸 자가 72家였지만, 夷吾(管仲)가 식별한 것은 12家뿐이었는데, 첫머리에 無懷氏가 太山에 흙을 쌓아 壇을 만들어 하늘에 제사를 지내고, 〈땅을 깨끗하게 하여 山川에 제사를 지냈다는〉 사실이 적혀 있습니다.'라고 운운했다."라고 하였다.

그들이 올라가서 흙을 쌓아 壇을 만들어 하늘에 제사를 지낸 경우는 모두 돌에 이름을 새겨 기록한 것인데, 다만 연대가 멀어서 글자가 마모되었을 뿐이다. 그러므로 식별할 수 없었던 것이니, 夷吾가 식별하지 못한 것은 60家였고, 그것도 또 無懷氏 전에 있는 자들이었다. 孔子가 관찰하고 식별하지 못한 것도 夷吾가 식별하지 못한 것보다 더 많았다. 이것은 文字가 伏犧 이전에 있었다는 증거인데, 다만 연대가 오래되어서 알 수 없을 뿐이니, 伏犧시대에 書契가 있었다는 것이 무어 괴상할 게 있겠는가? 이와 같은 것은 아마 文字가 三皇 이전에 존재하였으나 그것을 이용해서 세상을 교화하지는 못했던 것이다.

伏犧시대에 와서 곧 書契를 만들어 結繩의 정사를 대신하였으니, 이것은 세상을 교화하는 용도가, 마치 燧人氏가 불을 마련하자 中古에 그 불을 이용하여 기장쌀을 돌 위에 얹고 그 돌을 불로 달구어 익히고, 돼지의 날고기를 찢어서 뜨겁게 단 돌 위에 놓아 익혔기 때문에 後世 聖人이 곧 그 이익을 본 것과 서로 같은 격이다.

【疏】文字理本有之, 用否隨世而漸也. 若然, 惟繫辭至神農始有噬嗑與益, 則伏犧時其卦未重, 當無雜卦, 而得有取諸夬者. 此自鄭玄等說耳. 案說卦曰 "昔者聖人幽贊於神明而生蓍." 繫辭曰 "天生神物, 聖人則之." 則伏犧用蓍而筮矣. 故鄭注說卦亦曰 "昔者聖人, 謂伏犧·文王也." 繫辭又曰 "十有八變而成卦." 是言爻皆三歸奇爲三變, 十八變則六爻明矣. 則筮皆六爻, 伏犧有筮, 則有六爻, 何爲不重而怪有夬卦乎[1].

1) 是言爻皆三歸奇爲三變……何爲不重而怪有夬卦乎 : 시초점을 칠 때는 산가지 49개를 네 개씩 세 번 세어 남은 수로 1爻를 작성하는데, 內卦 3爻와 外卦 3爻를 작성하려면 18번을 세게 되니, 세는 과정을 변하는 것으로 보았고, 內卦 3爻와 外卦 3爻를 합쳐 重卦라고 하였다. 일반적으로 伏犧시대에는 單卦만 있었다고 알고 있기 때문에 〈繫辭〉의 말을 인용하며 복희시대에도 重卦의 文字가 있었다고 주장한 것이다.

文字는 이치상 본래 있는 것이나, 쓰이고 안 쓰이는 것은 세대에 따라 점진적으로 이루지는 것이다. 만일 그렇다면 ≪周易≫ 〈繫辭〉에는 神農氏 시대에 이르러 비로소 噬嗑卦와 益卦에서 취한 것으로 되어있으니, 伏犧시대에는 그 卦들이 아직 重卦가 못 되었으므로 응당 雜卦가 없어야 할 텐데 夬卦에서 취한 일이 있을 수 있겠는가? 이것은 鄭玄 등으로부터 한 말일 뿐이다.

상고하건대 ≪周易≫ 〈說卦傳〉에 "옛날 聖人이 〈易을 지을 적에〉 그윽이 神明을 도와 蓍草를 내었다."라고 하였고, 〈繫辭〉에 "하늘이 神物(河圖와 洛書)을 내니, 聖人이 그것을 본받았다."라고 하였으니, 伏犧는 蓍草를 사용하여 점을 쳤을 것이다. 그러므로 鄭玄이 〈說卦傳〉에 주를 달 때에도 "'昔者聖人'은 伏犧와 文王을 이른다."라고 하였다.

〈繫辭〉에 또 "18번 변하여 卦를 이룬다."라고 하였나. 이것은 爻가 모두 3번 세고 난 나머지 수가 돌아가는 것이 3變이 됨을 말한 것이니, 18번 변한다면 6爻가 분명하다. 점치는 것은 모두 6爻로 하니, 伏犧가 점을 친 일이 있었다면 6爻가 있었을 것인데, 어찌 重卦가 아니라 하며 夬卦가 있는 것을 괴상하게 여겼는가?

伏犧神農黃帝之書를 謂之三墳이니 言大道也요 少昊顓頊高辛唐虞之書를 謂之五典이니 言常道也니라

伏犧·神農·黃帝의 글을 ≪三墳≫이라 이르니 大道를 말한 것이고, 少皞·顓頊·高辛·唐·虞의 글을 ≪五典≫이라 이르니 常道를 말한 것이다.

○ 少昊는 金天氏로 名은 摯요 字는 靑陽이요 一曰玄囂이며 己姓이니 黃帝之子요 母曰女節이니라 以金德王이니 五帝之最先이니라 顓頊은 高陽氏로 姬姓이니 黃帝之孫이요 昌意之子요 母曰景僕이니 謂之女樞니라 以水德王이니 五帝之二也니라 高辛은 帝嚳也니 姬姓이요 母名不見이니라 以木德王이니 五帝之三也니라 唐은 帝堯也니 姓伊耆氏니라 堯初爲唐侯라가 後爲天子하여 都陶라 故號陶唐氏니라 帝嚳之子요 帝摯之弟요 母曰慶都니라 以火德王이니 五帝之四也니라 虞는 帝舜也니 姓姚氏요 國號有虞니라 顓頊六世孫이요 瞽瞍之子요 母曰握登이니라 以土德王이니 五帝之五也니라 先儒解三皇五帝는 與孔(子)〔君〕[1]同이니 竝見發題니라

1) (子)〔君〕: 저본에는 '子'로 되어있으나, 阮刻本에 "'子'는 마땅히 '君'이 되어야 한다."라고 한 것에 의거하여 '君'으로 바로잡았다.

○ 少皞는 金天氏로 이름은 摯이고, 字는 靑陽이고 다른 하나는 玄囂라 하며, 己姓인데, 黃帝의 아들이고 어머니는 '女節'이라 한다. 金德으로 王 노릇을 하였는데, 五帝의 첫 번째이다. 顓頊은 高陽氏로 姬姓인데, 黃帝의 손자이자 昌意의 아들이고, 어머니는 '景僕'이라 하는데, 그를 '女樞'라고 이른다. 水德으로 王 노릇을 하였는데, 五帝의 두 번째이다. 高辛은 帝嚳인데 姬姓이며, 어머니의 이름은 보이지 않는다. 木德으로 王 노릇을 하였는데, 五帝의 세 번째이다. 唐은 帝堯로서 姓은 伊耆氏이다. 堯는 처음에 唐侯가 되었다가, 뒤에 天子가 되어 陶에 도읍을 세웠다. 그러므로 '陶唐氏'라 불렀다. 帝嚳의 아들이자 帝摯의 아우이며, 어머니는 '慶都'라 한다. 火德으로 王 노릇을 하였는데, 五帝의 네 번째이다. 虞는 帝舜으로서 姓은 姚氏이고 國號를 '有虞'라 하였는데, 顓頊의 6世孫이자 瞽瞍의 아들이며, 어머니는 '握登'이라 한다. 土德으로 王 노릇을 하였는데, 五帝의 다섯 번째이다. 先儒가 三皇·五帝를 해석한 것은 孔安國과 같은데, 모두 發題(序頭)

에 보인다.

【疏】'伏犧'至'常道也' ○ 正義曰：墳, 大也. 以所論三皇之事, 其道至大, 故曰"言大道也." 以典者, 常也, 言五帝之道, 可以百代常行, 故曰"言常道也." 此三皇·五帝, 或擧德號, 或擧地名, 或直指其人, 言及(便稱)〔稱便〕[1], 不爲義例. 顧氏引帝王世紀云"神農母曰女登, 有神龍首感女登而生炎帝, 人身牛首. 黃帝母曰附寶, 見大電光繞北斗樞星, 附寶感而懷孕, 二十四月而生黃帝, 日角龍顔. 少昊金天氏, 母曰女節, 有星如虹下流, 意感而生少昊. 顓頊母曰景僕, 昌意正妃, 謂之女樞, 有星貫月如虹, 感女樞於幽房之宮而生顓頊. 堯母曰慶都, 觀河遇赤龍, 晻然陰風, 感而有孕, 十四月而生堯." 又云"舜母曰握登, 見大虹感而生舜."

1) (便稱)〔稱便〕: 저본에는 '便稱'으로 되어있으나, 阮刻本에 "살펴보건대 '便稱' 2자는 마땅히 도치되어야 한다."라고 한 것에 의거하여 '稱便'으로 바로잡았다.

〈尙書序〉의 〔伏犧〕에서 〔常道也〕까지

○ 正義曰 : '墳'은 크다는 뜻이다. 논한바 '三皇의 일'이 그 道가 지극히 크기 때문에 "大道를 말한 것이다."라고 한 것이다.

'典'은 항상이란 뜻이니, 五帝의 道는 百代토록 항상 행할 수 있다고 말한 것이기 때문에 "常道를 말한 것이다."라고 한 것이다.

三皇・五帝에 대해서는 혹은 德號를 들기도 하고, 혹은 地名을 들기도 하고, 혹은 곧바로 그 사람을 가리키기도 하니, 말하기 편하게 칭하였고 義例를 정하지 않았다.

顧彪는 ≪帝王世紀≫를 인용하여 "神農의 어머니는 '女登'이라 하는데, 神龍의 머리가 女登을 감동시켜서 炎帝를 낳았으니, 몸은 사람의 몸이고 머리는 소의 머리였다. 黃帝의 어머니는 '附寶'라 하는데, 거대한 번갯빛이 北斗樞星을 두르는 것을 보고 附寶가 감응하여 임신해서 24개월 만에 黃帝를 낳았는데, 日角에 龍顔이었다. 少皞는 金天氏로서 그 어머니는 '女節'이라 하는데, 별이 무지개처럼 下流한 것을 보고 감응하여 少皞를 낳았다. 顓頊의 어머니는 '景僕'이라 하는데, 昌意의 正妃이며, '女樞'라고 이른다. 별이 달을 꿰어 무지개처럼 생겨 女樞를 幽房宮에서 감응시켜 顓頊을 낳았다. 堯의 어머니는 '慶都'라 하는데, 河水가 赤龍을 만나, 날은 침침하고 바람은 음산하게 부는 것을 보고 감응하여 임신해서 14개월 만에 堯를 낳았다."라고 하였고, 또 "舜의 어머니는 '握登'이라 하는데, 큰 무지개를 보고 감응하여 舜을 낳았다."라고 하였다.

【疏】 此言'謂之三墳'·'謂之五典'者, 因左傳有三墳五典之文, 故指而謂之. 然五帝之書, 皆謂之典, 則虞書皐陶謨·益稷之屬, 亦應稱典. 所以別立名者, 若主論帝德, 則以典爲名, 其臣下所爲, 隨義立稱. 其三墳, 直云言大道也, 五典, 直云言常道也, 不訓墳·典之名者, 以墳大典常, 常訓可知, 故略之也. 常道所以與大道爲異者, 以帝者公平天下, 其道可以常行, 故以典言之. 而皇優於帝, 其道不但可常行而已. 又更大於常, 故言墳也. 此爲對例耳. 雖少有優劣, 皆是大道, 竝可常行. 故禮運云以大道之行, 爲五帝時也[1]. 然帝號同天, 名所莫加, 優而稱皇者, 以皇是美大之名, 言大於帝也. 故後代措廟立主, 尊之曰皇, 生者莫敢稱焉. 而士庶祖父稱曰皇者, 以取美名, 可以通稱故也. 案左傳(上)〔止〕[2]有三墳·五典, 不言墳是三皇之書, 典是五帝之書. 孔知然者. 案今堯典·舜典, 是二帝二典, 推此二典而上, 則五帝當五典, 是五典, 爲五帝之書. 今三墳之書, 在五典之上, 數與三皇相當, 墳又大名, 與皇義相類, 故云三皇之書爲三墳. 孔君必知三皇有書者, 案周禮(小)〔外〕[3]史職 "掌三皇·五帝之書." 是其明文也. 鄭玄亦云 "其書卽三墳·五典." 但鄭玄以三皇無文, 或據後錄定. 孔君以爲書者, 記當時之事, 不可以在後追錄, 若當時無書, 後代何以得知其道也. 此亦孔君所據三皇有文字之驗耳.

1) 故禮運云……爲五帝時也 : ≪禮記≫ 〈禮運〉에는 이런 말이 없고, ≪孔子家語≫ 〈禮運〉에 나오는 "子曰 昔大道之行"의 주에 "此謂三皇五帝時 道大行也"라고 보인다.
2) (上)〔止〕 : 저본에는 '上'으로 되어있으나, 阮刻本에 "宋本에는 '上'이 '止'로 되어있으니, 옳다."라고 한 것에 의거하여 '止'로 바로잡았다.
3) (小)〔外〕 : 저본에는 '小'로 되어있으나, 阮刻本에 "浦鏜이 이르기를 '外가 小로 잘못되어 있다.'라고 했으니 옳다."라고 한 것에 의거하여 '外'로 바로잡았다.

〔謂之三墳〕·〔謂之五典〕 ≪春秋左氏傳≫에 ≪三墳≫·≪五典≫에 대한 글이 있기 때문에 그를 가리켜 말한 것이다. 그러나 五帝의 글을 모두 '典'이라 일렀다면 〈虞書〉의 〈皐陶謨〉·〈益稷〉 등도 응당 '典'이라고 칭했어야 할 것이다. 그런데 별도로 명칭을 세운 까닭은 무엇일까? 만일 帝德을 주로 논했다면, '典'으로 이름을 붙이고, 그 臣下가 한 일은 뜻에 따라 명칭을 달리 세웠기 때문이다. '三墳'에 대해서는 단지 "大道를 말한 것이다."라고만 하고, '五典'에 대해서는 단지 "常道를 말한 것이다."라고만 하였으며, '墳'과 '典'의 이름이 지니고 있는 뜻을 풀이하지 않은 것은 '墳'은 '大'의 뜻을 가졌고 '典'은 '常'의 뜻을 가졌기 때문에 '항상'이란 뜻으로 풀이한 것을 알 수 있다. 그러므로 생략한 것이다.

'常道'가 '大道'와 다른 까닭은 '帝'라는 임금은 天下를 공평하게 다스리기 때문에 그 道

는 항상 행할 수 있다. 그러므로 '典'을 가지고 말했다. '皇'이란 임금은 '帝'라는 임금보다 우위에 있으므로 그 道가 단지 항상 행할 수 있을 뿐만 아니라, 또다시 항상 행할 수 있는 것보다 더 큰 비중을 차지한다. 그러므로 '墳'이라고 말한 것이다. 이것은 어디까지나 對例가 될 뿐이다. 비록 조금은 優劣이 있지만, 모두가 바로 大道이니, 아울러 항상 행할 수 있는 것이다. 그러므로 《孔子家語》 〈禮運〉에서 大道가 행해진 시대를 五帝의 시대로 여겼다.

그러나 帝號는 하늘과 같은 것이므로 이름이 여기에서 더 높을 수가 없으며, 이보다 더 優位여서 '皇'이라고 칭한 것은, '皇'이 바로 아름답고 큼을 이르는 명칭이니, '帝'보다 크다는 것을 말한다. 그러므로 後代에 祠堂을 짓고 神主를 봉안하여 그를 높이기를 '皇'이라 하니, 살아 있는 사람은 감히 '皇'이라 칭하지 못한다. 사서인의 조부를 '皇'이라 칭하는 것은 그 아름다운 이름을 취한 것이니, 통칭할 수 있기 때문이다.

상고하건대 《春秋左氏傳》에는 《三墳》과 《五典》이라고만 하고, '墳'은 바로 三皇의 글이고 '典'은 바로 五帝의 글이라는 것은 말하지 않았으나, 孔安國은 그렇다는 것을 알았던 것이다.

상고하건대 지금 〈堯典〉과 〈舜典〉은 바로 二帝의 二典이니, 이 二典을 미루어 올라가면 五帝는 五典에 해당하므로 여기서는 《五典》을 五帝의 글로 본 것이다. 그리고 지금 《三墳》의 글은 《五典》의 위에 놓여 있어 그 숫자가 三皇과 서로 맞고, '墳'은 크다는 뜻을 가진 이름이어서 '皇'의 뜻과 서로 같다. 그러므로 '三皇의 글이 《三墳》이 된다.'는 것이다. 孔安國은 반드시 三皇에게 서적이 있었음을 알았을 것이다.

상고하건대 《周禮》 〈春官 外史職〉에 "三皇과 五帝의 책을 맡았다."라고 하였으니, 이것이 그것을 밝히는 글이다. 鄭玄도 "그 책은 곧 《三墳》과 《五典》이다."라고 하였다. 다만 鄭玄이 三皇에게 글이 없었다고 한 것은 혹 後錄에 의거해서 단정하였을 것이다. 孔安國이 '글'이라고 한 것은 당시의 일을 기록한 것이니, 뒤에 있는 것을 追錄할 수 없는 것이다. 만일 당시에 글이 없었다면 後代에 어떻게 그 道를 알 수 있겠는가? 이것이 또한 孔安國이 의거한바 三皇에게 文字가 있었다는 증험이다.

【疏】 鄭玄注中候, 依運斗樞, 以伏犧·女媧·神農爲三皇, 又云"五帝(坐)〔座〕[1), 帝鴻·金天·高陽·高辛·唐虞氏." 知不爾者, 孔君旣不依緯, 不可以緯難之. 又易興作之條[2), 不見有女媧, 何以輒數. 又鄭玄云"女媧修伏犧之道, 無改作." 則已上修舊者衆, 豈皆爲皇乎. 旣不數女媧, 不可不取黃帝以充三皇耳. 又鄭玄數五帝, 何以六人. 或爲之說云"德協五帝, 座不限多少, 故六人亦名五帝." 若六帝何有五座. 而皇指大帝, 所謂耀魄寶[3], 止一而已. 本自無三皇, 何云三皇. 豈可三皇數人, 五帝數座, 二文舛互, 自相乖阻也. 其諸儒說三皇, 或數燧人, 或數祝融以配犧·農者, 其五帝皆自軒轅, 不數少昊, 斯亦非矣. (何)〔又〕[4]燧人說者以爲伏犧之前, 據易曰"帝出於震[5]." 震, 東方, 其帝, 太昊. 又云"古者包犧氏之王天下也." 言古者制作莫先於伏犧, 何以燧人厠在前乎. 又祝融及顓頊以下火官之號, 金天已上百官之號. 以其徵五經, 無云祝融爲皇者, 縱有, 不過如共工氏. 共工有水瑞[6], 乃與犧·農·軒·摯相類, 尙云霸其九州, 祝融本無此瑞, 何可數之乎.

1) (坐)〔座〕: 저본에는 '坐'로 되어있으나, 阮刻本에 "'坐'는 마땅히 '座'가 되어야 한다."라고 한 것에 의거하여 '座'로 바로잡았다.
2) 易興作之條 : ≪周易≫ 〈繫辭 下〉의 "包義氏가 별세하자 神農氏가 나오셨다.〔包義氏沒 神農氏作〕"는 것과 "神農氏가 별세하자 黃帝・堯・舜이 나오셨다.〔神農氏沒 黃帝堯舜氏作〕"는 것을 가리킨다.
3) 耀魄寶 : 天皇大帝의 이름이다. 天子의 象을 주관한다고 한다.
4) (何)〔又〕: 저본에는 '何'로 되어있으나, 阮刻本에 "浦鏜이 이르기를 '何는 의심컨대 又자의 誤字인 듯하다.'라고 했다." 한 것에 의거하여 '又'로 바로잡았다.
5) 帝出於震 : ≪周易≫ 〈說卦傳〉에 "帝出乎震 齊乎巽"이라고 보이는데, 朱子의 ≪周易本義≫에는 '帝'를 '하늘의 주재자〔天之主宰〕'로 풀이하였다.
6) 共工有水瑞 : 水瑞는 물의 상서이다. ≪春秋左氏傳≫ 昭公 17년 조에 "共工氏는 〈물의 상서를 받았기 때문에〉 '水'자로 일을 기록하였다. 그러므로 군사와 벼슬을 '水'자로 이름을 지었다."라고 하고, 그 注에 "共工氏는 諸侯의 霸者로 九州를 차지한 인물인데, 神農 이전, 太皞 이후에 존재하였다. 또한 물의 상서를 받았기 때문에 水자로 벼슬 이름을 지었다."라고 하였다.

鄭玄이 ≪中候≫에 注를 달 때에 ≪運斗樞≫에 의하여 伏犧・女媧・神農을 三皇으로 삼았고, 또 "五帝의 座目은 帝鴻氏・金天氏・高陽氏・高辛氏・唐虞氏이다."라고 하였는데, 그렇게 꼽아서는 안 된다는 것을 알겠다. 孔安國은 이미 緯書에 의거하지 않았으니, 緯書를 가지고 힐난해서는 안 된다. 또 ≪周易≫의 興作 조에 女媧가 있는 것이 발견되지 않았는데, 어째서 갑자기 그를 꼽았는가? 또 鄭玄이 "女媧는 伏犧의 道를 닦고, 改作한 것이 없다."라고 하였는데, 이상에서 옛것을 닦은 자가 여럿이니, 어찌 모두 '皇'이 될 수 있겠는가? 이미 女媧를 꼽지 않는다면 黃帝를 취하여 三皇에 채우지 않을 수 없다. 또 鄭玄은 五帝를 꼽으면서 왜 여섯 사람을 등장시켰는가? 혹자는 그를 위해 설명하기를 "德이 五帝와 같으면 座目을 다소로 한정하지 않는다. 그러므로 여섯 사람도 五帝란 이름을 붙일 수 있다."라고 하지만, 만일 六帝였다면 어찌 다섯 座目만 있겠는가? '皇'은 '大帝'를 가리키니, 이른바 '耀魄寶'는 하나일 뿐이다. 본래 三皇이 없는 것을 어떻게 三皇이라 이를 수 있겠는가? 어떻게 三皇이 여러 사람이고, 五帝가 여러 座目일 수 있겠는가? 두 대문의 글이 어긋나서 저절로 서로 어그러진 것이다.

諸儒가 三皇을 말할 때, 혹은 燧人을 꼽거나 혹은 祝融을 꼽아 伏犧와 神農에 배열하고, 五帝의 경우는 모두 軒轅으로부터 꼽고 少皞는 꼽지 않으니, 이것 또한 잘못이다. 또 燧人에 대해서는 說者가 伏犧 이전의 사람으로 여기는데, ≪周易≫에 의거하면, "帝가 震에서 나왔다."라고 하였으니, 震은 東方이고, 그 帝는 太皞(伏犧氏)이다. 또 "옛날 包犧氏가 천하에 왕 노릇할 때"라고 하였으니, 옛날에 제작하는 일이 伏犧 때보다 앞선 시대가 없었는데, 어떻게 燧人을 包犧氏 앞에 둘 수 있겠는가? 또 祝融과 顓頊 이하는 火官의 호칭이고, 金天 이상은 百官의 호칭이었다. 五經을 다 뒤져보아도 祝融이 皇이 되었다는 말은 없다. 설령 있었다 하더라도 共工氏와 같은 존재에 불과하였다. 共工氏는 물의 상서를 받았으니, 곧 伏犧・神農・軒轅・摯(帝嚳의 아들 少皞)와 서로 같은 점이 있나. 너구나 九州를 제패했다는 인물이 아닌가? 祝融에게는 본래 이런 상서가 없었는데, 어떻게 그를 꼽을 수 있겠는가?

【疏】 左傳曰 "少昊之立, 鳳鳥適至[1]." 於月令, 又在秋享食, 所謂白帝之室者也[2], 何爲獨非帝乎. 故孔君以黃帝上數爲皇, 少昊爲五帝之首耳. 若然, 案今世本帝繫及大戴禮五帝德幷家語宰我問, 太史公五帝本紀, 皆以黃帝爲五帝, 此乃史籍明文, 而孔君不從之者. 孟軻曰 "〔盡〕[3]信書, 不如其無書, 吾於武成取二三策而已." 言書以漸染之濫也. 孟軻已然, 況後之說者乎. 又帝繫·本紀·家語五帝德皆云少昊卽黃帝子靑陽, 是也. 顓頊黃帝孫, 昌意子, 帝嚳高辛氏爲黃帝曾孫, 玄囂孫, 僑極子, 堯爲帝嚳子, 舜爲顓頊七世孫. 此等之書, 說五帝而以黃帝爲首者, 原由世本. 經於暴秦, 爲儒者所亂. 家語則王肅多私定, 大戴禮·本紀出於世本, 以此而同. 蓋以少昊而下, 皆出黃帝, 故不得不先說黃帝, 因此謬爲五帝耳. 亦由繫辭以黃帝與堯·舜同事, 故儒者共數之焉.

1) 少昊之立 鳳鳥適至 : ≪春秋左氏傳≫ 昭公 17년 조에 "少皞 摯가 즉위할 때에 鳳鳥가 마침 이르렀기 때문에 '鳥'자로 일을 기록하였다. 그래서 군사와 벼슬 이름을 '鳥'자로 지었다."라고 하였다.

2) 白帝之室者也 : ≪文獻通考≫ 권74 〈郊社考〉 7 明堂에 "明堂의 제도에서 五室을 두는

데, 大享 때를 당하면 곧 昊天上帝의 자리를 太室 중앙에 베풀어 남쪽으로 향하고, 帝位를 上帝의 동남쪽에 배열하여 서쪽으로 향하며, 靑帝室은 동쪽에 두어 서쪽으로 향하고, 赤帝室은 남쪽에 두어 북쪽으로 향하며, 黃帝는 太室 안에서 약간 서남쪽에 두어 북쪽으로 향하고, 白帝室은 서쪽에 두어 동쪽으로 향하고, 黑帝室은 북쪽에 두어 남쪽으로 향한다."라고 하였다.

3) 〔盡〕: 저본에는 없으나, ≪孟子≫ 〈盡心 下〉에 의거하여 보충하였다.

≪春秋左氏傳≫에 "少皞가 즉위할 때 마침 鳳鳥가 이르렀다."라고 하였다. 그리고 ≪禮記≫ 〈月令〉에 또 가을에 享祀를 거행한 것은 이른바 '白帝(少皞)의 방'에서 한 것이었는데, 어찌 그분만 '帝'가 아니겠는가? 그러므로 孔安國이 黃帝 이상은 '皇'으로 꼽고, 少皞는 五帝의 우두머리로 삼은 것이다. 만일 그렇다면 상고해볼 때, 지금 ≪世本≫ 〈帝繫〉 및 ≪大戴禮≫ 〈五帝德〉, ≪孔子家語≫ 〈宰我問〉, 그리고 太史公(司馬遷)의 ≪史記≫ 〈五帝本紀〉에서 모두 黃帝를 五帝로 삼았으니, 이것은 바로 史籍의 증명된 글인데도 孔安國은 그것을 따르지 않았던 것이다. 孟軻가 "글이란 글을 다 믿는다면 차라리 글이 없는 것만 못하다. 나는 〈武成〉에서 두세 策만 취할 뿐이다."라고 하였으니, 글이 지나치게 세속에 漸染된 점을 말한 것이다. 孟軻가 이미 그러하였거늘, 하물며 후세에 말하는 자야 오죽하겠는가? 또 〈帝繫〉·〈五帝本紀〉·≪孔子家語≫ 〈五帝德〉에 모두 少皞가 곧 黃帝의 아들 靑陽이라고 한 것이 바로 이것이다. 顓頊은 黃帝의 손자이자 昌意의 아들이고, 帝嚳 高辛氏는 黃帝의 曾孫에 玄囂의 손자이자 僑極의 아들이며, 堯는 帝嚳의 아들이고, 舜은 顓頊의 7世孫으로 되어있다.

이 같은 글들이 五帝를 말하면서 黃帝를 우두머리로 삼은 것은, ≪世本≫에서 연유되었는데, 포악한 秦나라를 거치면서 儒者들에 의해 혼란해졌다. ≪孔子家語≫의 경우는 王肅이 대부분 사적으로 정한 것이고, ≪大戴禮≫와 〈五帝本紀〉의 기록은 ≪世本≫에서 나온 것이라 이렇게 동일한 것이다. 대개 少皞 이하는 모두 黃帝에게서 나왔기 때문에 부득불 먼저 黃帝를 말한 것이다. 이로 인하여 잘못 五帝를 삼았을 뿐이다. 또한 ≪周易≫ 〈繫辭〉에서 黃帝를 堯·舜과 더불어 함께 다루었기 때문에 儒者가 함께 꼽은 것이다.

【疏】 孔君今者意以月令春曰太昊, 夏曰炎帝, 中央曰黃帝, 依次以爲三皇. 又依繫辭, "先包犧氏王. 沒, 神農氏作. 又沒, 黃帝氏作." 亦文相次, 皆著作見於易, 此三皇之明文也. 月令秋曰少昊, 冬曰顓頊, 自此爲五帝. 然皇帝是皇, 今言帝不云皇者, 以皇亦帝也, 別其美名耳. 太昊爲皇, 月令亦曰"其帝太昊."·易曰"帝出於震."是也. 又軒轅之稱黃帝, 猶神農之云炎帝, 神農於月令爲炎帝, 不怪炎帝爲皇, 何怪軒轅稱帝. 而梁主云"書起軒轅, 同以燧人爲皇, 其五帝自黃帝至堯而止, 知帝不可以過五, 故曰舜非三(王)〔皇〕[1], 亦非五帝, 與三王爲四代而已."[2] 其言與詩之爲體, 不雅則風, 除皇已下不王則帝, 何有非王非帝, 以爲何人乎. 典·謨皆云帝曰, 非帝如何.

1) (王)〔皇〕: 저본에는 '王'으로 되어있으나, 문맥을 살펴 '皇'으로 바로잡았다.
2) 梁主云……與三王爲四代而已 : 宋代 劉恕가 編한 ≪資治通鑑外紀≫ 〈包犧氏〉에는 "梁武帝는 伏犧·神農·燧人을 三皇으로 삼고, 黃帝·少皞·顓頊·帝嚳·帝堯를 五帝로 삼고서 '舜은 三皇도 아니고 五帝도 아니니 그저 三王과 함께 四代가 될 뿐이다.'라고 했다."라고 비교적 쉽게 적고 있다. '四代'는 ≪禮記≫ 〈明堂位〉의 '四代之樂器'에 대한 鄭玄의 注에 "四代는 虞·夏·殷·周이다."라고 하였다.

孔安國은 지금 ≪禮記≫ 〈月令〉에 봄을 주재하는 神의 帝王을 '太皞'라 하고, 여름을 주재하는 神의 帝王을 '炎帝'라 하고, 中央을 주재하는 神의 帝王을 '黃帝'라 한 것을 의중에 두고 그 차례에 의하여 '三皇'을 삼았다. 또 ≪周易≫ 〈繫辭〉에 "먼저 包犧氏가 왕노릇을 하였다. 그가 죽으니, 神農氏가 나왔다. 또 그가 죽으니, 黃帝氏가 나왔다."라는 식으로 말한 것에 의거하면 또한 글이 서로 차례를 이루고, 모두 著作한 일이 ≪周易≫에 보이니, 이것이 '三皇'의 증명된 글이다. 〈月令〉에서 가을을 주재하는 神의 帝王을 '少皞'라 하고, 겨울을 주재하는 神의 帝王을 '顓頊'이라 하였으니, 이로부터 '五帝'가 되었다. 그러나 黃帝는 바로 '皇'인데, 지금 '帝'라고 말하고 '皇'이라 이르지 않은 것은 '皇'도 역시 '帝'인데, 그 아름다운 이름을 구별했을 뿐이다. 太昊는 '皇'이 되었지만, 〈月令〉에서 또한 "그 帝는 太皞이다."라고 하고, ≪周易≫에서 "帝가 震方에서 나왔다."라고 한 것이 바로 이것이다. 또 軒轅을 '黃帝'라 칭한 것은 神農을 '炎帝'라고 한 것과 같은데, 神農이 〈月令〉에서 炎帝가 되었으니, 炎帝가 '皇'이 되는 것이 괴이하지 않은데, 어찌 軒轅이 '帝'로 칭해진 것을 괴이하게 여길 수 있겠는가?

梁 武帝가 "'書'는 軒轅氏에서 시작하였으니 燧人氏와 함께 '皇'으로 꼽아야 하고, 五帝는 黃帝로부터 堯까지만 꼽아야 하니, 帝는 다섯이란 숫자를 넘을 수 없음을 알기 때문이다. 그러므로 舜은 三皇도 아니고 五帝도 아니니, 그저 三王과 함께 四代가 될 뿐이다."라고 하였다. 그의 말은 마치 ≪詩≫의 體裁와 같아서 '雅'가 아니면 곧 '風'인 격이다. '皇'을 제외한 이하는 '王'이 아니면 '帝'인데, '王'도 아니고 '帝'도 아니고 어떤 사람이 되는 그러한 일이 어찌 있겠는가? 典과 謨에서 모두 '帝曰'이라고 하였는데, 帝가 아니고

무엇이겠는가?

至于夏商周之書엔 雖設敎不倫이나 雅誥奧義는 其歸一揆니라

夏・商・周의 서적에 이르러서는 비록 베푼 가르침은 墳・典과 같지 않지만, 雅正한 辭誥로서 深奧한 뜻이 담겨져 있으니, 그 歸趣는 墳・典과 동일한 道理이다.

○ 夏는 禹天下號也라 以金德王하니 三王之最先이니라 商은 湯天下號也라 亦號殷이니라 以水德王하니 三王之二也니라 周는 文王武王有天下號也라 以木德王하니 三王之三也니라 誥는 告也요 示也며 奧는 深也요 揆는 度也라

○ '夏'는 禹임금이 다스리던 나라 이름이다. 金德으로 王 노릇을 하였으니 三王의 가장 먼저였다. '商'은 湯王이 다스리던 나라 이름이다. 또한 '殷'이라고도 불렀다. 水德으로 왕 노릇을 하였으니 三王의 두 번째이다. '周'는 文王・武王이 다스리던 나라 이름이다. 木德으로 왕 노릇을 하였으니 三王의 세 번째이다. 誥는 告의 뜻이고 示의 뜻이며, '奧'는 깊다는 뜻이고, '揆'는 道理라는 뜻이다.

【疏】'至于'至'一揆' ○正義曰：旣皇書稱墳, 帝書稱典, 除皇與帝墳典之外, 以次累陳, 故言'至于'. 夏·商·周三代之書, 雖復當時所設之敎, 與皇及帝墳·典之等不相倫類, 要其言皆是雅正辭誥, 有深奧之義, 其所歸趣與墳·典一揆. 明雖事異墳·典而理趣終同, 故所以同入尙書, 共爲世敎也. 孔君之意, 以墳·典亦是尙書, 故此因墳·典而及三代. 下云"討論墳·典, 斷自唐·虞以下." 是墳·典亦是尙書之內, 而(小)〔外〕史偏掌之者, 以其遠代故也. 此旣言墳·典, 不依外文連類, 解八索·九丘, 而言三代之書厠於其間者, 孔意以墳·典是尙書, 丘·索是尙書外物, 欲先說尙書事訖, 然後及其外物, 故先言之也. 夏·商·周之書, 皆訓·誥·誓·命之事, 言設敎者, 以此訓·誥·誓·命, 卽爲敎而設, 故云設敎也.

〈尙書序〉의 〔至于〕에서 〔一揆〕까지

○ 正義曰：이미 皇書를 '墳'이라고 칭하고, 帝書를 '典'이라고 칭하였으니, 皇과 帝의 '墳'과 '典'을 제외하고는 차례대로 누차 베풀어졌다. 그러므로 '至于'라고 말한 것이다. 夏・商・周 三代의 서적에 이르러서는 비록 다시는 당시 베푼 가르침이 皇과 帝의 墳・典 등과는 서로 같지 않지만, 요컨대 그 말은 모두 雅正한 辭誥로서 深奧한 뜻이 담겨져

있으니, 그 歸趣는 墳·典과 동일한 道理이다. 일은 비록 墳·典과 다르나, 理趣는 끝내 동일하므로 함께 ≪尙書≫에 들어가 다같이 世敎가 된 까닭을 밝힌 것이다. 孔安國의 생각은, 墳·典도 역시 ≪尙書≫라고 여겼기 때문에 여기에서 墳·典을 인하여 三代에까지 언급하였을 것이다.

아래에서 "墳과 典을 討論하되 唐·虞에서부터 시작하여"라고 하였으니, 이것은 墳·典 역시 ≪尙書≫의 범위 안에 속하기 때문인데, 外史가 墳·典만을 맡은 것은 그 세대가 워낙 멀기 때문이었다. 여기서 이미 墳·典이라 말하여, 外文에 의해 類를 연결하지 않고, ≪八索≫·≪九丘≫를 해석하면서 三代의 서적이 그 사이에 끼었다고 말한 것은, 孔安國의 생각에 墳·典은 바로 ≪尙書≫이고, 丘·索은 바로 ≪尙書≫의 外物이라고 여겼기 때문에 먼저 ≪尙書≫에 대한 일을 말하고 나서 그 外物을 언급하려고 한 것이다. 그러므로 먼저 말한 것이다. 夏·商·周의 서적은 모두 訓·誥·誓·命의 일에 대한 것인데, '設敎'라고 말한 것은 이 訓·誥·誓·命을 곧 가르침으로 삼아 베풀었기 때문에 '設敎'라고 이른 것이다.

【疏】言'不倫'者, 倫, 類也. 三代戰爭, 不與皇帝等類. 若然, 五帝稱典, 三王劣而不倫, 不得稱典, 則三代非典, 不可常行, 何以垂法乎. 然三王世澆, 不如上代, 故隨事立名, 雖篇不目典, 理實是典, 故曰"雅誥奧義, 其歸一揆." 卽爲典之謂也. 然三王之書, 惟無典·謨, 以外訓·誥·誓·命·歌·貢·征·範, 類猶有八, 獨言'誥'者, 以別而言之. 其類有八, 文從要約, 一誥兼焉. 何者. 以此八事, 皆有言以誥示, 故總謂之誥. 又言'奧義'者, 指其言謂之誥, 論其理謂之義, 故以義配焉. 言'其歸一揆', 見三代自歸於一, 亦與墳·典爲一揆者, 況喩之義. 假譬人射, 莫不皆發, 志揆度於的, 猶如聖人立教, 亦同揆度於至理, 故云'一揆'.

〔不倫〕'倫'은 같은 부류라는 뜻이다. 三代는 戰爭을 통해서 이루어진 것이니, 三皇·五帝와 격이 같지 않다. 만일 그렇다면 五帝의 서적은 '典'이라 칭할 수 있지만, 三王은 열약하여 五帝와 격이 같지 않아서 '典'이라 칭할 수 없으니 三代의 서적은 '典'이 아니므로 항상 행할 수 없는데, 어떻게 법으로 전할 수 있겠는가? 그러나 三王의 세대는 淆薄하여 上代와 격이 같지 않기 때문에 일에 따라 이름을 세웠다. 그래서 비록 篇은 '典'으로 지목할 수 없지만, 理가 충실한 것은 바로 '典'이다. 그러므로 "雅正한 辭誥로서 深奧한 뜻이 담겨져 있으니 그 歸趣는 墳·典과 동일한 道理이다."라고 한 것이니, 곧 '典'이 됨

을 이른 것이다.

그러나 三王의 서적에는 오직 典·謨는이 없을 뿐이다. 그 밖에 訓·誥·誓·命·歌·貢·征·範과 같은 여덟 가지 종류가 오히려 있지만, 유독 '誥'만을 말한 것은 구별해서 말하기 위한 것이다. 그 종류가 여덟 가지나 있지만, 글이 요약된 것은 하나의 '誥'가 모두를 겸하기 때문이다. 왜냐하면 이 여덟 가지 일을 모두 말로 誥示할 수 있기 때문이다. 그러므로 총칭하여 '誥'라 이른 것이다.

〔奧義〕 그 말을 가리켜 '誥'라고 이르고, 그 이치를 논하여 '義'라고 이르기 때문에 '義'로써 배정한 것이다.

〔其歸一揆〕 三代가 스스로 歸一함을 보이기 위한 것이고, 또한 墳·典과 더불어 동일한 도리라는 것은 비유하는 의미이다. 사람들이 활 쏘는 것에 비유하면, 모두 발사하여 과녁을 맞히는 것을 목표로 삼으니, 이것은 마치 聖人의 立敎가 또한 至理에 귀착함을 목표로 삼는 것과 같다. 그러므로 '一揆'라고 한 것이다.

是故로 **歷代寶之**하여 **以爲大訓**이니라

이 때문에 역대에 보배로 여겨 大訓을 삼은 것이다.

【疏】 正義曰：顧命云"越玉五重, 陳寶." 卽以赤刀·大訓在西序, 是寶之, 以爲大訓之文. 彼注以典·謨爲之[1), 與此相當. 要六藝皆是, 此直爲書者指而言之, 故彼注亦然也. 彼直周時寶之, 此知歷代者, 以墳·典久遠, 周尙寶之, 前代可知, 故言歷代耳.

1) 大訓在西序……彼注以典謨爲之：≪尙書≫ 〈周書 顧命〉의 孔傳에는 "大訓은 〈虞書〉의 典·謨이다.〔大訓 虞書典謨〕"라 하였다.

正義曰：≪尙書≫ 〈周書 顧命〉에 "玉을 五重으로 진열하고, 寶物을 진열하다."라고 하였다. 곧 赤刀와 大訓을 西序(서쪽 행랑)에 진열해놓고, 이것을 보배로 여겨 大訓의 글로 삼았다. 저 〈顧命〉에서는 〈大訓에 대하여〉 '典'·'謨'를 가지고 주를 달았으니, 이 〈尙書序〉와 서로 어금지금하다. 요컨대 六藝(六經)가 다 이러한데, 이 〈尙書序〉에서는 단지 '書'만을 가리켜 말하였다. 그러므로 저 〈顧命〉의 注 또한 그렇게 단 것이다. 저 〈顧命〉에서 단지 周나라 때만 보배로 여겼을 뿐이나, 이 〈尙書序〉에서 歷代라는 것을 앎은, 墳·典이 오래된 것이기 때문에 周나라에서 오히려 보배로 여긴 것이니, 前代라는 것을 알 수 있다. 그러므로 '歷代'라고 말한 것이다.

八卦之說을 **謂之八索**이니 **求其義也**니라 **九州之志**를 **謂之九丘**니라 **丘**는 **聚也**니 **言九州所有**의 **土地所生**과 **風氣所宜**를 **皆聚此書也**니라

八卦說을 ≪八索≫이라 이르니, 그 뜻을 구하는 것이다. 九州志를 ≪九丘≫라 이른다. '丘'는 모으다라는 뜻이니, 九州가 소유한 土地의 생산과 風氣의 알맞은 것을 모두 이 책에 모아놓았음을 말한다.

【疏】'八卦'至'此書也' ○ 正義曰：以墳·典因外文, 而知其丘·索, 與墳·典文連, 故連而說之, 故總引傳文以充足己意, 且爲於下見與墳·典俱被黜削, 故說而以爲首引. 言爲論八卦事義之說者, 其書謂之八索. 其論九州之事所有志記者, 其書謂之九丘. 所以名丘者, 以丘, 聚也, 言於九州當有土地所生之物, 風氣所宜之事, 莫不皆聚見於此書, 故謂之九丘焉. 然八卦言之說, 九州言之志, 不同者, 以八卦交互相說其理, 九州當州有所志識, 以此而不同. 此索謂求索, 亦爲搜索. 以易八卦爲主, 故易曰"八卦成列, 象在其中矣. 因而重之, 爻在其中矣." 又曰"八卦相盪." 是六十四卦, 三百八十四爻, 皆出於八卦, 就八卦而求其理, 則萬有一千五百二十策, 天下之事得, 故謂之索, 非一索再索而已. 此索, 於左傳, 亦或謂之(索)〔素〕[1], 說有不同, 皆後人失其眞理, 妄穿鑿耳.

1) (索)〔素〕: 저본에는 '索'으로 되어있으나, 阮刻本에 "宋本에는 '索'자가 '素'로 되어있다. 살펴보건대 '素'자가 옳다."라고 한 것에 의거하여 '素'로 바로잡았다.

〈尙書序〉의 〔八卦〕에서 〔此書也〕까지

○ 正義曰 : 墳·典은 外文으로 인하여 丘·索이 墳·典의 글과 이어진 것임을 알았기 때문에 이어서 말하였다. 그래서 ≪春秋左氏傳≫의 글을 모두 끌어다가 자기의 뜻을 충족시켰고, 또 아래에서 墳·典과 함께 削黜당한 일을 보았기 때문에 설명을 하면서 맨 먼저 그 일을 끌어내게 된 것이다. 말하자면 八卦의 事義에 대해 논한 說이 적힌 책은 ≪八索≫이라고 이르고, 九州의 일을 논할 때 기록을 남긴 책은 ≪九丘≫라고 한 것이다. '丘'라고 이름을 붙인 까닭은 '丘'가 모으나라는 뜻을 가지고 있기 때문이니, 말하자면 九州에는 응당 土地에서 생산되는 물자가 있고, 風氣에는 알맞은 일이 있어서, 모두 이 책에 모아놓았기 때문에 ≪九丘≫라고 한 것이다. 그러나 八卦에 대해서는 '說'이라고 말하고, 九州에 대해서는 '志'라고 말하여 동일하게 다루지 않은 것은, 八卦의 경우는 교대로 그 이치를 말하였고, 九州의 경우는 해당 州마다 기록한 바가 있으니, 이 때문에 동일

하지 않은 것이다.

이 '索'은 '求索'을 이르니, 또한 '搜索'의 뜻으로 본 것이다. 그것은 ≪周易≫의 '八卦'를 위주로 했기 때문이다. 그러므로 ≪周易≫에서 "八卦가 列을 이루니 象이 그 가운데 있고, 각각 한 卦로 인하여 八卦를 차례로 거듭하니 爻가 그 가운에 있다."라고 하고, 또 "八卦가 서로 섞여서"라고 하였다. 이는 64卦, 384爻가 모두 八卦에서 나오는 것이니, 八卦에 입각하여 그 이치를 구한다면 策數가 11,520이니, 천하의 모든 일이 얻어진다. 그러므로 '索'이라고 이르는데, 한두 번만 구색할 뿐이 아니다. 이 '索'자를 ≪春秋左氏傳≫에는 또한 더러 '素'라고 말하기도 하여 말에 동일하지 않은 점이 있으니, 모두 후인들이 그 眞理를 잃고 망령되이 천착한 탓이다.

【疏】 其九丘, 取名於聚義, 多如山丘, 故爲聚. 左傳或謂之九區, 得爲說當九州之區域, 義亦通也. 又言'九州所有', 此一句與下爲總, 卽土地所生, 風氣所宜, 是所有也. 言'土地所生', 卽其動物·植物, 大率土之所生, 不出此二者. 又云'風氣所宜'者, 亦與土地所生大同. 何者. 以九州各有土地, 有生與不生, 由風氣所宜與不宜. 此亦職方·禹貢之類. 別而言之, 土地所生, 若禹貢之厥貢·厥篚也, 風氣所宜, 若職方其畜宜若干·其民若干男·若干女是也. 上墳·典及索, 不別訓之, 以可知, 故略之. 丘訓旣難, 又須別言九州所有已下, 故先訓之, 於下結義, 故云皆聚此書也.

'九丘'는 '聚'자의 뜻에서 이름을 취한 것이니, 많기가 山丘와 같기 때문에 聚의 뜻으로 본 것이다. ≪春秋左氏傳≫에는 더러 九區라고 말한 것이 九州의 區域에 해당된다고 말할 수 있으니, 뜻이 또한 통한다.

〔九州所有〕 이 한 句는 아래에 있는 句들과 한 문단을 이루니, 곧 '土地所生'과 '風氣所宜'가 바로 〈九州의〉 '所有'인 것이다.

〔土地所生〕 곧 動物과 植物을 말하니, 대체적으로 土地의 所生은 이 두 가지(동물·식물)에서 벗어나지 않는다.

〔風氣所宜〕 또한 土地所生과 대체로 같다. 왜냐하면 九州에는 각각 土地가 있고, 생산함과 생산하지 못함은 風氣의 알맞음과 알맞지 못한 바에 따르기 때문이다. 이 또한 ≪周禮≫ 〈夏官 職方〉과 ≪尙書≫ 〈夏書 禹貢〉의 따위인 것이다.

구별해서 말하면, '土地所生'은 이를테면 〈禹貢〉의 '厥貢'·'厥篚'와 같은 것이고, '風氣所宜'는 이를테면 〈職方〉의 "그 畜産에 알맞은 것이 약간이고, 그 백성에 약간 명의 남자와 약간 명의 여자이다."라는 것이 바로 이것이다.

위에서 '墳'·'典' 및 '索'에 대하여 따로 뜻풀이를 하지 않았으니, 무슨 뜻인지 알 수 있기 때문에 여기에서 뜻풀이를 생략한 것이다. '丘'에 대한 뜻풀이는 일단 어려우니, 또한 모름지기 별도로 '九州所有' 이하를 말해야 하기 때문에 먼저 뜻풀이를 하였고, 아래에서 뜻을 맺기 때문에 "모두 이 책에 모았다."라고 한 것이다.

春秋左氏傳曰 楚左史倚相이 **能讀三墳五典八索九丘**[1]는 **卽謂上世帝王遺書也**니라

1) 楚左史倚相 能讀三墳五典八索九丘 : ≪春秋左氏傳≫ 昭公 12년 조에 "楚 靈王이 다시 나와서 이야기할 때에 左史 倚相이 빠른 걸음으로 걸어나왔다. 이때 靈王이 말하기를 '저 사람은 훌륭한 史官일세. 자네는 잘 봐주게. 그는 ≪三墳≫·≪五典≫·≪八索≫·≪九丘≫를 모두 읽을 수 있네.'라고 했다.
이에 子革이 대답하기를 '제가 일찍이 倚相에게 물어본 일이 있습니다. 옛날 穆王이 그 마음을 방자하게 가지고 천하를 두루 돌아다녀 어디에나 그가 타고 다닌 수레바퀴 자국과 말발굽 자국이 있게 하고자 했습니다. 祭公(채공) 謀父(모보)가 〈祈招〉라는 시를 지어 穆王의 마음을 가라앉게 했었습니다. 그래서 穆王은 祗宮에서 편안히 돌아가시게 된 것입니다. 臣이 이 시에 대하여 倚相에게 물어보았더니, 그는 알지를 못했습니다. 그런데 만약에 더 먼 옛날 것을 물어본다면 그가 어떻게 알겠습니까?'라고 했다.
靈王이 다시 묻기를 '그러면 자네는 그 시를 알 수 있는가?' 하니, 子革이 대답하기를 '알 수 있습니다. 그 시에 「〈祈招〉의 음악은 고요하고 평화로워 德音을 밝히네. 우리 周나라 천자의 법도를 생각하기를 옥이나 금같이 소중하게 여기네. 백성들의 힘을 부리는 데 분수가 있게 하고 취하고 포식하는 마음을 없게 하네.」라고 했습니다.' 하였다. 이에 영왕은 읍하고 들어가 밥을 먹어도 밥맛이 없었고 잠을 청해도 잠이 오지 않기를 며칠 동안이나 하였지만, 스스로 절제할 수가 없어 급기야는 난을 당했다."라고 하였다.

≪春秋左氏傳≫에 이르기를 "楚나라 左史 倚相은 ≪三墳≫·≪五典≫·≪八索≫·≪九丘≫를 읽을 수 있다."라고 한 것은 바로 上世 帝王의 遺書를 이른 것이다.

○ 左史는 史官在左니라 倚相은 楚靈王時史官也니라

○ 左史는 임금의 왼쪽에 있는 史官이고, 倚相은 楚 靈王 때의 史官이다.

【疏】'春秋'至'遺書也' ○ 正義曰：以上因有外文言墳·典·丘·索而謂之, 故引成文以證結之. 此昭十二年左傳楚靈王見倚相趨過, 告右尹子革以此辭. 知倚相是其名字, 蓋爲太史, 而主記左動之事, 謂之左史. 不然, 或楚俗與諸國不同, 官多以左右爲名, 或別有此左史乎. 彼子革答王云 "倚相, 臣問祈招之詩而不知, 若問遠焉, 其焉能知之." 彼以爲倚相不能讀之. 此云能者, 以此據左傳成文, 因王言而引之. 假不能讀, 事亦無妨, 況子革欲開諫王之路, 倚相未必不能讀也. 言此墳·典·丘·索, 卽此書是謂上世帝王遺餘之書也. 以楚王論時, 已在三王之末, 故云遺書. 其丘·索知是前事, 亦不知在何代, 故直總言帝王耳.

〈尙書序〉의 〔春秋〕에서 〔遺書也〕까지

○ 正義曰 : 위에서 外文에 墳·典·丘·索에 대해 말한 것이 있음을 인하여 일렀기 때문에 成文을 이끌어서 증거를 대며 문단을 맺은 것이다. 이것이 昭公 12년 조의 ≪春秋左氏傳≫에 楚 靈王이 倚相이 빠른 걸음으로 걸어나오는 것을 보고 右尹 子革에게 이 말을 가지고 알렸으니, 倚相은 바로 그의 이름자임을 알겠으며, 아마 그는 太史가 되어 주로 임금이 왼쪽에서 움직이는 일을 기록하므로 '左史'라고 일렀을 것이다. 그렇지 않으면 혹시 楚나라 풍속이 諸國의 풍속과 달라, 벼슬이 많아서 左·右를 가지고 이름했는지, 혹은 별도로 이와 같은 左史를 두었는지 모르겠다.

저 子革은 王에게 답하기를 "倚相은 臣이 〈祈招〉의 詩에 대해 물었더니 알지 못하였는데, 만일 더 먼 시대의 것을 물었다면 그것을 어떻게 알 수 있겠습니까?"라고 하였으니, 저 子革은 倚相이 읽을 수 없을 것으로 생각하였다. 그런데 여기서 읽을 수 있다〔能〕라고 한 것은 이것을 ≪春秋左氏傳≫의 成文으로 증거를 댔는가 하면, 그것도 王이 읽을 수 있다고 한 말을 인하여 끌어댄 것이다. 가령 읽을 수 없다 하더라도 일에는 역시 해로울 것이 없다. 더구나 子革은 王에게 간하는 길을 열어놓기 위해 한 말이 아니었던가? 倚相은 반드시 읽을 수 있을 것이다. 이때 墳·典·丘·索을 말하였으니, 곧 이 글은 바로 上世 帝王이 남긴 글을 이른 것이다. 楚王이 논한 시기는 이미 三王의 말기에 있었기 때문에 '遺書'라고 한 것이다. 그 丘·索은 곧 예전의 일이란 것은 알겠지만, 역시 어느 세대에 있었는지는 알 수 없다. 그러므로 단지 총체적으로 '帝王'이라고만 말했을 뿐이다.

先君孔子 生於周末하사 **覩史籍之煩文**하고 **懼覽(之者)〔者之〕**[1]**不一**이시니라 **遂乃定禮樂**하시고 **明舊章**하시고 **刪詩爲三百篇**하시고 **約史記而修春秋**하시고 **讚易道**하여 **以黜八索**하시고 **述職方**하여 **以除九丘**하시다

1) (之者)〔者之〕: 저본에는 '之者'로 되어있으나, 阮刻本에 "岳本에는 '之者'가 '者之'로 되어

있다."라고 한 것에 의거하여 '者之'로 바로잡았다.

先君 孔子께서 周나라 말기에 태어나 史籍의 煩文을 살펴보고 보는 사람들이 동일하지 않게 볼까 두려워하셨다. 그래서 결국 禮·樂을 정하고 舊章을 밝히고 詩를 刪削하여 3백 편으로 만들고 史記를 요약하여 ≪春秋≫를 수찬하고 易道를 讚佐하여 ≪八索≫을 내치고 〈職方〉을 述明하여 ≪九丘≫를 제거하셨다.

【疏】'先君'至'九丘' ○正義曰：既結申帝王遺書, 欲言孔子就而刊定. 孔子世家云"安國是孔子十一世孫而上尊先祖, 故曰先君." 穀梁以爲"魯襄公二十一年冬(十一月)〔十月〕[1)]庚子孔子生." 左傳"哀公十六年夏四月己丑孔子卒." 計以周靈王時生, 敬王時卒, 故爲周末. 上云文籍, 下云滅先代典籍, 此言史籍. 籍者, 古書之大名. 由文而有籍, 謂之文籍, 因史所書, 謂之史籍, 可以爲常故, 曰典籍, 義亦相通也. 但上因書契而言文, 下傷秦滅道以稱典. 於此言史者, 不但義通上下, 又以此史籍, 不必是先王正史, 是後代好事者作, 以此懼其不一, 故曰"蓋有不知而作之者, 我無是也." 先言'定禮·樂'者, 欲明孔子欲反於聖道以歸於一, 故先言其舊行可從者. 修而不改曰定, 就而減削曰刪, 準依其事曰約, 因而佐成曰贊, 顯而明之曰述, 各從義理而言. 獨禮·樂不改者, 以禮·樂聖人制作, 己無貴位, 故因而定之.

1) (十一月)〔十月〕: 저본에는 '十一月'로 되어있으나, 阮刻本에 "浦鏜이 이르기를 '十月이 十一月로 잘못되어 있다.' 하였다."라고 한 것에 의거하여 '十月'로 바로잡았다.

〈尙書序〉의 〔先君〕에서 〔九丘〕까지

○正義曰：이미 끝을 맺고 나서 '帝王의 遺書'라고 거듭 거론한 것은, 孔子께서 거기에 입각하여 刊定하신 것을 말하기 위해서였다. ≪史記≫ 〈孔子世家〉에 "孔安國은 바로 孔子의 11世孫인데 先祖를 높이기 때문에 '先君'이라 했다."라고 하였다. ≪春秋穀梁傳≫에는 "魯 襄公 21년(B.C. 552) 겨울 10월 庚子日에 孔子가 태어났다."라고 하였고, ≪春秋左氏傳≫에는 "哀公 16년(B.C. 479) 여름 4월 己丑日에 孔子가 작고했다."라고 하였으니, 周나라 靈王 때에 태어나고 敬王 때에 작고하신 것으로 계산하였다. 그러므로 周나라 말기에 해당된다.

위에서는 '文籍'이라 하고, 아래에서는 先代의 典籍을 없앴다고 하고, 여기서는 '史籍'이라고 하였다. '籍'이란 古書의 대체적인 명칭이다. 文으로 말미암아 '籍'을 둔 것이면 '文籍'이라 이르고, 史로 말미암아 적은 것이면 '史籍'이라 이르며, 항상 행할 수 있는 것으로 삼을 만하기 때문에 '典籍'이라 이른다고 하니, 뜻이 또한 서로 통한다.

다만 위에서는 書契를 인하여 '文'이라 말하였고, 아래에서는 秦나라가 道를 멸한 것을 상심하여 '典'이라고 칭하였을 뿐이다. 그런데 여기에서 '史'라고 말한 것은 다만 뜻이 위아래로 통하지 않을 뿐 아니라, 또 이 '史籍'은 반드시 先王의 正史가 아니고 바로 後代의 好事者가 지은 것이다. 그래서 그것이 동일하지 않은 점을 두려워하셨다. 그러므로 孔子께서는 ≪論語≫ 〈述而〉에 "혹시라도 알지 못하면서 잘못 행동하는 이가 있는가? 나는 이런 일이 없다."라고 하신 것이다.

먼저 "禮·樂을 정했다."라고 말함은 孔子께서 聖道로 돌이켜 歸一시키고자 하신 것을 밝히려고 한 것이다. 그러므로 그 따를 만한 舊行을 먼저 말하였다. 수찬만 하고 고치지 않는 것을 '定'이라 하고, 그에 입각해서 減削하는 것을 '刪'이라 하고, 그 일에 準依하는 것을 '約'이라 하고, 따라서 도와 이루는 것을 '贊'이라 하고, 드러내 밝히는 것을 '述'이라 하니, 각각 義理를 따라 말한 것이다. 유독 禮·樂만을 고치지 않은 것은, 禮·樂은 聖人이 제작한 것일 뿐더러, 자기에게 〈禮·樂을 제작할 만한〉 貴位가 없기 때문에 그대로 따라 정했을 뿐이기 때문이었다.

【疏】又云'明舊章'者, 卽禮·樂·詩·易·春秋是也. 以易道·職方與黜八索·除九丘相對, 其約史記, 以刪詩·書爲偶, 其定禮·樂文孤, 故以明舊章配之, 作文之體也. 易亦是聖人所作, 不言定者, 以易非如禮·樂, 人之行事, 不須云定. 又因而爲作十翼, 故云贊耳. 易文在下者, 亦爲黜八索與除九丘相近故也. 爲文之便, 不爲義例. 孔子之修六藝年月, 孔無明說. 論語曰"吾自衛反魯, 然後樂正, 雅·頌各得其所." 則孔子以魯哀公十一年反魯爲大夫, 十二年孟子卒, 孔子弔, 則致仕時年七十以後. 修, 述也. 詩(有序)〔序有〕[1]三百一十一篇, 全者三百五篇, 云'三百'者, 亦擧全數計. 職方在周禮夏官, 亦武帝時, 出於山巖屋壁, 卽藏秘府, 世人莫見, 以孔君爲武帝博士, 於秘府而見(爲)〔焉〕[2]. 知必黜八索·除九丘者, 以三墳·五典本有八, 今序只有二典而已, 其三典·三墳, 今乃寂寞, 明其除去, 旣墳·典書內之正尙有去者, 況書外乎. 故知丘·索亦黜除也. 黜與除, 其義一也, 黜退不用而除去之. 必云'贊易道以黜'者, 以不有所興, 孰有所廢故也. 職方, 卽周禮也, 上已云'定禮·樂', 卽職方在其內. 別云述(之)〔者〕[3], 以爲除九丘, 擧其類者以言之, 則云述者, 以定而不改卽是遵述, 〔非〕[4]更有書以述之.

1) (有序)〔序有〕: 저본에는 '有序'로 되어있으나, 阮刻本에 "浦鏜이 이르기를 '有序는 글자

가 잘못 倒置된 것이다.'라고 했다." 한 것에 의거하여 바로잡았다.

2) (爲)〔焉〕: 저본에는 '爲'로 되어있으나, 阮刻本에 "'爲'는 마땅히 '焉'이 되어야 한다."라고 한 것에 의거하여 '焉'으로 바로잡았다.

3) (之)〔者〕: 저본에는 '之'로 되어있으나, 阮刻本에 "浦鏜이 이르기를 '之는 의심컨대 者자의 誤字인 듯하다.'라고 했다." 한 것에 의거하여 '者'로 바로잡았다.

4) 〔非〕: 저본에는 없으나, 阮刻本에 "浦鏜이 이르기를 '更 위에 의심컨대 非자가 빠진 듯하다.'라고 했다." 한 것에 의거하여 보충하였다.

〔明舊章〕 곧 ≪禮≫·≪樂≫·≪詩≫·≪易≫·≪春秋≫가 바로 이것이다. '易道'와 〈職方〉은 ≪八索≫을 내침이랑 ≪九丘≫를 제거함과 서로 對를 하였고, 史記를 요약함은 ≪詩≫·≪書≫를 刪削함을 가지고 對偶를 하였으나, 禮·樂을 정한 것은 글이 짝이 없기 때문에 舊章을 밝힌 것을 가지고 짝을 지었으니, 作文의 體例인 것이다. ≪易≫ 또한 聖人의 저작인데 定했다고 말하지 않은 것은, ≪易≫은 禮·樂처럼 사람의 행사가 아니므로 모름지기 定했다고 하지 않은 것이다. 또 인하여 十翼을 지었기 때문에 贊했다고 했을 뿐이다. ≪易≫에 대한 글을 아래에 둔 것은 또한 ≪八索≫을 내침이 ≪九丘≫를 제거함과 서로 가깝기 때문이다. 글을 편리하게 쓰기 위한 것이지, 義例를 삼은 것은 아니다.

孔子께서 六藝를 기술하신 年月에 대해서는 孔安國이 분명하게 말한 바가 없다. ≪論語≫ 〈子罕〉에 "내가 衛나라에서 魯나라로 돌아온 뒤에야 비로소 악곡이 정리되어 雅樂과 頌樂의 악곡이 각각 그 바른 자리를 찾게 되었다."라고 하였으니, 孔子께서는 魯 哀公 11년에 魯나라로 돌아와 大夫 벼슬을 하셨고, 12년에 孟子(魯 昭公의 夫人)가 작고하자 孔子께서 조문하셨으니, 致仕할 때인 70세 이후의 일이다. '修'는 기술하다라는 뜻이다. ≪詩經≫은 서문에 적힌 것은 311편이지만 온전한 것은 305편이니, '三百'이라고 한 것은 또한 全數를 들어 계산한 것이다. 〈職方〉은 ≪周禮≫ 〈夏官〉에 있는 편명이다.

또한 漢 武帝 때에 山巖의 屋壁에서 나온 것을 곧 秘府에 간수하였기 때문에 세상 사람은 그것을 볼 수가 없었고, 孔安國은 武帝의 博士가 되었기 때문에 秘府에서 그것을 볼 수 있었던 것이다. 틀림없이 "≪八索≫을 내치고 ≪九丘≫를 제거했다."라는 사실을 알 수 있는 것은 ≪三墳≫과 ≪五典≫이 본래 8개였는데, 지금 서문에는 단지 二典만 있을 뿐, 그 三典과 ≪三墳≫은 전혀 흔적이 없으니, 그것들이 제거되었다는 사실이 분명하다. 이미 墳·典 글 속의 正文도 오히려 없어졌거늘, 하물며 墳·典 글 밖의 것이야 말할게 있겠는가. 그러므로 丘·索도 退黜되거나 除去되었음을 알 수 있다. '黜'과 '除'는 그 뜻이 동일하니, 退黜하여 쓰지 않으면 除去되는 것이다.

반드시 "易道를 贊佐하여 내쳤다."라고 한 것은 일으키는 바가 있지 않았는데, 누가 폐지하는 바가 있겠는가 하는 점을 염두에 두었기 때문이다.

〈職方〉은 곧 ≪周禮≫이니, 위에서 이미 "禮·樂을 정했다."라고 했으면 곧 〈職方〉은 그 가운데 들어있는 것이다. 별도로 기술했다〔術〕고 한 것은 ≪九丘≫를 제거하기 위해 같은 것을 들어서 말한 것이니, 기술했다고 한 것은 정하기만 하고 고치지 않은 것으로, 곧 遵述하기만 하였지 다시 글을 두어서 기술한 것이 아니다.

討論墳典하되 **斷自唐虞以下 訖于周**히 **芟**(삼)**夷煩亂**하고 **翦截浮辭**하여 **擧其宏綱**하고 **撮其機要**하니 **足以垂世立敎**니라 **典謨訓誥誓命之文**이 **凡百篇**이니라

墳과 典을 討論(연구)하되 唐·虞시대에서부터 시작하여 아래로 周나라에 이르기까지 煩亂을 베어 없애고 부실한 말을 잘라버려 그 大綱을 들고 그 機要를 취하였으니, 세상에 드리워 立敎하기에 충분하다. 典·謨·訓·誥·誓·命의 글이 무릇 100篇이다.

○ 機는 本又作幾니라 典凡十五篇인데 正典二요 攝十三[1]에 十一篇亡이니라 謨凡三篇인데 正二요 攝一이니라 訓凡十六篇인데 正二篇亡하고 攝十四에 三篇亡이니라 誥凡三十八篇인데 正八이요 攝三十에 十八篇亡이니라 誓凡十篇인데 正八이요 攝二에 (十)〔一〕[2]篇亡이니라 命凡十八篇인데 正十二에 三篇亡하고 攝六에 四篇亡이니라

1) 正典二 攝十三 : 宋代 熊朋來의 ≪經說≫에 의하면 '正'은 그 뜻이 있으면서 그 이름이 있는 것이고, '攝'은 그 이름은 없으면서 그 뜻을 붙인 것인데, 이를테면 '典'의 경우, '正'은 〈堯典〉·〈舜典〉 2편이고, '攝'은 〈禹貢〉·〈洪範〉·〈汨作〉·〈九共〉 9편·〈槁飫〉 11편과 같은 것이다.
2) (十)〔一〕: 저본에는 '十'으로 되어있으나, ≪經說≫에 "'誓' 10편에 '正'이 8편(〈甘誓〉·〈湯誓〉·〈泰誓〉 3편·〈牧誓〉·〈費誓〉·〈秦誓〉), '攝'이 2편(〈胤征〉·〈湯征〉)인데, 〈湯征〉이 망실되었다."라는 것에 의하여 '一'로 바로잡았다.

○ '機'자는 어떤 本에는 또 '幾'로도 적었다. 典은 모두 15편인데 正典은 2편이고, 攝典은 13편에서 11편이 없어졌다. 謨는 모두 3편인데 正謨는 2편이고, 攝謨는 1편이다. 訓은 모두 16편인데 正訓은 2편이 없어지고 攝訓은 14편에서 3편이 없어졌다. 誥는 모

두 38편인데 正誥는 8편이고, 攝誥는 30편에서 18편이 없어졌다. 誓는 모두 10편에서 正誓는 8편이고 攝誓는 2편인데 1편이 없어졌다. 命은 모두 18편인데 正命은 12편에서 3편이 없어지고, 攝命은 6편에서 4편이 없어졌다.

【疏】'討論'至'百篇' ○正義曰：言孔子旣懼覽之者不一, 不但刪詩·約史·定禮·贊易, 有所黜除而已, 又討整論理此三墳·五典, 幷三代之書也. 論語曰"世叔討論之[1]." 鄭以討論爲整理, 孔君旣取彼文, 義亦當然. 以書是亂物, 故就而整理之. 若然, 墳·典, 周公制禮, 使(小)〔外〕[2]史掌之, 而孔子除之者, 蓋隨世不同亦可. 孔子之時, 墳·典已雜亂, 故因去之. 左傳曰"芟夷蘊崇之[3]." 又曰"俘翦惟命[4]." 詩曰"海外有截[5]." 此孔君所取之文也. '芟夷'者, 據全代·全篇似草隨次皆芟, 使平夷, 若自帝嚳已上三典·三墳是芟夷之文, 自夏至周, 雖有所留全篇, 去之而多者, 卽芟夷也. '翦截'者, 就代就篇, 辭有浮者, 翦截而去之, 去而少者, 爲翦截也. '擧其宏綱', 卽上芟夷煩亂也. '撮其機要', 卽上翦截浮辭也. 且宏綱云擧, 是據篇·代大者言之, 機要云撮, 爲就篇·代之內而撮出之耳. 宏, 大也. 綱者, 網之索, 擧大綱則衆目隨之. 機者, 機關, 撮取其機關之要者. '斷自唐虞以下'者, 孔無明說. 書緯以爲帝嚳以上, 朴略難傳, 唐虞已來, 煥炳可法. 又禪讓之首, 至周五代一意故耳, 孔義或然.

1) 世叔討論之：≪論語≫〈憲問〉에 보인다.
2) (小)〔外〕: 저본에는 '小'로 되어있으나, 阮刻本에 "浦鏜이 이르기를 '外가 小로 잘못되어 있다.'라고 하였으니, 옳다."라고 한 것에 의거하여 '外'로 바로잡았다.
3) 芟夷蘊崇之：≪春秋左氏傳≫ 隱公 6년 조에 "周任이 말하기를 '국가를 통치하는 자는 나쁜 일을 보면 마치 농부가 풀을 힘써 뽑아버리듯이 해야 한다. 잡초를 베어다가 쌓아두고 썩히어〔芟夷蘊崇之〕 그 뿌리를 없앰으로써 번식하지 않도록 한다면 작물이 잘 자랄 것이다."라고 보인다.
4) 俘翦惟命：≪春秋左氏傳≫ 宣公 12년 12월 조에 鄭伯이 윗옷을 벗어 몸을 드러내고 羊을 끌고 와서 楚子를 迎接하며 "孤(諸侯의 自稱)는 하늘의 뜻을 받들어 따르지 않고 君土(楚王)을 잘 섬기지 않아, 君王으로 하여금 怒하여 우리나라에 오게 하였습니다. 이는 실로 孤의 罪이니, 감히 命하는 대로 따르지 않겠습니까? 鄭나라 백성들을 捕虜로 잡아 江南으로 데려가 海邊을 채우더라도 命대로 따를 것이고, 鄭나라 땅을 깎아 諸侯에 나누어주고 우리 백성을 諸侯의 臣妾이 되게 하더라도 命대로 따르겠습니다."라고 보인다.
5) 海外有截：≪詩經≫〈商頌 玄鳥〉에 보인다.

〈尙書序〉의 〔討論〕에서 〔百篇〕까지

○ 正義曰 : 孔子께서 이미 보는 사람들이 동일하지 않게 볼까 두려워하셨기 때문에 단지 ≪詩≫를 산삭하고 史를 요약하고 禮를 정하고 易道를 贊佐하여 退黜하고 除去한 바가 있을 뿐만 아니라, 또한 이 ≪三墳≫과 ≪五典≫에 三代의 서적까지 아울러서 討論하고 整理하셨다. ≪論語≫에 "世叔이 討論했다."라고 하였는데, 鄭玄은 '討論'을 '整理'로 풀이하였다. 孔安國이 이미 저 글을 취하였으니, 뜻 또한 당연하다. 서적이 바로 亂物이기 때문에 거기에 입각하여 整理하신 것이다. 만일 그렇다면 墳과 典은 周公께서 禮를 제정할 때에 外史로 하여금 관장하게 하신 것이었고, 孔子께서 제거하신 것은 대개 세대가 동일하지 않음을 따른 것이니 또한 옳은 일이다. 孔子의 시대에는 墳과 典이 이미 雜亂했기 때문에 제거하신 것이다.

≪春秋左氏傳≫에는 "잡초를 베어 썩힌다."라고 하고, 또 "鄭나라 백성들을 잡아다 海邊을 채우고 나라를 깎아 제후에게 나누어주고 鄭나라 백성들을 신첩이 되게 하더라도 命대로 따르겠습니다."라고 하였으며, ≪詩經≫에는 "해외가 截然히 整齊하도다."라고 하였으니, 이것이 바로 孔安國이 취한 글들이다.

〔芟夷〕 全代와 全篇에 의거해서 마치 풀을 차례에 따라 모두 베어 고르게 하듯이 하는 것이니, 이를테면 帝嚳으로부터 이상은 三典과 ≪三墳≫이 바로 '芟夷'의 글에 해당하고, 夏나라에서부터 周나라에 이르기까지는 비록 보유된 전편이 있으나 제거하여 많이 남기는 것이 곧 '芟夷'에 해당한다.

〔翦截〕 代와 篇에서 부실한 말이 있는 부분을 잘라서 제거하되, 제거하고 적게 남기는 것이 '翦截'에 해당한다.

〔擧其宏綱〕 곧 위의 '芟夷煩亂'이다.

〔撮其機要〕 곧 위의 '翦截浮辭'이다.

또 '宏綱'에 대하여 '擧'라 이른 것은 바로 篇·代의 큰 것에 의거해서 말한 것이고, '機要'에 대하여 '撮'이라 이른 것은 篇·代의 안에서 추려내었기 때문이다. '宏'은 크다는 뜻이다. '綱'은 그물의 끈이니 큰 끈을 들면 여러 그물눈이 따라온다. '機'는 機關이니 그 機關의 중요함을 취한 것이다.

〔斷自唐虞以下〕 이에 대해서는 孔安國의 설명이 없다. ≪書緯≫에서 "帝嚳 이상은 朴略해서 전하기 어렵고, 唐·虞 이후는 찬란하여 법 삼을 만하다. 또 禪讓의 첫머리(堯唐)에서 周나라에 이르기까지 五代는 한 뜻이었기 때문이다."라고 하였으니, 孔安國도 혹시 그렇게 생각한 것일까.

【疏】典卽堯典·舜典, 謨卽大禹謨·皐陶謨, 訓卽伊訓·高宗之訓, 誥卽湯誥·大誥, 誓卽甘誓·湯誓, 命卽畢命·顧命之等是也. 說者以書體例有十, 此六者之外, 尙有征·貢·歌·範四者, 并之則十矣. 若益稷·盤庚單言, 附於十事之例. 今孔不言者, 不但擧其機約, 亦自征·貢·歌·範, 非君出言之名, 六者可以兼之. 此云'凡百篇', 據序而數故耳. 或云百二篇者, 誤有所由, 以前漢之時, 有東萊張霸, 僞造尙書百兩, 而爲緯者附之. 因此鄭云"異者, 其在大司徒·大僕正乎. 此事爲不經也." 鄭作書論, 依尙書緯云"孔子求書, 得黃帝玄孫帝魁之書, 迄於秦穆公, 凡三千二百四十篇. 斷遠取近, 定可以爲世法者百二十篇, 以百二篇爲尙書, 十八篇爲中候." 以爲去三千一百二十篇, 以上取黃帝玄孫, 以爲不可依用. 今所考覈尙書, 首自舜之末年以禪於禹, 上錄舜之得用之事, 由堯以爲堯典, 下取舜禪之後, 以爲爵讓得人, 故史體例別, 而不必君言. 若禹貢, 全非君言, 而禹身事受禪之(後)〔前〕[1), 無入夏書之(言)〔理〕[2). 是舜史自錄成一法, 後代因之耳.

1) (後)〔前〕: 저본에는 '後'로 되어있으나, 禹의 행적으로 미루어 볼 때 '前'자의 잘못인 듯하므로 '前'으로 바로잡았다.

2) (言)〔理〕: 저본에는 '言'으로 되어있으나, 阮刻本에 "浦鏜이 이르기를 '理'가 言으로 잘못되어 있으니, 뒤에 있는 〈堯典〉 아래의 疏에 따라 교정하였다.'라고 했다." 한 것에 의거하여 '理'로 바로잡았다.

典은 곧 〈堯典〉·〈舜典〉이고, 謨는 곧 〈大禹謨〉·〈皐陶謨〉이고, 訓은 곧 〈伊訓〉·〈高宗之訓〉이고, 誥는 곧 〈湯誥〉·〈大誥〉이고, 誓는 곧 〈甘誓〉·〈湯誓〉이고, 命은 곧 〈畢命〉·〈顧命〉 등이 바로 이것이다. 說者는 ≪書≫의 體例를 열 가지로 꼽고 있는데, 이 여섯 가지 외에도 오히려 征·貢·歌·範 네 가지가 있으니 이것까지 아우르면 바로 열 가지인 것이다. 〈益稷〉·〈盤庚〉과 같은 단 하나뿐인 單言은 十事의 例에 붙였다. 그런데 지금 孔安國이 이 점을 말하지 않은 것은, 단지 그 機約만을 들었을 뿐 아니라, 또한 征·貢·歌·範은 임금이 出言하는 명칭이 아니니, 여섯 가지가 이것을 겸할 수 있는 것이다.

〔凡百篇〕〈序〉에 의거해서 계산했기 때문이다. 더러 '百二篇'이라고 한 것은 잘못 유래된 바가 있으니, 前漢시대에 東萊 張霸란 자가 있어 ≪尙書≫ 百兩(百二)을 위조하였고, ≪緯書≫를 만든 자가 그것을 붙였기 때문이다.

이로 인하여 鄭玄은 "다른 것은 그 문제가 大司徒와 太僕正에 있는 걸까? 이 일은 정상적인 것이 못된다."라고 하였다. 鄭玄이 ≪書論≫을 지은 것은 ≪尙書緯≫에 "孔子가

서책을 구하여 黃帝의 玄孫인 帝魁의 서책에서 秦 穆公에 이르기까지 3,240편을 얻었다. 그리하여 먼 세대의 것은 자르고 가까운 세대의 것은 취하여 세상에 법이 될 만한 것 120편을 정하여 102편은 ≪尙書≫로 삼고 18편은 ≪中候≫로 삼았다."라고 한 것에 의거하였다. 3,120편은 제거하였으니, 위로 황제의 현손에게 취한 서책은 쓸 수 없는 것으로 여겼기 때문이다.

지금 考覈한 ≪尙書≫는 맨 먼저 舜임금의 말년에 禹에게 禪讓한 일로부터 기준점을 정하여, 위로는 舜이 등용된 일을 기록하여 堯임금으로 말미암아 〈堯典〉을 삼고, 아래로는 舜임금이 선양한 뒤의 일을 취하여 舜임금의 선양이 올바른 사람을 얻은 것으로 여겼다. 그러므로 史의 體例가 달라서 임금의 말만을 필요로 하지 않았다. 〈禹貢〉의 경우는 전부가 임금의 말이 아닌데, 禹가 禪讓을 받기 이전에 몸소 행한 일은 〈夏書〉에 들어갈 이치가 없다. 이것이 바로 舜임금의 역사로서 따로 기록되어 한 법을 이루었으니, 후대에는 그대로 따를 뿐이다.

所以恢弘至道하여 **示人主以軌範也**이시니라 **帝王之制 坦然明白**하여 **可擧而行**이니 **三千之徒 竝受其義**니라

지극한 道를 크게 넓혀서 人主에게 軌範를 보이신 것이다. 帝王의 제도가 너무도 명백하여 들어서 행할 만하니, 3천 명의 문도들이 모두 그 뜻을 받들었다.

【疏】'所以'至'其義' ○正義曰:此論孔子正理群經已畢, 總而結之, 故爲此言. 家語及史記皆云"孔子弟子三千人." 故云'三千之徒'也.

〈尙書序〉의 〔所以〕에서 〔其義〕까지

○ 正義曰:여기서는 孔子께서 群經을 정리해 이미 마친 일을 논하여 총체적으로 끝맺었기 때문에 이런 말을 한 것이다. ≪孔子家語≫와 ≪史記≫에 모두 "孔子의 弟子가 3천 명이었다."라고 하였다. 그러므로 '3천 명의 문도'라고 한 것이다.

及秦始皇에 **滅先代典籍**하여 **焚書坑儒**하니 **天下學士逃難解散**하고 **我先人**이 **用藏其家書于屋壁**이시니라

秦 始皇에 와서 先代의 典籍을 없애려고 서책을 불태우고 유생을 묻어 죽이니, 천하의 學士들은 난을 피하여 흩어졌고, 우리 선인께서는 그 家書를 屋壁에 감춰두

셨다.

○ 始皇은 名이 政인데 二十六年에 初幷六國하고 自號始皇帝하니라 焚詩書는 在始皇之三十四年이요 坑儒는 在三十五年이니라

○ 始皇은 이름이 政인데, 26년에 처음으로 6國을 아우르고 스스로 '始皇帝'라 불렀다. ≪詩經≫과 ≪尙書≫를 불태운 일은 始皇帝의 34년에 있었고, 유생을 묻어 죽인 일은 35년에 있었다.

【疏】 '及秦' 至 '屋壁' ○ 正義曰 : 言孔子旣定此書後, 雖曰明白, (反)〔又〕[1]遭秦始皇滅除之. 依秦本紀云 秦王政二十六年, 平定天下, 尊爲皇帝, 不復立諡, 以爲初幷天下, 故號始皇. 爲滅先代典籍, 故云坑儒焚書. 以卽位三十四年, 因置酒於咸陽宮, 丞相李斯奏請 "天下敢有藏詩·書·百家語者, 悉詣守·尉(親)〔雜〕[2]燒之. 有敢偶語詩·書者棄市. 令下三十日不燒, 黥爲城旦." 制曰 "可." 是焚書也. 三十五年, 始皇以方士盧生求仙藥不得, 以爲誹謗, 諸生連相告引, 四百六十餘人, 皆坑之咸陽, 是坑儒也. 又衛宏古文奇字序云 "秦改古文以爲篆隷, 國人多誹謗. 秦患天下不從, 而召諸生, 至者皆拜爲郎, 凡七百人. 又密令冬月種瓜於驪山硎谷之中溫處, 瓜實, 乃使人上書曰 '瓜冬有實.' 有詔天下博士諸生說之, 人人各異, 則皆使往視之. 而爲伏機, 諸生方相論難, 因發機, 從上塡之以土, 皆終命也."

1) (反)〔又〕: 저본에는 '反'으로 되어있으나, 阮刻本에 "살펴보건대 '又'자의 誤字이다."라고 한 것에 의거하여 '又'로 바로잡았다.

2) (親)〔雜〕: 저본에는 '親'으로 되어있으나, 阮刻本에 "宋本과 監本에는 '親'이 '雜'으로 되어있으니, 옳다."라고 한 것에 의거하여 '雜'으로 바로잡았다.

〈尙書序〉의 〔及秦〕에서 〔屋壁〕까지

○ 正義曰 : 孔子께서 일단 서책들을 정리하신 뒤로는 비록 제왕의 제도가 명백해졌다고 할 수 있으나, 또다시 秦 始皇이 서책을 없애는 화를 만난 것을 말하고 있다. ≪史記≫ 〈秦始皇本紀〉에 의하면 秦王 政 26년(B.C. 221)에 천하를 평정하여 높이 皇帝가 되었고 다시는 諡號를 쓰지 않았다. 처음으로 천하를 병합하였기 때문에 '始皇'이라 불렀고, 先代의 典籍을 없애려고 하였기 때문에 '焚書坑儒 사건'이라 이른 것이다.

秦 始皇이 卽位한 지 34년 만에 咸陽宮에 술자리를 마련하였는데, 이때에 丞相 李斯

가 주청하기를 "천하에 감를 ≪詩經≫·≪書經≫과 百家語를 간직한 자가 있을 경우에는 모두 郡守와 都尉에게로 가져가서 불태우게 하고, 감히 서로 모여 ≪詩經≫·≪尙書≫에 대해 말하는 자가 있을 경우는 저자에서 참수하게 하며, 영이 내려갔는데도 30일 안에 서책을 불태우지 않을 경우에는 墨刑을 가해서 〈4년 동안〉 아침에 일찍 일어나 성을 쌓게 하소서."라고 하자, 制하기를 "可하다."라고 하였으니, 이것이 바로 '焚書' 사건이다. 35년(B.C. 212)에 秦 始皇이 方士 盧生을 시켜 仙藥을 구하게 하였으나 얻지 못하자 盧生은 秦 始皇을 비방하였고, 諸生이 연달아 서로 고발하였기 때문에 460여 명을 모두 咸陽에서 땅에 묻어 죽였으니, 이것이 바로 '坑儒' 사건이다.

또한 衛宏의 ≪古文奇字序≫에 "秦나라가 古文을 고쳐서 篆書와 隷書를 만들자 國人들이 비방하였다. 秦 始皇은 천하 사람이 자기를 따르지 않을까 염려한 끝에 諸生을 불러서 온 사람들은 모두 '郎'이란 벼슬을 시켰으니, 모두 700명이나 되었다. 또한 비밀리에 영을 내려 겨울에 驪山 硎谷 속 따뜻한 곳에다가 참외를 심게 해서 참외가 열매를 맺으니, 이에 어떤 사람으로 하여금 '참외가 겨울에 열매를 맺었다.'는 글을 올리게 한 다음, 천하의 博士와 諸生에게 〈겨울에 참외가 열매를 맺은 데 대해〉 의견을 말하도록 詔書를 내렸더니, 사람마다 각각 의견이 달랐다. 그래서 모두 직접 현지에 가서 참외의 상태를 살펴보게 하고는 이에 앞서 덫을 숨겨놓았다가 諸生이 막 서로 논란할 때에 덫을 당겨 그들이 구덩이에 떨어지게 한 다음 위에서 흙으로 덮으니, 모두 終命을 맞게 되었다고 한다."라고 하였다.

【疏】 '我先人 用藏其家書于屋壁'者, 史記孔子世家云"孔子生鯉, 字伯魚. 魚生伋, 字子思. 思生白, 字子上. 上生求, 字子家. 家生箕, 字子京. 京生穿, 字子高. 高生愼, 愼爲魏相. 愼生鮒, 鮒爲陳涉博士. 鮒弟子襄, 爲惠帝博士, 長沙太守. 襄生(中)〔忠〕[1], (中)〔忠〕生武, 武生延陵及安國, 爲武帝博士, 臨淮太守." 家語序云"子襄以秦法峻急, 壁中藏其家書." 是安國祖藏之.

1) (中)〔忠〕: 저본에는 '中'으로 되어있으나, ≪史記≫ 〈孔子世家〉에는 '忠'으로 되어있는 것에 의거하여 '忠'으로 바로잡았다. 아래도 같다.

〔我先人 用藏其家書于屋壁〕 ≪史記≫ 〈孔子世家〉에는 "孔子가 孔鯉를 낳으니 字가 伯魚였다. 伯魚가 孔伋을 낳으니 字가 子思였다. 子思가 孔白을 낳으니 字가 子上이었다. 子上이 孔求를 낳으니 字가 子家였다. 子家가 孔箕를 낳으니 字가 子京이었다. 子

京이 孔穿을 낳으니 字가 子高였다. 子高가 孔愼을 낳으니 孔愼은 魏나라 정승이 되었다. 孔愼이 孔鮒를 낳으니 孔鮒는 陳涉의 博士가 되었다. 孔鮒의 아우는 子襄으로 漢惠帝의 博士와 長沙太守가 되었다. 孔子襄이 孔忠을 낳고, 孔忠이 孔武를 낳고, 孔武는 孔延陵과 孔安國을 낳으니 武帝의 博士와 臨淮太守가 되었다."라고 하였고, ≪孔子家語≫ 序에는 "子襄은 秦法이 峻急했기 때문에 壁 속에 그 家書를 간직했다."라고 하였으니, 이는 바로 孔安國의 曾祖가 간직한 것이다.

漢室龍興하여 **開設學校**하고 **旁求儒雅**하여 **以闡大猷**니라 **濟南伏生**이 **年過九十**에 **失其本經**[1)]하고 **口以傳授**하여 **裁二十餘篇**하고 **以其上古之書**로 **謂之尙書**니라 **百篇之義**는 **世莫得聞**이니라

1) 失其本經 : 秦 始皇의 焚書로 인하여 100편의 本經을 잃은 것을 말한다.

漢나라 王室이 등장하여 學校를 개설하고 유생들을 널리 구하여 大猷(大道)를 천명하였다. 濟南에 사는 伏生이 나이 90세가 넘어서 그 本經은 잃어버리고 입으로 傳授하여 20여 편을 만들었고, 그것이 上古의 글이었기 때문에 ≪尙書≫라고 칭하였다. '100篇의 뜻'에 대한 것은 세상에서 들을 수가 없었다.

○ 詩箋云 鄭國은 謂學爲校니라 闡은 大也요 明也니라 濟는 郡名也니라 伏生은 名이 勝이니라 二十餘篇은 卽馬鄭所注二十九篇也니라

○ 〈≪詩經≫ 〈鄭風 子衿章〉에 대한 鄭玄의〉 ≪詩箋≫에 "鄭나라는 '學'을 '校'라고 칭했다."라고 하였다. '闡'은 넓다라는 뜻도 있고, 밝다라는 뜻도 있다. '濟'는 郡의 이름이다. 伏生은 이름이 '勝'이다. '20여 편'은 곧 馬融과 鄭玄이 注를 단 29편이다.

【疏】 '漢室' 至 '得聞' ○ 正義曰 : 將言所藏之書得之所由, 故本之也. 言'龍興'者, 以易龍能變化, 故比之聖人. 九五飛龍在天, 猶聖人在天子之位, 故謂之龍興也. 言'學校'者, 校, 學之一名也. 故鄭詩序云 "子衿, 刺學校廢." 左傳云 "然明請毁鄕校[1)]." 是也. 漢書云 "惠帝除挾書之律[2)], 立學興敎, 招聘名士, 文·景以後儒者更衆, 至武帝尤甚." 故云 "旁求儒雅." 詩小雅曰 "匪先民是程, 匪大猷是經." 彼注云 "猷, 道也." 大道, 卽先王六籍是也.

1) 然明請毁鄕校 : ≪春秋左氏傳≫ 襄公 31년 조에 "鄭나라 사람들이 鄕校에서 놀면서 執政大臣들을 비방하니, 然明이 子産에게 말하기를 '鄕校를 헐어버리면 어떻겠습니까?'라고 했다. 子産이 말하기를 '어째서 허물어버리자고 하는가? 대개 사람들이 조석으로 물러와 놀면서 정치하는 대신들의 잘잘못을 비평하고 있다. 그래서 그들이 좋아하는 것을 나는 행하고 그들이 싫어하는 것을 나는 고친다. 그러므로 향교는 나의 사승인데 어째서 허물어버리자고 하는가? 나는 착한 일을 충실하게 함으로써 원망을 던다는 소리는 들었어도, 위엄을 부림으로써 원망을 막는다는 소리는 듣지 못했다. 그러니 어찌 갑자기 중지하게 할 수가 있겠는가? 그것은 마치 냇물을 막는 것과 같아, 크게 터놓아 침범하게 하면 다치는 사람이 반드시 많아서, 나는 구할 수가 없다. 조금씩 터놓아 통하게 하느니만 못하다. 내가 그 소리를 들어 약으로 삼느니만 못하다.'고 했다."라고 보인다.

2) 惠帝除挾書之律 : ≪漢書≫ 〈惠帝紀〉 4년 3월 조에 "惠帝가, 秦 始皇이 책을 끼고 다니는 사람에게 적용하던 법률을 없앴다."는 말이 보이는데, 이에 대한 注에 張晏은 "秦나라 律令에 '감히 책을 끼고 다니는 자는 滅族한다.'고 되어있다."라고 하였다.

〈尙書序〉의 〔漢室〕에서 〔得聞〕까지

○ 正義曰 : 앞으로 간직한 책을 얻게 된 이유를 말하고자 하기 때문에 그 근본을 추구한 것이다.

〔龍興〕 ≪周易≫에서 龍이 잘 變化하기 때문에 聖人에게 비유한 것이다. ≪周易≫ 乾卦 九五 爻辭에 "나는 용이 하늘에 있다."라는 것은, 마치 聖人이 天子의 자리에 있는 것과 같다. 그러므로 '龍興'이라고 이른 것이다.

〔學校〕 '校'가 학교의 한 이름이기 때문이다. 그러므로 鄭玄의 〈詩序〉에 "〈子衿〉은 學校가 폐지된 것을 풍자한 시이다."라고 한 것과 ≪春秋左氏傳≫에 "然明이 鄕校를 헐어버리기를 청했다."라고 한 것이 바로 이것이다.

≪漢書≫ 〈惠帝紀〉에 "惠帝가 挾書律을 없애고, 학교를 세워 교육을 일으키고, 名士들을 초빙하였으며, 文帝와 景帝 이후에는 儒者가 다시 많아졌고, 武帝 때에 이르러서는 더욱 많아졌다."라고 하였다. 그러므로 "선비들을 널리 구했다."라고 한 것이다.

≪詩經≫ 〈小雅 小旻〉에 "先民을 법으로 삼지 않고, 大猷를 떳떳한 도리로 삼지 않았다."라는 구절에 대한 注에 "'猷'는 '道'의 뜻이다."라고 하였으니, '大道'는 곧 先王의 六籍이 바로 이것이다.

【疏】 伏生, 名勝, 爲秦二世博士. 儒林傳云 "孝文帝時, 求能治尙書者, 天下無有, 聞

伏生治之, 欲召, 時伏生年已九十有餘, 老不能行. 於是詔太常, 使掌故(臣)[1]晁錯(조조)往受之[2]. 得二十九篇, 卽以教於齊魯之間." 是年過九十也. 案史記"秦時焚書, 伏生壁藏之, 其後兵火起, 流〔亡〕[3]. 漢定天下, 伏生求其書, 亡數十篇, 獨得二十九篇, 以教于齊·魯之間." 則伏生壁內得二十九篇. 而云'失其本經 口以傳授'者, 蓋伏生初實壁內, 得之以教齊·魯, 傳教旣久, 誦文則熟, 至其末年, 因其習誦, 或亦目暗, 至年九十, 晁錯往受之, 時不執經而口授之故也.

1) (臣) : 저본에는 있으나, 阮刻本에 "監本에는 '臣'자가 없는데, 浦鏜이 이르기를 '臣자는 衍文이다.'라고 하였으니, 옳다."라고 한 것에 의거하여 衍文으로 처리하였다.
2) 孝文帝時……使掌故(臣)晁錯(조조)往受之 : 李奇는 "掌故는 官名이다."라고 하였다. 그리고 ≪古文尙書≫에는 "伏生이 연로하므로 발음을 제대로 하지 못하여 말을 이해할 수 없자, 그 딸로 하여금 말을 전달하여 晁錯를 가르치게 했다."라고 하였다.
3) 〔亡〕: 저본에는 없으나, 阮刻本에 "'流' 아래에 마땅히 '亡'자가 있어야 한다."라고 한 것에 의거하여 보충하였다.

伏生은 이름이 勝으로 秦나라 二世皇帝 때에 博士를 지냈다. ≪漢書≫ 〈儒林傳〉에 "孝文帝 때에 ≪尙書≫에 능통한 사람을 찾았으나 천하에 그런 사람이 없었다. 이에 伏生이 능통하다는 말을 듣고 그를 불러오려고 하였는데, 이때 伏生의 나이가 이미 90여 세였기 때문에 늙어서 걸어 다닐 수가 없었다. 그래서 太常에 명하여 掌故 晁錯로 하여금 직접 伏生을 찾아가서 ≪尙書≫를 배우게 하였다. ≪尙書≫ 29편을 얻어 곧 齊·魯 지역 사이에서 가르쳤다."라고 하였으니, 이때 〈伏生의〉 나이가 90이 넘었다. ≪史記≫를 상고하면, "秦나라 때에 서적을 불태우자 伏生이 벽 속에 ≪尙書≫를 숨겨두었는데, 그 뒤에 兵亂이 일어나서 유실되었다. 漢나라가 천하를 평정하자, 伏生이 숨겨둔 책을 찾으니, 수십 편이 없어졌는지라 29편만 찾아 齊·魯 지역의 사이에서 가르쳤다."라고 하였으니, 伏生이 벽 속에서 29편만을 찾은 것이다.

〔失其本經 口以傳授〕 아마 伏生이 처음에 벽 속에 숨겨두었다가 찾아서 齊·魯 지역 사람들에게 가르쳤던 것이고, 널리 가르치는 기간이 이미 오래여서 글을 외운 솜씨가 익숙해졌기 때문에 말년에 이르러서는 습관적으로 잘 외웠을 것이다. 그러나 혹 눈도 어둡고 나이도 90세가 되었으므로 晁錯가 직접 찾아가서 배울 때에는 伏生이 책을 잡지 않고 입으로만 가르쳐주었기 때문일 것이다.

【疏】 又言'裁二十餘篇'者, 意在傷亡. 爲少之文勢, 何者. 以數法隨所近而言之. 若欲多之, 當云"得三十篇." 今裁二十餘篇, 言裁, 亦意以爲少之辭. 又二十九篇, 自是計卷. 若計篇則三十四. 去泰誓, 猶有三十一. 案史記及儒林傳皆云"伏生獨得二十九篇, 以教齊魯." 則今之泰誓, 非初伏生所得. 案馬融云"泰誓後得." 鄭玄書論亦云"民間得泰誓." 別錄曰"武帝末, 民有得泰誓書於壁內者獻之, 與博士使讀說之, 數月皆起, 傳以教人." 則泰誓非伏生所傳. 而言二十九篇者, 以司馬遷在武帝之世, 見泰誓出而得行, 入於伏生所傳內, 故爲史總之, 幷云"伏生所出." 不復曲別分析. 云民間所得, 其實得時, 不與伏生所傳同也. 但伏生雖無此(一)〔三〕[1]篇, 而書傳[2]有八百諸侯, 俱至孟津, 白魚入舟之事, 與泰誓事同, 不知爲伏生先爲此說, 不知爲是泰誓出後, 後人加增此語.

1) (一)〔三〕: 저본에는 '一'로 되어있으나, 阮刻本에 "宋本에는 '一'이 '三'으로 되어있다. '一'자는 틀리다."라고 한 것에 의거하여 '三'으로 바로잡았다.
2) 書傳 : ≪尙書≫를 해석한 傳注를 이르는데, 여기서는 司馬遷의 ≪史記≫ 〈周本紀〉와 董仲舒의 對策 등을 가리킨다.

〔裁二十餘篇〕 이는 의도적으로 없어진 것을 상심한 데에 초점을 맞추어 적은 수치를 나타내는 文勢인 것이다. 왜냐하면 數法을 가지고 가까운 쪽을 따라 말하였기 때문이다. 만일 많은 수치를 나타내려고 했다면 응당 "30편을 찾았다."라고 했어야 한다. 그런데 지금 20여 편을 만들었다고 하였는데, '裁'라 말한 것 역시 의도적으로 적은 수치를 나타내기 위한 말이다. 또 '29편'은 바로 '卷'을 계산한 것이다. 만일 '篇'을 계산했다면 34편이다. 〈泰誓〉를 제외하더라도 오히려 31편이 있게 된다.

≪史記≫ 〈儒林列傳〉과 ≪漢書≫ 〈儒林傳〉을 상고하면 모두 "伏生이 29편만을 찾아 齊·魯 지역 사람들을 가르쳤다."라고 하였으니, 지금의 〈泰誓〉는 당초 伏生이 찾은 것이 아니다. 상고하건대 馬融은 "〈泰誓〉는 뒤에 얻은 것이다."라고 하였고, 鄭玄의 ≪書論≫에도 "民間에서 〈泰誓〉를 얻었다."라고 하였고, 劉向의 ≪別錄≫에도 "武帝 말년에 어떤 백성이 〈泰誓〉의 글을 벽 속에서 얻어 나라에 바치자, 博士와 함께 읽고 해설하게 하였더니, 몇 달 만에 모두 일어나서 전하여 사람을 가르쳤다."라고 하였으니, 〈泰誓〉는 伏生이 전한 것이 아니다.

'29편'이라 말한 것은, 司馬遷이 武帝의 세대에 있어서 〈泰誓〉가 출현하여 세상에 행해지는 것을 보고 伏生이 전한 ≪尙書≫ 속에 집어넣었기 때문에 역사서를 써서 총체적으로 다루었으며, 아울러 "伏生이 내놓은 것이다."라고만 하고, 다시 세밀하게 분석하지 않은 데서 그렇게 된 것이다.

민간에서 얻은 것이라 한 것은, 그 실제로 얻은 시기가 伏生이 전한 시기와 같지 않다. 다만, 伏生이 〈전한 ≪尙書≫에는〉 비록 이 세 편이 없으나 書傳에 있는 "8백 諸侯가 모두 孟津에 이르고, 白魚가 배로 들어왔다."는 기사가 〈泰誓〉의 기사와 같으니, 伏生이 먼저 이 말을 한 것인지, 아니면 〈泰誓〉가 나온 뒤에 後人이 이 말을 더 보탠 것인지, 그것을 모르겠다.

【疏】 案王充論衡及後漢史獻帝建安十四年, 黃門侍郎房宏等說云 "宣帝(泰和)〔本始〕[1] 元年, 河內女子有壞老子屋, 得古文泰誓三篇." 論衡又云 "以掘地所得者." 今史·漢書皆云 "伏生傳二十九篇." 則司馬遷時已得泰誓, 以并歸於伏生, 不得云宣帝時始出也. 則云"宣帝時女子所得." 亦不可信. 或者 "爾時重得之, 故於後亦據而言之." 史記云 "伏生得二十九篇." 武帝記載今文泰誓末篇[2], 由此劉向之作別錄, 班固爲儒林傳, 不分明, 因同於史記. 而劉向云 "武帝末得之泰誓." 理當是一. 而古今文不同者, 卽馬融所云 "吾見書傳多矣. 凡諸所引, 今之泰誓皆無此言, 而古文皆有." 則古文爲眞, 亦復何疑[3]. 但此先有張霸之徒, 僞造泰誓, 以藏壁中, 故後得而惑世也. 亦可今之泰誓, 百篇之外, 若周書之例, 以於時實有觀兵之誓, 但不錄入尙書. 故古文泰誓曰 "皇天震怒, 命我文考, 肅將天威, 大勳未集. 肆予小子發, 以爾友邦冢君, 觀政於商." 是也.

1) (泰和)〔本始〕: 저본에는 '泰和'로 되어있으나, 阮刻本에 "毛本에는 '泰和'가 '本始'로 되어있다. 살펴보건대 고치는 것이 옳다."라고 한 것에 의거하여 '本始'로 바로잡았다.

2) 武帝記載今文泰誓末篇 : '武帝記'는 ≪史記≫ 〈周本紀〉 '武王紀'의 誤記인 것 같다. 〈今文泰誓〉의 末篇에는 "武王이 황하를 건널 때에 中流에서 白魚가 武王이 타고 있는 배 안으로 뛰어들자, 武王이 그를 취하여 제사를 지냈다. 황하를 이미 다 건넜을 때에 불덩어리가 위에서 아래로 내려와 武王이 거처한 옥상에 이르렀다가 흘러가 까마귀가 되었다.〔武王渡河 中流 白魚躍入王舟中 武王俯取以祭 旣渡 有火自上復于下 至于王屋 流爲烏〕"란 내용이 담겨있다.

3) 凡諸所引……亦復何疑 : 明나라 陳第가 撰한 ≪尙書疏衍≫ 〈尙書攷〉에 "前漢시대에 民間에서 얻은 〈泰誓〉 3편에 있는 '白魚가 王이 타고 있는 배에 뛰어들고, 불덩이가 王이 머물고 있는 집 위로 돌아왔다가 흘러가 까마귀가 되었다.'는 말을 董仲舒와 司馬遷이 모두 인용하였다. 馬融의 〈書序〉에는 '〈泰誓〉는 뒤에 얻은 것인데, 그 글을 상고하면 뜻이 淺露한 것 같다.'고 하였고, 또 ≪春秋左氏傳≫ 襄公 31년 조에는 〈泰誓〉의 '백성들이 하고 싶어 하는 것은 하늘이 반드시 따른다.'는 말을 인용하였고, ≪國語≫에는

〈泰誓〉의 '나의 꿈이 나의 점괘와 합하여 아름다운 상서가 거듭되니, 商나라를 치면 반드시 이길 것이다.'란 말을 인용하였고, ≪孟子≫ 〈滕文公 下〉에는 〈泰誓〉의 '우리의 무력을 드날려 저들의 국경을 쳐들어가서 殘賊을 취하여 殺伐의 功이 크게 베풀어지니, 湯王이 桀王을 정벌하던 것보다 더욱 빛이 난다.'는 말을 인용하였고, 孫卿은 〈泰誓〉에 있는 '獨夫인 受(紂)'란 문구를 인용하였고, ≪禮記≫ 〈坊記〉에는 〈泰誓〉의 '내가 受를 이긴다면, 그것은 나의 무력이 아니라, 나의 돌아가신 아버님 文王께서 허물이 없으시기 때문이다. 受가 나를 이긴다면, 나의 돌아가신 아버님 文王께서 허물이 있어서가 아니라, 내가 어질지 못하기 때문이다.'란 말을 인용하였다. 〈今文泰誓〉에는 모두 이런 말이 없다.

나는 ≪書傳≫을 많이 보았는데, 거기에 인용된 〈泰誓〉의 말이 현재의 〈泰誓〉에는 없는 경우가 매우 많다. 孔穎達은 '〈今文泰誓〉에 없는 것이 〈古文泰誓〉에 모두 있으니, 〈古文泰書〉가 진짜라는 것을 다시 어찌 의심할 수 있겠는가?'라고 했다."라고 하였다. ≪春秋左氏傳≫ 등에는 모두 〈大誓〉로 적고 있다.

≪書經集傳≫을 撰한 宋代 蔡沈은 또 "伏生의 28편에는 본래 〈泰誓〉가 없었는데, 武帝 때에 위작된 〈泰誓〉가 나와서 -馬融만이 '뒤에 얻은 것'이라고 말하였으나 어느 시대에 얻은 것인지 몰랐는데, 武帝 때에 나온 것임을 알았다. 내용이 아래에 보인다.- 伏生의 ≪今文尙書≫와 합하여 29편으로 만들었다. 孔壁의 책이 비록 나왔으나 세상에 전파되지 못했다. 그러므로 漢儒들이 인용한 것은 모두 위작된 〈泰誓〉였으니, 이를테면 '白魚가 王이 타고 있는 배에 뛰어들었다.'는 것과 '불덩이가 王이 머물고 있는 집 위로 돌아왔다가 흘러가 까마귀가 되었다.'는 것이니, -董仲舒의 對策에 이를 인용하였으니, 아마 이때에 나왔을 것으로 본다. 또 ≪史記≫ 〈劉敬列傳〉에 의하면 婁敬이 高祖에게 말하기를 '武王이 紂를 칠 때에 모이기를 약속하지 않았는데도 盟津 가에 모인 諸侯가 8백이었습니다.'라고 하였다.- 太史公이 〈周本紀〉를 기록할 때에도 또한 그 말을 실었다.

그러나 위작된 〈泰誓〉가 비록 經傳에 인용된 것을 표절한 것임을 알았으나, 옛 책을 다 볼 수 없기 때문에 後漢의 馬融이 그것이 위작임을 의심하여 이르기를 '〈泰誓〉는 그 글을 살펴보면 뜻이 淺露한 것 같다. 내가 또 書傳을 본 것이 많은데, 〈泰誓〉라고 인용하였지만 〈泰誓〉에 들어있지 않은 것이 너무 많다.'고 하였다. 晉나라 때에 와서 孔壁의 ≪古文尙書≫가 행해지자, 위작된 〈泰誓〉가 비로소 폐지되었다."라고 밝히고 있다.

상고하건대 王充의 ≪論衡≫과 ≪後漢史≫(≪後漢書≫의 異稱) 獻帝 建安 14년(209)에 黃門侍郞 房宏 등이 말하기를 "宣帝 本始 元年(B.C. 73)에 河內 女子가 낡은 집을 헐다가 〈古文泰誓〉 3편을 얻은 일이 있었다."라고 하였고, ≪論衡≫에 또 "땅을 파다가 얻은 것이다."라고 하였고, 지금 ≪史記≫와 ≪漢書≫에 모두 "伏生이 29편을 전했다."라고 하였으니, 司馬遷 때에 이미 〈泰誓〉를 얻어서 아울러 伏生이 〈전한 ≪尙書≫에〉 집어

넣었으니, 宣帝 때에 처음 나왔다고 말할 수는 없다. 그렇다면 "宣帝 때에 女子가 얻었다."라고 한 말은 또한 믿을 수 없다.

어떤 이는 "그때에 거듭 얻었다. 그러므로 뒤에 또한 그에 의거해서 말한 것이다."라고 하였다. ≪史記≫에 "伏生이 29편을 얻었다."라고 하고, 〈武王紀〉에 〈今文泰誓〉 末篇을 실었으니, 이로 말미암아 劉向이 ≪別錄≫을 짓고 班固가 ≪漢書≫ 〈儒林傳〉을 지을 때에 분석하지 않고, 그대로 ≪史記≫와 동일하게 하였다. 劉向이 "武帝 말년에 〈泰誓〉를 얻었다."라고 하였으니, 이치상 동일해야 할 것이나 〈古文泰誓〉와 〈今文泰誓〉가 동일하지 않은 것은, 곧 馬融이 이른바 "나는 書傳을 본 것이 많은데, 여러 책에서 〈〈泰誓〉의 글을〉 인용한 나이 〈今文泰誓〉에는 이 말이 모두 없고, 〈古文泰誓〉에는 모두 있다."라는 것이니, 〈古文泰誓〉가 진짜라는 것을 또한 어찌 다시 의심할 수 있겠는가? 다만 이에 앞서 張霸의 무리가 〈泰誓〉를 위작하여 벽 속에 간직한 일이 있었다. 그러므로 뒤에 〈위작한 〈泰誓〉가〉 나타나 세상을 현혹시켰을 뿐이다.

또한 지금의 〈泰誓〉 곧 〈今文泰書〉를 '100편' 외에 〈周書〉의 例와 같이 다룬 것은 그때에 실제로 군사들에게 맹세한 일이 있기 때문인데, 다만 ≪尙書≫에 적어 넣지 않았을 뿐이다. 그러므로 〈古文泰誓〉에 "皇天이 震怒하사 나의 돌아가신 아버님 文王에게 명하시어 엄숙히 하늘의 위엄을 받들어 행하게 하셨는데, 큰 공훈을 이루지 못하셨다. 이러므로 나 小子 發이 너희 友邦의 冢君을 데리고 商나라의 정사를 살펴본다."라고 한 것이 바로 이것이다.

【疏】又云 '以其上古之書 謂之尙書'者, 此文繼在伏生之下, 則言"以其上古之書, 謂之尙書." 此伏生意也. 若以伏生指解尙書之名, 名已先有, 有則當云名之尙書. 旣言"以其上古之書." 今先云以其, 則伏生意之所加, 則知尙字乃伏生所加也[1]. 以尙解上, 則尙訓爲上, 上者, 下所慕尙, 故義得爲通也. 孔君旣陳伏生此義, 於下更無是非, 明卽用伏生之說, 故書此而論之. 馬融雖不見孔君此說, 理自然同, 故曰"上古有虞氏之書, 故曰尙書." 是也. 王肅曰"上所言, 史所書, 故曰尙書." 鄭氏云"尙者, 上也, 尊而重之, 若天書[2]然, 故曰尙書." (一)〔二〕[3]家以尙與書相(將)〔埒〕[4], 則上名不正出於伏生. 鄭玄依書緯, 以尙字是孔子所加, 故書贊曰"孔子乃尊而命之曰尙書." 璿璣鈐云"因而謂之書, 加尙以尊之." 又曰"書務以天言之."[5]

1) 知尙字乃伏生所加也 : 조선시대 李衡祥은 그의 ≪甁窩講義≫에서 "지금 보면, 壁書에 단지 '虞·夏·商·周의 書'라고만 되어있고, 모두 '尙'자가 없으니, 孔安國이 '이것으로

伏生이 보탠 것임을 알았다.'는 말을 믿겠다."라고 하였다.

2) 天書 : 하늘이 내린 글, 또는 天子의 詔書를 가리킨다.

3) (一)〔二〕: 저본에는 '一'로 되어있으나, 전후의 문맥을 살펴 '二'로 바로잡았다.

4) (將)〔埒〕: 저본에는 '將'으로 되어있으나, 전후의 문맥을 살펴 '埒'로 바로잡았다.

5) 璿璣鈐云……書務以天言之 : ≪璿璣鈐≫은 ≪尙書緯≫의 일종으로 이미 佚失되었고, 明代 孫瑴이 編한 ≪古微書≫와 淸代 馬國翰이 편집한 ≪玉函山房輯佚書≫에 輯本이 있을 뿐이다. ≪古微書≫에 "≪尙書琁璣鈐≫에 '尙'은 '上'의 뜻이고 '書'도 마찬가지이다. 上天이 文을 드리워 節度를 펴니, ≪書≫는 마치 하늘이 운행하는 것 같다. ≪書≫는 힘써 하늘을 가지고 말하였으며, 따라서 '書'라 이르고 '尙'을 가하여 높였다.'고 하였으니, 이것이 ≪尙書≫ 篇題의 이름이 되었다."라고 하였다.

〔以其上古之書 謂之尙書〕 이 글이 伏生의 아래에 이어져 있었다면 "그것이 上古의 글이었기 때문에 ≪尙書≫라고 칭하였다."라는 말은 바로 伏生의 뜻이었을 것이다. 만일 伏生이 ≪尙書≫를 풀이한 명칭이라 한다면 명칭이 이미 먼저 있었을 것이고, 먼저 있었다면 당연히 명칭을 '尙書'라고 했을 것이다. 이미 '以其上古之書'라고 말하였으니, 지금 먼저 '以其'라고 했으면 伏生의 뜻이 가해진 것인즉 '尙'자는 바로 伏生이 가한 것임을 알 수 있다. '尙'을 '上'자의 뜻으로 해석하면 尙의 訓은 上이 되니, '上'이란 것은 아래에서 慕尙하는 것이다. 그러므로 뜻이 통하게 된다.

孔安國은 이미 伏生의 이와 같은 뜻을 베풀었고, 아래에서 다시 이러쿵저러쿵하는 말이 없는 것은 곧 伏生의 말을 사용했음을 밝힌 것이다. 그러므로 이렇게 적어서 논한 것이다. 馬融은 비록 孔安國의 이와 같은 말을 보지 않았으나 이치가 자연히 서로 같았다. 그러므로 "上古에 虞氏의 글이 있었기 때문에 '尙書'라고 한 것이다."라는 것이 바로 이것이다.

王肅은 "上이 말한 바요, 史官이 적은 바이다. 그러므로 '尙書'라고 한 것이다."라고 하였고, 鄭玄은 "'尙'은 '上'의 뜻이니 존중하기를 天書처럼 하기 때문에 '尙書'라고 한 것이다."라고 하였다. 王肅과 鄭玄은 '尙'과 '書'를 서로 같게 보았으니, '上'이란 이름은 단연코 伏生에게서 나온 것이 아니란 말인가? 鄭玄은 ≪書緯≫에 의하여 '尙'자를 孔子가 가한 것으로 보았다. 그러므로 〈書贊〉에서 "孔子가 높여 명명하기를 '尙書'라 했다."라고 하였다. ≪璿璣鈐≫에 이르기를 "따라서 '書'라 이르고 '尙'자를 가하여 높였다."라고 하였으며, 또 이르기를 "≪書≫는 힘써 하늘을 가지고 말했다."라고 하였다.

【疏】 鄭玄溺於書緯之說, 何有人言而須繫之於天乎. 且孔君親見伏生, 不容不悉, 自云“伏生以其上古之書, 謂之尙書.” 何云孔子加也. 王肅云“上所言, 史所書.” 則尙字與書俱有, 無先後. 旣直云尙, 何以明上之所言. 書者, 以筆畫記之辭, 群書皆是, 何知書要責史所爲也. 此其不若前儒之說密耳. 云‘上古’者, 亦無指定之目, 自伏生言之, 則於漢世, 仰遵前代, 自周已上皆是. 馬融云 “有虞氏爲書之初耳.” 若易歷三世, 則伏犧爲上古, 文王爲中古, 孔子爲下古. 禮運鄭玄以先王食腥[1], 與易上古結繩同時, 爲上古, 神農爲中古, 五帝爲下古. 其不相對, 則無例耳. 且太之與上爲義不異, 禮以唐虞爲太古[2], 以下有三代冠, 而推之爲然, 是爲不定則. 但今世已上, 仰之已古, 便爲上古耳. 以書是本名, 尙是伏生所加, 故諸引書直云‘書曰’, 若有配代而言, 則曰‘夏書’, 無言尙書者.

1) 禮運鄭玄以先王食腥 : ≪欽定禮記義疏≫ 〈禮運〉에 “옛날 先王은 아직 불로 음식을 익혀 먹는 법이 없어서 草木의 열매와 鳥獸의 고기를 먹었다.”라고 하였는데, 鄭玄은 이에 대하여 “‘아직 불로 음식을 익혀 먹는 법이 없을 적에는 날고기를 먹었다.’고 하였으니, 이는 모두 上古의 시대였다.”라고 하였다.
2) 禮以唐虞爲太古 : ≪儀禮注疏≫ 〈士冠禮〉에 “태고시대에는 흰 베로 관을 만들어 썼다.” 라고 하였는데, 이에 대한 鄭玄의 注에 “태고는 唐虞 이상이다.”라고 하였다.

鄭玄이 아무리 ≪書緯≫의 說에 빠졌다고는 하지만, 사람의 말을 하늘에 잡아매게 한 것이 어디에 있었는가? 또한 孔安國은 직접 伏生을 보았기 때문에 그에 대해 모르는 것이 없을 정도였는데, 스스로 이르기를 “伏生은 그것이 上古의 글이었기 때문에 ‘尙書’라 일컬었다.”라고 하였는데, 어찌 “孔子가 가했다.”라고 말했을까? 王肅은 “上이 말한 바요, 史官이 적은 바이다.”라고 하였는데, ‘尙’자는 ‘書’자와 더불어 공유하므로 앞뒤가 없는 것이다. 이미 곧바로 ‘尙’이라 하였거늘 무엇 때문에 上이 말한 바를 밝혔는가? ‘書’라는 것은 筆畫으로 기록한 말이니, 群書가 모두 그것인데, ‘書’는 요컨대 史官에게 책임지워 이루는 것임을 어떻게 알았는가? 이것은 치밀한 前儒의 說만 못하다.

〔上古〕 또한 지정된 한계가 없는 것이니, 伏生으로부터 말하면 漢代에서 前代를 우러러 따르므로 周나라로부터 그 이상이 모두 上古에 속한 것이다. 馬融이 “有虞氏는 ≪書≫를 만든 최초의 시대였다.”라고 하였다. ≪易≫이 三世를 거쳐서 이루어진 것으로 말하면, 伏犧는 上古, 文王은 中古, 孔子는 下古에 해당한다. ≪禮記≫ 〈禮運〉에서 鄭玄이 先王은 날고기를 먹었다고 한 시대와 ≪易≫에서 上古엔 結繩의 政治를 하였다고 한 시대는 같은 시대이니 上古에 속하고, 神農은 中古, 五帝는 下古에 속한다. 서로 대를 하지 않은 것은 일정한 규례가 없기 때문이다. 또 ‘太’자와 ‘上’자는 뜻이 다르지 않다.

≪禮≫에서 唐虞를 太古로 삼고, 이하에 三代의 冠制를 배치하였으므로 미루어가면 그렇게 되기 마련이니, 이는 규칙을 정한 것이 아니다. 다만 지금 세상 이상은 우러르매 이미 예전이니, 곧 上古가 될 뿐이다. ≪書≫가 바로 本名이고, '尙'은 바로 伏生이 보탠 것이다. 그러므로 어디서나 ≪書≫를 인용하면 곧장 '書曰'이라 하고, 만일 시대를 동반해서 말한다면 '夏書'라고 하였으며, ≪尙書≫라고 말한 경우는 없다.

至魯共王하여 **好治宮室**이러니 **壞孔子舊宅**하여 **以廣其居**라가 **於壁中得先人所藏古文虞夏商周之書及傳**[1]**論語孝經**하니 **皆科斗文字**[2]니라 **王又升孔子堂**하여 **聞金石絲竹之音**하고 **乃不壞宅**하고

1) 傳 : 이 大文 아래 圈點(○)으로 표시한 注에 "傳謂春秋也 一云周易十翼"이라 하고, 孔疏에서는 "漢世通謂論語孝經爲傳也"라 하여 '傳'을 각각 ≪春秋≫와 ≪周易≫의 十翼, ≪論語≫와 ≪孝經≫으로 풀이하였기 때문에 번역에서도 그 풀이에 따라 '≪傳≫'과 '傳인'으로 번역하였다. 元代 朱祖義의 ≪尙書句解≫에서는 '傳論語孝經'을 '공자가 전한 ≪論語≫와 ≪孝經≫'으로 풀이하였으니, 그 말이 맞는 것 같다.

2) 科斗文字 : '科斗'는 '蝌蚪'의 약자이기 때문에 '科斗文字'는 중국 옛날 글자의 한 가지로 글자의 모양이 올챙이처럼 머리는 굵고 끝은 가늘다. 黃帝 때에 史官인 蒼頡이 최초로 새 발자국에서 암시를 얻어 지었다고 하여, '蝌蚪鳥篆'이라고도 한다. '科斗'를 孔疏에서는 '蝦蟆子'로 풀이하였다.

魯共王에 이르러 宮室을 가꾸기를 좋아하더니, 孔子의 舊宅을 헐어 그 거처를 넓히다가 벽 속에서 先人이 간직한 古文의 〈虞書〉·〈夏書〉·〈商書〉·〈周書〉 및 ≪傳≫(≪春秋≫와 ≪周易≫의 十翼)·≪論語≫·≪孝經≫을 얻었는데, 모두 科斗文字였다. 共王은 또 孔子의 廟堂에 올라가 金·石·絲·竹의 음악 소리를 듣고 이에 구택을 헐지 않았고,

○共王은 漢景帝之子로 名餘니라 傳은 謂春秋也니라 一云 周易十翼은 非經이요 謂之傳이라 科斗는 蟲名으로 蝦蟆子니 書形似之니라

○ 共王은 漢 景帝의 아들로 이름은 餘이다. 傳은 ≪春秋≫를 이른다. 一說에는 "≪周易≫의 十翼은 經이 아니고 傳이라 이른다."라고 하였다. 科斗는 유충의 이름으로 蝦蟆子이니, 글자 형체가 그와 같은 것이다.

【疏】'至魯'至'壞宅' ○正義曰：欲云得百篇之由，故序其事．漢景帝之子名餘，封於魯爲王，死諡曰共．存日以居於魯，近孔子宅．好治宮室，故欲裒益，乃壞孔子舊宅，以增廣其居．於所壞壁內，得安國先人所藏古文虞·夏·商·周之書及傳論語·孝經，皆是科斗文字．王雖得此書，猶壞不止．又升孔子廟堂，聞金鐘·石磬·絲琴·竹管之音，以懼其神異乃止，不復敢壞宅也．上言'藏家書於屋壁'，此亦屋壁內得書也．亦得及傳論語·孝經等．不從約云'得尙書'，而煩文言'虞·夏·商·周之書'者，以壁內所得，上有題目虞·夏·商·周書．其序直云書序，皆無尙字，故其目錄亦然，故不云尙書而言'虞·夏·商·周之書'．安國亦以此，知尙字是伏生所加，惟此壁內所無，則書本無尙字明矣．

〈尙書序〉의 〔至魯〕에서 〔壞宅〕까지

○正義曰：'100편'을 얻은 연유에 대해 말하고 싶기 때문에 그 일을 서술한 것이다. 〈共王은〉 漢 景帝의 아들로 이름은 餘인데, 魯나라에 봉해져 王이 되었고, 그가 죽자 시호를 共이라 하였다. 共王은 생존했을 때에 魯나라에 살았는데, 孔子의 고택과 가까웠다. 그는 宮室을 가꾸기를 좋아했기 때문에 확장하기 위하여 이에 孔子의 고택을 헐어서 그 거처를 넓혔다. 그가 허문 벽 속에서 孔安國의 先人이 간직한 古文의 〈虞書〉·〈夏書〉·〈商書〉·〈周書〉 및 傳인 ≪論語≫·≪孝經≫을 얻었는데, 모두 科斗文字였다. 共王은 비록 이 같은 책들을 얻었으나 오히려 집을 허무는 일을 중단하지 않았다. 그는 또 孔子의 廟堂에 올라가서 金鐘·石磬·絲琴·竹管의 소리를 듣고서야 그 神異함에 두려움을 느껴 이에 중지하고 다시는 감히 집을 헐지 않았다.

위에서는 "家書를 屋壁에 간직했다."라고 하였고, 여기에서 또한 屋壁 속에서 책을 얻었다고 하였다. 또한 얻은 책이 ≪傳≫·≪論語≫·≪孝經≫ 등에까지 이르렀다. 간략하게 ≪尙書≫를 얻었다고 하지 않고 煩文으로 '〈虞書〉·〈夏書〉·〈商書〉·〈周書〉'라고 말한 것은 벽 속에서 얻은 책 위에 題目으로 〈虞書〉·〈夏書〉·〈商書〉·〈周書〉가 있었기 때문이다. 그 序는 곧장 '書序'라고만 하였고 모두 '尙'자는 없기 때문에 그 目錄 역시 그렇게 된 것이다. 그러므로 〈尙書〉라고 하지 않고, '〈虞書〉·〈夏書〉·〈商書〉·〈周書〉'라고 말한 것이나. 孔安國도 이것을 가지고 '尙'자는 바로 伏生이 첨가한 것임을 알았다. 이 벽 속에서 발견된 ≪書≫에 '尙'자가 없으니, ≪書≫에는 본래 '尙'자가 없었던 것이 분명하다.

【疏】凡書，非經則謂之傳．言'及傳論語孝經'，正謂論語·孝經是傳也．漢武帝謂東方

朔云 "傳曰 '時然後言, 人不厭其言.'" 又漢東平王劉雲與其太師策書云 "傳曰 '陳力就列, 不能者止.'" 又成帝賜翟方進策書云 "傳曰 '高而不危, 所以長守貴也.'" 是漢世通謂論語·孝經爲傳也. 以論語·孝經, 非先王之書, 是孔子所傳說, 故謂之傳, 所以異於先王之書也. 上已云'壞孔子舊宅', 又云'乃不壞宅'者, 初王意欲壞之, 已壞其屋壁, 聞八音之聲, 乃止, 餘者不壞, 明知已壞者, 亦不敢居, 故云"乃不壞宅耳."

무릇 책이란 '經'이 아니면 '傳'이라 이른다. '及傳論語孝經'이라고 말한 것은 정말로 ≪論語≫와 ≪孝經≫이 바로 傳이라는 것을 이른다.

漢 武帝가 東方朔에게 말하기를 "傳(≪論語≫ 〈憲問〉)에 이르기를 '〈孔子께서는〉 말할 일이 있을 때에만 말하는 까닭에 사람들이 그 분의 말을 싫어하지 않았다.' 했다."라고 하였고, 또 漢나라 東平王 劉雲이 太師에게 준 策書에 "傳(≪論語≫ 〈季氏〉)에 이르기를 '능력을 다하여 신하가 되었다가 직무를 다할 수 없거든 물러나라.' 했다."라고 하였고, 또 成帝가 翟方進에게 준 策書에 "傳(≪孝經≫ 〈諸侯章〉)에 이르기를 '〈위에 있어 교만하지 않으면 높아도 위험하지 않다.〉 높아도 위험하지 않으니 이 때문에 길이 귀한 지위를 지킨다.' 했다."라고 하였다. 이것은 漢代에 ≪論語≫와 ≪孝經≫을 통틀어 '傳'이라 칭한 것이다.

≪論語≫와 ≪孝經≫은 先王의 글이 아니고 바로 孔子가 전한 말이기 때문에 '傳'이라 이르니, 先王의 글과 다르게 하기 위한 것이다. 위에서 이미 "孔子의 舊宅을 헐었다."라고 하고, 또 이르기를 "이에 집을 헐지 않았다."라고 한 것은 처음에는 共王이 집을 헐려는 생각을 가졌다가 이미 屋壁을 헐고 나서 八音의 소리를 듣고는 이에 중지하였으니, 나머지는 헐지 않고 이미 허문 것도 또한 감히 거처하지 않은 것을 분명히 알 수 있다. 그러므로 "이에 舊宅을 헐지 않았다."라고 한 것이다.

悉以書還孔氏니라 **科斗書廢已久**니 **時人無能知者**니라 **以所聞伏生之書**로 **考論文義**하여 **定其可知者**하되 **爲隷古定**하고 **更以竹簡寫之**하니 **增多伏生二十五篇**[1]이니라 **伏生又以舜典合於堯典**하고 **益稷合於皐陶謨**하고 **盤庚三篇合爲一**하고 **康王之誥**는 **合於顧命**[2]하고 **復出此篇**하니 **幷序**하여 **凡五十九篇**에 **爲四十六卷**이니라 **其餘**는 **錯亂摩滅**하여 **弗可復知**니라 **悉上送官**하여 **藏之書府**하여 **以待能者**하노라

1) 增多伏生二十五篇 : ≪尙書句解≫에 "이에 이르러 다시 屋壁古文을 校定하여 이에 〈大禹謨〉·〈五子之歌〉·〈胤征〉·〈仲虺之誥〉·〈湯誥〉·〈伊訓〉·〈太甲〉 3篇·〈咸有一德〉·〈說命〉 3篇·〈泰誓〉 3篇·〈武成〉·〈旅獒〉·〈微子之命〉·〈蔡仲之命〉·〈周官〉·〈君陳〉·〈畢命〉·〈君牙〉·〈冏命〉 등 모두 25편을 얻었다. 伏生이 처음에 28편을 얻었고, 지금 또 25편이 불어났으니, 이미 53편을 얻은 셈이다."라고 하였다.

2) 伏生又以舜典合於堯典……合於顧命 : 53편 중에 伏生이 이 편들을 합친 것이다.

모조리 책을 孔氏에게 돌려주었다. 科斗文이 폐지된 지 이미 오래라, 당시 사람들 중에는 알아볼 수 있는 이가 없었다. 그래서 伏生에게 들은 글을 가지고 古文(蝌蚪文)의 뜻을 論考하여 그중에서 알 만한 것을 골라 정하되 隸書로 古文을 정리하고, 다시 竹簡을 사용해서 썼으니, 伏生의 것에서 25편이 더 많아졌다. 伏生은 또 〈舜典〉을 〈堯典〉에 합치고, 〈益稷〉을 〈皐陶謨〉에 합치고, 〈盤庚〉 3편을 합하여 1편으로 만들고, 〈康王之誥〉는 〈顧命〉에 합쳤는데, 다시 이와 같은 편들이 나왔으니, 序와 아울러 모두 59편에 46권이 되었다. 그 나머지는 錯亂하고 摩滅하여 다시 알 수 없으므로 모두 官으로 올려보내 書府에 간직하여 잘 알아볼 수 있는 이를 기다리게 하였다.

○ 隸는 謂用隸書寫古文이니라 二十五篇은 謂虞書大禹謨와 夏書五子之歌·胤征과 商書仲虺之誥·湯誥·伊訓·太甲三篇·咸有一德·說命三篇과 周書泰誓三篇·武成·旅獒·微子之命·蔡仲之命·周官·君陳·畢命·君牙·冏命이니라 皐는 本又作咎요 陶는 本又作繇요 盤은 本又作般이니라 五十九篇은 卽今所行五十八篇이요 其一은 是百篇之序니라 〔其餘錯亂摩滅〕[1]은 謂虞書汨作·九共九篇·槀飫와 夏書帝告·釐沃·湯征·汝鳩·汝方과 商書夏社·疑至·臣扈·典實·明居·肆命·徂后·沃丁·咸乂四篇·伊陟·原命·仲丁·河亶甲·祖乙·高宗之訓과 周書分器·旅巢命·歸禾·嘉禾·成王政·將蒲姑·賄肅愼之命·亳姑 凡四十二篇이니 亡이니라

1) 〔其餘錯亂摩滅〕 : 저본에는 없으나, 전후의 문맥을 살펴 보충하였다.

○ '隸'는 隸書를 사용하여 古文을 쓴 것을 이른다.

25篇은 〈虞書〉의 〈大禹謨〉와 〈夏書〉의 〈五子之歌〉·〈胤征〉과 〈商書〉의 〈仲虺之誥〉·〈湯誥〉·〈伊訓〉·〈太甲〉 3편·〈咸有一德〉·〈說命〉 3편과 〈周書〉의 〈泰誓〉 3편·〈武成〉·〈旅獒〉·〈微子之命〉·〈蔡仲之命〉·〈周官〉·〈君陳〉·〈畢命〉·〈君牙〉·〈冏命〉

을 이른다.

'臯'는 어떤 本에는 또 '咎'로도 쓰고, '陶'는 어떤 本에는 또 '繇'로도 쓰고, '盤'은 어떤 本에는 또 '般'으로도 쓴다.

59편은 곧 지금 행해지고 있는 것이 58편이고, 그중 1편은 바로 100편에 대한 序文이다. 그 나머지 錯亂하고 摩滅한 것은 〈虞書〉의 〈汨作〉·〈九共〉 9편·〈膏飫〉와 〈夏書〉의 〈帝告〉·〈釐沃〉·〈湯征〉·〈汝鳩〉·〈汝方〉과 〈商書〉의 〈夏社〉·〈疑至〉·〈臣扈〉·〈典實〉·〈明居〉·〈肆命〉·〈徂后〉·〈沃丁〉·〈咸乂〉 4편·〈伊陟〉·〈原命〉·〈仲丁〉·〈河亶甲〉·〈祖乙〉·〈高宗之訓〉과 〈周書〉의 〈分器〉·〈旅巢命〉·〈歸禾〉·〈嘉禾〉·〈成王政〉·〈將蒲姑〉·〈賄肅愼之命〉·〈亳姑〉 등 모두 42편인데 망실되었다.

【疏】'悉以'至'能者' ○正義曰：既云"王不壞宅." 以懼神靈, 因還其書. 已前所得. 言'悉以書還孔氏', 則上傳論語·孝經等, 皆還之, 故言悉也. 科斗書, 古文也. 所謂蒼頡本體, 周所用之, 以今所不識, 是古人所爲, 故名古文. 形多頭麤尾細, 狀腹團圓, 似水蟲之科斗, 故曰科斗也. 以古文經秦不用, 故云"廢已久矣, 時人無能知識者." 孔君以人無能知識之故, 已欲傳之, 故以所聞伏生之書, 比校起發, 考論古文之義. 考文而云義者, 以上下事義, 推考其文, 故云義也. '定其可知者', 就古文內定可知識者, 爲隷古定. 不言就伏生之書, 而云以其所聞者, 明用伏生書外亦考之. 故云"可知者." 謂幷伏生書外有可知, 不徒伏生書內而已. 言'隷古'者, 正謂就古文體, 而從隷定之. 存古爲可慕, 以隷爲可識, 故曰隷古, 以雖隷而猶古. 由此故謂孔君所傳爲古文也. 古文者, 蒼頡舊體, 周世所用之文字. 案班固漢志及許氏說文, 書本有六體, 一曰指事, 上·下, 二曰象形, 日·月, 三曰形聲, 江·河, 四曰會意, 武·信, 五曰轉注, 考·老, 六曰假借, 令·長. 此造字之本也. 自蒼頡以至今, 字體雖變, 此本皆同, 古今不易也. 自蒼頡以至周宣, 皆蒼頡之體, 未聞其異.

〈尙書序〉의 〔悉以〕에서 〔能者〕까지

○ 正義曰：이미 "共王이 집을 헐지 않았다."라고 말한 것은 神靈을 두려워하여 그 책들을 이전에 얻었던 곳으로 돌려보낸 것이다.

〔悉以書還孔氏〕 위의 傳인 ≪論語≫와 ≪孝經≫ 등을 모조리 돌려준 것이다. 그러므로 '悉'이라고 말한 것이다.

'科斗書'는 古文이다. 이른바 '蒼頡의 本體'로 周나라에서 사용했던 것인데, 지금 사람의 안목으로는 판독할 수 없는 글이다. 이것은 옛사람이 만든 것이기 때문에 이름을 '古文'이라고 한 것이다. 형상이 대부분 머리는 거칠고 꼬리는 가늘며, 배 부분은 둥글어 마치 水蟲의 올챙이와 같기 때문에 '科斗'라고 한 것이다. 古文은 秦나라를 거치면서 사용하지 않았기 때문에 "폐지된 지 이미 오래라, 당시 사람들 중에 알아볼 수 있는 이가 없다."라고 말한 것이다. 孔安國은 사람들 중에 알아볼 수 있는 이가 없었기 때문에 자기가 전하려고 하였다. 그러므로 伏生에게 들은 글을 가지고 비교해가면서 古文의 뜻을 論考하였다.

글을 상고하면서 '義'라고 말한 것은 위아래의 '事義'를 가지고 그 글을 미루어 상고하기 때문에 '義'라고 이른 것이다.

〔定其可知者〕 古文 내에서 알 만한 것을 골라 정하고 隸書로 古文을 옮겨 적어 정리하는 것이다.

'伏生의 ≪書≫에 입각해서'라고 말하지 않고 '그 들은 것을 가지고'라고 말한 것은 伏生의 ≪書≫ 이외의 것도 이용해서 상고했다는 사실을 밝힌 것이다. 그러므로 "알 만한 것이다."라고 한 것은 伏生의 ≪書≫ 이외의 알 수 있는 것까지를 아우른 것이지, 한갓 伏生의 ≪書≫ 이내의 것만이 앎의 대상일 뿐만이 아니라는 점을 말한 것이다.

〔隸古〕 古文體에 입각해서 隸書를 좇아 정리함을 이른 것이다. 다시 말하면 古文體를 존치시켜 흠모할 대상을 삼고, 隸書로써 알 수 있게 옮겨 적는다는 뜻이다. 그러므로 '隸古'라고 한 것이다. 비록 '隸書'라고는 하지만 오히려 古文의 모습을 닮았기 때문이다. 이런 까닭으로 孔安國이 전한 것을 '古文'이라 이른다.

'古文'이란 것은 蒼頡의 舊體로 周나라 世代에 사용했던 文字이다. 班固의 ≪漢書≫ 〈藝文志〉와 許愼의 ≪說文解字≫를 상고하면 書體에 본래 六體가 있었으니, 첫째는 '指事'로서 '上·下'가 그것이고, 둘째는 '象形'으로서 '日·月'이 그것이고, 셋째는 '形聲'으로서 '江·河'가 그것이고, 넷째는 '會意'로서 '武·信'이 그것이고, 다섯째는 '轉注'로서 '考·老'가 그것이고, 여섯째는 '假借'로서 '令·長'이 그것이다. 이것은 글자를 만드는 근본원리이다. 蒼頡로부터 오늘에 이르기까지 字體가 비록 번했지만, 이 근본원리만은 모두 같아 고금에 바뀌지 않았다. 蒼頡로부터 周 宣王에 이르기까지는 모두 蒼頡의 字體를 사용하였으며, 다른 字體가 있었다는 말은 들어보지 못하였다.

【疏】 宣王(紀)〔時〕其史籒(주)始有大篆[1)]十五篇, 號曰篆籒, 惟篆與蒼頡二體而已. 衛恒曰"蒼頡造書, 觀於鳥跡, 因而遂滋, 則謂之字. 字有六義, 其文至於三代不改, 及秦

用篆書, 焚燒先代典籍, 古文絶矣." 許愼說文言 "自秦有八體, 一曰大篆, 二曰小篆, 三曰刻符, 四曰蟲書, 五曰摹印, 六曰署書, 七曰殳(수)書, 八曰隷書. 亡新居攝, 以應制作[2), 改定古文, 使甄豐校定. 時有六書, 一曰古文, 孔子壁內書也. 二曰奇字, 卽古字有異者. 三曰篆書, 卽小篆, 下杜人程邈所作也. 四曰佐書, 秦隷書也. 五曰繆篆, 所以摹印也. 六曰鳥蟲書, 所以書幡信[3)也." 由此而論, 卽秦罷古文而有八體, 非古文矣. 以至亡新六書并八體, 亦用書之六體, 以造其字. 其亡新六書, 於秦八體, 用其小篆·蟲書·摹印·隷書, 去其大篆·刻符·殳書·署書. 而加以古文與奇字. 其刻符及署書, 蓋同摹印, 殳書同於繆篆, 大篆正古文之別, 以慕古故, 乃用古文與奇字而不用大篆也. 是孔子壁內古文, 卽蒼頡之體, 故鄭玄云 "書初出屋壁, 皆周時象形文字, 今所謂科斗書." 以形言之爲科斗, 指體卽周之古文. 鄭玄知者, 若於周時秦世所有, 至漢猶當識之, 不得云無能知者. 又亡新古文亦云 "卽孔氏壁內古文." 是其證也. 或以古文卽大篆, 非也. 何者. 八體六書自大篆, 與古文不同. 又秦有大篆, 若大篆是古文, 不得云古文遂絶, 以此知大篆非古文也. 六書古文, 與蟲書本別, 則蟲書非科斗書也.

1) 宣王(紀)〔時〕其史籒(주)始有大篆 : ≪史記≫ 〈宣王紀〉에 '始有大篆'이란 말이 없고, 宋代 洪适의 ≪隷釋≫과 王應麟의 ≪玉海≫ 등에 '宣王時 始有大篆'이란 말이 있는 것을 감안하여 '宣王紀'의 '紀'는 '時'로 보는 것이 옳을 듯하다.
2) 亡新居攝 以應制作 : '亡新'은 이미 멸망한 新國으로 곧 王莽을 가리킨다. ≪說文解字≫에는 "亡新이 攝政할 때에 大司空 甄豐 등으로 하여금 文書의 부분을 교정하게 하여 스스로 '應制作'이라고 생각하고 꽤 古文을 개정했다."라고 하였다.
3) 幡信 : '旗幟'와 '符節'을 가리킨다. '信幡'이라고도 한다.

周 宣王 시대에 그 史官 籒가 비로소 大篆 15편을 마련하여 이름을 ≪篆籒≫라고 하였는데, 오직 篆과 蒼頡 두 體 뿐이었다.

衛恒은 "蒼頡이 글자를 만들 때 새의 발자취를 관찰하였는데 따라서 결국 불어났으니, 그것을 '字'라고 일컬었다. '字'에는 六義가 있으니, 그 文이 三代에 이르러서도 고쳐지지 않았는데, 秦나라에 이르러 篆書를 사용하고, 先代의 典籍을 불태우니, 古文이 멸절되었다."라고 하였다.

許愼의 ≪說文解字≫에 "秦나라 때부터 八體가 있었으니, 첫째는 大篆, 둘째는 小篆, 셋째는 刻符, 넷째는 蟲書, 다섯째는 摹印, 여섯째는 署書, 일곱째는 殳書, 여덟째는 隷書였다. 王莽이 攝政할 때에 '應制作'이라 하면서 古文을 개정하고 甄豐으로 하여금 校定하게 하였다. 이때에 六書가 있었으니, 첫째는 古文으로 孔子의 집 壁 속의 글자이다.

둘째는 奇字로 곧 古字에 다른 점이 있는 것이다. 셋째는 篆書로 곧 小篆인데, 下杜 사람 程邈이 지은 것이다. 넷째는 佐書로 秦나라의 隸書이다. 다섯째는 繆篆으로 摹印하기 위한 것이다. 여섯째는 鳥蟲書로 旗幟와 符節에 쓰기 위한 것이다."라고 하였다.

이로 말미암아 논한다면 곧 秦나라가 古文을 없애고 八體를 두었으니, 古文이 아니었다. 王莽에 이르러 六書가 八體를 아울렀으니, 또한 書의 六體를 사용하여 '字'를 만든 것이다. 王莽의 六書는 秦나라의 八體에서 小篆·蟲書·摹印·隸書는 사용하고, 大篆·刻符·殳書·署書는 버린 반면 古文과 奇字를 첨가하였다. 刻符와 署書는 대개 摹印과 같고, 殳書는 繆篆과 같으며, 大篆은 정확히 古文의 별체이다. 옛것을 사모하였기 때문에 이에 古文과 奇字를 사용하고 大篆은 사용하지 않았다. 이것은 孔子의 집 벽 속의 古文으로 곧 蒼頡의 體이다. 그러므로 鄭玄이 "책이 처음 屋壁에서 나왔으니, 모두 周나라 때의 象形文字로, 지금의 이른바 '科斗文'이다."라고 하였다.

形象으로 말하면 곧 科斗요, 文體로 말하면 곧 周나라의 古文이다. 鄭玄이 안 것이 만일 周나라 때와 秦나라 때에 있었다고 한다면 漢나라 때에 이르러서도 오히려 당연히 알았을 것이니, "알아 볼 수 있는 이가 없다."고 말할 수 없을 것이다. 또 王莽의 古文에도 역시 "곧 孔氏의 집 벽 속의 古文이다."라고 하였으니, 이것이 그 증거이다.

혹자가 古文을 곧 大篆이라고 한 것은 잘못이다. 왜냐하면 八體와 六書는 大篆으로부터 나온 것이라, 古文과 같지 않기 때문이다. 또 秦나라에 大篆이 있었으니, 만일 大篆이 바로 古文이라면 "古文이 드디어 멸절했다."라고 말할 수 없을 것이니, 이것으로 大篆이 古文이 아니라는 것을 알 수 있다. 六書와 古文이 蟲書와 본래 구별된다면 蟲書는 科斗文이 아니다.

【疏】 鄭玄云 "周之象形文字者, 總指六書象科斗之形, 不謂六書之內, 一曰象形也." 又云 "更以竹簡寫之, 明留其壁內之本也." 顧氏云 "策長二尺四寸, 簡長一尺二寸." '(曾)〔增〕[1] 多伏生二十五篇'者, 以壁內古文篇題殊別, 故知以舜典合於堯典, 益稷合於皐陶謨. 伏生之本, 亦壁內古文而合之者, 蓋以老而口授之時, 因誦而連之, 故殊耳. 其盤庚本當同卷, 故有并也. 康王之誥, 以一時之事, 連誦而同卷, 當以王出在應門之內, 爲篇首. (及)〔乃〕[2] 以王若曰庶邦, 亦誤矣. 以伏生本二十八篇, 盤庚出二篇, 加舜典·益稷·康王之誥凡五篇, 爲三十三篇, 加所增二十五篇, 爲五十八, 加序一篇, 爲五十九篇. 云 "復出此篇, 并序, 凡五十九篇."

1) (曾)〔增〕: 저본에는 '曾'으로 되어있으나, 阮刻本에 "毛本에 '曾'은 '增'으로 되어있으니, 상고하건대 '增'자가 옳다." 한 것에 의거하여 '增'으로 바로잡았다.

2) (及)〔乃〕: 저본에는 '及'으로 되어있으나, 阮刻本에 "浦鏜이 이르기를 '及은 乃자의 誤字이다.'라고 했다." 한 것에 의거하여 '乃'로 바로잡았다.

鄭玄이 "周나라의 '象形文字'라는 것은 총체적으로 六書가 科斗의 모양을 형상함을 가리키고, 六書의 속에 하나인 '象形'이란 것을 이르지 않는다."라고 하였고, 또 "다시 竹簡을 가지고 쓴 것은 그 벽 속에 머물러둔 本을 밝히는 것이다."라고 하였다. 顧氏가 "策의 길이는 2尺 4寸, 簡의 길이는 1尺 2寸이다."라고 하였다.

〔增多伏生二十五篇〕 벽 속에서 나온 古文의 篇題가 다르기 때문이다.

그러므로 〈舜典〉을 〈堯典〉에 합치고, 〈益稷〉을 〈皐陶謨〉에 합친 것을 알았다. 伏生의 本 또한 壁 속에서 나온 古文으로써 합친 것인데, 아마 늙어서 입으로 전할 때에 외운 것에 의하여 연결하였기 때문에 달라졌을 것이다.

그 〈盤庚〉은 본래 卷을 같이해야 했다. 그러므로 병합하게 된 것이다.

〈康王之誥〉는 한때의 일이었기 때문에 왼 것을 연달아서 卷을 같이한 것이니, 응당 '王出在應門之內'란 문구를 篇首로 삼아야 한다. 이에 '王若曰庶邦'이란 문구를 편수로 삼은 것은 또한 잘못이다.

伏生의 本 28편에다가 〈盤庚〉에서 2편을 갈라내고 〈舜典〉·〈益稷〉·〈康王之誥〉를 더하면 〈늘어난 것이〉 모두 5편이니 33편이 되고, 게다가 또 불어난 25편을 더하면 58편이 되고, 序 1편을 더하면 59편이 되므로 "다시 이와 같은 편들이 나왔으니, 序와 아울러 모두 59편이다."라고 한 것이다.

【疏】 此云'爲四十六卷'者, 謂除序也. 下云"定五十八篇, 旣畢." 不更云卷數, 明四十六卷故爾. 又伏生二十九卷而序在外, 故知然矣. 此云'四十六卷'者, 不見安國明說, 蓋以同序者同卷, 異序者異卷, 故五十八篇爲四十六卷. 何者. 五十八篇內, 有太甲·盤庚·說命·泰誓, 皆三篇共卷, 減其八, 又大禹謨·皐陶謨·益稷又三篇同序共卷, 其康誥·酒誥·梓材, 亦三篇同序共卷, 則又減四, 通前十二, 以五十八減十二, 非四十六卷而何. 其康王之誥, 乃與顧命別卷, 以別序故也. '其餘錯亂摩滅', 五十八篇外四十二篇也. 以不可復知, 亦上送官. 其可知者, 已用竹簡, 寫得其本, 亦俱送入府, 故在秘府得有古文也. 以後生可畏, 或賢聖間出, 故須藏之, 以待能整理讀之者.

〔爲四十六卷〕 序를 제외했음을 이른다. 아래에서 "58편을 정하여 이미 마쳤다."라고

하고서 다시는 卷數를 말하지 않은 것은 46권임을 밝히기 위한 것이다. 또 伏生의 本이 29권인데 序가 밖에 있기 때문에 그렇다는 것을 알았다.

〔四十六卷〕 孔安國이 밝힌 말은 보지 못하였지만, 아마 序를 함께한 것은 卷을 함께하고, 序를 달리한 것은 卷을 달리하기 때문에 58편이 46권이 되었을 것이다. 왜냐하면 58편 속에 있는 〈太甲〉·〈盤庚〉·〈說命〉·〈泰誓〉는 모두 3편이 卷을 함께 하였으니 그 중 8을 감하였고, 또 〈大禹謨〉·〈皐陶謨〉·〈益稷〉은 또 3편이 序를 함께하고 卷을 함께 하였으며, 그 〈康誥〉·〈酒誥〉·〈梓材〉 또한 3편이 序를 함께하고 卷을 함께하였으니, 또 4를 감하였는데, 앞의 것을 통합하면 12이니, 58에서 12를 감하면 46권이 아니고 무엇이겠는가? 〈康王之誥〉가 이에 〈顧命〉과 卷을 별도로 한 것은 序를 별도로 했기 때문이다.

〔其餘錯亂摩滅〕 58편 외에 42편(권)인데 다시 알 수 없는 것은 또한 官에 올려보내고, 알 수 있는 것은 이미 竹簡을 이용해 그 本을 써서 또한 모두 府에 보내 집어넣었기 때문에 秘府에 보관되어 있어서 古文을 얻어 볼 수 있었다.

後生은 경외할 존재이고 혹은 賢聖이 그 사이에서 나올 것이기 때문에 모름지기 간직함으로써 정리해 읽을 수 있는 이를 기다린 것이다.

承詔爲五十九篇作傳하니 **於是**에 **遂硏精覃思**하여 **博考經籍**하고 **採摭群言**하여 **以立訓傳**하니라 **約文申義**하여 **敷暢厥旨**하니 **庶幾有補於將來**니라

詔命을 받들어 59편에 대한 傳을 짓게 되었으므로 이에 정력을 다하고 깊이 생각하여 널리 經籍을 상고하고 群言을 채취하여 訓傳을 정립하였다. 글을 간략하게 다듬고 뜻을 깊이 밝혀 ≪尙書≫의 뜻을 통창하게 하였으니, 후생에게 도움이 있기를 바란다.

○ 覃은 深也요 採는 本又作采니라

○ 覃은 깊다는 뜻이요, 採는 어떤 本에는 또 采로도 표기하였다.

【疏】 '承詔'至'將來' ○正義曰：安國時爲武帝博士, 孔君考正古文之日, 帝之所知, 亦旣定訖, 當以聞於帝. 帝令注解, 故云"承詔爲五十九篇作傳." 以注者多言曰傳, 傳者, 傳通故也. 以傳名出自丘明. 賓牟賈對孔子曰"史失其傳[1]." 又喪服儒者皆云"子夏作傳." 是傳名久矣. 但大率秦漢之際, 多名爲傳, 於後儒者以其傳多, 或有改之別云注解者, 仍有同者, 以當時之意耳. 說者爲例云 "前漢稱傳, 於後皆稱注." 誤矣. 何者. 馬融·王肅, 亦稱注名爲傳, 傳何有例乎. 以聖道弘深, 當須詳悉. 於是研覈精審, 覃靜思慮, 以求其理, 冀免乖違, 旣顧察經文, 又取證於外, 故須廣博推考群經六籍, 又捃拾採摭群書之言, 以此文證造立訓解, 爲之作傳, 明不率爾.

1) 史失其傳 : ≪禮記≫ 〈樂記〉에는 '史'가 '有司'로 되어있다.

〈尙書序〉의 〔承詔〕에서 〔將來〕까지

○ 正義曰 : 孔安國이 이때 漢 武帝의 博士가 되었으니, 孔安國이 古文을 考正하는 날짜는 武帝가 아는 바이므로 이미 고정하는 일이 끝났으면 당연히 武帝에게 알려야 했다. 武帝가 注解를 하도록 했기 때문에 "詔命을 빋들어 59편에 대한 傳을 짓게 되었다."라고 한 것이다.

注를 내는 것을 대부분 '傳'이라 하는데, '傳'이란 것은 傳通하기 때문이다. '傳'이란 이름은 丘明에게서 나왔다. 賓牟賈가 孔子께 대답하기를 "史가 그 傳을 잃었습니다."라고 하였다. 또 ≪儀禮≫ 〈喪服〉에는 儒者들이 모두 "子夏가 傳을 지었다."라고 하였으니, 이 傳이란 이름이 있은 지 오래이다. 대체적으로 秦·漢시대에는 많이들 '傳'이라 이름을 붙였고, 그 뒤에는 儒者들이 傳이 많다고 해서 혹은 그것을 고쳐서 별도로 '注解'라고 한 이도 있었다. 그대로 傳으로 쓴 것은 당시의 생각이었을 뿐이다. 說者가 例를 만들어 "前漢에서는 '傳'이라 칭하고, 그 뒤에는 모두 '注'라고 칭했다."라고 한 것은 잘못이다. 왜냐하면 馬融과 王肅도 역시 注를 칭할 때 '傳'이란 이름을 붙였는데, 傳에 무슨 例가 있겠는가?

聖人의 道는 크고 깊기 때문에 마땅히 詳悉하게 다루어야 한다. 그래서 깊이 연구하고 고요히 생각하여 그 이치를 추구함으로써 어긋남이 없기를 바랐으니, 이미 經文을 살피고 또 밖에서 증빙을 취하였다. 그러므로 모름지기 群經과 六籍(六經)을 널리 상고하고, 또 群書의 말들을 많이 채집하여 이 文證을 가지고 訓解를 造立하여 傳을 지어야 했으니, 경솔하지 않음을 밝힌 것이다.

【疏】 雖復廣證, 亦不煩多, 爲傳直約省文, 令得申盡其義. 明文要義通, 不假煩多也. 以此得申, 故能徧布通暢書之旨意, 是辭達而已, 不求於煩. 旣義暢而文要, 則觀者曉悟, 故云庶幾有所補益於將來, 讀之者, 得悟而有益也. 敷, 布也. 厥, 其也. 庶, 幸也.

幾, 冀也. 爾雅有訓. 旣云經籍, 又稱群言者, 經籍, 五經是也. 群言, 子·史是也. 以書與經籍, 理相因通, 故云博考. 子史時有所須, 故云採摭耳. 案孔君此傳, 辭旨不多, 是約文也. 要文無不解, 是申義也. 其義旣申, 故云敷暢其義之旨趣耳. 考其此注, 不但言少, 書之爲言, 多須詁訓, 而孔君爲例, 一訓之後, 重訓者少, 此亦約文也.

비록 다시 널리 고이하였어도 또한 번다하게 하지 않았고, 傳을 짓기를 간략하게 하여 그 의미를 다 드러낼 수 있게 하였다. 분명한 글은 의미가 통하니, 번다하게 할 필요가 없다. 이런 방법으로 뜻을 밝혔다. 그러므로 ≪尙書≫의 뜻을 널리 펼쳐서 통창하게 할 수 있었으니, 이것은 뜻만 잘 전달되면 그뿐이요, 번다한 말을 필요로 하지 않는다. 이미 뜻이 통창하고 글이 간략하니 보는 사람이 스스로 깨달을 수 있다. 그러므로 "후생에게 도움이 있기를 바란다."라고 한 것이니, 이 글을 읽는 이는 깨달아서 이익이 있게 될 것이다.

'敷'는 펴다라는 뜻이요, '厥'은 그라는 뜻이요, '庶'는 바라다라는 뜻이요, '幾'는 바라다라는 뜻이다. ≪爾雅≫에 그런 뜻풀이가 있다.

이미 '經籍'이라 말해놓고, 또 '群言'이라 칭한 것은 '經籍'은 五經이 그것이고, '群言'은 子・史가 그것이다. ≪書≫와 '經籍'은 이치가 서로 통한다. 그러므로 '博考'라 하고, 子・史는 때로 수용할 바가 있다. 그러므로 '採摭'이라 한 것이다.

孔安國의 이 傳을 살펴보면 辭旨가 많지 않으니, 이것이 바로 '約文'이다. 요컨대 글은 해석하지 않음이 없으니, 이것이 바로 '申義'이다. 그 뜻이 이미 밝혀졌기 때문에 그 뜻의 旨趣를 통창하게 하였다고 한 것이다. 이 注를 살펴보면 말이 적을 뿐만 아니라, 글의 내용에 訓詁를 요한 것이 많은데도 孔安國은 例를 정해놓고 한 번 뜻풀이를 한 뒤에는 거듭 뜻풀이를 하는 경우가 적었으니, 이 또한 '約文'인 것이다.

書序는 **序所以爲作者之意**니라 **昭然義見**하니 **宜相附近**이니라 **故引之**하여 **各冠其篇首**하여 **定五十八篇**하니라 **旣畢**에 **會國有巫蠱事**하여 **經籍道息**이라 **用不復以聞**하니 **傳之子孫**하여 **以貽後代**니라 **若好古博雅君子**가 **與我同志**면 **亦所不隱也**리라

書序는 作者의 뜻을 밝히기 위한 서문이다. 밝게 뜻이 드러났으니, 서로 가까이 붙이는 것이 마땅하다. 그러므로 그것을 끌어 각각 그 篇首에 씌워서 58편을 정하

였다. 그 작업을 이미 마치고 나자, 마침 나라에 巫蠱 사건이 있어서 經籍의 道가 정지된지라, 다시 나라에 알릴 기회가 없으니, 子孫에게 전하여 後代에 남겨준다. 만일 옛것을 좋아하는 博雅한 君子가 나와 뜻을 같이한다면 또한 〈傳이〉 隱蔽되지 않을 것이다.

○ 巫蠱는 漢武帝末征和中에 江充이 造蠱敗戾太子라 故로 經籍道息焉이니라 貽는 遺也라

○ 巫蠱는 漢 武帝 말기인 征和 연간(B.C. 92~B.C. 89)에 江充이 巫蠱를 조작하여 戾太子를 패망시켰기 때문에 經籍의 道가 정지되었다. '貽'는 남기다라는 뜻이다.

【疏】'書序'至'隱也' ○正義曰：孔君旣言已立傳之意, 又當斟酌所宜. 而書序, 雖名爲序, 不是總陳書意汎論, 乃篇篇各序作意, 但作序者, 不敢厠於正經, 故謙而聚於下, 而注述者, 不可代作者之謙, 須從利益而欲分之, 從便云序. 序所以當篇爲作此書之意, 則是當篇作意, 觀序而昭然, 意義顯見. 旣義見由序, 〔此序〕[1]宜各與其本篇相從附近, 不宜聚於一處, 故每篇引而分之, 各冠加於篇首, 令意昭見. 序旣分散, 損其一篇, 故定五十八篇. 然此本承詔而作, 作畢, 當以上奏聞知, 但會値國家有巫蠱之事, 好愛經籍之道滅息. 假奏亦不能行用, 爲此之故, 不復以此傳奏聞. 亦以旣傳成不得聞上, 惟自傳於己之子孫, 以遺與後世之人使行之. 亦不敢望後世必行, 故云若後世有好愛古道, 廣博學問, 志懷雅正, 如此之君子, 冀能與我同於慕古之志, 以行我道, 我道得此人流行, 亦所以傳不隱蔽, 是弘道由人[2]也.

1) 〔此序〕: 저본에는 없으나, 阮刻本에 "毛本에는 '宜' 위에 '此序' 2자가 있다. 살펴보건대 있는 것이 옳다."라고 한 것에 의거하여 보충하였다.
2) 弘道由人 : ≪論語≫ 〈衛靈公〉에 "사람이 道를 넓히는 것이지, 道가 사람을 넓히는 것이 아니다.〔人能弘道 非道弘人〕"란 말이 보인다.

〈尙書序〉의 〔書序〕에서 〔隱也〕까지

○ 正義曰 : 孔安國은 자기가 立傳한 뜻을 이미 말했지만, 또 마땅히 알맞은 바를 참작해야 했다. 書序는 비록 '序'라는 이름은 붙였지만, ≪書≫의 뜻에 대한 포괄적인 論을 총체적으로 베풀지 못하므로 篇마다 각각 저작한 뜻에 대해 서문을 붙였다. 다만 서문을 지은 자가 감히 正經에 붙일 수가 없기 때문에 겸손하게 아래에 모아놓았을 뿐이다.

그러나 注를 다는 사람은 作者의 겸손을 존중할 수가 없어서 모름지기 利益에 따라 나

누어 붙여서 편리에 따라 '序'라 칭하려고 하였다. 序는 해당 篇에서 이 글의 저작에 대한 뜻을 밝히기 위한 것이니, 이 해당 篇에 대한 저작의 뜻은 序를 보면 환하게 나타난다. 일단 저작의 뜻이 序로 말미암아 나타나는 것이라면 이 序는 각각 그 本篇과 함께 서로 따라서 가까이 붙이는 것이 마땅하고 한 곳에 모아놓는 것은 마땅치 않다. 그러므로 매편마다 끌어다 나누어 각각 篇首에 두어서 뜻이 밝게 나타나게 하였다. 序가 이미 분산되어 序 한 편 자체가 없어졌다. 그러므로 58편으로 정한 것이다.

그러나 이것은 본래 詔命을 받들어 지었으니, 작업이 끝났으면 응당 上奏하여 임금으로 하여금 알게 해야 했는데, 다만 마침 國家에 巫蠱의 사건이 있어 經籍을 애호하는 열의가 식은 시기를 만났을 뿐이다. 설령 상주했다 하더라도 또한 行用할 수 없었을 것이다. 이렇기 때문에 다시 이 傳을 奏聞하지 않았다.

또한 이미 작성된 傳을 임금에게 알릴 수 없는 형편이므로, 오직 자기 자손에게 전함으로써 후세 사람들에게 남겨주어 그들로 하여금 행하게 하는 길만이 있었을 뿐이었으나, 또한 감히 후세에서 반드시 행할 것이라고 기대하지는 않았다. 그러므로 "만일 후세에 옛 道를 애호하여 學問을 넓히고 雅正한 뜻을 갖는 그러한 君子가 있다면 나와 같이 옛 道를 사모하는 뜻을 가지고 우리 道를 행할 수 있을 것을 기대한다. 우리 道가 이런 사람을 얻어 流行한다면 또한 傳이 隱蔽되지 않을 것이다."라고 한 것이니, 이것이 바로 "道를 넓히는 것이 사람으로 말미암는다."란 의미와 같은 것이다.

【疏】 言'巫蠱'者, 王制曰 "執左道以亂政者殺." 鄭玄注云 "左道, 謂巫蠱之屬." 以非正道, 故謂之左道. 以蠱皆巫之所行, 故云巫蠱. 蠱者, 總名. 左傳云 "惑蠱其君." 則蠱者, 怪惑之名. 指體則藥毒害人者是, 若行符厭俗之爲魅, 令人蠱惑夭年傷性皆是也. 依漢書, 此時武帝末年, 上已年老, 淫惑鬼神, 崇信巫術. 由此姦人江充, 因而行詐, 先於太子宮埋桐人, 告上云 "太子宮有蠱氣." 上信之, 使江充治之, 於太子宮果得桐人. 太子知己不爲此, 以江充故爲陷己, 因而殺之. 而帝不知太子實心, 謂江充言爲實, 卽詔丞相劉屈氂(리), 發二輔兵討之. 太子(着)〔釋〕長安(因)〔囚〕與鬪[1], 不勝而出走, 奔湖, (關)〔遂〕[2]自殺. 此卽巫蠱事也. 言'不隱'者, 不謂恐隱藏己道, 以己道人所不知, 懼其幽隱, 人能行之使顯, 爲不隱蔽耳. 易曰 "謙謙君子." 仁者好謙, 而孔君自作揄揚云 "君子知己者, 亦意在敎世." 欲令人覩此言, 知己傳是深遠, 因而有所曉寤, 令之有益, 故不可以苟謙也. 亦猶孔子曰 "何有, 於我哉[3]."

1) 太子(看)〔釋〕長安(因)〔囚〕與鬪 : 저본에는 '釋'자가 '看'으로 되어있고, '囚'자가 '因'으로 되어있으나, 阮刻本에 "毛本에는 '看'이 '釋'으로 되어있고, '因'이 '囚'로 되어있다. 살펴보건대 고치는 것이 옳다."라고 한 것에 의거하여 '看'을 '釋'으로, '因'을 '囚'로 바로잡았다.
2) (鬬)〔遂〕 : 저본에는 '鬬'으로 되어있으나, 阮刻本에 "毛本에는 '鬬'이 '遂'로 되어있는데, 山井鼎이 이르기를 '遂로 쓰는 것이 옳을 듯하다.' 하였다."라고 한 것에 의거하여 '遂'로 바로잡았다.
3) 何有 於我哉 : ≪論語≫ 〈述而〉에 "默而識之 學而不厭 誨人不倦 何有於我哉"라는 孔子의 말이 보이는데, '何有 於我哉'를 鄭玄은 "남에게는 이런 행실이 없는 것이다. '於我'는 나에게만 있다는 것이다.〔人無有是行 於我 我獨有之〕"라고 풀이하였는데, 孔疏는 鄭注를 따른 것 같다. 朱子의 集註에서는 "무엇이 나에게 있는가.〔何者 能有於我〕"라고 풀이하였다.

〔巫蠱〕 ≪禮記≫ 〈王制〉에서 "左道를 가지고 정사를 어지럽히는 자는 죽인다."라고 하였는데, 鄭玄의 注에 "左道는 巫蠱의 등속을 이른다."라고 하였다. 正道가 아니기 때문에 左道라 이른 것이다. 蠱는 모두 무당이 행하는 것이기 때문에 巫蠱라 한 것이다. 蠱는 총체적인 이름이다. ≪春秋左氏傳≫에 "그 임금을 惑蠱했다."라고 하였으니, 蠱는 怪惑을 이르는 명칭이다. 正體로 말하면 藥毒이 사람을 해치는 것이 바로 그것이고, 符籍을 가지고 세속을 저주하여 홀리는 것과 사람으로 하여금 蠱惑하여 요사하고 傷性하게 하는 것이 모두 그것이다.

≪漢書≫ 〈江充傳〉에 의하면, 이때는 漢 武帝 말년으로 무제가 이미 연로한 관계로 鬼神에 淫惑하고 巫術을 崇信하였다. 이 때문에 奸人 江充이 이를 계기로 간사한 짓을 행하되 먼저 太子宮에 桐人을 묻어놓고 상주하기를 "太子宮에 蠱氣가 있다."라고 하였다. 무제는 그 말을 믿고 江充으로 하여금 그 일을 다스리게 하였더니, 태자궁에서 과연 桐人을 찾아냈다. 태자는 자기가 그런 짓을 하지 않았는데, 江充이 고의로 자기를 모함한 것이라 생각하고 이로 인해 江充을 죽여버렸다. 무제는 태자의 實心을 모르고 강충의 말만 진실이라 믿고는 즉시 丞相 劉屈氂를 시켜 三輔兵을 풀어서 태자를 치게 하였다. 태자는 장안의 죄수들을 풀어서 삼보병과 맞서 싸웠으나 승리하지 못하고 달아나 湖 땅으로 가서 결국 자살하였으니, 이것이 바로 巫蠱의 사건이다.

〔不隱〕 자기의 道가 隱蔽될까 두려워함을 이르는 것이 아니고, 자기의 道는 남들이 알지 못하는 것이기 때문에 隱蔽될까 두려워한 것인데, 사람들이 능히 행하여 나타나게 하는 것이 隱蔽되지 않는 것이다. ≪周易≫ 謙卦의 初六에 "겸손하고 겸손한 君子이다."라

고 하였다. 仁者는 겸손함을 좋아하는 법인데, 孔安國은 스스로 찬양하는 말을 하기를 "군자로서 나를 아는 자 또한 뜻이 세상을 가르치는 데 있을 것이다."라고 하여, 사람들로 하여금 이 말을 보고 자기의 傳이 바로 深遠한 뜻을 가지고 있음을 알고, 따라서 깨달은 바가 있어 이익이 있게 하려고 하였다. 그러므로 구차하게 겸손하기만 할 수가 없으니, 이 또한 孔子께서 "누구에게 있겠는가? 나에게만 있다."라고 하신 뜻과 같은 것이다.

堯典 第一

○釋文에 凡十六篇이니 十一篇亡하고 五篇見存이라

○≪經典釋文≫에 의하면 〈虞書〉는 모두 16편이었는데, 11편은 없어지고 5편만 남아 있다.

【疏】'古文尙書 堯典第一' ○正義曰：檢古本竝石經, 直言'堯典第一', 無'古文尙書'. 以孔君從隷古, 仍號古文, 故後人因而題於此, 以別伏生所出, 大·小夏侯及歐陽所傳爲今文故也. '堯典第一', 篇之名, 當與衆篇相次. 第, 訓爲次也. 於次第之內而處一, 故曰"堯典第一." 以此第一者, 以五帝之末接三王之初, 典策旣備, 因機成務, 交代揖讓, 以垂無爲, 故爲第一也. 然書者, 理由舜史勅成一家, 可以爲法. 上取堯事, 下終禪禹, 以至舜終, 皆爲舜史所錄. 其堯·舜之典, 多陳行事之狀, 其言寡矣. 禹貢, 卽全非君言準之後代, 不應入書[1], 此其一體之異. 以此禹之身事於禪(後)〔前〕[2], 無入夏書之理. 自甘誓已下, 皆多言辭, 則古史所書, 於是乎始. 知五子之歌, 亦非上言. 典書草創, 以義而錄, 但致言有本, 各隨其事.

1) 不應入書：書는 〈虞書〉인지 〈夏書〉인지 또는 어떤 다른 책인지 자세히 알 수 없다.
2) (後)〔前〕：저본에는 '後'로 되어있으나, 禹의 행적으로 미루어볼 때 '前'자의 잘못인 듯하므로 '前'으로 바로잡았다.

〔古文尙書 堯典第一〕

○正義曰：古本과 石經을 살펴보면 단지 '堯典 第一'이라고만 말하였고, '古文尙書'란 것은 없다. 그러다가 孔君(孔安國)이 隷書를 사용해서 古文을 적었기 때문에 따라서 古文이라고 호칭하였다. 그러므로 後人이 그대로 여기에 적은 것은, 伏生이 내놓은 ≪尙書≫와 大夏侯(夏侯勝)·小夏侯(夏侯建) 및 歐陽(歐陽和伯)이 전한 ≪尙書≫를 今文으로 삼은 것과 구별하였기 때문이다.

〔堯典第一〕 篇名이니, 응당 여러 篇들과 함께 서로 차례를 정해야 된다. 第는 次第로

풀이하니, 次第의 안에서 첫 번에 자리 잡고 있기 때문에 '堯典 第一'이라고 한 것이다. 이처럼 '第一'이라고 한 것은 五帝의 말기에서 三王의 초기로 이어지는 시기에 典策이 이미 갖추어져서 기틀로 인하여 일을 이루고 교대로 揖讓하여 無爲의 정치를 하였기 때문에 第一로 삼은 것이다. 그러나 ≪書≫는 理論이 舜임금의 史官에 의하여 一家를 이루었으니 法으로 삼을 만하다. 위로는 堯임금의 일을 취하고 아래로는 禹에게 禪讓한 시점에서 끝냈는데, 舜임금이 끝날 때까지는 모두 舜임금의 史官이 기록한 것이다.

〈堯典〉과 〈舜典〉에는 행사의 상황이 많이 서술되었고, 군신간에 오간 말을 기록한 것이 적다. 〈禹貢〉의 경우는 〈禹貢〉편 전부가 後代에 준칙이 될 임금의 말은 아니므로 응당 書에 들어갈 성질의 것이 못 되니, 이것은 한 體例의 다른 점이다. 이는 禹가 禪讓 받기 이전에 몸소 행한 일이기 때문에 〈夏書〉에 들어갈 이유가 없다. 〈甘誓〉 이하는 모두 言辭가 많으니, 古史에 적힌 것은 여기서부터 시작되었다. 〈五子之歌〉 또한 윗사람의 말이 아니라는 것을 알겠다. 典書의 草創期에는 義를 가지고 기록하였으나 다만 말을 적는 데에 기본이 있으므로 각각 그 일을 따랐을 뿐이다.

【疏】 檢其此體, 爲例有十. 一曰典, 二曰謨, 三曰貢, 四曰歌, 五曰誓, 六曰誥, 七曰訓, 八曰命, 九曰征, 十曰範. 堯典·舜典二篇, 典也. 大禹謨·皐陶謨二篇, 謨也. 禹貢一篇, 貢也. 五子之歌一篇, 歌也. 甘誓·泰誓三篇·湯誓·牧誓·費誓·(泰)〔秦〕[1]誓八篇, 誓也. 仲虺之誥·湯誥·大誥·康誥·酒誥·召誥·洛誥·康王之誥八篇, 誥也. 伊訓一篇, 訓也. 說命三篇·微子之命·蔡仲之命·顧命·畢命·冏命·文侯之命九篇, 命也. 胤征一篇, 征也. 洪範一篇, 範也. 此各隨事而言. 益稷, 亦謨也, 因其人稱言以別之. 其太甲·咸有一德, 伊尹訓道王, 亦訓之類. 盤庚, 亦誥也, 故王肅云 "不言誥, 何也. 取其(徒)〔徙〕[2]而立功, 非但錄其誥." 高宗肜日, 與訓序連文, 亦訓辭可知也. 西伯戡黎云 "祖伊恐, 奔告于受." 亦誥也. 武成云 "識其政事[3]." 亦誥也. 旅獒戒王, 亦訓也[4]. 金縢自爲一體, 祝亦誥辭也. 梓材, 酒誥分出, 亦誥也. 多士以王命誥, 自然誥也. 無逸戒王, 亦訓也. 君奭周公誥召公, 亦誥也. 多方·周官上誥於下, 亦誥也. 君陳·君牙與畢命之類, 亦命也. 呂刑陳刑告王, 亦誥也.

1) (泰)〔秦〕: 저본에는 '泰'로 되어있으나, 阮刻本에 "泰는 마땅히 秦이 되어야 한다."라고 한 것에 의거하여 '秦'으로 바로잡았다.

2) (徒)〔徙〕: 저본에는 '徒'로 되어있으나, 阮刻本에 "徒는 마땅히 徙가 되어야 한다."라고 한 것에 의거하여 '徙'로 바로잡았다.

3) 識其政事 : 〈武戊〉의 書序에 보인다.
4) 旅獒戒王 亦訓也 : ≪書經輯傳≫ 〈旅獒〉의 序에 "召公이 글을 지어 武王을 경계하였으니, 역시 訓體이다.〔召公作書以戒武王 亦訓體〕"라고 보인다.

그 體例를 살펴보면 열 가지가 있으니, 1은 典, 2는 謨, 3은 貢, 4는 歌, 5는 誓, 6은 誥, 7은 訓, 8은 命, 9는 征, 10은 範이다. 〈堯典〉·〈舜典〉 2篇은 典體요, 〈大禹謨〉·〈皐陶謨〉 2篇은 謨體요, 〈禹貢〉 1篇은 貢體요, 〈五子之歌〉 1篇은 歌體요, 〈甘誓〉·〈泰誓〉 3篇·〈湯誓〉·〈牧誓〉·〈費誓〉·〈秦誓〉 8篇은 誓體요, 〈仲虺之誥〉·〈湯誥〉·〈大誥〉·〈康誥〉·〈酒誥〉·〈召誥〉·〈洛誥〉·〈康王之誥〉 8篇은 誥體요, 〈伊訓〉 1篇은 訓體요, 〈說命〉 3篇·〈微子之命〉·〈蔡仲之命〉·〈顧命〉·〈畢命〉·〈冏命〉·〈文侯之命〉 9篇은 命體요, 〈胤征〉 1篇은 征體요, 〈洪範〉 1篇은 範體이다. 이것은 각각 일에 따라 말한 것이다. 〈益稷〉도 謨體이니, 그 사람의 稱言을 인하여 구별한 것이다.

〈太甲〉·〈咸有一德〉은 伊尹이 王을 訓導한 것이니 역시 訓體의 類이다. 〈盤庚〉 역시 誥體이기 때문에 王肅이 "誥라고 말하지 않은 것은 무엇 때문인가? 그 도읍을 옮겨 功을 세운 점을 취한 것이니, 단지 그 誥만을 기록한 것이 아니다."라고 하였다. 〈高宗肜日〉은 訓序와 글을 연결하였으니, 역시 訓辭라는 것을 알 수 있다. 〈西伯戡黎〉에 "祖伊가 두려워서 달려가 紂王 受에게 고하였다."라고 하였으니 역시 誥體요, 〈武成〉에 "그 정사를 기록하였다."라고 하였으니 역시 誥體이다. 〈旅獒〉는 王을 경계한 내용이니, 역시 訓體이다. 〈金縢〉은 스스로 한 體例가 되었으니, 冊祝의 글 역시 誥辭이다. 〈梓材〉와 〈酒誥〉가 나누어져 나왔으니, 역시 誥體이다. 〈多士〉는 王命을 가지고 고하였으니, 자연히 誥體이다. 〈無逸〉은 王을 경계하였으니, 역시 訓體이다. 〈君奭〉은 周公이 召公에게 고한 것이니, 역시 誥體이다. 〈多方〉과 〈周官〉은 위에서 아래에 고한 것이니, 역시 誥體이다. 〈君陳〉·〈君牙〉 및 〈畢命〉의 類도 역시 命體이다. 〈呂刑〉은 형벌을 벌여 王에게 고하였으니, 역시 誥體이다.

【疏】 書篇之名, 因事而立, 旣無體例, 隨便爲文. 其百篇[1)]次第, 於序, 孔·鄭不同. 孔以湯誓在夏社前, 於百篇, 爲第二十六, 鄭以爲在臣扈後, 第二十九. 孔以咸有一德次太甲後第四十, 鄭以爲在湯誥後第三十二. 孔以蔡仲之命次君奭後第八十三, 鄭以爲在費誓前第九十六. 孔以周官在立政後第八十八, 鄭以爲在立政前第八十六. 孔以費誓在文侯之命後第九十九, 鄭以爲在呂刑前第九十七. 不同者, 孔依壁內篇次及序爲文, 鄭依賈氏所奏別錄爲次. 孔未入學官, 以此不同. 考論次第, 孔義是也.

1) 百篇 : 흔히들 孔壁本 ≪尙書≫ 100편을 가리킨다.

≪書≫의 篇名은 일로 인해 설립하기 때문에 이미 정해진 體例가 없고 편의에 따라 글을 작성하였다. 100편의 차례는 서열을 정함에 있어서 孔安國과 鄭玄이 동일하지 않았다.

孔安國은 〈湯誓〉를 〈夏社〉의 앞에 두어 100편에서 제26이 되게 하였고, 鄭玄은 〈湯誓〉를 〈臣扈〉 뒤에 두어야 한다고 생각하여 제29가 되게 하였다. 孔安國은 〈咸有一德〉을 〈太甲〉의 뒤에 두어 제40이 되게 하였고, 鄭玄은 〈咸有一德〉을 〈湯誥〉의 뒤에 두어야 한다고 생각하여 제32가 되게 하였다. 孔安國은 〈蔡仲之命〉을 〈君奭〉의 뒤에 두어 제83이 되게 하였고, 鄭玄은 〈蔡仲之命〉을 〈費誓〉의 앞에 두어야 한다고 생각하여 제96이 되게 하였다. 孔安國은 〈周官〉을 〈立政〉의 뒤에 두어 제88이 되게 하였고, 鄭玄은 〈周官〉을 〈立政〉 앞에 두어야 한다고 생각하여 제86이 되게 하였다. 孔安國은 〈費誓〉를 〈文侯之命〉 뒤에 두어 제99가 되게 하였고, 鄭玄은 〈費誓〉를 〈呂刑〉 앞에 두어야 한다고 생각하여 제97이 되게 하였다.

동일하지 않은 이유는, 孔安國은 孔壁 속에 있던 ≪書≫의 篇次와 序에 의하여 글을 작성하였고, 鄭玄은 賈氏가 아닌 ≪別錄≫에 의하여 차례를 정하였기 때문이다. 孔安國은 學官에 들어가지 못하였으니, 이 때문에 동일하지 않은 것이다. 그러나 次第를 상고해 논한다면 孔安國의 뜻이 옳다.

虞書

【疏】 正義曰 : 堯典, 雖曰唐事, 本以虞史所錄, 末言舜登庸由堯, 故追堯作典, 非唐史所錄, 故謂之虞書也[1]. 鄭玄云 "舜之美事, 在於堯時." 是也. 案馬融·鄭玄·王肅·別錄, 題皆曰 虞夏書, 以虞·夏同科, 雖虞事亦連夏. 此直言虞書, 本無(尙)〔夏〕[2]書之題也. 案鄭序以爲虞夏書二十篇, 商書四十篇, 周書四十篇, 贊云 "三科之條, 五家之教[3]." 是虞·夏同科也. 其孔於禹貢註云 "禹之王以是功, 故爲夏書之首[4]." 則虞·夏別題也. 以上爲虞書則十六篇. 又帝告·釐沃·湯征·汝鳩·汝方於鄭玄爲商書, 而孔竝於胤征之下, 或以爲夏事, 猶西伯戡黎, 則夏書九篇, 商書三十五篇, 此與鄭異也. 或孔因帝告以下五篇亡, 竝註於夏書不廢, 猶商書乎. 別文所引皆云虞書曰·夏書曰, 無竝言虞夏書者.[5]

1) 堯典……故謂之虞書也 : 麗末鮮初의 權近은 그의 ≪書淺見錄≫에서 "〈堯典〉은 虞나라 史官이 지은 것이므로 〈虞書〉라고 하고, 〈舜典〉 이하는 夏나라 史官이 지은 것이기 때

문에 당연히 〈夏書〉라고 해야 한다고 하였는데, 내가 상고하건대 역사를 修撰하는 法은 모두 후세 사람에 의해 정해지기는 하나 그 서명을 前代로 해야 함은 글은 비록 후세에 이루어지지만 일은 전대의 일이기 때문이다. 이를테면 班固는 後漢에 있어서 前漢의 역사를 수찬하였는데, 그 서명은 '≪前漢書≫'라고 칭하였고, 范祖禹는 宋나라에 있어서 唐나라의 역사를 편찬하였으나 그 서명은 '≪唐鑑≫'이라고 한 것들이 모두 이것이다. 그렇다면 〈堯典〉은 虞나라 사관에 의해 지어졌으나 당연히 '≪唐書≫'라고 해야 하고, 〈舜典〉 이하는 夏나라 사관이 지었으나 당연히 '≪虞書≫'라고 해야 할 것이다.

〈大禹謨〉 한 편만은 〈漢高祖紀〉의 例와 같으니, 당연히 〈夏書〉의 첫머리로 삼아야 한다. 그러므로 ≪春秋傳≫에서도 대부분 '〈夏書〉'로 인용하였다. 그러나 그 기록된 내용은 禹가 즉위한 이후의 일이 아니고 곧 皐陶, 伯益과 함께 帝舜의 앞에서 정사를 논한 것이므로 이것은 모두 虞나라 조정에서 있었던 임금과 신하의 嘉言과 善政일 뿐인데, 어떻게 〈夏書〉라 여길 수 있겠는가."라고 하였다. 역자도 일찍이 이 점에 대해 의심을 가진 적이 있었는데, 이와 같은 權近의 說破에 동의한다.

2) (尙)〔夏〕: 저본에는 '尙'으로 되어있으나, 阮刻本에 "浦鏜이 이르기를 '尙은 夏자의 오자이다.' 하였다."라고 한 것에 의거하여 '夏'로 바로잡았다.

3) 三科之條 五家之教 : 經學家에서 唐・虞・夏・殷・周의 文體를 구별하는 기준이다. 三科는 곧 虞・夏가 一科, 商이 一科, 周가 一科라는 것이고, 五家는 곧 唐이 一家, 虞가 一家, 夏가 一家, 殷이 一家, 周가 一家라는 것이다.

4) 禹之王以是功 故爲夏書之首 : 孔傳에는 "이것은 堯임금 때의 일인데 〈夏書〉 첫머리에 놓였으니, 禹가 왕이 된 것이 이 功 때문이었다.〔此堯時事 而在夏書之首 禹之王 以是功〕"로 되어있다.

5) 堯典……無竝言虞夏書者 : 淸代 閻若璩의 ≪尙書古文疏證≫에 "상고하건대 〈虞書〉와 〈夏書〉가 나뉜 것은 실로 孔安國의 傳에서부터 시작되었다. 馬融・鄭康成・王肅 그리고 劉向의 ≪別錄≫에서 제목을 〈虞夏書〉라고 하여 구별이 없이 칭한 것은 孔穎達이 이른바 '虞・夏가 같은 科이기 때문에 비록 虞의 일이라도 夏에 연계할 수 있었다.'라는 것이 바로 그것이다. 곧 伏生은 〈虞傳〉과 〈夏傳〉 이외에 따로 하나의 〈虞夏傳〉을 두었고, 鄭康成은 書序에서 또 〈虞夏書〉는 20篇, 〈商書〉는 40篇, 〈周書〉는 40篇으로 규정하고 贊에 이르기를 '三科의 조목과 五家의 가르침'이라고 하였으니, 이것이 虞・夏가 같은 科이다.

나는 揚子의 ≪法言≫을 보게 되었는데, 거기에 또한 '虞・夏의 글은 渾渾하고, 〈商書〉는 灝灝하고, 〈周書〉는 噩噩하다.'고 하였으니, 西漢 때에는 〈虞書〉와 〈夏書〉를 구별하여 둘로 만든 일이 없었음을 증명할 수 있고, 杜元凱가 ≪春秋左氏傳≫의 僖公 27년 조에 인용된 〈夏書〉의 '賦納以言 明試以功 車服以庸'이란 3句에 대한 註에서 '尙書 虞夏書'라고 하였으니, 西晉 때에 〈虞書〉와 〈夏書〉를 구분해서 둘로 만든 일이 없었음을 증명할 수 있다. 東晉에 와서 梅賾의 책이 나온 연후에 書題·卷數·篇名이 모두 그 옛것을 어지럽혔다."라고 하여 孔穎達과 의견을 달리하였다.

正義曰 : 〈堯典〉은 비록 唐의 일이나 본래 虞의 史官이 기록한 것이기 때문에 끄트머리에 舜의 등용이 堯임금에 의한 것임을 말하였다. 그러므로 堯임금을 소급하여 典을 지었고, 唐의 史官이 기록한 것이 아니기 때문에 〈虞書〉라 이른 것이다. 鄭玄이 말한 "舜의 아름다운 일이 堯임금의 시대에 있었다."란 것이 바로 이것이다.

상고하건대 馬融·鄭玄·王肅 그리고 劉向의 ≪別錄≫에서 제목을 모두 〈虞夏書〉라고 한 것은 虞·夏가 같은 科이기 때문에 비록 虞의 일이라도 또한 夏에 연계할 수 있었다. 그러나 여기서 단지 〈虞書〉라고만 말한 것은 본래 〈夏書〉란 제목이 없었기 때문이다.

상고하건대 鄭玄의 書序에는 〈虞夏書〉 20篇, 〈商書〉 40篇, 〈周書〉 40篇으로 규정하고, 贊에 이르기를 "三科의 조목과 五家의 가르침"이라고 하였으니, 이것이 바로 虞·夏가 같은 科인 것이다. 孔安國은 〈禹貢〉의 註에서 "禹가 王이 된 것이 이 功 때문이었다. 그러므로 〈夏書〉의 첫머리에 놓인 것이다."라고 하였으니, 虞·夏가 제목을 구별하게 되었다. 이상에서 〈虞書〉로 삼은 것은 16篇이다. 또 〈帝告〉·〈釐沃〉·〈湯征〉·〈汝鳩〉·〈汝方〉이 鄭玄에게서는 〈商書〉가 되었고, 孔安國은 〈胤征〉의 아래에 합하였으니, 혹시 夏의 일을 마치 〈西伯戡黎〉처럼 여겼다면 〈夏書〉가 9篇, 〈商書〉가 35篇이니, 이것은 鄭玄과 다르다. 혹시 孔安國은 〈帝告〉 이하 5篇이 없어졌기 때문에 그것을 〈夏書〉에 아울러 주를 달아서 폐하지 않기를 마치 〈商書〉와 같이 한 것인가? 別文에서 인용한 것은 모두 '虞書曰'·'夏書曰'이라고 했지, 아울러서 〈虞夏書〉라고 말한 경우는 없다.

【疏】 又伏生雖有一虞夏傳, 以外亦有虞傳·夏傳, 此其所以宜別也. 此孔依虞·夏各別而存之. 莊八年左傳(云)〔引〕[1)]夏書[2)]曰 "皐陶(요)邁種德." 僖二十四年左傳引夏書曰 "地平天成." 二十七年引夏書 "賦納以言[3)]." 襄二十六年引夏書曰 "與其殺不辜, 寧失不經." 皆在大禹謨·皐陶謨, 當云虞書而云夏書者, 以事關禹, 故引爲夏書. 若洪範以爲周書, 以箕子至周, 商人所陳而傳引之, 卽曰商書也[4)].

1) (云)〔引〕: 저본에는 '云'으로 되어있으나, 阮刻本에 "宋本과 毛本에는 '云'이 '引'으로 되어있으니, 살펴보건대 '引'자가 옳다."라고 한 것에 근거하여 '引'으로 바로잡았다.

2) 夏書 : 宋末元初의 朱申(字 唐翁, 號 魯齋)은 ≪春秋左氏傳≫ 莊公 8년 조의 附注에서 "이것은 〈虞書 大禹謨〉의 글인데, 〈夏書〉라고 한 것은 아마 공자가 書를 刪定하기 전에는 명칭을 '夏書'라고 했던 것 같다."라고 하였다.

3) 賦納以言 : 지금 전하는 ≪尙書正義≫와 ≪書經集傳≫에는 〈虞書 益稷〉에 보인다.

4) 若洪範以爲周書……卽曰商書也 : 宋代 章如愚가 編한 ≪群書考索續集≫ 권4 〈經籍門 書〉에 "〈洪範〉은 〈周書〉이지만, 箕子가 본래 商나라 사람으로서 베푼 것이기 때문에 傳에서 그를 인용하면서 곧 〈商書〉라고 한 것이다.〔洪範以爲周書 以箕子本商人所陳 而傳引之 卽曰商書〕"라는 말을 미루어보면, 여기의 '以箕子至周 商人所陳'은 '箕子至周 以商人所陳'으로 되어야 할 것 같다.

또 伏生은 비록 하나의 〈虞夏傳〉을 두었으나 이외에 또한 〈虞傳〉·〈夏傳〉을 두었으니, 이것은 마땅히 구별해야 했기 때문이다. 이래서 孔安國은 虞·夏에 따라 각각 구별해서 존치한 것이다. 莊公 8년 조의 ≪春秋左氏傳≫에는 〈夏書〉의 "皐陶는 힘써 덕을 펴서"라는 말을 인하였고, 僖公 24년 조 ≪春秋左氏傳≫에는 〈夏書〉의 "땅이 다스려지고 하늘이 이루어졌다."라는 말을 인용하였고, 27년 조에는 〈夏書〉의 "각각 말을 하게 해서 받아들였다."라는 말을 인용하였고, 襄公 26년 조에는 〈夏書〉의 "무고한 사람을 죽이느니 차라리 법을 제대로 집행하지 않는 실수를 범하는 편이 낫다."라는 말을 인용하였는데, 〈이 말들은〉 모두 〈大禹謨〉와 〈皐陶謨〉에 있으니, 응당 〈虞書〉라고 해야 할 터인데, 〈夏書〉라고 한 것은 일이 禹에 관계되기 때문에 인용에서 〈夏書〉라고 한 것이다. 〈洪範〉의 경우는 〈周書〉이지만, 箕子가 周나라에 이르러 商나라 사람 자격으로서 베푼 것이기 때문에 傳에서 인용할 때 곧 〈商書〉라고 한 것이다.

【疏】 案壁內所得, 孔爲傳者凡五十八篇, 爲四十六卷. 三十三篇與鄭注同, 二十五篇增多鄭注也. 其二十五篇者, 大禹謨一, 五子之歌二, 胤征三, 仲虺之誥四, 湯誥五, 伊訓六, 太甲三篇九, 咸有一德十, 說命三篇十三, 泰誓三篇十六, 武成十七, 旅獒十八, 微子之命十九, 蔡仲之命二十, 周官二十一, 君陳二十二, 畢命二十三, 君牙二十四, 冏命二十五. 但孔君所傳, 値巫蠱不行以終. 前漢諸儒知孔本有五十八篇, 不見孔傳, 遂有張霸之徒, 於鄭註之外, 僞造尙書凡二十四篇, 以足鄭註三十四篇, 爲五十八篇. 其數雖與孔同, 其篇有異. 孔則於伏生所傳二十九篇內, 無古文泰誓, 除序尙二十八篇, 分出舜典·益稷·盤庚二篇·康王之誥爲三十三, 增二十五篇爲五十八篇. 鄭玄則於伏生二十九篇之內, 分出盤庚二篇·康王之誥·又泰誓三篇, 爲三十四篇, 更增益僞書二十四篇, 爲五十八. 所增益二十四篇者, 則鄭註書序, 舜典一, 汨作二, 九共九篇十一, 大禹謨十二, 益稷十三, 五子之歌十四, 胤征十五, 湯誥十六, 咸有一德十七, 典寶十八, 伊訓十九, 肆命二十, 原命二十一, 武成二十二, 旅獒二十三, 冏命二十四. 以此二十四爲十六卷, 以九共九篇共卷, 除八篇, 故爲十六. 故藝文志·劉向別錄云 "五十八篇." 藝文志又云 "孔安國者, 孔子後, 悉得其書, 以古文又多十六篇[1]." 篇卽卷也. 卽是僞書二十四篇也. 劉向作別錄, 班固作藝文志竝云此言, 不見孔傳也.

1) 以古文又多十六篇 : ≪漢書≫ 〈藝文志〉에는 "29편에 비교하여 16편이 더 많아졌다.〔以考二十九篇 得多十六篇〕"로 되어있다.

상고하건대 壁 속에서 얻은 것은, 孔安國이 傳을 단 것이 모두 58편에 46권인데, 33편은 鄭注의 것과 같고, 25편은 鄭注의 것보다 더 많다. 그 25편이란 것은 〈大禹謨〉 1, 〈五子之歌〉 2, 〈胤征〉 3, 〈仲虺之誥〉 4, 〈湯誥〉 5, 〈伊訓〉 6, 〈太甲〉 3편 9, 〈咸有一德〉 10, 〈說命〉 3편 13, 〈泰誓〉 3편 16, 〈武成〉 17, 〈旅獒〉 18, 〈微子之命〉 19, 〈蔡仲之命〉 20, 〈周官〉 21, 〈君陳〉 22, 〈畢命〉 23, 〈君牙〉 24, 〈冏命〉 25를 말한다.

다만 孔安國이 傳을 단 것은 巫蠱 사건을 만나 행해지지 못하고 끝났다. 前漢 諸儒는 孔安國의 本에 58편이 있는 것은 알고 孔傳이 있는 것은 보지 못하였다. 드디어 張霸의 무리가 있어 鄭註 이외에 ≪尙書≫ 24편을 위조하여 鄭註의 34편에 채워서 58편을 만들었다. 그 숫자는 비록 孔安國의 것과 같지만, 그 편에는 차이가 있다.

孔安國의 경우, 伏生이 전한 29편 속에는 古文의 〈泰誓〉가 없으므로 그 序를 제하고도 오히려 28편인데, 〈舜典〉·〈益稷〉·〈盤庚〉 2편·〈康王之誥〉를 갈라내어 33편을 만들고 25편을 보태서 58편을 만들었다.

鄭玄의 경우는 伏生의 29편 속에서 〈盤庚〉 2편·〈康王之誥〉 그리고 또 〈泰誓〉 3편을 갈라내어 34편을 만들고 다시 僞書 24편을 보태서 58편을 만들었다. 보탠 24편의 경우는 鄭註의 書序, 〈舜典〉 1, 〈汨作〉 2, 〈九共〉 9편 11, 〈大禹謨〉 12, 〈益稷〉 13, 〈五子之歌〉 14, 〈胤征〉 15, 〈湯誥〉 16, 〈咸有一德〉 17, 〈典寶〉 18, 〈伊訓〉 19, 〈肆命〉 20, 〈原命〉 21, 〈武成〉 22, 〈旅獒〉 23, 〈冏命〉 24이다.

이 24편으로 16권을 만들었는데, 〈九共〉 9편을 같은 권으로 만들어 8편을 제했기 때문에 16권이 된 것이다. 그러므로 ≪漢書≫ 〈藝文志〉와 劉向의 ≪別錄≫에 이르기를 "58편이다."라고 한 것이다 ≪漢書≫ 〈藝文志〉에 또 이르기를 "孔安國은 孔子의 후손으로서 그 책을 다 얻었으니, 古文으로써 또 16편이 많아졌다."라고 하였다. 篇은 곧 卷인데, 바로 이 僞書 24편이다. 劉向이 지은 ≪別錄≫과 班固가 지은 ≪漢書≫ 〈藝文志〉에서 모두 적고 있는 이 말은 孔傳에 보이지 않는다.

【疏】 劉歆三統歷, 論武王伐紂, 引今文泰誓云 "丙午逮師." 又引武成 "越若來三月五日甲子, 咸劉商王受.” 竝不與孔同, 亦不見孔傳也. 後漢初賈逵奏尙書疏云 “流爲烏.” 是與孔亦異也. 馬融書序云 “經傳所引泰誓, 泰誓[1]竝無此文.” 又云 “逸十六篇, 絶無師說[2].” 是融亦不見也. 服虔·杜預註左傳 “亂其紀綱.” 竝云 “夏桀時.” 服虔·杜預, 皆不見也. 鄭玄亦不見之, 故註書序·舜典云 “入麓伐木.” 註五子之歌云 “避亂於洛汭.” 註胤征云 “胤征, 臣名.” 又註禹貢, 引胤征云 “厥匪玄黃, 昭我周王.” 又註咸有一德云 “伊陟臣扈曰” 又註典寶, 引伊訓云 “載孚在亳.” 又曰 “征是三朡.” 又註旅獒云 “獒讀曰豪, 謂是遒豪之長.” 又古文有仲虺之誥·太甲·說命等見在而云亡, 其汨典·典寶之等一十三篇, 見亡而云已逸, 是不見古文也.

1) 泰誓 : 阮刻本에 “‘泰誓’ 2자가 없으면 漢나라 때의 〈泰誓〉를 經傳에 인용한 일이 있지 않음을 이르고, 만약 ‘泰誓’ 2자가 있으면 經傳에 인용한 〈泰誓〉의 내용이 漢나라 때의 〈泰誓〉에는 모두 보이지 않음을 이르니, 두 가지 뜻이 모두 통한다.”라고 하였다.
2) 絶無師說 : 淸代 毛奇齡의 ≪古文尙書寃詞≫에 “‘전혀 師說이 없다.’는 것은 傳注를 한 것이 없음을 이른다.〔絶無師說 謂無爲傳注〕”라고 풀이하였다.

劉歆이 지은 ≪三統歷≫에서 武王이 紂를 친 일을 논할 때에 〈今文泰誓〉에 “丙午日에 軍中에 이르렀다.”라는 말을 인용하였고, 또 〈武成〉에 “3월 5일 甲子에 모두 商王 受를 무찔렀다.”라는 말을 인용하였는데, 모두 孔安國과 같지 않으니, 또한 孔傳을 보지 못한 것이다.

後漢 초기 賈逵의 〈奏尙書疏〉에 “흘러가 까마귀가 되었다.”라는 말을 인용하였는데, 이것 역시 孔安國과 달랐다. 馬融의 書序에 “經傳에서 〈泰誓〉를 인용했지만 〈泰誓〉에 모두 이러한 글이 없다.”라고 하였고, 또 이르기를 “逸書 16편은 전혀 師說이 없다.”라고 하였으니, 이는 馬融 또한 孔傳을 보지 못한 것이다. 服虔과 杜預가 ≪春秋左氏傳≫의 “그 紀綱을 어지럽혔다.”에 주를 달면서 모두 이르기를 “夏나라 桀王의 때였다.”라고 하였으니, 服虔과 杜預 모두 孔傳을 보지 못한 것이다.

鄭玄 또한 孔傳을 보지 못하였기 때문에 書序와 〈舜典〉에 주를 달기를 “산록에 들어가서 나무를 베었다.”라고 하였고, 〈五子之歌〉에 주를 달기를 “洛汭에서 피란하였다.”라고 하였고, 〈胤征〉에 주를 달기를 “胤征은 신하 이름이다.”라고 하였고, 또 〈禹貢〉에 주를 달 때에 〈胤征〉을 끌어서 “광주리에 담아 바치는 폐백은 검은 비단과 누런 비단으로 우리 周王을 빛냈다.”라고 하였고, 또 〈咸有一德〉에 주를 달기를 “伊陟과 臣扈가 말하기를”이라고 하였고, 또 〈典寶〉에 주를 달 때에 〈伊訓〉을 끌어서 “믿음을 가지고 亳에 있었다.”라고 하고, 또 “三朡을 정벌했다.”라고 하였고, 또 〈旅獒〉에 주를 달기를 “獒는

豪로 발음해서 읽어야 하니, 이것은 遒豪의 長을 이른다."라고 하였다. 그리고 또 古文에 〈仲虺之誥〉·〈太甲〉·〈說命〉 등이 있어 현재 전하고 있는데도 없어졌다고 하였고, 그 〈汨典〉·〈典寶〉 등 13편이 현재 없어졌는데도 이미 일실되었다고 하였으니, 이것은 古文을 보지 못한 소치이다.

【疏】案伏生所傳三十四篇者, 謂之今文, 則夏侯勝·夏侯建·歐陽和伯等三家所傳及後漢末蔡邕所勒石經是也. 孔所傳者, 膠東庸生·劉歆·賈逵·馬融等所傳是也. 鄭玄書贊云"我先師棘子下生安國[1], 亦好此學[2], 衛·賈·馬二三君子之業, 則雅才好博, 旣宣之矣." 又云"歐陽氏失其本義, 今疾此蔽冒, 猶復疑惑未悛."[3] 是鄭意師祖孔學, 傳授膠東庸生·劉歆·賈逵·馬融等學, 而賤夏侯·歐陽等, 何意鄭註尙書, 亡逸竝與孔異, 篇數竝與三家同. 又劉歆·賈逵·馬融之等, 竝傳孔學, 云"十六篇逸." 與安國不同者, 良由孔註之後, 其書散逸[4], 傳註不行. 以庸生·賈·馬之等, 惟傳孔學經文三十三篇, 故鄭與三家同以爲古文, 而鄭承其後, 所註皆同賈逵·馬融之學, 題曰古文尙書, 篇與夏侯等同, 而經字多異.

1) 我先師棘子下生安國 : 魏나라 鄭小同이 撰한 ≪鄭志≫에 "〈書贊〉에 '우리 先師인 棘下生 安國 또한 이 학문을 좋아하였고, 世祖(光武帝)가 後漢을 일으킨 뒤로 衛宏·賈逵·馬融 등 여러 君子의 業은 高雅한 재주와 옛것을 좋아하는 박학이 이미 베풀어진 것이다.'라고 하였다. 張逸이 '〈書贊〉에서 말한 우리 先師인 棘下生은 어느 때 사람인가?' 하고 묻자, 〈鄭康成이〉 '齊나라 田氏 때에 학문을 좋아하는 자들이 모인 곳으로 齊나라 사람들이 그를 棘下生이라 불렀던 것이고, 일정한 사람이 없었다.'라고 답했다."라고 하였다.

宋代 王應麟이 撰한 ≪困學紀聞≫에 "棘下는 곧 稷下인데, 劉向의 ≪別錄≫에 '談說하는 선비들이 稷門 아래에 모였다.'라고 했다." 하였다.

'棘子下生'의 '子'를 阮元은 衍文이라고 한다. 그러나 여러 책에 '棘子下生 安國', '棘下生 安國'이 계속 뒤섞여 나오고 있으니, 어떤 것이 옳은지 모르겠다. 심지어 淸代 考證學者 閻若璩는 그의 ≪尙書古文疏證≫에서 "'我先師棘下生子安國'의 '子'자는 읽을 때 安國에 붙여서 읽어야 한다. 그러나 '孔'이라 하지 않고 '子'라고 한 것은 무엇 때문인가? ≪春秋≫ 隱公 11년 조에 있는 ≪公羊傳≫의 '子沈子曰'에 대한 註에 '沈子'를 '子'라고 칭하여 氏 위에 얹어놓은 것은 그가 스승임을 나타내기 위한 것이고, '子'를 얹어놓지 않은 것은 다른 스승임을 나타내기 위한 것이다. 鄭康成은 스스로 安國에게 연원을 댔기 때문에 '子'를 安國의 위에 얹어놓은 것인데, '子孔子'라고 하지 않은 것은 또 孔子와 구별하기 위한 것이다."라고 하였다. 그러나 '子'자를 끌어내려 安國 위에 놓은 것은 억설인 듯하다.

2) 學 : 여기서는 ≪尙書≫를 가리킨다.

3) 鄭玄書贊云……猶復疑惑未悛 : ≪古文尙書冤詞≫에 "賈逵·馬融·鄭玄 등 3인의 경우는 원래 孔學이 아니었다. 賈逵의 아버지 賈徽도 일찍이 ≪書≫를 塗惲에게 전수받았으니 바로 古文正派였고, 그 뒤 賈逵·馬融·鄭玄은 모두 杜林漆書學을 전수받았으니, 비록 이름은 '古文'이라 하나 실은 孔壁古文과 같지 않다. 하나는 바로 漆書이고, 다른 하나는 바로 壁經인 것이다. ≪正義≫에 鄭玄은 孔學을 극히 존중하고 伏學을 천시하였는데, 그가 〈書贊〉을 함에 있어서 孔學에 대해서는 '우리 先師인 棘子下生 安國'이라 하고, 伏學에 대해서는 이 가려짐을 미워하면서 疑惑을 떨쳐버리지 못한다고 하였다."라고 하였다. '孔學'은 孔安國의 ≪尙書≫를, '杜林漆書之學'은 後漢 杜林이 西州에서 얻은 ≪古文尙書≫인 곧 ≪杜林漆書尙書≫를, '伏學'은 伏生의 ≪尙書≫를 가리킨다.

4) 是鄭意師祖孔學……其書散逸 : ≪欽定書經傳說彙纂≫에는 "鄭玄이 孔學을 師承하고 夏侯·歐陽 등을 천시하였는데, 무슨 뜻으로 鄭注는 孔安國과 다르고 篇數는 三家와 같았는가? 그것은 진실로 孔安國이 주를 단 뒤에 그 책이 散逸되었다가 晉世에 이르러 비로소 ≪古文尙書≫를 얻어 시행한 데서 연유한 것이다."라고 하였다.

상고하건대 伏生이 전한 34편을 今文이라 이른 것은 夏侯勝·夏侯建·歐陽和伯 등 三家가 전한 것과 後漢 말기에 蔡邕이 새긴 石經이 바로 그것이다. 孔安國이 전한 것은 膠東 庸生·劉歆·賈逵·馬融 등이 전한 바가 바로 그것이다. 鄭玄의 〈書贊〉에 "우리 先師인 棘子下生 安國 또한 이 學을 좋아하셨고, 衛宏·賈逵·馬融 등 여러 君子의 業은 高雅한 재주와 옛것을 좋아하는 박식이 이미 베풀어진 것이다."라고 하였으며, 또 이르기를 "歐陽氏가 그 본뜻을 잃었거늘 이 가려짐을 미워하면서 지금 오히려 다시 疑惑을 떨쳐버리지 못한다."라고 하였다. 이는 바로 鄭玄의 생각에는 師祖 孔學이 膠東 庸生·劉歆·賈逵·馬融 등에게 전수된 것으로 여기고 배우면서 夏侯·歐陽 등을 천시한 것인데, 무슨 뜻으로 鄭玄이 ≪尙書≫를 주낼 때에 亡逸 문제는 孔安國과 다르게 하고 篇數 문제는 三家와 같게 하였는가.

또 劉歆·賈逵·馬融 등이 모두 孔學을 전하였건만, "16편이 일실되었다."고 하여 孔安國과 다르게 한 동기는 진실로 孔安國이 注를 낸 뒤에 그 책이 散逸하여 傳註가 행해지지 않은 데서 생긴 것이다. 庸生·賈逵·馬融 등은 오직 孔學經文 33편만을 전하였기 때문에 鄭玄은 三家와 함께 古文으로 삼았고, 鄭玄이 그 뒤를 이었으니, 注를 단 것이 모두 賈逵·馬融의 學과 같았으므로 제목을 ≪古文尙書≫라고 한 것인데, 篇은 夏侯 등과 같았으나 經의 글자는 대부분 달랐다.

【疏】 夏侯等書宅嵎夷爲宅嵎鐵, 昧谷曰柳谷, 心腹腎腸曰(憂腎陽)〔優賢揚〕[1), 劓刵劅剠云臏宮劓割頭庶剠, 是鄭註不同也. 三家之學, 傳孔業者. 漢書儒林傳云 "安國傳都尉朝子俊, 俊傳膠東庸生, 生傳淸河胡常, 常傳徐敖, 敖傳王璜及塗惲, 惲傳河南桑欽. 至後漢初衛·賈·馬亦傳孔學." 故書贊云 "自世祖興後漢, 衛·賈·馬二三君子之業." 是也. 所得傳者三十三篇古經, 亦無其五十八篇, 及傳說絶無傳者. 至晉世王肅註書, 始似竊見孔傳, 故註"亂其紀綱." 爲夏太康時. 又晉書皇甫謐傳云 "姑子外弟梁柳(邊), 得古文尚書, 故作帝王世紀[2). 往往載孔傳五十八篇之書."

1) (憂腎陽)〔優賢揚〕: 저본에는 '憂腎陽'으로 되어있으나, 阮刻本에 "孫志祖가 말하기를 '憂腎陽 3字는 바로 優賢揚의 잘못이다. '優賢揚歷'은 그 말이 ≪三國志≫ 〈魏志 管寧傳〉과 左思의 〈魏都賦〉에 보이고, 또 ≪隷釋≫에 실린 漢代 成陽令(管遵)의 〈唐扶頌〉에도 '優賢颺歷'이란 글이 있다.' 하였다."라고 한 것에 의거하여 '優賢揚'으로 바로잡았다.

2) 姑子外弟梁柳(邊)……故作帝王世紀 : ≪尚書注疏原目考證≫에서 '姑子外弟梁柳邊 得古文尚書'에 대하여 臣 召南이 말하기를 "상고하건대 '邊'자는 衍文이니 梁柳는 곧 皇甫謐의 고모 아들 外弟이다. 다만 文義를 자세히 살펴보면 '姑子' 위에 '從'자가 빠진 것 같다. 말하자면 皇甫謐이 梁柳로부터 ≪古文尚書≫를 얻어서 이에 ≪帝王世紀≫를 지었다."라고 하였다. 현행 ≪晉書≫ 〈皇甫謐傳〉에도 '城陽太守梁柳 謐從姑子'란 말만 있다. 이에 의거하여 '邊'을 衍文으로 처리하였다.

夏侯 등은 '宅嵎夷'를 '宅嵎鐵'이라고 적고, '昧谷'을 '柳谷', '心腹腎腸'을 '優賢揚', '劓刵劅剠'을 '臏宮劓割頭庶剠'이라고 하였다. 그래서 鄭玄의 注가 같지 않은 것이다. 三家의 學은 孔業을 전한 것이다. ≪漢書≫ 〈儒林傳〉에 "孔安國은 都尉 朝子俊에게 전하고, 朝子俊은 膠東 庸生에게 전하고, 庸生은 淸河 胡常에게 전하고, 胡常은 徐敖에게 전하고, 徐敖는 王璜과 塗惲에게 전하고, 塗惲은 河南 桑欽에게 전하였다. 後漢 初에 이르러 衛宏·賈逵·馬融이 또한 孔學을 전했다."라고 하였다. 그러므로 〈書贊〉에 "世祖가 後漢을 일으킴으로부터 衛宏·賈逵·馬融 등 여러 君子의 業"이란 것이 바로 그것이다. 얻어 전한 것은 33편의 古經인데, 또한 그 58편이 없어지고 傳說에도 전연 傳者가 없었다. 그러다가 晉나라 시대에 이르러 王肅이 ≪書≫를 注낼 때 비로소 孔傳을 살며시 본 것 같았다. 그러므로 注에 "그 기강을 어지럽혔다."는 시기를 夏나라 太康 때로 비정하였다. 또 ≪晉書≫ 〈皇甫謐傳〉에 "고모의 아들 外弟 梁柳가 ≪古文尚書≫를 얻었기

때문에 ≪帝王世紀≫를 지었으니, 이따금 孔傳 58편의 책이 실려 있다."라고 하였다.

【疏】 晉書又云 "晉太保公鄭沖, 以古文授扶風蘇愉, 愉字休預. 預授天水梁柳, 字洪季, 卽謐之外弟也. 季授城陽臧曹, 字彦始. 始授郡守子汝南梅賾, 字仲眞, 又爲豫章內史, 遂於前晉, 奏上其書而施行焉." 時已亡失舜典一篇, 晉末范甯爲解時, 已不得焉. 至齊蕭鸞建武四年, 姚方興, 於大航頭得而獻之, 議者以爲孔安國之所註也. 値方興有罪, 事亦隨寢. 至隋開皇二年, 購(慕)〔募〕[1]遺典, 乃得其篇焉. 然孔註之後, 歷及後漢之末, 無人傳說, 至晉之初, 猶得存者. 雖不列學官, 散在民間, 事雖久遠, 故得猶存.

1) (慕)〔募〕: 저본에는 '慕'로 되어있으나, 阮刻本에 "宋本, 閩本, 明監本에는 '慕'가 '募'로 되어있다."라고 한 것에 의거하여 '募'로 바로잡았다.

≪晉書≫에 또 이르기를 "晉나라 太保公 鄭沖이 ≪古文尙書≫를 扶風 蘇愉에게 전수하였는데, 蘇愉의 字는 休預이다. 休預는 天水 梁柳에게 전수하였는데, 梁柳의 字는 洪季로 곧 皇甫謐의 外弟이다. 洪季는 城陽 臧曹에게 전수하였는데, 臧曹의 字는 彦始이다. 彦始는 郡守의 아들 汝南 梅賾에게 전수하였는데, 梅賾의 字는 仲眞이고, 또 豫章內史가 되었으며, 드디어 前晉에서 그 책을 上奏하여 시행하게 되었다."라고 하였는데, 이때에 이미 〈舜典〉 1편이 없어졌고, 晉나라 말기 范甯이 주해할 때에 이미 얻지 못하였다. 南齊 蕭鸞 建武 4년(497)에 이르러 姚方興이 큰 배에서 ≪古文尙書≫를 얻어 바쳤더니, 議者들이 "孔安國이 주낸 것이다."라고 하였다. 姚方興이 죄를 짓는 바람에 일이 또한 따라서 침체되었다. 隋나라 開皇 2년(582)에 이르러 遺典을 購募하여 이에 그 篇를 얻었다. 그러나 孔安國이 注를 단 뒤 後漢 말기에 이르러 傳說하는 사람이 없었는데, 晉나라 초기에 이르러 오히려 보존된 것을 얻었다. 비록 學官에 列立되지는 못했지만, 민간에 흩어져 있었기 때문에 일이 비록 오래되었으나 오히려 보존될 수가 있었다.

孔氏傳

傳이 卽註也니 以傳述爲義니라 舊說에 漢已前稱傳이라

傳이 곧 註이니 傳述로 뜻을 삼는다. 舊說에 "漢나라 이전에는 傳으로 칭했다."라고 하였다.

【疏】 正義曰 : 以注者多門, 故云其氏, 以別衆家. 或當時自題孔氏, 亦可以後人辨之.

正義曰 : 注者의 門戶가 많기 때문에 그 氏를 말해서 여러 注者를 구별하였다. 혹은 당시에 스스로 孔氏라고 적어서 또한 後人이 분별할 수 있게 하였다.

昔在帝堯 聰明文思하여 光宅天下하니라

옛날 帝堯 시절에 귀가 밝고 지혜가 명석하고 문채가 찬란하고 사려가 깊어 덕이 천하에 충만하였다.

【傳】 言聖德之遠著니라 ○ 昔은 古也라 堯는 唐帝名이니라 馬融云 謚也니 翼善傳聖曰堯[1)]라

1) 翼善傳聖曰堯 : 시호에 관한 문제는 明代 郭良翰의 ≪明謚紀彙編≫ 참조.

聖人의 덕이 멀리 나타난 것을 말한다.

○ 昔은 옛날이라는 뜻이다. 堯는 唐帝의 이름이다. 馬融이 이르기를 "謚號인데, 善人에게 禪讓하고 성인에게 전위한 것을 堯라 한다."라고 하였다.

將遜于位하여 讓于虞舜하니라

장차 자리에서 물러나려고 虞舜에게 禪讓하셨다.

【傳】 遜은 遁也라 老使攝이라가 遂禪之니라

遜은 물러나다라는 뜻이다. 늙어서 舜에게 攝政하게 했다가 드디어 禪讓하였다.

作堯典하다[1)]

1) 昔在帝堯……作堯典 : 이 부분은 孔安國의 書序(小序)에 해당한다. 공안국의 書序는 大序와 小序로 나뉘는데, 大序는 앞의 〈尙書序〉이고, 小序는 ≪尙書≫ 百篇 각각의 서문으로 보통 書序로 불린다. 書序는 원래 한 편의 글이었는데, 후대에 편집하여 각 편의 앞에 붙였다. 書序는 전통적으로 孔子의 저작으로 보았으나, 蔡沈 등 宋代 학자들은 공자 저작설을 의심하였다.

〈堯典〉을 지었다.

【疏】 '昔在'至'堯典' ○ 正義曰 : 此序, 鄭玄·馬融·王肅竝云, 孔子所作, 孔義或然. 詩·書理不應異, 夫子爲書作序, 不作詩序者, 此自或作或否, 無義例也. 鄭知孔子作者, 依緯文而知也. 安國旣以同序爲卷, 檢此百篇, 凡有六十三序, 序其九十六篇. 明居·咸有一德·立政·無逸不序所由, 直云"咎單作明居."·"伊尹作咸有一德."·"周公作立政."·"周公作無逸." 六十三序者, 若汨作·九共九篇·槁飫, 十一篇共序, 其咸乂四篇同序, 其大禹謨·皐陶謨·益稷·夏社·疑至·臣扈·伊訓·肆命·徂后·太甲三篇·盤庚三篇·說命三篇·泰誓三篇·康誥·酒誥·梓材, 二十四篇, 皆三篇同序, 其帝告·釐沃·汝鳩·汝方·伊陟·原命·高宗肜日·高宗之訓八篇皆共卷, 類同, 故同序. 同序而別篇者三十三篇, 通明居·無逸等四篇爲三十七篇, 加六十三卽百篇也. 序者, 以序別行辭爲形勢. 言昔日在於帝號堯之時也. 此堯身智無不知聰也, 神無不見明也. 以此聰明之神智足可以經緯天地, 卽文也, 又神智之運, 深敏於機謀, 卽思也. '聰明文思', 卽其聖性行之於外, 無不備知, 故此德充滿居止於天下而遠著. 德旣如此, 政化有成, 天道沖盈. 功成者退, 以此故, 將遜遁避於帝位, 以禪其有聖德之虞舜. 史序其事, 而作堯典之篇.

書序의 〔昔在〕에서 〔堯典〕까지

○ 正義曰 : 이 서문에 대해서는 鄭玄·馬融·王肅이 모두 孔子가 지은 것이라고 하였다. 孔安國도 혹시 그랬는지 모르겠다. ≪詩≫와 ≪書≫는 이치가 응당 다르지 않을 것인데, 夫子가 ≪書≫의 서문은 짓고 ≪詩≫의 서문은 짓지 않은 것은 스스로 짓기도 하고 안 짓기도 한 것이니, 일정한 규례가 없다. 鄭玄이 공자가 지은 것은 ≪緯文≫에 의해서 안 것이다.

孔安國은 이미 서문이 같은 것을 卷으로 묶었는데, 100편을 점검해보면 모두 63수의 서문이 있으니, 그 96편에 대해 서문을 쓴 것이다. 〈明居〉·〈咸有一德〉·〈立政〉·〈無逸〉의 경우는 그 유래에 대해 서문을 쓰지 않고 곧장 "咎單이 〈明居〉를 지었다."고 하고, "伊尹이 〈咸有一德〉을 지었다."고 하고, "周公이 〈立政〉을 지었다."고 하고, "周公이 〈無逸〉을 지었다."고 하였다.

63수의 서문이란 것은 이를테면 〈汨作〉·〈九共〉 9편·〈槁飫〉 등 11편은 서문이 같고, 그 〈咸乂〉 4편은 서문이 같고, 〈大禹謨〉·〈皐陶謨〉·〈益稷〉·〈夏社〉·〈疑至〉·〈臣扈〉·〈伊訓〉·〈肆命〉·〈徂后〉·〈太甲〉 3편·〈盤庚〉 3편·〈說命〉 3편·〈泰誓〉 3편·〈康誥〉·〈酒誥〉·〈梓材〉 등 24편은 모두 서문이 같고, 〈帝告〉·〈釐沃〉·〈汝鳩〉·〈汝方〉·〈伊陟〉·〈原命〉·〈高宗肜日〉·〈高宗之訓〉 등 8편은 모두 권이 같은데, 類가 같기 때문에 서문이 같은 것이다. 서문이 같으면서 편이 다른 것이 33편이니, 〈明居〉·〈無逸〉 등 4편을 통합하면 37편이 되고, 63편을 더하면 곧 100편이다. 序라는 것은 서문을 가

지고 별도로 말을 하여 형세를 만드는 것이다.

昔이라고 말한 것은 일자가 바로 帝를 堯라고 부르던 시절에 있는 것이다.

堯임금은 지혜가 총명하고 정신이 명석하였다. 이와 같은 聰明의 神智는 족히 天地를 經緯할 수 있었으니 곧 文이요, 또 神智의 운용이 機謀에 深敏하였으니 곧 思이다. '聰明文思'는 곧 聖人의 德性이 밖에 행해져 갖춰 알지 않음이 없기 때문에 그 덕이 천하에 충만하여 멀리 나타난 것이다. 德이 이미 이와 같으니 정치교화가 이루어지고, 天道가 沖盈하였다. 功이 이루어진 사람은 물러나는 법이니, 이 때문에 帝位에서 피하려고 성인의 덕이 있는 虞舜에게 禪讓하였다. 史官이 그 일을 서술하여 〈堯典〉篇을 지었다.

【疏】 言'昔在'者, 鄭玄云 "書以堯爲始, 獨云昔在, 使若無先之典然也." 詩云 "自古在昔[1]." 言'在昔'者, 自下本上之辭. 言'昔在'者, 從上自下爲稱, 故曰 '使若無先之'者. 據代有先之, 而書無所先, 故云昔也.

1) 自古在昔 : ≪詩經≫ 〈商頌 那〉에 보인다.

〔昔在〕 鄭玄은 "≪書≫는 堯로써 시작하였으므로 여기에서만 유독 '昔在'라고 하여 이에 앞선 典이 없는 것처럼 했다."라고 하였다. ≪詩≫에 이르기를 "예로부터 옛날에 있어서"라고 하였는데, '在昔'이라고 말한 것은 아래로부터 위를 추본하는 말이고, '昔在'라고 말한 것은 위로 좇아 아래로부터를 일컫는 것이다. 그러므로 〈정현이〉 "이에 앞선 것이 없는 것처럼 하였다."라고 한 것이다. 시대에는 앞선 것이 있고 ≪書≫에는 앞선 것이 없음에 의거했기 때문에 '昔'이라고 한 것이다.

【疏】 言'帝'者, 天之一名, 所以名帝. 帝者, 諦也. 言天蕩然無心, 忘於物我. 言公平通遠, 擧事審諦, 故謂之帝也. 五帝[1]道同, 於此亦能審諦, 故取其名. 若然, 聖人皆能同天, 故曰大人. 大人者與天地合其德, 卽三王[2]亦大人. 不得稱帝者, 以三王雖實聖人, 內德同天, 而外隨時運, 不得盡其聖用, 逐跡爲名, 故謂之爲王. 禮運曰 "大道之行, 天下爲公[3]." 卽帝也. "大道旣隱, 各親其親[4]." 卽王也. 則聖德無大於天, 三皇[5]優於帝, 豈過乎天哉. 然則三皇亦不能過天, 但(遂)〔逐〕[6]同天之名, 以爲優劣. 五帝有爲而同天, 三皇無爲而同天, 立名以爲優劣耳. 但有爲無爲亦逐多少以爲分, 三王亦順帝之則而不盡, 故不得名帝. 然天之與帝, 義爲一也. 人主可得稱帝, 不可得稱天者, 以天隨體而立名, 人主不可同天之體也. 無由稱天者, 以天德立號. 王者可以同其德焉, 所以可稱於帝. 故繼天則謂之天子, 其號謂之帝, 不得云帝子也.

1) 五帝 : 少皡・顓頊・帝嚳・堯・舜을 가리킨다.
2) 三王 : 夏의 禹王・殷의 湯王・周의 文王과 武王을 가리킨다.
3) 大道之行 天下爲公 : ≪禮記≫ 〈禮運〉에 "大道가 행해지자 천하를 公器로 여겨 〈사사로이 그 자손에게 넘겨주는 일이 없고〉 어질고 유능한 인물을 선택하여 서로 전하였다.〔大道之行也 天下爲公 選賢與能〕"라고 보인다.
4) 大道旣隱 各親其親 : ≪禮記≫ 〈禮運〉에 "지금 大道가 이미 없어지자 천하를 私家로 여겨 각각 자기의 어버이만을 친애하고 각각 자기 아들만을 자애하였다.〔今大道旣隱 天下爲家 各親其親 各子其子〕"라고 보인다.
5) 三皇 : 伏羲・神農・黃帝를 가리킨다.
6) (遂)〔逐〕 : 저본에는 '遂'로 되어있으나, 阮刻本에 "宋本은 같고, 毛本은 '遂'가 '逐'으로 되어있고, 閩本은 처음에는 '遂'로 썼다가 나중에 '逐'으로 고쳤다. 살펴보건대 '逐'이 옳다."라고 한 것에 의거하여 '逐'으로 바로잡았다.

〔帝〕 하늘의 한 이름이기 때문에 帝라는 이름을 붙인 것이다. 帝라는 것은 諦자의 뜻을 가졌다. 하늘은 마음이 텅 비어 外物과 自我를 잊음을 말한다. 다시 말하면 公平하고 通遠하여 모든 일을 살피기 때문에 帝라 이른다는 것이다. 五帝의 道가 같은 것을 여기에서 또한 살필 수 있다. 그러므로 그 이름을 취한 것이다. 만일 그렇다고 보면 聖人은 모두 하늘과 같을 수 있다. 그러므로 大人이라 한다. 大人은 天地와 그 德을 합하니, 곧 三王도 역시 大人이다. 帝라고 칭할 수 없는 것은 三王이 비록 성인이기는 하지만 안으로는 德이 하늘과 같으나 밖으로는 때에 따라 운용하니, 그 성인의 운용을 다하지 못하게 되고 자취에 따라 이름을 붙이기 때문에 그를 일러 王이라 한 것이다. ≪禮記≫ 〈禮運〉에 이르기를 "大道가 행해지자 天下를 公器로 여긴다."는 것은 곧 帝요, "大道가 이미 없어지자 각각 자기의 어버이만을 친애한다."는 것은 곧 王이다. 聖德은 하늘보다 더 큰 것이 없고, 三皇은 帝보다 우세한데, 하늘보다 더한 것이 어찌 있으랴!

그렇다면 三皇 또한 하늘보다 더할 수 없고, 다만 하늘과 같은 이름을 좇아 優劣을 삼을 뿐이다. 五帝는 有爲하면서 하늘과 같고, 三皇은 無爲하면서 하늘과 같으니, 이름을 세워서 優劣을 삼았을 뿐이다. 다만 有爲와 無爲는 또한 多少에 따라서 나누어지게 되었을 뿐이며, 三王 또한 帝의 法則을 따르나 다 따르지 못했기 때문에 帝라는 이름을 얻지 못했다. 그러나 하늘과 帝는 뜻이 한가지이다. 人主는 帝라고 칭할 수는 있지만 하늘이라고 칭할 수 없는 것은, 하늘은 體를 따라서 名號를 세웠으니, 人主가 하늘의 體와 동일할 수 없기 때문이다. 하늘이라고 칭할 수 없는 것은, 하늘의 德을 가지고 名號를 세웠기 때문이다. 王者는 그 德과 동일할 수 있으니, 그래서 帝에 걸맞을 수 있는 것이다. 그러므로 하늘을 이으면 天子라고 이르며, 그 名號를 帝라고는 일러도 帝子라고 이를 수는 없는 것이다.

【疏】言'堯'者, 孔無明解. 案下傳云 "虞, 氏. 舜, 名." 然堯·舜相配爲義, 旣舜爲名, 則堯亦名也. 以此而言, 禹·湯亦名. 於下都無所解, 而放勳·重華·文命註隨其事而解其文以爲義, 不爲堯·舜及禹之名. 據此, 似堯·舜及禹與湯相類, 名則俱名, 不應殊異. 案鄭以下亦云 "虞, 氏. 舜, 名." 與孔傳不殊. 及鄭註中侯云 "重華, 舜名." 則舜不得有二名. 鄭註禮記云 "舜之言充." 是以舜爲號謚之名, 則下註云 "舜, 名.[1]" 亦號謚之名也." 推此則孔君亦然. 何以知之. 旣湯類堯·舜當爲名, 而孔註論語 "曰予小子履." 云 "履是殷湯名." 是湯名履, 而湯非名也. 又此不云堯·舜是名, 則堯及舜·禹非名, 於是明矣. 旣非名, 而放勳·重華·文命, 蓋以爲三王之名, 同於鄭玄矣[2]. 鄭知名者, 以帝系云 "禹名文命." 以上類之亦名. 若然, 名本題情記意, 必有義者, 蓋運命相符, 名與運接, 所以異於凡平. 或說以其有義, 皆以爲字. 古代尙質, 若名之不顯, 何以著字. 必不獲已, 以爲非名非字可也.

1) 舜名 : 아래 經文의 "虞舜"에 대한 孔傳의 "虞氏舜名"을 가리킨다.
2) 放勳……同於鄭玄矣 : ≪尙書注疏考證≫에서 "放勳 등을 堯·舜·禹의 이름으로 삼은 것은 실로 鄭玄이 ≪中候≫에 주를 단 데에서 시작된 것이 아니다. ≪史記≫ 〈五帝本紀〉에 이미 '帝堯라는 것은 放勳이며, 帝舜의 이름은 重華, 夏나라 禹王의 이름은 文命이다.'라고 했다."라고 하여 孔疏의 잘못을 지적하고 있다.

〔堯〕 孔安國의 분명한 해석이 없다. 상고하건대 아래의 傳에 "虞는 氏요, 舜은 이름이다."라고 하였다. 그러나 堯·舜은 서로 짝을 이루는 것으로 의의를 삼았기 때문에 이미 舜이 이름이었다면 堯 또한 이름이다. 이렇게 말하면 禹·湯 역시 이름이다. 아래에 모두 해석한 바가 없지만, '放勳'·'重華'·'文命'의 注에서 그 일에 따라 그 글을 해석하는 것으로 의의를 삼고 堯·舜 및 禹의 이름으로 삼지 않았다. 이에 의거하면 堯·舜 및 禹와 湯은 같은 類인 듯하니, 이름이었으면 모두 이름이지 응당 다르지 않았을 것이다.

상고하건대 鄭玄 이하 사람들 또한 "虞는 氏요, 舜은 이름이다."라고 하여 孔傳과 다르지 않았다. 鄭玄이 ≪中侯≫에 주를 달 때에 와서 "重華는 舜의 이름이다."라고 하였으니, 舜에게 두 이름이 있지 않았을 것이다. 鄭玄이 ≪禮記≫ 〈中庸〉에 주를 낼 때에 "舜이란 말은 充의 뜻이다."라고 하였다. 이는 舜을 號謚의 이름으로 삼은 것이니, 下注(下

傳)에서 말한 "舜은 이름이다." 또한 號諡의 이름이다. 이것으로 미루어보면 孔安國도 그렇게 생각했을 것이다.

어떻게 알 수 있는가 하면, 일단 湯이 堯·舜과 마찬가지로 응당 이름이었을 것인데, 孔安國이 ≪論語≫의 "曰予小子履"에 대해 주를 달기를 "履는 바로 殷나라 湯王의 이름이다."라고 하였으니, 곧 湯의 이름은 履이고 湯이 이름은 아니다. 또 여기에서 "堯·舜이 바로 이름이다."라고 말하지 않았으니 堯 및 舜·禹가 이름이 아니라는 것이 여기에서 밝혀졌다. 이미 이름이 아니었을진대, 放勳·重華·文命이 아마 三王의 이름으로 여긴 것이 鄭玄과 같았을 것이다. 〈放勳·重華·文命이〉 이름임을 鄭玄이 안 것은 ≪帝系≫에 "禹의 이름은 文命이다."라고 했기 때문이니, 이상의 예를 유추해보면 또한 이름이었기 때문이리라. 만일 그렇다면 이름은 본래 情과 意를 기록하는 것이므로 반드시 의의가 있는 것은 대개 運命이 서로 부합되고 이름과 운명이 접한 때문이니, 그래서 보통 사람과 다른 것이다. 혹자는 그 의의가 있는 것이라면 모두 字로 삼는다고 말한다. 그러나 古代에는 質을 숭상하였기 때문에 만일 이름이 나타나지 않았다면 어떻게 字를 나타내겠는가? 반드시 부득이하다면 이름도 아니고 字도 아닌 것으로 보는 것이 옳다.

【疏】 譙周以堯爲號, 皇甫謐以放勳·重華·文命爲名. 案諡法 "翼善傳聖曰堯, 仁義盛明曰舜." 是堯·舜諡也. 故馬融亦云諡也. 又曰 "淵源流通曰禹, 雲行雨施曰湯." 則禹·湯亦是諡法, 而馬融云 "禹湯不在諡法." 故疑之. 將由諡法或本不同, 故有致異亦可. 本無禹·湯爲諡, 後來所加, 故或本曰 "除虐去殘曰湯." 是以異也. 檀弓曰 "死諡, 周道也." 周書諡法周公所作, 而得有堯·舜·禹·湯者, 以周法死後乃追, 故謂之爲諡. 諡者, 累也, 累其行而號也. 隨其行以名之, 則死諡猶生號. 因上世之生號陳之爲死諡, 明上代生死同稱. 上世質, 非至善至惡無號, 故與周異. 以此堯·舜或云號, 或云諡也. 若然, 湯名履, 而王侯世本 '湯名天乙'者, 安國意蓋以湯受命之王, 依殷法以乙日生, 名天乙. 至將爲王, 又改名爲履, 故二名也, 亦可. 安國不信世本, 無天乙之名. 皇甫謐巧欲傅會, 云 "以乙日生, 故名履, 字天乙." 又云 "祖乙, 亦云乙日生, 復名乙." 引易緯 "孔子所謂天之錫命, 故可同名." 旣以天乙爲字, 何云同名乎. 斯又妄矣, 號之曰堯者, 釋名以爲 "其尊高堯堯然, 物莫之先, 故謂之堯也." 諡法云 "翼善傳聖曰堯." 堯者以天下之生善, 因善欲禪之, 故二八顯升, 所謂爲翼. 能傳位於聖人, 天下爲公, 此所以出衆而高也.

譙周는 堯를 號로 보고, 皇甫謐은 放勳·重華·文命을 이름으로 보았다. 상고하건대 〈謚法〉에 "선인에게 선양하고 성인에게 전위한 것을 '堯'라 한다."라고 하였고, "仁義가 盛明한 것을 '舜'이라 한다."라고 하였으니, 이것으로 보면 堯·舜이 謚號이다. 그러므로 馬融 또한 謚라고 말하였다. 또 말하기를 "淵源이 流通한 것을 '禹'라 한다."라고 하였고, "구름이 날고 비가 내리는 것을 '湯'이라 한다."라고 하였으니, 禹·湯 역시 謚法에 의한 것이다. 그런데 馬融은 "禹·湯은 〈謚法〉에 있지 않다."라고 하였다. 그러므로 그것을 의심하였다. 〈謚法〉으로 보면 어떤 本은 같지 않기 때문에 다른 점이 있는 것도 가하다. 본래는 禹·湯의 謚號가 없었는데 후에 가해진 것이다. 그러므로 어떤 本에는 "포학을 제거하고 잔폐를 없앤 것을 '湯'이라 한다."라고 하였으니, 이 때문에 다른 것이다.

≪禮記≫ 〈檀弓〉에 "죽으면 시호를 정하는 것은 周나라의 禮道이다."라고 하였다. 〈周書〉에 의하면 謚法은 周公이 지은 것인데, 堯·舜·禹·湯이 있게 된 것은 周法에는 死後에 추증하기 때문에 그를 일러 謚號라고 한 것이다. 謚라는 것은 '累'의 뜻이니, 그 행적을 누적해 號를 정한다. 그 행적을 따라 이름을 정하니, 死謚는 生號와 같은 것이다. 上世의 生號로 인하여 이를 진술하여 死謚를 정하였으니, 上代에는 산 사람과 죽은 사람을 함께 칭한다는 것을 밝힌 것이다. 上世에는 질박하였기 때문에 至善과 至惡이 아니면 號가 없었다. 그러므로 周나라와 달랐다. 이로써 堯·舜을 혹은 號라 이르고 혹은 謚라 일렀다.

만일 그렇다면 湯은 이름이 履였으나 王侯의 ≪世本≫에 "湯의 이름은 天乙이다."라고 한 것을 孔安國의 생각에 아마 湯은 천명을 받은 王이기 때문에 殷나라 法에 의하여 乙日生이므로 이름을 天乙이라 했다가 王이 되자 또 履로 개명하였기 때문에 두 개의 이름이 있게 된 것으로 여겼어도 옳았을 터인데, 孔安國은 ≪世本≫을 믿지 않았기 때문에 天乙이란 이름이 없는 것이다. 皇甫謐은 교묘하게 부회하여 "乙日에 낳았기 때문에 이름을 履, 字를 天乙이라 했다."라고 하였다. 또는 '祖乙'이라 하고, 또한 "乙日生이므로 다시 이름을 乙이라 했다."라고 하였다. ≪易緯≫에 "孔子가 이른바 하늘이 준 命이기 때문에 이름이 같을 수 있다."라고 한 것을 인용하였는데, 이미 天乙을 字라고 하였거늘, 어떻게 이름이 같다고 할 수 있겠는가? 이것은 망언이다.

號를 堯라고 한 것은 ≪釋名≫에 "그 尊高함이 堯堯然(지극히 높음)하여 앞설 물건이 없으므로 그를 일러 堯라고 했다."라는 말이 있었기 때문이다. 〈謚法〉에 "선인에게 선양하고〔翼〕 성인에게 전위한 것을 '堯'라 한다."라고 하였다. '堯'란 天下의 善을 생성하는 것이므로 善을 인하여 禪讓하려고 했다. 그러므로 攝位시킨 지 28년 만에 昇華하였으니, 이른바 '翼'이 〈시호가〉 된 것이다. 능히 聖人에게 傳位하여 天下를 公器로 만들었으니, 이 때문에 남들보다 뛰어나서 높게 된 것이다.

【疏】 言'聰明'者, 據人近驗, 則聽遠爲聰, 見微爲明, 若離婁之視明也, 師曠之聽聰也[1]. 以耳目之聞見, 喩聖人之智慧, 兼知天下之事, 故在於聞見而已, 故以聰明言之. 智之所用, 用於天地, 經緯天地謂之文, 故以聰明之用爲文. 須當其理, 故又云'思'而會理也. 經云'欽明', 此爲'聰明'者, 彼方陳行事, 故美其敬, 此序其聖性, 故稱其聰, 隨事而變文. 下舜典直云'堯聞之聰明', 不云'文思'者, 此將言堯用, 故云'文思', 彼要云舜德, 故直云'聰明', 亦自此而可知也.

1) 若離婁之視明也 師曠之聽聰也 : ≪孟子≫ 〈離婁 上〉에 "離婁之明 師曠之聰"이란 것이 보인다.

〔聰明〕 사람에 의거하여 가까이 증험한다면 멀리 듣는 것이 '聰'이고, 미세한 물체를 보는 것이 '明'이니, 이를테면 離婁의 눈 밝음과 師曠의 귀 밝음 같은 것이다. 耳目의 聞見을 가지고 聖人의 智慧를 깨닫고, 겸해서 天下의 일을 알게 된다. 그러므로 모든 것이 聞見에 매어 있을 뿐이다. 그래서 聰明을 가지고 말하였다.

智의 쓰임은 天地에 쓰이니, 天地를 經緯하는 것을 '文'이라 이른다. 그러므로 聰明의 쓰임을 '文'으로 삼는다. 모름지기 그 이치에 합당해야 하기 때문에 또 '思'라고 한 것이니 이치를 이해한 것이다.

經에서는 '欽明'이라 하고, 여기서는 '聰明'이라 한 이유를 살펴보면, 곧 저기서는 바야흐로 행한 일을 진술하기 때문에 그 敬을 아름답게 여긴 것이고, 여기서는 그 성인의 성품을 서술하기 때문에 그 '聰'을 일컬었으니, 일에 따라 글을 변화한 것이다.

아래 〈舜典〉에서 단지 "堯임금이 그(舜)의 聰明함을 들었다."는 것만 말하고 '文思'를 말하지 않은 이유를 살펴보면, 곧 여기서는 장차 堯의 用을 말하려 했기 때문에 '文思'를 말하고, 저기서는 舜의 德을 말하려 했기 때문에 단지 '聰明'만을 말했던 점을 또한 여기에서 알 수 있다.

【疏】 言'光宅'者, 經傳云 "光, 充也." 不訓宅者, 可知也. 不於此訓光者, 從經爲正也. 下'將遜于位' 傳云 '遜遁'者, 以經無遜字, 故在序訓之.

〔光宅〕 經의 傳에서 "光은 가득하다라는 뜻이다."라고 하였으니, 宅을 풀이하지 않은

것을 알 수 있다. 여기에서 光을 풀이하지 않은 것은 經을 따라 바르게 풀이하기 위함이다. 아래의 '將遜于位'에 대한 傳에 遜은 물러나다라는 뜻이라고 한 것은 經에 遜자가 없기 때문에 서문에서 풀이한 것이다.

【疏】 ○ 傳'言聖德之遠著' ○ 正義曰 : '聖德', 解聰明文思. '遠著', 解光宅天下.

○ 傳의 〔言聖德之遠著〕

○ 正義曰 : 〔聖德〕 '聰明文思'를 풀이한 것이다.

〔遠著〕 '光宅天下'를 풀이한 것이다.

【疏】 ○ 傳 '老使' 至 '禪之' ○ 正義曰 : '老使攝'者, 解將遜于位. 云'遂禪之'者, 解讓于虞舜也. 以己年老, 故遜之. 使攝之, 後功成而禪, 禪卽讓也. 言'攝'者, '納於大麓[1]'是也. 禪者, '汝陟帝位[2]'是也. 雖舜受而攝之, 而堯以爲禪. 或云 "汝陟帝位爲攝, 因卽直言爲讓, 故云遂[3]也." 鄭玄云 "堯尊如故, 舜攝其事." 是也.

1) 納於大麓 : 〈舜典〉에 "納於大麓 烈風雷雨弗迷"라고 보인다.
2) 汝陟帝位 : 〈舜典〉에 "汝陟帝位 舜讓于德弗嗣"라고 보인다.
3) 遂 : 孔傳에 "老使攝 遂禪之"라고 보인다.

○ 傳의 〔老使〕에서 〔禪之〕까지

○ 正義曰 : 〔老使攝〕 '將遜于位'를 풀이한 것이다.

〔遂禪之〕 '讓于虞舜'을 풀이한 것이다.

자기가 연로하기 때문에 遜讓한 것이다. 攝政하게 한 것은 뒤에 공이 이루어지면 禪讓하기 위한 것이다. '禪'은 곧 讓의 뜻이다. '攝'이란 것은 '納於大麓'이 바로 이것이고, 禪이란 것은 '汝陟帝位'가 바로 이것이다. 비록 舜이 받아서 섭정하였지만, 堯임금이 禪讓을 하였다. 혹자는 "'汝陟帝位'는 攝政을 시켰다가 곧이어 바로 禪讓함을 말한 것이다. 그러므로 '遂'라 한 것이다."라고 하였으니, 鄭玄이 말한 "堯임금의 尊位는 여전하고 舜이 그 정사를 대행하였다."는 것이 바로 이것이다.

堯典

【傳】 言堯可爲百代常行之道니라

堯임금은 百代토록 항상 행할 수 있는 道가 될 수 있음을 말한 것이다.

【疏】'堯典' ○正義曰：序已云"作堯典." 而重言此者, 此是經之篇目, 不可因序有名, 略其舊題, 故諸篇皆重言本目而就目解之. 稱'典'者, 以道可百代常行. 若堯·舜禪讓聖賢, 禹·湯傳授子孫, 卽是堯·舜之道不可常行, 但惟德是與, 非賢不授. 授賢之事, 道可常行, 但後王德劣不能及古耳. 然經之與典, 俱訓爲常, 名典不名經者, 以經是總名, 包殷·周以上, 皆可爲後代常法, 故以經爲名. 典者, 經中之別, 特指堯·舜之德, 於常行之內, 道最爲優, 故名典不名經也. 其太宰六典及司寇三典[1]者, 自由當代常行, 與此別矣.

1) 太宰六典及司寇三典：'太宰六典'은 周代에 六卿의 首長인 太宰가 관장하던 六典으로서 곧 治典(天官 冢宰), 敎典(地官 司徒), 禮典(春官 宗伯), 政典(夏官 司馬), 刑典(秋官 司寇), 事典(冬官 司空)을 가리키고, '司寇三典'은 大司寇가 관장하던 3종의 법전으로 곧 新國을 다스리는 輕典, 平國을 다스리는 中典, 亂國을 다스리는 重典을 가리킨다.

經의〔堯典〕

○正義曰：序文에서 이미 "〈堯典〉을 지었다."라고 하고 여기에서 거듭 〈堯典〉을 말하였는데, 이것은 바로 이 經에 대한 篇目이니 서문에 명칭이 있다고 해서 옛 제목을 생략할 수는 없는 것이다. 그러므로 여러 篇에서 모두 거듭 본 제목을 말하였고 그 제목에 입각해서 풀이하였다.

〔典〕그 道가 百代토록 항상 행할 수 있기 때문이다. 堯임금과 舜임금의 경우는 聖賢에게 禪讓하고, 禹王과 湯王의 경우는 子孫에게 傳授하였으니, 곧 堯임금과 舜임금의 道는 항상 행할 수는 없으므로, 오직 德이 있는 이에게만 전수해야 하고, 어진 이가 아니면 전수할 수 없기 때문이다. 어진 이에게 전수하는 일은 그 道는 항상 행할 수 있지만 다만 後王의 德이 부족하여 상고시대에 미치지 못할 따름이다.

그러나 經과 典을 모두 常으로 뜻을 새겼는데, 典이라고 명칭하고 經이라고 명칭하지 않은 것은 經이 바로 總名이기 때문이다. 殷나라와 周나라를 포함하여 그 이상은 모두 後代의 常法이 될 수 있기 때문에 經으로써 명칭을 한 것이다. 典이란 것은 經 속의 별칭이므로 특히 堯임금과 舜임금의 德을 가리킨다. 이는 항상 행하는 범주 안에서 그 道가 가장 우수하기 때문에 典이라고 명칭하고 經이라고 명칭하지 않은 것이다. '太宰六典'과 '司寇三典'이란 當代에 항상 행하는 것이기 때문에 얻어진 이름이니, 이와는 구별이 된다.

曰[1]若稽古[2]는 帝堯[3]시니라

1) 日 : 조선 후기 李瀷은 "曰자는 바로 역사를 지은 자의 말이다."라고 하였다. ≪星湖疾書 書經疾書 堯典≫
2) 稽古 : 鄭玄은 '稽'를 '同', '古'를 '天'의 뜻으로 보아 "능히 하늘을 따라 행하여 하늘과 더불어 공을 같이하였다."라고 풀이하였다.
3) 曰若稽古 帝堯 : 蔡傳에서는 '曰若'은 '發語辭'로, '曰'은 "그 말이 이와 같았다고 말한 것과 같다.〔猶言其說如此〕"로 보고, '稽古 帝堯'는 "옛 帝堯를 상고하건대〔考古之帝堯者〕"로 풀이하였는데, 조선 후기의 丁若鏞은 그의 ≪尙書知遠錄≫에서 "蔡說이 옳다. '曰若稽古'는 지금의 '臣謹按'과 같은 것이다."라고 하였다.

옛 道를 따라 상고하신 분은 帝堯이셨다.

【傳】 若은 順이요 稽는 考也니 〔言〕[1]能順考古道而行之者는 帝堯니라

1) 〔言〕 : 저본에는 없으나, 阮刻本에 "古本에 '能' 위에는 '言'자가 있고, '堯' 아래에는 '也' 자가 있다."라고 한 것에 의거하여 보충하였다.

若은 따르다라는 뜻이고 稽는 상고하다라는 뜻이니, 능히 옛 道를 따라 상고해서 행하신 분은 帝堯이셨음을 말한 것이다.

曰放勳하사 欽明文思로 安安[1]하시니라

1) 曰放勳……安安 : 蔡傳에는 "曰은 粵·越과 뜻이 통한다. ≪古文尙書≫에는 '粵'로 적혀 있다. 曰若은 발어사이니, 〈周書〉의 '越若來三月'이란 것도 역시 이러한 例이다. 稽는 상고하다라는 뜻이다. 史臣이 장차 堯의 일을 서술하려고 하였기 때문에 먼저 말을 꺼내기를 '옛적 帝堯의 사적을 상고하건대〔稽古帝堯〕 그 德이 下文에서 운운한 바와 같다.'라고 한 것이다. 曰은 '그 말이 이와 같음을 말한다.'라는 것과 같다. 放은 이르다라는 뜻이니, 孟子께서 '사해에 이른다.〔放四海〕'라고 말씀한 것이 바로 그것이다. 勳은 功의 뜻이니, 帝堯의 공이 무척 커서 이르지 않은 바가 없음을 말한 것이다. 欽은 恭敬의 뜻이고 明은 通明의 뜻인데, 敬은 體의 역할을 하고 明은 用의 역할을 한다. 文은 文章이고 思는 意思이니, 문장이 드러나고 생각이 심원한 것이다. 安安은 억지로 힘쓰는 바가 없음을 의미하여, 德性의 아름다움이 다 자연에서 나오는 것이지 억지로 힘쓰는 것이 아님을 말하니 이른바 '본성대로 한 분'이라는 것이다.〔曰粵越通 古文作粵 曰若者 發語辭 周書越若來三月 亦此例也 稽考也 史臣將敍堯事 故先言考古之帝堯者 其德如下文所云也 曰者 猶言其說如此也 放至也 猶孟子言放乎四海是也 勳功也 言堯之功 大而無所不至也 欽恭敬也 明通明也 敬體而明用也 文文章也 思意思也 文著見而思深遠也 安安無所勉强也 言其德性之美 皆出於自然而非勉强 所謂性之者也〕" 라고 풀이하였다.

放勳에 대하여 조선시대 退溪 李滉은 '放하신 勳이시니'라고 하여 널리 베푼 공훈으로 보았다. ≪三經釋義 書釋義 堯典≫

功勳을 본받아 敬意・明智・文謀・思慮로 편안해야 할 바를 편안하게 하셨다.

【傳】 勳은 功이요 欽은 敬也니 言堯放上世之功하사 化而以敬明文思之四德으로 安天下之當安者이시니라 ○ 放은 徐云 鄭王如字[1]라 勳은 功也라 馬云 放勳은 堯名이라하고 皇甫謐同이며 一云 放勳은 堯字라 欽明文思는 馬云 威儀表備를 謂之欽이요 照臨四方을 謂之明이요 經緯天地를 謂之文이요 道德純備를 謂之思라

1) 如字 : 두 가지 用例가 있으니, 하나는 본래의 音과 같이 읽어야 하는 경우, 이를테면 '宿'字가 본래 音은 '숙(잘 숙)'이고, '수(별자리 수)'는 다른 音이다. 다른 하나는 某字와 같이 읽어야 하는 경우, 이를테면 '放'자를 '效'자와 '倣'자의 뜻으로 읽어야 하는 경우이다. ≪尙書≫의 孔疏 ≪說文通訓定聲≫ ≪集韻≫ ≪廣確釋詁≫

勳은 功의 뜻이고 欽은 敬의 뜻이니, 堯임금께서 上世의 功勳을 본받아 교화하되 敬意・明智・文謀・思慮의 四德을 가지고 천하의 응당 편안해야 할 바를 편안하도록 하셨다는 점을 말한 것이다.

○ 放자에 대하여 徐氏는 "鄭玄과 王肅은 〈放자를〉 如字(본음)로 보았다."라고 하였다. 勳은 功의 뜻인데, 馬融은 "'放勳'은 堯임금의 이름이다."라고 하였고, 皇甫謐도 같은 뜻으로 보았으며, 어떤 사람은 "'放勳'은 堯임금의 字이다."라고 하였다.

'欽明文思'에 대하여 馬融은 "威儀가 드러나게 갖추어진 것을 欽이라 이르고, 四方을 밝게 살펴보는 것을 明이라 이르고, 천하를 경륜하여 다스리는 것을 文이라 이르고, 道德이 순연하게 갖추어진 것을 思라 이른다."라고 하였다.

允恭克讓[1]하사 光[2]被四表하고 格于上下니라

1) 允恭克讓 : 蔡傳에서는 "진실로 공손하고 능히 겸양한 것이다.〔信恭而能讓〕"라고 하여 두 가지로 보았다.

2) 光 : 蔡傳에서는 "光은 드러나다라는 뜻이요,……그 德의 성대함이 이와 같으므로, 그 미쳐가는 바가 먼 것이 이와 같음을 말한 것이다.〔光顯……言其德之盛如此 故其所及之遠如此也〕"라고 하여 德의 드러난 광채로 보았다.

信實하고 恭勤하고 善能하고 謙讓하시어 〈명성이〉 충만하여 사방의 밖에 넘치고

천지에 이르렀다.

【傳】 允은 信이요 克은 能이요 光은 充이요 格은 至也라 旣有四德하고 又信恭能讓이라 故로 其名聞이 充溢四外하고 至于天地니라

允은 信實하다라는 뜻이요, 克은 能하다라는 뜻이요, 光은 충만하다라는 뜻이요, 格은 이르다라는 뜻이다. 이미 四德(敬意·明智·文謀·思慮)을 가졌고 또 信實하고 恭勤하고 善能하고 謙讓하셨다. 그러므로 그 명성이 사방의 밖에까지 充溢하고 天地에 이르렀다는 것이다.

【疏】 '曰若'至'上下' ○正義曰：史將述堯之美, 故爲題目之辭曰 "能順考校古道而行之者, 是帝堯也." 又申其順考古道之事曰 "此帝堯能放效上世之功而施其教化, 心意恒敬, 智慧甚明, 發擧則有文謀, 思慮則能通敏, 以此四德安天下之當安者. 在於己身則有此四德, 其於外接物, 又能信實·恭勤·善能·謙讓. 恭則人不敢侮, 讓則人莫與爭, 由此爲下所服, 名譽著聞, 聖德美名, 充滿被溢於四方之外, 又至于上天下地." 言其日月所照, 霜露所墜, 莫不聞其聲名, 被其恩澤. 此卽稽古之事也.

經의 〔曰若〕에서 〔上下〕까지

○正義曰：史官은 장차 堯임금의 美德을 기술하려고 하였기 때문에 題目의 말을 만들어서 "능히 옛 道를 따라 상고해서 행하신 분은 바로 帝堯이셨다."라고 하였다.

또 옛 道를 따라 상고한 일을 거듭 밝히기를 "帝堯께서 능히 上世의 功勳을 본받아 教化를 베풀되, 心意는 항상 경건하시고, 智慧는 심히 밝으시며, 발동하면 文謀가 있으시고, 思慮하면 능히 通敏하셨으니, 이와 같은 四德을 가지고 天下의 응당 편안해야 할 바를 편안하게 하셨다.

그리고 자신에 있어서는 이와 같은 四德을 가지시고, 밖으로 사물을 접함에 있어서는 또 능히 信實하시고 恭勤하시고 善能하시고 謙讓하셨다. 공손하면 사람들이 감히 업신여기지 못하고, 겸양하면 사람들이 더불어 다투지 못하여 이로 말미암아 아랫사람들이 심복하게 되니, 名譽가 알려져서 聖德과 美名이 충만하여 四方 밖에까지 넘치고, 또 위로는 하늘과 아래로는 땅에 이르렀다."라고 하였다.

말하자면, 해와 달이 비치는 바와 서리와 이슬이 내리는 바에 그 名聲을 듣고 그 恩澤을 입지 않은 자가 없었다는 것이니, 이것이 바로 古道를 상고하신 일이다.

【疏】 ○ 傳'若順'至'帝堯' ○ 正義曰 : '若 順', 釋言文. 詩稱"考卜惟王[1])." 洪範考卜之事, 謂之稽疑, 是稽爲考, 經傳常訓也. 爾雅一訓一也, 孔所以約文, 故數字俱訓, 其末以一也結之. 又已經訓者, 後傳多不重訓. 顯見(현)可知, 則徑言其義, 皆務在省文故也. 言'順考古道'者, 古人之道, 非無得失, 施之當時,又有可否, 考其事之是非, 知其宜於今世, 乃順而行之. 言其行可否, 順是不順非也. 考古者自已之前, 無遠近之限, 但事有可取, 皆考而順之. 今古旣異時, 政必殊古, 事雖不得盡行, 又不可頓除古法, 故說命曰 "事不師古, 以克永世, 匪說攸聞." 是後世爲治當師古法, 雖則聖人, 必須順古. 若空欲追遠, 不知考擇, 居今行古, 更致禍災. 若宋襄慕義, 師敗身傷[2]), 徐偃行仁, 國亡家滅[3]), 斯乃不考之失, 故美其能順考也. 鄭玄信緯, 訓稽爲同, 訓古爲天, 言 "能順天而行之, 與之同功." 論語稱惟堯則天, 詩美文王順帝之則. 然則聖人之道, 莫不同天合德, 豈待同天之語, 然後得同之哉. 書爲世敎, 當因之人事, 以人繫天, 於義無取, 且古之爲天, 經無此訓. 高貴鄕公[4]), 皆以鄭爲長, 非篤論也.

1) 考卜惟王 : ≪詩經≫ 〈大雅 文王有聲〉에 "점괘를 상고하신 武王께서 이 鎬京에 거주하시도다.〔考卜惟王 宅是鎬京〕"라고 보인다.

2) 若宋襄慕義 師敗身傷 : ≪春秋左氏傳≫ 僖公 22년 조에 宋 襄公이 楚나라 군사와 泓水가에서 싸울 때에 宋나라 군사는 이미 대열을 이루었으나 楚나라 군사는 아직 홍수를 다 건너지 못하였다. 옆에서 초나라 군사를 치자고 말하였으나 송 양공은 초나라 군사가 진을 이루기를 기다린 뒤에 공격하다가 패하였다. 송나라 사람들이 양공을 비난하자, 양공은 "옛날 전쟁에서는 적군을 험한 곳에서 괴롭히지 아니하였다. 과인은 비록 망국의 후손이지만, 대열을 정비하지 못한 적국에게 진격의 북을 치지는 않겠다."라고 하였다.

3) 徐偃行仁 國亡家滅 : ≪說苑≫ 〈指武〉에 楚 文王이 徐 偃王을 쳐서 멸망시키니, 徐 偃王이 죽으면서 말하기를 "나는 文德에 힘입어 武備에 밝지 못하였고, 仁義의 道를 행하기를 좋아하여 남을 속이는 마음을 가질 줄 몰랐다가 이 지경에 이르렀다."라고 하였다.

4) 高貴鄕公 : 三國時代 魏나라 文帝의 손자인 曹髦(字 士彦)가 正始 연간에 郯縣 高貴鄕公에 봉해진 것에서 유래한 것이다.

○ 傳의 〔若順〕에서 〔帝堯〕까지

○ 正義曰 : 〔若 順〕 ≪爾雅≫ 〈釋言〉의 글이다.

≪詩經≫에서 "점괘를 상고하신 武王께서"라고 일컫고, 〈洪範〉에서 점괘를 상고하는 일을 稽疑(의심스런 일이 있으면 점을 쳐서 상고함)라고 하였으니, 여기서 稽를 考라 한 것은 經傳의 일반적인 풀이이다.

≪爾雅≫에서는 한 글자 한 글자마다 각각 뜻풀이를 하였다. 그러나 孔安國은 글을 생략했기 때문에 몇 글자를 한꺼번에 연달아 뜻풀이를 하고 말미에서 하나의 '也'자를 가지고 끝을 맺었다. 또 이미 經에서 뜻풀이를 한 것은 뒤의 傳에서 대부분 다시 뜻풀이를 하지 않았다. 분명히 알 수 있는 것은 곧바로 뜻풀이를 하였으니, 모두 글을 생략하는 데 힘썼기 때문이다.

〔順考古道〕 古人의 道라고 해서 得失이 없는 것이 아니고, 그 道를 당시 시행할 적에 또한 可否가 있는 것이다. 그 일의 옳고 그름을 상고하고 그 道가 지금 세상에 알맞은 것인가를 파악한 뒤에 그것을 따라서 행하였다. 그 가부를 봐서 행한다고 말한 것은 옳은 것은 따르고 그른 것은 따르지 않는 것이다.

옛일을 상고하는 것은 바로 자기 앞 세대의 일을 상고하는 것이고, 세대의 멀고 가까움에 한계가 있는 것은 아니다. 다만 일에 취할 만한 것이 있으면 모두 상고해서 그것을 따랐을 뿐이다. 오늘날과 옛날은 이미 때가 다르고 오늘날의 정사는 반드시 옛날의 정사와 다르니, 일은 비록 다 행할 수 없지만 그렇다고 또 옛 법을 모두 제거할 수는 없는 것이다. 그러므로 ≪尙書≫ 〈商書 說命〉에 "일에 있어 옛것을 본받지 않고도 오래 지속할 수 있다는 말은, 제가 들은 바가 아닙니다."라고 하였다. 이는 후세에 정사를 함에 있어 응당 옛 법을 본받아야 하니, 비록 성인을 본받더라도 반드시 모름지기 옛 법을 따라야 할 것이다.

만일 공연히 먼 옛날 것을 추구하기만 하고 상고해서 선택할 줄 모르는 채로 오늘날에 있으면서 옛것을 행한다고 한다면 다시 災禍를 불러올 것이다. 宋 襄公 같은 이는 의리를 사모하다가 군사가 패하고 몸이 상하였으며, 徐 偃王은 仁을 행하다가 나라가 망하고 집안이 멸망하였으니, 이것은 바로 옛 일을 상고하지 않은 과실이다. 그러므로 능히 순하게 상고한 것을 아름답게 여기는 것이다.

鄭玄은 緯書를 믿고는 稽를 同의 뜻으로 보고 古를 天의 뜻으로 풀이하여 "능히 하늘을 따라 행하여 그와 더불어 공이 같았다."라고 말하였다. ≪論語≫에는 堯임금이 하늘을 본받은 것을 칭찬하였고, ≪詩經≫에는 文王이 上帝의 법칙을 따른 것을 아름답게 여겼다. 그렇다면 聖人의 道는 하늘과 같아서 德을 합하지 않음이 없는데, 어찌 하늘과 같다는 말을 한 연후에 같을 수 있겠는가? ≪尙書≫는 세상의 가르침이 되는 지침서이기 때문에 응당 사람의 일에 연관되어야 한다. 그러나 사람을 하늘에 잡아매기만 하고 뜻에 취함이 없으며 또 古를 天의 뜻으로 풀이하였으니, 經에는 이러한 뜻풀이가 없다. 高貴鄕公 등이 모두 鄭玄을 잘하였다고 여긴 것은 진실한 의논이 아니다.

【疏】○傳'勳功'至'安者' ○正義曰:'勳 功'·'欽 敬', 釋詁文. 此經述上稽古之事, 放效上世之功, 卽是考於古道也. 經言放勳, 放其功而已. 傳兼言化者, 據其勳業謂之功, 指其教人則爲化, 功之與化所從言之異耳. 鄭玄云"敬事節用謂之欽, 照臨四方謂之明, 經緯天地謂之文, 慮深通敏謂之思." 孔無明說, 當與之同. 四者皆在身之德, 故謂之四德. 凡是臣人王者皆須安之, 故廣言"安天下之當安者." 所安者則下文九族·百姓·萬邦是也. 其'敬明文思'爲此次者, 顧氏云"隨便而言, 無義例也." 知者此先聰後明, 舜典云"明四目, 達四聰." 先明後聰, 故知無例也. 今考舜典云"浚哲文明." 又先文後明, 與此不類, 知顧氏爲得也.

○ 傳의 〔勳功〕에서 〔安者〕까지

○ 正義曰:〔勳 功〕·〔欽 敬〕≪爾雅≫〈釋詁〉의 글이다. 이 經에서 기술한 위로 옛일을 상고한다〔稽古〕는 것은 上世의 功을 본받는 것이니, 곧 이것이 옛 道를 상고하는 것이다. 經에서 말한 放勳은 그 功을 본받을 뿐이다. 傳에서 '化'를 겸해서 말한 것은 그 勳業에 의거하면 功이라 이르고, 그 사람을 가르침을 가리키면 '化'가 되니, '功'과 '化'는 좇아서 말한 것이 다를 뿐이다.

鄭玄이 말하기를 "일을 경건히 하고 재용을 절약하는 것을 '欽'이라 이르고, 四方에 照臨하는 것을 '明'이라 이르고, 天地를 經緯하는 것을 '文'이라 이르고, 사려가 깊어 通敏한 것을 '思'라 이른다."라고 하였는데, 孔安國이 이에 대해 밝게 설명한 것이 없으니, 당연히 鄭玄의 말과 같이 본 것이다. 이 네 가지는 모두 몸에 있는 德이기 때문에 四德이라고 이른 것이다. 무릇 신하나 임금이 모두 모름지기 편안하게 하는 것이기 때문에 "천하의 응당 편안해야 할 바를 편안하게 한다."고 광범위하게 말한 것이다. 편안하게 할 대상은 아래의 글에 있는 九族, 百姓, 萬邦이 바로 그것이다.

敬·明·文·思가 이와 같은 차례로 된 것에 대해 顧氏가 이르기를 "편리에 따라서 말한 것이지, 義例가 있는 것은 아니다."라고 하였다. 그리고 알 수 있는 것으로, 여기서는 聽을 먼저 하고 明을 뒤에 하였지만, 〈舜典〉에서 이른 "사방의 눈을 밝히고 사방의 귀를 통달하게 했다."는 데에서는 明을 먼저하고 聽을 뒤에 하였다. 그러므로 義例가 없다는 것을 알았다. 지금 〈舜典〉에서 이른 "깊고 명철하고 문채가 나고 밝았다."란 것을 상고하면 또 文을 먼저 하고 明을 뒤에 한 것이 이와 같지 않으니, 顧氏의 말이 맞았다는 것을 알 수 있다.

【疏】○傳'允信'至'天地' ○正義曰:'允 信'·'格 至' 釋詁文. '克 能'·'光 充' 釋言文. 在身爲德, 施之曰行. 鄭玄云 "不懈於位曰恭, (惟)〔推〕[1]賢尙善曰讓." 恭讓是施行之名. 上言堯德, 此言堯行, 故傳以文次言之. 言堯旣有敬明文思之四德, 又信實·恭勤·善能·推讓. 下人愛其恭讓, 傳其德音, 故其名遠聞, 旁行則充溢四方, 上下則至于天地. 持身能恭, 與人能讓, 自己及物, 故先恭後讓. 恭言信, 讓言克, 交互其文耳. 皆言信實能爲也. 傳以溢解被, 言其饒多盈溢, 故被及之也. 表裏內外相對之言, 故以表爲外, 向(不)〔下〕[2]向上至有所限, 旁行四方無復限極, 故四表言被, 上下言至. '四外'者, 以其無限. 自內言之, 言其至於遠處, 正謂四方之外畔者, 當如爾雅所謂四海·四荒之地也. 先四表後上下者, 人之聲名, 宜先及於人, 後被四表, 是人先知之, 故先言至人. 後言至于上下, 言至於天地, 喩其聲聞遠耳. 禮運稱聖人爲政, 能使'天降膏露, 地出醴泉'. 是名聞遠達, 使天地效靈, 是亦格于上下之事.

1) (惟)〔推〕: 저본에는 '惟'로 되어있으나, 阮刻本에 "岳本에는 '惟'가 '推'로 되어있다. 살펴보건대 '推'자가 옳다."라고 한 것에 의거하여 '推'로 바로잡았다.
2) (不)〔下〕: 저본에는 '不'로 되어있으나, 阮刻本에 "岳本과 宋本에는 '不'이 '下'로 되어있다. 살펴보건대 '下'자가 옳다."라고 한 것에 의거하여 '下'로 바로잡았다.

○ 傳의 〔允信〕에서 〔天地〕까지

○ 正義曰: 〔允 信〕·〔格 至〕 ≪爾雅≫ 〈釋詁〉의 글이다.

〔克 能〕·〔光 充〕 ≪爾雅≫ 〈釋言〉의 글이다.

몸에 있으면 德이라 하고, 시행하면 行이라 이른다.

鄭玄이 이르기를 "직위에서 게으름을 부리지 않는 것을 恭이라 하고, 어진 이를 추앙하고 착한 사람을 숭상하는 것을 讓이라 한다."라고 하였다. 恭과 讓은 바로 시행을 이르는 명칭이다.

위에서는 堯임금의 德을 말하고, 여기서는 堯임금의 行을 말하였다. 그러므로 傳에서 글의 차례를 가지고 말하였으니, 곧 堯임금은 이미 敬·明·文·思의 四德을 가진데다가 또 信實하고 恭勤하고 善能하고 推讓했음을 말한 것이다. 이에 아랫사람들은 그 恭讓을 사랑하고, 그 德音을 전하였다. 그러므로 그 명성이 멀리 들려서, 곁으로는 四方에 充溢하고 위아래로는 天地에 이르렀다. 몸가짐을 공손히 하고 남과 어울릴 때 겸양하여 자기로부터 사물에 미쳐갔다. 그러므로 恭을 먼저 하고 讓을 뒤에 한 것이다. 恭에는 信을 말하고, 讓에는 克을 말하였으나, 그 글을 상호 구성한 것일 뿐이니, 모두 신실하게 잘함을 말한 것이다.

傳에는 '溢'자를 가지고 '被'자를 풀이하였는데, 충만하고 넘치기 때문에 파급할 수 있음을 말한 것이다.

表裏는 內外로 상대적인 말이다. 그러므로 表를 '外'로 삼은 것이다.

아래로 향해 가거나 위로 향해 가면 이르는 데에 한계점이 있지만, 곁으로 사방을 가면 한계점이 없다. 그러므로 四表(사방의 밖)에 대해서는 被를 말하고, 上下에 대해서는 至를 말하였다.

〔四外〕 그 한계지점이 없음을 나타내기 위한 것이다. 안쪽에서부터 말한 것은 그 먼 곳까지 이르러 감을 말하기 위함이니, 정말로 사방의 밖이란 것을 말하자면 마땅히 ≪爾雅≫에서 말한 四海・四荒의 땅과 같이 하여야 하는 것이다.

四表를 먼저하고 上下를 뒤에 한 것은 사람의 名聲은 의당 먼저 사람에게 미치고 뒤에 四表에 입히니, 이는 사람이 먼저 안다. 그러므로 먼저 사람에게 이름을 말하고 뒤에 上下에 이름을 말하였으니, 天地에 이름을 말한 것은 그 명성이 멀리 들림을 비유했을 뿐이다. ≪禮記≫ 〈禮運〉에 성인이 정치하는 것을 칭하여 능히 하늘이 膏露를 내리고 땅이 醴泉을 솟아나게 했다고 하였다. 이것은 명성이 멀리 미쳐가서 天地로 하여금 영험을 보이게 한 것이니, 이는 또한 위아래에 이르는 일이다.

克明俊德하사 以親九族[1)]하시니라

1) 克明俊德 以親九族 : 蔡傳에서는 "능히 俊德을 밝혀 九族을 親愛하시니"라고 풀이하여 堯임금이 직접 한 것으로 보았는데, 蔡傳의 풀이가 문법에 맞는 것 같다.

능히 俊德을 밝힌 〈士를 임용해서〉 九族을 親睦하게 하셨다.

【傳】 能明俊德之士를 任用之하여 以睦高祖玄孫之親이니라 ○ 九族은 上自高祖로 下至玄孫히 凡九族이니라 馬鄭도 同[1)]하니라

1) 九族……馬鄭同 : 蔡傳에서는 이 孔傳의 내용을 따랐고, 淸代 顧炎武도 孔傳은 바꿀 수 없는 훌륭한 說이라고 하였다. 그러나 宋代 林之奇는 ≪尙書全解≫에서 이를 비판하고 "'九族'은 마땅히 夏侯・歐陽氏가 '父族이 넷, 母族이 셋, 妻族이 둘이다.'란 말을 따라야 한다."라고 하였다. 즉 孔傳은 그 화목의 범위가 좁기 때문에 內外의 친족을 두루 망라해야 한다는 것이다. 明末淸初 王夫之도 林之奇의 說이 良好하다고 하였다. ≪船山全書 堯典≫

능히 俊德을 밝힌 士를 임용해서 高祖로부터 玄孫에 이르는 친족을 화목하게 하였다.
○ 九族은 위로 高祖에서부터 아래로 玄孫에 이르기까지가 九族이다. 馬融과 鄭玄도 같은 뜻으로 보았다.

九族이 旣睦이어늘 平章[1)]百姓하시니라

1) 平章 : ≪史記≫에는 '便章', 清代 孫之騄이 輯成한 ≪尚書大傳≫에는 '辯章'으로 되어있다.

九族이 이미 친목하거늘 백성을 평화롭고 彰明하게 하셨다.

【傳】 旣는 已也요 百姓은 百官[1)]이니라 言化九族而平和章明이니라

1) 百姓百官 : 蔡傳에서는 '百姓'을 일반 백성으로 보았다.

旣는 이미라는 뜻이요, 百姓은 百官이다. 九族을 변화하여 평화롭고 彰明하게 함을 말한 것이다.

百姓이 昭明하며 協和萬邦한대 黎民이 於(오)變時雍하니라

百姓이 덕을 밝히며 萬邦을 協和한대 黎民이 아! 변화하여 이에 화평하였다.

【傳】 昭亦明也라 協은 合이요 黎는 衆이요 時는 是요 雍은 和也니 言天下衆民이 皆變化(化)〔從〕[1)]上하니 是以로 風俗이 大和니라

1) (化)〔從〕 : 저본에는 '化'로 되어있으나, 阮刻本에 "毛本에는 아래의 '化'가 '從'으로 되어 있다."라고 한 것에 의거하여 '從'으로 바로잡았다.

昭는 또한 밝다라는 뜻이다. 協은 화합하다라는 뜻이요, 黎는 많다라는 뜻이요, 時는 이에라는 뜻이요, 雍은 화평하다라는 뜻이니, 天下의 衆民이 모두 변화하여 위를 따르므로 풍속이 크게 화평해짐을 말한 것이다.

【疏】 '克明'至'時雍' ○正義曰 : 言堯能名聞廣遠, 由其委任賢哲, 故復陳之. 言堯之爲君也, 能尊明俊德之士, 使之助己施化, 以此賢臣之化, 先令親其九族之親, 九族蒙化已親睦矣. 又使之和協顯明於百官之族姓, 百姓蒙化, 皆有禮儀, (昭)〔照〕[1)]然而明顯矣. 又使之合會調和天下之萬國, 其萬國之衆人, 於是變化從上, 是以風俗大和. 能使九族敦睦, 百姓顯明, 萬邦和睦, 是'安天下之當安'者也.

1) (昭)〔照〕: 저본에는 '昭'로 되어있으나, 阮刻本에 "岳本과 宋本에는 '照'로 되어있다."라고 한 것에 의거하여 '照'로 바로잡았다.

經의 〔克明〕에서 〔時雍〕까지

○ 正義曰 : 堯임금이 명성이 널리 또는 멀리 들릴 수 있는 것은 賢哲한 사람에게 위임하여 정치를 잘한 데서 연유함을 강조하려고 하였기 때문에 다시 말을 꺼냈다. 말하자면, 堯가 임금이 됨에 능히 俊德을 밝힌 士를 높여 그들로 하여금 자기를 도와 정치교화를 베풀게 하였고, 이와 같은 賢臣의 정치교화를 가지고 먼저 그 九族의 친족을 친화하게 하니, 九族이 정치교화를 입어 이미 親睦하였으며, 또 賢臣들로 하여금 百官의 族姓을 和協하고 顯明해지게 하니, 百官의 族姓이 정치교화를 입어 모두 禮儀를 가짐으로써 밝게 나타났으며, 또 賢臣들로 하여금 天下의 萬國을 會合하여 調和를 이루게 하니, 이로써 風俗이 크게 화평해졌으므로 능히 九族을 敦睦하게 하고, 百姓을 顯明하게 하고, 萬邦을 和睦하게 하였다는 것이다. 이것이 바로 "천하의 응당 편안해야 할 바를 편안하게 하셨다."는 것이다.

【疏】 ○ 傳'能明'至'之親' ○ 正義曰 : 鄭玄云 "俊德, 賢才兼人者." 然則俊德, 謂有德(又)〔人〕[1]. '能明俊德之士'者, 謂命爲大官, 賜之厚祿, 用其才智, 使之高顯也. 以其有德, 故任用之. 以此賢臣之化, 親睦高祖玄孫之親. 上至高祖, 下及玄孫, 是爲九族. 同出高曾, 皆當親之, 故言之親也. 禮記喪服小記云 "親親, 以三爲五, 以五爲九[2]." 又異義[3]·夏侯·歐陽等以爲 "九族者, 父族四·母族三·妻族二." 皆據'異姓有服'. 鄭玄駁云 "異姓之服, 不過緦麻, 言不廢昏. 又昏禮請期云 '惟是三族之不虞.' 恐其廢昏, 明非外族也." 是鄭與孔同. '九族', 謂帝之九族, '百姓', 謂百官族姓, '萬邦', 謂天下衆民, 自內及外, 從高至卑, 以爲遠近之次也. 知九族非民之九族者, 以先親九族, 次及百姓, 百姓是群臣弟子, 不宜越百姓而先下民. 若是民之九族, 則九族旣睦, 民已和矣, 下句不當復言"協和萬邦." 以此知帝之九族也. 堯不自親九族, 而待臣使之親者, 此言用臣法耳, 豈有聖人在上, 疏其骨肉者乎. 若以堯自能親, 不待臣化, 則化萬邦百姓, 堯豈不能化之, 而待臣化之也. 且言'親九族'者, 非徒使帝親之, 亦使臣親之, 帝亦令其自相親愛, 故須臣子之化也.

1) (又)〔人〕: 저본에는 '又'로 되어있으나, 阮刻本에 "宋本에는 '又'가 '人'으로 되어있으니, 옳다."라고 한 것에 의거하여 '人'으로 바로잡았다.

2) 親親……以五爲九 : '以三爲五'의 '三'은 자신과 부모, 그리고 아들을 합친 숫자이고, '五'는 아버지로 해서 할아버지를 친애하게 되고 아들로 해서 손자를 친애하게 되어, 당초의 셋이 다섯으로 늘어나게 된 것을 말한다. '以五爲九'의 '九'는 할아버지로 해서 증조와 고조를 친애하게 되고, 손자로 해서 증손과 고손을 친애하게 되니, 다섯이 아홉으로 늘어나게 된 것을 말한다.

3) 異義 : 漢代 許愼의 ≪五經異義≫를 가리킨다.

○ 傳의 〔能明〕에서 〔之親〕까지

○ 正義曰 : 鄭玄이 이르기를 "俊德은 賢才가 여느 사람보다 뛰어난 자이다."라고 하였다. 그렇다면 俊德은 덕이 있는 사람을 말한 것이다.

〔能明俊德之士〕 큰 벼슬에 임명하고 많은 녹봉을 주며 그 才智를 이용하여 높이 나타나게 함을 말한 것이다. 덕이 있기 때문에 그를 임용한 것이나. 이와 같은 어진 신하의 변화를 가지고 高祖로부터 玄孫에 이르는 親族을 親睦하게 한 것이다.

위로 高祖에 이르고 아래로 玄孫에 미치는 것이 바로 九族이니, 고조와 증조에게서 함께 나왔으므로, 모두 응당 친목해야 하기 때문에 親이라고 말한 것이다.

≪禮記≫ 〈喪服小記〉에 이르기를 "친족은 친애하되 셋을 가지고 다섯을 만들고, 다섯을 가지고 아홉을 만든다."고 하였고, 또 ≪五經異義≫ · 夏侯 · 歐陽 등이 "九族이란 것은, 父族이 넷, 母族이 셋, 妻族이 둘이다."라고 한 말은 모두 "異姓에 服이 있다."는 문구에 의거한 것인데, 鄭玄이 반박하기를 "異姓의 服은 緦麻에 지나지 않으므로 혼사를 폐지하지 않음을 말한 것이다. 또 ≪儀禮≫ 〈士昏禮〉의 請期하는 말에 '三族에게 무슨 일이 있을지 헤아릴 수 없다.'고 한 것은 그 혼사의 폐지를 염려한 것인바, 분명 外族이 아니다."라고 하였으니, 이것은 鄭玄과 孔安國의 의견이 같았다.

'九族'은 帝의 九族을 말하고, '百姓'은 百官의 族姓을 말하고, '萬邦'은 天下의 衆民을 말하는바, 안으로부터 밖으로 미쳐가고 높은 데로부터 낮은 데로 이르러 遠近의 차서로 삼았다. 九族이 일반 百姓의 九族이 아님을 알 수 있는 것은 먼저 九族을 친목하고, 그 다음 百姓에게 미쳐갔으며, 百姓은 바로 群臣의 弟子이니, 의당 百姓을 건너뛰어 下民에게 먼저 하지 않았을 것이다. 만일 일반 百姓의 九族이라면, 九族이 이미 친목해져서 일반 百姓이 이미 친목해졌을 것이니, 下句에서 응당 다시 "萬邦을 協和했다."고 말하지 않았어야 할 것이다. 이것으로 帝의 九族임을 알 수 있다.

堯임금이 스스로 九族을 친목하게 하지 않고 신하가 친목하게 하기를 기다린 것에 대해서는 신하를 임용하는 방법을 강조했을 뿐이다. 어찌 聖人이 위에 있으면서 그 骨肉을 소원하게 대할 리가 있겠는가. 만일 堯임금이 스스로 능히 九族을 친목하게 하고 신하의 변화를 기다리지 않았다면 萬邦의 百姓을 변화하는 일을 堯임금이 어찌 능히 변화하지 않고 신하가 변화하기를 기다렸겠는가?

〔親九族〕 한갓 帝王이 친목하게 하고 또한 신하가 친목하게 했을 뿐만 아니라, 제왕이 또한 그들이 서로 親愛하도록 했기 때문에 臣子의 변화를 기다린 것이다.

【疏】 ○傳'旣已'至'章明' ○正義曰:'旣'·'已'義同, 故訓旣爲已, 經傳之言. '百姓', 或指天下百姓, 此下句乃有'黎民', 故知百姓卽百官也. 百官謂之百姓者, 隱八年左傳云"天子建德, 因生以賜姓." 謂建立有德以爲公卿, 因其所生之地而賜之以爲其姓, 令其收斂族親, 自爲宗主. 明王者, 任賢不任親, 故以百姓言之. 周官篇云"唐·虞稽古, 建官惟百." 大禹謨云"率百官若帝之初." 是唐·虞之世經文, 皆稱百官, 而禮記明堂位云"有虞氏之官五十." 後世所記不合經也. '平章'與'百姓', 其文非九族之事, 傳以此經之事文勢相因, 先化九族, 乃化百官, 故云"化九族而平和章明." 謂九族與百官皆須導之以德義, 平理之使之協和, 敎之以禮法, 章顯之使之明著.

○傳의 〔旣已〕에서 〔章明〕까지

○正義曰:'旣'와 '已'는 뜻이 같기 때문에 '旣'를 '已'의 뜻으로 풀이하는 것은 바로 經傳의 말이다.

〔百姓〕 혹 天下의 百姓으로 보기도 하지만, 下句에 바로 '黎民'이 있기 때문에 百姓이 곧 百官이란 것을 알 수 있다. 百官을 百姓이라고 한 것에 대해서는 隱公 8년 조의 ≪春秋左氏傳≫에 "天子는 德이 있는 사람을 세우고서 그가 출생한 지명을 그의 姓으로 정해 주었다."라고 하였으니, 德이 있는 사람을 세워 公卿을 삼고, 그가 출생한 지명을 그의 姓으로 정해준 다음 그 族親을 거두어 스스로 宗主가 되게 하였음을 말한 것이다. 明王은 어진 이를 임용하고 친척을 임용하지 않는다. 그러므로 百姓을 가지고 말한 것이다. ≪尙書≫ 〈周書 周官〉편에 이르기를 "唐·虞의 시대에는 옛 제도를 상고하여 벼슬을 세우되 '百'이란 숫자를 사용하였다."라고 하였고, ≪尙書≫ 〈虞書 大禹謨〉에 이르기를 "百官을 통솔하시되 帝舜이 처음 했던 것과 같이 했다."라고 하였다. 이는 唐·虞의 시대의 經文에는 모두 百官이라고 칭하였는데, ≪禮記≫ 〈明堂位〉에는 "有虞氏의 관원은 50이었다."라고 하였으니, 후세에 기록한 것은 經文과 합치되지 않는다.

'平章'과 '百姓'은 그 글이 九族의 일에 관한 것이 아닌데, 傳에서는 이 經의 일이 文勢

가 서로 연관되어 먼저 九族을 변화하고 이에 百官을 변화했기 때문에 "九族을 변화하여 평화롭고 창명하게 하였다."라고 하였으니, 곧 九族과 百官을 모두 德義를 가지고 인도하여 평화롭게 다스려서 協和하게 하고, 禮法을 가지고 가르쳐 환히 나타나서 밝게 드러나게 함을 이른 것이다.

【疏】 ○ 傳'昭亦'至'大和' ○ 正義曰：釋詁以昭爲光, 光·明義同, 經已有明, 故云"昭亦明也." 釋詁以協爲和, 和·合義同, 故訓協爲合也. '黎 衆'·'時 是', 釋詁文. '雍 和', 釋訓文. 堯民之變, 明其變惡從善, 人之所和, 惟風俗耳. 故知謂"天下衆人皆變化(化)〔從〕[1]上, 是以風俗大和." 人俗大和, 卽是太平之事也. 此上經三事相類, 古史交互立文. 以親言旣睦, 平章言昭明, 協和言時雍. 睦卽親也, 章卽明也, 雍卽和也, 各自變文以類相對. 平九族使之親, 平百姓使之明, 正謂使從順禮義, 恩情和合, 故於萬邦變言'協和', 明'以親九族'·'平章百姓', 亦是協和之也. 但九族宜相親睦, 百姓宜明禮義, 萬邦宜盡和協, 各因所宜爲文, 其實相通也. 民言'於變', 謂從上化, 則'九族旣睦'·'百姓昭明', 亦是變上, 故得睦得明也.

1) (化)〔從〕: 저본에는 '化'로 되어있으나, 阮刻本에 "宋本과 閩本은 같고, 毛本에는 '化'가 '從'으로 되어있다."라고 한 것에 의거하여 '從'으로 바로잡았다.

○ 傳의 〔昭亦〕에서 〔大和〕까지

○ 正義曰：≪爾雅≫ 〈釋詁〉에 昭를 光의 뜻이라고 하였고, 光과 明은 뜻이 같은데, 經에 이미 '明'이 있기 때문에 "昭도 明의 뜻이다."라고 한 것이다. 〈釋詁〉에 協을 和의 뜻이라고 하였는데, 和와 合은 뜻이 같기 때문에 協을 合의 뜻으로 풀이하였다.

〔黎 衆〕·〔時 是〕 〈釋詁〉의 글이다.

〔雍 和〕 ≪爾雅≫ 〈釋訓〉의 글이다.

堯의 백성이 변한 것은 그 惡을 변개하여 善을 따랐음을 밝힌 것이고, 사람이 화평한 것은 오직 풍속에 나타날 뿐이다. 그러므로 "天下의 衆人이 모두 변화하여 위를 따르니, 이렇기 때문에 풍속이 크게 화평하였다."라고 이른 것을 알 수 있으니, 사람과 풍속이 크게 화평한 것이 곧 太平의 일이다.

이것은 上經의 세 가지 일이 서로 같기 때문에 옛 史官이 상호 연관성 있게 문장을 구성하였다. 親으로써 '旣睦'을 말하고, 平章으로써 '昭明'을 말하고, 協和로써 '時雍'을 말하였다. 睦은 親, 章은 明, 雍은 和의 뜻이기 때문에 각각 문장을 변경해서 類로써 서로

對偶를 맞춘 것이다.

九族을 평화롭게 하여 친목하도록 하고, 百姓을 평화롭게 하여 덕을 밝히도록 한 것은 틀림없이 禮義를 순종하여 恩情이 和合하게 함을 이른 것이다. 그러므로 萬邦에서는 '協和'로 변경해서 말하여 '以親九族'과 '平章百姓' 역시 協和라는 것을 밝힌 것이다. 다만 九族은 마땅히 서로 친목해야 하고, 百姓은 마땅히 禮義를 밝혀야 하고, 萬邦은 마땅히 和協을 다해야 하므로 각각 마땅한 바를 인하여 문장을 구성하였으나 실은 서로 통하는 것이다. 백성에 대하여 '於變'이라 말한 것은 위를 따라 변화함을 이른 것이니, '九族旣睦'과 '百姓昭明'도 역시 위를 따라 변화한 것이다. 그러므로 睦이 되고, 明이 된 것이다.

乃命羲和하사 **欽若昊天**하고 **曆象**[1]**日月星辰**하여 **敬授(人)〔民〕時**[2]하시니라

1) 曆象 : 日月과 星辰의 운행하는 法象을 책력으로 만드는 일이다. 蔡傳에서는 "曆은 數를 기록하는 책이고, 象은 하늘을 관측하는 기구이니, 下篇에 있는 '璿璣玉衡' 따위가 바로 그것이다."라고 풀이하였다.

2) (人)〔民〕時 : 저본에는 '人'으로 되어있으나, 阮刻本에 "古本에는 '人'이 '民'으로 되어있고, 注도 같다. 살펴보건대 唐나라 이전에는 이 句를 인용할 적에 '民'으로 쓰지 않은 것이 있지 않다."라고 한 것에 의거하여 '民'으로 바로잡았다. 民時는 농민이 경작하는 농사철을 가리킨다.

이에 羲氏와 和氏에게 명하여 昊天의 명을 경건하게 따르고 日月과 星辰의 운행하는 법상을 책력으로 만들어서 농민이 경작하는 농사철을 경건하게 알려주도록 하셨다.

【傳】 **重黎之後羲氏和氏**는 **世掌天地(四時)**[1]**之官**이라 **故**로 **堯命之**하여 **使敬順昊天**이니라 **昊天**은 **言元氣廣大**니라 **星**은 **四方中星**이요 **辰**은 **日月所會**니 **曆象其分節**하여 **敬記天時以授人也**니라 **此擧其目**이요 **下別序之**니라 ○ **羲和**를 **馬云 羲氏**는 **掌天官**하고 **和氏**는 **掌地官**하고 **四子**[2]는 **掌四時**라 **重**은 **少昊之後**요 **黎**는 **高陽之後**라 **日月所會**는 **謂日月交會於十二次也**라 **寅曰析木**이요 **卯曰大火**요 **辰曰壽星**이요 **巳曰鶉尾**요 **午曰鶉火**요 **未曰鶉首**요 **申曰實沈**이요 **酉曰大梁**이요 **戌曰降婁**요 **亥曰娵訾**(추자)요 **子曰玄枵**(현효)요 **丑曰星紀**라

1) (四時) : 저본에는 '四時'가 있으나, 阮刻本에 "≪史記集解≫에는 '四時' 2字가 없다. 疏의 뜻을 살펴보건대 또한 이 2字가 없어야 할 듯하다."라고 한 것에 의거하여 衍文으로 처리하였다.

2) 四子 : 네 아들로서 곧 羲仲·羲叔과 和仲·和叔이다.

重과 黎의 후손인 羲氏와 和氏는 대대로 하늘과 땅을 관장하는 벼슬아치이다. 그러므로 堯임금이 그들에게 명하여 昊天을 경건하게 따르게 하였다. 昊天은 元氣의 廣大함을 말한다. 星은 四方의 中星이고, 辰은 日月이 모인 곳이니, 그 分節을 관측하여 경건하게 天時를 기록해서 사람들에게 알려주게 하였다. 여기서는 그 명목만을 들고 아래에서 따로 순서에 따라 기록하였다.

○ 羲·和에 대하여 馬融은 말하기를 "羲氏는 天官을 관장하고, 和氏는 地官을 관장하고, 四子는 四時를 관장했다."라고 하였다. 重은 少皞의 후손이고, 黎는 高陽의 후손이다. '日月이 모인 곳'은 해와 달이 12방위에서 교접하여 모이는 것을 가리킨다. 寅을 析木, 卯를 大火, 辰을 壽星, 巳를 鶉尾, 午를 鶉火, 未를 鶉首, 申을 實沈, 酉를 大梁, 戌을 降婁, 亥를 娵訾, 子를 玄枵, 丑을 星紀라고 한다.

分命羲仲하사 宅嵎夷[1]하시니 曰暘谷이니라

1) 嵎夷 : 해돋이를 가리킨다.

따로 羲仲에게 명하시어 嵎夷에 거주하게 하시니, 暘谷이란 곳이다.

【傳】 宅은 居也라 東表之地를 稱嵎夷라 暘은 明也라 日出於〔暘〕[1]谷而天下明이라 故로 稱暘谷이니 暘谷과 嵎夷는 一也라 羲仲은 居治東方之官이라 ○ 馬曰 嵎는 海嵎也요 夷는 萊夷也라 尙書考靈耀及史記는 作禺銕라 馬云 暘谷은 海嵎니 夷之地名이라 日出於谷은 本或作日出於暘谷이나 暘은 衍字라

1) 〔暘〕: 저본에는 '暘'이 없으나, 阮刻本에 "살펴보건대 ≪史記集解≫에는 '暘'자가 있다." 라고 한 것에 의거하여 보충하였다.

宅은 거하다라는 뜻이다. 동쪽 밖의 땅을 嵎夷라 일컫는다. 暘은 밝다라는 뜻이다. 해가 暘谷에서 솟아나오면 천하가 밝기 때문에 暘谷이라 일컫는다. 暘谷과 嵎夷는 한가지이다. 羲仲이 東方에 거주하여 다스리는 관원이다.

○ 馬融은 "嵎는 바다 모퉁이이고, 夷는 萊夷이다."라고 하였고, ≪尙書考靈耀≫ 및 ≪史記≫에는 '禺銕'로 되어있다. 馬融은 "暘谷은 바다 모퉁이이니, 萊夷의 땅 이름이다."라고 하였다. '日出於谷'은 어떤 本에는 혹 '日出於暘谷'으로도 적었으나 '暘'은 衍字이다.

寅賓出日하여 平秩[1)]東作하시니라

1) 平秩 : ≪史記≫에는 '便程'으로, ≪漢書≫와 ≪尙書大傳≫에는 '辯秩'로 되어있다.

솟아오르는 해를 경건히 인도하여 고루 次序에 따라 농사짓는 일을 돕도록 하셨다.

【傳】 寅은 敬이요 賓은 導요 秩은 序也라 歲起於東而始就耕을 謂之東作이라 東方之官이 敬導出日하여 平均次序東作之事하여 以務農也라

寅은 공경하다라는 뜻이요, 賓은 인도하다라는 뜻이요, 秩은 次序라는 뜻이다. 신년의 해가 동쪽에서 솟아나면 비로소 농사 준비를 하기 때문에 東作이라 이른 것이다. 東方의 관원이 솟아오르는 해를 경건히 인도하여 고루 차서에 따라 농사짓는 일을 도와 농사에 힘쓰게 하였다.

日中과 星鳥로 以殷[1)]仲春하시니

1) 殷 : 孔傳에서는 正의 뜻으로 보았고, 孔疏에서는 正을 '調正'으로 풀이하였는데, 蔡傳에서는 馬融과 鄭玄을 따라 中의 뜻으로 풀이하였다. 〈堯典〉에서 仲春의 경우는 '以殷仲春', 仲夏의 경우는 '以正仲夏', 仲秋의 경우는 '以殷仲秋', 仲冬의 경우는 '以正仲冬'이라 하여, 낮과 밤의 길이가 같은 春分이 든 仲春과 秋分이 든 仲秋에만 '殷'자를 쓴 것으로 볼 때 계절을 감안하지 않고 모두 '正'의 뜻으로 풀이한 孔傳보다는 '中'의 뜻으로 풀이한 蔡傳이 더 합당한 듯하다.

낮과 밤의 길이가 같은 것과 별이 鳥宿(수)에 자리 잡은 것으로 仲春의 절기를 조정해주도록 하시니,

【傳】 日中은 謂春分之日이요 鳥는 南方朱鳥七宿요 殷은 正也라 春分之昏에 鳥星畢見하니 以正仲春之氣節이니라 轉以推季孟이면 則可知리라 ○ 殷은 馬鄭云 中也라

日中은 춘분날을 말하고, 鳥는 南方 朱鳥 7宿이고, 殷은 바르다라는 뜻이다. 춘분날 저녁에 鳥星이 다 나타나니, 仲春의 절기를 조정해준다. 전환하여 季春과 孟春을 추리하면 알 수 있을 것이다.

○ 殷에 대하여 馬融과 鄭玄은 "殷은 알맞다라는 뜻이다."라고 하였다.

厥民은 析하고 鳥獸는 孳尾니라

그 백성들은 분산하고, 鳥獸는 새끼를 낳으려고 교미를 하였다.

【傳】 冬寒無事면 竝入室處하고 春事既起면 丁壯은 就功이니라 厥은 其也니 言其民老壯分析이니라 乳化曰孳요 交接曰尾니라 ○ 說文云 人及鳥生子曰乳요 獸曰産이라

겨울이 추워 일이 없으면 모두 방 안에 들어가 거처하고 농사가 이미 시작되면 丁壯은 일터에 나아간다. 厥은 其의 뜻이니, 그 백성은 노약자와 장정이 흩어짐을 말한 것이다. 乳化하는 것을 孳라고 하고, 交接하는 것을 尾라고 한다.

○ ≪說文解字≫에 "사람과 새가 새끼를 낳는 것을 乳라 하고, 짐승은 産이라 한다."라고 했다.

申命羲叔하사 宅南交하시니라

다시 羲叔에게 명하시어 南交에 거주하게 하셨다.

【傳】 申은 重也라 南交는 言夏與春交[1]니 擧一隅[2]以見之니라 此居治南方之官이니라

1) 南交言夏與春交 : 宋代 劉敞은 "孔傳이 잘못되었다. 겨울과 가을이 교접하고, 가을과 여름이 교접하고, 봄과 겨울이 교접한 것이라면 西交, 北交, 東交는 왜 말하지 않았는가? 네 곳에 거주한 것은 모두 땅을 가리켜 말한 것이니, 응당 여름에 대해서만 유독 氣를 가지고 말하지 않았을 것이다. 본래는 아마 '남쪽에 거주하게 하시니 交趾라는 땅이다.'라고 말했을 것인데, 후인이 傳寫하면서 두 글자를 빠뜨렸을 뿐이다."라고 하였다. ≪尙書注疏考證≫

蔡傳에서는 "'南交'는 南方 交趾의 땅이다.〔南交 南方交趾之地〕"라고 풀이하였다.

2) 擧一隅 : ≪論語≫ 〈述而〉에 "한 모서리를 들어 보여도 나머지 세 모서리를 미루어 깨닫지 못하면 나는 그런 사람은 더 알려주지 않는다.〔擧一隅 不以三隅反 則不復也〕"는 말에서 온 것이다.

申은 거듭이라는 뜻이다. 南交는 여름과 봄이 교접함을 말하니, 한 모서리를 들어 보인 것이다. 이는 南方에 거주하여 다스리는 관원이다.

平秩南訛[1]하되 敬致[2][3]시니라

1) 南訛 : 唐代 司馬貞의 ≪史記索隱≫과 宋代 裴駰의 ≪史記集解≫에는 ≪史記≫ 〈五帝本

紀〉에 '南譌'로 되어있다고 하였으나 현행 ≪史記≫ 〈五帝本紀〉에는 '南爲'로 되어있다. ≪史記索隱≫에는 '南譌'에 대해서 "봄은 '東作', 여름은 '南譌'라고 말하였는데, 모두 경작하고 경영하여 농사를 권장하는 일이다. 孔安國이 '譌'자를 억지로 '訛'자로 읽은 것은 비록 '化'자의 뜻으로 해석하기 위한 것이지만 또한 매우 迂遠한 일이다."라고 하였다.

2) 敬致 : 蔡傳에서는 '致敬'을 ≪周禮≫에 이른바 '겨울과 여름에 해를 맞이한다.〔冬夏致日〕'를 근거로, 夏至의 정오에 해에게 제사 지내고 그림자의 길이를 살피는 것으로 보았다. 蘇軾의 ≪書傳≫은 孔傳의 "敬行其教 以致其功"을 따랐고, 宋代 林之奇는 ≪尙書全解≫에서 "≪周官≫에는 '겨울과 여름에 해를 맞이한다.'고 되어있고 左氏는 '日官이 卿의 자리에 거하여 해를 맞이한다.'고 하였으니, 敬致란 것은 경건하게 해를 맞이하는 것을 이른다. 만일 孔傳과 같다면 어찌 유독 南方에서만 그와 같이 말했는가?"라고 하였다.

조선시대 兪肅基는 "'敬致'에 대하여 ≪周禮≫에 '겨울과 여름에 해를 맞이한다.'는 것을 이끌어서 말하였다. 겨울과 여름에는 아침과 저녁의 해 그림자는 기록하지 않고 반드시 해에 제사를 지내고 나서 그 日中의 그림자를 기록한 것은 무슨 뜻인가? 또 북방에서는 해를 맞이한 것을 말하지 않았는데, 이에 대하여 朱子는 '북방엔 해가 없기 때문이다.'라고 하였으나 ≪周禮≫에서 이미 '겨울과 여름에 해를 맞이한다.'고 하였고, 土圭法에 또한 그 四方의 해 그림자를 아울러 기록하는 것으로 되어있으니, '북방에 해가 없다.'고 말한 것은 무엇 때문인가?"라고 하여 朱子의 해석을 비판하였다. ≪經書集說 書傳≫

3) 平秩南訛 敬致 : 蔡傳에서는 "여름철에 변화하는 일을 차서에 따라 고루 다스리며, 경건하게 해에 제사 지내고 그 그림자를 표시하게 하셨다."로 풀이하였다.

南方의 化育하는 일을 고루 차서에 따라 진행하되, 그 교육행정을 경건히 행하여 그 공을 이루게 하셨다.

【傳】 訛는 化也라 掌夏之官이 平敍南方化育之事하되 敬行其教하여 以致其功이니라 四時[1] 同之하니 亦擧一隅니라

1) 時 : 元나라 王天與의 ≪尙書纂傳≫에는 '方'으로 되어있다.

訛는 化育하다라는 뜻이다. 여름을 맡은 관원이 南方의 化育하는 일을 고루 차서에 따라 진행하되 그 교육행정을 경건하게 행하여 그 공을 이루었다. 四時가 동일하기 때문에 또한 한 모서리만을 들어 보인 것이다.

日永과 星火로 以正仲夏하시니

해가 긴 것과 별이 大火에 위치한 것으로 仲夏의 절기를 조정해주도록 하시니,

【傳】 永은 長也니 謂夏至之日이라 火는 蒼龍之中星이니 擧中則七星見可知리라 以正仲夏之氣節이니 季孟亦可知리라

永은 길다라는 뜻이니, 하짓날을 이른다. 火는 蒼龍 7宿의 中星이니, 中星을 들어 보이면 七星이 나타나는 것을 알 수 있을 것이다. 仲夏의 절기를 조정해준 것이니, 季夏와 孟夏의 절기 또한 알 수 있을 것이다.

厥民은 因이요 鳥獸는 希革이니라

그 백성들은 그대로 가서 농사일을 돕고, 鳥獸는 털이 성글어져서 가죽이 바뀌었다.

【傳】 因은 謂老弱因就在田之丁壯하여 以助農也라 夏時엔 鳥獸毛羽希少改易이라 革은 改也라

因은 老弱者가 그대로 田庄에 있는 丁壯에게 가서 농사일을 돕는 것을 말한다. 여름철에는 鳥獸의 털과 깃이 희소해져서 바뀐다. 革은 바꾸다라는 뜻이다.

分命和仲하사 宅西하시니 曰昧谷이니라

따로 和仲에게 명하시어 서쪽 땅에 거주하게 하시니, 昧谷이란 곳이다.

【傳】 昧는 冥也니 日入於谷而天下冥이라 故로 曰昧谷이니라 昧谷曰西니 則嵎夷東을 可知니라 此居治西方之官이 掌秋天之政也니라

昧는 어둡다라는 뜻이니, 해가 골짜기로 들어가면 천하가 어두워진다. 그러므로 昧谷이라 한다. 昧谷을 서쪽이라 하니, 嵎夷가 동쪽임을 알 수 있다. 이는 西方에 거주하여 다스리는 관원이 秋天의 정사를 관장하는 것이다.

寅餞納日하여 平秩西成이시니라

지는 해를 경건히 전송하여 가을철 수확하는 일을 고루 차서에 따라 하도록 하셨다.

【傳】 餞은 送也라 日出言導하고 日入言送은 因事之宜니라 秋는 西方이요 萬物이 〔咸〕[1]成하니 平序其政하여 助成〔萬〕[2]物이니라 ○ 餞은 馬云 滅也요 滅은 猶沒也라

1)〔咸〕: 저본에는 '咸'자가 없으나, 阮刻本에 "'成' 위에 古本에는 '咸'자가 있다."라고 한 것에 의거하여 보충하였다.
2)〔萬〕: 저본에는 '萬'자가 없으나, 阮刻本에 "古本에는 '助成萬物也'로 되어있다."라고 한 것에 의거하여 보충하였다.

餞은 전송하다라는 뜻이다. 해가 솟아나오면 '맞이한다.'고 말하고, 해가 지면 '전송한다.'고 말하는 것은 일의 알맞은 형편에 따른 것이다. 가을은 서방에 해당하고 만물이 모두 이루어지는 시기이니, 고루 차서에 따라 그 정사를 펴서 만물을 도와 이루어지게 하였다는 것이다.

○ '餞'에 대하여 馬融은 "'滅'의 뜻을 가진 글자요, '滅'자는 '沒'자와 뜻이 같다."라고 하였다.

宵中과 星虛로 以殷仲秋하시니

밤과 낮의 길이가 같은 것과 별이 虛宿에 자리 잡은 것으로 仲秋의 절기를 조정해주도록 하시니,

【傳】 宵는 夜也라 春言日하고 秋言夜하니 互相備니라 虛는 玄武之中星이니 亦言七星이 皆以秋分日見으로 以正三秋[1]니라

1) 三秋 : 初秋·仲秋·季秋를 말한다.

宵는 밤이란 뜻이다. 봄에 대해서는 낮〔日〕을 말하고 가을에 대해서는 밤〔夜〕을 말하였으니 상호간에 구비한 것이다. 虛는 玄武의 中星이니 또한 七星이 모두 추분날 나타난 것을 가지고 三秋의 절기를 조절해줌을 말한 것이다.

厥民은 夷요 鳥獸는 毛毨(선)이니라

백성들은 평화롭고, 鳥獸는 털갈이를 하여 정리되었다.

【傳】 夷는 平也니 老壯在田하여 與夏平也니라 毨은 理也니 毛更生整理니라 ○ 毛毨은 說文云 仲秋엔 鳥獸毛盛하니 可選取以爲器用也라

夷는 평화롭다는 뜻이니, 노인과 장정들이 田庄에서 여름과 함께 평화롭게 지낸다는 것이다. 毨은 정리한다는 뜻이 담긴 글자이니, 털이 다시 나서 정리되는 것이다.

○ '毛毨'에 대해서는 ≪說文解字≫에 "仲秋엔 鳥獸의 털이 무성하므로 가려서 취하여 器用을 만들 만하다."라고 설명하였다.

申命和叔하사 宅朔方하시니 曰幽都니라 平在[1]朔易이시니라

1) 平在 : ≪史記≫와 ≪尙書大傳≫에는 '便在'로 되어있는데, ≪尙書大傳≫의 '便在'는 '辯在'의 잘못인 듯하다.

거듭 和叔에게 명하시어 朔方에 거주하게 하시니 '幽都'라는 곳이다. 朔易을 고루 살피도록 하셨다.

【傳】北稱朔하고 亦稱方하니 言一方하면 則三方見(현)矣니라 北稱幽(則)〔都〕[1]하니 南稱明을 從可知也니라 都는 謂所聚也라 易은 謂歲改易北方이니 平均在察其政하여 以順天常이니라 上總言羲和하여 敬順昊天하고 此分別仲叔하여 各有所掌이니라

1) (則)〔都〕: 저본에는 '則'으로 되어있으나, 阮刻本에 "宋本에는 '則'이 '都'로 되어있다. 살펴보건대 '則'자는 그르다."라고 한 것에 의거하여 '都'로 바로잡았다.

北을 朔이라 칭하고 또한 方이라 칭하니, 一方을 말하면 三方이 보일 것이다. 北을 '幽都'라 칭하였으니 南을 '明都'라 칭할 것을 따라서 알 수 있다. 都는 모이는 것을 이른다. 易은 해가 北方에서 改易하는 것을 이르니, 고루 그 정사를 살펴서 하늘의 常道를 따르는 것이다. 위에서는 총체적으로 羲와 和를 말하여 昊天을 경건히 따르게 하였고, 여기서는 仲・叔을 분별하여 각각 관장하는 바가 있게 하였다.

日短과 星昴로 以正仲冬하시니

낮의 길이가 짧은 것과 별이 昴宿에 자리 잡은 것으로 仲冬의 절기를 조정해주도록 하시니,

【傳】日短은 冬至之日이요 昴는 白虎之中星이니 亦以七星并見으로 以正冬之三節이니라

낮의 길이가 짧은 것은 동짓날이고, '昴'는 白虎의 中星이니, 또한 七星이 아울러 나타나는 것으로 겨울의 세 절기를 조정해주는 것이다.

厥民은 隩요 鳥獸는 氄(용)毛니라

백성들은 방 안에 있고, 鳥獸는 솜털이 났다.

【傳】 隩는 室也라 民은 改歲入此室處하여 以辟(피)風寒하고 鳥獸는 皆生(而)〔耎〕[1]氄細毛以自溫焉이니라

1) (而)〔耎〕: 저본에는 '而'로 되어있으나, 阮刻本에 "岳本, 閩本, 明監本, 毛本에는 '而'가 '耎'으로 되어있다."라고 한 것에 의거하여 '耎'으로 바로잡았다.

隩는 방이라는 뜻이다. 백성은 해가 바뀌면 이 방에 들어가서 거처하여 風寒을 피하고, 鳥獸는 모두 부드럽고 가는 털이 나서 스스로 보온한다.

帝曰 咨汝羲暨和아 朞는 三百有六旬有六日이니 以閏月로 定四時成歲하면

帝堯가 말씀하기를 "아, 그대들 羲氏와 和氏야. 1년은 366일이니, 윤달로 四時를 정하여 歲曆을 작성하면

【傳】 咨는 嗟요 暨는 與라 匝四時曰朞니라 一歲가 十二月이요 月이 三十日이니 正三百六十日이요 除小月六이면 爲六日이니 是爲一歲有餘十二日이요 未盈三歲足得一月이면 則置閏焉하여 以定四時之氣節하여 成一歲之曆象이니라

咨는 嗟(아!)의 뜻이요, 暨는 與(및)의 뜻이다. 四時를 한 바퀴 도는 것을 '朞'라 한다. 한 해가 12개월이고, 한 달이 30일이니, 정확하게 360일이고, 작은 여섯 달에서 각각 1일씩을 제하면 6일이니, 이것이 1년에 12일이 남음이 있게 되니, 3년이 채 못 되어 족히 한 달을 얻으면 윤달을 두어서 四時의 절기를 정하여 1년의 曆象을 작성할 수 있다는 것이다.

允釐百工하여 庶績咸熙리라

진실로 百官을 다스려 모든 공이 다 넓어질 것이다."라고 하셨다.

【傳】 允은 信이요 釐는 治요 工은 官이요 績은 功이요 咸은 皆요 熙는 廣也라 言定四時成歲曆하여 以告時授事하면 則能信治百官하여 衆功皆廣이니 嘆其善이니라

允은 진실하다라는 뜻이요, 釐는 다스리다라는 뜻이요, 工은 官의 뜻이요, 績은 功의 뜻이요, 咸은 모두라는 뜻이요, 熙는 넓다라는 뜻이다. 四時를 정해서 歲曆을 작성하여

시절을 알려주고 일을 가르쳐주면 진실로 百官을 다스려 모든 공이 다 넓혀질 것임을 말한 것이니, 그 좋은 점을 찬탄한 것이다.

【疏】'乃命'至'咸熙' ○正義曰：上言能明俊德, 又述能明之事, 堯之聖德美政如上所陳. 但聖不必獨理, 必須賢輔. 堯以須臣之故, 乃命有俊明之人, 羲氏·和氏, 敬順昊天之命, 曆此法象. 其日之甲乙[1], 月之大小, 昏明遞中之星, 日月所會之辰, 定其所行之數, 以爲一歲之曆. 乃依此曆, 敬授下人以天時之早晩. 其總爲一歲之曆, 其分有四時之異, 既擧總目, 更別序之. 堯於羲和之內, 乃分別命其羲氏而字仲者, 令居治東方嵎夷之地也. 日所出處, 名曰暘明之谷, 於此處所主之職, 使羲仲主治之. 既主東方之事, 而日出於東方, 令此羲仲恭敬導引將出之日, 平均次序東方耕作之事, 使彼下民務勤種植. 於日晝夜中分, 刻漏正等, 天星朱鳥南方七宿合昏畢見, 以此天之時候[2], 調正仲春之氣節. 此時農事已起, 不居室內, 其時之民, 宜分析適野. 老弱居室, 丁壯就功. 於時鳥獸皆孕胎卵, 孳尾匹合.

1) 其日之甲乙：甲乙은 十干의 이름이다. 《禮記》〈月令〉에 "그 날은 〈일진이〉 甲乙이고, 그 帝는 太皥이다.〔其日甲乙 其帝太皥〕"라는 말이 보인다.

2) 天之時候：아래에는 '天時之候'로 되어있으니, 어떤 것이 옳은지 모르기 때문에 각각 그 문구에 따라 번역하였다.

經의 〔乃命〕에서 〔咸熙〕까지

○正義曰：위에서 능히 俊德을 밝힌 것을 말하고 또 능히 밝히는 일을 서술하였으니, 堯임금의 聖德과 美政은 위에서 진술한 바와 같다. 다만 聖人은 반드시 혼자 다스리지 못하고 꼭 어진 보필을 필요로 한다. 堯임금도 어진 신하를 필요로 했기 때문에 이에 俊明한 덕을 가진 사람에게 명하였으니, 羲氏와 和氏가 昊天의 명을 경건히 따라 하늘이 운행하는 法象을 책력으로 만들게 된 것이다. 그 날의 甲乙, 달의 大小, 그리고 어둠과 밝음이 교체되는 가운데의 별, 해와 달이 모이는 시각 등 그 운행의 도수를 정하여 한 해의 책력을 작성하였다. 그래서 이 책력에 의하여 백성들에게 天時의 早晩에 관한 절기를 경건히 알려주었다. 그 총체적인 것으로는 한 해의 책력을 만들고 그 분리에 있어서는 四時의 다른 점이 있기 때문에 이미 總目을 설립하고 다시 차서를 분별한 것이다.

堯임금은 羲氏와 和氏 내에서 羲氏로서 字가 仲인 사람에게 따로 명하여 東方 嵎夷의 땅에 거주하며 다스리게 하였다. 해가 솟아나오는 곳의 이름을 暘明의 골짜기라 하는데,

이곳에서 관리하는 직무를 羲仲으로 하여금 주관해 다스리게 하였다. 이미 동방의 일을 주관하고 있고 해가 동방에서 솟아나오는 이상, 羲仲으로 하여금 장차 솟아나오는 해를 공경히 인도하여 동방의 경작하는 일을 고루 차례에 따라 진행하되 저 농민들로 하여금 열심히 씨앗을 뿌리게 하였다.

해의 낮과 밤의 길이가 균등해지고 刻漏가 평등한 시간을 유지하며, 天星인 朱鳥 南方의 7宿가 어두울 무렵에 모두 나타나는 춘분날에 이 하늘의 時候를 가지고 時候가 仲春의 절기를 조정해준다. 이때는 농사일이 이미 시작되었으므로 집 안에 있을 시기가 아니니, 이때에 백성들은 흩어져 들로 나가는 것이 마땅하다. 그래서 노약자들은 집에 남아 있고 장정들은 일하러 나간다. 이때에 鳥獸는 모두 잉태하고 알을 낳기 위하여 쌍쌍이 교미를 한다.

【疏】又就所分羲氏之內, 重命其羲氏而字叔者, 使之居治南方之職, 又於天分南方與東交, 立夏以至立秋時之事, 皆主之. 均平次序南方化育之事, 敬行其教, 以致其功. 於日正長, 晝漏最多, 天星大火東方七宿合昏畢見, 以此天時之候, 調正仲夏之氣節. 於時苗稼已殖, 農事尤煩, 其時之民, 老弱因一丁壯就在田野. 於時鳥獸羽毛希少, 變改寒時. 又分命和氏而字仲者, 居治西方. 日所入處, 名曰昧冥之谷. 於此處所主之職, 使和仲主治之. 旣主西方之事, 而日入在於西方, 令此和仲恭敬從送旣入之日, 平均次序西方成物之事, 使彼下民務勤收斂. 於晝夜中分, 漏刻正等, 天星之虛北方七宿合昏畢見, 以此天時之候, 調正仲秋之氣節. 於時禾苗秀實, 農事未閑, 其時之民與夏齊平, 盡在田野. 於時鳥獸毛羽更生, 已稍整治.

또한 羲氏들에게 직무를 분담시킨 속에서 다시 羲氏로 字가 叔인 사람에게 명하여 그로 하여금 南方에 거주하며 남방의 일을 다스리게 하고, 또 남방과 동방을 나누는 하늘의 문제와 立夏에서 立秋에 이르기까지의 일들을 모두 주관하게 하였다. 南方의 化育하는 일을 고루 차서에 따라 진행하되 가르침을 경건히 행하여 그 공을 이루게 하였다.

해의 길이가 제일 긴 시기이고 낮의 漏水가 가장 많이 떨어지며, 天星인 大火 東方의 7宿가 어두울 무렵에 모두 나타나는 하짓날에 이 天時의 기후를 가지고 仲夏의 절기를 조정해준다. 이때에는 苗稼가 이미 심어졌으니 농사일이 더욱 분답하므로 이때에 백성들은 노약자가 한 장정을 따라 田野에 나가 있게 된다. 이때에 鳥獸는 털과 깃이 希少해졌다가 추울 때에 變改한다.

또한 和氏로서 字가 仲인 사람에게 따로 명하여 西方에 거주하며 다스리게 하였다. 해가 지는 곳의 이름을 昧冥이라 하는데, 이곳에서 관리하는 직무를 和仲으로 하여금 주관해 다스리게 하였다. 이미 西方의 일을 주관하고 있고 해가 지는 곳이 西方에 있는 이상, 和仲으로 하여금 이미 지는 해를 공경히 따라가 전송하면서 西方의 만물을 이루는 일을 고루 차례에 따라서 진행하되 저 下民으로 하여금 부지런히 수확하게 하였다.

해가 낮과 밤의 길이가 균등해지고 刻漏가 평등한 시간을 유지하며, 天星인 虛宿 北方의 7宿가 어두울 무렵에 모두 나타나는 추분날에 이 天時의 기후를 가지고 仲秋의 절기를 조정해준다. 이때는 벼가 자라서 열매를 맺은 시기이므로 농사일이 한가하지 못하니, 이때의 백성들은 여름과 함께 어우러져서 모두 田野에 있게 된다. 이때에 鳥獸는 털과 깃이 다시 나서 약간 정리된다.

【疏】 又重命和氏而字叔者, 令居治北方. 名曰幽都之地, 於此處所主之職, 使和叔主治之. 平均視察北方歲改之事. 於日正短, 晝漏最少, 天星之昴西方七宿合昏畢見, 以此天時之候, 調正仲冬之氣節. 於時禾稼已入, 農事閑暇, 其時之人, 皆處深隩之室, 鳥獸皆生耎毳細毛以自溫暖. 此是羲·和敬天授人之實事也. 羲·和所掌如是, 故帝堯乃述而嘆之曰 "咨嗟, 汝羲仲·羲叔與和仲·和叔. 一期之間, 三百有六旬有六日, 分爲十二月, 則餘日不盡, 令氣朔參差[1], 若以閏月補闕, 令氣朔得正, 定四時之氣節, 成一歲之歷象, 是汝之美可嘆也. 又以此歲曆告時授事, 信能和治百官, 使之衆功皆廣也." 嘆美羲·和能敬天之節, 衆功皆廣, 則是風俗大和.

1) 氣朔參差 : 해와 달의 운행 도수가 차이 나는 것을 가리킨다. 陰曆의 置閏法에 있어서 해가 하늘의 지정된 곳과 만날 적에는 5일과 $\frac{235}{940}$ 일이 더 많은데 이것을 氣盈이라 하고, 달이 해와 만날 적에는 5일과 $\frac{592}{940}$ 일이 적은데 이것을 朔虛라 하니, 기영과 삭허를 합해서 윤달을 둔다고 한다.

또한 和氏로서 字가 叔인 사람에게 거듭 명하여 北方에 거주하며 다스리게 하였다. 그곳 이름은 幽都의 땅이라 하는데, 이곳에서 관리하는 직무를 和叔으로 하여금 주관해 다스리게 하였다. 동시에 北方의 해가 바뀌는 일들을 고루 시찰하게 하였다. 해의 길이가 제일 짧은 시기이고 낮의 刻漏가 가장 적게 떨어지며, 天星인 昴宿 西方 7宿가 어두울 무렵에 모두 나타나는 동짓날에 이 天時의 기후를 가지고 仲冬의 절기를 조정해준다. 이때에는 벼를 이미 거두어 들여 농사일이 한가하니, 이때의 사람들은 모두 아랫목이 깊이 박힌 방에 거처하고, 鳥獸는 모두 부드럽고 가는 털이 나서 스스로 보온한다. 이것은 바로 羲氏와 和氏가 하늘을 공경하고 사람들에게 절기를 알려주는 실제의 일이다.

羲氏와 和氏가 주관하는 일이 이와 같기 때문에 帝堯가 이에 술회하고 찬탄하기를 "아, 너희들 羲仲·羲叔 그리고 和仲·和叔아. 1년은 366일인데, 12개월로 나누면 남은 날이 다하지 않아 해와 달의 운행 도수가 차이 나게 되니, 만일 윤달로 모자란 것을 보충하여 해와 달의 운행 도수가 정상적인 도수를 얻게 하면 四時의 절기를 정하여 한 해의 曆象을 이루게 되니, 이것이 바로 찬탄할 만한 너의 아름다운 점이다. 또 이와 같은 歲曆을 가지고 시절을 알려주는 동시에 씨 뿌리고 수확하기 알맞은 때를 알려주며, 참으로 百官을 잘 다스려서 여러 공이 모두 넓혀지도록 하라."고 하였다. 羲氏와 和氏가 능히 하늘의 절후를 경건하게 받든 것을 탄미하였으니, 여러 공이 모두 넓혀지면 바로 풍속이 크게 화평해지는 것이다.

【疏】○傳'重黎'至'序之' ○正義曰：楚語云"少昊氏之衰, 九黎[1]亂德, 人神雜擾, 不可方物. 顓頊受之, 乃命南正[2]重司天以屬神, 火正[3]黎司地以屬民, 使復舊常, 無相侵瀆. 其後三苗復九黎之(惡)〔德〕[4], 堯復育重黎之後, 不忘舊者, 使復典之. 以至于夏商, 〔故重黎氏, 世敍天地而別其分主者也.〕[5]" 據此文, 則自堯及商無他姓也. 堯育重黎之後, 是此羲·和可知. 是羲·和爲重·黎之後, 世掌天地之官文所出也. 呂刑先重後黎, 此文先羲後和, 揚子法言云"羲近重, 和近黎." 是羲承重, 而和承黎矣. 呂刑稱'乃命重黎'與此'乃命羲和'爲一事也. 故呂刑傳云"重卽羲也, 黎卽和也." 羲·和雖別爲氏族而出自重·黎, 故呂刑以重·黎言之. 鄭語云"爲高辛氏火正." 則高辛亦命重·黎. 故鄭玄於此註云"高辛氏世, 命重爲南正司天, 黎爲火正司地." (據)〔是〕[6]'世掌'之文, 用楚語爲說也[7]. 楚世家云"重黎[8]爲帝嚳火正, 能光融天下, 帝嚳命曰祝融. 共工氏作亂, 帝嚳使重黎誅之而不盡. 帝乃以庚寅日誅重黎, 而以其弟吳回爲重黎〔後〕[9], 復居火正, 爲祝融." 案昭二十九年左傳稱少昊氏有子曰重, 顓頊氏有子曰黎, 則重黎二人, 各出一帝. 而史記竝以重黎爲楚國之祖, 吳回爲重黎, 以重黎爲官號[10], 此乃史記之謬. 故束晳譏馬遷竝兩人以爲一, 謂此是也.

1) 九黎：黎氏 아홉 사람을 가리킨다.
2) 南正：≪國語≫ 〈楚語〉의 註에 "'南'은 陽位이고 '正'은 長이다.〔南陽位 正長也〕"라고 풀이하였다.
3) 火正：≪國語≫ 〈楚語〉의 註에 "'火'는 마땅히 '北'이 되어야 하니 北은 陰位이기 때문이다.〔火當爲北 北陰位也〕"라고 하였다. 火正은 火官이라고도 하는데, 五行官((火正(祝

融)・金正(蓐收)・水正(玄冥)・土正(后土)・木正(句芒))의 하나이다.

4) (惡)〔德〕: 저본에는 '惡'으로 되어있으나, 阮刻本에 "毛本에는 '惡'이 '德'으로 되어있다. 살펴보건대 '惡'으로 되어있는 것은 ≪國語≫ 〈楚語〉와 다르다."라고 한 것에 의거하여 '德'으로 바로잡았다.

5) 〔故重黎氏 世敍天地而別其分主者也〕: 전후 사항의 이해를 위해 孔疏에서 ≪國語≫ 〈楚語〉를 인용하지 않은 부분을 보충하였다.

6) (據)〔是〕: 저본에는 '據'로 되어있으나, 阮刻本에 "宋本에는 '據'가 '是'로 되어있다."라고 한 것에 의거하여 '是'로 바로잡았다.

7) 世掌之文 用楚語爲說也 : ≪國語≫ 〈楚語〉에 "有天地神民 類物之官 謂之五官"이 있기 때문에 이렇게 말한 것이다.

8) 重黎 : ≪史記≫ 〈楚世家〉에 "高陽이 稱을 낳고 稱이 卷章을 낳고 卷章이 重黎를 낳았다."고 하였으니, 重黎가 한 사람으로 되어있다. ≪史記≫의 주에는 또 "≪世本≫에 '老童이 重黎와 吳回를 낳았다.'라고 하였는데, 譙周는 '老童이 곧 卷章이다.'라고 했다." 하였다.

9) 〔後〕: ≪史記≫ 〈楚世家〉에 의하여 보충하였다.

10) 吳回爲重黎 以重黎爲官號 : ≪史記≫ 〈楚世家〉에 "吳回를 重黎의 後嗣로 삼아〔吳回爲重黎後〕"라고 된 것을 孔穎達은 '後'자를 빠뜨리고 인용하여 "'重黎'를 官號로 만들었다."고 주장하였다.

○ 傳의 〔重黎〕에서 〔序之〕까지

○ 正義曰 : ≪國語≫ 〈楚語〉에 "少皥氏가 쇠락하자 九黎가 德을 어지럽히므로 사람과 귀신이 뒤섞여 사람인지 귀신인지 구별할 수 없었다. 顓頊이 少皥氏의 뒤를 이어받아 이에 南正인 重에게 명하여 하늘을 주관해서 여러 귀신을 모아 〈각각 서열을 두고〉 火正인 黎에게 명하여 땅을 주관해서 백성을 모아 〈각각 질서를 유지시킴으로써〉 옛 常道를 회복하여 서로 침범하고 번독한 일이 없게 하였다. 그 뒤에 三苗가 九黎의 德을 회복하였으므로 堯임금이 다시 重氏와 黎氏의 후손을 육성하여 舊業을 잊지 않은 자로 다시 하늘과 땅을 주관하게 하였다. 이렇게 하여 夏와 商에 이르렀기 때문에 重氏와 黎氏가 대대로 하늘과 땅의 질서를 세우고 그 직분을 구별했다."라고 하였으니, 이 글에 의거하면 堯임금으로부터 商나라에 이르기까지는 다른 성씨가 없었다.

堯임금이 重氏와 黎氏의 후손을 육성하였으니, 이는 바로 羲氏와 和氏라는 것을 알 수가 있다. 이 羲氏와 和氏는 重氏와 黎氏의 후손으로서 대대로 天官과 地官의 문서가 나가는 것을 관장하였다. ≪尙書≫ 〈周書 呂刑〉에는 '重'을 먼저, '黎'를 뒤에 적었고, 이 글에는 '羲'를 먼저, '和'를 뒤에 적었으며, 揚雄의 ≪法言≫에는 "羲는 重에 가깝고,

和는 黎에 가깝다."라고 하였으니, 이것은 바로 羲는 重을 계승하고 和는 黎를 계승한 것이다. 〈呂刑〉에서 칭한 '乃命重黎'는 여기의 '乃命羲和'와 한 가지 사례가 된다. 그러므로 〈呂刑〉의 傳에 "重은 곧 羲요 黎는 곧 和이다."라고 한 것이다. 羲와 和는 비록 별도로 氏族이 되었으나 重氏와 黎氏에서 나왔다. 그러므로 〈呂刑〉에서 重과 黎를 가지고 말한 것이다.

≪國語≫ 〈鄭語〉에 "高辛氏의 火正이 되었다."라고 하였으니, 高辛氏도 重과 黎에게 명하였다. 그러므로 鄭玄이 이 註에서 이르기를 "高辛氏의 세대에 重에게 명하여 南正을 삼아 하늘을 맡게 하고 黎에게 명하여 火正을 삼아 땅을 맡게 했다."라고 하였다. 이 "대대로 하늘과 땅을 관장하는 벼슬을 맡았다."란 글은 ≪國語≫ 〈楚語〉로써 말을 만든 것이다.

≪史記≫ 〈楚世家〉에 이르기를 "重黎가 帝嚳의 火正이 되어 능히 天下를 빛내자, 帝嚳이 명하여 祝融이라고 하였다. 共工氏가 亂을 일으키자, 帝嚳이 重黎로 하여금 그를 베어 죽이게 하였으나 다 베어 죽이지 못하였다. 그러나 帝嚳이 결국 庚寅日을 이용해서 重黎를 베어 죽이고 그 아우 吳回로 重黎의 〈후사를〉 삼아 다시 火正에 앉히고, 祝融이라 했다."라고 하였다.

상고하건대 昭公 29년 조의 ≪春秋左氏傳≫에 少皡氏에게 重이란 아들이 있고, 顓頊氏에게 黎라는 아들이 있었다고 칭하였으니, 重과 黎 두 사람은 각각 한 帝에서 나왔는데, ≪史記≫에서 아울러 重黎를 楚나라의 조상으로 삼고 吳回를 重黎로 삼아서 重黎를 官號로 만들었으니, 이것은 바로 ≪史記≫의 오류인 것이다. 그러므로 晉나라의 束晳이, 司馬遷이 두 사람을 아울러 한 사람으로 만든 일을 기롱한 것은 이를 이른 말이다.

【疏】 左傳稱重爲句芒, 黎爲祝融[1), 不言何帝使爲此官. 但黎是顓頊之子, 其爲祝融, 必在顓頊之世. 重雖少昊之胤, 而與黎同命, 明使重爲句芒亦是顓頊時也. 祝融火官可得稱爲火正, 句芒木官不應號爲南正, 且木不主天, 火不主地, 而外傳[2)稱顓頊命南正司天, 火正司地者, 蓋使木官兼掌天, 火官兼掌地. 南爲陽位, 故掌天謂之南正. 黎稱本官, 故掌地猶爲火正. 鄭答趙商云 "先師以來, 皆云火掌爲地, 當云黎爲北正." 孔無明說, 未必然也. 昭十七年左傳郯子稱少昊氏以鳥名官, 自顓頊已來乃命以民事. 句芒·祝融皆以人事名官, 明此當顓頊之時也. 傳言少昊氏有四叔, 當爲後代子孫, 非親子也. 何則. 傳稱共工氏有子曰句龍, 共工氏在顓頊之前多歷年代, 豈復共工氏親子至顓頊時乎. 明知少昊四叔亦非親子, 高辛所命重·黎或是重·黎子孫, 未必一人能歷二代. 又高辛前命後誅, 當是異人. (何)〔旣〕[3]有罪而誅, 不容列在祀典. 明是重·黎之後, 世以重·黎爲號, 所誅重·黎, 是有功重·黎之子孫也. 呂刑說羲·和之事, 猶尙謂之重·黎, 況彼尙近重·黎, 何故不得稱之. 以此知異世重·黎號同人別. 顓頊命重司天, 黎司地, 羲氏掌天, 和氏掌地, 其實重·黎·羲·和通掌之也. 此云"乃命羲·和, 欽若昊天." 是羲·和二氏共掌天地之事. 以乾坤相配, 天地相成, 運立施化者天, 資生成物者地, 天之功成, 其見在地, 故下言'日中'·'星鳥'之類, 是天事也. '平秩東作'之類, 是地事也. 各分掌其時, 非別職矣.

1) 左傳稱重爲句芒 黎爲祝融 : ≪春秋左氏傳≫ 昭公 29년 조에 "少皞氏에게 네 아들이 있었다. 重·該·修·熙가 바로 그들로서 金·木·水를 잘 다스렸다. 少皞氏가 重을 句芒에, 該를 蓐收에, 修와 熙를 玄冥에 임명했는데, 그들은 각기 대대로 맡은바 직책을 잃지 않아 드디어 窮桑(少皞의 號)을 도와 성공하게 했으니……또 顓頊氏에게 아들이 있어 '犁'라고 불렀는데 祝融이 되었고, 共工氏에게도 아들이 있어 '句龍'이라 불렀는데 后土가 되었다."라는 내용이 보인다.
2) 外傳 : 여기서는 ≪春秋外傳≫의 약칭으로 ≪國語≫를 가리킨다. ≪春秋左氏傳≫을 內傳이라 한 데 대한 對稱이다.
3) (何)〔旣〕 : 저본에는 '何'로 되어있으나, 阮刻本에 "浦鏜이 이르기를 '何는 의심하건대 旣자의 오자인 듯하다.'고 하였고, 許宗彦이 이르기를 '何자에서 구두를 떼야 한다.'고 했다."라고 한 것에 의거하여 '旣'로 바로잡았다.

≪春秋左氏傳≫에 重은 句芒이 되고, 黎는 祝融이 되었다고만 칭하고, 어떤 帝가 이 벼슬을 시켰는지에 대해서는 말하지 않았다. 다만 黎는 바로 顓頊의 아들이므로 그가 祝融이 된 일은 반드시 顓頊의 세대에 있었을 것으로 여겨질 뿐이다. 重은 비록 少皞의 아들이지만 黎와 함께 임명되었으니, 重으로 하여금 句芒이 되게 한 것도 분명히 顓頊의 시대였을 것이다. 祝融은 火官이니 火正이 되었다고 칭할 수 있지만, 句芒은 木官이니 응당 南正이 되었다고 칭해서는 안 되며, 또 木官은 하늘을 주관하지 못하고 火官은 땅을 주관하지 못하는데, ≪春秋外傳≫에 "顓頊이 南正을 임명하여 하늘을 맡게 하고 火正을 임명하여 땅을 맡게 했다."는 것은 아마 木官으로 하여금 하늘을 겸해서 관장하고 火官으로 하여금 땅을 겸해서 관장하게 했던 모양이다. 남쪽이 陽位이기 때문에 하늘을 관장한 것을 南正이라 이른 것이다. 그리고 黎는 本官을 칭하기 때문에 땅을 관장했어도 오히려 火正이 된 것이다.

鄭玄이 趙商에게 답하기를 "先師 이래로 모두 火官이 땅을 관장한다고 하니, 응당 黎

는 北正이 되어야 한다."라고 하였다. 그러나 이에 대하여 孔安國은 분명하게 말한 것이 없으니 꼭 그런 것은 아니었을 것이다. 昭公 17년 조의 ≪春秋左氏傳≫에 의하면 郯子가 "少皞氏는 새를 가지고 벼슬을 이름했고 顓頊 이후로 民事에 관한 것으로 命名했다."라고 칭하였다. 句芒과 祝融은 모두 人事를 가지고 벼슬을 이름한 것이니, 이것은 분명 顓頊의 시대에 해당된다.

≪春秋左氏傳≫에서 말한 少皞氏에게 네 아들이 있었다는 것은 응당 후대의 자손이지, 親子는 아니다. 그 이유는 ≪春秋左氏傳≫에서 共工氏에게 句龍이란 아들이 있다고 하였는데, 共工氏는 顓頊의 전 연대가 오래된 사람이니, 어찌 다시 共工氏의 親子가 顓頊의 시대에까지 살아 있었겠는가? 少皞의 네 아들도 역시 親子가 아니라는 것을 분명히 알 수 있다. 高辛氏가 임명한 重과 黎는 혹시 重과 黎의 子孫일 것이니, 반드시 한 사람이 두 시대를 거치지 못했을 것이다. 또한 高辛氏가 앞에 임명한 사람과 뒤에 베어 죽인 사람은 응당 다른 사람이었을 것이다. 이미 죄가 있어 베어 죽였으면 응당 祀典에 올려두지 않았을 것이다. 이들은 분명 重과 黎의 후손으로 세상에서 重과 黎를 가지고 호칭을 한 것이니, 베어 죽인 重과 黎는 바로 공이 있는 重과 黎의 子孫인 것이다.

≪尙書≫ 〈周書 呂刑〉에서 羲와 和의 일을 말하면서 오히려 重과 黎를 거론하였거늘, 하물며 저기에서 오히려 重과 黎에 가까운데 무엇 때문에 일컫지 않겠는가? 이로써 다른 세대의 重과 黎로서 이름은 같고 사람은 다르다는 것을 알 수 있다. 顓頊이 重을 임명하여 하늘을 맡게 하고 黎를 임명하여 땅을 맡게 한 것이나 羲氏가 하늘을 관장하고 和氏가 땅을 관장한 것으로 말하면 실은 重·黎·羲·和가 공통으로 관장한 것이다. 여기에서 "이에 羲와 和에게 명하여 昊天을 경건히 따르게 했다."는 것은 바로 두 羲氏와 和氏가 공통으로 하늘과 땅의 일을 관장한 것이다. 乾과 坤으로 서로 짝하고 天과 地로 서로 이루니, 운행하여 조화를 베푸는 것은 하늘이고, 의뢰해 생겨나 만물을 이루는 것은 땅이니, 하늘의 공이 이루어져 그 나타남은 땅에 있는 것이다. 그러므로 아래에서 말한 '日中'과 '星鳥'의 類는 바로 하늘의 일이고, '平秩東作'의 類는 바로 땅의 일이니, 각각 그 사시를 나누어 관장하는 것은 별개의 직책이 아니다.

【疏】 案楚語云"重司天以屬神, 黎(言)〔司〕[1]地以屬人." 天地既別, 人神又殊, 而云通掌之者, 外傳之文說呂刑之義, 以爲少昊之衰, 天地相通, 人神雜擾, 顓頊乃命重·黎分而異之, 以解'絶地天通'之言[2], 故云"各有所掌." 天地相通, 人神雜擾, 見其能離絶天地, 變異人神耳, 非卽別掌之. 下文別序所掌, 則羲主春夏, 和主秋冬, 俱掌天時, 明其

共職. 彼又言“至于夏·商, 世掌天地.” 胤征云“羲·和湎淫, 廢時亂日 不知日食, 羲·和同罪.” 明其世掌天地共職可知. 顓頊命掌天地, 惟重黎二人, 堯命羲·和則仲·叔四人者, 以羲·和二氏賢者旣多, 且後代稍文, 故分掌其職事, 四人各職一時, 兼職方嶽[3], 以有四嶽, 故用四人. 顓頊之命重黎, 惟司天地, 主嶽以否不可得知. 設令亦主方嶽, 蓋重黎二人分主東西也. 馬融·鄭玄皆以此‘命羲和’者, 命爲天地之官. 下云‘分命’, 申命爲四時之職. 天地之與四時於周則冢宰司徒之屬, 六卿是也. 孔言“此擧其目, 下別序之.” 則惟命四人, 無六官也. 下傳云“四嶽, 卽羲和四子, 舜典傳稱禹·益六人新命有職, 與四嶽十二牧凡爲二十二人.” 然新命之六人, 禹命爲百揆, 契(설)作司徒, 伯夷爲秩宗, 皐陶(요)爲士, 垂作共工, 亦禹·契之輩卽是卿官. 卿官之外, 別有四嶽, 四嶽非卿官也. 孔意以羲·和非是卿官, 別掌天地, 但天地行於四時, 四時位在四方, 平秩四時之人, 因主方嶽之事, 猶自別有卿官分掌諸職.

1) (言)〔司〕: 저본에는 ‘言’으로 되어있으나, 阮刻本에 “毛本에는 ‘言’이 ‘司’로 되어있다. 살펴보건대 고치는 것이 옳다.”라고 한 것에 의거하여 ‘司’로 바로잡았다.
2) 絶地天通之言 : ≪尙書≫ 〈周書 呂刑〉에 “이에 重과 黎에게 명하여 땅과 하늘이 통하는 것을 끊어 강림함이 없게 하였다.〔乃命重黎 絶地天通 罔有降格〕”는 말을 가리킨다.
3) 方嶽 : 方은 四方을 뜻하니, 四方의 大山인 곧 東嶽(泰山)·西嶽(華山)·南嶽(衡山)·北嶽(恒山)이다. 옛날 天子가 四方을 巡行할 때에 이 四嶽 아래에 머물러서 四方 諸侯들을 불러 보았다.

상고하건대 ≪國語≫ 〈楚語〉에 “重은 하늘을 맡아 귀신을 모으고, 黎는 땅을 맡아 사람을 모았다.”고 하였다. 하늘과 땅이 이미 떨어졌고 사람과 귀신이 또 다른 상태인데도 공통으로 관장했다고 한 것은 ≪春秋外傳≫의 글에 〈呂刑〉의 뜻을 설명하기를 “少皞가 쇠락하자 하늘과 땅이 서로 통하고 사람과 귀신이 뒤섞였는데, 顓頊이 이에 重과 黎에게 명하여 분리시켰다.”고 하여 “땅과 하늘이 통하는 것을 끊었다.”는 말을 해석하였다. 그러므로 “각각 관장한 바가 있었다.”고 말한 것이다. 그러나 하늘과 땅이 서로 통하고 사람과 귀신이 뒤섞일 때에 능히 하늘과 땅을 격리하고 사람과 귀신을 분리한 것을 보였을 뿐이지, 따로 관장한 것은 아니었다. 아래 글에서 관장한 바를 따로 분리한 것은, 羲氏는 봄과 여름을 주관하고 和氏는 가을과 겨울을 주관하여 함께 天時를 관장하였기 때문에 共職임을 밝힌 것이다.

저기에서 또 “夏나라와 商나라에 와서 대대로 하늘과 땅을 관장하였다.”고 말하고, ≪尙書≫ 〈夏書 胤征〉에 “羲氏와 和氏는 술에 빠져 기상을 살피지 않아 日食을 알지 못했기 때문에 羲氏와 和氏가 함께 죄를 받았다."고 하였으니, 그것이 대대로 하늘과 땅을 관장한 共職을 밝힌 것임을 알 수 있다.

顓頊이 임명해서 하늘과 땅을 관장하게 한 사람은 오직 重과 黎 두 사람뿐이었으나, 堯임금이 羲와 和에게 명했을 때 羲仲, 羲叔, 和仲, 和叔 네 사람이었던 것은 羲氏와 和氏 집안에 어진 사람이 이미 많았기 때문이다. 또 후대에 와서는 점점 문명이 발달되었기 때문에 그 직무를 나누어서 맡게 되었으므로 네 사람이 각각 四時의 한 절기씩을 맡고 겸해서 方嶽을 맡았으니, 四嶽이 있기 때문에 네 사람을 쓰게 된 것이다.

顓頊이 重과 黎를 임명할 때에는 오직 하늘과 땅만을 맡게 하였고, 嶽을 주관하게 했는지 여부는 알 수 없다. 설령 方嶽을 주관하게 했더라도 아마 重과 黎 두 사람이 東嶽과 西嶽을 분담하였을 것이다. 馬融과 鄭玄이 모두 이 '命羲和'란 것은 하늘과 땅을 주관하는 관원에 임명한 것이고, 아래 '分命'이라 말한 것은 거듭 임명하여 四時를 맡는 관원에 임명한 것으로 여겼다. 天地와 四時는 周代에 있어서 冢宰와 司徒의 등속으로 六卿이 바로 그것이다. 孔安國은 말하기를 "여기서는 그 명목만 들고 아래에서 따로 순서에 따라 기록했다."라고 하였으니, 오직 네 사람만 임명하고 六官은 없다. 아래 傳에는 "四嶽은 곧 羲와 和의 네 아들이다."라고 하고, 〈舜典〉의 傳에는 "禹·益 등 여섯 사람이 새로 임명되어 관직을 갖게 되었으니 四嶽·12牧과 더불어 모두 22명이 되었다."라고 일컬었다. 그러나 새로 임명된 여섯 사람은, 禹는 百揆에 임명되고, 契은 司徒가 되고, 伯夷는 秩宗이 되고, 皐陶는 士가 되고, 垂는 共工이 되었으며, 또한 禹·契의 무리는 곧 卿官이다. 卿官 외에 따로 四嶽이 있으니, 四嶽은 卿官이 아니다.

孔安國의 생각은 羲와 和는 이 卿官이 아니고 따로 하늘과 땅을 관장하나 다만 天地는 四時에 운행하고, 四時는 자리가 四方에 있기 때문에 四時를 고루 차서에 따라 다스리는 사람이 따라서 方嶽의 일도 주관하는데 오히려 따로 卿官을 두어 여러 직무를 분담하는 것으로 여긴 것이다.

【疏】 左傳稱少昊氏以鳥名官, 五鳩氏卽周世之卿官也. 五鳩之外, 別有鳳鳥氏, 曆正[1]也, 班在五鳩之上. 是上代以來皆重歷數, 故知堯於卿官之外, 別命羲·和掌天地也. 於時羲·和似尊於諸卿, 後世以來稍益卑賤. 周禮"太史掌正歲年以序事." 卽古羲·和之任也. 桓十七年左傳云 "日官居卿以底日." 猶尙尊其所掌. 周之卿官, 明是堯時重之, 故特言 "乃命羲和." 此'乃命羲和', 重述克明俊德之(事)〔士〕[2], 得致雍和所由. 已上論堯聖性, 此說堯之任賢, 據堯身而言用臣, 故云'乃命', 非'時雍'之後方始命之.

1) 曆正 : 曆數를 다스리고 天時를 바로잡는 일을 주관하는 벼슬아치이다.
2) 克明俊德之(事)〔士〕 : 위의 '克明俊德'에 대한 孔傳에 "능히 준덕을 밝힌 선비를 임용하여〔能明俊德之士 任用之〕"라고 하였으니, '事'는 '士'의 오기인 듯하다.

≪春秋左氏傳≫에 "少皞氏가 새를 가지고 벼슬을 이름했다."라고 일컬었는데, 五鳩氏는 곧 周代의 卿官급이었다. 五鳩氏 외에 따로 鳳鳥氏가 있어, 曆正이 되었는데, 班次가 五鳩氏의 위에 있었으니, 이는 上代 이래로 모두 歷數를 중하게 여겼다는 증거이다. 그러므로 堯임금이 卿官 외에 따로 羲와 和에게 명하여 하늘과 땅을 관장하게 했음을 알 수 있다. 이때에는 羲와 和의 지위가 모든 卿보다 높았던 것 같은데 후세 이래로 점점 卑賤해진 것이다. ≪周禮≫에 "太史는 歲年을 바로잡아 모든 일을 차서에 따라 진행하는 것을 관장하였다."고 하였으니, 곧 옛날 羲와 和가 맡던 일이다.

桓公 17년 조의 ≪春秋左氏傳≫에 "日官은 卿의 자리에 거하여 해를 맞았다."라고 하였으니, 아직도 그 소임을 존중하였던 것이다. 周나라의 卿官급을 堯시대에도 존중하였던 것이 분명하다. 그러므로 특별히 "이에 羲와 和에게 명하여"라고 말한 것이다. 이 "이에 羲와 和에게 명하여"라고 한 것은 능히 俊德을 밝힌 선비를 임용하여 雍和를 이루게 된 이유를 거듭 서술한 것이다. 이상에서는 堯임금의 聖性에 대해 논하고 여기서는 堯임금의 任賢에 대해 말하였는데, 堯임금 자신에 의거(체험)해서 신하를 임용한 것을 말하였다. 그러므로 '乃命'이라 한 것이지, '時雍' 뒤에 비로소 명한 것이 아니다.

【疏】 '使敬順昊天', 昊天者, 混元之氣, 昊然廣大, 故謂之'昊天'也. 釋天云 "春爲蒼天, 夏爲昊天, 秋爲旻天, 冬爲上天." 毛詩傳云 "尊而君之則稱皇天, 元氣廣大則稱昊天, 仁覆閔下則稱旻天, 自上降監則稱上天, 據遠視之蒼蒼然則稱蒼天." 爾雅四時異名, 詩傳卽隨事立稱. 鄭玄讀爾雅云 "春爲昊天, 夏爲蒼天." 故駁異義云 "春氣博施, 故以廣大言之. 夏氣高明, 故以遠言之. 秋氣或生或殺, 故以閔下言之. 冬氣閉藏而淸察, 故以監下言之. 皇天者, 尊而號之也[1]. 六籍之中, 諸稱天者以情所求言之耳, 非必於其時稱之[2]." 然此言堯敬大四天, 故以廣大言之.

1) 皇天者 尊而號之也 : 淸代 沈廷芳의 ≪十三經注疏正字≫에 "'尊而號之'는 마땅히 詩疏에 따라 '至尊之號'가 되어야 한다."고 하였다.
2) 春氣博施……非必於其時稱之 : 後漢 許愼의 ≪五經異義≫에 "≪今文尙書≫에서 歐陽氏가 말하기를 '봄을 昊天, 여름을 蒼天, 가을을 旻天, 겨울을 上天이라 하고, 총체적으로는 皇天이라 한다.'고 하였고, ≪爾雅≫에도 그렇게 되어있다.……삼가 상고하건대

堯임금이 義와 和에게 명하여 昊天을 경건히 따르도록 한 것은 총체적으로 四時를 가지고 명한 것이니, 昊天은 유독 봄만이 아니라는 것을 알겠다. ≪春秋左氏傳≫에 이르기를 '여름 4월 己丑日에 孔丘가 卒하시니 〈誄文에서〉 칭하기를 「旻天이 돌보지 않아」라고 하였으니, 이때는 가을이 아니었다.' 하였다."라고 한 데 대하여 鄭玄이 반박하기를 "≪爾雅≫는 공자의 문인이 지은 것으로 六藝를 해석한 글이니, 아마 잘못이 없을 것이다.〔爾雅者 孔子門人所作 以釋六藝之文 蓋不誤也〕"라고 하면서 이런 말을 하게 된 것이다.

〔使敬順昊天〕 昊天은 混元한 기운이 昊然히 廣大하기 때문에 昊天이라고 한 것이다. ≪爾雅≫의 〈釋天〉에는 "봄에는 蒼天, 여름에는 昊天, 가을에는 旻天, 겨울에는 上天이라 이른다."고 하였고, ≪毛詩≫의 傳에는 "높여 임금으로 여기면 皇天이라 칭하고, 元氣가 廣大하면 昊天이라 칭하고, 仁으로 덮어서 아래를 애처롭게 여기면〔閔下〕 旻天이라 칭하고, 위로부터 내려와 살펴보면〔降監〕 上天이라 칭하고, 멀리 보는 시야가 새파란 것에 의거하면 蒼天이라 칭한다."고 하였다. ≪爾雅≫는 四時의 하늘 이름을 다르게 하였고, ≪毛詩≫의 傳은 곧 일에 따라 칭호를 세웠다.

鄭玄은 ≪爾雅≫에서 "봄은 昊天, 여름은 蒼天이라 이른다."는 것을 읽었기 때문에 ≪五經異義≫를 반박하기를 "봄기운은 널리 베풀기 때문에 '廣大'를 가지고 말하고, 여름 기운은 높고 밝기 때문에 '遠'을 가지고 말하고, 가을 기운은 살리기도 하고 죽이기도 하기 때문에 '아래를 살펴보는 것〔閔下〕'을 가지고 말하고, 겨울 기운은 閉藏하여 깨끗하기 때문에 '아래를 감독하는 것〔監下〕'을 가지고 말하였다. 皇天이란 것은 至尊의 이름이다. 六籍 가운데 모두 하늘이라 칭한 것은 情의 구한 바를 가지고 말하였을 뿐이지, 반드시 그 때(계절)에 대해서 칭한 것은 아니었다."라고 하였다. 그러나 이것은 堯임금이 네 하늘을 공경히 존대했기 때문에 廣大를 가지고 말한 것이다.

【疏】 '星 四方中星'者, 二十八宿, 布在四方, 隨天轉運, 更互在南方, 每月各有中者. 月令每月昏旦, 惟擧一星之中[1], 若使每日視之, 卽諸宿每日昏旦莫不常中, 中則人皆見之, 故以中星表宿, '四方中星', 總謂二十八宿也. 或以書傳云 "主春者, 張昏中, 可以種穀[2]. 主夏者, 火昏中, 可以種黍. 主秋者, 虛昏中, 可以種麥. 主冬者, 昴昏中, 可以收斂." 皆云 "上告天子, 下賦臣人, 天子南面而視四方星之中, 知人緩急, 故曰敬授人時." 謂此'四方中星', 如書傳之說. 孔於虛昴諸星本無取中之事, 用書傳爲孔說非其旨矣. '辰 日月所會'者, 昭七年左傳士文伯對晉侯之辭也[3]. 日行遲, 月行疾, 每月之朔月行及日而與之會, 其必在宿. 分二十八宿, 是日月所會之處. 辰, 時也, 集會有時, 故謂

之辰. '日月所會'與'四方中星' 俱是二十八宿. 擧其人目所見, 以星言之. 論其日月所會, 以辰言之, 其實一物, 故星·辰共文. 益稷稱古人之象, 日·月·星·辰共爲一象, 由其實同故也. 日·月與星, 天之三光. 四時變化, 以此爲政. 故命羲·和, 令以算術推步, 累歷其所行, 法象其所在, 具有分數節候, 參差(치)不等, 敬記此天時以爲歷而授人. 此言星·辰共爲一物. 周禮大宗伯云 "實柴[4]祀日·月·星·辰." 鄭玄云'星謂五緯, 辰謂日月所會十二次'者, 以星·辰爲二者. 五緯與二十八宿俱是天星, 天之神祇, 禮無不祭, 故鄭玄隨事而分之. 以此'敬授人時', 無取五緯之義, 故鄭玄於此註, 亦以星·辰爲一, 觀文爲說也. 然則五星與日月皆別行, 不與二十八宿同爲不動也.

1) 月令每月昏旦 惟擧一星之中 : 이를테면 ≪禮記≫ 〈月令〉에 "어둘 때에는 參星이 남방의 중앙에 있고 아침에는 尾星이 남방의 중앙에 있다.〔昏參中 旦尾中〕"는 말과 같은 것이다.
2) 穀 : ≪書緯≫ 〈考靈曜〉에는 '稷'으로 되어있다.
3) 士文伯對晉侯之辭也 : 晉 平公이 "무엇을 '辰'이라 하는가?" 하고 묻자, 伯瑕(士文伯)가 대답하기를 "해와 달이 만나는 것을 '辰'이라고 합니다. 그러므로 日에 배당합니다."라고 보인다. ≪春秋左氏傳 昭公 7년 조≫
4) 實柴 : 吉禮의 하나로서 섶을 쌓아 牲體를 그 위에 올려놓는 일을 가리킨다.

〔星 四方中星〕 28宿가 사방에 펴져 있어 하늘을 따라 회전하므로 번갈아 남방에 있게 되니, 매월 각각 중앙을 차지하는 별이 있는 것이다. ≪禮記≫ 〈月令〉에서 매월 어두울 때와 아침에는 오직 남방의 중앙에 있는 한 별만을 들었는데, 만약 매일 보게 되면 곧 28宿가 모두 매일 어두울 때와 아침이면 항상 남방의 중앙에 있지 않은 것이 없다. 남방의 중앙에 있으면 사람들이 모두 보기 때문에 中星을 가지고 宿를 표시한 것이니, '四方中星'은 28宿를 총체적으로 이른다.

혹은 ≪尙書大傳≫에 "봄을 주관하는 자는 張星이 어두울 때 남방의 중앙에 있으면 곡식을 심어야 하고, 여름을 주관하는 자는 火星이 어두울 때 남방의 중앙에 있으면 기장을 심어야 하고, 가을을 주관하는 자는 虛星이 어두울 때 남방의 중앙에 있으면 보리를 심어야 하고, 겨울을 주관하는 자는 昴星이 어두울 때 남방의 중앙에 있으면 수확을 하여야 한다."라고 한 것을 가지고 모두 이르기를 "위로는 天子에게 고하고 아래로 臣人에게 부역을 부과하므로 天子가 남쪽으로 얼굴을 향하고 앉아서 사방의 별이 중앙에 있는 것을 보고 사람들의 한가함과 바쁜 것을 알기 때문에 사람들에게 농사철을 경건하게 알려주도록 했다."고 하면서 여기의 '四方中星'을 ≪尙書大傳≫의 말처럼 생각한 것이다.

그러나 孔安國은 虛星과 昴星 등에 대하여 본래 中을 취한 일이 없는데, ≪尙書大傳≫을 가지고 孔安國의 말로 여기는 것은 그 뜻을 제대로 설명한 것이 아니다.

〔辰 日月所會〕 昭公 7년 조의 ≪春秋左氏傳≫에서 士文伯(伯瑕)이 晉 平公에게 대답한 말이다. 해의 운행 속도는 더디고 달의 운행 속도는 빠르므로 매월 초하루마다 달이 운행하여 해와 서로 만나는데, 반드시 宿에서 만난다. 28宿를 나누면 바로 해와 달이 모이는 곳이다. 辰은 時의 뜻이니, 集會에 때가 있으므로 辰이라 이른 것이다. '日月所會'와 '四方中星'은 모두 28宿인데, 사람의 눈으로 볼 수 있는 것을 들 때에는 星을 가지고 말하고, 해와 달이 모이는 바를 논할 때에는 辰을 가지고 말하였지만 실은 한 物象이다. 그러므로 星과 辰은 글자가 같은 것이다. ≪尙書≫ 〈虞書 益稷〉에서 옛사람의 法象을 칭할 때에 日月과 星辰이 한 法象이 된 것은 그 실상이 서로 같기 때문이다.

해와 달과 별은 하늘의 '三光'이다. 四時가 變化하므로 이것을 가지고 정사를 하였다. 그러므로 羲와 和에게 명하여 算術과 推步를 가지고 日月과 星辰이 운행하는 것을 책력으로 기록하고, 日月과 星辰이 있는 곳을 法象으로 삼아서 모두 分數와 節候를 두되 들쑥날쑥 같지 않게 만들도록 하였다. 이 天時를 경건히 기록해서 책력을 만들어 사람들에게 알려주도록 한 것이니, 여기서는 星과 辰이 함께 한 物象이 된 것을 말하였다.

≪周禮≫ 〈春官 大宗伯〉에 "實柴로써 日月과 星辰에 제사 지낸다."고 하였는데, 鄭玄이 "星은 五緯(金·木·水·火·土)를 이르고, 辰은 해와 달이 모이는 12次를 이른다."고 말한 것은 星과 辰이 두 가지가 되기 때문이다. 五緯와 28宿는 모두 天星이니, 하늘의 神祇는 禮에 제사 지내지 않음이 없기 때문에 鄭玄이 일에 따라 나눈 것이다. 이 때문에 '敬授人時'는 五緯의 뜻을 취하지 않았다. 그러므로 鄭玄은 이 注에서도 역시 星과 辰을 하나로 여겼으니, 글의 쓰임을 봐서 설명을 하였기 때문이다. 그렇다면 五星과 日月은 모두 따로 운행하여 28宿와 더불어 부동물체가 되지 않는다.

【疏】 ○傳'宅居'至'之官' ○正義曰:'宅 居', 釋言文. 禹貢青州云"嵎夷既略." 青州在東界外之畔爲表, 故云"東表之地稱嵎夷也." 陰陽相對, 陰闇而陽明也, 故以暘爲明. 谷無陰陽之異, 以日出於谷而天下皆明, 故謂日出之處爲暘谷. 冬南夏北不常厥處, 但日由空道, 似行自谷, 故以谷言之, 非實有深谷而日從谷(之)〔以〕[1]出也. 據日所出謂之暘谷, 指其地名卽稱嵎夷, 故云"暘谷·嵎夷一也." 又解居者居其官不居其地, 故云"羲仲居治東方之官." 此言'分命'者, 上云"乃命羲和." 總擧其目. 就'乃命'之內分其職掌, 使羲主春夏, 和主秋冬, 分一歲而別掌之, 故言'分命'. 就羲和之內又重分之, 故於夏變言'申命'. 既命仲而復命叔, 是其重命之也. 所命無伯·季者, 蓋時無伯·季, 或有而不賢, 則外傳稱"堯育重·黎之後, 不忘舊者, 使復典之." 明仲·叔能守舊業, 故命之也. 此羲·和掌序天地, 兼知人事, 因主四時而分主四方, 故擧東表之地, 以明所擧之域. 地東擧嵎夷之名, 明分三方皆宜有地名, 此爲其始, 故特詳擧其文. '羲仲 居治東方之官', 居在帝都而遙統領之. 王肅云 "皆居京師而統之, 亦有時述職." 是其事也. 以春位在東, 因治於東方, 其實本主四方春政, 故於和仲之下云 "此居治西方之官, 掌秋天之政." 明此掌春天之政. 孔以經事詳, 故就下文而互發之.

1) (之)〔以〕: 저본에는 '之'로 되어있으나, 阮刻本에 "毛本에는 '之'가 '以'로 되어있다."라고 한 것에 의거하여 '以'로 바로잡았다.

○ 傳의 〔宅居〕에서 〔之官〕까지

○ 正義曰 : 〔宅 居〕 ≪爾雅≫ 〈釋言〉의 글이다.

≪尙書≫ 〈夏書 禹貢〉의 靑州 條에 이르기를 "嵎夷 지방을 이미 다스리고 나서"라고 하였다. 靑州는 東界 밖의 변두리를 表로 삼은 바로 그곳에 있다. 그러므로 〈孔傳에서〉 "東表의 땅을 嵎夷라 일컫는다."고 한 것이다.

陰과 陽은 서로 對偶를 이루는 것이니, 陰이 어두우면 陽이 밝은 법이다. 그러므로 暘을 밝다는 뜻이라 한 것이다. 골짜기에는 陰과 陽의 구별이 없어 해가 골짜기에서 솟아나오기 때문에 천하가 모두 밝은 것이다. 그러므로 해가 솟아나오는 곳을 暘谷이라 이른다. 겨울에는 해가 남쪽에서 솟아나오고, 여름에는 해가 북쪽에서 솟아나오므로 일정하게 솟아나오는 곳이 정해져 있지 않다. 다만 해는 空道를 경유하므로 마치 골짜기로부터 운행하는 것처럼 보인다. 그러므로 谷을 가지고 말한 것이지, 실제로 골짜기가 있어서 해가 그 골짜기로부터 솟아나오는 것은 아니다. 해가 솟아나오는 곳에 의거하여 暘谷이라 이르고, 그 지명을 가리켜 곧 嵎夷라 칭했기 때문에 〈孔傳에서〉 "暘谷과 嵎夷는 한 가지이다."라고 한 것이다.

또 居는 그 관소에 거주한 것이지, 그 땅에 거주한 것이 아니라고 이해했기 때문에 〈孔傳에서〉 "羲仲이 東方의 관소에 거주하여 다스렸다."고 한 것이다.

여기 經에서 말한 '따로 명하여〔分命〕'란 것은 위에서 말한 '이에 羲와 和에게 명하여〔乃命羲和〕'란 것이 바로 그것이니, 그 명목을 총괄적으로 든 것이다. '乃命'의 안에서 그 職掌을 나누어 羲는 봄과 여름을, 和는 가을과 겨울을 주관하게 하였으니, 곧 한 해를 나누어서 따로 관장하게 한 것이다. 그러므로 '分命'이라고 말한 것이다. 羲와 和의 소임 안에서 또 거듭 나누었기 때문에 여름에는 '다시 명하여〔申命〕'로 변개해서 말한 것이다. 이미 仲에게 명하고 다시 叔에게 명하였으니 이것이 바로 거듭 명한 것이다.

명한 바에 伯과 季가 없는 것은 아마 그때에 伯과 季가 없었거나 아니면 혹 있어도 어질지 못했기 때문일 것이니, ≪春秋外傳≫에서 일컫기를 "堯임금이 重氏와 黎氏의 후손을 육성하여 舊業을 잊지 않는 자로 다시 하늘과 땅을 주관하게 하였다."고 한 것은 仲과 叔이 舊業을 잘 지키기 때문에 그들에게 명하였음을 밝힌 것이다.

여기서 羲와 和가 하늘과 땅의 질서를 세우는 일을 관장하고 겸하여 인류에 대한 일을 맡았으며, 따라서 四時를 주관하고 四方을 나누어서 맡았다. 그러므로 東表의 땅을 들어서 거행할 지역을 밝혔다. 땅 동쪽에서 嵎夷의 이름을 든 것은 분담하는 三方에 모두 마땅히 地名이 있어야 함을 밝히기 위한 것인데, 이것이 그중 시초가 되기 때문에 특별히 그 글을 자세하게 적은 것이다.

〔羲仲 居治東方之官〕 帝都에 거주하면서 멀리 동방의 솟아나오는 해에 관한 일을 統領했음을 말한 것이니, 王肅이 말한 "모두 京師에 거주하여 統領하되 또한 수시로 직무상황을 보고하였다."는 것이 바로 그 일이다. 春位가 동쪽에 있음으로 인해 東方에서 다스리나 실은 본래 四方의 春政을 주관하는 것이다. 그러므로 〈孔傳에서〉 和仲의 아래에 "이는 西方에 거주하여 다스리는 관원이 秋天의 정사를 관장하는 것이다."라고 하여, 이 春天의 정사를 관장하였음을 밝힌 것이다. 孔安國은 經에 대한 일을 너무도 잘 알고 있었기 때문에 아래 글에서 상호적으로 발명한 것이다.

【疏】 ○傳'寅敬'至'務農' ○正義曰：'寅 敬', 釋詁文. 賓者主行導引, 故賓爲導也. 釋詁以秩爲常, 常卽次第有序, 故秩爲序也. 一歲之事, 在東則耕作, 在南則化育, 在西則成熟, 在北則改易, 故以方名配歲事爲文, 言順天時氣以勸課人務也. 春則生物, 秋則成物. 日之出也, 物始生長, 人當順其生長, 致力耕耘. 日之入也, 物皆成熟, 人當順其成熟, 致力收斂. 東方之官當恭敬導引日出, 平秩東作之事, 使人耕耘. 西方之官當恭敬從送日入, 平秩西成之事, 使人收斂. 日之出入, 自是其常, 但由日出入, 故物有生成. 雖氣能生物, 而非人不就. 勤於耕稼, 是導引之. 勤於收藏, 是從送之. 冬夏之文無此類者, 南北二方, 非日所出入. '平秩南訛', 亦是導日之事, '平在朔易', 亦是送日之事. 依此春秋而共爲賓餞, 故冬夏二時無此一句. 勸課下民, 皆使致力, 是敬導之. 平均次序, 卽是授人, 田裏各有疆埸, 是平均之也. 耕種收斂使不失其次序. 王者以農爲重,經主於農事. '寅賓出日', 爲'平秩'設文, 故竝解之也. 言'敬導出日'者, 正謂平秩次序東作之事以務農也. 鄭以作爲生, 計秋言西成, 春宜言東生. 但四時之功皆須作力, 不可不言力作. 直說生成, 明此以歲事初起, 特言'東作', 以見四時亦當力作, 故孔以耕作解之. 鄭玄云"寅賓出日, 謂春分朝日." 又以 '寅餞納日, 謂秋分夕日'也.

○ 傳의 〔寅敬〕에서 〔務農〕까지

○ 正義曰 : 〔寅 敬〕 ≪爾雅≫ 〈釋詁〉의 글이다.

賓이란 인도하는 일을 주관한다. 그러므로 賓을 導의 뜻으로 본 것이다.

〈釋詁〉에서 秩을 常의 뜻으로 풀이하였는데, 常은 곧 次第에 순서가 있는 것이기 때문에 秩을 序의 뜻으로 본 것이다.

한 해의 일이 동쪽에 있어서 봄철이 되면 耕作하는 일이 시작되고, 남쪽에 있어서 여름철이 되면 만물이 化育하게 되고, 서쪽에 있어서 가을이 되면 만물이 성숙하게 되고, 북쪽에 있어서 겨울철이 되면 만물이 개역하게 된다. 그러므로 방위의 이름을 歲事에 배당해서 문장을 만들었으니, 곧 하늘의 時氣에 따라 농사를 권장하는 것을 말하기 위함이었다. 봄에는 만물이 생장하고 가을에는 만물이 성숙한다. 〈春分의 아침에〉 해가 솟아나오면 만물이 비로소 생장하게 되므로 사람은 마땅히 그 생장에 따라 耕耘하는 일을 힘써야 하고, 〈秋分의 석양에〉 해가 지면 만물이 모두 성숙하므로 사람은 마땅히 그 성숙에 따라 수확하는 일을 힘써야 한다.

東方을 맡은 관원은 마땅히 경건하게 솟아나오는 해를 인도한 다음, 봄철 농사일을 고루 질서에 따라 진행하여 농민들로 하여금 논밭을 갈고 김을 매게 해야 하며, 西方을 맡은 관원은 마땅히 경건하게 지는 해를 전송한 다음, 가을철 농사일을 고루 질서에 따라 진행하여 농민들로 하여금 수확하게 해야 한다.

해가 솟아나오고 지는 것은 자연의 현상이나, 다만 해가 솟아나오고 지는 것으로 말미암아 만물이 생장하고 성숙해질 뿐이다. 비록 기후가 능히 만물을 생성하지만 사람이 아니면 성취하지 못한다. 논밭을 갈아 씨앗을 뿌리는 일을 열심히 하는 것이 바로 솟아나오는 해를 인도하는 과정이고, 곡식을 수확하여 저장하는 일을 열심히 하는 것이 바로 지는 해를 전송하는 과정이다.

겨울과 여름을 다룬 글에 이런 類가 없는 것은 南과 北 두 방위는 해가 솟아나오거나 지는 곳이 아니기 때문이다. '平秩南訛' 또한 해를 인도하는 일이고, '平在朔易' 또한 해를 전송하는 일이다. 이에 의하여 봄과 가을에는 함께 해를 인도하고 해를 전송한다. 그러므로 겨울과 여름 두 시절에는 〈해를 인도함과 해를 전송함에 대한〉 한 글귀씩이 없는 것이다.

농민을 권장하여 모두 힘을 쓰도록 하는 것이 바로 경건하게 해를 인도하는 일이고, 고르게 하고 차서에 따라 진행하는 것이 바로 사람들에게 농사철을 알려주는 일이고, 전답 안에 각각 疆場을 두는 것이 바로 고르게 하는 일이다. 그리고 논밭을 갈고 씨를 뿌리고 곡식을 수확함에 있어서 그 차서를 잃지 않게 하니, 王者가 농사를 귀중히 여겨 농사에 주력한 것이다.

'寅賓出日'은 '平秩'을 위하여 글을 설정한 것이다. 그러므로 아울러 그것을 해석하였다.

〔敬導出日〕 정확하게 봄철 농사를 지음에 있어서 〈疆場을〉 고르게 정리하고 〈논밭을 갈고 씨를 뿌리고 곡식을 수확하는 것을〉 차서에 따라서 농사에 힘쓰게 함을 이르는 것이다.

鄭玄은 作을 生의 뜻으로 보았는데, 가을에 대하여 '西成'이라고 말한 것을 감안하면 봄에 대해서는 응당 '東生'이라고 말해야 할 것이다. 그러나 다만 四時의 功은 모두 '作力'을 필요로 하니, '力作'이라고 말하지 않을 수 없는 것이다. 곧바로 '生成'을 말한다면 여기서 歲事가 갓 일어난 것을 밝히기 위함이었지만, 특별히 '東作'이라고 말한 것은 四時에 또한 마땅히 力作해야 함을 보인 것이다. 그러므로 孔安國은 '耕作'으로 해석하였다. 鄭玄은 "'寅賓出日'은 春分 朝日을 이른다."라고 하였고, 또 "'寅餞納日'은 秋分 夕日을 이른다."라고 하였다.

【疏】 ○傳'日中'至'可知' ○正義曰：其仲春·仲秋·冬至·夏至, 馬融云 "古制刻漏晝夜百刻. 晝長六十刻, 夜短四十刻. 晝短四十刻, 夜長六十刻. 晝中五十刻, 夜亦五十刻." 融之此言, 據日出見爲說. 天之晝夜以日出入爲分, 人之晝夜以昏明爲限. 日未出前二刻半爲明, 日入後二刻半爲昏. 損夜五刻以裨於晝, 則晝多於夜, 復校五刻. 古今歷術與太史所候皆云"夏至之晝六十五刻, 夜三十五刻. 冬至之晝四十五刻, 夜五十五刻. 春分秋分之晝五十五刻, 夜四十五刻. 此其不易之法也." 然今太史細候之法, 則校常法半刻也. 從春分至于夏至, 晝暫長, 增九刻半. 夏至至于秋分, 所減亦如之. 從秋分至于冬至, 晝暫短, 減十刻半. 從冬至至于春分, 其增亦如之. 又於每氣之間增減刻數, 有多有少, 不可通而爲率. 漢初未能審知, 率九日增減一刻, 和帝時待詔霍融始請改之[1]. 鄭註書緯考靈曜仍云 "九日增減一刻." 猶尙未覺誤也. 鄭註此云 "日長者日見之漏五十五刻, 日短者日見之漏四十五刻." 與歷不同. 故王肅難云"知日見之漏減晝漏五刻, 不意馬融爲傳已減之矣. 因馬融所減而又減之, 故日長爲五十五刻, 因以冬至反之, 取其夏至夜刻, 以爲冬至晝短, 此其所以誤耳."

1) 霍融始請改之 : 司馬彪의 ≪續漢書≫에 "太史令 霍融이 上言하기를 '漏刻을 일률적으로 9일에 한 등급을 증가하거나 감하기 때문에 하늘과 상응하지 않아 혹 時差가 2刻 半이나 나니, 夏曆이 치밀한 것만 못하다.'고 했다."란 말이 보인다.

○ 傳의 〔日中〕에서 〔可知〕까지

○ 正義曰 : 仲春·仲秋·冬至·夏至에 대하여 馬融은 이르기를 "옛날 제도에 刻漏는 낮과 밤이 합해서 100刻이었으니, 낮이 길어 60刻이면 밤은 짧아 40刻이었고, 낮이 짧아 40刻이면 밤은 길어 60刻이었으며, 낮의 길이가 50刻이면 밤의 길이도 50刻이었다."고 하였다. 馬融의 이 말은 해의 출현에 의거해서 말한 것이다. 하늘의 晝夜는 해의 出入을 가지고 구분을 하고, 사람의 晝夜는 昏明을 가지고 한계를 정한다. 해가 아직 나오기 전 2刻 半을 明으로 삼고, 해가 진 후 2刻 半을 昏으로 삼는다. 밤의 5刻을 덜어서 낮에 보태면 낮의 길이가 밤보다 더 기니, 다시 5刻을 따지게 된다.

古今의 曆術과 太史가 관측한 데에 모두 이르기를 "夏至 때 낮의 길이가 65刻이면 밤의 길이가 35刻이고, 冬至 때 낮의 길이가 45刻이면 밤의 길이가 55刻이며, 春分과 秋分 때 낮의 길이가 55刻이면 밤의 길이가 45刻이니, 이것은 바꿀 수 없는 법이다."라고 하였다. 그러나 지금 太史가 세밀히 관측하는 법은 常法 半刻을 계산한 것이다. 春分에서부터 夏至까지는 낮의 길이가 점점 길어져서 9刻 半이 증가된다. 夏至에서 秋分까지는 감해진 刻數가 또한 증가된 刻數와 같다. 秋分에서 冬至까지는 낮의 길이가 점점 짧아져서 10刻 半이 감해진다. 冬至에서 春分까지는 증가된 刻數가 또한 감해진 刻數와 같다. 또 매 절기의 사이마다 增減된 刻數에 많은 경우와 적은 경우 있으므로 통틀어 일률로 삼아서는 안 된다.

漢나라 초기에는 잘 살펴서 알아보지 않고 일률적으로 9일에 1刻을 증가하거나 감하였는데, 後漢 和帝 때에 待詔 霍融이 비로소 청해서 그것을 개정하였다. 鄭玄이 ≪書緯≫〈考靈曜〉에 주를 달 적에는 그대로 이르기를 "9일에 1刻을 증가하거나 감한다."고 하여, 오히려 오류를 깨닫지 못하였다. 그런데 鄭玄이 여기에 주를 달 적에는 "해가 긴 경우는 해가 출현하는 刻漏가 55刻이고, 해가 짧은 경우는 해가 출현하는 刻漏가 45刻이다."라고 하여, 曆과 동일하지 않다. 그러므로 王肅이 힐난하기를 "해가 출현하는 刻漏가 晝漏

5刻이 감한 것만 알고 馬融이 傳을 달 때에 이미 감한 것은 생각지 않았다. 그래서 馬融이 감한 것에서 또 감하였다. 그러므로 해의 길이가 55刻이 되는데, 따라서 冬至에 이를 돌이키고, 그 夏至의 夜刻을 취하여 冬至의 晝短을 만들었으니, 이것이 오류를 범하게 된 이유이다."라고 하였다.

【疏】'鳥 南方朱鳥七宿'者, 在天成象, 星作鳥形. 曲禮說軍陳象天之行, "前朱雀[1), 後玄武, 左靑龍, 右白虎." 雀卽鳥也. 武謂龜甲捍禦, 故變文玄武焉. 是天星有龍·虎·鳥·龜之形也. 四方皆有七宿, 各成一形. 東方成龍形, 西方成虎形, 皆南首而北尾. 南方成鳥形, 北方成龜形, 皆西首而東尾. 以南方之宿象鳥, 故言鳥謂朱鳥七宿也. 此經擧宿, 爲文不類. 春言星鳥, 總擧七宿. 夏言星火, 獨指房·心, 虛·昴惟擧一宿. 文不同者, 互相通也. 釋言以殷爲中, 中·正義同, 故殷爲正也. 此經冬夏言正, 春秋言殷者, 其義同. 春分之昏, 觀鳥星畢見, 以正仲春之氣節. 計仲春日在奎·婁而入於酉地, 則初昏之時, 井·鬼在午, 柳·星·張在巳, 軫·翼在辰, 是朱鳥七宿, 皆得見也. 春有三月, 此經直云'仲春', 故傳辨之云, 旣正仲春, 轉以推季孟之月, 則事亦可知也[2]. 天道左旋, 日體右行, 故星見之方, 與四時相逆. 春則南方見, 夏則東方見, 秋則北方見, 冬則西方見, 此則勢自當然. 而書緯爲文生說, 言"春夏相與交, 秋冬相與互, 謂之母成子, 子助母." 斯假妄之談耳. 馬融·鄭玄以爲"星鳥·星火謂正在南方. 春分之昏七星中, 仲夏之昏心星中, 秋分之昏虛星中, 冬至之昏昴星中, 皆擧正中之星, 不爲一方盡見." 此其與孔異也. 至于擧仲月以統一時, 亦與孔同. 王肅亦以星鳥之屬爲昏中之星, 其要異者, 以所宅爲孟月, 日中·日永爲仲月, 星鳥·星火爲季月, '以殷'·'以正' 皆總三時之月, 讀仲爲中, 言各正三月之中氣也. 以馬融·鄭玄之言, 不合天象, 星火之屬, 仲月未中, 故爲每時皆歷陳三月, 言日以正仲春, 以正春之三月中氣, 若正春之三月中, 當言'以正春中', 不應言'以正仲春'. 王氏之說非文勢也. 孔氏直取畢見, 稍爲迂闊, 比諸王·馬, 於理最優.

1) 朱雀 : ≪禮記≫ 〈曲禮〉에는 '朱鳥'로 되어있다.
2) 旣正仲春……則事亦可知也 : 孔傳에는 "仲春의 절기를 조정해준다. 전환하여 季春과 孟春을 추리하면 알 수 있을 것이다.〔以正仲春之氣節 轉以推季孟 則可知〕"라고 되어있다.

〔鳥 南方朱鳥七宿〕 하늘에 있어 형상을 이룰 때에 별이 새의 형상을 짓는 것이다. ≪禮記≫ 〈曲禮〉에서 軍陣과 하늘의 운행을 상징함을 설명하면서 "군대가 행진할 때 앞에는 朱雀旗를, 뒤에는 玄武旗를, 왼편에는 靑龍旗를, 오른편에는 白虎旗를 세운다."고 하였는

데, 雀은 곧 鳥이다. 武는 龜甲의 방어를 이르기 때문에 '玄武'로 變文하였다. 이것은 하늘의 별에 용과 범과 새와 거북의 형상이 있기 때문이다. 四方에는 모두 7宿가 있어 각각 하나의 형상을 이룬다. 東方에는 용의 형상을 이루고 西方에는 범의 형상을 이루되 모두 남쪽으로 머리를 두고 북쪽으로 꼬리를 뻗었다. 南方에는 새의 형상을 이루고 北方에는 거북의 형상을 이루되 모두 서쪽으로 머리를 두고 동쪽으로 꼬리를 뻗었다.

南方의 宿는 새를 형상했기 때문에 새를 '朱鳥七宿'라고 이른다. 이 經에서는 宿를 거론함에 있어서 각각 문체를 다르게 하였다. 봄에는 '星鳥'를 말하여 7宿를 모두 들고, 여름에는 '星火'를 말하여 房宿와 心宿만을 가리키고, 虛와 昴는 오직 1宿만을 들었을 뿐이다. 문체가 같지 않은 것은 상호적으로 통하기 때문이다.

≪爾雅≫ 〈釋言〉에서 殷을 中으로 여긴 것은 中과 正이 뜻이 같기 때문이다. 그러므로 殷을 正으로 여긴 것이다. 이 經에서는 겨울과 여름의 경우에는 '正'을 가지고 말하고, 봄과 가을의 경우에는 '殷'을 가지고 말한 것은 그 뜻이 같기 때문이다.

춘분날 어두울 때에 鳥星이 다 나타난 것을 보고 仲春의 절기를 조정한다. 仲春에는 해가 奎宿와 婁宿에 머물러 있다가 西方의 땅으로 들어가는 것을 감안하면 갓 어두울 때에 井宿와 鬼宿는 午方에 있고, 柳宿와 星宿와 張宿는 巳方에 있고, 軫宿와 翼宿는 辰方에 있으므로 이것이 바로 '朱鳥七宿'를 모두 볼 수 있는 것이다. 그러나 봄의 계절은 3개월인데도 이 經에서는 달랑 '仲春'이라고만 하였다. 그러므로 孔傳에서 변별하기를 이미 仲春의 절기를 조정해준다 하였으니, 전환하여 季春과 孟春을 추리하면 일을 또한 알 수 있을 것이라고 한 것이다.

天道는 왼편으로 돌고 日體는 오른편으로 운행한다. 그러므로 별이 나타나는 방위가 四時와 더불어 서로 어긋난다. 봄에는 南方에 나타나고, 여름에는 東方에 나타나고, 가을에는 北方에 나타나고, 겨울에는 西方에 나타나니, 이것은 형세상 당연한 것이다. 그런데 ≪書緯≫에서 글을 지어 말을 만들어내기를 "봄과 여름이 서로 교접하고 가을과 겨울이 서로 관계를 갖는 것은 어머니가 자식을 생성하고 자식이 어머니를 돕는 것을 이른다."라고 하였는데, 이것은 허무맹랑한 말일 뿐이다.

馬融과 鄭玄은 "星鳥와 星火는 정확하게 南方에 있는 것을 이른다. 春分의 저물녘에는 七星이 中正한 별이고, 仲夏의 저물녘에는 心星이 중정한 별이고, 秋分의 저물녘에는 虛星이 중정한 별이고, 冬至의 저물녘에는 昴星이 중정한 별이니, 모두 중정한 별을 든 것이지, 한 방위가 다 나타나게 되는 것은 아니다."라고 하였으니, 이 점은 孔安國과 다르다. 仲月을 들어 한 시절을 통솔한 것에 대해서는 또한 孔安國과 의견이 같다.

王肅 또한 星鳥의 등속을 저물녘의 중정한 별로 여겼으니, 결과적으로 다른 견해를 보인 것은 '所宅'은 孟月로 여기고, '日中'과 '日永'은 仲月로 여기고, '星鳥'와 '星火'는 季月로 여기고, '以殷'과 '以正'은 모두 三時의 달을 총칭한 것으로 여겼기 때문이고, 仲을 中의 뜻으로 읽은 것은 각각 3개월의 中氣를 조정함을 말했기 때문이다. 그러나 馬融과 鄭玄의 말을 天象에 합하지 않은 것으로 여긴 것은, 星火의 등속이 仲月에는 중정하지 못하기 때문에 매 시절마다 모두 3개월을 내리 베풀어놓고 해로써 仲春을 조정하고 봄철 3개월의 中氣를 조정한 것이라 말하였는데, 만일 봄철 3개월의 中氣를 조정했다면 당연히 '以正春中'으로 말하고 응당 '以正仲春'으로 말하지 않았을 것이다. 王肅의 말은 文勢가 아니다. 孔安國은 곧장 '畢見'을 취했으니, 약간 迂闊하지만 王肅과 馬融에 비하면 이치에 있어서 가장 우세하다.

【疏】 ○傳'冬寒'至'曰尾' ○正義曰:'厥 其', 釋言文. 其人老弱在室, 丁壯適野, 是老壯分析也. 孳·字, 古今同耳. 字, 訓愛也. 産生爲乳, 胎孕爲化, 孕産必愛之, 故乳化曰孳. 鳥獸皆以尾交接, 故交接曰尾. 計當先尾後孳, 隨便言之.

○ 傳의 〔冬寒〕에서 〔曰尾〕까지

○ 正義曰:〔厥 其〕《爾雅》〈釋言〉의 글이다.

그 사람들 중에 노약자는 집에 있고 장정은 들로 나가니, 이것이 바로 노약자와 장정이 흩어지는 것이다.

孳와 字는 고금을 통하여 뜻이 같은 글자인데, 字는 사랑하다라는 뜻으로 풀이한다. 産生은 乳, 胎孕은 化라고 하는데, 孕産하면 반드시 사랑하기 때문에 乳化를 孳라고 한다. 鳥獸는 모두 꼬리를 가지고 교접하기 때문에 교접하는 것을 尾라고 한다. 순서상으로는 응당 尾를 먼저 말하고 孳를 뒤에 말해야 하지만 편의에 따라서 말한 것이다.

【疏】 ○傳'申重'至'之官' ○正義曰:'申 重', 釋詁文. 此官旣主四時, 亦主方面. 經言'南交', 謂南方與東方交, 傳言'夏與春交', 見其時·方皆掌之. 春盡之日與立夏之初, 時相交也. 東方之南, 南方之東, 位相交也, 言羲叔所掌與羲仲相交際也. 四時皆擧仲月之候, 嫌其不統季孟, 於此言'交', 明四時皆然, 故傳言"擧一隅以見之." 春上無冬, 不得見其交接, 至是夏與春交, 故此言之.

○ 傳의 〔申重〕에서 〔之官〕까지

○ 正義曰:〔申 重〕《爾雅》〈釋詁〉의 글이다.

이 관원은 이미 四時를 주관하였고, 또한 方面에 대한 것도 주관하였다. 經에서 '南交'라고 말한 것은 南方과 東方이 교접함을 말한 것이고, 傳에서 "여름과 봄이 교접하다."라고 말한 것은 때와 방위를 모두 관장하였음을 보인 것이다. 봄이 끝나는 날과 立夏의 초에는 때가 서로 교접하고, 東方의 남쪽과 南方의 동쪽은 방위가 서로 교접한 것이니, 羲叔이 관장한 바가 羲仲과 서로 교제함을 말한 것이다. 四時에서 모두 仲月의 기후를 든 것은 季月과 孟月을 총섭하지 못할까 염려했기 때문에 여기에서 '交'를 말한 것인데, 四時가 다 그러함을 밝힌 것이다. 그러므로 傳에서 "한 모서리를 들어 보인 것이다."라고 한 것이다. 봄 위에 겨울이 없으므로 그 交接을 볼 수가 없으며, 여기에 와서야 여름과 봄이 교접하기 때문에 이렇게 말한 것이다.

【疏】○傳'訛化'至'一隅' ○正義曰:'訛 化', 釋言文. 禾苗秀穗, 化成子實, 亦胎生乳化之類, 故'掌夏之官, 平序南方化育之事', 謂勸課民耘耨, 使苗得秀實. '敬行其教, 以致其功', 謂敬行平秩之教, 以致化育之功. 農功歲終乃畢, 敬行四時皆同, 於此言之, 見四時皆然, 故云"亦擧一隅也." 夏日農功尤急, 故就此言之.

○傳의 〔訛化〕에서 〔一隅〕까지

○正義曰:〔訛 化〕≪爾雅≫〈釋言〉의 글이다.

벼가 싹이 트고 이삭이 패는 것도 역시 胎生하고 乳化하는 따위와 같은 것이다. 그러므로 〈孔傳에서〉 "여름을 맡은 관원이 南方의 化育하는 일을 고루 차서에 따라 진행한다."고 한 것은 백성들에게 김을 매어 싹이 자라 이삭이 패도록 함을 이르는 것이고, "교육행정을 경건하게 행하여 그 공을 이루었다."고 한 것은 고루 순차적으로 진행되는 교육행정을 경건하게 행하여 化育하는 공을 이룸을 이른 것이다.

농사일은 한 해가 끝나야만 마치게 되니, 경건하게 행함은 四時가 다 동일하므로 여기서 그것을 말하여 四時가 다 그러함을 보인 것이다. 그러므로 "또한 한 모서리를 든 것이다."라고 한 것이다. 여름은 농사일이 더욱 바쁘기 때문에 여기서 그것을 말한 것이다.

【疏】○傳'永長'至'可知' ○正義曰:'永 長', 釋詁文. 夏至之日日最長, 故知謂夏至之日. 計七宿房在其中, 但房·心連體, 心統其名. 左傳言'火中'·'火見', 詩稱'七月流火', 皆指房·心爲火, 故曰"火, 蒼龍之中星." 特擧一星, 與鳥不類, 故云"擧中則七星見可知." 計仲夏日在東井而入於酉地, 卽初昏之時, 角·亢在午, 氐·房·心在巳, 尾·箕在辰, 是東方七宿皆得見也.

○ 傳의 〔永長〕에서 〔可知〕까지

○ 正義曰 : 〔永 長〕 ≪爾雅≫ 〈釋詁〉의 글이다.

하짓날이 해가 가장 길기 때문에 하짓날을 이른 것임을 알 수 있다. 7宿를 감안하면 房宿는 그 가운데 들어 있는 것이다. 그런데 단지 房宿와 心宿만을 연대한 것은 心宿가 그 명칭을 총괄하기 때문이다. ≪春秋左氏傳≫에서 '火中'이니, '火見'이니 하고 말한 것과 ≪詩經≫ 〈豳風 七月〉에서 "7월에 大火心星이 서쪽으로 내려가거든〔七月流火〕"이라고 칭한 것은 모두 房宿와 心宿가 火星임을 가리킨 것이다. 그러므로 孔傳에서 "火는 蒼龍 7宿의 中星이다."라고 한 것이다. 단지 한 별만 든 것이 鳥星과 같지 않기 때문에 孔傳에서 "中星을 들어 보이면 7星이 나타나는 것을 알 수 있을 것이다."라고 한 것이다. 仲夏에는 해가 東井에 머물러 있다가 酉方의 땅으로 들어감을 감안하면 갓 어두울 때에 角宿와 亢宿는 午方에 있고, 氐宿와 房宿와 心宿는 巳方에 있고, 尾宿와 箕宿는 辰方에 있으니, 이것이 바로 東方 7宿를 다 볼 수 있는 것이다.

【疏】 ○ 傳'因謂'至'革改' ○ 正義曰 : 春既分析在外, 今日因往就之, 故言"因, 謂老弱因就在田之丁壯以務[1]農也." 鳥獸冬毛最多, 春猶未脫, 故至夏始毛羽希少, 改易往前. 革, 謂變革, 故爲改也. 傳之訓字, 或先或後, 無義例也.

1) 務 : 孔傳에는 '助'로 되어있다.

○ 傳의 〔因謂〕에서 〔革改〕까지

○ 正義曰 : 봄에 이미 분산하여 밖에 나가 있으므로 이제 그대로 나간다고 한 것이다. 그러므로 孔傳에서 "因은 老弱者가 그대로 田庄에 있는 丁壯에게 가서 농사일에 힘씀을 이른다."라고 한 것이다.

鳥獸는 겨울에 털이 가장 많고 봄에도 오히려 빠지지 않는다. 그러므로 여름에 이르러서 비로소 털과 깃이 希少해져 이전의 것을 改易한다.

革은 變革을 이르기 때문에 改의 뜻으로 본 것이다. 孔傳에서는 글자 풀이를 혹은 먼저 하기도 하고 혹은 뒤에 하기도 하여 일정한 義例가 없다.

【疏】 ○ 傳'昧冥'至'之政' ○ 正義曰 : 釋言云"晦, 冥也." 冥是暗, 故昧爲冥也. 谷者日所行之道, 日入於谷而天下皆冥, 故謂日入之處爲昧谷, 非實有谷而日入也. 此經春秋相對, 春不言東, 但擧昧谷曰西, 則嵎夷東可知. 然則東言嵎夷, 則西亦有地明矣. 闕其文, 所以互見之. 傳於春言東方之官, 不言掌春, 夏言掌夏之官, 不言南方, 此言"居治西方之官, 掌秋天之政." 互文明四時皆同.

○ 傳의 〔昧冥〕에서 〔之政〕까지

○ 正義曰 : ≪爾雅≫ 〈釋言〉에서 "晦는 어둡다〔冥〕는 뜻이다."라고 하였다. 冥이 바로 어둡다는 뜻이기 때문에 昧를 冥의 뜻으로 본 것이다.

谷은 해가 다니는 길이니, 해가 골짜기에 들어가면 天下가 모두 어둡다. 그러므로 해가 들어가는 곳을 昧谷으로 여긴 것이지, 실제로 골짜기가 있어서 해가 들어가는 것은 아니다.

이 經에서는 봄과 가을을 서로 對偶하였는데, 봄에는 東을 말하지 않고 단지 昧谷을 들어 西라고만 하였으니, 嵎夷가 동쪽이란 것을 알 수 있다. 그렇다면 동쪽을 嵎夷라고 말한 것이니, 서쪽에도 역시 방이 있음이 분명하다. 그런데 그에 대한 글을 빠뜨린 것은 상호 연관성 있게 보기 위해서이다.

孔傳에서 봄에 대해서는 '東方之官'이라 말하고, '봄을 맡다〔掌春〕'라 말하지 않았으며, 여름에 대해서는 '여름을 맡은 관원〔掌夏之官〕'이라 말하고 '南方'이라 말하지 않았는데, 여기에서 "西方에 거주하여 다스리는 관원이 秋天의 정사를 관장하였다."고 말한 것은 互文法을 써서 四時가 다 같았음을 밝힌 것이다.

【疏】 ○ 傳'餞送'至'成物也' ○ 正義曰 : 送行飮酒謂之餞, 故餞爲送也. 導者, 引前之言, 送者, 從後之稱. 因其欲出, 導而引之, 因其欲入, 從而送之, 是其因事之宜而立此文也. 秋位在西, 於時萬物成熟, 平序其秋天之政. 未成則耘耨, 旣熟則收斂, 助天成物, 以此而從送(入日)〔日入〕[1]也. 納·入義同, 故傳以入解納.

1) (入日)〔日入〕: 저본에는 '入日'로 되어있으나, 阮刻本에 "毛本에 '入日'이 '日入'으로 되어있다. 살펴보건대 '入日'은 잘못 도치된 것이다."라고 한 것에 의거하여 '日入'으로 바로잡았다.

○ 傳의 〔餞送〕에서 〔成物也〕까지

○ 正義曰 : 술을 대접해서 보내는 것을 餞이라 한다. 그러므로 餞을 送의 뜻으로 본 것이다. 導란 앞에서 인도함을 말하고, 送이란 뒤에서 따름을 일컫는다. 나가려고 할 경우는 앞에 서서 인도하고, 들어가려고 할 경우는 뒤에 서서 전송하니, 이것은 일의 편의에 따라서 이 문장을 구사한 것이다.

가을의 위치는 서쪽에 있으니, 이때에 만물이 성숙하므로 秋天의 정사를 고루 차서에 따라 진행한다. 아직 성숙하지 않은 것은 김을 매어 가꾸고, 이미 성숙한 것은 거두어들이는 등 하늘을 도와 만물을 성숙하게 하니, 이렇게 하여 해가 지는 것을 전송하는 것이다. 納과 入은 뜻이 같다. 그러므로 孔傳에서 '入'자로 '納'자를 해석한 것이다.

【疏】 ○傳'宵夜'至'三秋' ○正義曰 : '宵 夜', 釋言文.舍人曰 "宵, 陽氣消也." 三時皆言日, 惟秋言夜, 故傳辨之云 "春言日, 秋言夜, 互相備也." 互(者)〔著〕[1]明也. 明日中宵亦中, 宵中日亦中. 因此而推之, 足知日永則宵短, 日短則宵長, 皆以此而備知也. 正於此時變文者, 以春之與秋日夜皆等, 春言'出日', 卽以日言之, 秋云'納日', 卽以夜言之, 亦事之宜也. 北方七宿則虛爲中, 故虛爲玄武之中星. 計仲秋日在角·亢而入于酉地, 初昏之時, 斗·牛在午, 女·虛·危在巳, 室·壁在辰, 擧虛中星言之, 亦言七星皆以秋分之日昏時竝見, 以正秋之三月.

1) (者)〔著〕: 저본에는 '者'로 되어있으나, 阮刻本에 "岳本에는 '者'가 '著'로 되어있다. 살펴보건대 '著'자가 옳다."라고 한 것에 의거하여 '著'로 바로잡았다.

○ 傳의 〔宵夜〕에서 〔三秋〕까지

○ 正義曰 : 〔宵 夜〕 ≪爾雅≫ 〈釋言〉의 글이다.

郭舍人의 注에 "宵는 陽氣가 사그라진다."고 풀이하였다. 三時(봄·여름·겨울)에는 모두 낮〔日〕에 대해 말하였는데, 오직 가을만은 밤〔夜〕에 대해 말하였다. 그러므로 孔傳에서 변별하기를 "봄에 대해서는 낮을 말하고 가을에 대해서는 밤을 말하였으니, 상호간에 구비한 것이다."라고 하였다. 이것은 상호간에 밝힌다는 뜻으로 곧 낮의 길이가 중간이면 밤의 길이도 중간이고, 밤의 길이가 중간이면 낮의 길이도 중간임을 밝힌 것이다.

이것으로 미루어본다면, 낮이 길면 밤이 짧고 낮이 짧으면 밤이 길다는 것을 충분히 알 수 있으니, 모두 이것을 가지고 두루 아는 것이다. 진정 이때에 變文한 것은 春分과 秋分에는 낮과 밤의 길이가 모두 균등한데 봄은 '솟아오르는 해〔出日〕'라고 말하였기 때문에 곧 '日'을 가지고 말하고, 가을은 '지는 해〔納日〕'라고 말하였기 때문에 곧 '夜'를 가지고 말한 것이니, 또한 사리에 맞는다.

北方 7宿는 虛宿가 중앙이 되므로 虛宿가 玄武의 中星이 된 것이다. 仲秋에는 해가 角宿와 亢宿에 머물러 있다가 酉方의 땅으로 들어감을 감안하면 갓 어두울 때에 斗宿와 牛宿는 午方에 있고, 女宿·虛宿·危宿는 巳方에 있고, 室宿와 壁宿는 辰方에 있으니,

虛宿의 中星을 들어 말하였고, 또한 7星이 모두 추분날 나타난 것을 가지고 三秋의 절기를 조절함을 말한 것이다.

【疏】○傳'夷平'至'整理' ○正義曰：釋詁云 "夷·平, 易(이)也." 俱訓爲易, 是夷得爲平. 秋禾未熟, 農事猶煩, 故'老壯在田與夏平'也. 毨者, 毛羽美悅之狀, 故爲理也. 夏時毛羽希少, 今則毛羽復生, 夏改而少, 秋更生多, 故言 "更生整理."

○傳의 〔夷平〕에서 〔整理〕까지

○正義曰：≪爾雅≫ 〈釋詁〉에 "夷와 平은 평탄하다〔易〕는 뜻이다."라고 하여 모두 易의 뜻으로 풀이하였으니, 여기서는 夷를 平의 뜻으로도 볼 수 있다. 가을에 벼가 아직 익지 않아 농사일이 오히려 바쁘기 때문에 "노인과 장정들이 田庄에서 여름과 함께 평화롭게 지낸다."고 한 것이다.

毨이란 털과 깃이 美悅한 모양이기 때문에 정리되었다고 한 것이다. 여름철에는 털과 깃이 希少하다가 지금은 털과 깃이 다시 났으니, 여름에는 털갈이를 해서 희소하고 가을에는 다시 나서 많기 때문에 "다시 나서 정리되었다."라고 한 것이다.

【疏】○傳'北稱'至'所掌' ○正義曰：釋訓云 "朔, 北方也." 舍人曰 "朔, 盡也. 北方萬物盡, 故言朔也." 李巡曰 "萬物盡於北方, 蘇而復生, 故言北方." 是北稱朔也. 羲·和主四方之官, 四時皆應言方, 於此言方者, 卽三方皆見矣. 春爲歲首, 故擧地名, 夏與春交, 故言南交, 秋言西以見嵎夷當爲東, 冬言方以見三時皆有方. 古史要約, 其文互相發見也. 幽之與明, 文恒相對, 北旣稱幽, 則南當稱明, 從此可知, 故於夏無文. 經冬言幽都, 夏當云明都, 傳不言都者, 從可知也. 鄭云 "夏不言'曰明都'三字, 摩滅也." 伏生所誦與壁中舊本竝無此字, 非摩滅也. 王肅以〔爲〕[1] "夏無明都, 避敬致, 然卽幽足見明[2], 闕文相避." 如肅之言, 義可通矣. '都謂所聚'者, 總言此方, 是萬物所聚之處, 非指都邑聚居也.

1) 〔爲〕: 저본에는 없으나, 전후의 문맥을 살펴 '爲'자를 보충하였다.
2) 鄭云……然卽幽足見明 : 清代 朱鶴齡의 ≪尙書埤傳≫에는 "鄭玄은 '南交 아래에서 日明都 3字를 말하지 않은 것은 磨滅되었기 때문이다.'라고 하였는데, 孔疏에 '幽에서 충분히 明을 볼 수 있으니 磨滅된 것이 아니다.'라고 하였으니, 孔穎達의 말이 옳다."라고 하였다.

○傳의 〔北稱〕에서 〔所掌〕까지

○ 正義曰 : ≪爾雅≫ 〈釋訓〉에 "朔은 北方의 뜻이다."라고 하였고, 郭舍人의 注에는 "朔은 다하다라는 뜻이니, 北方은 萬物이 窮盡한 곳이기 때문에 朔이라고 말한 것이다."라고 하였고, 李巡은 "萬物이 北方에서 窮盡하고 다시 소생하기 때문에 北方이라고 말한 것이다."라고 하였다. 이래서 北을 朔이라고 칭한 것이다.

羲·和는 四方을 주관하는 관원이니, 四時에서 모두 응당 方을 말해야 하는데, 여기에만 方을 말한 것은 곧 三方을 다 그런 식으로 볼 수 있게 한 것이다. 봄은 歲首이기 때문에 地名을 들었고, 여름은 봄과 교접하기 때문에 '南交'라고 말하였으며, 가을에 대해서는 '西'를 말하여 嵎夷가 응당 동쪽임을 보였고, 겨울에 대해서는 '方'을 말하여 三時(세 철)에 모두 方이 있음을 보였다. 古史는 간략하게 요약했기 때문에 그 글이 상호간에 發見한 것이다.

幽와 明은 문장에서 항상 서로 對偶가 되니, 北을 이미 幽라 칭하였으면 南은 응당 明이라 칭했을 것임은 이를 좇아 알 수 있다. 그러므로 여름에 있어서는 그러한 글이 없는 것이다. 經에서 겨울에 대하여 '幽都'를 말하였으므로 여름에 대해서도 응당 '明都'를 말했어야 할 것 같은데, 傳에서 都를 말하지 않은 것을 따라서 알 수 있다.

鄭玄은 이르기를 "여름에 대하여 '曰明都' 3字를 말하지 않은 것은 마멸된 것이다."라고 하지만, 伏生이 외워 전한 今本 ≪尙書≫와 孔壁에 소장된 舊本 ≪尙書≫에 모두 이와 같은 글자가 없으니 마멸된 것이 아니다. 王肅은 "여름에 '明都'가 없는 것은 '敬致'를 피한 것이다. 그러나 幽에서 충분히 明을 볼 수 있으므로 글을 빼고 피한 것이다."라고 하였으니, 王肅의 말과 같이 보아야 뜻이 통할 수 있을 것이다.

〔都謂所聚〕 총체적으로 이 朔方은 바로 만물이 모인 곳임을 말한 것이지, 都邑에 모여 사는 것을 가리킨 것은 아니다.

【疏】 '易謂歲改易於北方'者, 人則三時在野, 冬入隩室, 物則三時生長, 冬入囷倉, 是人之與物皆改易也. 王肅云 "改易者, 謹約蓋藏, 循行積聚." 引詩 "嗟我婦子, 曰爲改歲, 入此室處." 王肅言人物皆易, 孔意亦當然也. 釋詁云 "在, 察也." 舍人曰 "在, 見物之察." 是在爲察義, 故言 "平均在察其政, 以順天常." 以在察須與平均連言, 不復訓在爲察, 故舜典之傳別更訓之. 三時皆言'平秩', 此獨言'平在'者, 以三時乃役力田野, 當次序之, 冬則物皆藏入, 須省察之, 故異其文. 秋日物成就, 故傳言'助成物', 冬日蓋藏, 天之常道, 故言'順天常', 因明'東作'·'南訛' 亦是助生物, 類常道也. '上總言羲和 敬順昊天 此分別仲叔 各有所掌', 明此四時之節, 卽順天之政, 實恐人以'敬順昊天'直是歷象日月, 嫌仲·叔所掌非順天之事, 故重明之[1].

1) 故重明之 : 이하에 있는 孔傳의 '日短'에서 '三節'까지는 孔疏에서 다루지 않았다.

〔易謂歲改易於北方〕 사람의 경우는 세 철 동안 들에 있다가 겨울에 隩室로 들어오고, 만물의 경우는 세 철 동안 생장하다가 겨울에 囷倉으로 들어가니, 이것이 바로 사람과 만물이 改易하는 것이다. 王肅이 이르기를 "改易이란 것은 조심스럽게 蓋藏을 약속하고 차서에 따라 積聚를 행하는 일이다."라고 하고는 ≪詩經≫ 〈豳風 七月〉에 "아, 우리 妻子들아 해가 바뀌게 되었으니 이 집에 들어와 거처할지어다."를 인용하였다. 王肅은 사람과 만물이 모두 개역함을 말하였으니, 孔安國의 생각도 응당 그랬을 것이다.

≪爾雅≫ 〈釋詁〉에 "在는 살피다〔察〕라는 뜻이다."라고 하고, 郭舍人의 注에 "在는 사물을 보는 살핌이다."라고 하였다. 여기서는 在를 察의 뜻으로 보았기 때문에 "고루 그 정사를 살펴서 하늘의 常道를 따르는 것이다."라고 한 것이다. '在察'을 '平均'과 연계해서 말하느라고 在가 察의 뜻이라고 다시 풀이하지 못하였다. 그러므로 〈舜典〉의 傳에서 별도로 다시 풀이한 것이다.

세 철에는 모두 '平秩'이라고 말하였건만, 여기서만 유독 '平在'라고 말한 것은 세 철에는 田野에서 농사일에 힘쓰므로 마땅히 차서에 따라야 하고, 겨울에는 만물이 모두 藏入하므로 모름지기 살펴야 하기 때문에 그 문장을 다르게 구성한 것이다. 가을철은 만물이 성취하기 때문에 傳에서 "도와서 만물을 성취한다."라고 말하였고, 겨울철은 蓋藏하는 것이 하늘의 常道이기 때문에 "하늘의 常道를 따른다."라고 말하였으며, 따라서 '東作'과 '南訛' 또한 도와서 만물을 생성하는 것이 常道와 같음을 밝혔다.

〔上總言羲和 敬順昊天 此分別仲叔 各有所掌〕 이 四時의 절기가 곧 하늘의 정사를 따르는 것임을 밝힌 것이니, 실은 사람들이 '敬順昊天'이 다만 日月을 관찰하는 일일 뿐이고, 仲・叔이 관장한 것은 하늘을 따르는 일이 아니라고 혐의할까 염려했기 때문에 거듭 밝힌 것이다.

【疏】 ○傳'隩室'至'溫焉' ○正義曰 : 釋宮云 "西南隅謂之隩." 孫炎云 "室中隱隩之處也." 隩是室內之名, 故以隩爲室也. 物生皆盡, 野功咸畢, 是歲改矣. 以天氣改歲, 故入此室處, 以避風寒. 天氣既至, 故鳥獸皆生耎毳細毛以自溫焉. 經言氄毛, 謂附肉細毛, 故以耎毳解之.

○ 傳의 〔隩室〕에서 〔溫焉〕까지

○ 正義曰 : ≪爾雅≫ 〈釋宮〉에 이르기를 "西南의 모서리를 隩라 이른다."라고 하였고, 孫炎은 이르기를 "방 가운데 隱隩한 곳이다."라고 하였다. 隩는 바로 室內를 이르는 명칭이기 때문에 隩를 室의 뜻으로 본 것이다. 만물의 생성이 모두 다하고, 농사가 모두 끝났으니, 이것이 바로 해가 바뀌는 것이다. 天氣가 해를 바꾸었기 때문에 이 방에 들어와 거처함으로써 風寒을 피한다. 天氣가 이미 이르렀기 때문에 鳥獸가 부드러운 털과 가는 털이 나서 스스로 보온을 한다. 經에서 말한 氄毛는 살에 붙은 가는 털을 이르기 때문에 耎毳를 가지고 풀이한 것이다.

【疏】 ○ 傳'咨嗟'至'曆象' ○ 正義曰 : '咨 嗟'·'暨 與', 皆釋詁文也. '帀四時曰期', 期卽帀也. 故王肅云 "期, 四時."是也. 然古時眞歷, 遭戰國及秦而亡, 漢存六歷[1], 雖詳於五紀之論[2], 皆秦漢之際假託爲之, 實不得正要, 有梗概之言[3]. 周天(二)〔三〕[4]百六十五度四分度之一, 而日日行一度, 則一期三百六十五日四分日之一. 今考靈曜·乾鑿度諸緯皆然. 此言三百六十六日者, 王肅云 "四分日之一又入六日之內, 擧全數以言之, 故云三百六十六日也." 傳又解所以須置閏之意, 皆據大率以言之, 云 "一歲十二月, 月三十日, 正三百六十日也. 除小月六, 又爲六日." 今經云 "三百六十六日." 故云 "餘十二日." 不成期. 以一月不整三十日, 今一年餘十二日, 故未至盈滿三歲足得一月, 則置閏也. 以時分於歲, 故云'氣節', 謂二十四氣, 時月之節. 歲總於時, 故云 "歷象日月星辰, 敬授人時." 以相配成也. 六歷·諸緯與周髀皆云, 日行一度, 月行十三度十九分度之七, 爲每月二十九日過半. 日之於法, 分爲日九百四十分日之四百九十九, 卽月有二十九日半强. 爲十二月, 六大之外有(日)〔餘〕[5]分三百四十八, 是除小月無六日, 又大歲三百六十六日, 小歲三百五十五日, 則一歲所餘無十二日. 今言'十二日'者, 皆以大率據整而計之, 其實一歲所餘正十一日弱也. 以爲十九年七閏, 十九年, 年十一日則二百九日, 其七月四大三小猶二百七日, 況無四大乎. 爲每年十一日弱分明矣. 所以弱者, 以四分日之一於九百四十分, 則一分爲二百三十五分, 少於小月餘分三百四十八. 以二百三十五減三百四十八, 不盡一百一十三, 是四分日之一餘矣. 皆以五日爲率, 其小月雖爲歲日[6]殘分所減, 猶餘一百一十三, 則實餘尙無六日. 就六日抽一日爲九百四十分, 減其一百一十三分, 不盡八百二十七分. 以不抽者五日, 竝三百六十日外之五日爲十日, 其餘九百四十分日之八百二十七, 爲每歲之實餘. 今十九年, 年十日得整日一百九十. 又以十九乘八百二十七分, 得一萬五千七百一十三. 以日法九百四十除之, 得十六日. 以竝一百九十日爲二百六日, 不盡六百七十三分爲日餘. 今爲閏月得七, 每月二十九日, 七月爲二百三日. 又每四百九十九分, 以七乘之得三千四百九十三, 以日法九百四十分, 除之得三日. 以〔幷〕[7]二百三日亦爲二百六日, 不盡亦六百七十三爲日餘, 亦相當矣[8]. 所以無閏時不定, 歲不成者, 若以閏無, 三年差一月, 則以正月爲二月, 每月皆差, 九年差三月, 卽以春爲夏, 若十七年差六月, 卽四時相反, 時何由定, 歲何得成乎. 故須置閏以定四時. 故左傳云 "履端於始, 序則不愆. 擧正於中, 民則不惑. 歸餘於終, 事則不悖[9]." 是也, 先王以重閏焉. 王肅云 "斗之所建, 是爲中氣, 日月所在. 斗指兩辰之間, 無中氣, 故以爲閏也."

1) 六歷 : 6종의 曆法, 곧 黃帝·顓頊·夏·殷·周·魯의 曆을 가리킨다.
2) 五紀之論 : ≪五紀論≫은 漢代 劉向이 六曆을 다룬 책이다.
3) 實不得正要 有梗槪之言 : 明代에 邢雲路의 ≪古今律歷考≫에는 "正要를 얻지 못했고, 다만 대강을 가지고 말했을 뿐이다. 六曆과 ≪周髀算經≫ 및 ≪考靈曜≫와 ≪乾鑿度≫ 등 여러 緯書가 다 그렇게 되어있다. 漢代에 傳과 疏를 달았고 蔡沈의 傳에서 이것을 宗主로 삼았으니, 본디 堯曆이 아니고, 또한 宋曆도 아니다."라고 밝히고 있다.
4) (二)〔三〕: 저본에는 '二'로 되어있으나, 阮刻本에 "宋本에는 '二'가 '三'으로 되어있으니, '三'자가 옳다."라고 한 것에 의거하여 '三'으로 바로잡았다.
5) (日)〔餘〕: 저본에는 '日'로 되어있으나, 阮刻本에 "毛本에는 '日'이 '餘'로 되어있다. 살펴보건대 '餘'자가 옳다."라고 한 것에 의거하여 '餘'로 바로잡았다.
6) 日 : 閩本과 明監本에는 '日'로 되어있고, 毛本에는 '月'로 되어있다.
7) 〔幷〕: 저본에는 없으나, 阮刻本에 "살펴보건대 '以' 아래에 '幷'자가 빠진 듯하다."라고 한 것에 의거하여 보충하였다.
8) 周天(二)〔三〕百六十五度四分度之一……亦相當矣 : 孔穎達은 대략적인 셈이란 전제하에 해와 달의 운행차이에 생긴 일수의 산출방법을 제시하였으나 이해되지 않는 부분이 많다. ≪書經集註≫〈虞書 堯典〉"帝曰 咨汝羲暨和……庶績咸熙" 아래의 蔡傳을 참조.
9) 履端於始……事則不悖 : '擧正於中 歸餘於終'에 대하여 ≪春秋左氏傳≫ 文公 원년 조 杜預의 注에 "해와 달이 하늘을 운행하는 度數를 추산하는 始初를 曆術의 시초로 삼는다. 1년의 날수는 366일이고, 해와 달의 운행에는 또 遲速의 차이가 있기 때문에 반드시 분배하여 열두 달을 만들되 中氣를 들어 달을 바르게 정하고, 남는 날이 있으면 歲末로 돌리는데 이것이 쌓여 윤달이 되기 때문에 '歸餘於終'이라고 말한 것이다." 하였다.
≪春秋左氏傳注疏≫ 문공 원년 조 孔疏에서 "달의 正半이 中氣에 있는 것을 들고 그 餘分을 돌려보내 終末에 두는 것이니, 終末에 윤달을 두는 것을 말한다."라고 하였고, ≪尙書正義≫〈夏書 胤征〉의 孔疏에서 "달은 각각 30일과 $\frac{7}{16}$일을 얻으니, 시초를 節

氣로 삼고 중반을 중기로 삼는다. 그러므로 1歲에 24氣가 있다. 12개월을 계산하면 매월 29일 强半(1일의 $\frac{3}{4}$)이다. 月初를 朔으로 삼고 月盡을 晦로 삼으니, 달의 중간에 당하면 해와 달이 서로 바라본다. 그러므로 달의 절반을 보름으로 삼는다. 보름에서 그믐과 초하루로 가는 간격은 모두 채 15일이 못 된다. 또 보름을 절반으로 나누어서 그믐과 초하루로 가는 수를 명명하여 弦이라 하니, 弦이란 달빛의 正半이 활시위와 같음을 말한 것이다."라고 하였다.

≪史記集解≫에서 韋昭는 "氣가 보름 중에 들어있으면 時日의 昏明이 모두 바르게 된다. 終은 윤달이다. 中氣가 그믐날에 들어있으면 後月 윤달은 보름에 들어있으니 이것이 그 中正이다."라고 하였으며, ≪漢書≫에서 顔師古는 "'擧正於中'은 1년을 나누어 12월로 삼고 中氣를 들어 달을 바르게 함을 이르고, '歸餘於終'은 남은 날이 있으면 終末로 돌려보내 쌓아서 윤달을 이룸을 이른다."라고 하였다.

이에 대한 ≪春秋左氏傳≫ 朱申의 注에서 다음과 같이 말하였다. "曆法은 11월 甲子朔 夜半 冬至를 一元으로 삼는다. 이때에는 日月과 五星이 모두 牽牛星 初度에서 출발하니 다시 餘分이 없다. 이것을 曆을 추산하는 시초로 삼기 때문에 '履端於始'라고 한 것이다. 매년 24氣가 있으니, 立春・驚蟄・淸明・立夏・芒種・小暑・立秋・白露・寒露・立冬・大雪・小寒을 '節氣'라 이르고, 雨水・春分・穀雨・小滿・夏至・大暑・處暑・秋分・霜降・小雪・冬至・大寒을 '中氣'라 이른다. 매월 모두 中氣가 있으나 오직 윤달에만 중기가 없다. 윤달의 前月에는 중기가 그믐날에 들고, 윤달의 後月에는 중기가 초하룻날에 든다. 중기를 들어 달을 바르게 정하면 윤달을 두는 것이 어그러지지 않는다. 그러므로 '擧正於中'이라고 한 것이다.

윤달을 두는 법은 氣盈과 朔虛를 가지고 해와 달의 餘分을 귀착시킨다. 하늘의 주위가 365度와 $\frac{1}{4}$度이니, 해의 운행은 하루에 1도씩을 가므로 금년 冬至부터 명년 동지까지 가야 바야흐로 하늘을 한 바퀴 도니, 실제 계산은 365일과 3時이다.

1년 12개월을 단지 360일만 계산하면 다시 있는 5일 3시는 귀착할 곳이 없다. 이것이 日行의 餘分이니 매년 여분을 24氣에 분배하는 것이 이른바 '氣盈'이란 것이다. 달의 운행은 하루에 13度와 $\frac{7}{19}$度를 가므로 항상 29일과 半日이 조금 넘은 시각에 해와 초하루에 만난다. 이는 매일 또 있는 半日이 조금 부족한 것은 귀착시킬 곳이 없으니 이것이 月行의 餘分이다. 그러므로 한 달은 30일이 차지 않으나 大盡(30일)과 小盡(29일)이 있으니, 이른바 '朔虛'란 것이다.

해와 달의 餘分을 쌓으면 매년 항상 11일이 조금 모자라게 남기 때문에 19년 동안에 일곱 번의 윤달을 두니, 이것을 一章의 數라고 이른다. 그러므로 '終于終'이라 한 것이다. 그러나 唐나라 孔穎達이 또 이르기를 '있는 餘日을 終末로 돌려보내 쌓아 한 달을 이루면 그를 두어 윤달을 만든다.'고 하였는데, 이는 옳지 않은 듯하다. 대체로 윤달의 보름 이전은 바로 前月의 中氣이고, 보름 이후는 바로 後月의 節氣이니, 이 餘分이 쌓여서 半月에 이르면 윤달을 두는 것이 마땅하다. 만일 쌓여서 한 달을 이루기를 기다려 비로소 윤달을 둔다면 윤달에 어찌 중기가 없을 수 있겠는가."

○ 傳의 〔咨嗟〕에서 〔歷象〕까지

○ 正義曰 : 〔咨 嗟〕·〔暨 和〕 모두 ≪爾雅≫ 〈釋詁〉의 글이다.

〔迊四時曰期〕 '期'는 곧 '迊'(匝, 돌다)의 뜻이다. 그러므로 王肅이 말한 "期는 四時이다."라는 것이 바로 이것이다. 그러나 옛날의 진짜 曆은 戰國시대와 秦나라를 만나 다 없어졌고, 漢나라에 6종의 역법이 있어 비록 ≪五紀論≫보다 상세하기는 하지만, 모두 秦·漢의 즈음에 가탁해 만들었으므로 실제로 正要를 얻지 못하고 대강의 말만 있을 뿐이다.

周天(天體)이 365度와 $\frac{1}{4}$度이니, 해가 하루에 1度씩 운행하면 1期(1년)가 365일과 $\frac{1}{4}$일이다. 지금 ≪靈曜≫와 ≪乾鑿度≫ 등 여러 緯書를 상고해보면 다 그렇게 되어있다. 여기에서 말한 366일에 대하여 王肅은 "$\frac{1}{4}$을 또 6일 속에 집어넣어 全數를 들어서 말했기 때문에 366일이라 한 것이다."라고 하였다. 傳에서 또 모름지기 윤달을 두어야 한다는 이유를 밝히면서 모두 대략적인 숫자에 의거해서 말하기를 "한 해가 12개월이고, 한 달이 30일이니, 정확하게 360일이고, 작은 달 여섯에서 각각 1일씩을 제하면 다시 6일이다."라고 하였다. 지금 經에서 366일이라고 했기 때문에 "12일이 남는다."고 하였지만 1년을 이루기에는 턱없이 부족한 숫자이다. 한 달 30일이 정제하지 않기 때문에 지금 1년에 12일이 남는다. 그러므로 3년이 채 못 되어 족히 한 달을 얻으면 윤달을 두는 것이다.

時를 歲에 분배하였기 때문에 氣節이라고 하였으니, 24氣와 時月의 節을 이른 것이다. 歲가 時에 총괄되었기 때문에 "日月과 星辰의 운행하는 법상을 책력으로 만들어서 농민이 경작하는 농사철을 경건하게 알려주도록 했다."라고 하였으니, 서로 분배해서 이루기 때문이다.

六曆과 여러 緯書 그리고 ≪周髀算經≫에는 모두 해는 1度를 운행하고, 달은 13度와 $\frac{7}{19}$度를 운행하므로 매일 29일과 過半(1일의 절반 이상)이 된다고 하였다. 日은 日法에 있어서 나누면 일수가 $\frac{499}{940}$일이 되니, 곧 달에 29일과 半强(1일의 $\frac{3}{4}$)이 있게 되는 것이다.

12개월을 만드는 데 있어서 大月(30日) 여섯 개 외에 餘分이 348(1일의 $\frac{940}{348}$)이 있으니, 이것은 小月 〈여섯에서 각각 1일씩〉 제하여 없어진 6일이며, 또 大歲는 366일이고 小歲는 355일이니, 1歲에 남는 것은 없어진 12일이다. 지금 12일이라고 말한 것은 모두 대략적으로 정리한 것에 의거해서 계산한 일수이지만 실은 1歲에 남는 것은 정확하게

11일 약이다.

19년 동안에 윤달을 일곱 번 둔다고 하는데, 19년 동안 매년 11일이면 209일이니, 일곱 달 중에 大月이 네 개고 小月이 세 개일 때에도 오히려 207일밖에 안 되는데, 하물며 大月이 네 개가 없을 때에야 말할 것 있겠는가. 매년 11일 약인 것이 분명하다. 약인 까닭은 $\frac{1}{4}$일을 940분에 견주어서 계산하면 1분이 235분이 되니, 작은 달의 餘分인 348보다 적다. 235로 348을 감하면 나누어지지 않고 남는 것이 113이니, 이것이 $\frac{1}{4}$일이 남은 셈이다.

모두 5일을 비율로 하므로 그 小月이 비록 歲日 잔여분의 감한 바가 되어도 오히려 남는 것이 113이지만 실제로 남은 일수에는 오히려 6일이 없는 셈이다. 6일에서 1일을 뽑이 940분을 삼고 그 113분을 감하면 나누어지지 않고 남는 것이 827분이다. 뽑지 않는 5일을 360일 이외의 5일과 아울러 10일로 삼으면 그 나머지는 $\frac{827}{940}$일이니, 매년 실제로 남는 일수가 되는 것이다.

지금 19년 동안 매년 10일은 정리된 날 190을 얻는 것이다. 또 19를 가지고 827분을 곱하면 1만 5,713을 얻는다. 日法 940으로 제하면 16일을 얻는다. 190일을 아우르면 206일이 되고, 나누어지지 않고 남는 673분이 日餘가 된다. 지금 윤달을 만들면 일곱 개를 얻는데, 매월 29일이면 일곱 달이 203일이 된다. 또 매 499분을 7로 곱하면 3,493을 얻고, 日法 940으로 제하면 3일을 얻는다. 203일을 아우르면 또한 206일이 되고, 나누어지지 않고 남는 673이 日餘가 되니, 또한 서로 적당한 셈일 것이다.

윤달이 없으면 時가 정해지지 않고 歲가 이루어지지 않는 까닭은 만일 윤달이 없어서 3년에 한 달이 어긋나면 正月을 2월로 삼게 되고, 매월 모두 어긋나서 9년에 3개월이 어긋나면 곧 봄을 여름으로 삼게 되며, 만일 17년에 6개월이 어긋나면 곧 四時가 상반될 터인데, 時가 어디로 말미암아 정해지고 歲가 어떻게 이루어질 수 있겠는가. 그러므로 모름지기 윤달을 두어 四時를 정해야 한다. 그러므로 ≪春秋左氏傳≫에 이르기를 "책력의 시작을 동지로부터 추산하니 節序가 어긋나지 않고, 中氣를 가지고 달을 정하니 백성들이 의혹하지 않고, 餘分을 歲末로 돌리니 일이 어그러지지 않았다."라고 한 것이 바로 이것이니, 先王은 윤달을 중하게 여겼던 것이다. 王肅이 이르기를 "斗의 세워진 바가 바로 中氣가 되니, 해와 달이 머물러 있는 곳이다. 斗는 두 辰의 사이에 中氣가 없는 것을 가리킨다. 그러므로 閏을 삼는다."라고 하였다.

【疏】○傳'允信'至'其善' ○正義曰：釋訓云 "鬼之爲言歸也." 鄕飮酒義云 "春之爲言

蠢也." 然則釋訓之例有以聲相近而訓其義者, '厘, 治'·'工, 官', 皆以聲近爲訓. 他皆放此類也. '績 功'·'咸 皆', 釋詁文. '熙 廣', 周語文. 此經文義承'成歲'之下, 傳以文勢次之, 言定歷授事, 能使衆功皆廣. '嘆其善', 謂帝嘆羲和之功也.

○ 傳의 〔允信〕에서 〔其善〕까지

○ 正義曰 : ≪爾雅≫ 〈釋訓〉에 이르기를 "鬼는 歸(돌아가다)의 뜻이다."라고 하였고, ≪禮記≫ 〈鄕飮酒義〉에 이르기를 "春은 蠢(꿈틀거리다)의 뜻이다."라고 하였다. 그렇다면 〈釋訓〉의 例에 소리가 서로 가까운 것을 가지고 그 뜻을 풀이한 경우가 있다. "釐는 다스리다〔治〕라는 뜻이다."라는 것과 "工은 官의 뜻이다."라는 것은 모두 소리가 가까운 것을 가지고 뜻풀이를 하였다. 다른 것도 모두 이와 같다.

〔績 功〕·〔咸 皆〕 ≪爾雅≫ 〈釋詁〉의 글이다.

〔熙 廣〕 ≪國語≫ 〈周語〉의 글이다.

이 經文의 뜻은 '成歲'의 아래를 이었기 때문에 傳에서 文勢를 가지고 차례로 정해서 책력을 만들어가지고 농사일을 알려주어 능히 여러 사람으로 하여금 공을 모두 넓히게 하였음을 말하였다.

〔嘆其善〕 帝堯가 羲氏와 和氏의 공을 탄미함을 이른 것이다.

帝曰 疇오 咨라 若時면 登庸[1)]하리라

1) 疇……登庸 : 蔡傳에서는 '咨'를 訪問의 뜻으로 보아 "누가 나를 위하여 天時에 따라 나라를 다스릴 사람을 두루 물어서 등용시키겠는가?"로 풀이하였다.

帝堯가 말씀하기를 "누구일까. 아, 공적을 넓혀서 이 일을 순조롭게 해낼 사람인고? 〈있으면〉 등용할 것이다."라고 하셨다.

【傳】 疇는 誰요 庸은 用也니 誰能咸熙庶績하여 順是事者오 將登用之리라

疇는 누구라는 뜻이요, 庸은 등용하다라는 뜻이니, 누가 능히 모든 공적을 넓혀서 이 일을 순조롭게 잘 해낼 사람인고? 장차 등용할 것이다.

放齊曰 胤子朱[1)] 啓明하니이다 帝曰 吁라 嚚(은)訟[2)]이어니 可乎아

1) 胤子朱 : 蔡傳에서는 堯임금의 맏아들인 丹朱로 보았다.

2) 嚚(은)訟 : 蔡傳에서는 '嚚'을 "입으로 忠信한 말을 하지 않는다."로 풀이하였다.

放齊가 말하기를 "胤國의 子爵인 朱가 천성이 트여 명철합니다."라고 하자, 帝堯가 말씀하기를 "아, 수다스럽고 爭訟을 좋아하는데, 되겠는가?"라고 하셨다.

【傳】 放齊는 臣名이라 胤은 國이요 子는 爵이요 朱는 名이라 啓는 開也라 吁는 疑怪之辭라 言不忠信하여 爲嚚하고 又好爭訟이어니 可乎아 言不可라

放齊는 신하 이름이다. 胤은 나라, 子는 벼슬, 朱는 이름이다. 啓는 열다라는 뜻이다. 吁는 의심스럽고 괴이하게 여긴 말이다. "말이 忠信치 못하여 수다스럽고 또 爭訟을 좋아하는데 되겠는가?"라고 하였으니, 불가함을 말한 것이다.

帝曰 疇오 咨라 若予采오

帝堯가 말씀하기를 "누구일까. 아, 나의 일을 순조롭게 다스릴 사람인고?"라고 하시니,

【傳】 采는 事也라 復求誰能順我事者라 ○ 采는 馬云 官也라

采는 일이란 뜻이니, "누가 능히 나의 일을 순조롭게 다스릴 사람인고?"라고 하여 그러한 사람을 다시 구하는 것이다.

○ 采에 대하여 馬融은 "官의 뜻이다."라고 하였다.

驩兜(환도)曰 都라 共工이 方[1)]鳩僝(잔)功하니이다

1) 方 : 蔡傳에서는 장차〔且〕의 뜻으로 보았다.

驩兜가 말하기를 "아, 共工이 있는 데마다 공적을 보이고 있습니다."라고 하자,

【傳】 驩兜는 臣名이라 都는 於(오)니 嘆美之辭라 共工은 官稱이라 鳩는 聚요 僝은 見(현)也니 嘆共工能方方聚見其功이니라 ○ 僝은 馬云 具也라

驩兜는 신하 이름이다. 都는 於(아!)의 뜻이니, 嘆美하는 말이다. 共工은 벼슬의 칭호이다. 鳩는 모으다라는 뜻이요, 僝은 드러내다라는 뜻이니, 共工이 있는 데마다 공적을 보이고 있음을 탄미한 것이다.

○ 僝에 대하여 馬融은 "구비하다라는 뜻이다."라고 하였다.

帝曰 吁라 靜言庸違하고 象恭滔天하니라

帝堯가 말씀하기를 "아, 말은 곧잘 하지만 행동은 말과 위배되고, 용모는 공경하나 마음은 오만하다."라고 하셨다.

【傳】 靜은 謀요 滔는 漫也니 言共工自爲謀言이나 起用行事而違背之하고 貌象恭敬이나 而心傲佷이 若漫天하니 言不可用이니라

靜은 모의하다라는 뜻이요, 滔는 오만하다라는 뜻이니, 共工이 스스로 곧잘 지모 있는 말은 하지만 기용되어 일을 행하면 위배되고, 용모는 공경하나 마음은 오만함이 마치 하늘을 능가하는 듯함을 말하였으니, 결국 등용할 수 없음을 말한 것이다.

帝曰 咨라 四岳[1)]아

1) 四岳 : 蔡傳에서는 "한 사람이 四岳에 있는 諸侯들의 일을 총괄했다."라고 하여 四岳을 한 사람으로 보았는데, 이에 대하여 明代 王夫之는 ≪尙書稗疏≫에서 蔡傳을 비판하면서 "四岳은 실제로 네 사람이지 한 사람이 아니다. 12牧이 諸侯들을 나누어 다스리면서 한 사람에게 통솔되었으니, 이 한 사람이 어찌 천자의 권한을 대신 가진 것이 아니겠는가."라고 하였다.

帝堯가 말씀하기를 "아, 四岳들아.

【傳】 四岳은 卽上羲和之四子니 分掌四岳之諸侯라 故로 稱焉이니라

四岳은 곧 위에 있는 羲仲·羲叔과 和仲·和叔인데, 이들 네 명이 四岳의 諸侯들을 나누어 관장하기 때문에 이렇게 칭한 것이다.

湯湯(상)洪水[1)]方割하여

1) 洪水 : 조선시대 尹鑴는 "洪水는 비로 大河(黃河)이나. 後人들도 大河를 洪河라고 불렀다. 堯임금의 시대에 河道가 닦여지지 못하여 범람한 것이 걱정거리였으니, 마치 후세에 河水가 터지는 현상과 같았던 것이다."라 하였다. ≪讀書記 讀尙書≫

넘실대는 홍수가 널리 해를 끼쳐

【傳】 湯湯은 流貌요 洪은 大요 割은 害也니 言大水方方爲害니라

湯湯은 흐르는 모양이요, 洪은 널리라는 뜻이요, 割은 해치다라는 뜻이니, 홍수가 널리 해를 끼침을 말한 것이다.

蕩蕩懷山襄陵하고 **浩浩滔天**이니라

콸콸 흐르는 물이 산을 삼키고 언덕을 기어오르며 널리 퍼져서 하늘을 능가할 듯하니라.

【傳】 蕩蕩은 言(之)〔水〕[1)]奔突有所滌除라 懷는 包요 襄은 上也니 包山上陵하고 浩浩盛大하여 若漫天이라

1) (之)〔水〕: 저본에는 '之'로 되어있으나, 阮刻本에 "毛本에는 '之'가 '水'로 되어있으니, 옳다."라고 한 것에 의거하여 '水'로 바로잡았다.

蕩蕩은 물이 충돌하여 씻기는 바가 있음을 말한 것이다. 懷는 삼키다라는 뜻이요, 襄은 上(오름)의 뜻이니, 산을 삼키고 언덕을 기어오르며 널리 퍼져서 하늘을 능가할 듯한 것이다.

下民其咨하나니 **有能俾乂**하리라

백성들은 그것을 시름하고 있으니, 유능한 사람이 있거든 다스리게 하리라."고 하시니,

【傳】 俾는 使요 乂는 治也니 言民咨嗟憂愁하여 病水困苦라 故로 問四岳하여 有能治者어든 將使(之)〔治也〕[1)]리라

1) (之)〔治也〕: 저본에는 '之'로 되어있으나, 阮刻本에 "古本에는 '有能治者 將使治也'로 되어있다."라고 한 것에 의거하여 '治也'로 바로잡았다.

俾는 使(하여금)의 뜻이요, 乂는 다스리다라는 뜻이니, 백성들이 시름에 잠겨 水魔에 시달리고 있다. 그러므로 四岳에게 물어 다스릴 수 있는 사람이 있거든 그로 하여금 다스리게 할 것임을 말한 것이다.

僉曰 於(오)라 **鯀哉**니이다

여럿이 말하기를 "아, 〈적격자는〉 鯀입니다."라고 하자,

【傳】 僉은 皆也요 鯀은 崇伯之名이니 朝臣이 擧之니라 ○ 鯀을 馬云 禹父也라

僉은 여럿이란 뜻이요, 鯀은 崇伯의 이름이니, 朝臣이 그를 천거하였다.
○ 鯀에 대하여 馬融은 "禹의 아버지이다."라고 하였다.

帝曰 吁라 咈哉라 方命圮(비)族[1)]하나니라

1) 咈哉 方命圮(비)族 : 蔡傳에서는 "咈이란 것은 매우 옳지 않게 여기는 말이고, 方命은 명을 어기고 행하지 않는 것이며, 圮族은 여러 사람들과 화합하지 못하여 사람을 상해하고 사물을 해침을 말한 것이니, 鯀을 등용할 수 없음은 이 때문이었다."라고 풀이하였다.

帝堯가 말씀하기를 "아, 〈마음이 사나우니〉 안 된다. 곧고 방정하다는 명예를 좋아하고 명하여 일을 행하면 문득 선량한 무리를 毁敗한다."라고 하셨으며,

【傳】 凡言吁者는 皆非帝意라 咈은 戾요 圮는 毁요 族은 類也니 言鯀性很戾하여 好此方名하고 命而行事면 輒毁敗善類라 ○ 馬云 方은 放也라

무릇 吁라고 말한 것은 모두 帝堯의 마음에 내키지 않는 것이다. 咈은 사납다라는 뜻이요, 圮는 毁敗하다라는 뜻이요, 族은 部類라는 뜻이니, 鯀의 성품이 사나워서 이 곧고 방정하다는 명예를 좋아하고 명하여 일을 행하면 문득 선량한 무리를 毁敗함을 말한 것이다.
○ 馬融이 이르기를 "方은 疏放하다라는 뜻이다."라고 하였다.

岳曰 异(이)[1)]哉니 試可乃已니이다

1) 异(이) : 蔡傳에서는 "'异'는 뜻이 미상이다. 아마 이미 퇴자를 놓았으나 다시 강력하게 천거하는 뜻이 담긴 글자인 듯하다."로 풀이하였는데 조선시대 尹鑴는 "字書에 异는 擧의 뜻이 담긴 글자로 되어있다. 신하들이 이미 모두 그의 재주를 천거하였으니, 일단 그 재주의 능력을 시험해볼 뿐임을 말한 것이다."라고 주장하였다.

岳이 말하기를 "〈나머지 사람들은 鯀만〉 못하니, 적격한가를 시험해보고 나서 퇴자를 놓아야 할 것입니다."라고 하자,

【傳】 异는 已也요 〔已〕[1]는 退也라 言餘人盡已니 唯鯀可試하여 無成〔功〕[2]乃退라

1) 〔已〕: 저본에는 없으나, 阮刻本에 "古本에는 '异已也 已退也'로 되어있고, 宋板과 岳本과 ≪史記正義≫에는 모두 '异已 已退也'로 되어있으며, ≪尙書纂傳≫은 今本과 같다. 살펴보건대 今本이 잘못되었음이 매우 분명하다. ≪尙書纂傳≫은 의심컨대 후인들이 함부로 고친 듯하다."라고 한 것에 의거하여 보충하였다.

2) 〔功〕: 저본에는 없으나, 阮刻本에 "古本에는 '無成功乃退也'로 되어있다."라고 한 것에 의거하여 보충하였다.

异는 已의 뜻을 가진 글자요, 已는 퇴자를 놓다라는 뜻이다. 남은 사람들은 모두 그만두어야 할 대상들이니, 오직 鯀만을 적격한가 시험하여 공적을 이루지 못하면 그때 퇴자를 놓아야 함을 말한 것이다.

帝曰 往欽哉라하시니

帝堯가 말씀하기를 "가서 일을 경건히 행하도록 하라."고 하셨는데,

【傳】 勅鯀往治水하고 命使敬其事라 堯知其性很戾圮族이나 未明其所能이어늘 而據衆言可試라 故로 遂用之하니라

鯀에게 고하여 현장에 가서 물을 다스리게 하고, 따라서 명하여 그로 하여금 그 일을 경건히 행하도록 하였다. 堯임금이 그의 성품이 사나워서 族類를 毁敗할 것을 알았으나 아직 그의 유능한 점은 분명하게 알지 못했는데, 여러 사람이 그를 시험해볼 만하다고 하므로 결국 임용하게 되었다.

九載에 績用弗成하니라

9년 동안에 공적을 이루지 못하였다.

【傳】 載는 年也라 三考九年에 功用不成하니 則放退之라

載는 年의 뜻이다. 9년 동안에 세 번 考課한 결과 공적을 이루지 못하니 그를 내쳤다.

【疏】 '帝曰疇咨若予'至'九載績用弗成' ○正義曰 : 史又序堯事. 堯任羲·和, 衆功已廣, 及其末年, 群官有闕, 復求賢人, 欲任用之. 帝曰 "誰乎. 咨嗟." 嗟人之難得也. "有人能順此咸熙庶績之事者, 我將登而用之." 有臣放齊者對帝 "有胤國子爵之君, 其名曰朱, 其人心志開達, 性識明悟." 言此人可登用也. 帝疑怪嘆之曰 "吁, 此人旣頑且嚚, 又好爭訟, 豈可用乎." 言不可也. 史又記堯復求人. 帝曰 "誰乎. 咨嗟." 嗟人之難得也. "今有人能順我事者否乎." 言有卽欲用之也. 有臣驩兜者對帝曰 "嗚乎." 嘆有人之大賢也. "帝臣共工之官者, 此人於所在之方, 能立事業, 聚見其功." 言此人可用也. 帝亦疑怪之曰 "吁, 此人自作謀計之言, 及起用行事而背違之, 貌象恭敬而心傲很, 若漫天." 言此人不可用也. 頻頻求人, 無當帝意. 於是洪水爲災, 求人治之. 帝曰 "咨嗟." 嗟水災之大也, 呼掌岳之官而告以須人之意. "汝四岳等, 今湯湯流行之水, 所在方方爲害. 又其勢奔突蕩蕩然, 滌除在地之物, 包裹高山, 乘上丘陵, 浩浩盛大, 勢若漫天. 在下之人, 其皆咨嗟, 困病其水矣. 有能治者, 將使治之." 群臣皆曰 "嗚呼." 嘆其有人之能. "惟鯀堪能治之." 帝又疑怪之曰 "吁, 其人心很戾哉. 好此方直之名, 命而行事, 輒毁敗善類." 言其不可使也. 朝臣已共薦擧, 四岳又復然之. 岳曰 "帝若謂鯀爲不可, 餘人悉皆已哉." 言不及鯀也. "惟鯀一人試之可也. 試若無功, 乃黜退之." 言洪水必須速治, 餘人不復及鯀, 故勸帝用之. 帝以群臣固請, 不得已而用之. 乃告勅鯀曰 "汝往治水, 當敬其事哉." 鯀治水九載, 已經三考而功用不成. 言帝實知人, 而朝無賢臣, 致使水害未除, 待舜乃治. 此經三言求人, 未必一時之事, 但歷言朝臣不賢, 爲求舜張本故也.

經의 〔帝曰疇咨若予〕에서 〔九載績用弗成〕까지

○ 正義曰 : 史官이 또 堯임금의 일을 서술하였다. 堯임금이 羲氏와 和氏를 임용하여 모든 事功이 이미 넓어졌건만 말년에 이르러 여러 관원의 자리에 결원이 생겼으므로 다시 어진 사람을 구하여 임용하려고 하였다. 帝堯가 말하기를 "누구일까? 아!"라고 한 것은 인재를 얻기 어려운 점을 탄식한 것이다.

帝堯가 "모든 공적을 넓히는 일을 순조롭게 잘 해낼 사람이 있으면 내가 장차 등용하리라."라고 하자, 放齊라는 신하가 있어 帝堯의 물음에 대답하기를 "胤國의 子爵인 임금이 있어 그 이름은 朱라고 하는데 그 사람은 心志가 開達하고 性識이 明悟합니다."라고 하였으니, 이 사람은 등용할 만함을 말한 것이다. 帝堯가 의심스럽고 괴이쩍어서 탄식하며 말씀하기를 "아, 이 사람은 이미 완악하고 수다스러우며 또 爭訟을 좋아하는데 어떻게 쓸 수 있겠는가?"라고 하였으니, 불가함을 말한 것이다.

史官이 또 堯임금이 다시 인재를 구하는 일을 기록하였다. 帝堯가 말하기를 "누구일까? 아!"라고 한 것은 인재를 얻기 어려운 점을 말한 것이다. "지금 나의 일을 순조롭게 이룰 수 있는 사람이 있는가?"라고 한 것은 있으면 곧 등용하고 싶다고 말한 것이다. 驩兜라는 신하가 있어 帝堯의 물음에 대답하기를 '아!'라고 한 것은 사람이 크게 어짊에 대해 찬탄한 것이다. "임금님 신하 중에 共工이란 벼슬을 가진 자가 있는데 이 사람은 맡은 직무에서 사업을 잘하여 많은 공적을 보이고 있습니다."라고 한 것은 이 사람은 쓸 만함을 말한 것이다. 帝堯가 또한 의심하고 괴이하게 여기며 말씀하기를 "아, 이 사람은 곧잘 지모 있는 말을 하지만 기용되어 일을 행하면 위배되고, 용모는 공경하나 마음은 오만함이 마치 하늘을 능가하려는 것과 같다."라고 한 것은 이 사람은 쓸 수 없음을 말한 것이다. 자주 사람을 구하지만 帝堯의 뜻에 맞는 사람은 없었다.

이에 홍수가 재앙을 일으키자 인재를 구해 그를 다스리려고 하였다. 帝堯가 말씀하기를 '아!'라고 한 것은 水災가 너무도 큰 것을 탄식하며 四岳을 맡은 관원을 불러서 인재를 구할 뜻을 고한 것이다. "너희 四岳들아! 지금 넘실넘실 흘러가는 물이 곳곳에서 해를 끼치고 있다. 또 홍수의 기세가 충돌하고 출렁거리며 곳곳에 있는 물건들을 씻어버리고, 높은 산을 삼키고 언덕을 올라타는 등 질펀하고 범람하여 그 기세가 마치 하늘을 능가하려는 것과 같다. 아래에 있는 사람들은 모두 그것을 탄식하며 수마에 시달리고 있으니, 홍수을 잘 다스릴 사람이 있으면 장차 그로 하여금 홍수를 다스리게 할 것이다."라고 하자, 신하들이 모두 말하기를 '아!'라고 한 것은 유능한 사람이 있음을 찬탄한 것이다. "오직 鯀만이 홍수를 잘 다스릴 것입니다."라고 하니, 帝堯가 또 疑怪히 여겨 말씀하기를 "아, 그 사람은 마음이 사나워서 곧고 방정하다는 명예를 좋아하고, 명하여 일을 행하면 문득 선량한 무리를 毁敗할 것이다."라고 한 것은 그 사람을 시킬 수 없음을 말한 것이다.

朝臣들이 이미 공동으로 천거하였고, 四岳이 또 그를 타당하게 여겼다. 四岳이 말하기를 "임금님께서 만일 鯀을 불가하다고 여기신다면 나머지 사람들은 모두 그만두어야 할 대상들입니다."라고 한 것은 鯀만 못함을 말한 것이다. "오직 鯀 한 사람만은 적격한가를 시험해보아야 합니다. 시험해보아서 공적이 없으면 그때에 퇴출시킬 일입니다."라고 한 것은 홍수는 반드시 속히 다스려야 하고 나머지 사람들은 鯀만 못함을 말한 것이다. 그러므로 帝堯에게 그를 쓰도록 권한 것이다. 帝堯는 신하들이 굳이 청하기 때문에 부득이 그를 쓴 것이다. 그래서 鯀에게 고하기를 "너는 가서 홍수를 다스리되 마땅히 그 일을 경건하게 해야 한다."라고 한 것이다. 鯀은 물을 다스리는 9년 동안에 이미 세 번의 考課를 거쳤으나 공적을 이루지 못하였다. 帝堯가 실제로 사람을 알아보았으나 조정에 어진 신하가 없어 수해를 제거하지 못하고 결국은 舜을 기다려서 다스리게 하였음을 말한 것이다. 이 經에서 인재를 구하는 일을 세 번 말한 것은 반드시 한때의 일이 아니니, 다만 朝臣의 어질지 못함을 일일이 말하여 舜을 구하는 張本(근거)으로 삼으려 하였기 때문일 뿐이다.

【疏】 ○ 傳'疇誰'至'用之' ○ 正義曰 : '疇 誰', 釋詁文. 庸, 聲近用, 故爲用也. 馬融以羲·和爲卿官, 堯之末年, 皆以老死, 庶績多闕. 故求賢順四時之職, 欲用以代羲·和. 孔於下傳云 "四岳, 卽上羲·和之四子." 帝就羲·和求賢, 則所求者, 別代他官, 不代羲氏·和氏. 孔以羲·和掌天地之官, 正在敬順昊天, 告時授事而已, 其施政者, 乃是百官之事, 非復羲·和之職. 但羲·和告時授事, 流行百官, 使百官庶績咸熙. 今云 "咸熙庶績, 順是事者." 指謂求代百官之闕, 非求代羲·和也. 此經文承'庶績'之下而言順是事者, 故孔以文勢次之. 此言 "誰能咸熙庶績, 順是事者. 將登用之." 蓋求卿士用任也. 計堯卽位至洪水之時六十餘年, 百官有闕, 皆應求代. 求得賢者, 則史亦不錄, 不當帝意, 乃始錄之, 爲求舜張本. 故惟帝求一人, 放齊以一人對之, 非六十餘年止求一人也. 堯以聖德在位, 庶績咸熙, 蓋應久矣. 此繼'咸熙'之下, 非知早晚求之, 史自歷序其事, 不必與治水同時也. 計四岳職掌天地, 當是朝臣之首. 下文求治水者, 帝'咨四岳', 此不言'咨四岳'者. 帝求賢者, 固當博訪朝臣, 但史以有岳對者, 言'咨四岳', 此不言'咨'者, 但此無岳對, 故不言耳.

○ 傳의 〔疇誰〕에서 〔用之〕까지

○ 正義曰 : 〔疇 誰〕 ≪爾雅≫ 〈釋詁〉의 글이다.

庸은 발음이 用에 가깝다. 그러므로 用자와 같이 쓴다.

馬融은 羲氏와 和氏를 卿官으로 보고서, 堯임금의 말년에 모두 늙어 죽으니 모든 일에 공백이 많이 생기므로 四時에 관한 직무를 순조롭게 수행할 수 있는 현인을 구해서 그를 임용하여 羲氏와 和氏를 대신하고자 한 것으로 여겼다. 孔安國은 아래 傳에서 "四岳은 곧 위에 보인 羲氏와 和氏의 네 아들이다."라고 하였다. 帝堯가 가령 羲氏와 和氏에게서 현인을 구했다면 구한 바가 별도로 다른 관원을 대신하기 위함이고 羲氏와 和氏를 대신하기 위함은 아니었을 것이다. 孔安國은 羲氏와 和氏를 하늘과 땅을 관장하는 관원으로 昊天을 경건하게 따르는 직무에 있어서 시절을 고해주고 농사일을 알려주는 일만 한 사람으로 여겼으니, 정치를 시행하는 일은 바로 百官의 몫이지, 다시 羲氏와 和氏의 직무가 아니었다. 다만 羲氏와 和氏가 시절을 고해주고 농사일을 알려주는 것이 百官에게 파급되어 百官으로 하여금 모든 공적이 모두 넓혀지게 한 것이므로 지금 "모든 공적을 넓혀서 이 일을 순조롭게 시행한다."는 것은 百官의 결원을 대신할 사람을 구하는 것을 가리킨 것이지, 羲氏와 和氏를 대신할 사람을 구하는 것이 아니다.

이 經文은 '庶績'의 아래를 이어받아서 이 일을 순조롭게 시행할 것을 말하였다. 그러므로 孔安國이 文勢를 가지고 차례를 매겼다. 여기서 말한 "누가 능히 모두 여러 공적을 넓혀서 이 일을 순조롭게 시행할 사람인가? 장차 그를 등용하리라."라고 한 것은 아마 卿士에 임용할 사람을 구하는 것일 것이다. 堯임금이 즉위하여 홍수가 범람할 때까지의 기간이 60여 년임을 감안하면 그 동안에 百官이 결원이 생겨 모두 응당 대신할 사람을 구했을 것이다. 어진 사람을 구득했다면 史官이 또한 그 일을 기록하지 않았겠지만 帝堯의 마음에 들지 않게 되자, 비로소 그 일을 기록하여 舜을 구득하는 張本으로 삼았다. 그러므로 帝堯가 한 사람만을 구하자 放齊가 한 사람만을 가지고 대답한 것이지, 60여 년 동안에 한 사람만을 구한 것은 아니다.

堯임금은 聖德을 가지고 帝位에 계셨으니 여러 공적이 모두 넓혀진 것은 아마도 응당 오래 지속되었을 것이다. 이것은 '咸熙'의 아래를 이었으니, 일찍 구했는지 늦게 구했는지 그것을 알기 위함이 아니었고, 史官이 스스로 그 일을 일일이 서술한 것이니, 꼭 홍수를 다스린 시기와 맞출 필요는 없다. 四岳의 직책이 하늘과 땅을 관장하는 것임을 감안하면 朝臣의 우두머리에 해당한다. 그런데 下文에는 홍수 다스릴 사람을 구할 때 帝堯가 '아, 四岳들아〔咨 四岳〕'라고 하였으나 여기서는 '아, 四岳들아'라고 말하지 않은 것은, 帝堯가 어진 이를 구할 경우에는 응당 朝臣들을 널리 방문하였을 테지만, 다만 史官이 四岳이 대답한 것을 가지고 '아, 四岳들아'라고 말하였고, 여기서 '아!〔咨〕'라고 말하지 않은 것은 다만 여기에는 四岳의 대답이 없었기 때문에 말하지 않았을 뿐이다.

【疏】 ○傳'放齊'至'不可' ○正義曰：以放齊擧人對帝, 故知臣名, 爲名爲字, 不可得知. 傳言'名'者, 辯此是爲臣之名號耳, 未必是臣之名也. 夏王仲康之時, 胤侯命掌六師[1], 顧命陳寶有胤之舞衣, 故知古有胤國. 胤旣是國, 自然子爲爵, 朱爲名也. 馬融·鄭玄以爲 "帝之胤子曰朱也." 求官而薦太子, 太子下愚以爲啓明, 揆之人情, 必不然矣. 啓之爲開, 書傳通訓, 言此人心誌開解而明達. '吁'者, 必有所嫌而爲此聲, 故以爲疑怪之辭. 僖二十四年左傳曰 "口不道忠信之言爲嚚." 是言不忠信爲嚚也. 其人心旣頑嚚, 又好爭訟, 此實不可, 而帝云 "可乎." 故吁聲而反之. '可乎', 言不可也. 唐堯聖明之主, 應任賢哲, 放齊聖朝之臣, 當非庸品, 人有善惡, 無容不知, 稱'嚚訟'以爲'啓明', 擧愚臣以對聖帝, 何哉. 將以知人不易, 人不易知, 密意深心, 固難照察. 胤子矯飾容貌, 但以惑人, 放齊內少鑑明, 未能圓備, 謂其實可任用, 故承意擧之. 以帝堯之聖, 乃知其嚚訟之事, 放齊所不知也. 驩兜薦擧共工, 以爲比周之惡, 謂之四凶, 投之遠裔. 放齊擧胤子, 不爲凶人者, 胤子雖有嚚訟之失, 不至滔天之罪, 放齊謂之實賢, 非是苟爲阿比. 驩兜則誌不在公, 私相朋黨, 共工行背其言, 心反於貌, 其罪竝深, 俱被流放, 其意異於放齊擧胤子故也.

1) 胤侯命掌六師 : ≪尙書正義≫ 〈夏書 胤征〉에 孔傳에 "仲康이 胤侯에게 명하여 王의 六師를 관장하게 했다."라고 하였다.

○ 傳의 〔放齊〕에서 〔不可〕까지

○ 正義曰 : 放齊가 사람을 들어 帝堯에게 대답했기 때문에 신하의 이름임을 알 수 있지만 名인지 字인지는 확실히 알 수가 없다. 傳에서 名이라고 말한 것은 바로 신하의 名號임을 변별했을 뿐이니, 꼭 이것이 신하의 이름이라고 단언하지는 못하겠다.

夏王 仲康의 시대에 胤侯를 명하여 六師를 관장하게 하였고, 〈顧命〉에 보면 보물을 진열한 자리에 胤의 舞衣가 있기 때문에 옛적에 胤國이 있었음을 알았다. 胤이 이미 나라라면 자연 子는 벼슬이 되고 朱는 이름이 되는 것이다.

馬融과 鄭玄은 "帝堯의 맏아들을 朱라고 한다."라고 하였다. 그러나 벼슬을 구하자 太子를 천거하고 太子가 下愚인데 啓明하다고 한 것은 인정으로 헤아려볼 때 반드시 그렇지 않았을 것이다. 啓를 開의 뜻으로 본 것은 書傳의 통상적인 풀이이니, 이 사람의 心志가 開解하고 明達함을 말한 것이다.

〔吁〕 반드시 혐의스러운 점이 있으면 이러한 소리를 하게 된다. 그러므로 의심스럽고 괴이한 말이라고 하였다.

僖公 24년 조의 ≪春秋左氏傳≫에 이르기를 "입으로 忠信의 말을 하지 않는 것을 嚚이라 한다."라고 하였으니, 이는 말이 忠信하지 않은 것을 嚚이라 한다는 것이다.

그 사람은 마음이 이미 頑嚚하고 또 爭訟을 좋아하므로 이는 실로 불가한 것인데, 帝堯가 "되겠는가.〔可乎〕"라고 하였기 때문에 '아!' 소리를 내면서 반대하는 말을 하였던 것이니, '可乎'라는 것은 곧 不可함을 말한 것이다.

堯는 聖明한 군주이므로 응당 賢哲한 사람을 임용했을 것이고, 放齊는 聖朝의 신하이므로 당연히 용렬한 인품이 아니어서 사람에게 善과 惡이 있으면 반드시 알았을 것인데, 嚚訟을 啓明이라 칭하고 어리석은 신하를 들어 聖帝에게 대답한 것은 무엇 때문이었을까? 사람을 알아보기는 쉽지 않고 사람은 쉽게 알지 못하니 은밀한 뜻과 깊은 마음은 본시 살피기 어려운 일이다. 胤子는 용모를 꾸며 단지 사람을 미혹시키고, 放齊는 속에 밝은 識鑑이 적어서 두루 알지 못하므로 그를 실질적으로 임용할 수 있는 사람이라 생각하고 남의 뜻에 영합하여 그를 천거한 것이다.

帝堯 같은 성인으로서는 곧 嚚訟의 일을 알았으나 放齊는 알지 못한 바였다. 驩兜는 共工을 천거하여 私黨을 조직하는 나쁜 일을 하였기 때문에 그를 일러 四凶이라 하여 먼 지방으로 귀양 보냈다. 放齊가 胤子를 천거하였으나 凶人이 되지 않은 것은, 胤子가 비록 嚚訟의 잘못이 있지만 하늘을 능가하는 죄를 범하는 지경에 이르지 않았고, 放齊가 그를 일러 실질적인 어진 사람이라 하였으나 이는 구차하게 私黨을 조직하는 나쁜 일이 아니었다. 驩兜는 뜻을 公에 두지 않고 사적으로 朋黨을 조직하였으며, 共工은 행실이 그 말과 위배되고 마음이 용모와 반대되는 일을 하여 그 죄가 아울러 깊어서 모두 流放을 당하였으니, 그 뜻이 放齊가 胤子를 천거한 것과 달랐기 때문이다.

【疏】 ○ 傳'采事'至'事者' ○ 正義曰 : '采 事', 釋詁文. 上已求順時, 不得其人, 故復求順我事者. 順時順事, 其義一也. 史以上承'庶績'之下, 故言順時, 謂順是'庶績'之事. 此不可復同前文, 故變言順我帝事, 其意亦如前經, 當求卿士之任也. '順我事'之下, 亦宜有登用之言, 上文已具, 故於此略之.

○ 傳의 〔采事〕에서 〔事者〕까지

○ 正義曰 : 〔采 事〕 ≪爾雅≫ 〈釋詁〉의 글이다.

위에서 이미 天時에 따라 정치를 할 사람을 구했지만 알맞은 사람을 얻지 못했기 때문에 다시 나의 일을 순조롭게 다스릴 사람을 구하였다. '天時에 따름'과 '나의 일을 순조롭게 다스림'은 그 뜻이 동일한 것이다. 史官이 위로 '庶績'의 아래를 이었기 때문에 '天時에 따름'을 말했지만 바로 이 '庶績'의 일을 순조롭게 다스림을 이른 것이다. 여기서는 다시 앞의 문법과 동일하게 쓸 수 없기 때문에 말을 변경해서 '내 임금의 일을 순조롭게 다스림'이라고 하였으나 그 뜻은 또한 앞의 經文과 같으니 응당 卿士에 임용할 자를 구한 것이다. '順我事'의 아래에도 응당 '登用'이란 말이 있어야 하지만 윗글에 이미 갖추어져 있기 때문에 여기서는 생략한 것이다.

【疏】 傳'驩兜'至'其功' ○ 正義曰 : 驩兜亦擧人對帝, 故知臣名. '都 於', 釋詁文. 於(오), 卽嗚字, 歎之辭也. 將言共工之善, 故先歎美之. 舜典命垂作共工, 知共工是官稱. 鄭

以爲其人名氏未聞, 先祖居此官, 故以官氏也. 計稱人對帝, 不應擧先世官名, 孔直云官稱, 則其人於時居此官也. 時見居官, 則是已被任, 用復擧之者, 帝求順事之人, 欲置之上位, 以爲大臣, 所欲尊於共工, 故擧之也. '鳩 聚', 釋詁文. 僝(잔)然, 見之狀, 故爲見. '歎共工能方方聚見其功', 謂每於所在之方, 皆能聚集善事, 以見其功, 言可用也. 若能共工實有見功, 則是可任用之人, 帝言其庸違滔天, 不可任者, 共工言是行非, 貌恭心很, 取人之功, 以爲己功, 其人非無見功, 但功非己有. 左傳說驩兜云"醜類惡物, 是與比周, 天下之人[1], 謂之渾敦[2]." 言驩兜以共工比周, 妄相薦擧, 知所言見功, 非其實功也.

1) 人 : ≪春秋左氏傳≫에는 '民'으로 되어있다.
2) 渾敦 : ≪春秋左氏傳≫ 杜預의 注에 "驩兜를 가리키는데, 渾敦은 開通하지 않은 모양이다."라고 하였다.

傳의 〔驩兜〕에서 〔其功〕까지

○ 正義曰 : 驩兜 또한 사람을 천거하여 帝堯의 요구에 응하였다. 그러므로 〈共工이〉 신하의 이름이란 것을 알겠다.

〔都 於〕 ≪爾雅≫ 〈釋詁〉의 글이다. 於는 곧 嗚(아!)의 뜻이니 탄미하는 말이다. 장차 共工의 착한 점을 말하려고 하였기 때문에 먼저 탄미한 것이다.

〈舜典〉에 垂를 임명하여 共工을 삼은 일이 보이니, 共工이 바로 官稱이란 것을 알겠다. 鄭玄은 "그 사람은 名과 氏가 알려지지 않고 그 先祖가 이 벼슬(共工)에 있었기 때문에 벼슬을 가지고 氏를 삼은 것이다."라고 하였다. 그러나 생각하건대 사람을 帝堯에게 천거할 때에는 응당 先世의 官名까지 거론하지는 않을 것이니, 孔安國이 곧 官稱이라고 한 것은 그 사람이 이때 이 벼슬에 있었기 때문일 것이다. 현재 벼슬에 있으면 이는 이미 임용된 것인데, 다시 천거하게 된 것은 帝堯가 일을 순조롭게 다스릴 사람을 구하여 윗자리에 앉혀 大臣을 삼으려고 하니, 共工보다 높이려 하였기 때문에 천거한 것이다.

〔鳩 聚〕 ≪爾雅≫ 〈釋詁〉의 글이다.

僝然은 보이는 형태이기 때문에 見의 뜻으로 본 것이다.

〔歎共工能方方聚見其功〕 매번 그가 있는 곳마다 모두 능히 좋은 일들을 걷어 모아 그 공을 보이고 있음을 이른 것이니, 임명할 수 있음을 말한 것이다. 만일 共工에게 실제로 공을 보인 일이 있다면 이는 임용할 수 있는 사람인데, 帝堯가 행동은 말과 영판 다르고 오만함이 하늘을 능가하니 임용할 수 없다고 말한 것으로 볼 때, 共工은 말은 곧잘 하지

만 행동은 영판 말과 다르게 하고, 용모는 공손한 태도를 보이지만 마음은 사납기 그지없으며, 남의 공을 가로채서 자기의 공으로 삼으니, 그 사람이 공을 보인 점이 없는 것은 아니나 다만 그 공이 진짜 자기에게 있는 것이 아닐 뿐이다. ≪春秋左氏傳≫ 文公 18년조에 驩兜에 대해 말하기를 "惡人을 동류로 삼고, 〈德義를 본받지 않는 자와 忠信을 말하지 않는 자와 형제간에 우애하지 않는 자를〉 친밀하게 사귀니, 천하 사람들이 渾敦이라 이른다."라고 한 것은 驩兜가 共工과 친밀하여 함부로 천거한 것을 말함이니, 그가 말한 공적을 보인다고 한 것은 實功이 아니라는 것을 알 수 있겠다.

○ 正義曰 : '靜 謀', 釋詁文. '滔'者, 漫浸之名, 浸必漫其上, 故滔爲漫也. 共工, 險僞之人, 自爲謀慮之言, 皆合於道, 及起用行事, 而背違之, 言其語是而行非也. 貌象恭敬而心傲很, 其侮上陵下, 若水漫天, 言貌恭而心很也. 行與言違, 貌恭心反, 乃是大佞之人, 不可任用也. 明君·聖主, 莫先於堯, 求賢審官, 王政所急, 乃有放齊之不識是非, 驩兜之朋黨惡物, 共工之巧言令色, 崇伯之敗善亂常, 聖人之朝, 不才總萃, 雖曰難之, 何其甚也, 此等諸人, 才實中品, 亦雖行有不善, 未爲大惡, 故能仕於聖代, 致位大官. 以帝堯之末洪水爲災, 欲責非常之功, 非復常人所及. 自非聖舜登庸, 大禹致力, 則滔天之害, 未或可平, 以舜·禹之成功, 見此徒之多罪. 勳業旣謝, 愆釁自生, 爲聖所誅, 其咎益大. 且虞史欲盛彰舜德, 歸過前人. 春秋史克以宣公比堯, 辭頗增甚, 知此等竝非下愚, 未有大惡, 其爲不善, 惟帝所知. 將言求舜, 以見帝之知人耳.

○ 正義曰 : 〔靜 謀〕 ≪爾雅≫ 〈釋詁〉의 글이다.

〔滔〕 漫浸을 이르는 명칭이니, 잠기면 반드시 그 위를 능가한다. 그러므로 滔를 漫(傲慢하다)의 뜻으로 본 것이다.

共工은 險僞한 사람이라, 스스로 謀慮하는 말은 모두 道에 합하나 기용되어 일을 행하면 위배하니 그 말은 옳으나 행실은 그름을 말한 것이다.

貌象은 恭敬하나 마음은 거만하고 사나워서 그 위를 입신여기고 아래를 능멸하는 것이 마치 물이 하늘을 능가하듯 한다고 한 것은 용모는 공손하나 마음은 사나움을 말한 것이다. 행실과 말이 위배되며 용모는 공손하고 마음은 이반하니, 바로 이는 크게 영악한 사람이라 임용할 수가 없다.

明君과 聖主로 말하면 堯임금보다 앞선 이가 없고, 어진 이를 구하고 관원을 가려 뽑는 것은 왕도정치에서 있어서 가장 시급한 일이다. 그런데 시비를 가릴 줄 모르는 放齊,

惡人을 사귀는 驩兜, 말을 듣기 좋게 늘어놓고 얼굴빛을 보기 좋게 꾸미는 共工, 선량한 무리를 해치고 綱常을 어지럽히는 崇伯 등 성인의 조정에 재주 없는 자들이 집결되었으니, 아무리 인재를 구하기 어렵다 하더라도 어찌 그리도 심했을까? 이들은 재주가 실제로 중급이었으니, 또한 비록 행실에 불선이 있으나 大惡 정도는 아니었을 것이다. 그러므로 능히 성인의 세대에 벼슬하여 지위가 大官에 이를 수 있었다.

帝堯의 말기 洪水가 재앙을 이룰 때에 비상한 공을 이루게 하려고 하면 보통 사람은 미칠 수 있는 바가 아니니, 聖舜이 등용되지 않고 大禹가 힘을 다하지 않았더라면 하늘에 넘실거리는 수해를 혹시 평정하지 못했을 것이니, 舜과 禹가 성공한 것을 가지고 이 무리들이 죄가 많음을 보인 것이다. 勳業이 이미 쇠퇴하자 허물이 스스로 생겨서 성인에게 주벌을 받았으니 그 허물이 더욱 컸다.

또한 虞나라 史官이 舜의 德을 크게 드러내기 위하여 과실을 온통 앞사람에게 돌렸다. ≪春秋≫에서 史官 克이 魯 宣公을 堯임금에 비할 때 과장된 말을 하였으니 〈이것으로 보면〉 이들은 모두 최하의 어리석은 사람이 아닌 이상 큰 악이 없었다는 것을 알 수 있다. 그들이 불선하다는 것은 오직 帝堯만이 아시는 바라, 장차 舜을 구하는 일을 말하여 帝堯가 사람을 세내로 알아보았음을 보였을 뿐이다.

【疏】 傳'四岳'至'稱焉' ○ 正義曰：上列羲·和所掌云 "宅嵎夷朔方." 言四子居治四方, 主於外事. 岳者, 四方之大山. 今王朝大臣, 皆號稱四岳, 是與羲·和所掌, 其事爲一, 以此知四岳, 卽上羲·和之四子也. 又解謂之岳者, 以其分掌四岳之諸侯, 故稱焉. 舜典稱 "巡守[1]至于岱宗, 肆覲東后." 周官說巡守之禮云 "諸侯各朝於方岳之下." 是四方諸侯分屬四岳也. 計堯在位六十餘年, 乃命羲·和, 蓋應早矣. 若使成人見命, 至此近將百歲, 故馬·鄭以爲羲·和皆死. 孔以爲四岳, 卽是羲·和至今仍得在者. 以羲·和世掌天地, 自當父子相承, 不必仲·叔之身, 皆悉在也. 書傳, 雖出自伏生, 其(常)〔當〕[2]聞諸先達, 虞傳, 雖說舜典之四岳, 尙有羲伯·和伯, 是仲·叔子孫世掌岳事也.

1) 巡守 : ≪孟子≫에 의하면 "천자가 제후에게 가는 것을 巡守라 하니, 순수라는 것은 제후가 지키는 땅을 순행하는 것이다.〔天子適諸侯曰巡守 巡守者 巡所守〕"라고 하였다.
2) (常)〔當〕: 저본에는 '常'으로 되어있으나, 阮刻本에 "宋板에는 '常'이 '當'으로 되어있다."라고 한 것에 의거하여 '當'으로 바로잡았다.

傳의 〔四岳〕에서 〔稱焉〕까지

○ 正義曰 : 위에서 羲氏와 和氏가 관장한 바를 열거하여 "嵎夷와 朔方에 거주했다."고

함은 네 아들이 四方에 거주해 다스려 외방의 일에 주력하고 있었음을 말한 것이다. 岳이란 것은 四方의 큰 산이다. 지금도 王朝의 大臣을 모두 四岳이라 호칭한 것은 바로 羲氏와 和氏가 관장한 바와 그 일이 동일하기 때문이니, 이것을 가지고 四岳은 바로 위에 있는 羲氏와 和氏의 네 아들임을 알았던 것이다.

또한 岳이라고 풀이한 것은 그 "四岳의 諸侯들을 나누어 관장하므로 그렇게 칭한 것이다."라고 하였기 때문이다. 〈舜典〉에서 "동쪽으로 巡守하여 岱宗(泰山)에 이르러 동방의 제후들을 만나보셨다."라고 하고, 〈周官〉에서 巡守의 예제에 대해 말하기를 "제후들이 각각 方岳의 아래에서 조회했다."라고 하였으니, 이것은 사방의 제후들이 四岳에 分屬했기 때문이다.

堯임금의 在位 기간이 60여 년임을 감안하면 羲氏와 和氏를 임명한 시기는 아마 早期였을 것이다. 만일 成人이 임명되었다면 이 시점에 와서는 근 백 년이 되어간다. 그러므로 馬融과 鄭玄은 羲氏와 和氏는 모두 죽었다고 하였고, 孔安國은 四岳은 바로 羲氏와 和氏로서 지금 그대로 남아 있는 사람을 등용한 것이라고 하였다. 羲氏와 和氏로 하여금 대대로 하늘과 땅에 관한 일을 관장하게 하였으니, 스스로 응당 아버지와 아들이 서로 계승하였을 터이고, 반드시 羲仲·羲叔·和仲·和叔 그들이 꼭 모두 살아 있어야 할 필요는 없다. ≪書傳≫은 비록 伏生으로부터 나왔다 하지만 모든 일은 응당 先達(先輩)에게 들었을 것이고, 〈虞傳〉은 비록 〈舜典〉의 四岳을 말했지만 오히려 羲伯과 和伯이 그 속에 들어있으니, 이는 羲仲·羲叔·和仲·和叔의 子孫이 대대로 方岳의 일을 관장하였던 것이다.

【疏】 傳'湯湯'至'爲害' ○正義曰：湯湯(상), 波動之狀, 故爲'流貌'. '洪大', 釋詁文. 刀害爲割, 故割爲害也. '言大水方方爲害', 謂其徧害四方也.

傳의 〔湯湯〕에서 〔爲害〕까지

○ 正義曰：湯湯은 물결이 움직이는 모양이다. 그러므로 '흐르는 모양'이라 한 것이다. 〔洪大〕 ≪爾雅≫ 〈釋詁〉의 글이다. 刀와 害가 합한 것이 割이다. 그러므로 割을 害라 한 것이다.

〔言大水方方爲害〕 두루 사방에 해를 끼침을 이른다.

【疏】 傳'蕩蕩'至'漫天' ○正義曰：蕩蕩, 廣平之貌, '言水勢奔突有所滌除', 謂平地之水, 除地上之物, 爲水漂流, 無所復見, 蕩〔蕩〕[1]然惟有水耳. 懷, 藏, 包裹之義, 故懷爲包也. 釋言以襄爲駕, 駕乘牛馬, 皆車在其上, 故襄爲上也. 包山, 謂遶其傍, 上陵, 謂乘其上, 平地已皆蕩蕩, 又復遶山上陵. 故爲盛大之勢, 揔言浩浩盛大若漫天然也. 天者, 無上之物, 漫者, 加陵之辭, 甚其盛大, 故云"若漫天也."

1)〔蕩〕: 저본에는 없으나, 阮刻本에 "宋板에는 '蕩然'이 '蕩蕩然'으로 되어있으니, 옳다."라고 한 것에 의거하여 보충하였다.

傳의〔蕩蕩〕에서〔漫天〕까지

○ 正義曰 : 蕩蕩은 넓고 평평한 모양이다.

〔言水勢奔突有所滌除〕 平地의 물이 地上의 물건을 쓸어감을 이르니, 물에 漂流되어 다시 보이는 바가 없고 질펀하게 오직 물만 있을 뿐이다.

懷는 藏과 같이 包裹의 뜻을 가진다. 그러므로 懷가 包의 구실을 하는 것이다.

≪爾雅≫ 〈釋言〉에서 襄을 멍에 메는 것이라 하였으니, 소와 말에 멍에를 하고 타면 모두 수레가 그 위에 있게 된다. 그러므로 襄을 上의 뜻으로 본 것이다.

包山은 그 곁을 두르는 것을 이르고, 上陵은 그 위를 타는 것을 이르니, 平地가 이미 모두 질펀하고 또다시 산을 두르고 구릉에 올라갔다. 그러므로 성대한 형세가 되니, 총체적으로 호호망망하고 넘실거려 하늘을 능가할 듯한 수세를 말한 것이다.

하늘이란 더 이상 없는 존재요, 능가한다는 것은 구릉보다 더 높다는 말이니, 매우 성대한 것이다. 그러므로 "하늘을 능가할 것 같다."라고 이른 것이다.

【疏】 傳'俾使 乂治也' ○ 正義曰 : '俾 使'·'乂 治', 釋詁文.

傳의〔俾使 乂治也〕

○ 正義曰 :〔俾 使〕·〔乂 治〕 ≪爾雅≫ 〈釋詁〉의 글이다.

【疏】 傳'僉皆'至'擧之' ○ 正義曰 : '僉 皆', 釋詁文. 周語云 "有崇伯鮌." 卽鮌是崇君, 伯, 爵. 故云 "鮌, 崇伯之名." 帝以岳爲朝臣之首, 故特言四岳, 其實求能治者, 普問朝臣. 不言'岳對'而云'皆曰', 乃衆人擧之, 非獨四岳, 故言"朝臣擧之."

傳의〔僉皆〕에서〔擧之〕까지

○ 正義曰 :〔僉 皆〕 ≪爾雅≫ 〈釋詁〉의 글이다.

≪國語≫ 〈周語〉에 "崇伯 鮌이 있어"라고 하였으니, 곧 鮌은 바로 崇의 임금이고, 伯은 官爵이다. 그러므로 "鮌은 崇伯의 이름이다."라고 한 것이다. 帝堯는 岳을 朝臣들의

우두머리로 삼았다. 그러므로 특별히 四岳이라 말했지만, 그 실은 잘 다스릴 수 있는 사람을 구하기 위하여 널리 朝臣들에게 물었다. '岳對'라 말하지 않고 '皆曰'(僉曰)이라 이른 것은 바로 대중이 천거한 것이고, 四岳만이 천거한 것이 아니다. 그러므로 "朝臣들이 그를 천거했다."라고 말한 것이다.

【疏】 傳'凡言'至'善類' ○正義曰：自上以來, 三經求人, 所擧者, 帝言其惡, 而辭皆稱吁, 故知凡言吁者, 皆非帝之所當意也. 咈者, 相乖詭之意, 故爲戾也. '圮 毁', 釋詁文. 左氏稱"非我族類, 其心必異[1]." 族類義同, 故族爲類也. 言鯀性很戾, 多乖異衆人, 好此方直之名, 內有姦回之志, 命而行事, 輒毁敗善類. 何則. 心性很戾, 違衆用己, 知善不從, 故云"毁敗善類." 詩稱"貪人敗類[2]." 與此同. 鄭·王, 以方爲放, 謂放棄敎命. 易坤卦"六二, 直方大." 是直方之事, 爲人之美名. 此經云方, 故依經爲說.

1) 非我族類 其心必異：≪春秋左氏傳≫ 成公 4년 조에 보인다.
2) 貪人敗類：≪詩經≫ 〈大雅 桑柔〉에 보인다.

傳의 〔凡言〕에서 〔善類〕까지

○正義曰：위에서부터 이래로 세 차례나 사람을 구하였는데, 천거된 사람에 대하여 帝堯는 그 악한 점을 말할 때 말씀마다 모두 '아!〔吁〕'라고 칭하였다. 그러므로 무릇 '吁'라고 말한 것은 모두 帝堯의 마음에 맞는 사람이 아니었음을 알았다.

咈은 서로 乖詭하는 뜻이다. 그러므로 戾라고 한 것이다.

〔圮 毁〕≪爾雅≫ 〈釋詁〉의 글이다.

≪春秋左氏傳≫에 "우리 族類가 아니면 그 마음이 반드시 다를 것이다."라고 칭하였으니, 族과 類는 뜻이 같다. 그러므로 族을 類라 한 것이다.

鯀은 心性이 很戾하여 대부분 대중과 乖異하고 곧고 방정하다는 이름을 좋아하여 속에 姦回한 뜻이 있으며, 명하여 일을 행하면 바로 선량한 무리를 毁敗함을 말한다. 왜냐하면, 心性이 很戾하여 대중을 어기고 자기 마음대로 행하며, 善을 알고도 따르지 않기 때문에 "선량한 무리를 毁敗한다."라고 한 것이다. 詩에서 "탐욕스런 사람은 族類를 패하게 한다."라고 칭한 것이 이와 같은 뜻이다. 鄭玄과 王肅이 '方'을 '放'의 뜻으로 본 것은 敎命을 放棄함을 이른 것이다. ≪周易≫ 坤卦에 "六二는 곧고 방정하고 위대하다."라고 하였으니, 이 곧고 방정한 일은 사람의 아름다운 이름이 된다. 이 經에서 '方'이라고 했기 때문에 經에 의하여 설명을 한 것이다.

【疏】 傳'异已 已退也' ○ 正義曰：异聲近已, 故爲已也. 已訓爲止, 是停住之意, 故爲退也.

傳의 〔异已 已退也〕

○ 正義曰：异는 발음이 已에 가깝다. 그러므로 已자와 같이 쓴다. 已를 止로 풀이하니, 이는 停住하는 뜻이다. 그러므로 退자와 같이 쓴다.

【疏】 傳'勑鯀'至'用之' ○ 正義曰：傳解鯀非帝所意而命使之者, 堯知其性佷戾圮族, 未明其所能. 夫管氏之好奢尙僭, 翼贊霸圖, 陳平之盜嫂受金, 弼諧帝業. 然則人有性雖不善, 才堪立功者, 而衆皆據之言鯀可試, 冀或有益, 故遂用之. 孔之此說, 據迹立言, 必其盡理而論, 未是聖人之實. 何則. 禹稱"帝德廣運, 乃聖乃神[1]." 夫以聖神之資, 聰明之鑑, 旣知鯀性狠戾, 何故使之治水者. 馬融云 "堯以大聖, 知時運當然, 人力所不能治, 下民其咨, 亦當憂勞, 屈己之是, 從人之非, 遂用於鯀." 李顒云 "堯雖獨明於上, 衆多不達於下, 故不得不副倒懸之望, 以供一切之求耳."

1) 帝德廣運 乃聖乃神：≪尙書≫〈虞書 大禹謨〉에 보인다.

傳의 〔勑鯀〕에서 〔用之〕까지

○ 正義曰：傳에서 鯀은 帝堯의 뜻에 맞는 사람이 아닌데도 임명하여 직무를 수행하게 한 점을 堯임금이 그의 성품이 사나워서 族類를 毁敗할 것은 알았으나 아직 그의 유능한 점은 분명하게 알지 못했다고 풀이하였다. 대개 사치를 좋아하고 참소를 숭상한 管仲은 霸圖를 도왔고, 형수를 사통하고 장수들에게 금전을 받은 陳平은 帝業을 보필하였다. 그렇다면 심성은 비록 착하지 않으나 재주는 공을 세울 만한 사람이 있어 여러 사람이 모두 그를 시험해볼 만하다고 말하므로 혹시 이익이 있으리라 기대되기 때문에 결국 쓰게 되었다는 것이다.

孔安國의 이 말은 자취에 의거해 立言한 것이니, 반드시 논리적으로 한 말이지 성인의 실제적인 것은 아니다. 왜냐하면 禹가 "帝堯의 德이 광대하고 꾸준히 운행하여 성스럽고 신묘하시었다."라고 칭하였으니, 대개 聖神의 자품과 聰明의 영감으로 이미 鯀의 성품이 사나움을 알았을 것인데 무슨 까닭으로 그로 하여금 홍수를 다스리게 했겠는가?

馬融은 "堯임금은 大聖으로서 時運의 당연함은 인력으로 다스릴 수 있는 것이 아니고, 下民의 한탄함 또한 걱정하고 위로해야 할 것임을 알았기 때문에 자기의 옳은 판단은 접고 남의 그릇된 생각을 따라서 결국 鯀을 쓰게 된 것이다."라고 하였고, 李顒은 "堯임금만이 비록 위에서 밝게 알았으나 여러 사람이 아래에서 깨닫지 못하기 때문에 애타게 갈망하는 마음에 부응하여 일체의 구함을 제공하지 않을 수 없었을 뿐이다."라고 하였다.

【疏】 傳'載年'至'退之' ○正義曰：釋天云"載, 歲也. 夏曰歲, 商曰祀, 周曰年, 唐虞曰載." 李巡云"各自紀事, 示不相襲也." 孫炎曰"歲, 取歲星行一次也. 祀, 取四時祭祀一訖也. 年, 取禾穀一熟也. 載, 取萬物終而更始, 是載者, 年之別名, 故以載爲年也." 舜典云"三載, 考績, 三考, 黜陟幽明." 是三考, 九年也. 功用不成, 水害不息, 故放退之, 謂退使不復治水. 至明年得舜, 乃殛之羽山. 周禮大宰職云"歲終則令百官, 各正其治, 而詔王廢置, 三年則大計群吏之治而誅賞." 然則考課功績, 必在歲終. 此言'功用不成', 是九年歲終三考也. 下云'朕在位七十載', 而求得虞舜, 歷試三載, 即數登用之年, 至七十二年爲三載, 卽知七十載者, 與此異年. 此時, 堯在位六十九年, 鯀初治水之時, 堯在位六十一年. 若然, 鯀既無功, 早應黜廢, 而待九年無成, 始退之者, 水爲大災, 天之常運, 而百官不悟, 謂鯀能治水, 及遣往治, 非無小益, 下人見其有益, 謂鯀實能治之. 日復一日, 以終三考, 三考無成, 衆人乃服, 然後退之, 故至九年. 祭法云"鯀障洪水而殛死, 禹能修鯀之功. 然則禹之大功." 顧亦因鯀, 是治水有益之驗. 但不能成功, 故誅殛之耳. 若然, 災以運來. 時不可距, 假使興禹, 未必能治. 何以治水之功不成而便殛鯀者, 以鯀性傲很, 帝所素知, 又治水無功, 法須貶黜. 先有很戾之惡, 復加無功之罪, 所以殛之羽山, 以示其罪. 若然, 禹既聖人, 當知洪水時未可治, 何以不諫父者, 梁主以爲"舜之怨慕, 由已之私, 鯀之治水, 乃爲國事. 上令必行, 非禹能止, 時又年小, 不可干政也."

傳의 〔載年〕에서 〔退之〕까지

○ 正義曰：≪爾雅≫〈釋天〉에 이르기를 "載는 歲의 뜻이다. 夏나라는 歲라 하고, 商나라는 祀라 하고, 周나라는 年이라 하고, 唐나라와 虞나라는 載라 했다." 하였다. 李巡은 이르기를 "각자 일을 기록하여 서로 인습하지 않음을 보였다."라고 하였다. 孫炎은 이르기를 "歲는 歲星이 한 차례 운행함을 취한 것이고, 祀는 四時의 祭祀가 한 번 마침을 취한 것이고, 年은 禾穀이 한 번 익음을 취한 것이고, 載는 만물이 끝나고 다시 시작됨을 취한 것이니, 이 載는 年의 별명이다. 그러므로 載를 年으로 삼은 것이다."라고 하였다.

〈舜典〉에 이르기를 "3년마다 공적을 考課하시고, 세 번 考課한 다음 공적이 좋은 관원은 승진시키시고 공적이 부진한 관원은 퇴출시키셨다."라고 하였으니, 이 세 번의 고과는 9년에 걸쳐 행해진 것이다. 공적이 이루어지지 못하여 홍수의 해가 종식되지 않았다. 그러므로 퇴출시켰으니, 퇴출하여 다시 홍수를 다스리지 못하게 함을 이른 것이다. 그 다음 해에 이르러서 舜을 구득하고 곧 鯀을 羽山에서 誅殛하였다.

≪周禮≫ 〈天官 大宰職〉에 이르기를 "한 해가 끝나면 百官府로 하여금 각각 그 치적을 정리하여 왕에게 보고토록 해서 치적이 없는 관리는 내쫓고 치적이 있는 관리는 존속시키며, 3년마다 모든 관리의 치적을 총결산하여 견책할 관리는 견책을 하고 상 줄 관리는 상을 준다."라고 하였다. 그렇다면 功績을 考課하는 일은 반드시 한 해가 끝날 무렵에 있었다. 여기에서 말한 "공적이 이루어지지 못했다."고 한 것은 바로 9년이 되던 해가 끝나는 무렵에 세 번째 실시한 고과의 결과이다.

아래에서 이르기를 "내가 재위한 지 70년인데"라고 하였고, 虞舜을 구득하여 3년을 내리 시험하였으니, 곧 등용한 해를 계산하면 72년에 이르러 3년이 되므로 70년이란 것은 이와 더불어 연수가 다르다는 것을 알 수가 있다. 이때는 堯임금이 재위한 지 69년이고, 鯀이 처음 治水한 때는 堯임금이 재위한 지 61년이었다. 만일 그렇다면 鯀은 이미 공을 세운 일이 없었으니 일찌감치 퇴출을 했어야 하지만, 굳이 9년 동안 공을 이루는 일이 없게 될 때까지 기다렸다가 비로소 퇴출한 것은, 홍수가 큰 재앙이 되는 일은 하늘의 떳떳한 운세요, 百官이 깨닫지 못하여 鯀이 治水를 잘할 수 있다고 말하였으며, 鯀이 현장에 가서 치수를 함에 있어서 소소한 이익이 없지 않았으니, 아랫사람들은 그 소소한 이익이 있는 것을 보고 鯀은 실제로 치수를 잘한다고 말하였다. 그래서 세월이 하루 이틀 지나가 세 차례 고과를 끝냈고 세 차례 고과에서도 공을 이루는 일이 없자 여러 사람들이 그의 무능을 인정하였고, 그런 뒤에야 퇴출을 하였다. 그러므로 9년까지 이르게 된 것이다.

≪禮記≫ 〈祭法〉에 "鯀은 홍수를 막다가 殛死하였는데, 禹는 鯀의 공적을 잘 닦았다."라고 하였다. 그렇다면 禹의 큰 공적 또한 鯀에 의한 것이니 이는 鯀이 治水를 함에 이익이 있었다는 징험이다. 다만 공을 이루지 못했기 때문에 誅殛되었을 뿐이다. 만일 그렇다면 재앙은 시운을 따라 온 것이라 막을 수 없으니, 가사 禹를 기용했다 하더라도 반드시 다스리지 못했을 것이다. 그런데 왜 治水의 공이 이루어지지 못했다고 해서 문득 鯀을 誅殛했을까? 鯀의 성품이 사납다는 것은 帝堯가 평소에 아는 바이고 게다가 또 治水에도 공이 없으니 법에 따라 貶黜하여야 했다. 먼저는 흉포한 惡이 있고 게다가 다시 無功한 罪를 더하였으니 이러므로 羽山에서 誅殛하여 그 罪를 보인 것이다.

만일 그렇다면 禹는 이미 聖人이니 응당 홍수를 그때 다스리지 못할 것을 알았을 터인데, 왜 〈그 일을 못 하도록〉 아버지에게 간하지 않았을까? 이에 대하여 梁主는 말하기를 "舜의 怨慕는 자기의 사정에 의한 것이고, 鯀의 治水는 곧 國事를 위한 것이다. 위의 명령은 반드시 행해야 하니 禹가 중지시킬 수 있는 일이 아니고, 이때 또한 나이가 적었으므로 국정을 간여할 수 없었다."고 하였다.

帝曰 咨라 四岳아 朕在位七十載니

帝堯가 말씀하기를 "아, 四岳아. 내가 재위한 지 70년이다.

【傳】 堯年十六에 以唐侯升爲天子하고 在位七十年이니 則時年八十六이라 老將求代니라
○ 朕은 馬云 我也라

堯임금은 16세에 唐侯로서 天子의 자리에 올랐고 在位한 지 70년이니, 이때 나이 86세인지라 늙어서 상차 자기를 대신할 사람을 구하려고 하였다.

○ 朕은 馬融이 이르기를 "나라는 뜻이다."라고 하였다.

汝能庸命하나니 巽朕位인저

너는 나의 명을 받들어 일을 잘하였으니, 내가 자리를 물려주겠노라."고 하시자,

【傳】 巽은 順也니 言四岳能用帝命이라 故로 欲使順行帝位之事니라

巽은 순조롭다는 뜻이니, 四岳이 帝堯의 命을 잘 받들었기 때문에 그로 하여금 帝位의 일을 순조롭게 행하도록 함을 말한 것이다.

岳曰 否德이라 忝帝位하리이다

四岳이 말하기를 "저는 덕이 없어서 제왕의 자리를 욕되게 할까 두렵습니다."라고 하니,

【傳】 否는 不이요 忝은 辱也니 辭不堪이라

否는 없다라는 뜻이요, 忝은 욕되다라는 뜻이니, 감당할 수 없다고 사양하는 것이다.

曰 明明揚側陋[1)]하라

1) 明明揚側陋 : 蔡傳에서는 "이미 貴顯한 자리에 있는 자를 밝게 드러내며, 아직 미천한 신분에 있는 자로 천거하라."로 풀이하였다.

帝堯가 말씀하기를 "미천한 신분으로 있는 명철한 사람까지 명백하게 천거하라." 고 하시자,

【傳】 堯知子不肖하고 有禪位之志라 故로 明擧明人在側陋者하여 廣求賢也라

堯임금은 아들이 어질지 못함을 알았고, 따라서 禪位할 뜻을 가졌기 때문에 미천한 신분으로 있는 명철한 사람까지 분명하게 천거하도록 하여 널리 어진 사람을 구하였다.

師錫帝曰 有鰥在下하니 曰虞舜이니이다

여러 신하들이 帝堯에게 말씀드리기를 "장가도 안 든 홀아비가 민간에 있사온데 虞舜이란 사람입니다."라고 하였다.

【傳】 師는 衆이요 錫은 與也라 無妻曰鰥이라 虞는 氏요 舜은 名이니 在下民之中이니라 衆臣은 知舜聖賢이나 恥己不若이라 故로 不擧라가 乃不獲已而言之니라

師는 여럿이란 뜻이요, 錫은 주다라는 뜻이다. 妻가 없는 것을 鰥이라 한다. 虞는 氏요, 舜은 이름인데, 서민 속에 묻혀 있었다. 신하들은 舜이 聖賢임을 알았지만 자기들이 舜과 같지 못함을 부끄러워했기 때문에 천거하지 않고 있다가 부득이 말하게 된 것이다.

帝曰 兪라 予聞하니 如何오

帝堯가 말씀하기를 "옳거니. 나도 들었는데 어떤 사람인가?"라고 하시니,

【傳】 兪는 然也니 然其所擧니라 言我亦聞之하니 其德行如何오하니라

兪는 然(그렇다)의 뜻이니, 그들이 천거한 것을 긍정적으로 받아들였다. 나도 그에 대해 대충 들었는데 그의 德行이 어떠한가라고 말한 것이다.

岳曰 瞽子니 父頑하며 母嚚(은)하며 象傲어늘

四岳이 말하기를 "장님의 아들인데 아비는 완악하고 어미는 간사하며 이복동생인 象은 오만한데도

【傳】 無目曰瞽라 舜父有目이나 不能分別好惡라 故로 時人謂之瞽라하고 配字曰瞍(수)하니

瞍는 無目之稱이라 心不則德義之經爲頑이라 象은 舜弟之字니 傲慢不友라 言竝惡이니라

눈이 없는 것을 瞽(장님)라 한다. 舜의 아버지는 눈은 있지만 좋고 나쁜 것을 분별하지 못하였다. 그러므로 당시 사람들이 그를 瞽라 이르고 瞍자를 배합하였으니 瞍는 눈이 없는 것을 칭한다. 마음으로 德義의 常道를 본받지 않는 것을 頑이라 한다. 象은 舜의 아우의 字이다. 傲慢하여 우애하지 못한 것이다. 이들이 모두 惡함을 말한 것이다.

克諧以孝하여 烝烝乂하여 不格姦하니이다

효성으로 잘 화합하고 성심으로 점점 감화시켜 간악한 데에 이르지 않게 하였습니다."라고 하였다.

【傳】 諧는 和요 烝은 進也니 言能以至孝로 和諧頑嚚昏傲하고 使進進以善自治하여 不至於姦惡이니라

諧는 화합하다라는 뜻이요, 烝은 나아가다라는 뜻이니, 능히 지극한 효도로써 완악하고 어리석고 혼매하고 거만한 사람들을 화목하게 하고 그들로 하여금 점점 善을 가지고 스스로 다스려서 姦惡한 데에 이르지 않게 하였음을 말한 것이다.

帝曰 我其試哉인저

帝堯가 말씀하기를 "내 그를 시험해보리라." 하시고,

【傳】 言欲試舜하여 觀其行迹이라

舜을 시험하여 그 行迹을 관찰하려 함을 말한 것이다.

女于時하여 觀厥刑于二女하시다

이에 두 딸로 舜에게 아내를 삼아주어 法度로 두 딸을 대하는 것을 살펴보셨다.

【傳】 女는 妻요 刑은 法也라 堯於是에 以二女로 妻舜하여 觀其法度接二女하고 以治家로 觀治國하니라

女는 시집보내다라는 뜻이요, 刑은 法度라는 뜻이다. 堯는 이에 두 딸로 舜에게 아내를 삼아주어 法度로 두 딸을 대하는 것을 살펴보고, 가정을 다스리는 것을 가지고 나라

를 다스릴 수 있는지를 살펴보았다.

釐降(강)[1]二女于嬀汭(규예)하여 嬪于虞[2]하니

1) 釐降(강) : 蔡傳에서는 釐를 治裝의 뜻으로, 降을 下嫁의 뜻으로 보았다.

2) 釐降(강)二女于嬀汭(규예) 嬪于虞 : 明末清初 王夫之는 그의 ≪尙書稗疏≫에서 "蔡註에서 '물의 북쪽을 汭라 한다.'는 ≪爾雅≫의 글을 인용하였는데, 지금 ≪爾雅≫를 살펴보면 이와 같은 글이 없다.……蔡氏는 또한 '嬀水가 河東 歷山에서 나와서 바다로 들어간다.'고 하였는데, 嬀水와 汭水는 바다와의 거리가 수천 리나 되어서 黃河를 거쳐 바다로 가다가 결국은 바다에 들어가지 못한다는 사실을 알지 못하였던 것이다. 蔡氏는 東南 지방에서 생장하여 그것을 직접 보지 못하였고, 게다가 유심히 살피지도 않았으니, 이와 같은 추솔한 점이 있었던 것이다.

'두 딸을 치장하여 嬀水의 북쪽으로 시집보내 虞舜의 아내가 되게 하였다.'는 것은 문장에 있어서 중복된 듯한데, 〈堯典〉의 문장이 극히 간결한 것을 감안하면 응당 이와 같은 군더더기 문구를 구성하지 않았을 것이다. 孔傳에서 '舜이 義禮를 가지고 두 딸의 마음을 내려뜨렸다(꺾었다).'고 하였으니, 해석이 너무도 거리가 멀다.……堯임금은 嬀水와 汭水의 지역을 두 딸의 食邑으로 삼아 거기에 봉해져있게 하였다가 그들이 시집가서 嬪이 되었으니, 舜의 처소에 있을 때 다시 先代 虞幕의 舊邑인 平陸의 虞城에 봉한 것으로 보면 여기서 말한 '降于'와 '嬪于'는 詞意가 각각 분별되어 군더더기의 혐의를 면할 수 있을 것이다." 라고 하여 蔡傳과 孔傳을 아울러 반박하였다.

舜이 義理로 두 딸의 마음을 嬀汭에서 내려뜨리어(꺾어서) 虞氏에게 婦道를 행하게 하니,

【傳】 降은 下요 嬪은 婦也라 舜爲匹夫니 能以義理로 下帝女之心於所居嬀水之汭하여 使行婦道於虞氏니라 ○ 嬀汭는 水之內也라 杜預注左傳云 水之隈曲曰汭라

降은 下(내려뜨림, 꺾음)의 뜻이요, 嬪은 부인이란 뜻이다. 舜이 匹夫의 신분이었기 때문에 능히 義理로써 제왕 딸의 마음을 거주하는 嬀水 가에서 내려뜨려 虞氏에게 부인의 도리를 행하게 하였다는 것이다.

○ 嬀汭는 물의 안쪽이다. 杜預가 ≪春秋左氏傳≫에 注를 달기를 "물의 굽이를 汭라 한다."라고 하였다.

帝曰 欽哉로다[1]

1) 女于時……欽哉 : 蔡傳에서는 "'그에게 딸을 시집보내어, 두 딸을 통하여 그의 행실을 살펴보리라.' 하고, 두 딸을 치장하여 嬀水의 북쪽에 시집보내 虞舜의 아내가 되게 하셨다. 그리고 帝堯는 딸들에게 '공경하도록 하라.'고 신신 당부하셨다."라고 풀이하였다.

帝堯는 말씀하시기를 "일을 경건하게 하는구나."라고 하셨다.

【傳】 歎舜能修己行敬하여 以安人이니 則其所能者大矣니라

舜이 능히 몸을 닦고 공경을 행하여 사람들을 편안하게 하니, 유능한 바가 큼을 감탄한 것이다.

【疏】 '帝曰咨四'至'欽哉' ○ 正義曰 : 帝以鯀功不成, 又已年老, 求得授位明聖, 代禦天災, 故咨嗟汝四岳等, 我在天子之位七十載矣, 言已年老, 不堪在位. 汝等四岳之內, 有能用我之命, 使之順我帝位之事, 言欲讓位與之也. 四岳對帝曰 "我等四岳, 皆不有用命之德, 若使順行帝事, 卽辱於帝位." 言己不堪也. 帝又言曰 "汝當明白擧其明德之人於僻隱鄙陋之處, 何必在位之臣乃擧之也." 於是, 朝廷衆臣, 乃與帝之明人曰 "有無妻之鰥夫 在下民之內, 其名曰虞舜." 言側陋之處, 有此賢人. 帝曰 "然. 我亦聞之, 其德行如何." 四岳又對帝曰 "其人愚瞽之子, 其父頑, 母嚚, 其弟字象, 性又傲慢, 家有三惡, 其人能諧和以至孝之行, 使此頑嚚傲慢者, 皆進進於善以自治, 不至於姦惡." 言能調和惡人, 是爲賢也. 帝曰 "其行如此, 當可任用, 我其召而試之哉. 欲配女與試之也." 卽以女妻舜, 於是, 欲觀其居家治否也. 舜能以義理下二女之心於嬀水之汭, 使行婦道於虞氏. 帝歎曰 "此舜能敬其事哉." 歎其善治家, 知其可以治國. 故下篇言其授以官位, 而歷試諸難.

經의 〔帝曰咨四〕에서 〔欽哉〕까지

○ 正義曰 : 帝堯는, 鯀이 功을 이루지 못하고 또한 자기는 연로하였기 때문에 帝位를 물려줄 만한 明聖한 사람을 求得하여 대신 天災를 막으려고 하였다. 그러므로 아, 너희 四岳들아. 내가 천자의 자리에 있은 지 7년이라 한 것은 자기가 연로하여 천자의 자리에 있기 힘듦을 말한 것이다.

너희들 四岳 중에 나의 명을 잘 들을 자가 있거든 그로 하여금 나의 帝位에 관한 일을 순조롭게 행하게 할 것이라 한 것은 帝位를 물려주고 싶음을 말한 것이다. 四岳이 帝堯에게 대답하기를 "우리들은 모두 명을 수행할 만한 덕이 없으니, 만일 帝位의 일을 순조

롭게 행하게 하신다면 곧 제왕의 자리를 더럽힐 것입니다."라고 한 것은 자기들은 감당하지 못함을 말한 것이다.

帝堯가 또 말씀하기를 "너희들은 응당 鄙陋한 곳에 묻혀있는 明德의 사람을 명백히 천거해야 할 것인데, 어찌 꼭 현직에 있는 신하만 천거하느냐?"라고 하니, 이에 조정의 여러 신하들이 곧 帝堯가 바라는 明德의 사람을 천거하며 말하기를 "아내 없는 홀아비가 서민 중에 있어 그 이름을 虞舜이라 합니다."라고 한 것은 側陋한 곳에 이와 같은 어진 사람이 있음을 말한 것이다.

帝堯가 말씀하기를 "옳거니. 나도 들었는데 그의 德行이 어떠한가?"라고 하자, 四岳이 또 帝堯에게 대답하기를 "그 사람은 어리석은 장님의 아들인데 그 아비는 완악하고 어미는 어리석으며 字가 象이란 아우는 심성이 또 傲慢하여 한 집에 악한 사람 세 명이 있선만, 그 사람은 능히 지극한 효행으로써 和諧시켜 그처럼 완악하고 어리석고 오만한 자들로 하여금 모두 점차적으로 善을 지향하여 스스로 다스려서 姦惡한 데 이르지 않게 했습니다."라고 한 것은 악한 사람을 잘 조화시켰으니 이것이 바로 어진 사람임을 말한 것이다.

帝堯가 말씀하기를 "그 덕행이 이와 같으면 마땅히 임용해야 되겠으니, 나는 그를 불러서 시험해볼 것이다. 딸을 그의 배필로 삼아서 시험하고 싶다."라고 하고는 곧 딸로 舜에게 아내를 삼아주고 이에 그가 가정을 잘 다스리고 있는지 여부를 살펴보았다. 그러자 舜이 능히 義理로써 두 딸의 마음을 嬀水의 안에서 내려뜨리어 虞氏에게 婦道를 행하게 하니, 帝堯가 찬탄하며 말씀하기를 "舜은 능히 그 일을 경건하게 하는구나."라고 하였으니, 그가 가정을 잘 다스리는 것을 통하여 나라를 잘 다스릴 수 있는 능력을 안 데 대해 찬탄한 것이다. 그러므로 下篇에서 그에게 官位를 주어서 여러 어려운 일을 시험해본 것들을 말하였다.

【疏】 傳'堯年'至'求代' ○正義曰：徧檢今之書傳, 無堯卽位之年. 孔氏博考群書, 作爲此傳, 言"堯年十六, 以唐侯升爲天子." 必當有所案據, 未知出何書. 計十六爲天子, 其歲稱元年, 在位七十載, 應年八十五. 孔云'八十六'者, 史記諸書皆言堯, 帝嚳之子, 帝摯之弟, 嚳崩, 摯立, 摯崩, 乃傳位於堯. 然則堯以弟代兄. 蓋踰年改元, 據其改元年, 則七十載, 數其立年, 故八十六. 下句求人巽位, 是老將求代也. 此經文, 承'績用不成'之下, 計治水之事, 於時最急, 不求治水之人, 而先求代己者, 堯以身旣年老, 臣無可任, 治水之事, 非己所能, 故求人代己, 令代者自治. 是虞史盛美舜功, 言堯不能治水,以大事付舜, 美舜能消大災, 成堯美也.

傳의 〔堯年〕에서 〔求代〕까지

○ 正義曰 : 지금의 書傳들을 두루 살펴보았으나 堯임금의 즉위 연도가 적혀 있지 않다. 孔安國은 여러 책을 널리 상고하여 이 傳을 지으면서 "堯임금은 나이 16세에 唐侯로서 天子의 자리에 올랐다."고 말하였으니, 반드시 상고한 데가 있었을 것이지만 어느 책에서 나왔는지 알지 못하겠다. 계산해보면 16세에 天子가 되어 그해를 元年으로 칭하고 70년을 재위하였으니, 응당 나이가 85세여야 한다. 그런데 孔安國이 86세라고 한 것은 ≪史記≫ 등 여러 책에서 모두 말하기를 堯임금은 帝嚳의 아들이자 帝摯의 아우인데, 嚳이 崩御함에 摯가 즉위하고, 摯가 崩御함에 바로 帝位가 堯임금에게 전해졌다고 하였다. 그렇다면 堯임금은 아우로서 형을 대신한지라 아마도 해를 넘겨서 원년을 고쳤을 것이니, 고친 원년에 의거하면 70세지만 즉위한 해를 쳤기 때문에 86세가 된 것이다.

下句에서 사람을 구해 帝位를 넘기려는 의사를 표시한 것은 바로 늙어서 장차 자기를 대신할 사람을 구하려 하였기 때문이다. 이 經文은 "〈鯀이 9년 동안에〉 공적을 이루지 못하였다.〔功用不成〕"의 아래를 이어받았으니, 생각하건대 치수하는 일이 당시에 가장 급선무였건만, 치수할 사람을 구하지 않고 자기를 대신할 사람을 먼저 구한 것은, 堯임금이 몸은 이미 연로한데 맡길 만한 신하가 없고, 치수하는 일은 자신이 할 일이 아니었다. 그러므로 자기를 대신할 사람을 구하여 그로 하여금 스스로 다스리게 하려는 의도에서였다. 이것은 虞나라의 史官이 舜의 功을 크게 미화시킨 대목이니, 堯임금이 치수할 수 없어 그 큰일을 舜에게 부여한 점을 말하고, 따라서 舜임금이 능히 水災를 없애어 堯임금의 훌륭한 일을 성취한 점을 미화시킨 것이다.

【疏】 傳'巽順'至'之事' ○ 正義曰 : '巽 順', 易說卦文. 帝呼四岳, 言"汝能庸命." 四岳自謙, 言"己否德." 故知汝四岳. 言四岳能用帝命, 故帝欲使之順行帝位之事, 將使攝也. 在位之臣, 四岳爲長, 故讓位於四岳也.

傳의 〔巽 順〕에서 〔之事〕까지

○ 正義曰 : 〔巽順〕 ≪周易≫ 〈說卦傳〉의 글이다.

帝堯가 四岳을 부른 까닭은 "너는 나의 명을 받들어 일을 잘했다."는 것을 말하기 위함이요, 四岳은 스스로 겸양하여 "자신들은 덕이 없다."고 말한 것이다. 그러므로 汝는 四岳이란 것을 알 수 있다. 四岳이 帝堯의 명을 잘 받들기 때문에 帝堯가 그들로 하여금

帝位의 일을 순조롭게 행하도록 하려는 것을 말함이니, 그것은 장차 攝政하도록 하기 위함이었다. 직위에 있는 신하들 중에 四岳이 우두머리가 되기 때문에 四岳에게 讓位를 한 것이다.

【疏】 傳'否不'至'不堪' ○ 正義曰：(否古今不字)〔否不古今字〕[1]. '忝 辱', 釋言文. 己身不德, 恐辱帝位, 自辭不堪. 岳爲群臣之首, 自度(탁)旣不堪, 意以爲在位之臣, 皆亦不堪. 由是自辭而已, 不薦餘人, 故帝使之明擧側陋之處.

1) (否古今不字)〔否不古今字〕: 저본에는 '否古今不字'로 되어있으나, 阮刻本에 "浦鏜이 이르기를 '마땅히 否不古今字가 되어야 한다.'라고 하였고, 盧文弨가 이르기를 '否古文不字'라고 하였다. 살펴보건대 浦鏜의 뜻이 더 낫다. 孔傳에서 '否는 不의 뜻이다.'라고 해석하였고, 또 앞의 孔疏에서 '孳와 字는 고금을 통하여 뜻이 같은 글자이다.'라고 한 것도 이러한 例이다."라고 한 것에 의거하여 '否不古今字'로 바로잡았다.

傳의 〔否不〕에서 〔不堪〕까지

○ 正義曰：否와 不은 고금을 통하여 뜻이 같은 글자이다.

〔忝 辱〕 ≪爾雅≫ 〈釋言〉의 글이다.

자신이 덕이 없어서 帝位를 더럽힌다고 한 것은 감당할 수 없다고 스스로 사양한 것이다. 岳은 여러 신하의 우두머리가 되는데 스스로 헤아려볼 때 자신들은 이미 감당할 수 없고, 따라서 직위에 있는 다른 신하들도 모두 감당하지 못할 것이라 생각했다. 그래서 이처럼 사양했을 뿐이요, 남은 사람들은 천거하지 않았다. 그러므로 帝堯가 그들로 하여금 側陋한 곳에 묻혀 있는 현인을 명백하게 천거하도록 한 것이다.

【疏】 傳'堯知'至'求賢' ○ 正義曰：此經曰上無帝, 以可知而省文也. 傳解四岳旣辭, 而復言此者, 堯知子不肖, 不堪爲主, 有禪位與人之志, 故令四岳明擧明人(令)〔今〕[1]其在側陋者, 欲使廣求賢也. 鄭注雜記云"肖, 似也, 〔不似〕[2], 言不如人也." 史記五帝本紀云"堯知子丹朱之不肖, 不足授天下, 於是權授舜. 授舜則天下得其利而丹朱病, 授丹朱則天下病而丹朱得其利. 堯曰'終不以天下之病而利一人.' 而卒授舜以天下." 是堯知子不肖而禪舜之意也. 文王世子論擧賢之法云"或以事擧, 或以言揚, 揚亦擧也." 故以擧解揚. 經之揚字, 在於二明之下, 傳進擧字於兩明之中. 經於明中宜有揚字, 言明擧明人於側陋之處. 明下有揚. 故上闕揚文, 傳進擧於明上, 互文以足之也. '側陋'者, 僻側淺陋之處. 意言不問貴賤. 有人則擧, 是令朝臣廣求賢人也. 堯知有舜而朝臣不擧, 故令廣求賢以啓之. 臣亦以堯知側陋有人, 故不得不擧舜耳. 此言“堯知子不肖, 有志禪位.” 然則自有賢子, 必不禪人. 授賢, 爰自上代, 堯舜而已. 非堯舜獨可, 彼皆不然. 將以子不肖, 時無聖者, 乃運値汚隆, 非聖有優劣, 而緯候之書, 附會其事, 乃云“河洛之符, 各字之錄[3].” 何其妄且俗也.

1) (令)〔今〕: 저본에는 ‘令’으로 되어있으나, 阮刻本에 “宋板에는 ‘令’이 ‘今’으로 되어있다.”라고 한 것에 의거하여 ‘今’으로 바로잡았다.
2) 〔不似〕: 저본에는 없으나, 鄭玄의 注에 의거하여 보충하였다.
3) 河洛之符 各字之錄 : ≪尙書中候≫에 “堯가 구슬을 洛水에 담그니 玄龜가 등에 赤文과 朱字를 지고 나와서 祭壇 앞에 멈추었고, 舜이 황하 가에 禮壇을 베풀어 구슬을 담가서 예를 마치고 下昃에 이르니 黃龍이 卷舒圖를 지고 물에서 나와 禮壇 가에 이르렀다.”란 내용 등을 말한 것 같다. 明代 陳第의 ≪尙書疏衍≫에 “≪七經緯≫나 ≪尙書中候≫와 같은 책에 黃龍, 玄龜, 白魚, 赤雀이 圖를 등에 지거나 書를 입에 물고 와서 聖人에게 주었다고 칭하였는데, 正典에는 그와 같은 일이 없다. 漢나라 哀帝와 平帝의 세대로부터 ≪七經緯≫와 ≪尙書中候≫가 처음 생겨서 귀신을 가탁하여 요망스럽게 祥瑞라고 칭하였다.”란 말도 보인다.

傳의 〔堯知〕에서 〔求賢〕까지

○ 正義曰 : 이 經文에서 ‘曰’자 위에 ‘帝’자가 없는 것은 없어도 알 만하기 때문에 생략한 것이다.

傳에서는 四岳이 이미 감당치 못하겠다고 사양한 것에 대해 해석하였고, 다시 이것은 堯임금이 아들이 不肖하여 제왕이 될 수 없음을 알고서 禪位하여 다른 사람에게 줄 뜻을 가졌기 때문에 四岳으로 하여금 側陋한 곳에 묻혀 있는 명철한 사람을 명백하게 천거하도록 하여 널리 현인을 구하게 하려 한 것을 말한 것이다.

鄭玄은 ≪禮記≫ 〈雜記〉에 주를 달기를 “肖는 닮다라는 뜻이니, 不似는 남들만 못함을 말한 것이다.”라고 하였다. ≪史記≫ 〈五帝本紀〉에 “堯임금은 아들이 不肖하여 족히 天下를 전해줄 수 없음을 알고서 이에 권도로 舜에게 전해주었다. 舜에게 전해주면 天下는 이익을 보고 丹朱는 손해를 보며, 丹朱에게 전해주면 天下는 손해를 보고 丹朱는 이익을 본다. 그래서 堯임금이 말씀하기를 ‘종당에는 천하를 손해보게 해서 한 사람에게 이익을 주도록 할 수는 없다.’라고 하고서 결국은 舜에게 천하를 넘겨주었다.”라고 하였다. 이는 곧 堯임금이 아들의 不肖를 알고서 舜에게 禪讓한 뜻을 밝힌 것이다.

≪禮記≫ 〈文王世子〉에 현인을 천거하는 방법을 논하면서 “혹은 일을 가지고 천거하기

도〔擧〕 하고, 혹은 말을 가지고 천거하기도〔揚〕 한다."라고 하였으니, 揚 또한 擧의 뜻을 가졌다. 그러므로 擧를 가지고 揚을 해석하였다. 經의 揚자는 두 明자의 아래에 놓여 있는데, 傳에서는 擧자를 두 明자의 가운데 옮겨놓았다. 經에서는 明자 가운데에 揚자를 두는 것이 마땅하니, 側陋한 곳에서 천거함을 말한 것이다. 明자 아래에 揚자가 있기 때문에 위에서 揚자를 뺀 것인데, 傳에서는 擧자를 明자 위에 옮겨놓아 상호간에 문장이 원만하게 하였다.

〔側陋〕 僻側하고 淺陋한 곳이다. 의미상으로는 貴賤을 불문하고 명철한 사람이 있으면 천거할 것을 말함이니, 이는 朝臣으로 하여금 널리 賢人을 구하도록 한 것이다. 堯임금은 舜이 있는 것을 아는데 朝臣이 천거하지 않았다. 그러므로 널리 현인을 구하도록 길을 활짝 열어놓은 것이다. 신하들 또한 堯임금이 側陋에 명철한 사람이 있는 것을 알았기 때문에 부득이 舜을 천거한 것이다.

傳에서 "堯임금이 아들의 不肖함을 알고 禪位할 뜻을 가졌다."고 말하였으니, 그렇다면 자기가 어진 아들을 두었다면 반드시 다른 사람에게 선양하지 않았을 것이다. 어진 사람에게 帝位를 넘겨준 경우는 상고시대로부터 오직 堯임금과 舜임금뿐이었다. 堯임금과 舜임금만 가능할 뿐 아니라, 다른 세왕들도 모두 그렇게 하지 않으랴. 아마도 아들이 不肖하고 당시에 聖人이 없는 것은 바로 운수의 대통함과 비색함을 만난 것이고 성인에 優劣이 있는 것이 아니었건만, ≪七經緯≫나 ≪尙書中候≫와 같은 책에서는 그 일을 부회하여 "河洛의 符讖이나 各字의 圖錄을 이용하였다."라고 하였으니, 어찌 그리도 요망스럽고 비속하였는가.

【疏】傳'師衆'至'言之' ○ 正義曰：'師 衆'·'錫 與', 釋詁文. '無妻曰鰥', 釋名云 "愁悒不寐, 目恒鰥鰥然, 故鰥字從魚, 魚目恒不閉." 王制云 "老而無妻曰鰥." 舜於時年未三十而謂之鰥者, 書傳稱孔子對子張曰 "舜父頑, 母嚚, 無室家之端, 故謂之鰥." 鰥者, 無妻之名, 不拘老少. 少者無妻, 可以更娶, 老者卽不復更娶, 謂之天民之窮, 故禮擧老者耳. 詩云 "何草不玄, 何人不鰥." 暫離室家, 尙謂之鰥, 不獨老而無妻, 始稱鰥矣. 書傳以舜年尙少爲之說耳. '虞 氏'·'舜 名'者, 舜之爲虞, 猶禹之爲夏. 外傳稱禹氏曰有夏, 則此舜氏曰有虞. 顓頊已來, 地爲國號, 而舜有天下, 號曰有虞氏, 是地名也. 王肅云 "虞, 地名也." 皇甫謐云 "堯以二女妻舜, 封之於虞, 今河東太陽山西虞地." 是也. 然則舜居虞地, 以虞爲氏. 堯封之虞, 爲諸侯, 及王天下, 遂爲天子之號, 故從微至著, 常稱虞氏. 舜爲生號之名, 前已具釋. 傳又解衆人以舜與帝, 則衆人盡知有舜. 但舜在下人之中, 未有官位, 衆臣德不及之, 而位居其上, 雖知舜實聖賢, 而恥己不若, 故不擧之, 以帝令擧及側陋, 意謂帝知有舜, 乃不獲已而言之耳. 知然者, 正以初不薦擧, 至此始言, 明是恥己不若, 故不早擧. 舜實聖人, 而連言賢者, 對則事有優劣, 散卽語亦相通. 舜謂禹曰 "惟汝賢." 是言聖德稱賢也. 傳以師爲衆臣, 爲朝臣之衆, 或亦通及吏人. 王肅云 "古者將擧大事, 訊群吏, 訊萬人. 堯將讓位, 咨四岳, 使問群臣, 衆擧側陋, 衆皆願與舜. 堯計事之大者, 莫過禪讓, 必應博詢吏人, 非獨在位." 王氏之言, 得其實矣. 鄭以師爲諸侯之師, 帝咨四岳, 徧訪群臣, 安得諸侯之師獨對帝也.

傳의 〔師衆〕에서 〔言之〕까지

○ 正義曰 : 〔師 衆〕·〔錫 與〕 ≪爾雅≫ 〈釋詁〉의 글이다.

〔無妻曰鰥〕 ≪爾雅≫ 〈釋名〉에 이르기를 "근심이 있어서 잠이 오지 않으면 눈이 멀뚱거린다. 그러므로 鰥자는 魚변에 썼으니 물고기는 눈을 항상 감지 않는다."라고 하였다. ≪禮記≫ 〈王制〉에 이르기를 "늙어서 아내가 없는 것을 鰥이라 한다."라고 하였다. 舜은 이때에 나이가 채 30세가 못 되었는데 그를 鰥이라 이른 것은 書傳에서 孔子가 子張의 물음에 답하기를 "舜이 아버지는 완악하고 어머니는 어리석어서 장가들어 가정을 꾸릴 기회가 없었다고 칭했기 때문에 그를 鰥이라 이른 것이다."라고 하였다. 鰥이란 아내가 없는 것을 이르는 명칭이니 老少를 가리지 않는다. 젊은 사람은 아내가 없으면 다시 장가들 수 있지만 노인은 다시 장가들 수 없으니 그를 天民의 窮者라 일렀다. 그러므로 ≪禮記≫에서 老者만을 들었을 뿐이다. ≪詩經≫에 이르기를 "어떤 풀인들 시들어 검어지지 않으며, 어떤 사람인들 홀아비가 되지 않겠는가?"라고 하였다. 잠깐만 가정을 떠나도 오히려 鰥이라 일렀으니, 유독 늙어서 아내가 없는 것을 비로소 鰥이라 칭하지 않았을 것이다. 書傳에서 舜의 나이가 아직 젊기 때문에 그렇게 말했을 뿐이다.

〔虞 氏〕·〔舜 名〕 舜의 虞는 禹의 夏와 같은 것이다. ≪春秋外傳≫에서 禹氏를 칭하여 '有夏'라고 하였으니, 이는 舜氏를 '有虞'라고 한 것이다. 顓頊 이래로 땅을 國號로 삼았고 舜이 天下를 소유하고서 호칭을 有虞氏라 하였으니 이것은 땅 이름이다. 王肅이 이르기를 "虞는 땅 이름이다."라고 하였다. 皇甫謐은 이르기를 "堯임금은 두 딸로 舜에게 아내를 삼아주고 그를 虞에 봉하였으니 지금의 河東 太陽山 서쪽이 虞의 땅이다."라고 한 것이 바로 그것이다. 그렇다면 舜은 虞 땅에 살아서 虞를 氏로 삼은 것이다. 堯임금은 그를 虞에 봉하여 諸侯를 삼고 天下에 왕 노릇 하게 되자 드디어 天子의 호칭을 삼은 것이다. 그러므로 미천할 때부터 저명할 때까지 항상 虞氏라고 칭하였다. 舜은 생시에 부

른 이름이니, 앞에서 이미 구체적으로 해석하였다.

傳에서는 또 여러 사람이 舜을 帝堯에게 알려주었다면 여러 사람들이 모두 舜이 있음을 알았을 것이라는 식으로 풀이하였다. 다만 舜이 서민 속에 묻혀 있어서 官位를 가지지 못했으며, 여러 신하들은 德이 舜에게 미치지 못하면서 직위는 그 위를 차지하고 있으니, 비록 舜이 실제로 聖賢이란 것을 알았지만 자기가 그만 못한 것을 부끄럽게 여겼다. 그러므로 천거하지 않고 있다가, 帝堯가 천거 대상을 미천한 사람에게까지 확대하게 하니, 그들은 帝堯가 舜이 있음을 이미 알 것이라고 생각하고는 부득이해서 말했을 뿐이다. 그렇다는 정황을 알 수 있는 것은 처음에 천거하지 않고 이때에 이르러서 비로소 말했기 때문이니, 분명 자기가 그만 못함을 부끄러워하였다. 그러므로 일찍이 천거하지 않았던 것이다.

舜은 실제로 聖人이었는데 잇달아 賢을 말한 것은 〈聖과 賢이〉 對偶가 되면 일에 優劣이 있는 것이고, 흩어져 있으면 말이 또한 서로 통하는 것이다. 〈大禹謨〉에서 舜임금이 禹에게 말하기를 "오직 당신만이 賢하다."라고 하였는데, 여기서는 聖德을 '賢'으로 칭한 것을 말한 것이다.

傳에서 師를 여러 신하로 여겨 朝臣의 무리로 삼았으니, 혹여 또한 吏人들까지 포함했을 것이다. 王肅이 이르기를 "옛날에는 장차 큰일을 거행하려고 하면 여러 吏屬에게도 묻고 만인에게도 물었다. 堯임금은 장차 讓位하려 할 때에 四岳을 불러서 여러 신하들에게 물어보게 하였고, 여러 사람은 미천한 사람을 천거하였으니 여러 사람이 모두 舜을 알리기를 원하였던 것이다. 堯임금은 일 중에 큰 것은 禪讓보다 더 큰 것이 없다고 생각하여 반드시 吏人들에게 물었고 관직에 있는 사람에게만 물은 것은 아니었다."라고 하였으니, 王肅의 말이 그 실상을 터득한 것이다. 鄭玄은 師를 여러 諸侯로 여겼는데, 帝堯가 四岳을 불러서 여러 신하를 두루 방문하게 하였거늘, 어찌 여러 諸侯만을 가지고 帝堯에게 대답하였겠는가.

【疏】 傳'僉然'至'如何' ○正義曰:'僉 然', 釋言文. 然其所擧, 言"我亦聞也, 其德行如何." 恐所聞不審, 故詳問之. 堯知有舜, 不召取禪之, 而訪四岳, 令衆擧薦者, 以舜在卑賤, 未有名聞, 率暴禪之, 則下人不服. 故鄭玄六藝論云"若堯知命在舜, 舜知命在禹, 猶求於群臣, 擧於側陋, 上下交讓, 務在服人. 孔子曰'(人)〔民〕可使由之, 不可使知之[1].' 此之謂也." 是解堯使人擧舜之意也.

1) (人)〔民〕可使由之 不可使知之 : 저본에는 '人'으로 되어있는데, ≪論語≫ 〈泰伯〉에 의거

하여 '民'으로 바로잡았다.

傳의 〔兪然〕에서 〔如何〕까지

○ 正義曰 : 〔兪 然〕 ≪爾雅≫ 〈釋言〉의 글이다.

그 천거한 바를 수긍하고 나서 "나도 그에 대해 들었거니와 그 덕행이 어떠한가?"라고 하였으니, 들은 바가 세심하지 못할까 하여 자상하게 물어본 것이다. 堯임금은 舜이 있음을 알았으나 불러서 禪讓하지 않고 四岳을 방문하여 여러 사람으로 하여금 천거하게 한 것은, 舜이 卑賤한 지위에 있어 이름이 아직 알려지지 못했는데, 갑자기 선양한다면 아랫사람들이 심복하지 않기 때문이다. 그러므로 鄭玄의 〈六藝論〉에 이르기를 "堯임금처럼 천명이 舜에게 있음을 알고 舜임금처럼 천명이 禹에게 있음을 알았지만, 오히려 여러 신하에게 요구하여 미천한 사람을 천거하였으니, 위와 아래가 서로 양보하여 사람들을 심복시키려는 데에 힘을 기울였다. 孔子께서 말씀하기를 '백성은 바른 이치를 따라 행하게 할 수는 있어도 그 이치를 일일이 이해시킬 수는 없다.'고 하였으니 이것을 두고 하신 말씀이다."라고 하였다. 이는 堯임금이 사람들로 하여금 舜을 천거하게 하신 뜻을 풀이한 것이다.

【疏】 傳'無目'至'竝惡' ○ 正義曰 : 周禮樂官有瞽矇之職, 以其無目, 使眡瞭(시료)相之. 是'無目曰瞽', 又解稱瞽之意. 舜父有目, 但不能識別好惡, 與無目者同, 故時人謂之瞽. 配字曰瞍, 瞍亦無目之稱, 故或謂之爲瞽瞍. 詩云 "矇瞍奏公." 是瞍爲瞽類. 大禹謨云 "祗載見瞽瞍." 是相配之文. 史記云 "舜父瞽瞍盲." 以爲瞽瞍是名, 身實無目也. 孔不然者, 以經說舜德行, 美其能養惡人. 父自名瞍, 何須言之. 若實無目, 卽是身有固疾, 非善惡之事, 輒言舜是盲人之子, 意欲何所見乎. 論語云 "未見顔色而言, 謂之瞽." 則言瞽者非謂無目. 史記又說 "瞽瞍使舜上廩, 從下縱火焚廩, 使舜穿井, 下土實井." 若其身自能然, 不得謂之無目, 明以不識善惡, 故稱瞽耳. '心不則德義之經爲頑', 僖三十四年左傳文. '象 舜弟之字', 以字表象, 是人之名號, 其爲名字, 未可詳也. 釋訓云 "善兄弟爲友." 孟子說 "象與父母共謀殺舜." 是傲慢不友. 言舜父母與弟竝皆惡也. 此經(光)〔先〕[1] 指舜身, 因言瞽子, 又稱父頑者, 欲極其惡, 故文重也.

1) (光)〔先〕 : 저본에는 '光'으로 되어있으나, 阮刻本에 "宋本에는 '光'이 '先'으로 되어있으니, 옳다."라고 한 것에 의거하여 '先'으로 바로잡았다.

傳의 〔無目〕에서 〔竝惡〕까지

○ 正義曰 : ≪周禮≫의 樂官 조에 보면 瞽矇이란 직책이 있는데 그들은 눈이 없기 때문에 眡瞭로 하여금 보필하게 하였다.

여기의 '無目曰瞽'도 瞽라고 칭하는 뜻을 풀이한 것이다.

舜의 아버지는 눈이 있으나 다만 善惡을 식별할 수 없으니, 눈이 없는 사람이나 마찬가지였다. 그러므로 당시 사람들이 그를 瞽라 이르고 瞍자를 배합하였으니, 瞍 또한 눈이 없는 호칭이다. 그러므로 혹은 그를 일러 瞽瞍라고 하기도 하였다.

≪詩經≫ 〈大雅 靈臺〉에 이르기를 "矇瞍(樂師)가 일(음악)을 아뢰도다."라고 하였으니, 이 瞍는 瞽의 類이다. ≪尙書≫ 〈大禹謨〉에 이르기를 "아들의 職事를 경건하게 해서 瞽瞍를 뵙다."라고 하였으니, 이것은 서로 배합한 문장이다.

≪史記≫ 〈五帝本紀〉에 이르기를 "舜의 아버지 瞽瞍는 장님이다."라고 하였으니, '瞽瞍'가 이름이고 몸에 실제로 눈이 없나고 여긴 것이다. 孔安國이 그렇게 보지 않은 이유는 經에서 舜의 德行을 말한 것을 가지고 惡人을 잘 교양한 그를 아름답게 여겼기 때문이다. 아버지가 스스로 이름을 瞍라고 하였다면 무슨 말을 할 필요가 있겠는가. 만일 실제로 눈이 없었다면 바로 몸에 痼疾이 있는 사람이니, 善惡을 따질 일이 아닌데, 문득 舜은 바로 盲人의 아들이라고 말한 것은 무엇을 보이자는 속셈인가? ≪論語≫ 〈季氏〉에 "윗사람의 안색을 보지 않고 말하는 것을 瞽라 이른다."라고 하였으니, 瞽는 꼭 눈이 없는 것만을 이르는 글자가 아님을 말한 것이다. ≪史記≫에 또 말하기를 "瞽瞍가 舜으로 하여금 창고에 올라가게 한 다음 아래에서 불을 놓아 창고를 태웠으며, 舜으로 하여금 우물을 파게 한 다음 흙을 내려 우물을 메웠다."라고 하였다. 만일 고수 자신이 능히 그런 일을 하였다면 눈이 없다고 할 수 없으니, 善惡을 식별하지 못하였기 때문에 瞽라 칭했을 뿐이다.

〔心不則德義之經爲頑〕 僖公 34년 조에 있는 ≪春秋左氏傳≫의 문장이다.

〔象 舜弟之字〕 字로 象을 표시한 것을 보면 바로 사람의 名號이기는 하지만, 그것이 이름자가 되는지는 자세히 알 수 없다.

≪爾雅≫ 〈釋訓〉에 이르기를 "형제간에 잘 지내는 것이 우애이다."라고 하였다. 孟子가 말씀하기를 "象은 부모와 함께 舜을 죽이자고 공모했다."라고 하였으니, 이는 傲慢하여 우애하지 않은 것이다. 舜의 부모와 아우는 모두 惡하였음을 말한 것이다. 이 經에서 먼저는 舜의 몸을 가리키고 인하여 瞽의 아들임을 말하였으며, 또 아버지의 완악함을 일컬은 것은 그 惡을 극도로 나타내려는 의도에서였다. 그러므로 문장이 중복된 것이다.

【疏】傳'諧和'至'于姦惡' ○ 正義曰 : '諧 和'·'烝 進', 釋詁文. 上歷言三惡, 此美舜能養之, 言舜能(和之)[1]以至孝之行, 和頑嚚昏傲, 使皆進進於善道, 以善自治, 不至于姦惡. 以下愚難變化, 令慕善是舜之美行, 故以此對堯. 案孟子及史記稱瞽瞍縱火焚廩, 舜以兩笠自扞而下, 以土實井, 舜從旁空井出. 象與父母共分財物. 舜之大孝升聞天朝, 堯妻之二女, 三惡尙謀殺舜, 爲姦之大莫甚於此. 而言不至姦者, 此三人性實下愚, 動罹刑網, 非舜養之, 久被刑戮, 猶尙有心殺舜, 餘事何所不爲. 舜以權謀自免厄難, 使瞽無殺子之愆, 象無害兄之罪, 不至於姦惡, 於此益驗. 終令瞽亦允若, 象封有鼻, 是不至於姦惡也.

1) (和之) : 孔傳의 "言能以至孝 和諧頑嚚昏傲 使進進以善自治 不至於姦惡"으로 볼 때 여기서는 衍文으로 처리하는 것이 좋을 것 같다.

傳의 〔諧和〕에서 〔于姦惡〕까지

○ 正義曰 : 〔諧 和〕·〔烝 進〕 ≪爾雅≫ 〈釋詁〉의 글이다.

위에서 세 사람의 惡한 점을 일일이 말하고 여기서 舜이 잘 교양한 점을 아름답게 여긴 것은, 舜이 지극한 孝行으로 완악하고 어리석고 오만한 사람들을 화목하게 하고 그들로 하여금 점차 善道로 지향하여 善을 가지고 스스로 다스려서 姦惡한 데 이르지 않게 했음을 말한 것이다. 下愚는 變化시키기 어렵기 때문에 이와 같은 舜의 아름다운 행실을 흠모하게 한 것이다. 그러므로 이것을 가지고 堯임금에게 대답한 것이다.

≪孟子≫와 ≪史記≫에서 瞽瞍가 불을 놓아 창고를 태우니 舜이 삿갓 두 닢으로 불을 막으며 내려왔고, 흙으로 우물을 메우니 舜이 곁의 구멍으로 우물을 빠져나왔다. 象이 부모와 함께 舜의 財物을 나누었다고 하였다. 舜의 큰 효행이 조정에 알려지자 堯임금이 두 딸을 舜의 아내로 삼아주었건만, 악한 세 사람은 오히려 舜을 죽이자고 공모하였으니 간악함의 큼이 이보다 심한 것이 없다.

그런데 간악한 데 이르지 않았다고 말한 것은 이 세 사람의 성품은 실제로 下愚여서 걸핏하면 刑網에 걸렸으니, 舜의 교양이 아니었더라면 오래전에 刑戮을 당했을 텐데도 오히려 舜을 죽일 마음을 가졌으니, 그 밖의 일은 무엇을 하지 않겠는가? 舜은 權謀를 가지고 스스로 厄難을 면하여 瞽叟는 아들을 죽인 과오를 범하지 않게 하고, 象은 형을 해친 죄를 짓지 않게 하였으니, 간악한 데 이르지 않게 한 것을 여기에서 더욱 증험할 수 있다. 끝내는 瞽叟가 진실해지고 순해지게 하였으며, 象은 有鼻에 봉해주었으니, 이것이 바로 간악한 데 이르지 않은 증거이다.

【疏】傳'言欲'至'行迹' ○ 正義曰：下言妻舜以女，觀其治家，是試舜觀其行迹也. 馬·鄭·王本說"此經皆無帝曰." 當時庸生之徒漏之也. 鄭玄云"試以爲臣之事." 王肅云"試之以官." 鄭·王皆以舜典合於此篇，故指歷試之事，充此試哉之言. 孔據古(今)〔文〕[1]別卷，此言'試哉'，正謂以女試之. 旣善於治家，別更試以難事，與此異也.

1) (今)〔文〕：저본에는 '今'으로 되어있으나, 阮刻本에 "살펴보건대 '今'자는 마땅히 '文'이 되어야 한다."라고 한 것에 의거하여 '文'으로 바로잡았다.

傳의 〔言欲〕에서 〔行迹〕까지

○ 正義曰：아래에서 두 딸을 舜의 아내로 삼아준 다음 그의 가정을 다스리는 능력을 살펴보았다고 말하였으니, 이것이 바로 舜을 시험하여 行迹을 살펴본 증거이다. 馬融, 鄭玄, 王肅의 本說에는 "이 經에 모두 '帝曰'이 없다."고 하였지만 사실은 당시에 庸生의 무리가 누락시킨 것이다. 鄭玄은 이르기를 "신하를 삼는 일을 가지고 시험해보았다."고 하고, 王肅은 이르기를 "벼슬을 가지고 시험해보았다."고 하였다. 鄭玄과 王肅은 모두 〈舜典〉을 이 篇에 합쳤다. 그러므로 내리 시험해보는 일에 이 '시험해보리라.〔試哉〕'란 말을 충당한 것을 가리킨다. 孔安國은 ≪古文別卷≫에 의거한 것이고, 여기서 '試哉'는 딸을 가지고 시험해본 것을 말한다. 이미 가정을 다스리는 일을 잘하자, 별도로 다시 어려운 일을 가지고 시험하였으니, 이와는 사뭇 다르다.

【疏】傳'女妻'至'治國' ○ 正義曰：左傳稱"宋雍氏女於鄭莊公[1]."·"晉伐驪戎，驪戎男，女以驪姬[2]." 以女妻人謂之女[3]，故云'女，妻'也. '刑 法'，釋詁文. 此已下，皆史述堯事，非復堯語. 言'女于時'，謂妻舜於是，故傳倒文以曉，(民)〔明〕[4]堯於是，以二女妻舜. 必妻之者，舜家有三惡，身爲匹夫，忽納帝女，難以和協，觀其施法度於二女，以法治家觀治國. 將使治國，故先使治家. 敵夫曰妻，不得有二女. 言'女于時'者，摠言之耳. 二女之中，當有貴賤長幼. 劉向列女傳云"二女長曰娥皇，次曰女英，舜旣升爲天子，娥皇爲后，女英爲妃." 然則初適舜時，卽娥皇爲妻，鄭不言妻者，不告其父，不序其正. 又注禮記云"舜不告而娶，不立正妃." 此則鄭自所說，未有書傳云然. 案世本"堯是黃帝玄孫，舜是黃帝八代之孫." 計堯女於舜之曾祖，爲四從姊妹，以之爲妻，於義不可. 世本之言，未可據信，或者古道質故也.

1) 宋雍氏女於鄭莊公：≪春秋左氏傳≫ 桓公 11년 조에 보인다.
2) 晉伐驪戎……女以驪姬：≪春秋左氏傳≫ 莊公 28년 조에 보인다.

3) 以女妻人謂之女 : ≪春秋左氏傳≫의 杜預 注에는 "納女於人曰女"라고 풀이하였다.
4) (民)〔明〕: 저본에는 '民'으로 되어있으나, 阮刻本에 "浦鏜이 이르기를 '民은 明의 오자인 듯하다. 마땅히 下句에 붙이는 것이 옳다.'고 하였다."라고 한 것에 의거하여 '明'으로 바로잡았다.

傳의 〔女妻〕에서 〔治國〕까지

○ 正義曰 : ≪春秋左氏傳≫에 "宋나라 雍氏가 〈딸 雍姞을〉 鄭 莊公의 아내로 삼아주었다."고 칭하고, "晉나라가 驪戎을 토벌함에 驪戎男이 딸 驪姬를 〈晉 獻公에게〉 주었다."고 하였으니, 딸을 남의 아내로 삼아주는 것을 女라고 이른다. 그러므로 "女는 妻이다."라고 한 것이다.

〔刑 法〕 ≪爾雅≫ 〈釋詁〉의 글이다. 여기서부터 이하는 모두 史官이 堯임금의 일을 기술한 것이고 다시는 堯임금이 한 말이 아니다.

〔女于時〕 이에 舜의 아내로 삼아주었다는 것을 이른다. 그러므로 傳에서 倒文法을 써서 堯임금이 이에 두 딸을 舜의 아내로 삼아주었음을 밝힌 것이다.

꼭 아내로 삼아준 이유는 舜의 집에 세 명의 악한 사람이 있고 舜이 匹夫의 신분이기 때문에 갑자기 제왕의 딸을 아내로 삼아주면 和協하기가 어렵기 마련이니, 두 딸에게 어떻게 法度를 베풀고 있는가를 관찰하고 따라서 법도로 가정을 다스리는 것을 가지고 나라를 다스릴 것을 살펴보았다. 장차 나라를 다스리게 하려고 했기 때문에 먼저 집을 다스리게 하였던 것이다.

남자에게 배필로 가는 것을 妻라고 하기 때문에 두 딸을 가질 수는 없는 것이니, '女于時'라고 말한 것은 총체적으로 말했을 뿐이다. 두 딸 중에는 응당 貴賤, 長幼의 차등이 있었을 것이다. 劉向의 ≪列女傳≫에 "두 딸은 장녀는 娥皇이라 하고 차녀는 女英이라 하였는데, 舜이 이미 天子에 오르자 娥皇은 后가 되고 女英은 妃가 되었다."라고 하였다. 그렇다면 처음 舜에게 시집갔을 때에는 곧 娥皇이 妻가 되었을 것인데, 鄭玄이 妻라고 말하지 않은 것은 그 아버지에게 고하지 않고 그 정도를 지키지 않았기 때문이었다. 또한 ≪禮記≫에 주를 달기를 "舜이 고하지 않고 장가들었기 때문에 正妃로 세우지 못했다."라고 하였다. 그러나 이것은 어디까지나 鄭玄이 스스로 한 말이고, 書傳에 그렇게 말한 것은 없다.

상고하건대 ≪世本≫에 "堯는 바로 黃帝의 玄孫이고, 舜은 바로 黃帝의 8代孫이다."라고 하였으니, 따져보면 堯임금의 딸은 舜의 曾祖에게 四從姊妹가 되는데, 그를 아내로 삼는 것은 의리에 있어서 불가한 일이다. ≪世本≫의 말은 근거하여 믿을 수 없지만, 혹시 옛날의 법도는 질박했기 때문이었을 것이다.

【疏】 傳'降下'至'虞氏' ○ 正義曰：'降 下', 釋詁文. 周禮九嬪之職, 掌婦學之法, 嬪是婦之別名, 故以嬪爲婦. 釐降, 未能以義理下之, 則女意初時不下, 故傳解之, 言舜爲匹夫, 帝女下嫁, 以貴適賤, 必自驕矜. 故美舜能以義理下帝女尊亢之心於所居嬀水之汭, 使之服行婦道於虞氏. 虞與嬀汭, 爲一地. 見其心下, 乃行婦道, 故分爲二文. 言'匹夫'者, 士大夫已上則有妾媵, 庶人無妾媵. 惟夫妻相匹, 其名既定, 雖單亦通, 謂之匹夫匹婦. 嬀水在河東虞鄉縣歷山西, 西流至蒲坂縣, 南入於河, 舜居其旁. 周武王賜陳胡公之姓爲嬀, 爲舜居嬀水故也. 舜仕堯朝, 不家在於京師, 而令二女歸虞者, 蓋舜以大孝示法, 使妻歸事於其親. 以帝之賢女, 事頑嚚舅姑, 美其能行婦道, 故云嬪於虞.

傳의 〔降下〕에서 〔虞氏〕까지

○ 正義曰：〔降 下〕 ≪爾雅≫ 〈釋詁〉의 글이다.

≪周禮≫에 九嬪의 직책은 婦學의 법규를 관장한다고 하였으니, 嬪은 바로 婦의 別名이다. 그러므로 嬪을 婦라고 한 것이다. 釐降의 경우, 능히 義理를 가지고 꺾지 못한다면 여자의 뜻은 초장에 꺾이지 않는다. 그러므로 傳에서 그것(釐降)을 풀이한 것이니, 舜이 匹夫의 신분이므로 帝王의 딸이 下嫁하는 것은 貴人으로 賤人에게 가는 것이니 반드시 교만하고 뽐내기 마련이라고 말한 것이다. 그러므로 舜이 능히 義理를 가지고 帝王의 딸의 尊亢한 마음을 그가 사는 嬀水의 안에서 꺾어서 그녀로 하여금 婦道를 虞氏에게 행하도록 한 일을 아름답게 여김을 말한 것이다. 虞와 嬀汭는 동일한 땅이다. 그 마음의 꺾임을 보이는 것이 바로 婦道를 행하는 것이다. 그러므로 두 문장으로 나누어 적은 것이다.

〔匹夫〕 士大夫 이상은 媵妾이 있고, 庶人은 媵妾이 없다. 오직 夫妻만이 서로 배필이니, 그 명분이 이미 정해진다면 비록 單身이라 하더라도 또한 통하니 이를 匹夫匹婦라고 이른다.

嬀水는 河東 虞鄉縣 歷山의 서쪽에 위치해서 서쪽으로 흘러 蒲坂縣에 이르러 남쪽으로 黃河에 들어가는데, 舜이 그 곁에 살았다. 周 武王이 陳 胡公의 姓을 嬀라고 하사하였으니 舜이 嬀水에 살았기 때문이다. 舜이 堯임금의 조정에서 벼슬하였으나 京師에 집이 있지 않고 두 딸을 虞로 돌아가게 한 것은 아마 舜이 大孝를 가지고 法을 보여 妻로 하여금 그 어버이에게 돌아가서 섬기게 한 것이리라. 제왕의 어진 딸로서 완악하고 어리석은 舅姑를 섬겼으니 능히 婦道를 행한 것을 아름답게 여겼다. 그러므로 "虞氏에게 婦道를 행하게 했다."고 한 것이다.

【疏】 傳'歎舜'至'大矣' ○正義曰：二女行婦道, 乃由舜之敬, 故帝言"欽哉." 歎能修己行敬以安民也. 能修己及安人, 則是所能者大, 故歎之. 論語云 "修己以安百姓, 堯·舜其猶病諸." 傳意出於彼也.

傳의 〔歎舜〕에서 〔大矣〕까지

○正義曰：두 딸이 婦道를 행한 것은 바로 舜의 공경 때문이었다. 그러므로 帝堯가 "일을 경건하게 하는구나."라고 말씀하였으니, 능히 몸을 닦고 공경을 행하여 백성을 편안하게 함을 흠탄한 것이다. 능히 자기 몸을 닦아 사람을 편안하게 함에 미치면 능한 바가 크다. 그러므로 흠탄한 것이다. ≪論語≫에 이르기를 "몸을 닦아 백성을 편안하게 함은 堯·舜도 오히려 부족하게 여겼다."라고 하였으니, 傳의 뜻은 여기에서 나온 것이다.

舜典 第二

○釋文에 王氏注相承云 梅賾(색)上孔氏傳古文尙書 (云)〔亡〕[1]舜典一篇이라 時에 以王肅注 頗類孔氏라 故로 取王注從(謹)〔愼〕[2]徽五典以下爲舜典하여 以續孔傳[3]이니라

1) (云)〔亡〕: 저본에는 '云'으로 되어있으나, 文義에 따라 '亡'으로 바로잡았다.
2) (謹)〔愼〕: 저본에는 '謹'으로 되어있으나, 經文에 따라 '愼'으로 바로잡았다.
3) 釋文……以續孔傳 : 淸代 王懋竑은 그의 ≪白田雜著≫에서 "≪經典釋文≫에 '南齊 明帝 建武 연간에 吳興의 姚方興이 王肅과 馬融의 經을 채취하여 〈孔傳舜典〉 1篇을 만들어 가지고 大航의 머리에서 買得하여 올렸다.'고 했다.' 하였다.……이것으로 상고하면 姚方興의 本은 바로 王肅과 馬融의 注를 채취하여 孔傳을 위조하고 아울러 28字를 더 보탠 것이다. 그러므로 陸德明은 그대로 王肅의 注를 이용하였고, 그에 대한 변별이 매우 분명히였다. 그런네 ≪正義≫에서는 곧 이 28字를 '愼徽五典'의 위에 더 보태고 姚方興이 위조한 孔傳을 사용하였는데, 後人들은 그것을 변별하지 않는다. 蔡傳은 일체 ≪正義≫를 따르고 ≪經典釋文≫에서 말한 것은 전연 언급하지 않았다. 朱子는 大義가 매인 것이 아니라고 해서 미처 訂正하지 않았다. 그래서 지금까지 변별하는 자가 없다."라고 하였다. 28자는 "曰若稽古帝舜曰重華協于帝濬哲文明溫恭允塞玄德升聞乃命以位"를 가리킨다.

○陸德明의 ≪經典釋文≫에 王肅의 注를 계승하면서 "梅賾이 올린, 孔安國이 傳을 단 ≪古文尙書≫에는 〈舜典〉 1篇이 망실되었다. 그래서 이때에 王肅의 注가 孔安國의 傳과 꽤 닮았다는 이유로 王肅의 注를 취하여 '愼徽五典' 이하를 〈舜典〉으로 만들어서 孔傳을 이었다."라고 하였다.

虞舜側微언만

虞舜이 거처가 누추하고 신분이 비천하였건만,

【傳】 爲庶人이라 故로 微賤이니라

庶人이었기 때문에 微賤한 것이다.

堯聞之聰明하고 **將使嗣位**하여 **歷試諸難**하니라

堯임금이 그의 聰明함을 듣고 장차 帝位를 계승시키기 위하여 여러 가지 일을 시험하였다.

【傳】 嗣는 繼也라 試以治民之難事니라

嗣는 계승하다라는 뜻이다. 백성을 다스리는 여러 가지 일을 가지고 시험한 것이다.

作舜典하다

〈舜典〉을 지었다.

舜典

【傳】 典之義는 與堯同이니라

典의 뜻은 堯와 같다.

【疏】 '虞舜'至'舜典' ○ 正義曰：虞舜所居側陋, 身又微賤, 堯聞之有聰明聖德, 將使之繼己帝位, 歷試於諸所難爲之事. 史述其事. 故作舜典.

書序의 〔虞舜〕에서 〔舜典〕까지

○ 正義曰：虞舜은 거처하는 곳이 누추하고 신분이 또 미천하지만, 堯임금이 그에게 聰明과 聖德이 있음을 듣고 장차 그에게 자기의 帝位를 계승시키기 위하여 여러 가지 하기 어려운 일을 두루 시험하였다. 史官이 그 일을 기술하였다. 그러므로 〈舜典〉을 지었다.

【疏】 傳'爲庶人 故微賤' ○ 正義曰：此云側微, 卽堯典側陋也. 不在朝廷, 謂之側, 其人貧賤, 謂之微. 居處褊隘. 故言陋, 此指解微. 故云'爲庶人, 故微賤'也. 帝繫云 "顓頊生窮蟬, 窮蟬生敬康, 敬康生句芒, 句芒生蟜牛, 蟜牛生瞽瞍, 瞽瞍生舜." 昭八年左傳云 "自幕至于瞽瞍, 無違命." (似)〔以〕[1]其繼世相傳, 當有國土. 孔言'爲庶人'者, 堯典云 "有鰥在下." 此云 "虞舜側微." 必是爲庶人矣. 蓋至瞽瞍始失國也.

1) (似)〔以〕: 저본에는 '似'로 되어있으나, 阮刻本에 "宋板에는 '以'로 되어있다."라고 한 것

에 의거하여 '以'로 바로잡았다.

傳의 〔爲庶人 故微賤〕

○ 正義曰 : 여기서 말한 '側微'는 곧 〈堯典〉에서 말한 '側陋'와 같은 것이다. 朝廷에 있지 않은 것을 側이라 이르고, 그 사람이 貧賤한 것을 微라 이른다. 居處가 褊隘하기 때문에 陋라 말하였는데, 이는 微를 注解한 것이다. 그러므로 "庶人이었기 때문에 微賤한 것이다."라고 하였다.

≪帝繫≫에 이르기를 "顓頊이 窮蟬을 낳고, 窮蟬이 敬康을 낳고, 敬康이 句芒을 낳고, 句芒이 蟜牛를 낳고, 蟜牛가 瞽瞍를 낳고, 瞽瞍가 舜을 낳았다."라고 하였고, 昭公 8년조의 ≪春秋左氏傳≫에 이르기를 "幕(舜의 祖上)에서부터 瞽瞍에 이르기까지 천명을 어긴 이가 없었다."라고 하였다. 세대를 이어 서로 전하였으니, 응당 國土를 가져야 한다. 그런데 孔安國이 "庶人이었다."라고 한 것은 〈堯典〉에 이르기를 "홀아비가 서민들 속에 묻혀 있었다."라고 하였고, 여기에서 이르기를 "虞舜이 側微하였다."라고 하였으니, 필시 庶人이었기 때문일 것이다. 아마 瞽瞍에 와서 나라를 잃은 모양이다.

【疏】 傳'嗣繼'至'難事' ○ 正義曰 : '嗣 繼', 釋詁文. 經所云 '愼徽五典'·'納于百揆'·'賓于四門', 皆是試以治民之難事也.

傳의 〔嗣繼〕에서 〔難事〕까지

○ 正義曰 : 〔嗣 繼〕 ≪爾雅≫ 〈釋詁〉의 글이다.

經에서 이른바 "愼徽五典(삼가 五典을 아름답게 빛낸다)"과 "納于百揆(百揆에 앉혔다)"와 "賓于四門(사방의 관문에서 손님을 맞이하게 하였다)"은 모두 백성을 다스리는 어려운 일을 시험한 것이다.

曰若稽古는 帝舜[1]이시니라

1) 曰若稽古 帝舜 : 蔡傳에는 "옛 帝舜에 대해 상고하건대"로 풀이하였다.

말하건대, 옛 道를 따라 상고하신 분은 帝舜이셨다.

【傳】 亦言其順考古道而行之니라

또한 옛 道를 따라 상고해서 행하심을 말한 것이다.

曰重華 協于帝하시며

빛난 文德이 거듭 帝堯에게 합하시며,

【傳】 華는 謂文德이니 言其光文이 重合於堯하여 俱聖明이니라 ○ 曰若稽古帝舜曰重華協于帝 此十二字는 是姚方興所上이니 孔氏傳本無라 阮孝緖七錄도 亦云然이라 方興本에 或此下에 更有濬哲文明 溫恭允塞 玄德升聞 乃命以位라 此二十八字異[1]聊出之나 於王注無施也라

1) 曰若稽古帝舜曰重華協于帝……此二十八字異 : 阮刻本에 "상고하건대 姚方興이 孔傳을 奏文과 함께 올릴 때에 갑자기 異本이 있을 수 없는 것이니, 아마 經文의 '濬哲' 이하 16字와 傳의 36字는 또 後人이 보탠 것인 듯하다. 明代 鄭曉는 〈舜典〉에 대한 孔傳은 바로 劉光伯(隋, 劉炫)이 僞撰하여 姚方興의 이름을 가탁한 것으로 여겼는데, 姚方興의 일이 ≪經典釋文≫의 〈序錄〉에 나타난 것을 자세히 살펴보면 속일 수 없는 것이다. 오직 '濬哲' 이하 16字만은 혹시 劉光伯이 보탠 것인 듯하다. 어떤 이가 '陸德明이 ≪經典釋文≫을 저술할 때에 세상에 劉光伯이 있다는 것을 이미 알았는가?'라고 묻기에 '隋 文帝가 〈舜典〉을 얻은 시기는 開皇 2년인 즉 壬寅年(582)이고, 陸德明이 著書한 시기는 癸卯年으로 1년 뒤였다. 이 당시는 南北이 비록 통일되지는 못했지만, 陸德明이 혹시 멀리서 그 말을 듣고 책에 적은 것이 아니었겠는가.'라고 답했다."라고 하였다. 16字는 "濬哲文明溫恭允塞玄德升聞乃命以位"를 가리키고, 36字는 "濬深哲智也舜有深智文明溫恭之德信允塞上下玄謂幽潛潛行道德升聞天朝遂見徵用"을 가리킨다.

華는 文德을 이름이니, 그 빛난 文德이 거듭 帝堯에 합하여 다 聖明하심을 말한 것이다. ○ 〈陸德明이 말하기를〉 "'曰若稽古帝舜曰重華協于帝'란 이 12字는 姚方興이 올린 것이니, 孔氏傳이 본래 없었다. 阮孝緖의 ≪七錄≫에도 그렇게 적고 있다. 姚方興의 本에 더러 이 아래에 다시 '濬哲文明溫恭允塞玄德升聞乃命以位'란 구절이 있다. 이 28字의 다른 점을 애오라지 끌어냈으나 王肅의 注에는 다루지 않았다."라고 하였다.

濬哲文明溫恭이 允塞[1]하사

1) 濬哲文明溫恭 允塞 : 蔡傳에서는 "침착하면서 지혜롭고, 문리가 있으면서 광명하고, 온화하면서 공경하고, 성신하면서 독실하시어 이 네 가지 숨겨진 덕이 있다.〔深沈而有智 文理而光明 和粹而恭敬 誠信而篤實 有此四者幽潛之德〕"라고 풀이하였다.

깊은 지혜와 文明과 溫恭이 채워져서

【傳】 濬은 深이요 哲은 智也니 舜有深智文明溫恭之德하여 信(允)〔充〕[1]塞上下니라

1) (允)〔充〕: 저본에는 '允'으로 되어있으나, 阮刻本에 "古本에는 '充塞四表至于上下也'로 되어있고, 岳本에는 '信充塞上下'로 되어있다."라고 한 것에 의거하여 '充'으로 바로잡았다.

濬은 깊다라는 뜻이요, 哲은 지혜라는 뜻이니, 舜에게 깊은 지혜와 文明하고 溫恭한 德이 있어 〈그 영향이〉 상하 사방에 꽉 찼다는 것이다.

玄德이 升聞하니 乃命以位하시니라

숨겨진 德이 위에 알려지니, 곧 職位를 가지고 임명하셨다.

【傳】 玄은 謂幽潛이니 潛行道德하사 升聞天朝하여 遂見徵用이니라

玄은 幽潛을 이르니, 남모르게 道德을 행하여 위로 天朝에 알려져서 결국 부름을 받아 쓰이게 되었다.

【疏】 '曰若'至'以位' ○正義曰：昔東晉之初, 豫章內史梅賾, 上孔氏傳, 猶闕舜典, 自此乃命以位已上二十八字[1], 世所不傳. 多用王·范之注補之, 而皆以愼徽已下, 爲舜典之初. 至齊蕭鸞建武四年, 吳興姚方興, 於大航頭, 得孔氏傳古文舜典, 亦類太康中書[2]. 乃表上之, 事未施行, 方興以罪致戮. 至隋開皇初, 購求遺典, 始得之. 史將錄舜之美. 故爲題目之辭曰 "能順而考案古道而行之者, 是爲帝舜也." 又申具順考古道之事曰 "此舜能繼堯, 重其文德之光華, 用此德合於帝堯, 與堯俱聖明也." 此舜性, 有深沈智慧, 文章明鑑, 溫和之色, 恭遜之容, 由名聞遠達, 信能充實上下, 潛行道德, 〔升〕[3]聞天朝, 堯乃徵用, 命之以位而試之也.

1) 二十八字 : '曰若稽古帝舜曰重華協于帝濬哲文明溫恭允塞玄德升聞乃命以位'를 가리킨다.
2) 太康中書 : ≪隋書≫ 〈經籍志〉에 의하면 "晉나라 太康 연간에 汲郡 사람 不準이 魏 襄王의 무덤을 발굴하여 옛적의 竹簡書를 얻었다."라고 하였는데, 太康中書는 바로 太康 연간에 얻은 竹簡書를 가리킨다.
3) 〔升〕: 저본에는 없으나, 阮刻本에 "閩本, 明監本, 毛本에는 '聞' 위에 '升'자가 있다."라고 한 것에 의거하여 보충하였다.

經의 〔曰若〕에서 〔以位〕까지

○ 正義曰 : 옛날 東晉의 초기 豫章內史 梅賾이 孔傳을 올릴 때에도 오히려 〈舜典〉을 빠뜨렸다. 이때부터 '乃命以位' 앞의 28字가 세상에 전해지지 않았다. 대부분 王肅과 范甯의 注를 써서 보충하고 모두 '愼徽' 이하를 〈舜典〉의 첫머리로 삼았다.

齊 蕭鸞(南齊의 明帝) 建武 4년(497)에 와서 吳興에 사는 姚方興이 大航의 머리에서 孔安國이 傳을 단 〈古文舜典〉을 購得하였는데, 또한 太康(晉 武帝의 연호, 280~289) 연간에 발견한 竹簡書와 같았다. 이에 表文과 함께 올렸으나 일은 시행되지 못하고 姚方興은 죄로 죽임을 당하였다. 隋나라 開皇(文帝의 연호, 581~600) 초기에 遺典을 구매하여 비로소 〈舜典〉을 얻었다.

史官이 장차 舜임금의 아름다운 점을 기록하려고 했다. 그러므로 題目의 말을 만들어서 "능히 따라서 옛 道를 상고하여 행하신 분은 바로 帝舜이었다."라고 하고, 또한 옛 道를 따라 상고한 일을 거듭 구체적으로 밝히기를 "이것은 舜이 능히 堯임금을 계승하여 그 文德의 光華를 거듭 재연하고, 이와 같은 德으로써 帝堯에 합하여 堯임금과 함께 다 聖明했다."라고 하였다. 이것은 舜의 성품에 깊고 침착한 智慧와 文章의 明鑑, 그리고 溫和한 안색과 恭遜한 용모를 가지니, 이로 말미암아 名聞이 멀리 미쳐가 〈영향이〉 상하사방에 꽉 차고, 몰래 道德을 행하여 위로 天朝에 알려지니, 堯임금이 이에 그를 불러 등용한 다음 職位를 가지고 임명하여 그를 시험해보았던 것이다.

【疏】 傳'濬深'至'上下' ○ 正義曰 : '濬 深'·'哲 智', 皆釋言文. 舍人曰 "濬, 下之深也, 哲, 大智也." '舜有深智', 言其智之深, 所知不淺近也. 經緯天地曰文, 照臨四方曰明. 詩云 "溫溫恭人." 言其色溫而貌恭也. 舜既有深遠之智, 又有文明溫恭之德, 信能充實上下也. 詩毛傳訓塞爲實, 言能充滿天地之間, 堯典所謂'格于上下'是也. 不言四表者, 以四表外無限極, 非可實滿, 故不言之. 堯·舜, 道同, 德亦如一, 史官錯互爲文. 故與上篇相類, 是其所合於堯也.

傳의 〔濬深〕에서 〔上下〕까지

○ 正義曰 : 〔濬 深〕·〔哲 智〕 모두 ≪爾雅≫ 〈釋言〉의 글이다. 郭舍人의 注에 "濬은 아래의 깊은 곳을 뜻하고, 哲은 큰 지혜를 뜻한다."라고 하였다.

〔舜有深智〕 그 지혜가 깊어서 아는 바가 淺近하지 않음을 말한 것이다. 天地를 經緯하는 것을 '文'이라 이르고, 四方을 照臨하는 것을 '明'이라 이른다.

≪詩經≫에서 "溫溫한 공손한 사람"이라고 하였는데, 그것은 안색이 온화하고 용모가 공손함을 말한 것이다.

舜은 이미 深遠한 지혜를 가졌으며, 또 文明하고 溫恭한 德을 가졌으니, 참으로 능히 上下에 充實하였다. ≪詩經≫의 〈毛傳〉에서 塞을 實의 뜻으로 풀이함은 능히 天地의 사이에 充滿함을 말한 것이니, 〈堯典〉에 이른바 "천지에 널리 펴졌다."란 것이 바로 그것이다. 四表라고 말하지 않은 것은 四表는 밖이 한도 끝도 없으므로 實滿할 수 있는 것이 아니다. 그러므로 말하지 않은 것이다. 堯와 舜은 道가 같고 德 또한 하나같으니, 史官이 錯互法을 써서 문장을 이룬 것이다. 그러므로 上篇과 더불어 서로 같으니, 이것이 바로 〈文德이〉 堯임금에게 합하게 된 것이다.

【疏】 傳'玄謂'至'徵用' ○ 正義曰：老子云"玄之又玄, 衆妙之門." 則玄者, 微妙之名. 故云"玄謂幽潛也." 舜在畎畝之間, 潛行道德, 顯彰於外, 升聞天朝. 天朝者, 天子之朝也. 從下而上, 謂之爲升. 大子聞之. 故遂見徵用.

傳의 〔玄謂〕에서 〔徵用〕까지

○ 正義曰：老子가 이르기를 "幽玄하고 幽玄하며 모든 道理나 일체 變化의 근본이다." 라고 하였으니, 玄이란 것은 微妙함을 이르는 명칭이다. 그러므로 "玄은 幽潛을 이른다." 라고 하였다. 舜은 농촌에 묻혀있을 때 남모르게 道德을 행하여 밖으로 드러나니 위로 天朝에 알려졌다. 天朝라는 것은 天子의 조정이다. 아래에서 위로 올라가는 것을 升이라고 한다. 天子가 그에 대한 것을 들었다. 그러므로 결국 불려 쓰이게 된 것이다.

愼徽五典하시니 五典克從이니라

삼가 五典을 아름답게 빛내시니, 사람들이 五典을 잘 따랐다.

【傳】 徽는 美也라 五典은 五常之敎니 父義하고 母慈하고 兄友하고 弟恭하고 子孝니라 舜愼美篤行斯道하되 擧八元하여 使布之於四方하니 五敎能從하여 無違命이니라 ○ 徽는 王云 美요 馬云 善也라 八元은 左傳에 高辛氏有才子八人이니 伯奮仲堪叔獻季仲伯虎仲熊叔豹〔季貍〕[1)]니라

1) 〔季貍〕: 저본에는 없으나, 阮刻本에 "≪經典釋文≫에는 '豹' 아래에 '季貍' 2자가 있는데, 여기에는 잘못하여 빠졌다."라고 한 것에 의거하여 보충하였다.

徽는 아름답다라는 뜻이다. 五典은 五常의 가르침이니, 곧 아버지는 의롭고, 어머니는 慈愛하고, 형은 우애하고, 아우는 공손하고, 아들은 효도하는 것이다. 舜은 삼가 아름답

게 이 道를 행하되 八元을 등용하여 五典(五敎)을 사방에 베풀게 하니, 五敎를 잘 순종하여 명을 어기는 일이 없었다는 것이다.

○ 徽에 대하여 王肅은 "美의 뜻이다."라고 하였고, 馬融은 "善(아름답다)의 뜻이다."라고 하였다. 八元은 ≪春秋左氏傳≫ 文公 18년 조에 "高辛氏에게 才德을 가진 아들 8명이 있었으니, 곧 伯奮・仲堪・叔獻・季仲・伯虎・仲熊・叔豹・季貍였다."라고 하였다.

納于百揆하시니 百揆時敍니라

百揆의 자리에 앉히시니 百揆가 적시에 펼쳐졌다.

【傳】 揆는 度(탁)也라 度百事 總百官이니 納舜於此官이니라 舜擧八凱하여 使揆度百事하니 百事時敍하여 無廢事業이니라 ○ 左傳에 高陽氏有才子八人하니 蒼舒·隤敳(퇴애)·檮戭(도인)·大臨·尨降(방강)·庭堅·仲容·叔達이니라 齊聖廣淵하고 明允篤誠하니 天下之民이 謂之八凱라

揆는 헤아리다라는 뜻이다. 百事를 헤아리는 것이 百官을 총괄하는 것이니, 舜을 이 官職에 앉힌 것이다. 舜이 八凱를 등용하여 百事를 헤아려 처리하게 하니, 百事가 적시에 펼쳐져 事業이 폐지되지 않았다.

○ ≪春秋左氏傳≫ 文公 18년 조에 "高陽氏에게 才德을 가진 아들 8명이 있었으니 곧 蒼舒・隤敳・檮戭・大臨・尨降・庭堅・仲容・叔達이었다. 이들은 마음가짐이 올바르고 모든 일에 통달하고 도량이 넓고 사려가 깊으며, 사리에 밝고 신의가 있고 후덕하고 성실하니 천하의 백성들이 이들을 八凱라고 했다."라고 하였다.

賓于四門하시니 四門이 穆穆이니라

四門에서 賓禮로써 諸侯들을 맞이하게 하시니, 四門으로 들어오는 諸侯들이 모두 아름다웠다.

【傳】 穆穆은 美也요 四門은 四方之門이니라 舜流四凶族하고 四方諸侯來朝者를 舜賓迎之하니 皆有美德無凶人이니라

穆穆은 아름답다라는 뜻이고, 四門은 四方의 關門이다. 舜은 네 凶族을 유배 보내고, 사방에서 조회하러 오는 諸侯들을 舜이 賓禮로써 정중하게 맞이하니, 모두 아름다운 덕이 있고 흉한 사람은 없었다는 것이다.

納于大麓(록)[1]하시니 烈風雷雨弗迷니라

1) 麓(록) : 孔傳에서는 大麓을 모든 일을 총괄하는 벼슬 이름으로 보아 舜에게 모든 정사를 총괄하게 한 것으로 보았다. 蔡傳에서는 산기슭으로 보아 "堯임금이 舜으로 하여금 山林川澤에 들어가게 하였다."라고 풀이하였다.

宋代 林之奇는 ≪尙書全解≫에서 "'納于大麓'은 이른바 '하늘에 薦祭하다.'라는 것이 바로 그것이고, '烈風雷雨弗迷'는 이른바 '제사를 주관하게 하니 百神이 흠향하였다.'라는 것이 바로 그것이다. 孔安國이 말하기를 '麓은 거느리다〔錄〕라는 뜻이다. 舜을 들여보내서(앉혀서) 萬幾의 정사를 총괄하게 하니'라고 하였는데, 이 말은 옳지 않다. ≪尙書≫ 〈周書 周官〉에 '唐과 虞가 옛 제도를 상고하여 관원을 설정하되 百이란 숫자를 가지고 하였으니, 안에는 百揆와 四岳이 있었다.'고 하였다. 이는 堯임금의 당시에 百揆보다 높은 벼슬이 없음을 증명한 것인데, 萬幾의 정사를 총괄하는 벼슬아치가 百揆가 아니고 무엇이겠는가? 이미 舜을 百揆에 앉혔으니, 또 大麓에 앉힌다는 것은 반드시 그러할 이치가 없을 것이다."라고 하였다.

明代 袁仁은 ≪尙書砭蔡編≫에서 "納于大麓 烈風雷雨弗迷"에 대한 孔傳의 설명을 다음과 같이 옹호하였다. "≪孔叢子≫에 실린 것을 살펴보면, 宰我가 '納于大麓烈風雷雨弗迷는 무엇을 이른 것입니까?'라고 묻자, 孔子께서 말씀하시기를 '이것은 인간의 일이 하늘에 응함을 말한다. 堯임금이 이미 舜을 얻어 모든 어려운 일을 시험하고 나서 尊顯한 官職에 앉혀 모든 중요한 정사를 총괄하게 하였다. 이 때문에 陰陽이 淸和하고 五氣가 고루 이르며 烈風과 雷雨가 각각 바르게 응하고 迷錯하거나 愆伏(절기가 조화를 잃음)하지 않았다. 이는 舜의 행실이 하늘에 합함을 밝힌 것이다.'라고 하셨다. 孔安國은 이 말씀에 근거한 것이다. 그런데 蔡沈은 이를 따르지 않고 ≪史記≫에 의거하여 산기슭에 들여보낸 것으로 여겼다.

상고하건대 桓譚의 ≪新論≫에 '옛적에 堯임금이 舜을 大麓에 시험한 것은 천하의 일을 총괄하기를 지금의 尙書 벼슬과 같게 한 것이다.'라고 하고, 王充의 ≪論衡≫에 '大麓은 三公의 직위인데, 一公의 직위에 거하여 三公의 일을 총괄한다.'라고 하고, 〈長廣王禪廣陵文〉에 '진실로 그 중용의 도리를 지키어 大麓에 들어가 빛을 냈다.'라고 하였으니, 모두 명백한 증거이다. 程伊川(程頤)도 이르기를 '司馬遷 같은 이가 舜을 산기슭에 들여보낸 것으로 생각하였으니, 어찌 사림을 시험하면서 山麓에 들여보낼 리가 있겠는가? 이것은 다만 舜을 여러 가지로 시험했을 뿐이다.'라고 했다."

大麓의 자리에 앉히시니 맹렬한 바람 그리고 우레와 비가 迷亂하지 않았다.

【傳】 麓은 錄也라 納舜使大錄萬幾之政하니 陰陽和하고 風雨時하여 各以其節하고 不有迷錯愆伏이니라 明舜之德合於天이니라 ○ 麓은 王云 錄也요 馬鄭云 山足也라

麓은 거느리다〔錄〕라는 뜻이다. 舜을 〈大麓의 자리에〉 앉혀 萬幾의 정사를 총괄하게 하니, 陰陽이 和平하고 바람이 불고 비가 적심에 있어 각각 그 절서에 맞게 하고 迷錯하거나 愆伏하는 일이 없었다. 이것은 舜의 德이 하늘과 합치됨을 밝힌 것이다.

○ 麓에 대하여 王肅은 "거느리다라는 뜻이다."라고 하고, 馬融과 鄭玄은 "산기슭〔山足〕이다."라고 하였다.

帝曰 格하라 汝舜아 詢事考言[1)]컨대 乃言[2)]底(지)可績이 三載니 汝陟帝位하라

1) 詢事考言 : 蔡傳에서는 '詢'을 '謀'(도모)의 뜻으로 보아 "舜이 행한 일을 도모하고 그 말을 살피건대〔詢謀也 詢舜所行之事 而考其言〕"라고 풀이하였으니, 蔡傳과 아래의 孔傳이 다 같이 '詢'을 '謀'의 뜻으로 보았다. 그러나 '詢'을 '問'의 뜻으로 보아 "舜이 행한 일을 물어보고"로 풀이하는 것이 나을 것 같다.

2) 乃言 : ≪史記≫에는 이 두 글자가 없다.

帝堯가 말씀하시기를 "이리 오라. 너 舜아! 네가 도모하는 일들을 내가 너의 말에서 살피건대, 너의 말이 공적을 세울 수 있게 해온 지 3년이니, 네가 帝位에 오르도록 하라."고 하시니,

【傳】 格은 來요 詢은 謀요 乃는 汝요 底는 致요 陟은 升也라 堯呼舜曰來하라 汝所謀事를 我考汝言컨대 汝言致可以立功이 三年矣라 三載考績이라 故로 命使升帝位니 將禪之니라 ○ 底는 王云 致也요 馬云 定也라

格은 오라는 뜻이요, 詢은 도모하다라는 뜻이요, 乃는 너라는 뜻이요, 底는 이르다라는 뜻이요, 陟은 오르다라는 뜻이다. 堯임금이 舜을 불러 말하기를 "이리 오라. 네가 도모한 일들을 너의 말에서 살피건대, 너의 말이 공을 세울 수 있게 해온 지 3년이 되었다."라고 하였다. 3년마다 공적을 살핀다. 그러므로 명하여 帝位에 오르게 하였으니, 그것은 장차 帝位를 禪讓하기 위해서였다.

○ 底에 대하여 王肅은 "이르다라는 뜻이다."라고 하고, 馬融은 "定하다라는 뜻이다."라고 하였다.

舜讓于德弗嗣[1)]하시다

1) 舜讓于德弗嗣 : 蔡傳에는 "讓于德"을 "덕이 있는 사람에게 사양하고 帝位를 계승하지 않았

다.〔讓于有德之人〕"라고 풀이하였다.

舜은 자기의 德이 감당하지 못하여 帝位를 계승할 수 없다고 사양하셨다.

【傳】 辭讓於德不堪하여 不能嗣(成)〔承〕[1]帝位니라

1) (成)〔承〕: 저본에는 '成'으로 되어있으나, 阮刻本에 "≪尙書纂傳≫에는 '承'자로 되어있다."라고 한 것에 의거하여 '承'으로 바로잡았다.

자기의 德이 감당하지 못하여 帝位를 계승할 수 없다고 사양하셨다.

【疏】 '愼徽'至'弗嗣' ○ 正義曰 : 此承'乃命以位'之下, 言命之以位, 試之以事也. 堯使舜愼美篤行五常之敎, 而五常之敎皆能順從而行之, 無違命也. 又納於百官之事, 命揆度行之, 而百事所揆度者, 於是皆得次序, 無廢事也. 又命使賓迎諸侯於四門, 而來入者, 穆穆然皆有美德, 無凶人也. 又納於大官, 總錄萬幾之政, 而陰陽和, 風雨時, 烈風雷雨, 不有迷惑錯謬. 明舜之德合於天. 天人和協. 其功成矣. 帝堯乃謂之曰"來. 汝舜, 有所謀之事, 我考驗汝舜之所言, 汝言致可以立功, 於今三年. 汝功已成, 汝可升處帝位." 告以此言, 欲禪之也. 舜辭讓於德, 言己德不堪嗣成帝也.

經의 〔愼徽〕에서 〔弗嗣〕까지

○ 正義曰 : 이는 '乃命以位'의 아래를 이어받은 것이니, 官位를 가지고 임명하고 일을 가지고 시험함을 말한 것이다. 堯임금이 舜으로 하여금 삼가 아름답게 五常의 가르침을 독실히 행하게 하니, 五常의 가르침을 모두 능히 순종하여 행하고 명을 어기는 일이 없었다. 또 헤아려 행하도록 명하니, 百事를 헤아리는 바가 이에 모두 차서를 얻어서 일을 폐지함이 없었다. 또 명하여 賓禮로써 諸侯들을 사방의 관문에서 맞이하게 하니, 들어오는 제후들이 화평하여 모두 아름다운 덕이 있고 흉한 사람이 없었다. 또 大官의 자리에 앉혀 萬幾의 정사를 총괄하게 하니, 陰陽이 和하고 風雨가 적시에 있어서 맹렬한 바람 그리고 우레와 비가 迷惑하거나 錯謬하는 일이 없었다. 舜의 德이 하늘에 합하여 하늘과 사람이 和協하니, 그 공이 이루어졌음을 밝힌 것이다.

帝堯가 이르기를 "이리 오라. 너 舜아! 도모한 바가 있는 일을 내가 너 舜의 말에서 考驗하건대 너의 말이 공을 세울 수 있게 해온 지 지금 3년이다. 너의 공이 이미 이루어졌으니 너는 帝位에 오를 만하다."라고 하였다. 이런 말을 고해주는 것은 禪位하기 위해서였나. 舜이 德에서 사양한 것은 자기의 덕이 帝位의 계승을 감당할 수 없음을 말한 것이다.

【疏】 傳'徽美'至'違命' ○ 正義曰：釋詁云 "徽, 善也." 善亦美也. 此五典, 與下文五品五敎, 其事一也. 一家之內, 品有五, 謂父母兄弟子也. 敎此五者, 各以一事. 敎父以義, 敎母以慈, 敎兄以友, 敎弟以恭, 敎子以孝, 是爲五敎也. 五者皆可常行, 謂之五典. 是五者, (司)〔同〕[1]爲一事, 所從言之異耳. 文十八年左傳曰 "昔高辛氏有才子八人, 伯奮·仲堪·叔獻·季仲·伯虎·仲熊·叔豹·季貍. 忠肅恭懿, 宣慈惠和, 天下之民, 謂之八元. 舜臣堯, 擧八元, 使布五敎于四方, 父義·母慈·兄友·弟恭·子孝." 以此知五典是五常之敎, 謂此'父義'之等五事也. 皐陶謨云 "天敍有典, (自)〔勅〕[2]我五典, 五, 惇哉." 惇, 厚也, 行此五典, 須厚行之. 篤亦厚也, 言舜謹愼美善, 篤行斯道, 擧八元, 使布之於四方, 命敎天下之民, 以此五敎, 能使天下皆順從之, 無違逆舜之命也. 左傳又云 "故虞書數舜之功曰 '愼徽五典, 五典克從.' 無違敎也." 父母於子, 竝宜爲慈, 今分之者, 以父主敎訓, 母主撫養, 撫養在於恩愛. 故以慈爲名, 敎訓愛而加嚴. 故以義爲稱. 義者, 宜也, 理也, 敎之以義方, 使得事理之宜. 故爲義也. 釋訓云 "善兄弟爲友." 則兄弟之恩, 俱名爲友, 今云'兄友弟恭'者, 以其同志曰友, 友是相愛之名. 但兄弟相愛, 乃有長幼. 故分其弟使之爲恭, 恭敬於兄, 而兄友愛之.

1) (司)〔同〕: 저본에는 '司'로 되어있으나, 阮刻本에 "岳本에는 '司'가 '同'으로 되어있다."라고 한 것에 의거하여 '同'으로 바로잡았다.

2) (自)〔勅〕: 저본에는 '自'로 되어있으나, 阮刻本에 "毛本에는 '自'가 '勅'으로 되어있다. 살펴보건대 '勅'자가 옳다."라고 한 것에 의거하여 '勅'으로 바로잡았다.

傳의 〔徽美〕에서 〔違命〕까지

○ 正義曰 : ≪爾雅≫ 〈釋詁〉에 이르기를 "徽는 아름답다〔善〕라는 뜻이다."라고 하였으니, 善 또한 美의 뜻을 가진 것이다.

여기 五典은 아랫글의 五品, 五敎와 그 일이 동일한 것이다. 한 집안에 다섯 가지 가족관계가 있으니 아버지, 어머니, 형, 아우, 아들을 이른다. 이 다섯 가지를 가르치되 각각 한 가지 일을 가르친다. 아버지에게는 의로울 것을 가르치고, 어머니에게는 慈愛할 것을 가르치고, 형에게는 우애할 것을 가르치고, 아우에게는 공경할 것을 가르치고, 아들에게는 효도할 것을 가르치니, 이것이 바로 다섯 가지 가르침이다. 이 다섯 가지는 모두 항상 행할 수 있는 것이기 때문에 이를 일러 '五典'이라 한 것이다. 이 다섯 가지는 같은 일인데 처지에 따라서 말하는 것이 다를 뿐이다.

文公 18년 조의 ≪春秋左氏傳≫에 이르기를 "옛날 高辛氏에게 才德을 가진 아들 8명이 있었으니, 伯奮・仲堪・叔獻・季仲・伯虎・仲熊・叔豹・季貍였다. 이들은 忠直하고 엄숙하고 공손하고 의젓하며 주밀하고 인자하고 은혜롭고 온화하니, 천하의 백성들이 이들을 '八元'이라고 하였다. 舜이 堯임금에게 신하 노릇을 할 때에 八元을 등용하여 五教를 四方에 펴게 하니, 아버지는 의로웠고, 어머니는 慈愛하고, 형은 우애하고, 아우는 공경하고, 아들은 효도했다."라고 하였다. 이것을 가지고 五典이 바로 五常의 가르침으로서 "아버지는 의로웠다."는 등 다섯 가지 일을 이른다는 것을 알았다.

〈皐陶謨〉에 이르기를 "하늘이 인륜을 차례로 펴서 典則을 정해두시니 〈임금이 정치를 함에 있어서는 마땅히〉 우리 五典을 바로잡아 다섯 가지를 도탑게 하도록 타일러야 한다."라고 하였다. 惇은 두텁다[厚]라는 뜻이니, 이 五典을 행하되 모름지기 두텁게 행해야 한다. 篤 또한 厚의 뜻이니, 舜이 謹愼하고 美善하여 이 道를 도탑게 행하되 八元을 등용하여 五典을 四方에 펴게 한 것은 천하의 백성들을 가르치도록 명한 것인데, 이 五教를 가지고 능히 천하 사람들로 하여금 모두 순종하고 舜의 命을 어김이 없도록 함을 말한 것이다. ≪春秋左氏傳≫에 또 이르기를 "그러므로 〈虞書〉에서 舜의 功을 열거하기를 '삼가 五典을 아름답게 시행하도록 하시니 五典을 잘 따랐다.'고 하였으니, 가르침을 어김이 없었던 것이다."라고 하였다.

아버지와 어머니는 아들에 대하여 모두 마땅히 慈愛로워야 하거늘, 지금 그것을 나눈 것은 아버지는 教訓을 주관하고 어머니는 撫養을 주관하기 때문이다. 撫養은 恩愛에 들어 있다. 그러므로 慈를 가지고 명칭을 한 것이고, 教訓은 慈愛하면서도 嚴格을 가한다. 그러므로 義를 가지고 명칭을 한 것이다. '義'라는 것은 宜의 뜻도 포함하고 理의 뜻도 포함하였으니, 의로운 방법으로 가르쳐서 사리의 마땅함을 얻게 한다. 그러므로 '義'라고 한 것이다.

≪爾雅≫ 〈釋訓〉에 이르기를 "형제간에 잘하는 것을 우애라 한다."고 하였으니, 형제의 은혜를 모두 명명하여 우애라고 할 수 있거늘, 지금 "형은 우애하고 아우는 공경한다."고 한 것은 그 同志를 벗[友]이라 하니, 벗은 바로 서로 사랑함을 이르는 명칭이기 때문이다. 다만 형제가 서로 사랑함에는 곧 長幼의 질서가 있다. 그러므로 아우를 분리해서 공경하도록 한 것이니, 아우가 형에게 공경하면 형은 아우에게 우애하는 것이다.

【疏】傳'揆度'至'事業' ○正義曰：'揆，度'，釋言文．百揆者，言百事皆度之．國事散在諸官. 故度百事爲總百官也. 周官云 "唐虞稽古, 建官惟百, 內有百揆四岳." 則百揆爲官名. 故云 '納舜於此官'也. 文十八年左傳云 "昔高陽氏有才子八人, 蒼舒·隤敳·檮戭·大臨·尨降·庭堅·仲容·叔達. 齊聖廣淵, 明允篤誠, 天下之民, 謂之八凱. 舜臣堯, 擧八凱, 使主后土, 以揆百事, 莫不時敍, 地平天成." 又云 "虞書數舜之功曰 '納于百揆, 百揆時敍.' 無廢事業也." 是言百官於是得其次序, 皆無廢事業. 舜既臣堯, 乃擧元凱, 主后土, 布五敎, 同時爲之. 史官立文, 自以人事外內爲次. 故孔先言八元. 若左傳據所出代之先後. 故先擧八凱. 堯既得舜, 庶事委之, 舜既臣堯, 任無不統, 非五典克從之後, 方始納於百揆, 百揆時敍之後, 方始賓于四門. '四門穆穆', 謂流四凶, 流放四凶, 最在於前矣. 洪範云 "鯀則殛死, 禹乃嗣興." 是先誅鯀而後用禹. 明此言三事, 皆同時爲之. 但言百揆時敍. 故言納于百揆, 其實納于百揆, 初得卽然. 由舜既居百揆. 故得擧用二八. 若偏居一職, 不得分使元凱.

傳의 〔揆度〕에서 〔事業〕까지

○ 正義曰 : 〔揆 度〕 ≪爾雅≫ 〈釋言〉의 글이다. 百揆란 것은 百事를 모두 헤아림을 말한다. 國事는 여러 官位에 흩어져 있다. 그러므로 百事를 헤아리는 것을 百官을 총괄하는 것으로 삼았다. ≪尙書≫ 〈周書 周官〉에 이르기를 "唐과 虞가 옛날 제도를 상고하여 官位를 제정하되 百이란 숫자를 가지고 제정하였으니, 안으로는 百揆와 四岳이 있었다."라고 하였으니, 百揆는 벼슬 이름이다. 그러므로 "舜을 이 벼슬에 앉혔다."고 한 것이다.

文公 18년 조의 ≪春秋左氏傳≫에 이르기를 "옛적 高陽氏에게 才德을 가진 아들 8명이 있었으니 蒼舒・隤敳・檮戭・大臨・尨降・庭堅・仲容・叔達이었다. 이들은 마음가짐이 올바르고 모든 일에 통달하고 도량이 넓고 사려가 깊으며, 사리에 밝고 신의가 있고 후덕하고 성실하니 천하의 백성들이 이들을 '八凱'라고 하였다. 舜이 堯임금에게 신하 노릇을 할 때에 八凱를 등용해서 后土를 주관하여 百事를 헤아리게 하니, 모든 일이 적시에 시행되어 땅의 水土가 이미 평탄하게 다스려지고 하늘의 五行이 이미 순서대로 이루어졌다."라고 하고, 또 이르기를 "〈虞書〉에서 舜의 功을 열거하기를 '百揆의 자리에 앉혔는데 百揆의 일이 적시에 처리되었다.'라고 하였으니, 폐지된 事業이 없는 것이다."라고 하였다. 이는 百官이 이에 그 차서를 얻어서 모두 폐지된 사업이 없었음을 말한 것이다.

舜이 이미 堯임금에게 신하 노릇을 할 때에 八元과 八凱를 등용하여 后土를 주관하고 五教를 펴게 한 것은 동시에 한 일이다. 그런데 史官이 글을 적을 때에 자연 人事의 外內를 가지고 차서를 정하였다. 그러므로 孔安國이 먼저 八元을 말하였다. ≪春秋左氏傳≫의 경우는 세대의 선후에 의거하였다. 그러므로 八凱를 먼저 등용한 것이다.

堯임금은 이미 舜을 얻음에 모든 일을 위임하였고, 舜은 이미 堯임금에게 신하가 됨에 소임을 총괄하지 않은 것이 없었으니, 사람들이 五典을 잘 따른 뒤에 바야흐로 百揆의 자리에 앉고 百揆의 일이 잘 다스려진 뒤에 바야흐로 四門에서 손님을 맞이한 것이 아니었다. '四門穆穆'은 四凶을 流放한 것을 이르니, 四凶을 流放한 일이 가장 앞에 있었다. 〈洪範〉에 이르기를 "鯀이 殛死하거늘 禹가 이어서 일어났다."라고 하였으니, 이것은 먼저 鯀을 주벌하고 뒤에 禹를 쓴 것이다. 여기서 말한 세 가지 일은 모두 동시에 한 것임을 밝힌 것이다. 단지 百揆의 일이 적시에 시행된 것만을 말하였기 때문에 百揆의 자리에 들어갔다고 말하였지만, 실은 百揆의 자리에 들어간 것은 처음에 그렇게 한 것이다. 舜이 이미 百揆의 자리에 앉았기 때문에 八元과 八凱를 등용할 수 있었다. 만일 한 직위에만 있었다면 八元과 八凱를 나누어 부리지 못했을 것이다.

【疏】 ○ 傳'穆穆美'至'凶人' ○ 正義曰 : '穆穆美也', 釋詁文. '四門四方之門', 謂四方諸侯來朝者, 從四門而入. 文十八年左傳, 歷言四凶之行, 乃云"舜臣堯, 流四凶族渾敦·窮奇·檮杌(도올)·饕餮(도철), 投諸四裔, 以禦螭魅(이매)." 又曰"虞書數舜之功曰'賓于四門, 四門穆穆.' 無凶人也." 是言皆有美德, 無凶人也. 案驗四凶之族, 皆是王朝之臣, 舜流王朝之臣, 而言諸侯無凶人者, 以外見內, 諸侯無凶人, 則于朝必無矣. 鄭玄以賓爲擯, 謂"舜爲上擯, 以迎諸侯." 今孔不爲擯者, 則謂舜旣錄攝, 事無不統, 以諸侯爲賓, 舜主其禮, 迎而待之, 非謂身爲擯也.

○ 傳의 〔穆穆美〕에서 〔凶人〕까지

○ 正義曰 : 〔穆穆美〕 ≪爾雅≫ 〈釋詁〉의 글이다.

〔四門四方之門〕 조회하러 오는 사방의 諸侯들이 사방의 관문으로 쫓아 들어오는 것을 이른다.

文公 18년 조의 ≪春秋左氏傳≫에서 四凶의 행실을 열거하되 곧 "舜이 堯임금에게 신하 노릇을 할 때에 四凶의 족속인 渾敦·窮奇·檮杌·饕餮을 流放하되 사방의 변방으로 내쳐서 螭魅를 막았다."라고 하였고, 또 "〈虞書〉에서 舜의 功을 열거하기를 '四門에서 賓禮로써 諸侯들을 맞이하게 하심에 四門으로 〈들어오는 諸侯들이 모두〉 아름다웠다.'고 하니, 흉한 사람이 없었다는 것이다."라고 하였다. 이는 모두 아름다운 덕이 있고 흉한 사람이 없었음을 말한 것이다. 살펴보건대, 四凶의 족속은 모두가 바로 王朝의 신하들이거늘, 舜이 王朝의 신하들을 流放하고서 '諸侯에 흉한 사람이 없다.'고 말한 것은 밖을 가지고 안을 보인 것이니, 諸侯 중에 흉한 사람이 없다면 조정에는 반드시 〈흉한 사람이〉 없을 것이다.

鄭玄은 賓을 擯(손님 맞는 사신)으로 여기고서 "舜이 上擯이 되어 諸侯를 맞이했다."라고 하였다. 그러나 지금 孔安國이 擯으로 여기지 않은 것은 舜이 이미 總攝하고 있으니 통솔하지 않은 일이 없고, 諸侯를 손님으로 삼고 舜이 그 禮를 주관해서 그들을 맞아 접대하였으니, 몸소 擯이 되었음을 이른 것이 아니다.

【疏】○傳'麓錄'至'於天' ○正義曰：麓聲近錄. 故爲錄也. 皐陶謨云"一日二日萬幾." 言天下之事, 事之微者有萬, 喩其多無數也. '納舜使大錄萬幾之政', 還是納於百揆. 揆度百事, 大錄萬幾, 總是一事, 不爲異也. 但此言德合于天. 故以大錄言耳. 論語稱孔子曰"迅雷風烈必變." 書傳稱越裳之使〔曰〕"久矣. 天之無烈風淫雨."[1] 則烈風, 是猛疾之風, 非善風也. 經言'烈風雷雨弗迷', 言舜居大錄之時, 陰陽和, 風雨時, 無此猛烈之風, 又雷雨各以其節, 不有迷錯愆伏也. '迷錯'者, 應有而無, 應無而有也. 昭四年左傳云"冬無愆陽, 夏無伏陰." 無愆伏者, 無冬溫夏寒也. 舜錄大政, 天時如此, 明舜之德, 合於天也. 此文, 與上三事, 亦同時也. 上爲變人, 此爲動天. 故最後言之, 以爲功成之驗. 王肅云"堯得舜任之, 事無不統. 自愼徽五典以下是也." 其言合孔意.

1) 書傳稱越裳之使〔曰〕……天之無烈風淫雨：曰字가 저본에는 없으나, 淸代 孫之騄이 輯成한 ≪尙書大傳≫에 의거하여 보충하였다. ≪尙書大傳≫에 "成王 때에 越裳國에서 여러 나라를 거쳐와서 조회하며 말하기를 '오랜 기간 하늘에 烈風과 澍雨가 없으므로 중국에 성인이 있을 것이라 생각했소이다.'라고 하였다.〔成王時 越裳重譯而來朝曰 久矣 天之無烈風澍雨 意中國有聖人乎〕"란 말이 보인다.

○傳의 〔麓錄〕에서 〔於天〕까지

○正義曰：麓은 발음이 錄에 가깝다. 그러므로 錄이라 한 것이다. 〈皐陶謨〉에 이르기를 "하루 이틀 사이에도 만 가지 기미가 생긴다."고 함은 천하의 일에는 일의 기미가 만 가지나 생긴다는 것을 말한 것이니, 무수히 많음을 비유한 것이다. "舜을 〈大麓의 자리에〉 앉혀 萬幾의 정사를 총괄하게 했다."고 함은 바로 百揆의 자리에 앉혔다는 것이다. 백 가지 일을 헤아림과 만 가지 기미를 총괄함은 모두 동일한 일이니 다를 것이 없다. 다만 이것은 德이 하늘에 합함을 말하였기 때문에 大錄을 가지고 말했을 뿐이다.

≪論語≫ 〈鄕黨〉에서 孔子를 칭찬하기를 "갑자기 번개가 치거나 바람이 세차게 불면 반드시 엄숙한 얼굴빛을 지으셨다."라고 하고, ≪尙書大傳≫에서 越裳國의 사신이 "오랜 기간 하늘에 烈風과 淫雨가 없었다."라고 한 말을 소개하였는데, 烈風은 바로 猛疾한 바람이지, 善順한 바람이 아니다.

經에서 말한 "烈風雷雨弗迷"는 舜이 大錄의 자리에 있을 때에 陰陽이 和淸하고 風雨가 적시에 있어 이와 같은 猛烈한 바람은 없었고, 또한 雷雨가 각각 절서에 맞아 迷錯하거나 愆伏(절기가 조화를 잃음)한 일이 없었다.

〔迷錯〕 응당 있어야 할 것이 없고 응당 없어야 할 것이 있는 것이다. 昭公 4년 조의 ≪春秋左氏傳≫에 이르기를 "겨울에는 愆陽이 없고 여름에는 伏陰이 없다."라고 하였으니, 愆陽과 伏陰이 없다는 것은 겨울이 따뜻하고 여름이 추운 현상이 없는 것이다. 舜이 大政을 총괄할 때에 하늘의 時候가 이와 같았다는 것은 舜의 德이 하늘에 합함을 밝힌 것이다.

이 문단도 위의 세 가지 일과 더불어 동시에 있었던 것이다. 위의 것은 사람을 변화시키기 위한 것이고, 여기의 것은 하늘을 감동시키기 위한 것이다. 그러므로 최후에 말하여 功이 이루어진 증험을 삼은 것이다. 王肅은 이르기를 "堯임금이 舜을 얻어 임용함에 일이 통솔되지 않음이 없으니, '愼徽五典' 이하가 바로 그것이다."라고 하였으니, 그 말이 孔安國의 뜻과 합치한다.

【疏】 ○ 傳'格來'至'禪之' ○ 正義曰:'格 來', 釋言文. '詢 謀'·'陟 升', 釋詁文. 底(지)聲近致. 故爲致也. 經傳言汝多呼爲乃, 知乃汝義同. 凡事之始, 必先謀之, 後爲之. 堯呼舜曰"來, 汝舜." 呼使前而與之言也. 汝所謀事, 我考汝言, 汝所爲之事, 皆副汝所謀, 致可以立功, 於今三年矣, 從徵得至此爲三年也. 君之馭臣, 必三年考績. 考旣有功. 故使升帝位, 將禪之也. 鯀三考乃退, 此一考使升者, 鯀待三考, 冀其有成, 無成功乃黜, 爲緩刑之義. 舜旣有成, 更無所待. 故一考卽升之. 且大聖之事, 不可以常法論也. 若然, 禹貢兗州作"十有三載, 乃同." 是禹治兗州之水, 乃積十有三年. 此始三年, 已言地平天成者[1], 祭法云"鯀障洪水而殛死, 禹能修鯀之功." 先儒馬融等, 皆以爲"鯀旣九年, 又加此三年, 爲十二年, 惟兗州未得盡平, 至明年乃畢." 八州已平, 一州未畢, 足以爲成功也.

1) 已言地平天成者:〈大禹謨〉에서 舜임금이 禹에 대하여 "땅의 水土가 이미 평평하게 다스려지고 하늘의 五行이 이미 순서대로 이루어져서 六府(水·火·金·木·土·穀)와 三

事(正德·利用·厚生)가 정말로 잘 다스려져 만세토록 영원히 힘입게 됨은 바로 너의 공이다.〔地平天成 六府三事允治 萬世永賴 時乃功〕"라고 한 말이 보인다.

○ 傳의 〔格來〕에서 〔禪之〕까지

○ 正義曰:〔格 來〕《爾雅》〈釋言〉의 글이다.

〔詢 謀〕·〔陟 升〕《爾雅》〈釋詁〉의 글이다.

底는 발음이 致에 가깝기 때문에 致라 한 것이다.

經傳에서 汝(너)를 말할 때에 대부분 '乃'라고 부르니, 乃와 汝는 뜻이 같다는 것을 알 수 있다. 무릇 일을 시작함에 있어서는 반드시 먼저 계획을 세우고 뒤에 그것을 시행한다. 堯임금이 舜을 불러 말하기를 "이리 오라. 너 舜아!"라고 한 것은 불러 앞으로 오게 해서 그와 더불어 말한 것이다.

네가 도모하는 일을 내가 너의 말에서 살피건대, 네가 하는 일이 모두 네가 도모한 것에 부합하여 공을 세울 수 있게 해온 지 지금 3년이 되었다고 하였으니, 舜을 불러서 얻은 해로부터 이해에 이르기까지가 3년이 된 것이다. 임금이 신하를 거느림에 있어서는 반드시 3년 만에 공적을 고과한다. 고과에서 이미 공적이 있었기 때문에 帝位에 오르게 하였으니 장차 禪位하기 위해서였다. 鯀은 세 번 고과하고 나서 퇴출하고, 여기서는 한 번 고과해서 帝位에 오르게 한 것은, 鯀은 세 번 고과할 기간을 주어 성공이 있기를 바라다가 성공이 없자 곧 퇴출하였으니 이것은 刑을 완화하기 위한 뜻에서였고, 舜은 이미 공을 이루었으니 다시 기다릴 바가 없었기 때문에 한 번 고과하고 곧 帝位에 올렸던 것이다.

또한 大聖의 일은 常法으로 논할 수 없는 것이다. 만일 그렇다고 한다면 〈禹貢〉의 兗州는 "13년 동안 홍수를 다스린 뒤에야 〈賦法이〉 다른 州와 같아졌다."고 하였으니, 이는 禹가 兗州의 홍수를 다스리는 데에 13년이란 세월을 보냈던 것이다. 그런데 여기에서 3년 만에 처음으로 고과하고서 땅의 水土가 이미 평평하게 다스려지고 하늘의 五行이 이미 순서대로 이루어졌다고 벌써 말할 수 있었던 것에 대해서는 《禮記》〈祭法〉의 "鯀이 홍수를 막다가 殛死하거늘 禹가 鯀의 공로를 잘 수습했다."라고 한 말이 뒷받침해주고 있다. 先儒 馬融 등은 모두 "鯀이 이미 9년을 치수하였고, 또 여기에 3년을 더하여 12년을 치수하였으나 오직 兗州만은 다 평정되지 못했다가 그 이듬해에 가서야 끝났다."라고 했으니, 8州는 이미 평정되고 1州만 아직 끝나지 못한 것은 충분히 성공한 것으로 보아야 할 일이다.

正月上日에 受終于文祖[1)]하시다

1) 文祖 : 明代 馬明衡의 ≪尙書疑義≫에 "文祖에 대한 說은 관계가 매우 큰 것인데 說者의 의견이 통일되지 못하고 있다. 馬融은 文祖를 하늘로 여기고, 孔安國은 堯임금의 文德의 祖廟로 생각하고, 王炎氏는 '堯임금이 말미암아 天下를 받은 분이다.'라고 하고, 蔡沈은 '堯의 始祖의 사당인데, 다만 가리킨 자가 어떤 사람인지 알지 못할 뿐이다.'라고 하였으니, 이는 ≪正義≫의 說을 조술한 것이다. 이와 같다면 文祖는 黃帝 이전의 사람이다.

司馬遷의 말대로라면 舜도 黃帝에게서 나왔고 蟜極과 玄囂에 이르러서 바야흐로 堯와 갈라졌으니, 또한 舜의 조상이 되는 것이다. 文祖는 舜과의 거리가 비록 멀지만, 堯임금이 이미 사당을 세웠으면 舜에 있어서 조상이 된다는 것에는 또한 그럴 이치가 있는 것이다. 다만 司馬遷의 世次에 대한 說을 결코 믿을 수 없으니, 이른바 堯임금의 始祖가 舜의 조상이 된다는 확증이 어디 있는가?……

文祖는 그 文이 쓰인 뜻을 알 수 없다. 나는 가만히 생각하건대 舜의 조상으로 여긴다. 舜이 미천한 시절에도 어찌 높이 받들 祖廟가 없었겠는가? 하물며 이때에는 등용되어 공적을 세운 지 이미 3년이 되었으니, 세대를 거슬러 올라가서 사당을 세우는 것은 반드시 그렇게 할 수 있는 일이다. 舜에게 큰일이 있을 때 사당에 고하지 않으면 장차 누구에게 고하겠는가? 고하지 않고 장가든 것은 舜이 그 輕重의 알맞음을 저울질한 것이니 이것은 부득이한 일이었다. 고할 수 있는 것을 舜이 어찌 고하지 않았겠는가? 지금 끝낸 帝位를 받는 일은 아내에게 장가드는 것에 비하면 대소 관계에 또한 간격이 있을 것이다."라고 하였다.

正月 上日(초하루)에 끝낸 帝位를 文祖에서 인수받으셨다.

【傳】 上日은 朔日也라 終은 謂堯終帝位之事요 文祖者는 堯文德之祖廟니라 ○ 王云 文祖는 廟名이라하고 馬云 文祖는 天也라 天爲文이니 萬物之祖라 故曰文祖라

上日은 초하루이다. 終은 堯임금이 帝位를 끝낸 일을 이르고, 文祖는 堯임금의 文德이 있는 조상의 祠堂이다.

○ 王肅은 이르기를 "文祖는 사당 이름이다."라고 하고, 馬融은 이르기를 "文祖는 하늘이다. 하늘이 만물을 문명시킨 조상이 되기 때문에 文祖라 한다."라고 하였다.

在璿璣玉衡하사 以齊七政[1)]하시다

1) 在璿璣玉衡 以齊七政 : 孔傳에서는 천문을 관찰하여 舜의 攝位가 天心에 해당하는지 여부를 가늠하는 쪽으로 풀이하였고, 蔡傳에서는 舜이 攝位하자 맨 처음 천문을 관찰하여

책력을 만든 쪽으로 풀이하였다. 여기서는 孔傳보다는 蔡傳이 설득력이 있는 것 같다.

璿璣와 玉衡을 살펴서 七政을 제정하셨다.

【傳】 在는 察也라 璿은 美玉이요 璣衡은 (玉)〔王〕[1]者正天文之器니 可運轉者라 七政은 日月五星各異政이니라 舜察天文하고 齊七政하여 (以審己當天心與否)〔以政察己當天心與否也〕[2]니라

1) (玉)〔王〕: 저본에는 '玉'으로 되어있으나, 阮刻本에 "岳本과 閩本, 《纂傳》에는 '玉'이 '王'으로 되어있으니, 옳다."라고 한 것에 의거하여 '王'으로 바로잡았다.

2) (以審己當天心與否)〔以政察己當天心與否也〕: 저본에는 '以審己當天心與否'로 되어있으나, 阮刻本에 "古本에는 '以政察己當天心與否也'로 되어있다."라고 한 것에 의거하여 바로잡았다.

在는 살피다라는 뜻이다. 璿은 아름다운 구슬이고, 璣과 衡은 王者가 天文을 바로잡는 기구인데 이리저리 회전할 수 있는 것이다. 七政은 日·月·五星(金·木·水·火·土)으로 각각 政이 다르다. 舜임금은 天文을 살피고 七政을 제정해서 七政으로 자기가 天心에 해당하는지 여부를 가늠해보았다.

肆類于上帝하시며

드디어 上帝에게 〈攝位하는 일을 고하는〉 類祭를 지내셨으며,

【傳】 堯不聽舜讓하고 使之攝位하니 舜察天文하고 考齊七政하니 而當天心이라 故로 行其事니라 肆는 遂也라 類는 謂攝位事類니 遂以攝告天及五帝[1]니라 ○ 王云 上帝는 天也라하고 馬云 上帝는 太(一)〔乙〕[2]神在紫微宮이니 天之最尊者라

1) 類謂攝位事類 遂以攝告天及五帝 : 宋代 林之奇의 《尙書全解》에서는 "類를 孔安國은 '攝位하는 일 따위이다.'라고 하였는데, 그 말은 옳지 않다.

《周禮》 〈春官 肆師〉의 '類造上帝'에 대한 注에 '類禮는 郊祀를 인하여 하는 것이다.'라고 하였다. 대개 郊祀라는 것은 昊天에 제사 지내는 정상적인 제사이다. 정상적인 제사가 아니면서 하늘에 祭告할 경우 그 禮는 郊祀에 의하여 하는 것이다. 그러므로 類라 이른다. 武王이 商나라를 정벌하고 나서 上帝에 類祭를 지낸 것이나 《禮記》 〈王制〉에서 '天子가 출정하려고 할 때 上帝에 類祭를 지낸다.'고 한 것이 모두 비정상적인 제사이니, 바로 그것이다.

'上帝에 類祭를 지낸다.'고 이른 것을 孔安國은 '攝位하는 일을 가지고 하늘과 五帝에 고했다.'고 하였는데, 대개 五天이란 說은 漢代에 생겨서 ≪緯書≫에 나오고 鄭康成(鄭玄)에게서 자세하게 갖추어졌다. 鄭康成의 說에 '昊天上帝와 天皇大帝는 北辰의 별이고, 五帝는 五行精氣의 神이다. 그리고 東方은 靑帝 靈威仰이요, 南方은 赤帝 赤熛怒요, 中央은 黃帝 含樞紐요, 西方은 白帝 白招拒요, 北方은 黑帝 叶光紀이다.'라고 하였다. 孔安國이 '하늘과 五帝에 고한다.'고 이른 것은 모두 여기에 근거를 둔 것인데, 王肅 등 諸儒는 모두 그렇지 않은 것으로 여겼으니, 王肅의 말이 옳다."라고 주장하였다.

2) (一)〔乙〕: 저본에는 '一'로 되어있으나, ≪尙書今古文注疏≫에 '太乙'로 되어있는 것에 근거하여 '乙'로 바로잡았다.

堯임금은 舜의 사양을 듣지 않고 攝位하게 하니, 舜임금은 天文을 관찰하고 七政을 고찰하니 天心에 해당하였다. 그러므로 그 일을 행한 것이다. 肆는 遂(드디어)의 뜻이다. 類는 攝位하는 일 따위를 이르니, 드디어 攝位한 것을 가지고 하늘과 五帝에 고하였다.

○ 王肅은 이르기를 "上帝는 하늘이다."라고 하였고, 馬融은 이르기를 "上帝는 紫微宮에 있는 太乙神으로 하늘의 가장 높은 분이다."라고 하였다.

禋(인)于六宗하시며

六宗에게 禋祭를 지내셨으며,

【傳】 精意以享을 謂之禋이니라 宗은 尊也라 所尊祭者 其祀有六이니 謂四時也와 寒暑也와 日也와 月也와 星〔辰〕[1]也와 水旱也니라 祭亦以攝告니라 ○ 禋은 王云 絜(결)祀也라하고 馬云 精意以享也라 六宗은 王云 四時寒暑日月星水旱也라하고 馬云 天地四時也라

1) 〔辰〕: 저본에는 없으나, 阮刻本에 "'星' 아래에 古本에는 '辰'자가 있다."라고 한 것에 의거하여 보충하였다.

정성으로 제향을 올리는 것을 禋이라 이른다. 宗은 높이다라는 뜻이다. 높이 받들어 제사 지낼 대상이 여섯이 있으니, 四時・寒暑・日・月・星辰・水旱을 이른다. 제사 또한 攝位하는 일을 가지고 고하였다.

○ 禋은 王肅은 "정결한 제사이다."라고 하였고, 馬融은 "정성으로 제향을 올리는 것이다."라고 하였다. 六宗에 대하여 王肅은 "四時・寒暑・日・月・星・水旱이다."라고 하였고, 馬融은 "天地와 四時이다."라고 하였다.

望于山川하시며 徧于群神하시다

山川에 望祭를 지내시며, 여러 神에게 두루 제사를 지내셨다.

【傳】 九州名山大川五岳四瀆之屬을 皆一時望祭之니라 群神은 謂丘陵墳衍이니 古之聖賢이 皆祭之니라

九州의 名山·大川·五岳·四瀆의 등속에게 모두 일시에 望祭를 지냈다. 群神은 丘陵과 墳衍 및 옛날의 聖賢을 이르니, 그들에게 모두 제사를 지냈다.

輯五瑞를 旣月[1]이니 乃日覲四岳群牧하시고 班〔五〕[2]瑞于群后하시다

1) 旣月 : 孔傳에서는 '正月 중에 마쳐야 하니'로 풀이하였고, 蔡傳에서는 '正月이 다하게 되면'으로 풀이하였다.
2) 〔五〕 : 저본에는 없으나, 阮刻本에 "'瑞' 위에 古本에는 '五'자가 있다."라고 한 것에 의거하여 보충하였다.

다섯 등급의 瑞玉을 거두는 일을 이달(正月) 중에 마쳐야 하니, 날마다 四岳과 群牧을 만나보시고 다섯 등급의 瑞玉을 여러 제후에게 돌려주셨다.

【傳】 輯은 斂이요 旣는 盡이요 覲은 見이요 班은 還이요 后는 君也라 舜斂公侯伯子男之瑞圭璧을 盡以正月中이니 乃日日見四岳及九州牧監하고 還五瑞於諸侯하여 與之正始[1]하니라

1) 正始 : 새 임금의 시초를 바로잡다. 또는 일을 다시 시작한다는 뜻이다. 여기서는 唐堯의 王朝를 끝내고 虞舜의 王朝를 출범시키는 일을 가리킨다.

輯은 거두다라는 뜻이요, 旣는 다하다라는 뜻이요, 覲은 만나다라는 뜻이요, 班은 돌려주다라는 뜻이요, 后는 군주라는 뜻이다. 舜임금이 公·侯·伯·子·男의 瑞圭와 瑞璧을 거두는 일을 正月 중에 마쳐야 하니, 날마다 四岳과 群牧을 만나보고 瑞圭와 瑞璧을 여러 제후에게 돌려주어 그들과 함께 모든 일을 다시 시작하였다.

【疏】 '正月'至'群后' ○正義曰 : 舜旣讓而不許, 乃以堯禪之明年正月上日, 受堯終帝位之事於堯文祖之廟. 雖受堯命, 猶不自安. 又以璿爲璣, 以玉爲衡者, 是爲(主)〔王〕[1]者正天文之器也. 乃復察此璿璣玉衡, 以齊整天之日月五星七曜之政. 觀其齊與不齊, 齊則受之是也, 不齊則受之非也. 見七政皆齊, 知己受爲是, 遂行爲帝之事, 而以告攝事類, 祭於上帝, 祭昊天及五帝也. 又禋祭於六宗等尊卑之神, 望祭於名山大川五岳四瀆, 而又徧祭於山川·丘陵·墳衍古之聖賢之群神, 以告已之受禪也. 告祭旣畢, 乃斂公侯伯子男五等之瑞玉. 其圭與璧, 悉斂取之盡, 以正月之中, 乃日(月)〔日〕[2]見四岳及群牧. 旣而更班所斂五瑞於五等之群后, 而與之更始, 見已受堯之禪, 行天子之事也.

1) (主)〔王〕: 저본에는 '主'로 되어있으나, 阮刻本에 "閩本에는 '主'가 '王'으로 되어있다. 살펴보건대 '王'이 옳다."라고 한 것에 의거하여 '王'으로 바로잡았다.
2) (月)〔日〕: 저본에는 '月'로 되어있으나, 阮刻本에 "岳本에는 '日月'이 '日日'로 되어있다. 살펴보건대 '日日'이 옳다."라고 한 것에 의거하여 '日'로 바로잡았다.

經의 〔正月〕에서 〔群后〕까지

○ 正義曰 : 舜은 이미 사양하였으나 허락을 받지 못하자 곧 堯임금이 禪位한 그 이듬해 正月 초하루에 堯임금이 帝位를 끝낸 사무를 堯임금 文祖의 사당에서 인수받았다. 비록 堯임금의 命을 받았으나 오히려 자신이 편안하지는 못하였다. 또 璿으로 璣를 만들고 玉으로 衡을 만든 것은 바로 王者가 天文을 바로잡는 기구를 삼기 위해서였다. 이에 다시 이와 같은 璿璣와 玉衡을 살펴서 하늘의 日・月・五星의 七曜政을 齊整하였다. 제정함과 제정하지 못함을 관찰하여 제정했으면 禪位를 받는 것이 옳은 일이고, 제정하지 못했으면 禪位를 받는 것이 잘못된 일임을 가늠하였다.

七政이 모두 제정되었음을 드러내서 자기가 선위를 받는 것이 옳음을 알게 하고 나서 드디어 帝王이 된 일을 실행하여 攝位한 일 따위를 고하기 위한 뜻에서 上帝에게 제사를 지내고 昊天과 五帝에게 제사를 지냈다. 또 六宗 등 높고 낮은 神에게 禋祭를 지내고 名山大川인 五岳과 四瀆에 望祭를 지내고 또 山川・丘陵・墳衍과 옛적 聖賢의 여러 神에게 두루 제사를 지내어 자기가 禪位를 받은 것을 고하였다.

告祭가 이미 끝나자 곧 公・侯・伯・子・男 5등급의 瑞玉을 거두었다. 瑞圭와 瑞璧을 다 거두어놓고서 정월 중에 날마다 四岳과 群牧을 접견하였다. 접견하는 일이 이미 끝나자 거두어놓은 다섯 가지 瑞玉을 다시 5등급의 여러 諸侯에게 돌려주어 그들과 함께 모든 일을 다시 시작하였고, 자기가 堯임금의 禪位를 받아 天子의 일을 행한다는 것을 보였다.

【疏】 傳'上日'至'祖廟' ○ 正義曰 : 月之始日, 謂之朔日. 每月皆有朔日, 此是正月之朔. 故云'上日', 言一歲日之上也. 下云'元日', 亦然. 鄭玄以爲"帝王易代, 莫不改正. 堯正建丑, 舜正建子. 此時未改堯正. 故云'正月上日', 卽位, 乃改堯正. 故云'月正元日'.

故以異文." 先儒王肅等以爲 "惟殷周改正, 易民視聽. 自夏已上, 皆以建寅爲正. 此篇二文不同, 史異辭耳." 孔意亦然. 下云'歲二月', 傳云'旣班瑞之明月', 以此爲建寅之月也. '受終'者, 堯爲天子, 於此事終而授與舜. 故知終謂堯終帝位之事, 終言堯終舜始也. 禮有大事, 行之於廟, 況此是事之大者. 知文祖者, 堯文德之祖廟也. 且下云 "歸格于藝祖." 藝文, 義同. 知文祖是廟者, 咸有一德云 "七世之廟, 可以觀德." 則天子七廟, 其來自遠. 堯之文祖, 蓋是堯始祖之廟, 不知爲誰也. 帝繫及世本皆云 "黃帝生玄囂, 玄囂生僑極, 僑極生帝嚳, 帝嚳生堯." 卽如彼言, 黃帝爲堯之高祖. 黃帝以上, 不知復祭何人充此七數, 況彼二書, 未必可信, 堯之文祖, 不可强言.

傳의 〔上日〕에서 〔祖廟〕까지

○ 正義曰 : 달의 첫째 날을 朔日(초하루)라 이른다. 달마다 모두 초하루가 있으니, 이것이 바로 正月 초하루이다. 그러므로 上日이라 이르니 한 해의 첫째 日出을 말한다. 아래에서 말한 元日도 마찬가지이다.

鄭玄은 "帝王이 代가 바뀌면 으레 正月을 고쳤다. 堯임금은 丑月을 正月로 삼고, 舜임금은 子月을 正月로 삼고, 이때에는 아직 堯임금의 正月을 고치지 못하였다. 그렇기 때문에 '正月上日'이라 했다. 卽位해서는 곧 堯임금의 正月을 고쳤다. 그렇기 때문에 '月正元日'이라 했다. 그러므로 문체를 달리한 것이다."라고 하였다.

先儒 王肅 등은 "오직 殷나라와 周나라만이 正月을 고쳐서 백성의 視聽을 바꾸었다. 夏나라 이상은 모두 寅月을 正月로 삼았다. 이 篇의 두 문체가 같지 않은 것은 史官이 말을 다르게 적었을 뿐이다."라고 하였다. 孔安國의 뜻도 마찬가지였다. 아래에서 '歲二月'이라 하였는데, 傳에서 "이미 瑞玉을 돌려주고 난 다음 달"이라고 하였으니, 이것을 가지고 寅月을 正月로 삼은 것으로 여긴다.

'受終'이란 것은 堯임금이 天子가 되었다가 이에 일을 끝내고 舜에게 넘겨준 것이다. 그러므로 "終은 堯임금이 帝位를 끝낸 일을 이른다."는 것을 알았으니, 終은 堯임금의 재위가 끝나고 舜임금의 재위가 시작함을 말한 것이다. 禮에서 큰일이 있으면 사당에 행하였는데 하물며 이것은 바로 일의 큰 것임에랴.

'文祖'라는 것은 堯임금의 文德이 있는 祖廟임을 알겠다. 또한 아래에서 이르기를 "돌아와 藝祖에 이르렀다."라고 하였으니, 藝와 文은 뜻이 같은 것이다. 文祖가 바로 사당〔廟〕임을 알 수 있는 것은 〈咸有一德〉에 이르기를 "7世의 사당에서 德을 관찰할 수 있다."라고 하였으니, 天子의 7廟는 그 유래가 久遠한 것이었다.

堯임금의 文祖는 아마 堯임금의 始祖의 사당인가 본데 누구인지는 알 수 없다. ≪帝繫≫와 ≪世本≫에 모두 이르기를 "黃帝는 玄囂를 낳고, 玄囂는 僑極을 낳고, 僑極은 帝嚳을 낳고, 帝嚳은 堯를 낳았다."라고 하였으니, 곧 거기의 말과 같다면 黃帝는 堯임금의 高祖가 되는데, 黃帝 이상은 다시 어떤 사람을 이 일곱이란 숫자에 채워서 제사를 지냈는지 알 수 없거니와, 더구나 저 두 책은 꼭 믿을 수 있는 것이 못되니, 堯임금의 文祖는 굳이 말할 것이 못된다.

【疏】傳'在察'至'與否' ○正義曰：'在 察', 釋詁文. 說文云"璿, 美玉也." 玉是大名, 璿是玉之別稱. 璣衡, 俱以玉飾, 但史之立文, 不可以玉璣·玉衡一指玉體, 一指玉名, 猶左傳云"瓊弁(경변)玉纓[1]." 所以變其文. 傳以璿言玉名. 故云"美玉." 其實玉衡, 亦美玉也. 易賁卦象云"觀乎天文, 以察時變." 日月星宿, 運行於天, 是爲天之文也. 璣衡者, 璣爲轉運, 衡爲橫(簫)〔箫〕[2]. 運璣使動, 於下以衡望之, 是王者正天文之器. 漢世以來, 謂之渾天儀者是也. 馬融云"渾天儀可旋轉. 故曰璣. 衡, 其橫(簫)〔箫〕, 所以視星宿也. 以璿爲璣, 以玉爲衡, 蓋貴天象也." 蔡邕云"玉衡長八尺, 孔徑一寸, 下端望之, 以視星辰. 蓋懸璣以象天而衡望之, 轉璣窺衡, 以知星宿." 是其說也. 七政, 其政有七, 於璣衡察之, 必在天者, 知七政謂日月與五星也. 木曰歲星, 火曰熒惑星, 土曰鎭星, 金曰太白星, 水曰辰星. 易繫辭云"天垂象, 見吉凶, 聖人象之." 此日月五星有吉凶之象, 因其變動爲占. 七者各自異政. 故爲七政, 得失由政. 故稱政也. 舜旣受終, 乃察璣衡, 是舜察天文, 齊七政, 以審己之受禪, 當天心與否也. 馬融云"日月星, 皆以璿璣玉衡, 度知其盈縮進退失政所在. 聖人謙讓, 猶不自安, 視璿璣玉衡, 以驗齊日月五星行度, 知其政是與否, 重審己之事也. 上天之體, 不可得知, 測天之事, 見於經者, 唯有此璿璣玉衡一事而已[3]." 蔡邕天文志云"言天體者, 有三家, 一曰周髀, 二曰宣夜, 三曰渾天. 宣夜, 絶無師說, 周髀術數具在, 考驗天象, 多所違失. 故史官不用. 惟渾天者, 近得其情, 今史所用候臺銅儀, 卽其法也." 虞喜云"宣, 明也, 夜, 幽也. 幽明之數, 其術兼之. 故曰宣夜. 但絶無師說, 不知其狀如何. 周髀之術, 以爲天似覆盆. 蓋以斗極爲中, 中高而四邊下, 日月旁行遶之, 日近而見之爲晝, 日遠而不見爲夜. 渾天者, 以爲地在其中, 天周其外, 日月初登於天, 後入於地. 晝則日在地上, 夜則日入地下." 王蕃渾天說曰"天之形狀, 似鳥卵, 天包地外, 猶卵之(裏)〔裹〕[4]黃, 圓如彈丸. 故曰渾天, 言其形體渾渾然也. 其術, 以爲天半覆地上, 半在地下, 其天居地上見, 有一百八十二度半

强, 地下亦然. 北極, 出地上三十六度, 南極, 入地下亦三十六度而嵩高正當天之中. 極南五十五度, 當嵩高之上, 又其南十(二)〔三〕[5)]度, 爲夏至之日道, 又其南二十四度, 爲春秋分之日道, 又其南二十四度, 爲冬至之日道, 南下去地三十一度而已, 是夏至日, 北去極六十七度, 春秋分, 去極九十一度, 冬至, 去極一百一十五, 此其大率也. 其南北極, 持其兩端, 其天與日月星宿, 斜而迴轉." 此必古有其法, 遭秦而滅. 揚子法言云 "或問渾天, 曰 落下閎[6)], 營之, 鮮于妄人, 度之, (耻)〔耿〕[7)]中丞象之, 幾乎幾乎, 莫之能違也." 是揚雄之意, 以渾天而問之也. 閎與妄人, 武帝時人. 宣帝時, 司農中丞耿壽昌, 始鑄銅爲之象, 史官施用焉. 後漢張衡, 作靈憲, 以說其狀. 蔡邕·鄭玄·陸績, 吳時王(藩)〔蕃〕[8)], 晉世姜岌·張衡·葛洪, 皆論渾天之義, 竝以渾說爲長. 江南宋元嘉(年)〔中〕[9)], 皮延宗, 又作是渾天論, 太史丞錢樂, 鑄銅作渾天儀, 傳於齊梁. 周平江陵, 遷其器於長安, 今在太史(書)〔臺〕[10)]矣. 衡長八尺[11)], 璣徑八尺, 圓周二丈五尺强. 轉而望之, 有其法也.

1) 瓊弁(경변)玉纓 : ≪春秋左氏傳≫ 僖公 28년 조에 "楚나라 子玉이 瓊弁과 玉纓을 만들었다."라고 하였는데, 杜預의 注에 "弁는 사슴가죽으로 만든 모자이고, 瓊은 玉의 別名이다. 玉을 엮어 모자와 갓끈을 장식한 것이다."라고 하였다.

2) (籥)〔筩〕: 저본에는 '籥'로 되어있으나, ≪尙書古今文注疏≫에 의거하여 '筩'으로 바로잡았다.

3) 日月星……唯有此璿璣玉衡一事而已 : 明代 丘濬의 ≪大學衍義補≫에 "臣은 상고하건대 璣衡의 象을 어떤 이는 宓羲에서 생겼다고 하고, 어떤 이는 帝嚳에서 만들어졌다고 하고, 어떤 이는 또 羲氏・和氏의 옛 기구이지, 舜이 창작한 것이 아니라고 하였다. 馬融은 '上天의 體는 헤아릴 수 없고 하늘의 일을 알 수 있는 것은 오직 璣衡의 한 일이 있을 뿐이다.'라고 하였는데, 璣衡은 곧 지금의 渾天儀이다."라고 하였다.

4) (裏)〔裹〕: 저본에는 '裏'로 되어있으나, 阮刻本에 "毛本에는 '裏'가 '裹'로 되어있다. 살펴보건대 陳師凱가 말하기를 '晉志와 孔疏에는 裹자가 모두 裹로 되어있으니, 包裹한다는 뜻을 취한 것이다. 여기의 裏자는 잘못된 것이다.' 하였다."라고 한 것에 의거하여 '裹'로 바로잡았다.

5) (二)〔三〕: 저본에는 '二'로 되어있으나, 阮刻本에 "毛本에는 '二'가 '三'으로 되어있다."라고 한 것에 의거하여 '三'으로 바로잡았다.

6) 落下閎 : 洛下閎이라고도 한다.

7) (耻)〔耿〕: 저본에는 '耻'로 되어있으나, 阮刻本에 "毛本에는 '耻'가 '耿'으로 되어있으니, 옳다."라고 한 것에 의거하여 '耿'으로 바로잡았다.

8) (藩)〔蕃〕: 저본에는 '藩'으로 되어있으나, 阮刻本에 "毛本에는 '藩'이 '蕃'으로 되어있으니, 옳다."라고 한 것에 의거하여 '蕃'으로 바로잡았다.

9) (年)〔中〕: 저본에는 '年'으로 되어있으나, 阮刻本에 "浦鏜이 이르기를 '中이 年으로 되어 있다.' 하였다."라고 한 것에 의거하여 '中'으로 바로잡았다.

10) (書)〔臺〕: 저본에는 '書'로 되어있으나, 阮刻本에 "살펴보건대 마땅히 '臺'가 되어야 한다."라고 한 것에 의거하여 '臺'로 바로잡았다.

11) 衡長八尺 : '尺' 뒤에 ≪纂傳≫에는 '孔徑一村' 4字가 있는데, 이에 대하여 阮刻本에 "살펴보건대, ≪正義≫에는 앞에서 蔡邕이 '玉・衡은 길이가 8尺에 구멍 지름이 1寸이다.'라고 한 말을 인용하였고, 蔡氏의 ≪集傳≫은 錢樂의 〈銅儀〉를 인하여 또한 衡의 길이가 8尺이었다고 해서, 마침내 臆測으로 이 4字를 보태었는데, ≪纂傳≫은 그 오류를 계승한 것이다."라고 하였다.

傳의 〔在察〕에서 〔與否〕까지

○ 正義曰 : 〔在 察〕 ≪爾雅≫ 〈釋詁〉의 글이다.

≪說文解字≫에 이르기를 "璿은 아름다운 玉이다."라고 하였으니, 玉은 바로 大名(總名)이고, 璿은 바로 別稱이다. 璣와 衡은 모두 玉으로 꾸민 것이나 다만 史官이 立文할 때에 〈다 같이 玉자를 써서〉 玉璣와 玉衡을 가지고 하나는 玉體를 가리키고 다른 하나는 玉名을 가리킬 수 없으니 마치 ≪春秋左氏傳≫에서 말한 瓊弁과 玉纓처럼 한 것은 그 문체를 변경했을 뿐이다. 傳에서는 璿을 玉의 이름으로 말했기 때문에 "아름다운 옥이다."라고 하였지만, 실은 玉衡도 역시 아름다운 玉이다.

≪周易≫ 賁卦 彖辭에 이르기를 "天文을 관찰하여 사시의 변화를 살핀다."라고 하였다. 해와 달과 별이 하늘에 운행하니 이것이 바로 天文이다. 璣衡이란 것은, 璣는 轉運하는 것이고, 衡은 가로로 된 筩이다. 璣를 轉運하여 움직이게 하고 그 아래에서 衡으로 바라보니, 이것은 王者가 天文을 바로잡는 기구이다. 漢代 이래로 渾天儀라고 하는 것이 바로 그것이다.

馬融은 이르기를 "渾天儀는 회전할 수 있다. 그러므로 璣라고 한 것이다. 衡은 가로로 된 筩이니, 별을 관찰하기 위한 것이다. 璿으로 璣를 만들고 玉으로 衡을 만든 것은 대개 天象을 귀중하게 한 것이다."라고 하였고, 蔡邕은 이르기를 "玉衡은 길이가 8尺이고 구멍의 지름이 1寸이니, 下端에서 바라보아 별을 관찰하는 것이다. 대개 璣를 매달아 하늘을 상징하고 衡으로 바라보며, 璣를 회전하면서 衡을 엿보아 별들을 알아낸다."라고 하였으니, 이것이 그 말이다.

七政은 그 政에 일곱 가지가 있는데, 璣衡에서 살피는 것은 반드시 하늘을 살피는 것이니, 七政은 해와 달과 五星을 이른 것임을 알았다. 木은 歲星이라 하고, 火는 熒惑星이라 하고, 土는 鎭星이라 하고, 金은 太白星이라 하고, 水는 辰星이라 한다. ≪周易≫

〈繫辭〉에 이르기를 "하늘이 象을 드리워 吉凶을 나타내니, 聖人이 그것을 본받는다."라고 하였다. 이것은 해와 달과 五星에 吉凶의 象이 있으니 그 變動을 인하여 占을 친다. 일곱 가지는 각각 스스로 政이 다르다. 그러므로 七政이라 한 것이고, 得失은 政에 연유하기 때문에 政이라 칭한 것이다. 舜임금은 이미 끝낸 帝位를 받고 이에 璣衡을 살폈으니, 이는 舜임금이 天文을 살피고 七政을 제정해서 자기가 禪位를 받는 일이 天心에 해당했는지 여부를 살핀 것이다.

馬融은 이르기를 "해와 달과 별은 모두 璿璣와 玉衡으로 그 盈縮과 進退에 失政이 있는 바를 살펴서 아는 것이다. 聖人은 謙讓하여 오히려 스스로 편안해 하지 못하고 璿璣와 玉衡을 보아 해와 달과 五星의 行度를 징험하고 제정해서 그 政이 옳은지 여부를 알아보고 거듭 자기의 일을 살핀 것이다. 上天의 體는 알아볼 수 없고 하늘을 헤아리는 일이 經에 나타난 것은 오직 璿璣玉衡의 한 가지 일이 있을 뿐이다."라고 하였다.

蔡邕의 〈天文志〉에 이르기를 "天體를 말한 3家가 있었으니, 첫째는 周髀요, 둘째는 宣夜요, 셋째는 渾天이다. 宣夜는 전연 師說이 없으므로 그 형상이 어떻게 생긴 것인지 알 수 없다. 周髀의 術數는 갖추어 있으나 天象을 考驗하면 違失한 바가 많다. 그러므로 史官이 쓰지 않는다. 오직 渾天이란 것만은 그 실정을 가까이 얻었으니, 지금 史官이 사용하는 候臺銅儀가 바로 그 法이다."라고 하였다.

虞喜가 이르기를 "宣은 밝다라는 뜻이요, 夜는 어둡다라는 뜻이다. 幽와 明의 數는 그 術이 겸하였다. 그러므로 宣夜라고 한 것이다. 다만 전혀 師說이 없으니, 그 형상이 어떻게 생긴 것인지 알 수 없을 뿐이다. 周髀의 術數는 '하늘이 엎어놓은 동이와 같으니, 대개 北斗星과 北極星을 중심으로 삼아 중앙은 높고 사방 가장자리는 낮다. 해와 달이 옆으로 운행하여 도니, 해가 가까워서 보이면 낮이 되고 해가 멀어서 보이지 않으면 밤이 된다.'는 식이고, 渾天은 '땅은 그 가운데에 있고 하늘은 그 밖을 둘러 있으니, 해와 달이 처음에는 하늘에 솟아오르고 뒤에는 땅에 들어가기 때문에 낮에는 해가 지상에 있고 밤에는 해가 지하로 들어간다.'는 식이다."라고 하였다.

王蕃의 渾天說에 이르기를 "하늘의 형상은 새알과 같아 땅은 가운데에 있고 하늘은 땅 밖을 싸고 있어서 알이 노른자를 싸고 있는 것과 같고 둥글기는 탄환과 같다. 그러므로 渾天儀라고 하였으니, 그 형체가 혼연함을 말한 것이다. 그 術數는 '하늘이 반은 지상을 덮고 반은 지하에 있으니, 하늘이 지상에 있어 보이는 것이 182도와 반이 넘고, 지하도 마찬가지이다. 北極은 지상으로 나온 것이 36도요, 南極은 지하로 들어간 것이 또한 36도인데 嵩高(中岳)가 바로 하늘의 중앙에 해당한다. 極南의 55도는 嵩高의 위에 해당하고 또 그 남쪽 13도는 夏至의 日道(해가 다니는 길)가 되고 또 그 남쪽 24도는 春分과 秋分의 日道가 되며, 또 그 남쪽 24도는 冬至의 日道가 되니, 남쪽 아래로 땅과 31도가 떨어져 있을 뿐이면 이는 하짓날이니, 북쪽으로 북극과의 거리가 67도이고 春分과 秋分은 북극과의 거리가 91도요 冬至는 북극과의 거리가 115도이니, 이것이 그 대략적인 것이다. 그 남극과 북극이 두 끝을 잡고 있고 그 하늘과 해와 달과 별이 비껴서 회전을 한다.'는 식이다."라고 하였다. 이는 반드시 옛날에 이에 대한 법식이 있었을 터이나 秦나라를 만나 불타 없어져버렸다.

揚子의 ≪法言≫에 이르기를 "어떤 이가 渾天에 대해 묻자, 揚子가 말하기를 '落下閎이 처음으로 경영하고 鮮于妄人이 또 그것을 추산하였으며, 耿中丞(耿壽昌)이 〈구리로 주조하여〉 象을 만들었는데, 이치에 가까우므로 〈談天者는〉 그것을 어길 수 없다.'라고 했다." 하였다. 이것은 바로 揚雄의 뜻인데, 渾天에 대한 물음을 빌어서 발설한 것이다. 落下閎과 鮮于妄人은 漢나라 武帝 때 사람이다. 宣帝 때 司農中丞 耿壽昌이 비로소 銅으로 주조하여 象을 만드니 史官이 그것을 사용하였다. 後漢 때 張衡은 ≪靈憲≫을 지어 그 형상을 설명하였다. 蔡邕・鄭玄・陸績과 吳나라 때 王蕃, 晉나라 때 姜岌・張衡・葛洪은 모두 渾天의 뜻을 논하고 아울러 渾天의 說을 최상으로 여겼다. 江南 宋나라의 元嘉 연간에 皮延宗이 또 〈渾天論〉을 짓고, 太史丞 錢樂이 鑄銅으로 주조하여 渾天儀를 만들어서 齊나라와 梁나라에 전하였다. 北周가 江陵을 평정하고 그 기구를 長安으로 옮겼는데 지금 太史臺에 보관되어 있다. 衡은 길이가 8尺이고, 璣는 지름이 8尺에 둥근 둘레가 2丈 5尺이 조금 넘는다. 회전하면서 바라보는 데에는 그 법식이 있는 것이다.

【疏】 傳'堯不'至'五帝' ○ 正義曰：傳以既受終事, 又察璣衡, 方始祭於群神, 是舜察天文, 考齊七政, 知己攝位而當於天心. 故行其天子之事也. 祭法云"有(而)〔天〕[1)]下者, 祭百神." 偏祭群神, 是天子事也. 肆, 是縱緩之言, 此因前事而行後事. 故以肆爲遂也. 類, 謂攝位事類, 既知攝當天心, 遂以攝位事類, 告天帝也. 此類, 與下禋望相次, 當爲祭名. 詩云"是類是禡(마)." 周禮肆師云"類造[2)]上帝." 王制云"天子將出, 類乎上帝." 所言類者, 皆是祭天之事, 言以事類而祭也. 周禮小宗伯云"天地之大烖(재), 類社稷則爲位." 是類之爲祭, 所及者廣. 而傳(之)〔云〕[3)] '類謂攝位事類'者, 以攝位而告祭, 故類爲祭名. 周禮司服云"王祀昊天上帝, 則服大裘而冕, 祀五帝, 亦如之." 是昊天外更有五帝. 上帝可以兼之. 故以告天及五帝也. 鄭玄篤信讖緯, 以爲"昊天上帝, 謂天皇大帝, 北辰之星也, 五帝, 謂靈威仰等, 太微宮中有五帝座星是也." 如鄭之言, 天神有六也.

家語云 "季康子問五帝之名, 孔子曰 '天有五行, 金·木·水·火·土. 分時化育, 以成萬物, 其神謂之五帝.'" 王肅云 "五行之神, 助天理物者也." 孔意亦當然矣. 此經惟有祭天, 不言祭地及社稷, 必皆祭之, 但史略文耳.

1) (而)〔天〕: 저본에는 '而'로 되어있으나, 阮刻本에 "岳本에는 '而'가 '天'으로 되어있으니, 옳다."라고 한 것에 의거하여 '天'으로 바로잡았다.
2) 類造 : 鄭玄의 注에는 "造는 卽과 같으니 兆域을 만들어 類禮로써 곧 上帝께 제사 지낸다. 類禮는 郊祀에 의하여 하는 것이다."라고 풀이하였고, 宋代 朱申의 ≪周禮句解≫에는 "類와 造는 모두 제사 이름이니, 그 神을 모으는 것을 類라 이르고, 그 장소에 이르는 것을 造라 이른다."라고 풀이하였다.
3) (之)〔云〕: 저본에는 '之'로 되어있으나, 阮刻本에 "盧文弨가 이르기를 '之는 마땅히 云이 되어야 한다.'라고 하였으니, 옳다."라고 한 것에 의거하여 '云'으로 바로잡았다.

傳의 〔堯不〕에서 〔五帝〕까지

○ 正義曰 : 傳에서 이미 帝位를 끝낸 사무를 인수받고 또 璣衡을 살피고 나서 비로소 여러 神에게 제사를 지낸 것으로 다루었으니, 이는 舜이 天文을 관찰하고 七政을 살펴 제정해서 자기의 攝位가 天心에 해당했음을 안 것이다. 그러므로 天子의 일을 행한 것이다. ≪禮記≫ 〈祭法〉에 이르기를 "天下를 가진 자는 百神에게 제사를 지낸다."라고 하였으니, 여러 神에게 두루 제사를 지내는 것은 바로 天子의 일이다.

肆는 바로 느슨하게 하는 말이니, 이는 앞일로 인하여 뒷일을 행한다. 그러므로 肆를 遂(드디어)의 뜻으로 본 것이다.

類는 攝位한 일 따위를 이르니, 이미 攝位가 天心에 해당했음을 알고 드디어 攝位한 일 따위를 가지고 天帝에게 고한 것이다. 이 '類'는 아래의 '禋'·'望'과 서로 이어져 있으니 응당 제사 이름이 되어야 할 것이다.

≪詩經≫ 〈大雅 皇矣〉에 이르기를 "이에 類祭를 지내고 이에 禡祭를 지낸다."라고 하였다. ≪周禮≫ 〈春官 肆師〉에 이르기를 "上帝에게 類祭를 지낸다."라고 하였고, ≪禮記≫ 〈王制〉에 이르기를 "天子가 출행하려고 할 때에 上帝에게 類祭를 지낸다."라고 하였다. 여기서 말한 '類'는 모두 하늘에 제사 지내는 일이니, 일 따위를 가지고 제사 지냄을 말한 것이다. ≪周禮≫ 〈春官 小宗伯〉에 이르기를 "하늘과 땅의 큰 재앙이 있어서 社稷이나 宗廟에 類祭를 지낼 경우는 제사 지낼 자리를 만든다."라고 하였으니, 이 類라는 제사는 쓰이는 범위가 넓었던 것이다. 傳에서 이르기를 "類는 攝位한 일 따위를 이른 것이다."라고 한 것은 攝位한 일을 가지고 告祭한 것이다. 그러므로 類가 제사 이름이 된 것이다.

≪周禮≫〈春官 司服〉에 이르기를 "王이 昊天上帝에게 제사를 지낼 때에는 大裘를 입고 면류관을 쓰며, 五帝에게 제사를 지낼 때에도 이와 같이 한다."라고 하였으니, 이는 昊天 밖에 다시 五帝가 있는 것이다. 上帝는 겸할 수 있다. 그러므로 하늘과 五帝에게 고한 것이다. 鄭玄은 讖緯를 독실히 믿고 "昊天上帝는 天皇大帝를 이르니 北辰의 별이다. 五帝는 靈威仰 등을 이르니, 太微宮 안에 있는 五帝座星이 바로 그것이다."라고 하였으니, 鄭玄의 말과 같다면 天神에 여섯 가지가 있는 것이다. ≪孔子家語≫에 이르기를 "季康子가 五帝의 이름을 물으니, 孔子께서 답하시기를 '하늘에 五行이 있으니 金·木·水·火·土라고 한다. 때를 나누어 化育하여 만물을 이루니, 그 神을 五帝라 한다.'고 했다." 하였다.

王肅이 이르기를 "五行의 神은 하늘을 도와 사물을 다스린다."라고 하였으니, 孔安國의 뜻도 응당 그랬을 것이다. 이 經에서 오직 하늘에 제사 지내는 것만 말하고 땅과 社稷에 제사 지내는 일을 말하지 않은 것은 반드시 다 제사를 지냈을 것이나 다만 史官이 글을 줄였을 뿐이다.

【疏】 傳'精意'至'攝告' ○正義曰：國語云"精意以享, 禋(인)也." 釋詁云"禋, 祭也." 孫炎曰"禋, 絜敬之祭也." 周禮大宗伯云"以禋祀祀昊天上帝, 以實柴[1)]祀日·月·星辰, 以槱燎(유료)[2)]祀司中·司命·風師·雨師." 鄭云"禋之言(禋)〔烟〕[3)], 周人尙臭, 煙氣之臭聞者也." 鄭以禋祀之文, 在燎柴之上. 故以禋爲此解耳. 而洛誥云"秬鬯二卣曰明禋." 又曰"禋于文王·武王." 又曰"王賓殺禋咸格." 經傳之文, 此類多矣, 非燔柴祭之也. 知禋是精誠絜敬之名耳. 宗之爲尊, 常訓也. 名曰六宗, 明是所尊祭者有六, 但不知六者爲何神耳. 祭法云"埋少牢於太昭, 祭時, (相近)〔祖迎〕[4)]於坎壇, 祭寒暑, 王宮, 祭日, 夜明, 祭月, 幽(禜)〔宗〕[5)], 祭星, 雩(禜)〔宗〕, 祭水旱也." 據此言六宗, 彼祭六神. 故傳以彼六神, 謂此六宗, 必謂彼之所祭是此六宗者, 彼文上有祭天祭地, 下有山谷丘陵, 此六宗之文, 在上帝之下, 山川之上, 二者次第相類, 故知是此六宗. 王肅亦引彼文乃云"禋于六宗, 此之謂矣." 鄭玄注彼云"四時謂陰陽之神也." 然則陰陽·寒暑·水旱, 各自有神. 此言禋于六宗, 則六宗常禮也. 禮無此文, 不知以何時祀之. 鄭以彼皆爲祈禱之祭, 則不可用鄭玄注以解此傳也. 漢世以來, 說六宗者多矣. 歐陽及大·小夏侯說尙書皆云"所祭者六, 上不謂天, 下不謂地, 旁不謂四方, 在六者之間, 助陰陽變化, 實一而名六宗矣." 孔光·劉歆, 以六宗謂"乾坤六子水·火·雷·風·山·澤也." 賈逵以爲"六宗者, 天宗三, 日·

月·星也, 地宗三, 河·海·岱也." 馬融云"萬物, 非天不覆, 非地不載, 非春不生, 非夏不長, 非秋不收, 非冬不藏, 此其謂六也." 鄭玄以六宗言禋, 與祭天同名, 則六者皆是天之神祗, 謂"星·辰·司中·司命·風師·雨師. 星謂五緯也, 辰謂日月所會十二次也. 司中·司命, 文昌第五第四星也, 風師, 箕也, 雨師, 畢也." 晉初幽州秀才張髦(모)上表云"臣謂禋于六宗, 祀祖考所尊者六, 三昭·三穆是也." 司馬彪又上表(云) -歷難諸家及自言己意-[6] "天宗者, 日月·星辰·寒暑之屬也, 地宗, 社稷·五祀之屬也, 四方之宗, 四時·五帝之屬." 惟王肅據家語六宗, 與孔同. 各言其志, 未知孰是. 司馬彪續漢書云"安帝元初六年, 立六宗祠於洛陽城西北亥地, 祀比大社." 魏亦因之. 晉初荀顗(의)定新祀, 以六宗之神, 諸說不同廢之, 摯虞駁之謂"宜依舊, 近代以來, 皆不立六宗之祠也."

1) 實柴 : 나무를 쌓아놓고 그 위에 牲體를 얹어 태우는 일이다.
2) 槱燎(유료) : 화톳불을 놓는 일이다.
3) (禋)〔烟〕: 저본에는 '禋'으로 되어있으나, 阮刻本에 "毛本에는 '禋'자가 '烟'으로 되어있으니, 옳다."라고 한 것에 의거하여 '烟'으로 바로잡았다.
4) (相近)〔祖迎〕: 저본에는 '相近'으로 되어있으나, 陳澔의 ≪禮記集說≫에 "相近은 마땅히 祖迎이 되어야 하니, 글자가 잘못된 것이다."라고 하였다.
5) (禜)〔宗〕: 저본에는 '禜'으로 되어있으나, ≪禮記≫ 〈祭法〉에 의거하여 '宗'으로 바로잡았다. 아래의 '雩宗'의 '宗'자도 같다.
6) (云) 歷難諸家及自言己意 : 저본에는 '云'이 있으나, 阮刻本에 "盧文弨가 이르기를 '云자는 衍文인 듯하다.' 하였다."라고 한 것에 의거하여 연문으로 처리하였고, 또 阮刻本에 "살펴보건대 疏 가운데에 이따금 小注가 있으니, 下文의 '歷難諸家及自言己意' 9字는 아마 小注인 듯하다."라고 한 것에 의거하여 小注로 처리하였다.

傳의 〔精意〕에서 〔攝告〕까지

○ 正義曰 : ≪國語≫에 이르기를 "정성으로 제향을 드리는 것이 禋이다."라고 하였다. ≪爾雅≫ 〈釋詁〉에 이르기를 "禋은 祭祀의 뜻이다."라고 하고, 孫炎이 이르기를 "禋은 깨끗하고 경건하게 지내는 제사이다."라고 하였다. ≪周禮≫ 〈大宗伯〉에 이르기를 "禋祀로써 昊天上帝에게 제사 지내고, 實柴로써 해와 달과 별들에 제사 지내고, 槱燎로써 司中·司命·風師·雨師에게 제사 지낸다."라고 하였다. 鄭玄이 이르기를 "禋은 煙(연기)을 말하니, 周나라 사람들은 냄새를 숭상하여 연기의 냄새를 풍기는 것이다."라고 하였는데, 鄭玄은 '禋祀로써 제사 지낸다.'는 글이 '燎柴'의 위에 있기 때문에 禋을 가지고 이것을 해석했을 뿐이다. 〈洛誥〉에 이르기를 "검은 기장과 鬱金으로 빚은 술 두 그릇으로 〈周

公을 편안하게 하시고〉 밝게 공경한다.〔明禋〕"라고 하고, 또 "文王과 武王에게 禋祭를 지냈다."고 하고, 또 "王의 손님들은 왕이 희생을 잡아 祖廟에 禋祭를 지내므로 모두 왔다."라고 하였다. 經傳의 글 중에 이와 같은 것이 많으니 燔柴로 제사 지낸 것이 아니다. 禋은 바로 精誠과 絜敬을 이르는 명칭이란 것을 알았다.

宗은 尊의 뜻이란 것은 일반적인 풀이이다. 이름을 六宗이라 한 것은 분명 높이 제사를 받드는 대상이 여섯이 있었을 터이나 다만 여섯이 어떤 神인지 알 수 없을 뿐이다.

≪禮記≫ 〈祭法〉에 이르기를 "少牢를 太昭에 묻는 것은 四時에 제사 지내는 것이고, 坎壇에서 送迎하는 것은 寒暑에 제사 지내는 것이고, 王宮은 해에 제사 지내는 것이고, 夜明은 달에 제사 지내는 것이고, 幽宗은 별에 제사 지내는 것이고, 雩宗은 水旱에 제사 지내는 것이다."라고 하였다. 여기서는 '六宗'이라 말하고 저기서는 '六神'에 제사 지낸다고 한 것에 의거했기 때문에 傳에서 저 六神을 가지고 이 六宗을 말한 것이다. 저기의 제사 지내는 바가 바로 이 六宗임을 꼭 말한 것은 저 글은 위에는 하늘에 제사 지내고 땅에 제사 지내는 것이 있고, 아래에는 山谷과 丘陵이 있으며, 이 六宗의 글은 上帝의 아래, 山川의 위에 놓여있으니, 두 가지의 경우는 차제가 서로 같기 때문에 바로 이 六宗임을 알았던 것이다.

王肅도 저 글을 인용하여 "六宗에 禋祭를 지낸 것이 바로 이것을 이른다."라고 하였다. 鄭玄은 저기에 주를 달기를 "四時는 陰陽의 神을 이른다."라고 하였다. 그렇다면 陰陽·寒暑·水旱에 각각 神이 있는 것이다. 여기에서 "六宗에 禋祭를 지냈다."고 하였으니, 六宗이 常禮인 것이다. 禮에 이에 대한 글이 없으니, 어느 때에 제사를 지내는 것인지는 알 수 없다. 鄭玄은 저것을 祈禱하는 제사로 여겼으니, 鄭玄의 注를 이용해서 이 傳을 해석할 수는 없다.

漢代 이래로 六宗에 대해 말한 이가 많았다. 歐陽 및 大夏侯·小夏侯는 ≪尙書≫를 설명하면서 모두 "제사 지내는 바가 여섯이다. 위로는 하늘을 이르지 않고, 아래로는 땅을 이르지 않고, 곁으로는 사방을 이르지 않고, 여섯 가지의 사이에 있어서 陰陽의 變化를 도우니, 실은 하나이면서 이름이 六宗이다."라고 하였고, 孔光과 劉歆은 六宗을 "乾坤의 六子인 水·火·雷·風·山·澤이다."라고 말하였고, 賈逵는 "六宗이란 것은 天宗이 셋이니 日·月·星이고, 地宗이 셋이니 河·海·岱이다."라고 하였고, 馬融은 "萬物은 하늘이 아니면 덮지 못하고, 땅이 아니면 싣지 못하고, 봄이 아니면 낳지 못하고, 여름이 아니면 기르지 못하고, 가을이 아니면 거두지 못하고, 겨울이 아니면 갈무리하지 못하니, 이것을 여섯이라 이른다."라고 하였고, 鄭玄은, 六宗은 禋을 말하여 祭天과 더불어 이름

을 같이했으면 여섯 가지는 모두 하늘의 神祇이기 때문에 "星・辰・司中・司命・風師・雨師이니, 星은 五緯를 이르고, 辰은 해와 달이 모이는 12次를 이른다. 司中과 司命은 文昌의 제5星과 제4星이고, 風師는 箕星이고 雨師는 畢星이다."라고 하였다.

晉나라 초기에 幽州의 秀才 張髦는 上表하기를 "臣은 생각하건대 '六宗에 禋祀를 지냈다.'고 한 것은 祖考의 높은 분에게 제사를 지낸 것이 여섯이니, 三昭와 三穆이 바로 그것입니다."라고 하였고, 司馬彪는 또 上表하기를 -諸家를 하나하나 힐난한 것과 자기의 뜻을 말한 것이다.- "天宗이란 것은 日月・星辰・寒暑의 등속이고, 地宗이란 것은 社稷・五祀의 등속이고, 四方의 宗은 四時・五帝의 등속입니다."라고 하였다. 오직 王肅만이 ≪孔子家語≫의 六宗에 의거하여 孔安國과 같다. 각각 그 뜻을 말한 것이니 누가 옳은지는 모르겠다.

司馬彪의 ≪續漢書≫에 이르기를 "安帝 元初 6년(119)에 六宗祠를 洛陽城 서북쪽 亥地에 건립하고 제사는 大社에 견줄 정도로 지냈다."고 하였는데, 魏나라도 그대로 따랐다. 晉나라 초기에 荀顗가 새로 祀法을 정할 때 六宗의 神에 대해서는 諸說이 동일하지 않고 분분하기 때문에 폐지하자, 摯虞가 반박하기를 "옛 제도를 따르는 것이 마땅하거늘 近代 이래로 모두 六宗의 祠를 건립하지 않는다."라고 하였다.

【疏】 傳'九州'至'祭之' ○正義曰：'望於山川', 大總之語. 故知九州之內所有名山·大川, 五岳·四瀆之屬, 皆一時望祭之也. 王制云 "名山·大川, 不以封." 山川大, 乃有名, 是名大, 互言之耳. 釋山云 "泰山爲東嶽, 華山爲西嶽, 霍山爲南嶽, 恒山爲北嶽, 嵩高山爲中嶽." 白虎通云 "岳者何, 桷也, 桷考功德也[1]." 應劭風俗通云 "岳者, 桷考功德黜陟也." 然則四方方有一大山, 天子巡守至其下, 桷考諸侯功德而黜陟之. 故謂之岳. 釋水云 "江河淮濟爲四瀆, 四瀆者, 發源注海者也." 釋名云 "瀆, 獨也, 各獨出其水而入海也." 岳是名山, 瀆是大川. 故先言名山·大川, 又擧岳瀆以見之. 岳瀆之外, 猶有名山·大川. 故言之屬以包之. 周禮大司樂云 "四鎭五嶽崩, 令去樂." 鄭云 "四鎭, 山之重大者, 謂揚州之會稽山, 靑州之沂山, 幽州醫無閭山, 冀州之霍山." 是五岳之外名山也. 周禮職方氏每州云'其山'·'其浸', 若雍州云 "其川涇汭, 其浸渭洛." 如此之類, 是四瀆之外大川也. 言'徧于群神', 則神無不徧. 故群神, 謂丘陵·墳衍·古之聖賢, 皆祭之. 周禮大司樂云 "凡六樂[2]者, 一變而致川澤之亓(ㄱ), 再變而致山林之亓, 三變而致丘陵之亓, 四變而致墳衍之亓." 鄭玄大司徒注云 "積石曰山, 竹木曰林, 注瀆曰川, 水鍾曰澤,土高曰丘, 大阜曰陵, 水崖曰墳, 下平曰衍." 此傳擧丘陵墳衍, 則林澤亦包之矣. 古之聖賢, 謂祭法所云'在祀典'者, 黃帝·顓頊·句龍之類, 皆祭之也.

1) 岳者何……桷考功德也 : 漢代 班固의 ≪白虎通義≫에는 "岳이란 것은 무엇을 이름인가? 岳은 〈상고한다는 뜻을 가진〉 桷을 말하니, 功德을 상고하는 것이다."라고 하였다.
2) 六樂 : 黃帝 이하 6代의 옛 음악 이름이다. 곧 雲門(黃帝樂), 咸池(堯樂), 大韶(舜樂), 大夏(禹樂), 大濩(湯樂), 大武(武王樂)이다.

傳의 〔九州〕에서 〔祭之〕까지

○ 正義曰 : '望於山川'은 대충 한 말이다. 그러므로 九州의 안에 있는 名山·大川과 五岳·四瀆의 등속에 모두 일시에 望祭했다는 것을 알 수 있다.

≪禮記≫ 〈王制〉에 이르기를 "名山과 大川은 封地에 포함시키지 않았다."라고 하였다. 山과 川이 크면 곧 이름이 있는 법이니, 이것은 名과 大를 상호적으로 말했을 뿐이다.

≪爾雅≫ 〈釋山〉에 이르기를 "泰山은 東嶽이요 華山은 西嶽이요 霍山은 南嶽이요 恒山은 北嶽이요 嵩高山은 中嶽이다."라고 하였다. ≪白虎通≫에 이르기를 "岳이란 것은 무엇인가? 상고하다라는 뜻이니, 功德을 상고하는 것이다."라고 하였다. 應劭의 ≪風俗通≫에 이르기를 "岳이란 것은 功德을 상고하여 퇴출하거나 승진시키는 것이다."라고 하였다. 그렇다면 사방에는 각각 하나의 大山이 있기 마련이니, 天子가 巡守하다가 그 아래에 이르면 諸侯의 功德을 상고하여 퇴출하거나 승진시킨다. 그러므로 岳이라 이른 것이다.

≪爾雅≫ 〈釋水〉에 이르기를 "江·河·淮·濟가 四瀆인데, 四瀆이란 것은 發源하여 바다로 주입하는 것이다."라고 하였다. ≪爾雅≫ 〈釋名〉에 이르기를 "瀆은 홀로라는 뜻인데, 각각 독자적으로 그 물이 나와서 바다로 들어간다."라고 하였다.

岳은 바로 名山이고, 瀆은 바로 大川이다. 그러므로 먼저 名山과 大川을 말하고 또한 岳과 瀆을 들어 보였다.

岳과 瀆 밖에도 오히려 名山과 大川이 있기 마련이다. 그러므로 '之屬'이란 단어를 말해서 모두 포함시킨 것이다. ≪周禮≫ 〈春官 大司樂〉에 이르기를 "四鎭과 五嶽이 무너지면 음악의 연주를 중단하도록 명한다."라고 하였다. 鄭玄은 이르기를 "四鎭은 山의 重大한 것이니, 揚州의 會稽山과 靑州의 沂山과 幽州의 醫無閭山과 冀州의 霍山을 이른다."라고 하였으니, 이것은 五岳 밖의 名山이다. ≪周禮≫ 〈夏官 職方氏〉에는 매 州마다 "그 山〔其山〕은 어떻고 그 호수〔其浸〕는 어떻다."라고 하고서 雍州 같은 경우는 "그 川은 涇水와 汭水요, 그 호수는 渭水와 洛水이다."라고 하였으니, 이와 같은 類가 바로 四瀆 밖의 大川인 것이다.

'徧于群神'이라고 말한 것은 神은 어디나 있다. 그러므로 여러 神은 丘陵과 墳衍 그리고 옛적의 聖賢을 이르니, 모두 제사를 지냈던 것이다. ≪周禮≫ 〈大司樂〉에 이르기를 "6代의 음악은 한 번 변경해서 연주하면 川澤의 神祇를 이르게 하고, 두 번 변경해서 연주하면 山林의 神祇를 이르게 하고, 세 번 변경해서 연주하면 丘陵의 神祇를 이르게 하고, 네 번 변경해서 연주하면 墳衍의 神祇를 이르게 했다."라고 하였다.

鄭玄이 ≪周禮≫ 〈地官 大司徒〉에 대한 注에 이르기를 "積石을 山이라 하고, 竹木을 林이라 하고, 瀆으로 注入한 것을 川이라 하고, 물이 모인 곳을 澤이라 하고, 흙이 높은 곳을 丘라 하고, 큰 언덕을 陵이라 하고, 물가 언덕을 墳이라 하고, 낮고 편평한 곳을 衍이라 한다."라고 하였다. 이 傳에서는 丘・陵・墳・衍을 열거하였으니, 林과 澤도 포함된 것이다. 옛적의 聖賢은 ≪禮記≫ 〈祭法〉에 이른바 "祀典에 올라있다."는 것은 黃帝・顓頊・句龍의 類이니, 모두 제사를 지낸 것이다.

【疏】 傳'輯斂'至'正始' ○ 正義曰:'覲 見'·'后 君', 釋詁文. 釋言云 "輯, 合也." 輯是合聚之義, 故爲斂也. 日月食盡謂之旣, 是旣爲盡也. 釋言云 "班, 賦也." 孫炎曰 "謂布與也." 輯是斂聚, 班爲散布. 故爲還也. 下云 "班瑞于群后." 則知輯者, 從群后而斂之. 故云 "舜斂公·侯·伯·子·男之瑞圭璧也." 周禮典瑞云 "公執桓圭, 侯執信圭, 伯執躬圭, 子執穀璧, 男執蒲璧." 是圭璧爲五等之瑞, 諸侯執之, 以爲王者瑞信, 故稱瑞也. 舜以朔日受終於文祖, 又徧祭群神及斂五瑞, 則入月以多日矣. '盡以正月中', 謂從斂瑞以後至月末也. '乃日日見四岳及九州牧監', 舜初攝位, 當發號出令, 日日見之, 與之言也. 州牧各監一州諸侯, 故言監也. 更復還五瑞於諸侯者, 此瑞本受於堯, 斂而又還之, 若言舜新付之, 改爲舜臣, 與之正新君之始也.

傳의 〔輯斂〕에서 〔正始〕까지

○ 正義曰:〔覲 見〕・〔后 君〕 ≪爾雅≫ 〈釋詁〉의 글이다.

≪爾雅≫ 〈釋言〉에 이르기를 "輯은 合하다라는 뜻이다."라고 하였으니, 輯은 바로 合聚의 뜻을 가졌다. 그러므로 斂이라 한 것이다.

해와 달이 다 먹히는 것을 旣라 이르니 여기서는 旣를 盡의 뜻으로 본 것이다.

≪爾雅≫ 〈釋言〉에 이르기를 "班은 주다〔賦〕라는 뜻이다."라고 하였는데, 孫炎은 말하기를 "펴서 주는 것을 이른다."라고 하였다. 輯은 바로 斂聚의 뜻이고, 班은 散布의 뜻으로 보았기 때문에 還(돌려주다)이라 한 것이다. 아래에서 이르기를 "瑞玉을 여러 諸侯에

게 돌려주었다."라고 하였으니, 輯은 여러 諸侯로부터 거둔 것임을 알았다. 그러므로 "舜임금이 公·侯·伯·子·男의 瑞圭와 瑞璧을 거두었다."라고 한 것이다.

≪周禮≫ 〈春官 典瑞〉에 이르기를 "公은 桓圭를 가지고, 侯는 信圭를 가지고, 伯은 躬圭를 가지고, 子는 穀璧을 가지고, 男은 蒲璧을 가졌다."라고 하였다. 이 圭와 璧은 5등급의 瑞玉인데, 諸侯들이 그것을 가져 王者의 瑞信으로 삼았다. 그러므로 瑞라고 칭한 것이다. 舜임금은 초하룻날 文祖에서 〈堯임금이〉 끝낸 帝位를 받고 또 여러 神에게 두루 제사를 지내고 따라서 五瑞를 거두었으니, 이달(正月) 들어 날수가 많았기 때문이다.

〔盡以正月中〕 瑞玉을 거둔 이후부터 月末까지를 이른다.

〔乃日日見四岳及九州牧監〕 舜이 처음 攝位했을 때에 응당 호령을 발하여 날마다 접견하고 그들과 더불어 말을 나누었을 것임을 짐작한 것이다. 州牧이 각각 한 州의 諸侯를 감시했기 때문에 監이라고 말한 것이다.

다시 五瑞를 諸侯에게 돌려주었다는 것은 이 瑞玉이 본래 堯임금에게 받은 것인데, 거두었다가 또 돌려준 것을 마치 舜임금이 새로 부여하여 舜임금의 신하로 고쳐 만들고 그들과 더불어 새 임금의 시초를 바로잡는 것처럼 말한 것이다.

歲二月에 東巡守하사 至于岱宗하여 柴하시며

巡守하는 그해 2월에 동쪽 지방을 巡守하시어 岱宗(泰山)에 이르러서 柴祭를 지내셨으며,

【傳】 諸侯爲天子守土라 故로 稱守니 巡行之니라 旣班瑞之明月에 乃順春東巡이니라 岱宗은 泰山이니 爲四岳所宗이니라 燔柴祭天告至니라 ○ 岱는 泰山也라 柴는 爾雅祭天曰 燔柴라 馬曰 祭時積柴하고 加牲其上而燔之라

諸侯는 天子를 위해 영토를 지키기 때문에 守라고 칭하니 그곳을 순행하는 것이다. 이미 瑞玉을 돌려주고 난 그 다음 달에 곧 봄을 따라 동쪽 지방을 순수하였다. 岱宗은 泰山이니 四岳의 宗仰한 바가 된다. 나무를 태워 하늘에 제사를 지내서 그곳에 이른 것을 고한 것이다.

○ 岱는 泰山이다. 柴는 ≪爾雅≫에서 "하늘에 제사 지내는 것을 燔柴라 한다."라고 하였다. 馬融은 말하기를 "제사 지낼 때에 나무를 쌓고 그 위에 犧牲을 얹어서 구웠다."라고 하였다.

望秩于山川하시며

산천을 바라보고 차례를 정하여 제사를 지내셨으며,

【傳】 東岳諸侯境內名山大川을 如其秩次望祭之하니 謂五岳牲禮는 視三公하고 四瀆은 視諸侯하고 其餘는 視伯子男이니라

東岳 諸侯 境內에 있는 名山과 大川을 그 秩次와 같이 望祭를 지냈으니, 五岳의 牲禮는 三公에 견주고 四瀆은 諸侯(侯爵)에 견주고 그 나머지는 伯·子·男에 견줌을 이른 것이다.

肆覲東后하시니라

드디어 동쪽 제후들을 접견하셨다.

【傳】 遂見東方之國君이니라

드디어 東方의 國君을 접견하였다.

協時月正日하시며 同律度量衡하시며

四時와 달수를 맞추고 날짜를 바로잡으시고 度·量·衡을 일률적으로 통일시키셨으며,

【傳】 合四時之氣節과 月之大小와 日之甲乙하여 使齊一也니라 律法制及尺丈斛斗斤兩하여 皆均同이니라 ○同律을 王云 同은 齊也요 律은 六律也라하고 馬云 律은 法也라하고 鄭云 陰呂陽律也라 斗는 斛也요 衡은 稱也니라

四時의 氣節과 달의 大小와 날의 甲乙을 맞추어 통일시키게 하였다. 法制 및 尺丈·斛斗·斤兩을 모두 일률적으로 정해서 통일시켰다.

○同律에 대하여 王肅은 "同은 가지런하게 하다라는 뜻이고, 律은 六律이다."라고 하였고, 馬融은 "律은 法의 뜻이다."라고 하였고, 鄭玄은 "陰呂와 陽律이다."라고 하였다. 斗는 斛이고, 衡은 稱(저울)이다.

修五禮하시다 五玉[1)]과

1) 五玉 : 아래에 있는 經文의 '三帛二生一死贄' 앞으로 옮겨야 할 것 같다.

다섯 가지 禮를 닦으셨다. 다섯 가지 玉과

【傳】 修吉凶賓軍嘉之禮니라 五等諸侯執其玉[1)]이니라

1) 五等諸侯執其玉 : 아래에 있는 傳文의 '三帛' 앞으로 옮겨야 할 것 같다.

吉禮・凶禮・賓禮・軍禮・嘉禮를 닦았다. 5등의 諸侯는 그 玉을 가졌다.

三帛과 二(生)〔牲〕[1)]과 一死贄(지)[2)]러라

1) (生)〔牲〕 : 저본에는 '生'으로 되어있으나, 阮刻本에 "살펴보건대, ≪史記≫ 〈封禪書〉와 ≪漢書≫ 〈郊祀志〉에 모두 '牲'으로 되어있다."라고 한 것에 의거하여 牲으로 바로잡았다.
2) 五玉三帛二(生)〔牲〕一死贄(지) : 이 9字를 孔傳에서는 그 위치를 그대로 두고 해석하였으나 蔡傳에서 錯簡으로 보고 위치를 '肆覲東后' 아래로 옮겨 해석한 것은 吳才老의 說에 근거한 것이다.

조선시대 權近은 이에 대하여 ≪書淺見錄≫ 〈書說〉에서 "〈舜典〉은 今文과 古文에 다 있다. '五玉三帛二生一死贄' 一節은 錯簡이다. 孔安國은 隸書로 古文(蝌蚪文)을 옮겨 적어 錯亂되고 磨滅된 끝에 정리하였으니, 혹 錯誤가 있을 수 있겠지만, 伏生은 책을 안 보고도 暗誦을 하는 입장에서 또한 차서를 잃은 것은 무엇 때문인가? 이것은 반드시 夫子(孔子)께서 刪書하시기 이전에 이미 착오가 생겼을 것이다. 그렇다면 夫子께서는 왜 바로잡지 아니하셨을까? 이것은 〈夫子께서〉 '내 생전에 오히려 史官이 역사를 기록할 때 의심스런 사실은 闕文으로 두는 것을 볼 수 있었다.'란 바로 그런 뜻에서 刪削하지 않으셨던 것이다.……'夔曰' 一節도 마찬가지다."라고 적어 蔡傳을 비판하고 있다.

세 가지 비단과 두 가지 生物과 한 가지 死物의 예물이었다.

【傳】 三帛은 諸侯世子는 執纁하고 公之孤[1)]는 執玄하고 附庸之君은 執黃이니라 二生은 卿은 執羔하고 大夫는 執雁이니라 一死는 士는 執雉니라 玉帛生死는 所以爲贄以見之니라

1) 孤 : 벼슬 이름으로 곧 孤卿이다. ≪周禮注疏≫에서 '公之孤'에 대하여 鄭司農은 "9命인 上公은 孤卿 한 사람을 두게 된다."라고 注를 달았다.

三帛은 諸侯의 世子는 분홍빛 비단을 가지고, 公의 孤卿은 검은 비단을 가지고, 附庸國의 임금은 노란 비단을 가진 것이다. 二生은 卿은 산 염소를 가지고, 大夫는 산 기러기를 가진 것이다. 一死는 士가 죽은 꿩을 가진 것이다. 玉帛과 生死는 예물로 삼아 뵙

기 위한 것이다.

如五器는 卒乃復(복)[1)]하시다

1) 如五器 卒乃復(복) : 宋代에 蘇軾은 ≪書傳≫에서 "비단과 生物과 死物은 돌려주지 않았다."라고 하고, 史浩는 ≪尙書講義≫에서 "天子가 禮를 마치면 돌려주었다."라고 하고, 夏僎(선)은 ≪尙書詳解≫에서 "卒乃復이란 것은 대개 三帛·二生·一死는 天子가 받고 오직 五玉만은 禮가 끝나면 諸侯에게 돌려주었다."라고 하고, 林之奇는 ≪尙書全解≫에서 "三帛·二生·一死의 예물은 받고 오직 五玉만은 禮가 끝나면 돌려준 것은 〈聘義〉에 '圭璋을 가지고 聘問(訪問)하는 것은 禮를 중히 여긴 것이고, 이미 聘問이 끝나면 圭璋을 돌려주는 것은 재물을 가볍게 여기고 禮를 중히 여기는 뜻이다.'고 하였으니, '五器卒乃復' 또한 그와 같은 것이다."라고 하였으며, 심지어 程伊川(程頤)도 ≪程氏經說≫에서 "'如五器卒乃復'은 諸侯는 존귀하므로 예물이 중후했다. 그러므로 이미 접견이 끝나면 그 玉은 돌려주고 나머지는 돌려주지 않았으니, 禮를 가지고 여러 제후에게 答하기 위해서였다."라고 하여 孔傳을 따랐다.

그런데 朱子만은 ≪朱子五經語類≫에서 "'如五器卒乃復'에 대하여 舊說에서 모두 '五器는 곧 諸侯의 五玉의 기구인데, 처음에 거두어놓고 이때에 와서 禮가 끝나면 돌려주었다.'고 하였는데, 유심히 살펴보면 그 같은 말이 아닌 것 같다. 아마 ≪書≫의 글이 顚倒된 듯싶다. 五器는 五禮의 기구이다.……이 문단에 아마 錯簡이 있는 것 같으니, 마땅히 '肆覲東后五玉三帛二生一死贄'로 만들어야 한다.……'如五器卒乃復'은, 如는 齊一의 뜻이고, 卒乃復은 일이 끝나면 돌아가는 것인데, 京師로 돌아감을 이른 것이 아니고, 다만 일이 끝나면 돌아갈 뿐이다. 그러므로 復이라고 한 것이다. 앞에서 말한 '瑞玉을 여러 제후에 돌려주었다.'는 것이 바로 돌려준 것이다. 이 두 구는 橫渠(張載)의 說에 근거한 것이다."라고 하였다.

주자의 설에 의거한 蔡傳은 如를 同의 뜻으로, 器를 五禮의 기구로 보아 "'卒乃復'은 祭禮를 거행하고 諸侯를 접견하고 正朔을 통일시키고 制度를 통일시키고 五禮를 닦고 五器를 통일시키는 등 몇 가지 일이 다 끝나면 다시 동쪽으로 가지 않고 드디어 서쪽으로 향해 가다가 다시 방향을 바꾸어 남쪽으로 가는 것이다. 그러므로 卒乃復이라 말한 것이다."라고 하였다.

그런데 淸代 毛奇齡은 ≪尙書廣聽錄≫에서 "蔡傳은 朱元晦의 說에 따라 本文의 '五玉三帛二生一死贄'를 고쳐서 '如五器'의 아래, '卒乃復'의 위로 옮겨놓았으니, 經文의 '五玉三帛二生一死贄如五器卒乃復' 15字가 서로 잇달아 해석되므로 뜻이 통하지 않는다. 經文에서는 '조회하러 온 동쪽 제후들은 모든 玉·帛·生物·死物을 일제히 가지고 와서 예물로 내놓았는데, 단지 玉만 禮가 끝나면 돌려주고 나머지는 돌려주지 않았다.'고 이른 것이니, 이는 ≪禮記≫ 〈聘義〉에서 '이미 聘問이 끝나면 그 圭璧을 돌려주었다.'는 禮와 같은 것이다.……

'如五器'는 '如'가 語詞이니 이 같은 五器라는 말이다. 蔡傳에서 '如五器' 3字를 割截하였으니 '卒乃復'이라는 句에서는 禮가 끝나면 돌아가지 않을 수 없게 된다. 그래서 그렇게 해석한 것이다. 한 해에 四岳을 돌아야 하는데 꼭 한 岳에서 한 번씩 조정으로 돌아간다면 시간에 부족함이 있고, 만일 後岳에서 前岳으로 돌아간다면 사리에 통하지 못한다. 또 '돌아와서 藝祖에 이른다.'는 것은 분명히 '순수가 끝나면 돌아간다.'는 것을 말함이니, 이때는 아직 돌아가지 못한 상태이다. 만일 '또 한 岳에 이르렀다가 돌아간다.'고 하다면 앞으로 가는 중이라 걸음을 돌이키지 않은 상태이다. 만일 '諸侯가 돌아갔다.'고 한다면 동쪽 제후들이 東岳에서 조회를 하기 때문에 그들의 걸음이 지경을 벗어나지 않았으니 '돌아갔다.'고 말할 수 없다. 더구나 諸侯가 먼저 갈 수 있겠는가."라고 하여 蔡傳의 잘못을 지적하고 있다. 그러나 毛奇齡은 蔡傳에서 '如五器'의 위에 있는 '五玉三帛二生一死贄'에 대하여 "이 아홉 글자는 마땅히 '肆覲東后'의 아래, '協時月正日'의 위에 있어야 하니 誤脫되어 여기에 있게 되었다."고 한 것을 반대로 말하여 혼란을 일으키고 있다.

조선 후기의 尹鑴(1671~1680)는 ≪讀書記≫ 〈讀尙書〉에서 "復은 歸復한다는 것이다. 응당 한 해에 五岳을 두루 巡守하지 못할 것이니, 歲라고 말한 것은 5년 내의 歲事가 이와 같음을 이른 것이다."라고 하여 다른 견해를 보이고 있다.

五器 같은 것은 禮가 끝나면 돌려주셨다.

【傳】 卒은 終이요 復은 還(선)也라 器는 謂圭璧이니 如五器는 禮終則還之하고 三帛生死則否니라

卒은 끝마치다라는 뜻이고, 復은 돌려주다라는 뜻이다. 器는 圭璧을 이르니, 五器 같은 것은 禮가 끝나면 돌려주고 三帛・生物・死物은 돌려주지 않았다.

五月에 南巡守하사 至于南岳하여 如岱禮하시며

5월에 남쪽 지방을 巡守하여 南岳(衡山)에 이르러 岱宗에서 행한 禮와 동일하게 하셨으며,

【傳】 南岳은 衡山이라 自東岳南巡하여 五月至니라

南岳은 衡山이다. 東岳으로부터 남쪽으로 순수하여 5월에 이르렀다.

八月에 西巡守하사 至于西岳하여 如初하시며

8월에 서쪽 지방을 巡守하여 西岳(華山)에 이르러 처음에 행한 예와 동일하게 하셨으며,

【傳】 西岳은 華山이요 初는 謂岱宗이니라

西岳은 華山이고, 初는 岱宗을 이른다.

十有一月朔에 巡守하사 至于北岳하여 如西禮하시다

11월에 북쪽 지방을 巡守하여 北岳(恒山)에 이르러 서쪽에서 행한 예와 동일하게 하셨다.

【傳】 北岳은 恒山이라

北岳은 恒山이다.

歸格[1)]于藝祖[2)]하여 用特하시다

1) 歸格 : 조선시대 李瀷의 ≪星湖疾書≫ 〈書經疾書〉에 "堯임금과 舜임금은 모두 黃帝의 후손이다. 王統은 黃帝로부터 시작되었으니, 帝位를 인수받을 적에나 卽位할 적에나 마땅히 黃帝의 사당에 고유해야 했다. 巡狩하고 돌아와서는 단지 帝嚳의 사당에만 이르게 했을 뿐이다. 대개 格은 이르다라는 뜻이니, 한 사당뿐이 아니었다. 舜임금은 堯임금을 계승하였으니, 무릇 일이 있으면 반드시 堯임금의 사당에 고하였다. 일에는 크고 작음이 있으니, 帝嚳의 사당에 이를 경우가 있고, 軒轅의 사당에 이를 경우가 있는 것이다. 이와 같이 보면 格자에 바야흐로 진정한 뜻이 있는 것이다."라고 하였다.

2) 歸格于藝祖 : 蔡傳에서는 "藝祖는 文祖인 듯싶다."라고 하고서는 ≪禮記≫ 〈王制〉와 程子의 말을 인용하였는데, 조선시대 權近은 ≪五經淺見錄≫ 〈書淺見錄〉에서 "≪書經集傳≫에서 ≪禮記≫ 〈王制〉의 '돌아와 할아버지의 사당과 아버지의 사당에 이르렀다.'는 말을 인용하고, 또 程子의 말을 인용하여 '단지 藝祖만을 말한 것은 높은 분을 든 것이니, 실은 모두 고한 것이다.'라고 하였다. 나는 생각하건대 ≪禮記≫ 〈王制〉는 天子의 禮를 보편적으로 말한 것이고, 〈舜典〉은 有虞의 일을 전적으로 기록한 것이다. 단지 藝祖만을 말한 것은 이때에 禰廟가 없었다. 舜임금의 攝位는 뒤를 이은 것이니, 堯임금을 禰라고 했다면 堯임금은 아직 在位하였고, 만일 별도로 사당을 세워서 瞽瞍를 禰라고 했다면 瞽叟 또한 아직 생존하였다. 그러므로 단지 할아버지의 사당에 이른 것만을 언급하고 아버지의 사당

을 언급하지 못한 것은 특별히 당시의 일을 기록했을 뿐이다."라고 하였다.

〈巡守를 마치고〉 돌아와 藝祖의 사당에 이르러서 한 마리의 소를 써서 제사를 지내셨다.

【傳】 巡守四岳하고 然後歸告至文祖之廟니라 藝는 文也라 言祖則考著니라 特은 一牛니라

四岳을 巡守하는 일을 마친 연후에 〈京師로〉 돌아와 文祖의 사당에 이르러서 고하였다. 藝는 文의 뜻이다. 할아버지〔祖〕를 말하면 아버지〔考〕는 저절로 드러난다. 特은 한 마리의 소를 뜻한다.

五載一巡守어시든 群后四朝[1]하나니

1) 四朝 : 蔡傳에서는 "四方의 諸侯가 天子國에 와서 조회했다."라고 하여 사방의 제후가 각각 한 번씩 조회하면 모두 네 번 조회한 것으로 풀이하였다.

5년에 한 번 순수하시면 여러 제후는 네 곳에서 조회를 하였으니,

【傳】 各會朝于方岳之下 凡四處라 故曰四朝니라 將說敷奏之事라 故申言之니라 堯舜同道하니 舜攝則然이면 堯又可知니라 ○ 四朝는 馬王皆云 四面朝於方岳之下라하고 鄭云 四朝는 四季朝京師也라

각각 方岳의 아래에 모여서 조회하는 곳이 모두 네 곳이었다. 그러므로 四朝라고 한 것이다. 장차 행정업무에 관한 일을 설명하게 하였다. 그러므로 거듭 말한 것이다. 堯임금과 舜임금은 道가 같았으니, 舜임금이 攝位하여 그렇게 했으면 堯임금도 그렇게 했음을 또한 알 수 있을 것이다.

○ 四朝는 馬融과 王肅은 모두 "사면에서 方岳의 아래에 조회하는 것이다."라고 하고, 鄭玄은 "四朝는 四季節에 京師에 조회하는 것이다."라고 하였다.

敷奏以言하시며 明試以功하시며 車服以庸하시다

행정업무를 각각 아뢰게 하셨으며, 그 공적을 밝게 살펴보셨으며, 공적에 따라 수레와 의복으로 표창하셨다.

【傳】 敷는 陳이요 奏는 進也라 諸侯四朝에 各使陳進治(禮)〔理〕[1]之言하고 明試其言하여 以

要其功하고 功成則賜車服하여 以表顯其能用이니라

1) (禮)〔理〕: 저본에는 '禮'로 되어있으나, 阮刻本에 "興國本에는 '禮'가 '理'로 되어있고, 毛本에도 '理'로 되어있다. 살펴보건대 ≪正義≫에 '各使自陳進其治化之言'이라고 하였으니, 여기에 '禮'로 되어있는 것은 잘못이다."라고 한 것에 의거하여 '理'로 바로잡았다.

敷는 진술하다라는 뜻이요, 奏는 나아가다라는 뜻이다. 諸侯가 네 번 조회할 때에 각각 治理에 대한 말을 진술하게 한 다음 그 말을 밝게 시험하여 그 공적을 살펴보고 공적이 이루어졌으면 수레와 의복을 하사하여 그 사람에게 쓸 만한 才能이 있다는 것을 분명하게 드러내주었다.

【疏】'歲二月'至'以庸' ○正義曰 : 舜旣班瑞群后, 卽以其歲二月, 東行巡省守土之諸侯, 至於岱宗之岳, 燔柴告至, 又望而以秩次祭於其方岳山川. 柴望旣畢, 遂以禮見東方諸侯諸國之君. 於此諸國, 協其四時氣節, 月之大小, 正其日之甲乙, 使之齊一. 均同其國之法制, 度之丈尺, 量之斛斗, 衡之斤兩, 皆使齊同, 無輕重大小. 又修五禮吉·凶·賓·軍·嘉之禮, 修五玉公·侯·伯·子·男所執之圭璧也. 又修三帛諸侯世子公之孤附庸之君所執玄纁黃之帛也. 又修二生卿所執羔大夫所執鴈也. 又修一死士所執雉也. 自五玉至於一死, 皆蒙上修文, 總言所用. 玉帛生死, 皆爲贄以見天子也. 其贄之內, 如五玉之器, 禮終乃復還之, 其帛與生死則不還也. 東岳禮畢, 卽向衡山. 五月南巡守, 至于南岳之下, 柴望以下, 一如岱宗之禮, 南岳禮畢, 卽向華山. 八月西巡守, 至于西岳之下, 其禮如初時, 如岱宗所行. 西岳禮畢, 卽向恒山. 朔, 北也. 十有一月, 北巡守, 至于北岳之下, 一如西岳之禮. 巡守旣周, 乃歸京師. 藝, 文也. 至於文祖之廟, 用特牛之牲設祭, 以告巡守歸至也. 從是以後, 每五載一巡守. 其巡守之年, 諸侯群后 四方各朝天子於方岳之下. 其朝之時, 各使自陳進其所以治化之言, 天子明試其言, 以考其功, 功成有驗, 則賜之車服, 以表顯其有功能用事.

經의 〔歲二月〕에서 〔以庸〕까지

○ 正義曰 : 舜임금은 이미 여러 제후에게 瑞玉을 돌려주고 나서 곧 그해 2월에 동쪽으로 행하여 국토를 지키는 제후들을 순회하며 살펴보되 岱宗의 岳에 이르러서 나무를 태워 그곳에 이르렀음을 고하였고, 또 바라보면서 차서에 따라 그 方岳 山川에 제사를 지냈다. 나무를 태우면서 바라보고 산천에 제사를 지내는 일이 이미 끝남에 드디어 禮를 가지고 東方 諸侯 나라의 임금들을 접견하였다.

이때에 여러 나라가 그 四時의 氣節과 달의 大小를 맞추고 그날의 甲乙을 바로잡아 통일시키도록 하였다. 그 나라의 法制를 통일시키고, 度의 丈尺과 量의 斛斗와 衡의 斤兩을 모두 통일시켜 輕重, 大小의 차이가 없도록 하였다. 또 五禮인 吉禮・凶禮・賓禮・軍禮・嘉禮를 닦고, 五玉인 公・侯・伯・子・男이 가진 瑞圭와 瑞璧에 관한 禮를 닦았다. 또 三帛인 諸侯의 世子와 公의 孤卿과 附庸國의 임금이 가진 玄帛・纁帛・黃帛에 관한 禮를 닦았다. 또 二生인 卿이 가진 염소와 大夫가 가진 기러기의 예물에 관한 禮를 닦았다. 또 一死인 士가 가진 꿩의 예물에 관한 예를 닦았다.

'五玉'에서부터 '一死'에 이르기까지는 모두 위의 '修'라는 글자를 받아서 소용되는 것을 총괄하여 말하였으니, 玉과 비단 그리고 산 염소와 기러기, 죽은 꿩을 모두 예물로 삼아서 天子를 뵙는 것이다. 그 예물 중에 五玉의 기구와 같은 것은 천자를 뵙는 禮가 끝나자 곧 돌려주고 그 비단 및 산 염소와 기러기 그리고 죽은 꿩은 돌려주지 않았다.

東岳의 禮가 끝나면 곧 衡山으로 향하였다. 5월에는 남쪽으로 巡守하여 南岳의 아래에 이르러서 나무를 태우며 바라보고 산천에 제사 지내는 절차 이하를 한결같이 岱宗에서 행하던 禮와 동일하게 하였고, 南岳의 禮가 끝나면 곧 華山으로 향하였다. 8월에는 서쪽으로 巡守하여 西岳의 아래에 이르러서 그 禮를 처음 행하던 때와 같이 하였으니, 그것은 바로 岱宗에서 행한 예와 똑같이 한 것이다. 西岳의 禮가 끝나면 곧 恒山으로 향하였다. 朔은 北方의 뜻이다. 11월에는 북쪽으로 巡守하여 北岳의 아래에 이르러서 한결같이 西岳에서 행한 禮와 같이 하였다.

巡守를 다 돌고 나면 곧 京師로 돌아왔다. 藝는 文의 뜻이다. 文祖의 사당에 이르러서 한 마리 소의 犧牲을 가지고 제물을 차려놓고 巡守를 마치고 돌아와 이 사당에 이르렀음을 고하였다.

이후로는 5년마다 한 차례씩 巡守를 하였다. 巡守하는 그해에는 諸侯의 여러 임금이 사방에서 각각 天子를 方岳의 아래에서 조회하였다. 조회할 때에는 각각 그들이 행하는 정치교화에 대한 말을 스스로 진술하게 하고, 天子는 그들의 말을 시험하여 그들의 공적을 상고하고 공이 이루어진 것이 심증되면 수레와 의복을 하사하여 그에게 用事할 만한 功能이 있다는 것을 분명히 드러내었다.

【疏】 傳'諸侯'至'告至' ○正義曰：王者所爲巡守者, 以諸侯自專一國, 威福在己, 恐其擁遏上命, 澤不下流. 故時自巡行, 問民疾苦. 孟子稱晏子對齊景公云"天子適諸侯曰巡守, 巡守者, 巡所守也." 是言天子巡守, 主謂巡行諸侯故, 言諸侯爲天子守土. 故

稱守, 而往巡行之. 定四年左傳 "祝鮀(타)言 '衛國取相土之東都, 以會王之東蒐.'" 蒐, 是獵之名也. 王者因巡諸侯, 或亦獵以教戰, 其守皆作狩. 白虎通云 "王者所以巡狩者, (也)〔何〕. 巡者, 循也, 狩者, (收)〔牧〕也, 爲天(子)〔下〕循(收養人)〔土牧民〕."[1] 彼因名以附說, 不如晏子之言得其本也. 正月班瑞, 二月卽行. 故云 "旣班瑞之明月, 乃順春東巡." 春位在東. 故順春也. 爾雅 "泰山爲東岳." 此巡守至於岱, 岱之與泰, 其山有二名也. 風俗通云 "泰山, 山之尊者. 一曰岱宗, 岱, 始也, 宗, 長也. 萬物之始, 陰陽交代. 故爲五岳之長." 是解岱卽泰山, 爲四岳之宗, 稱岱宗也. 郊特牲云 "天子適四方, 先柴." 是燔柴爲祭天告至也.

1) 白虎通云……爲天(子)〔下〕循(收養人)〔土牧民〕: 저본에는 '白虎通云 王者所以巡狩者也 巡者 循也 狩者收也 爲天子循收養人'으로 되어있는데, 四庫全書에 실린 漢代 班固의 ≪白虎通義≫에 '王者所以巡狩者何 巡者循也 狩牧也 爲天下循行守牧民也'라고 한 것에 의거하여 저본의 '也'는 '何'로, '收'는 '牧'으로, '子'는 '下'로 '循收養人'은 '循土牧民'으로 바꾸고, '土'는 ≪禮記義疏≫에 인용된 ≪白虎通≫에 의하여 보충하였다. 阮刻本에는 '王者所以巡狩者也'의 '也'에 대해서만 "盧文弨와 浦鏜이 모두 이르기를 '也는 마땅히 何가 되어야 한다.' 하였으니, 옳다."라 하고, 다른 것은 언급하지 않았다.

傳의 〔諸侯〕에서 〔告至〕까지

○ 正義曰 : 王者(天子)가 巡守를 하는 까닭은, 諸侯가 스스로 한 나라를 전담하여 위엄을 주고 복되게 하는 일이 그 자신에게 매어 있으니, 그들이 天子의 명을 막아 은택이 아래로 흘러가지 못할까 염려했다. 그러므로 때에 따라 巡行하여 백성의 疾苦를 물었다. 孟子는 "晏子가 齊 景公의 물음에 대답하기를 '天子가 諸侯에게 가는 것을 巡守라고 하니, 巡守라는 것은 〈제후가〉 지키는 곳을 순행하는 것이다.'라고 했다." 하였다. 여기서 말한 天子의 巡守는 諸侯에게 巡行함을 주로 이른 때문에 "諸侯는 天子를 위해 영토를 지킨다."고 말한 것이다. 그러므로 守라 칭하는데, 거기에 가서 巡行하는 것이다.

定公 4년 조의 ≪春秋左氏傳≫에 "祝鮀가 말하기를 '衛나라가 相土의 東都 땅을 취하여 天子가 동쪽에서 사냥할 때〔蒐〕 도와주도록 했다.'고 한다."고 하였다. 蒐는 바로 사냥을 이르는 명칭이다. 王者는 諸侯에게 순수하는 기회에 더러 사냥을 함으로써 전쟁하는 방법을 가르쳤으니, 守자는 모두 狩자로 적었다.

≪白虎通≫에 이르기를 "王者가 巡狩하는 것은 무엇 때문인가? 巡이란 것은 循의 뜻을 가졌고, 狩란 것은 牧의 뜻을 가졌으니, 天下를 위하여 영토를 순행하고 백성을 牧養하는 것이다."라고 하였다. ≪白虎通≫에서는 巡守란 이름을 인하여 말을 만들어 붙였으

니, 晏子의 말이 그 근본을 얻은 것만 못하다.

正月에 瑞玉을 돌려주고 나서 2월에 곧 순행하였다. 그러므로 '이미 瑞玉을 돌려주고 난 다음 달에 곧 봄을 따라 동쪽으로 순수하였다.'고 한 것이다. 봄의 위치는 동쪽에 있다. 그러므로 順春이라 한 것이다.

≪爾雅≫에 "泰山은 東岳이다."라고 하였다. 여기서는 巡守하여 岱宗에 이르렀으니, 岱와 泰는 그 산에 두 가지 이름이 있는 것이다. ≪風俗通≫에 이르기를 "泰山은 산 중에 높은 것이다. 일설에는 岱宗이라고도 하는데, 岱는 시초의 뜻을 가졌고, 宗은 長의 뜻을 가졌다. 萬物의 시초는 陰과 陽이 交代한다. 그러므로 五岳의 長이 된 것이다."라고 하였다. 여기서는 岱 곧 泰山이 四岳의 우두머리가 되었기 때문에 岱宗이라 칭한 것이다. ≪禮記≫ 〈郊特牲〉에 이르기를 "天子가 사방에 갔을 때에 먼저 柴祭를 지낸다."고 하였으니, 이는 나무를 태워 하늘에 제사를 지내어 그곳에 이르렀음을 고한 것이다.

【疏】 傳'東岳'至'子男' ○正義曰：四時各至其方岳, 望祭其方岳山川. 故云"東岳諸侯境內名山大川, 如其秩次望祭之也." 言秩次而祭, 知徧於群神. 故云"五岳牲禮視三公, 四瀆視諸侯, 其餘視伯子男也." 其尊卑所視, 王制及書傳之文, 牲禮二字, 孔增之也. 諸侯五等, 三公爲上等, 諸侯爲中等, 伯·子·男爲下等, 則所言諸侯, 惟謂侯爵者耳. 其言所視, 蓋視其祭祀, 祭五岳如祭三公之禮, 祭四瀆如祭諸侯之禮, 祭山川如祭伯·子·男之禮. 公·侯·伯·子·男, 尊卑旣有等級, 其祭禮必不同, 但古典亡滅, 不可復知. 鄭玄注書傳云"所視者, 謂其牲帛·粢盛·籩豆·爵獻之數." 案五等諸侯適天子, 皆膳用太牢[1), 禮, 諸侯祭, 皆用太牢, 無上下之別. 又大行人云"上公九獻, 侯·伯七獻, 子·男五獻." 掌客"上公, 饔餼九牢, 飧五牢, 侯·伯,饔餼七牢, 飧四牢, 子·男, 饔餼五牢, 飧三牢." 又"上公豆四十, 侯·伯三十二, 子·男二十四." 竝伯與侯同. 又鄭注禮器'四望[2)'·'五獻', 據此諸文, 與孔傳·王制不同者. 掌客·行人, 自是周法, 孔與王制, 先代之禮. 必知然者, 以周禮侯與伯同. 公羊及左氏傳, 皆以公爲上, 伯·子·男爲下, 是其異也.

1) 五等諸侯適天子 皆膳用太牢 : ≪禮記≫ 〈郊特牲〉에 "天子가 諸侯에게 가거든 諸侯는 반찬으로 송아지를 잡아 올리고, 諸侯가 天子에게 가거든 天子는 〈쇠고기·양고기·돼지고기가 구비된〉 太牢를 접대하는 예를 내린다.〔天子適諸侯 諸侯膳用犢 諸侯適天子 天子賜之禮太牢〕"라고 하였다.

2) 四望 : ≪禮記≫ 〈禮器〉에 四望이라는 2자가 없으니, 아마 疏家가 上文에 있는 五獻과

구별하기 위하여 일부러 덧붙인 듯하다.

傳의 〔東岳〕에서 〔子男〕까지

○ 正義曰 : 四時에 각각 그 方岳에 이르러 그 方岳의 山川에 望祭를 지냈다. 그러므로 "東岳 諸侯의 境內에 있는 名山과 大川에 그 秩次와 같이 望祭를 지냈다."라고 하였다. "秩次대로 望祭를 지냈다."라고 말하였으니, 여러 神에게 두루 제사를 지냈다는 것을 알았다. 그러므로 "五岳의 牲禮는 三公에 견주고, 四瀆은 諸侯에 견주고, 그 나머지는 伯·子·男에 견주었다."라고 하였다.

그 尊卑를 견준 것은 바로 ≪禮記≫ 〈王制〉와 ≪書傳≫의 글이고, '牲禮' 두 글자는 孔安國이 보탠 것이다. 諸侯는 다섯 등급인데, 三公은 상등이고 諸侯는 중등이고 伯·子·男은 하등이니, 여기서 말한 '諸侯'는 오직 侯爵을 말했을 뿐이다. '견준다〔視〕'고 말한 것은 대개 그 祭祀를 견준 것이니, 五岳에 제사를 지내는 것은 三公에 제사를 지내는 禮와 같이하고, 四瀆에 제사를 지내는 것은 諸侯(侯爵)에 제사를 지내는 禮와 같이하고, 山川에 제사를 지내는 것은 伯·子·男에 제사를 지내는 禮와 같이하는 것이다. 公·侯·伯·子·男은 尊卑에 이미 등급이 정해져 있으니, 그 祭禮가 반드시 동일하지 않았을 것이나 다만 古典이 亡滅한 상태여서 다시 알아볼 길이 없을 뿐이다. 鄭玄은 ≪書傳≫에 주를 달기를 "견준 것은 그 牲帛·粢盛·爵獻의 숫자를 이른다."라고 하였다.

상고하건대 다섯 등급의 諸侯가 天子에게 가거든 모두 반찬에 太牢를 사용하였고, 禮에 諸侯의 제사는 모두 太牢를 쓰는 것으로 되어있으니, 上下의 구별이 없었던 것이다. 또 ≪周禮≫ 〈秋官 大行人〉에 "上公은 9獻을 하고, 侯와 伯은 7獻을 하고, 子와 男은 5獻을 한다."고 하였고, 〈掌客〉에 "上公은 饔餼는 9牢에 飱은 5牢이고, 侯와 伯은 饔餼는 7牢에 飱은 4牢이고, 子와 男은 饔餼는 5牢에 飱은 3牢이다."라고 하였고, 또 "上公은 접시가 40개, 侯와 伯은 32개, 子와 男은 24개이다."라고 하였으니, 伯과 侯는 동일하였다. 또 鄭玄은 ≪禮記≫ 〈禮器〉의 '四望'·'五獻'에 주를 달 때에 이러한 여러 가지 글에 근거하였다. 孔傳이나 ≪禮記≫ 〈王制〉와 같지 않은 것은, ≪周禮≫ 〈秋官〉의 〈掌客〉과 〈行人〉의 것은 바로 周나라 法이고, 孔傳과 ≪禮記≫ 〈王制〉의 것은 先代의 禮이기 때문이다. 반드시 그러함을 알 수 있는 것은 ≪周禮≫에서 侯와 伯을 동일하게 다루고 있기 때문이다. ≪春秋公羊傳≫과 ≪春秋左氏傳≫은 모두 公을 上으로 삼고 伯·子·男을 下로 삼았으니, 이것이 그 다른 점이다.

【疏】 傳'合四'至'均同' ○ 正義曰 : 上篇已訓協爲合[1). 故注卽以合言之也[2). 他皆放

此. 周禮太史云 "正歲年, 頒告朔[3]於邦國." 則節氣晦朔, 皆天子頒之, 猶恐諸侯國異, 或不齊同. 故因巡守而合和之. 節是月初, 氣是月半也. 世本云 "容成作暦, 大撓作甲子." 二人皆黃帝之臣. 蓋自黃帝已來, 始用甲子紀日, 每六十日而甲子一周. 史記稱 "紂爲長夜之飮, 忘其日辰." 恐諸侯或有此之類. 故須合日之甲乙也. 時也月也日也三者, 皆當勘校諸國, 使齊一也. 律者, 侯氣之管, 而度量衡三者, 法制皆出於律, 故云 "律法制也." 度有丈尺, 量有斛斗, 衡有斤兩, 皆取法於律. 故孔解律爲法制, 卽云 "及尺丈·斛斗·斤兩皆均同之." 漢書律暦志云 "度·量·衡, 出於黃鐘之律也. 度者, 分·寸·尺·丈·引所以度長短也. 本起於黃鐘之管長, 以子穀秬黍中者一黍之廣度之. 千二百黍爲一分, 十分爲寸, 十寸爲尺, 十尺爲丈, 十丈爲引, 而五度審矣. 量謂龠·合·升·斗·斛, 所以量多少也. 本起於黃鐘之龠, 以子穀秬黍中者千有二百, 實爲一龠[4]. 十龠爲合, 十合爲升, 十升爲斗, 十斗爲斛, 而五量嘉[5]矣. 權者, 銖·兩·斤·鈞·石, 所以稱物知輕重也. 本起於黃鐘之龠, 一龠容千二百黍, 重十二銖. 兩(銖)之爲兩[6], 十六兩爲斤, 三十斤爲鈞, 四鈞爲石, 而五權謹矣." 權·衡一物, 衡, 平也, 權, 重也. 稱上謂之衡, 稱鎚謂之權, 所從言之異耳. 如彼志文, 是量·度·衡, 本起於律也. 時月言協, 日言正, 度量衡言同者, 以時月須與他月和合, 故言協, 日有正與不正, 故言正, 度量衡, 俱是(明)〔民〕[7]之所用, 恐不齊同, 故言同, 因事宜而變名耳.

1) 上篇已訓協爲合 : 〈堯典〉 '協和萬邦'의 '協'에 대해 孔傳에서 協은 화합하다라는 뜻이라고 하였다.

2) 注卽以合言之也 : 〔克明〕에서 〔時雍〕까지에 대한 疏의 "使之合會調和天下之萬國"을 가리킨다.

3) 告朔 : ≪論語≫의 註에 "옛날에는 天子가 선달에 다음 해 12개월의 달력을 諸侯들에게 분배하면 제후들은 그것을 받아서 조상의 사당에 보관하였다가 매월 초하루가 되면 한 마리 양의 날고기를 가지고 사당에 고유하고 나서 청하여 그 달의 달력을 꺼내서 시행하였다.〔古者 天子常以季冬頒來歲十二月之朔于諸侯 諸侯受而藏之祖廟 月朔則以特羊告廟請而行之〕"라는 말이 보인다.

4) 實爲一龠 : ≪漢書≫에는 '實其龠'이라 되어있으니, 기장 1,200개를 龠에 채웠다는 뜻인데, 여기서는 '實爲一龠'이라 하였으니 기장 1,200개가 실제로 1龠이 된다는 뜻이다.

5) 嘉 : 顔師古는 "嘉 善也"라 하여 '嘉'를 '善'의 뜻으로 보았다.

6) 兩(銖)之爲兩 : 저본에는 '銖'자가 있으나, 阮刻本에 "毛本에는 '銖'가 없다. 山井鼎이 말하기를 '漢나라 原文에는 銖가 없다.' 하였다."라고 한 것에 의거하여 衍文으로 처리하였다. ≪漢書≫에는 '兩之爲兩' 아래에 '二十四銖爲兩' 6자가 있으니, 이를 보충하여 번역

하였다.

7) (明)〔民〕: 저본에는 '明'으로 되어있으나, 文淵閣四庫全書本에 의거하여 '民'으로 바로잡았다.

傳의 〔合四〕에서 〔均同〕까지

○ 正義曰 : 〈堯典〉에서 이미 '協'을 '合'의 뜻으로 풀이하였다. 그러므로 注에서 곧 合을 가지고 말하였다. 다른 데도 모두 이와 같다. ≪周禮≫ 〈春官 太史〉에 이르기를 "歲年을 바로잡아 告朔을 邦國에 반포한다."라고 하였으니, 節氣와 晦朔은 모두 天子가 반포하는 것이지만, 오히려 諸侯의 나라가 달라서 혹시 동일하지 않을까 염려했다. 그러므로 巡守를 계기로 똑같이 맞추었다.

節은 月初를 가리키고, 氣는 月半을 가리킨다.

≪世本≫에 이르기를 "容成이 책력을 만들고 大撓가 甲子를 만들었다."라고 하였는데, 두 사람은 모두 黃帝의 신하였다. 대개 黃帝 때부터 비로소 甲子를 써서 날짜를 기록하였으니, 60일마다 甲子가 한 번씩 돈다. ≪史記≫에서 칭하기를 "紂는 밤새도록 마시다가 그 日辰조차 잊었다."고 하였는데, 諸侯 중에 혹시 그와 같은 類가 있을까 염려했다. 그러므로 날짜의 甲乙을 맞춰주어야 했다. 時·月·日 이 세 가지는 모두 여러 나라를 조사해서 통일시켜야 했다.

律이란 것은 기후를 측정하는 대롱이고, 度·量·衡 세 가지는 그 法制가 모두 律에서 나온다. 그러므로 "律은 法制이다."라고 한 것이다. 度에는 丈과 尺이 있고, 量에는 斛과 斗가 있고, 衡에는 斤과 兩이 있으니, 모두 律에서 법을 취한 것이다. 그러므로 孔傳에서 律을 法制로 풀이한 것이다. 그리고 곧 "尺丈·斛斗·斤兩까지를 모두 통일시켰다."고 한 것이다.

≪漢書≫ 〈律曆志〉에 이르기를 "度·量·衡은 黃鐘의 律에서 나왔다. 度라는 것은 分·寸·尺·丈·引으로서 길고 짧은 것을 헤아리는 기구이다. 본래 黃鐘의 대롱의 길이에서 발상한 것인데, 子穀의 秬黍 중간치 한 기장의 넓이로 헤아리는 것이다. 1,200개의 기장이 分이 되고 10分이 寸이 되고 10寸이 尺이 되고 10尺이 丈이 되고 10丈이 引이 되는데, 다섯 단계의 度가 세밀하게 정해진 것이다. 量은 龠·合·升·斗·斛을 이르니 많고 적음을 헤아리는 기구이다. 본래 黃鐘의 龠에서 발상한 것인데, 子穀의 秬黍 중간치 1,200개가 실제로 1龠이 된다. 10龠이 合(홉)이 되고, 10合이 升이 되고, 10升이 斗가 되고, 10斗가 斛이 되는데, 다섯 단계의 量이 잘 이루어졌다. 權이란 것은 銖·兩·斤·鈞·石으로서 물건을 달아서 가볍고 무거움을 아는 기구이다. 본래 黃鐘의 龠

에서 발상한 것이니, 1龠은 1,200개의 기장이 담기고 그 무게는 12銖인 것이다. 兩이 兩이 됨은 〈24銖가 兩이 되고,〉 16兩이 斤이 되고, 30斤이 鈞이 되고, 4鈞이 石이 되는데, 다섯 단계의 權이 신중하게 정해졌다."라고 하였다.

權과 衡은 동일한 물건이니, 衡은 평형을 유지하는 것이고, 權은 무게를 가진 것이다. 저울대를 衡이라 이르고 저울추를 權이라 이르는데, 말하기에 따라 다를 뿐이다. 저 〈律曆志〉와 같다면 이 量·度·衡은 본래 律에서 생긴 것이다. '時月'에는 '協'을 말하고, '日'에는 '正'을 말하고, '度量衡'에는 '同'을 말한 것은, 時·月은 모름지기 다른 달과 和合해야 하기 때문에 協을 말한 것이고, 日에는 正과 不正이 있기 때문에 正을 말한 것이고, 度·量·衡은 모두 백성들이 사용하는 기구이니 동일하지 않을까 염려했다. 그러므로 同을 말한 것이니, 일의 알맞음을 인하여 이름을 변경했을 뿐이다.

【疏】 傳'修吉'至'其玉' ○ 正義曰：周禮大宗伯云 "以吉禮, 事邦國之鬼神示(기), 以凶禮, 哀邦國之憂, 以賓禮, 親邦國, 以軍禮, 同[1]邦國, 以嘉禮, 親萬民(之婚姻)[2]." 知五禮謂此也. 帝王之名旣異, 古今之禮或殊, 而以周之五禮, 爲此五禮者, 以帝王相承, 事有損益, 後代之禮, 亦當是前代禮也. 且歷驗此經, 亦有五事, 此篇'類於上帝', 吉也, '如喪考妣', 凶也, '群后四朝', 賓也, 大禹謨云 '汝徂征', 軍也, 堯典云 '女于時', 嘉也. 五禮之事, 竝見於經, 知與後世不異也. 此云 '五玉', 卽上文'五瑞', 故知'五等諸侯執其玉'也. 鄭玄云 "執之曰瑞, 陳列曰玉."

1) 同：鄭玄의 注에 "同은 和協하지 않고 참람한 諸侯를 위협하는 일을 이른다."라고 하였다.
2) (之婚姻)：저본에 '親萬民之婚姻'으로 되어있으나, ≪周禮≫에 '親萬民'으로 되어있으므로 이에 의거하여 '之婚姻' 3字는 衍文으로 처리하였다.

傳의 〔修吉〕에서 〔其玉〕까지

○ 正義曰：≪周禮≫ 〈春官 大宗伯〉에 이르기를 "吉禮로써 邦國의 人鬼와 天神과 地祇를 섬기고, 凶禮로써 邦國의 우환을 애도하고, 賓禮로써 邦國과 친선하고, 軍禮로써 邦國을 위협하고, 嘉禮로써 萬民을 친절했다."라고 하였으니, 五禮는 바로 이를 이른 것임을 알았다. 帝王의 이름이 이미 다르고 古今의 禮가 혹 다르므로 周나라의 五禮로써 이 五禮를 삼는 것은 帝王이 서로 계승하여 일에 損益을 가함이 있었기 때문이니, 後代의 禮 또한 이 前代의 禮에 해당하는 것이다.

또 이 經을 죽 살펴보건대, 또한 다섯 가지 일이 있으니, 이 篇의 '上帝에게 類祭를 지냈다.'는 吉禮요, '마치 부모의 복을 입은 것처럼 하였다.'는 凶禮요, '여러 제후는 네 곳에서 조회를 하였다.'는 賓禮요, 〈大禹謨〉에서 말한 '네가 가서 정벌하라.'는 軍禮요, 〈堯典〉에서 말한 '이에 두 딸로 舜에게 아내를 삼아주었다.'는 嘉禮이다. 五禮의 일이 아울러 經에 나타나 있으니, 後世와 다르지 않다는 것을 알았다.

여기서 말한 五玉은 곧 上文의 五瑞이기 때문에 "5등 諸侯는 그 玉을 가졌다."는 것을 알았다. 鄭玄은 이르기를 "갖는 것을 瑞라 하고, 陳列한 것을 玉이라 한다."라고 하였다.

【疏】 傳'諸侯'至'執黃' ○正義曰：周禮典命云 "凡諸侯之適子, 誓[1]於天子, 攝其君, 則下其君之禮一等, 未誓, 則以皮帛, 繼子男之下, 〔公之孤, 四命〕[2], 以皮帛, 眡(시)小國之君[3]." 是諸侯世子, 公之孤, 執帛也. 附庸, 雖則無文, 而爲南面之君, 是一國之主. 春秋時, 附庸之君, 適魯, 皆稱來朝. 未有爵命, 不得執玉, 則亦繼小國之君, 同執帛也. 經言三帛, 必有三色, 所云纁(훈)玄黃者, 孔時或有所據, 未知出何書也. 王肅云 "三帛, 纁玄黃也. 附庸與諸侯之, 適子, 公之孤, 執皮帛, 其執之色, 未詳聞. 或曰 '孤執玄, 諸侯之適子執纁, 附庸執黃.'" 王肅之注尙書, 其言多同孔傳. 周禮孤與世子, 皆執皮帛, 鄭玄云 "皮帛者, 束帛而表以皮爲之飾, 皮, 虎豹皮也." 此三帛不言皮, 蓋于時未以皮爲飾.

1) 誓：鄭玄의 注에 "誓는 命과 같으니, 誓라 말한 것은 天子가 이미 명하여 嗣子로 삼았음을 밝힌 것이다.〔誓猶命也 言誓者 明天子旣命以爲之嗣〕"라고 하였다.
2) 〔公之孤 四命〕：저본에는 없으나 ≪周禮≫에 의거하여 보충하였다.
3) 眡(시)小國之君：鄭玄의 注에 "'小國의 임금에 견준다.'는 것은 卿大夫의 자리에 배치된 것이다.〔曰眡小國之君者 列於卿大夫之位〕"라고 하였다.

傳의 〔諸侯〕에서 〔執黃〕까지

○正義曰：≪周禮≫ 〈春官 典命〉에 이르기를 "諸侯의 適子가 이미 天子에게 命을 받아 嗣子가 된 입장에서 그 임금을 대신하여 〈조회를 왔으면〉 그 임금의 禮를 한 등급 내리고, 아직 天子의 命을 받아 嗣子가 되지 못한 입장이면 皮帛을 가지고 子·男의 아래를 이으며, 公의 孤는 四命의 품계이기 때문에 皮帛을 가지고 小國의 임금에게 견준다."라고 하였다. 이는 바로 諸侯의 世子와 公의 孤가 비단을 가진 것이다.

附庸國에 대해서는 비록 글이 없으나 南面의 임금이 되니, 바로 한 나라의 임금인 것이다. 春秋시대에 附庸國의 임금이 魯나라에 가면 모두 來朝라고 칭했다. 爵命이 없고 玉을 가지지 않았으면 또한 小國의 임금을 이어서 함께 비단을 가졌다.

經에서 말한 三帛은 반드시 세 가지 색깔이 있을 것이니, 이른바 纁·玄·黃이란 것은

孔安國 때에 혹 근거한 바가 있었을 것이지만, 어떤 책에서 나왔는지는 알 수 없다. 王肅은 이르기를 "三帛은 纁·玄·黃이다. 附庸國의 임금이나 諸侯의 適子와 公의 孤는 皮帛을 가졌으나 그들이 가진 색깔에 대해서는 자세히 듣지 못하였다. 혹자는 말하기를 '孤는 검은색을 가지고 諸侯의 適子는 분홍색을 가지고 附庸國의 임금은 누런색을 가진다.'고 했다."라고 하였다. 王肅이 ≪尙書≫에 단 注에는 그 말들이 대부분 孔傳과 같았다.

≪周禮≫에 孤와 世子는 모두 皮帛을 가졌는데, 鄭玄이 이르기를 "皮帛이란 비단을 묶고 겉은 가죽으로 장식하는 것인데, 가죽은 범과 표범의 가죽이었다."라고 하였다. 여기 三帛에 대해 가죽을 말하지 않은 것은 아마 그때에 가죽으로 장식을 하지 못했던 모양이다.

【疏】傳'卿執'至'執雉' ○正義曰：此皆大宗伯文也. 鄭玄曰"羔, 小羊, 取其群而不失其類也, 雁, 取其候時而行也, 雉, 取其守介, 死不失節也. 曲禮云'飾羔雁者以繢(궤)'. 謂衣之以布而又畫之. 雉執之無飾. 士相見之禮, 卿大夫飾贄以布, 不言繢. 此諸侯之臣與天子之臣異也." 鄭之此言, 論周之禮耳. 虞時每事猶質, 羔雁不必有飾.

傳의 〔卿執〕에서 〔執雉〕까지

○正義曰：이것은 모두 ≪周禮≫ 〈春官 大宗伯〉의 글이다. 鄭玄이 이르기를 "羔는 새끼 羊이니, 무리를 지어 그 類를 잃지 않는 점을 취한 것이고, 기러기는 시절에 따라 다니는 점을 취한 것이고, 꿩은 지조를 지켜 죽어도 절개를 잃지 않는 점을 취한 것이다. ≪禮記≫ 〈曲禮〉에서 '새끼 양과 기러기를 장식하는 경우는 수놓은 천을 가지고 한다.'는 것은 베를 입히고 또 거기에 그림을 그리는 것을 이른다. 꿩 이하를 예물로 갖는 경우에는 장식을 하는 일이 없다. ≪儀禮≫의 〈士相見禮〉에서는 '卿과 大夫는 예물을 장식할 때 베를 가지고 한다.'고만 밝히고 수놓은 천에 대해서는 말하지 않았다. 이것은 諸侯의 신하와 天子의 신하가 다르기 때문이다."라고 하였는데, 鄭玄의 이 말은 周나라의 禮를 논했을 뿐이다. 虞 때에는 매사가 오히려 질박하였으니, 새끼 양과 기러기에 반드시 장식하는 일이 없었을 것이다.

【疏】傳'玉帛'至'見之' ○正義曰：曲禮云"贄, 諸侯圭, 卿羔, 大夫雁, 士雉." 雉不可生, 知一死是雉, 二生是羔雁也. 鄭玄云"贄之言至, 所執以自至也." 自五玉以下, 蒙上修文者, 執之使有常也. 若不言贄, 則不知所用. 故言贄以結上(又)〔文〕[1](見)〔是〕[2]玉帛·生死皆所以爲贄, 以見君與自相見, 其贄同也.

1) (叉)〔文〕: 저본에는 '叉'로, 文淵閣四庫全書本에는 '文'으로 되어있는데, 語法上 '叉'보다 '文'이 낫기 때문에 '文'으로 바로잡았다.

2) (見)〔是〕: 저본에는 '見'으로, 文淵閣四庫全書本에는 '是'로 되어있는데, 語法上 '見'보다 '是'가 낫기 때문에 '是'로 바로잡았다.

傳의 〔玉帛〕에서 〔見之〕까지

○ 正義曰 : ≪禮記≫ 〈曲禮〉에 이르기를 "예물은 諸侯는 圭를 사용하고, 卿은 새끼 양을 사용하고, 大夫는 기러기를 사용하고, 士는 꿩을 사용한다."라고 하였다. 꿩은 산 채로 예물을 삼을 수 없으니, 一死는 바로 꿩이고, 二生은 바로 새끼 양과 기러기임을 알 수 있다. 鄭玄이 이르기를 "贄는 至의 뜻을 말하니 가지고 스스로 이르는 것이다."라고 하였다. '五玉'으로부터 이하는 위의 '修'라는 글자를 받은 것이니, 예물을 갖는 데 일정함이 있게 한 것이다. 만일 예물에 대해 말하지 않는다면 용도를 알 수 없다. 그러므로 예물에 대해 말하여 윗글을 맺었으니, 이 玉·帛과 生·死로 모두 예물을 삼은 것은 임금을 뵐 때나 사사로이 서로 볼 때나 그 예물은 동일하기 때문이다.

【疏】 傳'卒終'至'則否' ○ 正義曰 : '卒 終', 釋詁文. 釋言云 "還·復, 返也." 是還·復同義. 故爲還也. 五器文, 在贄下, 則是贄內之物. 周禮大宗伯云 "以玉作(五)〔六〕[1]器." 知'器謂圭璧', 卽五玉是也. 如, 若也. 言諸侯贄之內, 若是五器, 禮終乃還之, 如三帛生死 則不還也. 聘義云 "以圭璋聘, 重禮也, 已聘而還圭璋, 此輕財而重禮之義也." 聘義主於說聘, 其朝禮亦然. 周禮司儀云 "諸公相(見)[2]爲賓, 還圭, 如將幣之儀." 是圭璧皆還之也. 士相見禮言大夫以下, 見國君之禮云 "若他邦之人, 則使擯者還其贄." 己臣皆不還其贄, "是三帛·生死則否."

1) (五)〔六〕: ≪周禮≫ 〈大宗伯〉에는 '六器'로 되어있고 "玉으로 6器를 만들어서 天地와 四方에 禮를 올린다.〔以玉作六器 禮天地四方〕"라고 하였으니, 孔穎達이 '六器'를 '五器'로 착각한 것 같다.

2) (見) : ≪周禮≫ 원문에는 없다.

傳의 〔卒終〕에서 〔則否〕까지

○ 正義曰 : 〔卒 終〕 ≪爾雅≫ 〈釋詁〉의 글이다.

≪爾雅≫ 〈釋言〉에 이르기를 "還(선)과 復(복)은 돌려보내다라는 뜻이다."라고 하였으니, 여기서 還과 復은 뜻이 같기 때문에 還이라 한 것이다.

五器에 대한 글이 '贄'의 아래에 있으니, 이것은 예물 속에 포함된 물건이다. ≪周禮≫

〈春官 大宗伯〉에 이르기를 "玉으로 6器를 만들었다."라고 하였으니, "器는 圭璧을 이른다."는 것을 알 수 있으니, 바로 五玉이 그것이다. 如는 若(같다)의 뜻이다. 이는 諸侯의 예물 속에 五器 같은 것은 禮가 끝나면 곧 돌려주고, 三帛과 生·死 같은 것은 돌려주지 않음을 말한 것이다.

≪禮記≫ 〈聘義〉에 이르기를 "圭璋을 가지고 聘問을 함은 禮를 중히 여기는 것이고, 이미 聘問이 끝나면 圭璋을 돌려줌은 財를 가볍게 여기고 禮를 중히 여기는 뜻이다."라고 하였으니, 〈聘義〉는 聘禮에 대한 설명을 위주로 한 것이며, 그 朝禮 또한 그렇게 하는 것이다. ≪周禮≫ 〈秋官 司儀〉에 이르기를 "諸公이 서로 賓이 되고 圭를 돌려주는 것은 예물을 보내는 의식과 같이 한다."라고 하였으니, 이는 圭와 璧을 모두 돌려주는 것이다. ≪儀禮≫ 〈士相見禮〉에서 大夫 이하가 國君을 뵙는 禮를 말하면서 "다른 나라 사람 같은 경우는 擯者를 시켜서 그 예물을 돌려준다."라고 하였다. 자기의 신하에게는 모두 그 예물을 돌려주지 않으니, 이는 바로 "三帛과 生·死는 돌려주지 않는다."는 것이다.

【疏】 傳'南岳'至'月至' ○正義曰：釋山云"河南華, 河東岱, 河北恒, 江南衡." 李巡云"華, 西岳華山也, 岱, 東岳泰山也, 恒, 北岳恒山也, 衡, 南岳衡山也." 郭璞云"恒山, 一名常山, 避漢文帝諱." 釋山又云"泰山爲東岳, 華山爲西岳, 霍山爲南岳, 恒山爲北岳." 岱之與泰, 衡之與霍, 皆一山而有兩名也. 張揖云"天柱謂之霍山." 漢書地理志云"天柱在廬江灊(첨)縣[1]." 則霍山在江北, 而與江南衡爲一者. 郭璞爾雅注云"霍山今在廬江灊縣, 潛水[2]出焉, 別名天柱山. 漢武帝以衡山遼曠. 故移其神於此, 今其彼土俗人, 皆呼之爲南岳. 南岳本自以兩山爲名, 非從近來也. 而學者多以霍山不得爲南岳, 又云漢武帝來始乃名之. 卽如此言[3], 謂武帝在爾雅前乎, 斯不然矣." 是解衡·霍二名之由也. 書傳多云五岳, 以嵩高, 爲中岳, 此云四岳者, 明巡守至於四岳故也. 風俗通云"泰山, 山之尊者, 一曰岱宗. 岱, 始也, 宗, 長也. 萬物之始, 陰陽交代. 故爲五岳之長. 王者受命, 恒封禪之. 衡山一名霍山, 言萬物霍然大也. 華, 變也, 萬物變由西方也. 恒, 常也, 萬物伏北方有常也[4]."

1) 灊(첨)縣 : '潛縣'으로 된 곳도 있는데 어떤 것이 맞는지 모르겠다.

2) 潛水 : '灊水'로 된 곳도 있다.

3) 卽如此言 : 宋代 邢昺의 ≪爾雅疏≫에는 '此言'을 學者의 말로 보고, 淸代 陸隴其의 ≪讀禮志疑≫에는 '此言'을 郭璞의 말로 보았는데, 邢昺의 설을 따랐다.

4) 恒封禪之……萬物伏北方有常也 : ≪白虎通≫에서 "北方이 常山이 된 것은 무엇 때문인가? 陰이 끝나고 陽이 시작되어 그 도가 常久하기 때문에 常山이라고 한 것이다."라고 하였다.

傳의 〔南岳〕에서 〔月至〕까지

○ 正義曰 : ≪爾雅≫ 〈釋山〉에 이르기를 "河南은 華山이요, 河東은 岱山이요, 河北은 恒山이요, 江南은 衡山이다."라고 하였는데, 李巡은 "華는 西岳의 華山이고, 岱는 東岳의 泰山이고, 恒은 北岳의 恒山이고, 衡은 南岳의 衡山이다."라고 하였으며, 郭璞은 "恒山을 一名 常山이라 한 것은 漢 文帝의 諱를 피한 것이다."라고 하였다. ≪爾雅≫ 〈釋山〉에도 이르기를 "泰山이 東岳이요, 華山은 西岳이요, 霍山은 南岳이요, 恒山은 北岳이다."라고 하였으니, 岱山과 泰山, 衡山과 霍山은 다 하나의 山인데, 두 가지의 이름을 갖게 된 것이다. 張揖은 "天柱山을 霍山이라 이른다."라고 하였다. ≪漢書≫ 〈地理志〉에 이르기를 "天柱山은 廬江 灊縣에 있다."라고 하였으니, 霍山이 江北에 있어 江南의 衡山과 더불어 하나가 된 것이다.

郭璞의 ≪爾雅注≫에 이르기를 "霍山은 지금 廬江 灊縣에 있어 潛水가 나오는데, 別名이 天柱山이다. 漢 武帝가 衡山이 멀기 때문에 그 神을 여기에 옮겼으니, 지금 그 土俗人이 모두 南岳이라 부른다. 그러나 南岳은 본래 두 산(霍山과 衡山)을 가지고 이름을 얻게 된 것이고, 근래에 생긴 이름이 아니다. 그런데 學者들은 대부분 霍山을 南岳으로 여기지 않고, 또 漢 武帝가 와서 비로소 이름을 지은 것이라고 하니, 곧 그들이 주장하는 말과 같다면 武帝를 ≪爾雅≫가 생기기 전에 있었던 인물이라고 말해야 할 것이다. 그러나 이는 전혀 그렇지 않다."라고 하였으니, 이것은 衡山과 霍山 두 이름에 관한 유래를 해석한 것이다.

≪書傳≫에서 대부분 말한 五岳은 嵩高(嵩山)를 中岳으로 삼았고, 여기서 말한 四岳은 巡守하여 四岳에 이른 까닭을 밝힌 것이다. ≪風俗通≫에 이르기를 "泰山은 山 중에 존대한 것인데 일설에는 岱宗이라고도 한다. 岱는 始初의 뜻이요, 宗은 長의 뜻이다. 萬物의 시초는 陰과 陽이 交代를 한다. 그러므로 五岳의 長이 된다. 王者가 天命을 받으면 언제나 封禪을 한다. 衡山은 一名 霍山이니, 萬物이 덩그렇게 큼을 말한다. 華는 變化의 뜻이니, 萬物이 西方으로부터 변한다는 것이다. 恒은 常久하다는 뜻이니, 萬物이 北方에 엎드려 있어 그 도가 常久한 것이다."라고 하였다.

【疏】 二月至於岱宗, 不指岳名者, 巡守之始, 故詳其文. 三時言岳名, 明岱亦是岳, 因事宜而互相見也. 四巡之後, 乃云'歸格', 則是一出而周四岳. 故知自東岳而卽南行, 以五月至也. 王者, 順天道以行人事. 故四時之月, 各當其時之中. 故以仲月至其岳. 上(去)〔云〕[1] '歲二月東巡守', 以二月始發者, 此四時巡守之月, 皆以至岳爲文, 東巡以二月至, 非發時也. 但舜以正月有事, 二月卽發行耳. 鄭玄以爲"每岳禮畢而歸, 仲月乃復更去." 若如鄭言, 當於東巡之下, 卽言'歸格', 後以'如初'包之, 何當北巡之後, 始言歸乎. 且若來而復去, 計程不得周徧, 此事(必不)〔不必〕[2]然也. 其經南云'如岱禮', 西云'如初', 北云'如西禮'者, 見四時之禮皆同, 互文以明耳. 不巡中岳者, 蓋近京師, 有事必聞, 不慮枉滯, 且諸侯分配四方, 無屬中岳. 故不須巡之也.

1) (去)〔云〕: 저본에는 '去'로 되어있으나, 阮刻本에 "毛本에는 '去'가 '云'으로 되어있으니, '去'자는 잘못되었다."라고 한 것에 의거하여 '云'으로 바로잡았다.
2) (必不)〔不必〕: 저본에는 '必不'로 되어있으나, 阮刻本에 "盧文弨가 이르기를 '不必은 도치된 것인 듯하다.' 하였다."라고 한 것에 의거하여 '不必'로 바로잡았다.

2월에 岱宗에 이르렀을 적에는 岳의 이름이란 것을 밝히지 않았다. 巡守의 시작이기 때문에 그 과정에 대한 글을 상세하게 적었다. 三時(여름·가을·겨울)에는 岳의 이름을 말하여 岱 역시 岳이란 것을 밝혔으니, 事宜(事情)에 따라서 서로 보인 것이다. 四岳을 순수한 뒤에 곧 "돌아와 이르렀다.〔歸格〕"고 하였으니, 이는 한 번 나와서 四岳을 두루 순수한 것이다. 그러므로 東岳으로부터 곧 남쪽으로 가서 5월에 이르렀다는 것을 알 수 있다.

王者는 天道를 순종하여 人事를 행하기 때문에 四時의 달이 각각 그 時節의 중간에 당했다. 그러므로 仲月에 그 岳에 이르는 것이다. 위에서 말한 "巡守하는 해 2월에 동쪽으로 巡守했다."고 한 것은 2월에 비로소 출발한 것이지만, 이 四時의 巡守하는 달을 모두 岳에 이르는 것을 가지고 글을 적었으니, 동쪽으로 巡守하여 2월에 이른 것은 출발할 때가 아닌 것이다. 다만 舜임금은 正月에 일이 있었기 때문에 2월에 곧 발행했을 뿐이다.

鄭玄은 "매 岳마다 禮가 끝나면 돌아왔고, 仲月에 다시 갔다."라고 하였는데, 만일 鄭玄의 말대로라면 응당 동쪽으로 순수했다는 내용 아래에 곧 "돌아와 이르렀다.〔歸格〕"는 것을 말하고 뒤에서 "처음에 행한 예와 동일하게 했다.〔如初〕"는 것을 가지고 포괄했어야 했거늘, 어찌 북쪽으로 순수했다는 내용 뒤에 비로소 돌아왔다고 말했겠는가? 또는 만일 왔다가 다시 갔다면 일정상 두루 순수할 수 없으니, 이 일은 반드시 그렇지는 않았을 것이다.

그 經文에서 남쪽에서는 "岱宗에서 행한 禮와 동일하게 했다."고 하고, 서쪽에서는 "처음에 행한 禮와 동일하게 했다."고 하고, 북쪽에서는 "서쪽에서 행한 禮와 동일하게 했다."고 한 것은 四時의 禮가 동일함을 보여 상호적으로 글을 적어서 밝혔을 뿐이다. 中岳을 순수하지 않은 것은 아마 京師에 가까워서 일이 있으면 반드시 들을 수 있으므로 그릇되거나 적체될 염려가 없었고, 또 諸侯를 四方에 분배하고 中岳에는 분속시키지 않았기 때문에 순수할 필요가 없었던 것이다.

【疏】 ○'朔巡守' ○正義曰：釋訓云 "朔, 北方也." 故堯典及此與禹貢, 皆以朔言北, 史變文耳.

○ 經의 〔朔巡守〕

○ 正義曰：≪爾雅≫ 〈釋訓〉에 이르기를 "朔은 北方을 뜻한다."라고 하였다. 그러므로 〈堯典〉 및 여기와 〈禹貢〉에서 모두 朔을 가지고 北을 말하였으니, 史官이 글을 변경해서 적었을 뿐이다.

【疏】 傳'巡守'至'一牛' ○正義曰：承四巡之下, 是巡守旣徧, 然後歸也. 以上受終在文祖之廟, 知此以告至文祖之廟. 才藝文德, 其義相通. 故藝爲文也. 文祖·藝祖, 史變文耳. 王制說巡守之禮云 "歸格于祖禰, 用特." 此不言禰. 故傳推之 "言祖則考著." 考近於祖, 擧尊以及卑也. 特者, 獨也. 故爲一牛. 此惟言文祖. 故云'一牛'. 徧告諸廟, 廟用一牛. 故鄭注彼云 "祖下及禰, 皆一牛也."[1] 此時舜始攝位, 未自立廟. 故知告堯之文祖也.

1) 故鄭注彼云……皆一牛也：조선시대 尹鑴는 그의 ≪讀書記≫에서 "'소 한 마리를 썼다.'는 설은 鄭玄을 따라야 할 듯싶다. 응당 祖廟에 가서 소 한 마리만 함께 쓰지는 않았을 것이다."라고 주장하였다.

傳의 〔巡守〕에서 〔一牛〕까지

○ 正義曰：四岳을 巡守한 내용 이하를 이어받았으니, 이는 두루 巡守하는 일을 이미 마치고 나서 돌아온 것이다.

위에서 끝마친 帝位를 인수받은 일이 文祖의 사당에서 있었기 때문에 이는 文祖의 사당에 이르렀음을 고한 것임을 알 수 있다. 才藝와 文德은 그 뜻이 서로 통한다. 그러므로 藝를 文이라 한 것이다. 文祖와 藝祖는 史官이 글을 변경해서 적었을 뿐이다.

≪禮記≫ 〈王制〉에 巡守의 禮를 말하면서 “돌아와 할아버지의 사당과 아버지의 사당에 이르러서 소 한 마리를 썼다.”고 하였는데, 여기서는 아버지의 사당을 말하지 않았다. 그러므로 孔傳에서 유추하여 “할아버지를 말하면 아버지는 저절로 드러난다.”라고 한 것이다. 아버지가 할아버지에 가까우니 尊位를 들어 卑位에 미쳐간 것이다. 特은 獨의 뜻을 가졌다. 그러므로 한 마리의 소가 되는 것이다. 여기서는 오직 文祖만을 말했다. 그러므로 ‘一牛’라고 한 것이다. 두루 여러 사당에 고할 때 사당에서 한 마리의 소를 썼다. 그러므로 鄭玄은 저기(〈王制〉)에 주를 달 때에 “할아버지 이하 아버지 사당에 이르기까지 모두 한 마리 소를 쓴다.”고 하였다. 이때에는 舜임금이 처음으로 攝位하였으니 아직 스스로 사당을 세우지 못하였다. 그러므로 堯임금의 文祖에 고한 것임을 알 수 있다.

【疏】 傳‘各會’至‘可知’ ○ 正義曰：此總說巡守之事, 而言‘群后四朝’, 是言四方諸侯, 各自會朝於方岳之下. 凡四處別朝. 故云‘四朝’. 上文‘肆覲東后’, 是爲一朝, 四岳禮同. 四朝見矣. 計此, 不宜須重言之, 爲將說敷奏之事, 敷奏因朝而爲, 故申言之. 申, 重也. 此是巡守大法. 文在舜攝位之時, 嫌堯本不然. 故云 “堯舜同道, 舜攝則然, 堯又可知也.” 堯法已然, 舜無增改, 而言此以美舜者, 道同於堯, 足以爲美. 故史錄之.

傳의 〔各會〕에서 〔可知〕까지

○ 正義曰：여기서는 巡守에 대한 일을 총괄해서 설명하면서 ‘群后四朝’라고 하였으니, 이는 사방의 제후가 각각 스스로 方岳의 아래에 모여 조회함을 말한 것이다. 무릇 네 곳에서 개별적으로 조회했기 때문에 四朝라고 한 것이다. 윗글에서 “드디어 동쪽 제후들을 접견하셨다.〔肆覲東后〕”는 것이 바로 ‘一朝’가 되는데, 四岳의 禮가 동일하기 때문에 네 번 朝見하는 것이 되는 것이다. 이를 감안하면 〈여기서 제후들이 조회한 것을〉 거듭 말하는 것이 마땅치 않지만, 장차 행정업무에 대한 일을 아뢰게 하였고, 아뢰는 일을 조회하는 기회를 이용하고자 한 것이다. 그러므로 거듭〔申〕 말한 것이다. 申은 거듭의 뜻이다. 이는 바로 巡守의 大法이다.

이에 관한 글이 舜임금이 攝位할 때에 있었으니 堯임금은 본래 그렇게 하지 않았다고 오해할까 싶었다. 그러므로 “堯임금과 舜임금은 道가 같았으니, 舜임금이 攝位하여 그렇게 했으면 堯임금도 그렇게 했음을 또한 알 수 있다.”라고 한 것이다. 堯임금의 法이 이미 그러했으니, 舜임금은 보태거나 고친 것이 없었건만, 이를 말함으로써 舜임금을 찬미한 것은 道가 堯임금과 같은 것이 족히 찬미할 만하기 때문에 史官이 그렇게 기록한 것이다.

【疏】傳'敷陳'至'能用' ○ 正義曰 : 敷者, 布散之言, 與陳設義同, 故爲陳也. 奏是進上之語, 故爲進也. 諸侯四處來朝, 每朝之處, 舜各使陳進其治理之言, 令自說己之治政. 旣得其言, 乃依其言, 明試之以要其功. 必如其言, 卽功實成, 則賜之車服, 以表顯其人有才能可用也. 人以車服爲榮. 故天子之賞諸侯, 皆以車服賜之, 覲禮云 "天子賜侯氏以車服." 是也.

傳의 〔敷陳〕에서 〔能用〕까지

○ 正義曰 : 敷라는 것은 布散한다는 말이니, 陳設과 같은 뜻이다. 그러므로 陳이라 한 것이다.

奏는 여기서 進上한다는 말이기 때문에 進의 뜻으로 본 것이다.

諸侯들이 네 곳에서 와서 조회를 하므로 매번 조회하는 곳에서 舜임금은 그들로 하여금 각각 행정업무에 대한 말을 진술하게 하여 자신들의 정치문제를 스스로 설명하도록 하였다.

그리하여 그들의 말을 이미 터득하였으면 곧 그들의 말에 의거하여 분명히 시험해서 그 공을 이루기를 요망하였다.

반드시 그 말과 같이하여 곧 공이 실제로 이루어졌으면 수레와 의복을 하사해서 그 사람에게 쓸 수 있는 재능이 있다는 것을 분명하게 나타내었다. 사람들은 수레와 의복을 영광으로 여겼다. 그러므로 天子가 諸侯에게 상을 줄 때에는 모두 수레와 의복을 가지고 하사하였으니, ≪儀禮≫ 〈覲禮〉에 이르기를 "天子가 侯氏에게 수레와 의복을 하사했다." 란 것이 바로 그것이다.

肇十有二州하시고

비로소 12州를 설치하셨고,

【傳】 肇는 始也라 禹治水之後에 舜分冀州爲幽州幷州하고 分靑州爲營州하여 始置十二州라 ○ 十有二州는 謂冀·兗·靑·徐·荊·揚·豫·梁·雍·幷·幽·營也니라

肇는 비로소란 뜻이다. 禹가 홍수를 다스린 뒤에 舜임금이 冀州를 나누어 幽州와 幷州를 만들고, 靑州를 나누어 營州를 만들어 비로소 12州를 설치하였다.

○ 12州는 곧 冀州·兗州·靑州·徐州·荊州·揚州·豫州·梁州·雍州·幷州·幽州·營州를 이른다.

封[1)]十有二山하시며 濬川하시다

1) 封 : 蔡傳에서는 '表'의 뜻으로 보았다.

12州의 큰 산을 鎭山으로 삼으시며, 흐르는 내를 깊이 파셨다.

【傳】 封은 大也라 每州之名山을 殊大(者)〔之〕[1)]하여 以爲其州之鎭이니라 有流川則深之하여 使通利니라

1) (者)〔之〕: 저본에는 '者'로 되어있으나, 阮刻本에 "古本에는 '者'가 '之'로 되어있다. 살펴보건대 疏에 이르기를 '특별히 그 이름을 든 것은 곧 유달리 크게 여겼기 때문이다.〔特擧其名 是殊大之也〕'라고 하였으니, '之'로 되어있는 것이 옳다."라고 한 것에 의거하여 '之'로 바로잡았다.

封은 크다는 뜻이다. 매 州의 名山을 특별히 크게 여겨 그 州의 鎭山으로 삼았다. 흐르는 내가 있으면 깊이 파서 잘 흐르게 하였다.

象[1)]以典刑하시되

1) 象 : 蔡傳에서는 "象은 하늘이 형상을 드리워 사람들에게 보여주는 것과 같다.〔象如天之垂象以示人〕"라고 풀이하였는데, 이는 孔疏에서는 ≪周易≫ 〈繫辭 上〉의 "하늘이 형상을 드리운다.〔天垂象〕"는 내용을 인용하여 "이 형상이 본받을 法이기 때문에 法이라 한 것이다.〔是象爲倣法 故爲法也〕"라고 한 것을 따른 것이다.

법은 일정한 형벌을 쓰시되

【傳】 象은 法也라 法用常刑하고 用不越法이니라

象은 法이란 뜻이다. 法은 일정한 형벌을 쓰고, 형벌을 씀에 있어서는 법을 이탈하지 않았다는 것이다.

流宥五刑하시며

流刑으로 五刑을 관대하게 하시며,

【傳】 宥는 寬也라 以流放之法으로 寬五刑이니라 ○ 馬云 宥는 三宥[1)]也라

1) 三宥 : 세 번 관대한 법을 베푸는 일이다. ≪周禮≫ 〈秋官司寇〉에 "첫째 관대하게 용서

하는 것은 모르고 저지른 죄요, 둘째 관대하게 용서하는 것은 과실로 저지른 죄요, 셋째 관대하게 용서하는 것은 어떤 사실을 잊어버리고 저지른 죄이다.〔壹宥曰不識 再宥曰過失 三宥曰遺亡〕"라고 보인다.

宥는 寬大하다는 뜻이다. 流放(유배)하는 法으로써 五刑을 관대하게 하였다.
○ 馬融은 "宥는 三宥를 가리킨다."라고 하였다.

鞭[1]作官刑하시고

1) 鞭 : 笞는 볼기에 매질을 하는 것이고, 鞭은 등에 채찍질을 하는 것이다.

채찍으로 官事를 다스리는 형벌을 만드시고,

【傳】 以(作)〔鞭〕[1]爲治官事之刑이니라

1) (作)〔鞭〕 : 저본에는 '作'으로 되어있으나, 阮刻本에 "毛本에는 '作'이 '鞭'으로 되어있으니, 살펴보건대 '鞭'자가 옳다."라고 한 것에 의거하여 '鞭'으로 바로잡았다.

채찍으로 官事를 다스리는 형벌을 삼았다.

扑(복)作敎刑하시고

회초리로 교육하는 형벌을 만드시고,

【傳】 扑은 榎(가)楚也라 不勤道業則撻之니라

扑은 榎楚(회초리)의 뜻이다. 도리를 닦는 학업을 게을리하면 매를 때렸다.

金作贖刑하시며

황금으로 속죄하는 형벌을 만드시며,

【傳】 金은 黃金이라 誤而入刑하면 出金以贖罪니라

金은 黃金이다. 잘못해서 형벌에 걸려들었으면 황금을 내어 속죄하게 하였다.

眚(생)災는 肆赦하시고 怙(호)終[1]은 賊刑하시되

1) 怙(호)終 : 蔡傳에서는 "怙는 믿는 구석이 있음을 이르고, 終은 再犯을 이른다."라고 풀이하였다.

과오로 지은 죄는 관대하게 용서하시고, 끝까지 간악해서 지은 죄는 사형에 처하시되,

【傳】 眚은 過요 災는 害요 肆는 緩이요 賊은 殺也라 過而有害면 當緩赦之나 怙姦自終하면 當刑殺之니라

眚은 과오란 뜻이요, 災는 해치다라는 뜻이요, 肆는 관대하다라는 뜻이요, 賊은 죽이다라는 뜻이다. 과오로 죄를 지었으면 당연히 관대하게 사면해야 하지만 끝까지 간악해서 죄를 지었으면 당연히 사형에 처해야 한다.

欽哉欽哉[1)]인저 惟刑之恤哉인저하시니라

1) 欽哉欽哉 : 孔傳에서는 "천하에 신칙하여 신중히 하도록 한 것이다."라고 하여, 舜임금이 천하에 당부한 것으로 풀이하였고, 蔡傳에서는 "조심하고 신중하여"라고 하여, 舜임금이 자신을 독려한 것으로 풀이하였다.

舜임금께서 "조심하고 신중하도록 하라. 오직 형벌을 꼭 맞게 적용할 것을 근심하라." 하셨다.

【傳】 舜陳典刑之義하고 勅天下使敬之는 憂欲得中이니라 ○ 恤은 憂也라

舜임금이 典刑의 뜻을 베풀고 천하에 신칙하여 신중히 하도록 한 것은 형벌을 꼭 맞게 적용할 것을 근심하였기 때문이다.

○ 恤은 근심하다라는 뜻이다.

流共工于幽(洲)〔州〕[1)]하시며

1) 流共工于幽(洲)〔州〕 : 流는 流徙로 放逐·投竄·誅殛과 함께 誅責에 해당한다. 아래 誅殛에 대한 孔傳과 孔疏 참조.

저본에는 '洲'로 되어있으나, 阮刻本에 "상고하건대 ≪說文解字≫에는 '洲'字가 없다. 물 가운데 있는 지대를 본래는 단지 '州'로만 적었는데, 後人이 물수〔氵〕변을 보태어 관행이 된 지 오래지만, 이 句만은 '洲'가 되어서는 안 된다. 그러므로 岳本에 '州'가 '洲'로 된 것은 잘못이다. 아래의 '幽州'도 같다."라고 한 것에 의거하여 '州'로 바로잡았다. 아래

도 같다.

共工을 幽州로 流徙하시며,

【傳】 象恭滔天이 足以惑世라 故로 流放之니라 幽(洲)〔州〕는 北裔라 水中可居者曰州니라 ○ 共工은 左傳에 少皞氏有不才子하니 毁信廢忠하고 崇飾惡言하고 靖譖庸回하고 服讒蒐慝하여 以誣盛德하니 天下之民이 謂之窮奇라 杜預云 卽共工이라

외모는 공손하지만, 마음은 오만하여 하늘을 업신여기는 것이 족히 세상을 의혹시켰기 때문에 流放한 것이다. 幽州는 북쪽의 변방이다. 물 가운데 살 만한 데를 州라고 한다.

○ 共工은 ≪春秋左氏傳≫에 "少皞氏에게 不肖한 아들이 있었는데, 信義를 헐뜯고 忠直을 버리며, 邪惡한 말을 모아 수식하고, 참소하는 말을 편안하게 여기고 간사한 사람을 신용하며, 讒訴를 자행하고 惡人을 비호하여 盛德이 있는 사람을 무함하니, 천하의 백성들이 이를 窮奇라 했다."라고 하였다. 杜預가 이르기를 "곧 共工이다."라고 하였다.

放驩兜(환도)于崇山하시며

驩兜를 崇山으로 放逐하시며,

【傳】 黨於共工하니 罪惡同이니라 崇山은 南裔라 ○ 左傳에 帝鴻氏有不才子하니 掩義隱賊하고 好行凶德하고 醜類惡物하며 頑嚚不友를 是與比周하니 天下之民이 謂之渾敦이라 杜預云 卽驩兜也라 帝鴻은 黃帝也라

共工과 한패가 되었으니 罪惡이 같았다. 崇山은 남쪽의 변방이다.

○ ≪春秋左氏傳≫에 "帝鴻氏에게 불초한 아들이 있었는데, 의로운 사람을 가로막고 奸賊을 숨겨주며, 凶德을 행하기 좋아하고, 惡人을 동류로 삼으며, 德義를 본받지 않는 자와 忠信을 말하지 않는 자와 형제간에 우애하지 않는 자를 친밀하게 대하니, 천하의 백성들이 이를 渾敦이라 했다."라고 하였다. 杜預가 이르기를 "곧 驩兜이다. 帝鴻은 黃帝이다."라고 하였다.

竄三苗于三危하시며

三苗를 三危로 投竄하시며,

【傳】三苗는 國名이니 縉雲氏之後 爲諸侯하여 號饕餮(도철)이니라 三危는 西裔라 ○ 三苗는 馬王云 三苗는 國名也라 縉雲氏之後 爲諸侯하니 蓋饕餮也라 左傳에 縉雲氏有不才子하니 貪于飮食하고 冒于貨賄하며 侵欲崇侈하되 不可盈厭하고 聚斂積實하되 不知紀極하며 不(念)〔分〕[1)]孤寡하고 不恤窮匱하니 天下之民이 以比三凶하여 謂之饕餮이라 杜預云 縉雲은 黃帝時官名이니라 非帝子孫이라 故로 以比三凶也니라 貪財曰饕요 貪食曰餮이라

1) (念)〔分〕: 저본에는 '念'으로 되어있으나, ≪春秋左氏傳≫에 의거하여 '分'으로 바로잡았다.

三苗는 나라 이름이다. 縉雲氏의 후손이 諸侯가 되어 호를 饕餮이라 하였다. 三危는 서쪽 변방이다.

○ 三苗에 대하여 馬融과 王肅은 이르기를 "三苗는 나라 이름이다. 縉雲氏의 후손이 諸侯가 되었는데, 대개 탐닉했다."라고 하였다. ≪春秋左氏傳≫에 "縉雲氏에게 불초한 아들이 있었는데, 飮食을 탐하고 재물을 탐하며, 침탈해서 사치를 누리려는 욕심을 부리되 만족할 줄을 몰랐고, 거두어들여 재산을 축적하되 끝없이 하였으며, 고아나 과부에게 나누어주지도 않고, 곤궁한 사람을 구휼하지도 않았으니, 천하의 백성들이 三凶에 비하여 이를 饕餮이라 했다."라고 하였다. 杜預가 이르기를 "縉雲은 黃帝 때 벼슬 이름이었다. 帝王의 子孫이 아니기 때문에 三凶에 비한 것이다. 재물을 탐하는 것을 饕라 하고, 음식을 탐하는 것을 餮이라 한다."라고 하였다.

殛鯀于羽山하사

鯀을 羽山으로 誅殛하시어

【傳】方命圮族하고 績用不成이니라 殛竄放流는 皆誅也라 異其文는 述作之體니라 羽山은 東裔니 在海中이니라 ○ 左傳에 顓頊氏有不才子하니 不可教訓하고 不知話言하며 告之則頑하고 舍之則嚚하며 傲很明德하여 以亂天常하니 天下之民이 謂之檮杌(도올)이라 杜預云 卽鯀也라 檮杌은 凶頑無儔匹之貌라

곧고 방정하다는 이름을 좋아하고 명령하면 어기고 族類를 무너뜨리고 공적이 이루어지 못하였다. 殛·竄·放·流는 모두 誅責하는 것이다. 그 글을 다르게 적은 것은 바로 述作의 文體이다. 羽山은 동쪽 변방이니 바다 가운데 있다.

○ ≪春秋左氏傳≫에 "顓頊氏에게 불초한 아들이 있었는데, 教訓을 받아들이지도 않

고, 착한 말을 할 줄도 모르며, 德義를 가르쳐주면 따르지 않고, 내버려두면 못된 말만 하며, 明德을 업신여기어 綱常을 어지럽히니, 천하의 백성들이 이를 檮杌이라 했다."라고 하였다. 杜預가 이르기를 "곧 鯀이다. 檮杌은 凶頑하기 짝이 없는 모양이다."라고 하였다.

四罪[1)]하신대 而天下咸服하니라

1) 四罪 : 조선시대 李滉의 ≪三經釋義≫ 〈書釋義〉에는 '四를 罪하신대', '네 곳으로', '네 가지로' 등으로 다양하게 풀이하고 있다.

네 사람의 죄를 다스리니 천하 사람이 모두 복종하였다.

【傳】 皆服舜用刑當其罪라 故로 作者先敍典刑하고 而連引四罪하여 明皆徵用所行하여 於此總見之니라

舜임금이 그들의 죄에 합당한 형벌을 적용한 것에 대해 모두들 복종하였다. 그러므로 作者가 먼저 典刑을 서술하고 연달아서 네 사람의 치죄 사실을 이끌어서, 이것들은 모두 舜이 堯임금의 부름을 받아 등용되었을 때 행한 바임을 밝혀서 여기에 모두 보인 것이다.

【疏】 '肇十'至'咸服' ○正義曰：史言 "舜旣攝位, 出行巡守, 復分置州域, 重愼刑罰. 於禹治水後, 始分置十有二州, 每州以大山爲鎭, 殊大者十有二山. 深其州內之川, 使水通利. 又留意於民, 詳其罪罰, 依法用其常刑, 使罪各當, 刑不越法. 用流放之法, 寬宥五刑. 五刑雖有犯者, 或以恩減降, 不使身服其罪, 所以流放宥之. 五刑之外, 更有鞭作治官事之刑, 有扑作師儒敎訓之刑, 其有意善功惡, 則令出金贖罪之刑, 若過誤爲害, 原情非故者, 則緩縱而赦放之, 若怙恃姦詐, 終行不改者, 則賊殺而刑罪之. 舜愼刑如此, 又設言以誡百官曰 '敬之哉, 敬之哉. 惟此刑罰之事, 最須憂念之哉.' 令勸念刑罰, 不使枉濫也." 又言 "舜非於攝位之後, 方始重愼刑罰, 初於登用之日, 卽用刑當其罪, 流徙共工於北裔之幽(洲)〔州〕, 放逐驩兜於南裔之崇山, 竄三苗于西裔之三危, 誅殛伯鯀于東裔之羽山. 行此四罪, 各得其實, 而天下皆服從之."

經의 〔肇十〕에서 〔咸服〕까지

○ 正義曰 : 史官이 다음과 같이 말하였다. "舜임금은 이미 攝位했을 때에 나가서 다니며 巡守하여 다시 州域을 나누어 설치하고 거듭 刑罰을 신중하게 다루었다. 禹가 홍수를

다스린 뒤에 비로소 12州를 나누어 설치하고 매 州마다 큰 산을 鎭山으로 삼았는데, 특이하게 큰 산이 12개였다. 그리고 州 안에 있는 내를 깊이 파서 물이 잘 흐르게 하였다.

또 백성에 유의하여 그 罪罰을 상세하게 밝히고 法에 의하여 일정한 형벌을 써서 罪는 각각 합당한 형벌을 받게 하고, 형벌은 法을 넘지 않게 하였다. 流放하는 法을 써서 五刑을 관대하게 적용하였다. 五刑을 범한 자가 있더라도 혹은 은혜로써 감형하여 몸이 직접 그 죄를 받지 않게 하였으니, 그래서 流放하는 법을 가지고 관대하게 처벌하였던 것이다.

五刑 이외에 다시 채찍으로 官事를 다스리는 형벌을 만든 일이 있고, 회초리로 師儒가 教訓하는 형벌을 만든 일이 있으며, 마음은 착한데 하는 일이 우연히 잘못된 경우는 황금을 내어 속죄하는 형벌을 적용하게 하였고, 만일 과오로 사고를 저질렀지만 실정을 캐내어 고의가 아니었을 경우라면 사면해주었고, 만일 믿는 구석이 있어 간사한 짓을 하여 끝까지 고치지 않은 경우라면 사형을 적용해서 죄를 다스렸다. 舜임금은 이처럼 형벌을 신중하게 다루었고, 또 가설하여 百官을 경계하기를 '조심하고 신중하도록 하라. 오직 이 형벌에 관한 일만은 가장 모름지기 걱정하고 염려해야 한다.'고 하여 형벌에 신경을 쓰도록 권장해서 남용하는 일이 없게 하였다."

또 다음과 같이 말하였다. "舜임금은 攝位한 뒤에 비로소 刑罰을 신중하게 다룬 것이 아니고, 처음 등용되었을 때부터 곧 그 죄에 합당한 형벌을 써서 共工은 북쪽 변방의 幽州로 流徙하고, 驩兜는 남쪽 변방의 崇山으로 放逐하고, 三苗는 서쪽 변방의 三危로 竄配하고, 伯鯀은 동쪽 변방의 羽山으로 誅殛하였다. 이 네 사람의 죄에 적용한 형벌이 각각 그 실정에 알맞으니, 천하가 모두 복종하였다."

【疏】 傳'肇始'至'二州' ○正義曰：'肇 始', 釋詁文. 禹貢治水之時, 猶爲九州, 今始爲十二州, 知禹治水之後也. 禹之治水, 通鯀九載, 爲作十有三載, 則舜攝位元年, 九州[1]始畢. 當是二年之後, 以境界太遠, 始別置之. 知分冀州爲幽州·幷州者, 以王者廢置, 理必相沿. 周禮職方氏九州之名[2], 有幽·幷無徐·梁. 周立州名, 必因於古, 知舜時當有幽·幷. 職方幽·幷山川, 於禹貢, 皆冀州之域, 知分冀州之域爲之也. 爾雅釋地九州之名[3], 於禹貢無梁·青而有幽·營, 云"燕曰幽州, 齊曰營州." 孫炎以爾雅之文與職方, 禹貢竝皆不同, 疑是殷制. 則營州亦有所因, 知舜時亦有營州. 齊卽青州之地, 知分青州爲之. 於此居攝之時, 始置十有二州, 蓋終舜之世常然. 宣三年左傳云"昔夏之方有德也, 貢金九牧." 則禹登王位, 還置九州. 其名, 蓋如禹貢, 其境界, 不可知也.

1) 九州 : ≪尙書≫ 〈夏書 禹貢〉의 9州로 곧 冀州・兗州・靑州・徐州・揚州・荊州・豫州・梁州・雍州를 가리킨다.
2) 周禮職方氏九州之名 : 揚州・荊州・豫州・靑州・兗州・雍州・幽州・冀州・幷州를 가리키니, ≪尙書≫의 9州에 비하여 幽州와 幷州가 있고 徐州와 梁州가 없다.
3) 爾雅釋地九州之名 : 冀州・豫州・雍州・荊州・揚州・兗州・徐州・幽州・營州를 가리키니, ≪尙書≫의 9州에 비하여 幽州와 營州가 있고 靑州와 梁州가 없다.

傳의 〔肇始〕에서 〔二州〕까지

○ 正義曰 : 〔肇 始〕 ≪爾雅≫ 〈釋詁〉의 글이다.

〈禹貢〉에 홍수를 다스릴 때에도 오히려 9州로 되어있었으니, 지금 비로소 12州를 만든 것은 禹가 홍수를 다스린 뒤의 일이란 것을 알 수 있다. 禹가 홍수를 다스린 기간은 鯀이 다스리던 9년을 합산하여 13년이 되니, 舜임금이 攝位한 元年에 9州의 일이 비로소 끝났으나 2년 후에 境界가 너무 멀다고 해서 비로소 특별히 설치한 것이다. 冀州를 나누어 幽州와 幷州로 만들었음을 알 수 있는 것은, 王者는 폐지하기도 하고 설치하기도 하는 권한을 가져서 이치상 반드시 서로 연혁을 했을 것이기 때문이다.

≪周禮≫ 〈夏官 職方氏〉의 9州 이름에 幽州와 幷州는 있고 徐州와 梁州는 없다. 周나라가 州의 이름을 세운 것은 반드시 옛 제도를 따랐을 것이니, 舜임금 때에 응당 幽州와 幷州가 있었다는 것을 알 수 있다. 〈職方氏〉에 있는 幽州와 幷州의 山川은 ≪尙書≫ 〈夏書 禹貢〉에 모두 冀州의 지역으로 되어있으니, 冀州의 지역을 나누어서 만들었다는 것을 알 수 있다.

≪爾雅≫ 〈釋地〉의 9州 이름은 〈禹貢〉에 있는 梁州와 靑州는 없고 〈禹貢〉에 없는 幽州와 營州는 있는데, "燕을 幽州라 하고, 齊를 營州라 한다."라고 하였다. 孫炎은 ≪爾雅≫의 글이 〈職方〉이나 〈禹貢〉과 모두 같지 않기 때문에 이는 殷나라의 제도일 것이라고 의심하였는데, 營州 또한 因襲한 바가 있었을 것이니, 舜임금 때에도 역시 營州가 있었다는 것을 알 수 있다. 齊는 곧 靑州의 땅이니, 靑州를 나누어서 만들었다는 것을 알 수 있다.

居攝할 때에 비로소 12州를 설치하였으니, 아마 舜임금의 세대가 끝날 때까지는 항상 그렇게 했을 것이다. 宣公 3년 조의 ≪春秋左氏傳≫에 이르기를 "옛날 夏나라의 천자가 훌륭한 德을 가지고 있었을 때에 9牧(9州)의 우두머리들에게 명하여 쇠를 바치게 했다."라고 하였으니, 禹가 王位에 오르자 도로 9州를 설치한 것이다. 그 이름은 아마 〈禹貢〉과 같을 것이지만, 그 境界는 알 수 없다.

【疏】 傳'封大'至'通利' ○ 正義曰：釋詁云 "冢, 大也." 舍人曰 "冢, 封之大也." 定四年左傳云 "封豕長蛇[1)]." 相對, 是封爲大也. 周禮職方氏每州皆云 "其山鎭曰某山." 揚州會稽, 荊州衡山, 豫州華山, 雍州吳山, 冀州霍山, 幷州恒山, 幽州醫無閭, 靑州沂山, 兗州岱山, 是周時九州之內最大之山. 舜時十有二山, 事亦然也. 州內雖有多山, 取其最高大者, 以爲其州之鎭. 特擧其名, 是殊大之也. 其有川, 無大無小, 皆當深之. 故云 "濬川." 有流川則深之, 使通利也. 職方氏每州皆云'其川'·'其浸', 亦擧其州內大川, 但令小大俱通, 不復擧其大者. 故直云濬之而已.

1) 封豕長蛇 : ≪春秋左氏傳≫ 定公 4년 조에 申包胥가 秦나라로 가서 援兵을 청하며 말하기를 "吳나라는 큰 멧돼지〔封豕〕와 큰 뱀〔長蛇〕과 같아서 중원의 나라들을 잠식하니 그 탐학이 우리 楚나라에 먼저 미쳤습니다."라고 하였다.

傳의 〔封大〕에서 〔通利〕까지

○ 正義曰 : ≪爾雅≫ 〈釋詁〉에 이르기를 "冢은 크다는 뜻이다."라고 하였다. 郭舍人의 注에 "冢은 封墳의 큰 것이다."라고 하였다. 定公 4년 조의 ≪春秋左氏傳≫에 말한 '封豕'와 '長蛇'는 對偶로 썼으니, 여기서는 封을 大의 뜻으로 본 것이다.

≪周禮≫ 〈夏官 職方氏〉에는 매 州마다 모두 이르기를 "그 산의 鎭山은 무슨 산이다."라고 하였으니, 揚州의 會稽山, 荊州의 衡山, 豫州의 華山, 雍州의 吳山, 冀州의 霍山, 幷州의 恒山, 幽州의 醫無閭山, 靑州의 沂山, 兗州의 岱山은 바로 周나라 때 9州의 안에서 가장 큰 산이었다. 舜임금 때의 12山도 사적은 또한 그러했을 것이다. 州 안에 비록 많은 산이 있으나 그중에서 가장 높고 큰 산을 취하여 그 州의 鎭山으로 삼은 것이다. 특별히 그 이름을 든 것은 곧 유달리 크게 여겼기 때문이다.

내가 있으면 대소를 막론하고 모두 깊이 파야만 했다. 그러므로 "내를 깊이 팠다."라고 한 것이다. 흐르는 내가 있으면 깊이 파서 물이 잘 흐르게 하였다. 〈職方氏〉에는 매 州마다 모두 그 내는 어떻고 그 호수는 어떻다고 하여 또한 그 州 안의 큰 내를 들었다. 다만 대소를 모두 통하게 하기만 하고 그 큰 것은 다시 들지 않았다. 그러므로 단지 깊이 팠다고만 했을 뿐이다.

【疏】 傳'象法'至'越法' ○ 正義曰：易繫辭云 "象也者, 象此者也." 又曰 "天垂象, 聖人則之[1)]." 是象爲倣法, 故爲法也. 五刑雖有常法, 所犯未必當條, 皆須原其本情, 然後斷決. 或情有差降, 俱被重科, 或意有不同, 失出失入, 皆是違其常法. 故令依法用其常刑, 用之使不越法也.

1) 天垂象 聖人則之 : ≪周易≫ 〈繫辭 上〉에는 "하늘이 형상을 드리워 吉凶을 나타내자 성인이 그것을 본받았다.〔天垂象 見吉凶 聖人象之〕"로 되어있다.

傳의 〔象法〕에서 〔越法〕까지

○ 正義曰 : ≪周易≫ 〈繫辭〉에 이르기를 "象이란 이것을 형상한 것이다."라고 하였고, 또 이르기를 "하늘이 형상을 드리우니 聖人이 그것을 본받는다."라고 하였다. 여기서는 象을 모방하는 법의 뜻으로 본 것이다. 그러므로 法이라고 한 것이다. 五刑에는 비록 일정한 法이 있지만 범죄가 꼭 조항에 맞지는 않으니, 모두 모름지기 그 本情을 따져본 연후에 결단해야 한다. 혹은 정상에 약간 차등이 있는데도 모두 重科를 입게 되고, 혹은 뜻에 다른 점이 있는데도 중한 죄에 가벼운 벌을 내리거나〔失出〕 가벼운 죄에 중한 벌을 내리는〔失入〕 것은 모두 그 일정한 법을 어기는 것이다. 그러므로 법에 의하여 일정한 형벌을 쓰고, 형벌을 씀에 있어서는 법을 넘지 않게 해야 한다는 것이다.

【疏】 傳'宥寬'至'五刑' ○ 正義曰 : '(寬宥)〔宥寬〕[1]', 周語文. 流, 謂徙之遠方. 放, 使生活, 以流放之法, 寬縱五刑也. 此惟解以流寬之刑, 而不解宥寬之意. 鄭玄云 "其輕者或流放之, 四罪是也." 王肅云 "謂君不忍刑殺, 宥之以遠方." 然則知此是據狀合刑, 而情差可恕, 全赦則太輕, 致刑則太重. 不忍依例刑殺. 故完全其體, 宥之遠方, 應刑不刑, 是寬縱之也. 上言典刑, 此言五刑者, 其法是常, 其數則五. 象以典刑, 謂其刑之也, 流宥五刑, 謂其遠縱之也. 流言五刑, 則典刑亦五, 其文互以相見. 王肅云 "言宥五刑, 則正五刑見矣." 是言二文相通之意也. 典刑, 是其身, 流宥, 離其鄕. 流放致罪爲輕, (此)〔比〕鞭爲〔重〕[2], 故次典刑之下, 先言流宥. 鞭扑雖輕, 猶虧其體, 比於出金贖罪, 又爲(輕)〔重〕[3]. 且呂刑五罰, 雖主贖五刑, 其鞭扑之罪, 亦容輸贖. 故後言之. 此正刑五與流宥鞭扑, 俱有常法, 典字可以統之. 故發首言典刑也.

1) (寬宥)〔宥寬〕 : 저본에는 '寬宥'로 되어있으나, 阮刻本에 "浦鏜이 이르기를 '宥寬이니, 글자가 잘못 도치되었다.' 하였다."라고 한 것에 의거하여 '宥寬'으로 바로잡았다.
2) (此)〔比〕鞭爲〔重〕 : 저본에는 '此鞭爲'로 되어있으나, 阮刻本에 "毛本에는 '此'가 '比'로 되어있고 '爲' 아래에 '重'자가 있으니, 옳다."라고 한 것에 의거하여 '此'를 '比'로 바로잡고 '重'을 보충하였다.
3) (輕)〔重〕 : 저본에는 '輕'으로 되어있으나, 文義에 의거하여 '重'으로 바로잡았다.

傳의 〔宥寬〕에서 〔五刑〕까지

○ 正義曰 : 〔宥 寬〕 ≪國語≫ 〈周語〉의 글이다.

流는 먼 지방으로 옮기는 것을 이르고, 放은 자유롭게 生活을 할 수 있게 하는 것이니, 귀양 보내고 추방하는 法을 가지고 五刑을 관대하게 적용하였다. 이것은 오직 流配하는 것으로 관대하게 베푸는 형벌을 해석했을 뿐이지, 宥가 寬의 뜻임을 해석한 것은 아니다.

鄭玄은 이르기를 "경범죄를 지은 사람에 대해서는 더러 유배도 하고 추방도 하였으니, 네 사람의 죄를 처결한 것이 바로 그것이다."라고 하였다. 王肅은 이르기를 "임금이 차마 刑殺을 할 수가 없어서 먼 지방으로 보내는 것으로 관대하게 처결했다."라고 하였다.

그렇다면 이는 바로 정상을 참작하고 형벌에 합당하게 해서 정상에 따라 약간씩 용서해준 것임을 알 수 있으니, 온전히 사면하면 너무 가벼운 처벌이고, 형벌대로 다스리면 너무 무거운 처벌인 것이다. 차마 법례대로 刑殺할 수 없기 때문에 그 육체를 온전히 한 상태에서 관대하게 먼 지방으로 보낸 것이니, 응당 형벌해야 할 것을 형벌하지 않는 것이 바로 관대하게 놓아주는 것이다.

위에서는 典刑을 말하고, 여기서는 五刑을 말한 것은, 그 法은 바로 일정한 것이고 그 숫자는 다섯이기 때문이다. '象以典刑'은 그들을 형벌대로 처결함을 이르고, '流宥五刑'은 그들을 멀리 놓아보낸 것을 이른다. 流에서 五刑을 말했으면 典刑 역시 다섯인 것이니, 그 글을 상호적으로 써서 서로 보인 것이다. 王肅이 이르기를 "五刑을 관대하게 적용하는 것을 말했으면 五刑을 정상적으로 적용하는 것도 나타날 것이다."라고 하였으니, 이는 두 글이 서로 통하는 뜻을 말한 것이다.

典刑은 그 몸이 직접 형벌을 받는 것이고, 流宥는 그 고향을 떠나는 것이다. 유배하고 추방하는 것으로 죄를 다스림은 輕罰이지만, 채찍에 비하면 重罰이다. 그러므로 典刑의 아래에 차례를 두어서 먼저 流宥를 말한 것이다. 회초리로 때리는 체벌은 비록 경벌이지만 오히려 그 몸을 훼손하니, 황금을 내어 속죄하는 것에 비하면 또 중벌인 것이다.

또 〈呂刑〉의 五罰은 비록 五刑을 속죄하는 것을 주목하였지만, 그 채찍이나 회초리를 맞는 죄 또한 贖錢을 바칠 수 있다. 그러므로 뒤에 말한 것이다. 이 正刑 다섯 가지는 流宥・鞭扑과 더불어 모두 일정한 法이 있는 것이니, 典字가 통솔할 수 있으므로 발언하는 머리에서 典刑을 말한 것이다.

【疏】 傳'以鞭'至'之刑' ○ 正義曰 : 此有鞭刑, 則用鞭久矣. 周禮滌狼氏誓大夫曰 "敢不關, 鞭五百."[1] 左傳有鞭徒人費圉人犖(낙)是也. 子玉使鞭七人·衛侯鞭師曹三百. 日

來亦皆施用, 大隋[2]造律, 方使廢之. 治官事之刑者, 言若於官事不治, 則鞭之. 蓋量狀加之, 未必有定數也.

1) 誓大夫曰……鞭五百 : ≪周官義疏≫에는 "王이 軍中에 있으면 王이 主將이 되고, 王이 軍中에 있지 않으면 卿이 主將이 된다.……大夫는 師帥와 旅帥를 말한다. 당연히 關白해야(여쭈어야) 할 일이 있는데도 關白하지 않으면 鞭刑에 처한다.〔王在軍則王爲主將 王不在軍則卿爲主將……大夫則師帥旅帥也 事有當關白而不關者 則鞭之〕"라고 풀이하였다.

2) 隋 : 저본에는 '隨'로 되어있다. 唐代 사람은 '隋'와 '隨'를 통용했기 때문에 틀린 것은 아니지만, 혼동을 피하려는 뜻에서 ≪隋書≫의 '隋去鞭刑'에 의하여 '隋'로 바꾸었다.

傳의 〔以鞭〕에서 〔之刑〕까지

○ 正義曰 : 여기에 鞭刑이 있는 것으로 보아 편형을 쓴 시기는 퍽 오래였을 것이다. ≪周禮≫ 〈秋官 滌狼氏〉에 大夫와의 서약에서 "감히 여쭙지 않으면 채찍 500대를 친다."는 것과 莊公 8년 조와 32년 조의 ≪春秋左氏傳≫에 徒人 費와 圉人 犖에게 채찍을 쳤다는 것이 바로 그것이다. 僖公 27년 조의 ≪春秋左氏傳≫에 子玉은 일곱 사람에게 채찍을 치게 했다고 하였고, 襄公 14년 조의 ≪春秋左氏傳≫에 衛侯는 師曹에게 채찍 300대를 쳤다고 하였다. 근래까지도 모두 鞭刑을 사용하였는데, 隋나라가 律令을 만들어서 바야흐로 그 鞭刑이 폐지되게 하였다. 官事를 다스리는 형벌이란 것은 만일 官事가 다스려지지 않을 경우엔 鞭刑에 처함을 말한 것이다. 대개 형량을 감안해서 가하는 것이지, 꼭 정해진 숫자가 있는 것은 아니다.

【疏】 傳'扑榎'至'撻之' ○ 正義曰 : 學記云 "榎(가)·楚二物, 以收其威." 鄭玄云 "榎, 稻(도)也. 楚, 荊也." 二物, 可以扑撻犯禮者, 知扑是榎楚也. 旣言以收其威, 知不勤道業則撻之. 益稷云 "撻以記之." 又大射鄕射皆云 "司馬搢扑." 則扑亦官刑. 惟言作敎刑者, 官刑鞭扑俱用, 敎刑惟扑而已. 故屬扑於敎, 其實, 官刑亦當用扑. 蓋重者鞭之, 輕者撻之.

傳의 〔扑榎〕에서 〔撻之〕까지

○ 正義曰 : ≪禮記≫ 〈學記〉에 이르기를 "괭나무와 가시나무는 그 위엄을 거두는 것이다."라고 하였고, 鄭玄은 "榎는 괭나무이고, 楚는 가시나무이다."라고 하였다. 이 두 나무는 예법을 범한 자를 매질할 수 있는 것이니, 扑(종아리채)은 바로 괭나무와 가시나무라는 것을 알 수 있고, 그 위엄을 거두는 것이라고 이미 말하였으니, 道業을 게을리 하면 매질을 하는 것임을 알 수 있다. 〈益稷〉에 이르기를 "종아리를 쳐서 기억하게 한다."라고 하였고, 또 ≪儀禮≫의 〈大射義〉와 〈鄕射禮〉에 모두 이르기를 "司馬가 종아리채를 허리

춤에 꽂았다."라고 하였으니, 종아리채도 역시 官刑이었던 것이다.

오직 "교육하는 형벌을 만들었다."고만 말한 것은 官刑에는 채찍과 종아리채를 다 쓰고, 敎刑에는 오직 종아리채만을 썼을 뿐이다. 그러므로 종아리채를 敎刑에 소속시켰지만 실은 官刑에도 역시 종아리채를 사용했던 것이다. 대개 죄질이 무거운 경우에는 채찍질을 하고, 가벼운 경우에는 매질을 하였던 것이다.

【疏】 傳'金黃'至'贖罪' ○正義曰：此以金爲黃金, 呂刑, 其罰百鍰(환), 傳爲黃鐵. 俱是贖罪, 而金·鐵不同者, 古之金·銀·銅·鐵, 總號爲金, 別之四名耳. 釋器云"黃金謂之璗(탕), 白金謂之銀." 是黃金·白銀, 俱名金也. 周禮考工記"攻金之工, 築氏爲削, (治)〔冶〕[1]氏爲殺矢, 鳧氏爲鐘, 㮚(율)氏爲(重)〔量〕[2], 段氏爲鏄(단), 桃氏爲劍." 其所爲者, 有銅有鐵. 是銅鐵, 俱名爲金, 則鐵名亦包銅矣. 此傳黃金, 呂刑黃鐵, 皆是今之銅也. 古之贖罪者, 皆用銅, 漢始改用黃金. 但少其斤兩, 令與銅相敵. 故鄭玄駁異義言"贖死罪千鍰, 鍰, 六兩大半兩, 爲四百一十六斤十兩(六)〔大〕[3]半兩銅, 與(金)〔今〕[4]贖死罪金三斤, 爲價相依附." 是古贖罪, 皆用銅也. 實謂銅而謂之金·鐵, 知傳之所言, 謂銅爲金·鐵耳. 漢及後魏, 贖罪皆用黃金. 後魏以金難得, 合金一兩收絹十匹. 今律乃復依古, 死罪贖銅一百二十斤, 於古稱爲三百六十斤. 孔以鍰爲六兩, 計千鍰, 爲三百七十五斤. 今贖輕於古也. 誤而入罪, 出金以贖, 卽律過失殺傷人, 各依其狀, 以贖論, 是也. 呂刑所言'疑赦乃罰'者, 卽今律"疑罪各從其實, 以贖論." 是也. 疑, 謂虛實之證等, 是非之理均, 或事涉疑似, 旁無證見, 或雖有證見, 事非疑似, 如此之類, 言皆爲疑罪. 疑而罰贖, 呂刑已(用)〔明〕[5]言, 誤而輸贖, 於文不顯. 故此傳指言誤而入罪[6], 以解此贖. 鞭扑加於人身, 可云'扑作敎刑', 金非加人之物, 而言'金作贖刑', 出金之與受扑, 俱是人之所患. 故得指其所出以爲刑名.

1) (治)〔冶〕: 저본에는 '治'로 되어있으나, 阮刻本에 "살펴보건대 '治'는 마땅히 '冶'가 되어야 한다."라고 한 것에 의거하여 '冶'로 바로잡았다.
2) (重)〔量〕: 저본에는 '重'으로 되어있으나, 阮刻本에 "岳本에는 '重'이 '量'으로 되어있으니, 살펴보건대 '量'자가 옳다."라고 한 것에 의거하여 '量'으로 바로잡았다.
3) (六)〔大〕: 저본에는 '六'으로 되어있으나, 孫詒讓이 閩本에 근거하여 바로잡은 것을 따라 '大'로 바로잡았다.
4) (金)〔今〕: 저본에는 '金'으로 되어있으나, 孫詒讓이 陳氏의 ≪五經異義疏證≫의 설에 근거하여 바로잡은 것을 따라 '今'으로 바로잡았다.

5) (用)〔明〕: 저본에는 '用'으로 되어있으나, 阮刻本에 "岳本에는 '用'이 '明'으로 되어있으니, 옳다."라고 한 것에 의거하여 '明'으로 바로잡았다.
6) 誤而入罪 : 孔傳에는 '誤而入刑'으로 되어있다.

傳의 〔金黃〕에서 〔贖罪〕까지

○ 正義曰 : 여기서는 傳에서 金을 黃金으로 풀이하였고, 〈呂刑〉의 "그 벌금이 600鍰이다."라고 할 때의 '鍰'은 傳에서 黃鐵로 풀이하였다. 여기서나 〈呂刑〉에서나 다 贖罪하는 것이거늘, 金과 鐵이 같지 않은 이유는 옛날의 金·銀·銅·鐵이 모두 金으로 불렸는데 이를 네 가지 이름으로 구별했을 뿐이다. ≪爾雅≫ 〈釋器〉에 이르기를 "黃金을 璗이라 이르고, 白金을 銀이라 이른다."라고 하였으니, 이 黃金과 白銀은 모두 金으로 명명하였다. ≪周禮≫ 〈冬官考工記〉에 "쇠를 다루는 기술자들인 築氏는 창칼을 만들고, 冶氏는 殺矢를 만들고, 鳧氏는 鐘을 만들고, 㮚氏는 도량형의 기구를 만들고, 段氏는 쇳덩이를 만들고, 桃氏는 劍을 만든다."라고 하였는데, 만드는 재료에는 銅과 鐵이 있다. 이 銅과 鐵은 모두 이름이 金이니, 鐵이란 이름도 또한 銅을 포함한 것이다.

여기의 傳에서 풀이한 黃金과 〈呂刑〉의 傳에서 풀이한 黃鐵은 모두 지금의 銅인 것이다. 옛날의 贖罪하는 죄인은 모두 銅을 사용했었는데, 漢代에 비로소 黃金을 사용하였다. 다만 그 斤兩을 적게 해서 銅과 상응하도록 하였을 뿐이다. 그러므로 鄭玄의 ≪駁異義≫에 "죽을죄에 대한 贖金은 1천 鍰이고 鍰은 6兩 반이 훨씬 넘는 것이며, 〈1천 鍰은〉 바로 416斤 10兩 반이 훨씬 넘는 銅이었으니, 지금의 죽을죄에 대한 贖錢의 金 3斤과 값이 서로 비슷했다."라고 말하였으니, 이로 봐서 옛날의 贖罪에는 모두 銅을 사용하였던 것이다. 실제로는 銅인데 金이니 鐵이니 하였으니, 傳에서 말한 것은 銅을 일러 黃金이라 하고 黃鐵이라 했을 뿐임을 알 수 있다. 漢과 後魏는 贖罪에 모두 黃金을 사용하였다. 後魏는 金을 얻기가 어려웠기 때문에 合金 1兩 값으로 명주 10匹을 거두었다. 오늘날의 律令에는 다시 옛 제도에 의하여 죽을죄에 대한 贖銅이 120斤이니 옛날 저울로 달면 360斤이다. 孔安國이 鍰을 6兩이라 했으니, 1천 鍰을 계산하면 375근이니, 지금의 贖錢이 옛날보다 가볍다.

과오로 죄를 지었을 경우는 金을 내고 속죄를 하였으니, 곧 律令에 "과실로 인명을 살상했을 경우에는 각각 그 상태에 의하여 속전으로 논한다."는 것이 바로 그것이다. 〈呂刑〉에서 말한 "죄가 의심스러워서 사면해야 할 경우는 벌금을 물린다."는 것은 곧 지금의 律令에 "의심스러운 죄는 각각 그 사실에 따라서 속전으로 논한다."는 것이 바로 그것이다. 疑는 虛實의 증빙이 동등하고 是非의 이론이 균등하며, 혹은 일이 반신반의하는 처지에 놓여서 곁에 證見이 없고, 혹은 비록 證見은 있으나 일이 의심이 가는 것도 아니고 믿음이 가는 것도 아닌 것을 이르니, 이와 같은 類를 모두 의심스런 죄라고 말한다.

죄가 의심스러울 경우 벌금으로 속죄를 시키는 것은 〈呂刑〉에서 이미 분명하게 말했지만, 과오로 죄를 지었을 경우 속전을 바치는 것은 글에 분명하게 나타나지 않았다. 그러므로 이 傳에서 '誤而入罪'를 가리켜 말해서 이 贖으로 풀이한 것이다. 鞭과 扑은 人身에 가해지는 것이니 "扑으로 敎刑을 만들었다."고 할 수 있지만, 金은 사람에 가해지는 물건이 아닌데 "金으로 贖刑을 만들었다."고 말한 것은, 金을 내는 것이나 扑을 받는 것은 모두 사람들이 걱정하는 바이다. 그러므로 그 내는 바를 가리켜서 형벌의 이름을 만든 것이다.

【疏】傳'眚過'至'殺之' ○ 正義曰：春秋言肆眚(생)者, 皆謂緩縱過失之人, 是肆(爰)〔爲〕緩也, 眚(爰)〔爲〕過也[1). 公羊傳云"害物曰災." 是爲害也. 宣二年左傳, 晉侯殺趙盾, "使鉏麑(서예)賊之." 是賊爲殺也. 此經二句, 承上典刑之下, 總言用刑之(罪)〔要〕[2). 過而有害, 雖據狀合罪, 而原心非故, 如此者, 當緩赦之. 小則恕之, 大則宥之, 上言流宥贖刑, 是也. 怙恃姦詐, 欺罔時人, 以此自終, 無心改悔, 如此者, 當刑殺之. 小者刑之, 大者殺之, 上言'典刑'及'鞭扑'皆是也. 經言'賊刑', 傳云'刑殺', 不順經文者, 隨便言之.

1) 是肆(爰)〔爲〕緩也 眚(爰)〔爲〕過也 : 저본에는 '爰'으로 되어있으나, 阮刻本에 "岳本에는 '爰'이 모두 '爲'로 되어있으니, 옳다."라고 한 것에 의거하여 '爲'로 바로잡았다.

2) (罪)〔要〕: 저본에는 '罪'로 되어있으나, 阮刻本에 "岳本에는 '罪'가 '要'로 되어있으니, 옳다."라고 한 것에 의거하여 '要'로 바로잡았다.

傳의 〔眚過〕에서 〔殺之〕까지

○ 正義曰 : ≪春秋≫에서 말한 '肆眚'은 모두 과실이 있는 사람을 놓아준 것을 일렀기 때문에 여기서 肆를 緩의 뜻으로, 眚을 過(과실)의 뜻으로 본 것이다.

≪春秋公羊傳≫에 이르기를 "物을 해치는 것을 災라 한다."라고 하였기 때문에 여기서 災를 害의 뜻으로 본 것이다.

宣公 2년 조의 ≪春秋左氏傳≫에 晉侯가 趙盾을 죽인 것을 "鉏麑를 시켜 그를 죽이게〔賊〕 하였다."라고 하였으니, 여기서 賊을 殺의 뜻으로 본 것이다.

이 經文의 두 글귀는 위에 있는 '典刑'의 아래를 이어받아서 형벌을 쓰는 요령을 총괄적으로 말한 것이다. 과실로 해를 보인 것은 비록 상태로 보면 죄를 주는 것이 합당하지만 그 마음을 파고들어 가보면 고의가 아니니, 이와 같은 경우는 당연히 사면해야 한다.

해를 보인 것이 경미하면 그냥 용서해주고 중대하면 다른 벌로 대체하는 것이니, 위에서 말한 流宥와 贖刑이 바로 그것이다. 믿는 구석이 있어 간사한 짓을 해서 사람들을 속이고 그것을 끝까지 하여 고칠 마음이 없으면 이와 같은 사람은 당연히 형벌을 주거나 사형에 처해야 한다. 작은 것은 형벌을 주고 큰 것은 사형에 처해야 하니, 위에서 말한 典刑과 鞭扑이 모두 그것이다.

經에서는 賊刑이라 말하고, 傳에서는 刑殺이라고 말하였으니, 經文을 따르지 않은 것은 편의에 따라 말한 것이다.

【疏】 傳'舜陳'至'得中' ○正義曰：此經二句[1)], 舜之言也. 不言'舜曰', 以可知而略之. 舜旣制此典刑, 又陳典刑之義, 以勑天下百官, 使敬之哉敬之哉, 惟刑之憂哉. 憂念此刑, 恐有濫失, 欲使得中也.

1) 二句：'欽哉欽哉 惟刑之恤哉'를 가리킨다.

傳의 〔舜陳〕에서 〔得中〕까지

○正義曰：이 經의 두 구는 舜임금의 말이다. '舜曰'을 말하지 않은 것은 알 만한 것이라 해서 생략한 것이다. 舜임금은 이미 이 典刑을 만들고 또 典刑의 뜻을 설명하여 천하의 百官들에게 주의를 주어서 조심하고 신중을 기하여 오직 형벌에 대한 걱정만을 하도록 하였다. 이 형벌을 행여 남용하거나 실수가 있을까 염려하여 형벌을 꼭 맞게 적용하도록 하기 위해서였다.

【疏】 傳'象恭'至'曰(洲)〔州〕[1)]' ○正義曰：堯典言共工之行云 "靜言庸違, 象恭滔天." 言貌象恭敬, 傲狠漫天, 足以疑惑世人. 故流放也. 左傳說此事, 言"投諸四裔." 釋地云 "燕曰幽州." 知北裔也. '水中可居者曰洲', 釋水文. 李巡曰 "四方有水, 中央高, 獨可居. 故曰洲." 天地之勢, 四邊有水. 鄒衍書說 "九州之外, 有瀛海環之." 是九州居水內. 故以州爲名. 共在一(洲)〔州〕之上, 分之爲九耳. 州取水內爲名. 故引爾雅解州也. '投之四裔', 裔訓遠也. 當在九州之外, 而言'於幽州'者, 在州境之北邊也. 禹貢羽山在徐州, 三危在雍州. 故知北裔在幽州. 下三者所居, 皆言山名, 此共工所處, 不近大山. 故擧州言之. 此流四凶, 在治水前. 於時未作十有二州, 則無幽州之名, 而云'幽州'者, 史據後定言之.

1) (洲)〔州〕：저본에는 '洲'로 되어있으나, 阮刻本에 "毛本에는 '洲'가 '州'로 되어있다."라고

한 것에 의거하여 '州'로 바로잡았다.

傳의 〔象恭〕에서 〔曰州〕까지

○ 正義曰 : 〈堯典〉에서 共工의 행실에 대해 말하기를 "말은 곧잘 하지만 행동은 말과 위배되고, 용모는 공경하나 마음은 오만하다."라고 하였으니, 용모는 공손하나 마음은 오만하여 하늘을 업신여긴다는 것이 충분히 세상 사람을 의혹할 수 있기 때문에 流放했다고 말한 것이다. ≪春秋左氏傳≫에서 이 일에 대해 설명하되 "사방의 변방으로 내쳤다.〔投之四裔〕"고 말하였다.

≪爾雅≫ 〈釋地〉에 이르기를 "燕을 幽州라 한다."라고 하였으니, 북쪽의 변방임을 알 수 있다.

〔水中可居者曰洲〕 ≪爾雅≫ 〈釋水〉의 글이다. 李巡이 말하기를 "사방에 물이 있고 중앙이 높아서 홀로 살 만하기 때문에 洲라 한다."라고 하였다. 天地의 형세는 사방 변두리에 물이 있기 마련이라, 鄒衍의 ≪書說≫에 "9州의 밖에 瀛海가 있어 빙 둘렀다."고 하였으니, 이는 9州가 물 안에 있기 때문에 州로써 이름한 것이다. 다 같이 1州의 위에 있는데, 나누어서 9州를 만들었을 뿐이다. 州는 물 안을 취하여 이름한 것이다. 그러므로 ≪爾雅≫를 이끌어서 州를 풀이한 것이다.

≪春秋左氏傳≫의 '投之四裔'의 裔는 遠의 뜻으로 풀이하였다. 당연히 9州의 밖에 있어야 할 것인데, 經文에 '於幽州'라고 말한 것은 북쪽 변방에 州境이 있기 때문이다. 〈禹貢〉에는 羽山은 徐州에 있고, 三危는 雍州에 있다. 그러므로 북쪽 변방이 幽州에 있음을 알았던 것이다. 아래 세 사람이 거처하는 데는 모두 산 이름을 말하였고, 共工이 거처하는 데는 큰 산에 가깝지 않기 때문에 州를 들어서 말한 것이다. 여기의 四凶을 流放한 시기는 홍수를 다스리기 전에 있었다. 이때에는 아직 12州를 만들지 못하였으니, 幽州란 이름이 없었건만, 幽州라고 한 것은 史官이 후일의 일에 의거해서 말을 정리했기 때문이다.

【疏】 傳'黨於'至'南裔' ○ 正義曰 : 共工象恭滔天, 而驩兜薦之, 是黨於共工. 罪惡同, 故放之也. 左傳說此事云 "流四凶族, 投諸四裔." 則四方方各有一人. 幽州在北裔, 雍州三危在西裔, 徐州羽山在東裔. 三方既明, 知崇山在南裔也. 禹貢無崇山, 不知其處, 蓋在衡嶺之南也.

傳의 〔黨於〕에서 〔南裔〕까지

○ 正義曰 : 共工은 외형상으로는 공손하나 오만함이 하늘을 업신여겼는데, 驩兜가 그를 추천하였으니, 이는 共工과 한 패거리였던 것이다. 罪惡이 같았기 때문에 추방한 것이다. ≪春秋左氏傳≫에서 이 일에 대해 말하기를 "네 凶族을 流放하여 사방의 변방으로 내쳤다."라고 하였으니, 사방의 매 方마다 각각 한 사람씩 있게 된 것이다. 幽州는 북쪽 변방에 있고, 雍州의 三危山은 서쪽 변방에 있고, 徐州의 羽山은 동쪽 변방에 있었다. 3方이 이미 밝혀졌으니, 崇山은 남쪽 변방에 있음을 알았던 것이다. 〈禹貢〉에 崇山이 없으니 그 위치를 정확히 알 수 없지만, 아마 衡嶺의 남쪽에 있었을 것이다.

【疏】 傳'三苗'至'西裔' ○ 正義曰 : 昭元年左傳說自古諸侯不用王命者, "虞有三苗, 夏有觀扈." 知三苗是國. 其國以三苗爲名, 非三國也. 杜預言 "三苗地闕, 不知其處. 三凶皆是王臣, 則三苗亦應是諸夏之國, 入仕王朝者也." 文十八年左傳言 "縉雲氏有不才子, 貪于飮食, 冒于貨賄, 侵欲崇侈, 不可盈厭, 聚斂積實, 不知紀極, 不分孤寡, 不恤窮匱, 天下之民, 以比三凶, 謂之饕餮(도철)." 卽此三苗是也. 知其然者, 以左傳說此事言 "舜臣堯, 流四凶族渾敦·窮奇·檮杌·饕餮, 投諸四裔, 以禦螭魅(이매)." 謂此驩兜·共工·三苗與鯀也. 雖知彼言四凶, 此等四人, 但名不同, 莫知孰是, 惟當驗其行跡, 以別其人. 左傳說窮奇之行云 "靖譖庸回." 堯典言共工之行云 "靜言庸違." 其事旣同. 知窮奇是共工也. 左傳說渾敦之行云 "醜類惡物, 是與比周." 堯典言驩兜薦擧共工, 與惡比周, 知渾敦是驩兜也. 左傳說檮杌之行言 "不可敎訓, 不知話言, 傲很明德, 以亂天常." 堯典言鯀之行云 "咈哉, 方命圮族." 其事旣同. 知檮杌是鯀也. 惟三苗之行, 堯典無文. 鄭玄具引左傳之文, 乃云 "命驩兜擧共工." 則驩兜爲渾敦也, 共工爲窮奇也, 鯀檮杌也. 而三苗爲饕餮, 亦可知. 是先儒以書傳相考, 三苗是饕餮也. 禹貢雍州, 言 "三危旣宅, 三苗丕敍." 知三危是西裔也.

傳의 〔三苗〕에서 〔西裔〕까지

○ 正義曰 : 昭公 원년 조의 ≪春秋左氏傳≫에서 자고로 王命을 듣지 않는 諸侯에 대해 말하기를 "虞나라에는 三苗가 있고 夏나라에는 觀扈가 있었다."고 하였으니, 三苗가 바로 나라임을 알았던 것이다. 그 나라가 三苗를 이름으로 한 것이지, 세 나라라는 뜻은 아니다.

杜預가 말하기를 "三苗의 땅이 없어졌으므로 그 소재처를 알 수 없다. 三凶은 모두 王의 신하이니 三苗도 응당 諸夏(중국)의 나라로서 王朝에 들어와 벼슬한 자였을 것이다."

라고 하였다. 文公 18년 조의 ≪春秋左氏傳≫에 말하기를 "縉雲氏에게 불초한 아들이 있었는데, 飮食을 탐하고 재물을 탐하며, 침탈해서 사치를 누리려는 욕심을 부리되 만족할 줄을 몰랐고, 거두어들여 재산을 축적하되 끝없이 하였으며, 고아나 과부에게 나누어 주지도 않고, 곤궁한 사람을 구휼하지도 않았기 때문에 천하의 백성들이 三凶에 비하여 이를 '饕餮'이라 했다."라고 하였으니, 곧 이것이 三苗이다.

그 그러함을 알 수 있는 것은 ≪春秋左氏傳≫에서 이 일을 설명하되 "舜임금이 堯임금에게 신하 노릇을 할 때에 四凶의 족속인 渾敦·窮奇·檮杌·饕餮을 流放하되 사방의 변방으로 내쳐서 螭魅를 막았다."라고 하였으니, 이는 驩兜·共工·三苗와 그리고 鯀을 이른 것이다. 저기서 말한 四凶이 이들 4人임은 비록 알지만, 다만 이름이 동일하지 않으므로 어떤 것이 옳은지 모를 뿐이니, 오직 그들의 行跡을 징험하여 그 사람들을 구별해야 할 것이다.

≪春秋左氏傳≫에는 窮奇의 행실에 대하여 "참소하는 말을 편안하게 여기고 간사함을 쓴다."라고 말하였고, 〈堯典〉에는 共工의 행실에 대하여 "말은 곧잘 하지만 행동은 말과 위배된다."라고 말하였으니, 그 사적이 이미 같은지라, 窮奇가 바로 共工임을 알겠다. ≪春秋左氏傳≫에는 渾敦의 행실에 대하여 "惡人을 동류로 삼고, 〈德義를 본받지 않는 자와 忠信을 말하지 않는 자와 형제간에 우애하지 않는 자를〉 친밀하게 대하였다."라고 말하였고, 〈堯典〉에는 驩兜는 共工을 천거하여 惡人과 함께 사당을 조직하다고 한 것이니, 渾敦이 바로 驩兜임을 알겠다. ≪春秋左氏傳≫에는 檮杌의 행실에 대하여 "敎訓을 받아들이지도 않고, 말할 줄도 모르며, 明德을 업신여기어 天常(綱常)을 어지럽혔다."라고 말하였고, 〈堯典〉에서는 鯀의 행실에 대하여 "안 된다. 곧고 방정하다는 이름을 좋아하고 명하여 일을 행하면 선량한 무리를 毁敗한다."라고 말하였으니, 그 사적이 이미 같은지라, 檮杌이 바로 鯀임을 알겠다.

오직 三苗의 행실만은 〈堯典〉에 그에 대한 글이 없다. 鄭玄이 ≪春秋左氏傳≫의 글을 구체적으로 인용하여 곧 "驩兜에게 명하여 共工을 천거하게 했다."라고 하였으니, 驩兜는 渾敦이고 共工은 窮奇이고 鯀은 檮杌이다. 그러니 三苗가 饕餮이란 것도 알 수 있다. 이것은 先儒가 ≪書傳≫을 가지고 상고한 것이니, 三苗가 바로 饕餮이다. 〈禹貢〉의 雍州에서 "三危가 이미 집을 짓고 살게 되었으니, 三苗가 공이 크게 펴졌다."라고 말하였으니, 三危가 바로 서쪽 변방임〔西裔〕을 알겠다.

【疏】 傳'方命'至'海中' ○正義曰:'方命圮族', 是其本性, '績用不成', 試而無功, 二者俱是其罪. 故竝言之. 釋言云 "殛, 誅也." 傳稱流四凶族者, 皆是流, 而謂之殛竄放流皆誅者, 流者移其居處, 若水流然, 罪之正名, 故先言也. 放者使之自活, 竄者投棄之名, 殛者誅責之稱. 俱是流徙, 異其文, 述作之體也. 四者之次, 蓋以罪重者先. 共工滔天, 爲罪之最大, 驩兜與之同惡. 故以次之. 祭法以鯀障洪水. 故列諸祀典. 功雖不就, 爲罪最輕. 故後言之. 禹貢徐州云 "蒙·羽其藝." 是羽山爲東裔也. 漢書地理志, 羽山在東海郡祝其縣西南[1], 海水漸及. 故言'在海中'也.

1) 西南 : 지금의 ≪漢書≫ 〈地理志〉에는 '西'자가 없다.

傳의 〔方命〕에서 〔海中〕까지

○ 正義曰 : '方命圮族'은 그 본성이 그런 것이고, '績用不成'은 시험해본 결과 공적이 없는 것이니, 이 두 가지는 모두 죄로 다스려야 할 사안이다. 그러므로 아울러서 말한 것이다.

≪爾雅≫ 〈釋言〉에 "殛은 誅의 뜻이다."라고 하였다. 네 凶族을 유배시킴은 모두 流刑에 처한 것인데, 孔傳에서는 이에 대하여 "殛・竄・放・流는 모두 誅責하는 것이다."라고 하였다. 流는 그 거처를 옮기기를 마치 물이 흐르듯이 하는 것이니, 죄의 正名이다. 그러므로 먼저 말한 것이다. 放은 자유로이 활동할 수 있게 하는 것이고, 竄은 投棄를 이르는 명칭이고, 殛은 誅責을 이르는 명칭이다. 이것은 모두 流徙하는 벌칙이건만, 그에 대한 글을 달리 쓴 것은 바로 述作의 문체이다. 네 사람의 차서는 아마 죄가 무거운 자로 선두를 삼았을 것이다. 共工은 마음의 오만함이 마치 하늘을 능가하는 듯하였으니 죄가 가장 크고, 驩兜는 共工과 더불어 악한 행동이 같았다. 그러므로 그것을 가지고 차서를 정한 것이다.

≪禮記≫ 〈祭法〉에 鯀은 홍수를 막았기 때문에 祀典에 올린 것이다. 공은 비록 이루어지지 못했지만 죄는 가장 가벼웠다. 그러므로 뒤에 말한 것이다. 〈禹貢〉의 徐州 조에서 "蒙山과 羽山이 곡식을 심을 수 있게 되었다."라고 하였으니, 이 羽山이 동쪽 변방이 된 것이다. ≪漢書≫ 〈地理志〉에 의하면 羽山이 東海郡 祝其縣 서남쪽에 있으니 바닷물이 닿는다. 그러므로 "바다 가운데에 있다."라고 말한 것이다.

【疏】 傳'皆服'至'見之' ○ 正義曰 : 此四罪者, 徵用之初, 卽流之也. 舜以微賤超升上宰, 初來之時, 天下未服. 旣行四罪, 故天下皆服, 舜用刑得當其罪也. 自象以典刑以下, 徵用而卽行之. 於此居攝之後, 追論成功之狀. 故作者先敍典刑, 言舜重刑之事, 而

連引四罪, 述其刑當之驗. 明此諸事, 皆是徵用之時所行, 於此總見之也. 知此等諸事皆徵用所行者, 洪範云 "鯀則殛死, 禹乃嗣興." 僖三十三年左傳云 "舜之罪也殛鯀, 其擧也興禹." 襄二十一年左傳云 "鯀殛而禹興." 此三者, 皆言殛鯀而後用禹. 爲治水, 是徵用時事, 四罪, 在治水之前, 明是徵用所行也. 又下云 "禹讓稷·契(설)·皐陶(고요), 帝因追美三人之功[1]." 所言'稷播百穀'·'契敷五敎'·'皐陶作士', 皆是徵用時事. 皐陶所行, 五刑[2]有服[3], 五流[4]有宅, 卽是"象以典刑, 流宥五刑." 此爲徵用時事, 足可明矣. 鄭玄以爲"禹治水事畢, 乃流四凶." 故王肅難鄭言 "若待禹治水功成而後, 以鯀爲無功殛之, 是爲舜用人子之功, 而流放其父, 則禹之勤勞, 適足使父致殛, 爲舜失五典克從之義, 禹陷三千莫大[5]之罪. 進退無據, 亦甚迂哉."

1) 禹讓稷契(설)皐陶(고요) 帝因追美三人之功 : 〈舜典〉의 "禹가 절을 하여 머리를 조아려 稷과 契 및 皐陶에게 양보하니, 帝舜이 말씀하기를 '네 말이 옳다. 너는 가서 임무를 수행하라.'고 했다.〔禹拜稽首 讓于稷契曁皐陶 帝曰兪汝往哉〕"를 이렇게 말을 만든 것이다.
2) 五刑 : 墨刑·劓刑·剕刑·宮刑·大辟(死刑)을 가리킨다.
3) 五刑有服 : 孔傳에서는 "輕重이 中正하게 됨을 말한다."라고 하고, 蔡傳에서는 〈呂刑〉에서 말한 '上服下服'이라고 하였는데, '上服下服'은 곧 "上刑適輕下服 下刑適重上服"으로서 죄가 上刑(重刑)에 해당하더라도 초범이거나 모르고 저지른 경우에는 형량을 낮게 적용하며, 죄가 下刑(輕刑)에 해당하더라도 고의로 저질렀거나 재범·삼범일 경우에는 형량을 높게 적용함을 말한다.
4) 五流 : 五刑에 해당하는 죄인에 대해서 너그럽게 용서하여 다섯 가지 등급으로 나누어 유배보내는 것을 말한다.
5) 三千莫大 : ≪孝經≫ 〈五刑章〉에 "五刑의 등속이 3천 가지이나, 죄는 불효보다 더 큰 것이 없다.〔五刑之屬三千而罪莫大於不孝〕"라고 한 것을 말한다.

傳의 〔皆服〕에서 〔見之〕까지

○ 正義曰 : 이 네 명의 죄인은 〈舜이 堯임금의〉 부름을 받아 등용될 초기에 곧 유배시킨 것이다. 舜은 微賤한 신분으로 갑자기 上宰에 올랐으니, 처음에 왔을 때 천하 사람들이 복종하지 않았다. 이미 네 명의 죄인을 유배시켰기 때문에 천하 사람들이 모두 복종하였으니, 그것은 舜의 형벌적용이 그들의 죄에 딱 들어맞았기 때문이다.

'象以典刑'으로부터 이하는 〈舜이 堯임금의〉 부름을 받아 등용됐을 때 즉시 행한 일들이다. 그런데 여기서는 攝位한 뒤에 성공한 상태를 추론하였기 때문에 作者가 먼저 典刑을 서술하여 舜이 형벌을 중시한 일을 말하고, 연달아 네 명의 죄인에 관한 일을 이끌어서 그 형벌이 그들의 죄에 딱 맞게 적용된 징험을 기술하였다. 이 모든 일들은 다 부름을 받아 등용되었을 때에 행한 것임을 밝혀서 여기에 모두 보인 것이다.

이 같은 여러 가지 일이 다 부름을 받아 등용되었을 때 행한 바를 알 수 있는 것은 다음과 같은 전거가 입증한다.

〈洪範〉에 "鯀이 誅責으로 죽고 禹가 뒤를 이어서 일어났다."라고 하였고, 僖公 33년 조의 ≪春秋左氏傳≫에 "舜이 죄인을 처벌할 때에는 鯀을 誅責하였지만 인재를 등용할 때에는 禹를 기용하였다."라고 하였고, 襄公 21년 조의 ≪春秋左氏傳≫에 "鯀은 誅責되고 禹는 일어났다."라고 하였으니, 이 세 가지는 모두 鯀을 誅責한 뒤에 禹를 등용함을 말한 것이다. 홍수를 다스리게 함은 바로 부름을 받아 등용되었을 때의 일이고, 네 죄인을 다스림은 홍수를 다스리기 전에 있었으니, 이것들은 부름을 받아 등용되었을 때 행한 바를 밝힌 것이다. 또한 아래에서 "禹가 稷과 契과 皐陶에게 양보하니 帝舜이 세 사람의 공을 탄미하였다."라고 한 것이나 "稷이 百穀을 파종했다."란 것과 "契이 五教를 폈다."라고 한 것과 "皐陶가 士(法官)가 되었다."라고 한 것은 모두 부름을 받아 등용되었을 때의 일이다. 皐陶가 행한 바는 '五刑을 中正하게 적용하는 것'과 '五刑의 流刑에는 각각 거처하는 바를 두는 것'이었으니, 이는 곧 〈經文의〉 "법은 일정한 형벌을 쓰시되 流刑으로 五刑을 관대하게 하시다."란 것이다.

이것은 부름을 받아 등용되었을 때의 일임이 분명하건만, 鄭玄은 "禹가 홍수를 다스리는 일을 마치자, 이에 四凶을 유배시켰다."고 하였다. 그러므로 王肅은 鄭玄의 말을 힐난하기를 "만일 禹가 홍수를 다스린 공이 이루어지기를 기다린 뒤에 鯀을 공이 없다고 誅責하였다면 이는 舜이 아들의 공으로 그 아버지를 流放한 것이고, 禹의 勤勞한 점이 마침 그 아버지를 誅責하게 만든 꼴이니, 舜은 '〈부자형제 간에〉 五典을 잘 따랐다.'라는 뜻을 잃고 禹는 불효의 죄에 빠진 것이다. 아무리 보아도 근거가 없으니, 또한 매우 오활한 말이다."라고 하였다.

二十有八載에 帝乃殂(조)落커시늘

〈舜이 攝位한 지〉 28년 만에 堯帝가 殂落(승하)하시니,

【傳】 殂落은 死也라 堯年十六卽位하시고 七十載求禪하여 試舜三載하시며 自正月上日至崩二十八載니 堯(死)〔凡〕[1)]壽一百一十七歲니라

1) (死)〔凡〕: 저본에는 '死'로 되어있으나, 阮刻本에 "古本·岳本·宋板에는 '死'가 '凡'으로 되어있다."라고 한 것에 의거하여 '凡'으로 바로잡았다.

殂落은 死의 뜻을 나타낸 것이다. 堯임금은 16세에 卽位하시고 70세에 禪位할 대상을 구한 다음 舜을 3년 동안 시험하셨으며, 正月 초하루로부터 서거하실 때까지가 28년이니, 堯임금은 117세의 생을 누리신 것이다.

百姓은 如喪考妣하고

百姓은 마치 부모의 상을 당한 것처럼 하고,

【傳】 考妣는 父母니 言百官感德思慕니라

考妣는 父母이니 百官이 德에 감화하여 사모함을 말한 것이다.

三載[1)]를 四海가 遏密八音하니라

1) 三載 : 蔡傳에서는 上句에 붙여서 "부모의 상을 당한 것처럼 3년 동안 복을 입었다."고 풀이하였다.

3년을 四海의 백성들이 모든 음악을 중단하고 조용히 하였다.

【傳】 遏은 絶이요 密은 靜也라 八音은 金石絲竹匏土革木이니라 四夷絶音三年이면 則華夏可知니 言盛德恩化 所及者遠이니라 ○ 八音은 謂金은 鐘也요 石은 磬也요 絲는 琴瑟也요 竹은 篪笛也요 匏는 笙也요 土는 塤(훈)也요 革은 鼓也요 木은 柷敔(축어)[1)]也라

1) 柷敔(축어) : 柷은 음악을 시작할 때, 敔는 음악을 그칠 때 울리는 악기이다.

遏은 중단하다라는 뜻이요, 密은 조용하다라는 뜻이다. 八音은 金·石·絲·竹·匏·土·革·木이다. 사방의 오랑캐가 다 3년 동안 음악을 중단하였다면 중국 본토의 백성들은 어느 정도로 슬퍼했는지 알 수 있을 것이니, 堯임금의 盛德과 恩化가 미쳐간 범위가 멀었음을 말한 것이다.

○ 八音은 金은 鐘, 石은 경쇠, 絲는 거문고와 비파, 竹은 피리, 匏는 생황, 土는 질나발, 革은 북, 木은 柷敔이다.

【疏】 '二十'至'八音' ○ 正義曰 : 舜受終之後, 攝天子之事二十有八載, 帝堯乃死. 百官感德思慕, 如喪考妣. 三載之內, 四海之人, 蠻·夷·戎·狄, 皆絶靜八音而不復作樂, 是堯盛德恩化, 所及者遠也.

經의 〔二十〕에서 〔八音〕까지

○ 正義曰 : 舜임금이 마무리한 帝位를 받은 뒤로 天子의 일을 대행하신 지 28년 만에 帝堯께서 작고하셨다. 百官이 〈帝堯의〉 德에 감화되어 몹시 사모하여 마치 부모의 상을 당한 것처럼 슬퍼하였다. 3년 안에는 四海의 사람들이 蠻·夷·戎·狄까지 모두 八音을 중단하여 조용하게 하고 다시 음악을 연주하지 않았으니, 이것은 堯임금의 盛德과 恩化가 멀리 파급되었기 때문이었다.

【疏】 傳'殂落'至'七歲' ○ 正義曰 : '殂落 死也', 釋詁文. 李巡曰 "殂落, 堯死之稱." 郭璞曰 "古死尊卑同稱, 故書堯曰殂落, 舜曰陟方乃死, 謂之殂落者, 蓋殂爲往也, 言人命盡而往, 落者, 若草木葉落也." 堯以十六卽位, 明年乃爲元年. 七十載求禪, 求禪之時, 八十六也. 試舜三年, 自正月上日, 至崩二十八載, 總計其數, 凡壽一百一十七歲. 案堯典求禪之年, 卽得舜而試之, 求禪試舜, 共在一年也. 更得二年, 卽爲歷試三年, 故下傳云 '歷試二年', 與攝位二十八年合, 得爲三十在位, 故王肅云 "徵用三載, 其一在徵用之年, 其餘二載, 與攝位二十八年, 凡三十歲也." 故孔傳云'歷試二年', 明其一年在徵用之限. 以此計之, 惟有一百一十六歲, 不得有七, 蓋誤爲七也.

傳의 〔殂落〕에서 〔七歲〕까지

○ 正義曰 : 〔殂落 死也〕 ≪爾雅≫ 〈釋詁〉의 글이다. 李巡이 이르기를 "殂落은 堯임금의 죽음을 일컫는 것이다."라고 하였고, 郭璞은 이르기를 "옛날에는 죽음에 대하여 높은 사람이든 낮은 사람이든 동일하게 칭하였다. 그러므로 ≪書≫에서 堯임금에 대해서는 '殂落'이라 하고 舜임금에 대해서는 '陟方乃死'라 하였다. 殂落이라 이른 것은 아마 殂가 往과 같은 뜻을 가졌기 때문에 人命이 다하여 가는 것을 말하고, 落이란 것은 草木의 잎이 떨어짐과 같기 때문일 것이다."라고 하였다.

孔傳에서는 堯임금은 16세에 卽位하였으니, 그 이듬해가 바로 元年이 되는 것이다. 70세에 비로소 禪位할 대상자를 구하였고, 선위의 대상자를 구했을 때는 86세였다. 舜을 시험해본 기간이 3년이고, 正月 초하루로부터 서거한 해에 이르기까지가 28년이니, 그 수를 총계산하면 무릇 나이가 117세였다는 식으로 말한 것이다.

그러나 〈堯典〉을 상고해보면, 선위할 대상자를 구한 해에 바로 舜를 얻어 시험하였으니, 선위할 대상자를 구함과 舜을 시험한 일은 똑같이 한 해에 있었다. 거기서 다시 2년이 더해진 것이 바로 3년을 내리 시험한 기간이었다. 그러므로 아래의 傳에서 "2년을 내리 시험했다."고 하였으니, 攝位한 28년과 합산하면 재위 기간이 30년이 된다. 그러므로 王肅은 이르기를 "부름을 받아 등용된 기간이 3년인데, 그중 1년은 부름을 받아 등용된 해에 해당하고, 그 나머지 2년은 攝位한 28년과 더불어 도합 30년이 된 것이다."라고 하였다. 그러므로 孔傳에서 "2년을 내리 시험했다."고 한 것은, 그중 1년은 부름을 받아 등용된 연한에 들어 있음을 밝힌 것이다. 이것으로 계산하면 116세이지, 117세가 될 수 없기 때문에 아마 6은 7의 잘못일 것이다.

【疏】傳'考妣'至'思慕' ○正義曰：曲禮云 "生曰父母, 死曰考妣." 鄭玄云 "考, 成也, 言其德行之成也. 妣之言, 媲(비)也, 媲於考也." 喪服, 爲父爲君, 同服斬衰(참최). 檀弓說事君之禮云 "服勤至死, 方喪三年." 鄭玄云 "方喪, 資於事父." 凡此以義爲制, 義重則恩輕, 其情異於父. '如喪考妣', 言百官感德, 情同父母, 思慕深也. 諸經傳言百姓, 或爲百官, 或爲萬民, 知此百姓是百官者, 以喪服庶民爲天子齊衰(자최)三月, 畿外之民無服, 不得如考妣, 故知百官也.

傳의 〔考妣〕에서 〔思慕〕까지

○ 正義曰 : ≪禮記≫ 〈曲禮〉에 이르기를 "생시에는 父母, 사후에는 考妣라 칭한다."라고 하였다. 鄭玄은 이르기를 "考는 이루다라는 뜻이니, 그 德行이 이루어짐을 말한 것이다. 妣라 말함은 媲(짝)의 뜻으로 考에 짝하는 것이다."라고 하였다. ≪儀禮≫ 〈喪服〉에 아버지를 위하고 임금을 위해서는 똑같이 斬衰를 입는 것으로 되어있다. ≪禮記≫ 〈檀弓上〉에서 임금을 섬기는 禮에 대해 말하기를 "죽을 때까지 직분에 관한 일을 부지런히 행하고, 〈임금이 작고하면〉 3년 동안 親喪에 견주어 복을 입는다."라고 하였는데, 鄭玄은 이르기를 "方喪은 아버지를 섬기는 喪禮를 취하는 것이다."라고 하였다. 이는 義로써 제재를 하는 것이니, 義가 무거우면 恩이 가볍기 때문에 그 情이 아버지와 다른 것이다.

'如喪考妣'는 百官이 德에 감화되어 情이 부모와 같아 사모하는 마음이 깊음을 말한 것이다. 모든 經傳에서 百姓을 더러는 百官, 더러는 萬民이라고 하였으니, 여기의 百姓이 바로 百官임을 알 수 있는 것은, ≪儀禮≫ 〈喪服〉에 庶民은 天子를 위하여 齊衰로 3개월 동안 복을 입고, 畿外의 백성은 복이 없는 것으로 되어있기 때문에 부모와 같게 할 수 없는 것이다. 그러므로 百官임을 알 수 있다는 것이다.

【疏】 傳'遏絶'至'者遠' ○ 正義曰 : '密 靜', 釋詁文. 遏, 止絶之義, 故爲絶也. 周禮大師云 "播之以八音, 金·石·土·革·絲·木·匏·竹." 鄭云 "金, 鐘鏄也, 石, 磬也, 土, 塤也, 革, 鼓鼗(도)也, 絲, 琴瑟也, 木, 柷敔也, 匏, 笙也, 竹, 管簫也." 傳言八音, 與彼次不同者, 隨便言耳. 釋地云 "九夷·八狄·七戎·六蠻, 謂之四海." 夷狄尙絶音三年, 則華夏內國可知也. 喪服, 諸侯之大夫, 爲天子正服繐衰(세최), 旣葬除之. 今能使四夷三載絶音, 言堯有盛德, 恩化所及遠也.

傳의 〔遏絶〕에서 〔者遠〕까지

○ 正義曰 : 〔密 靜〕 ≪爾雅≫ 〈釋詁〉의 글이다.

遏은 중지하여 끊는다는 뜻이기 때문에 絶이라 한 것이다.

≪周禮≫ 〈春官 大師〉에 이르기를 "八音을 울려 퍼지게 하니, 곧 金·石·土·革·絲·木·匏·竹이었다."라고 하였는데, 鄭玄은 이르기를 "金은 鐘, 石은 경쇠, 絲는 거문고와 비파, 木은 柷敔, 匏는 생황, 竹은 피리이다."라고 하였다. 孔傳에서 말한 八音이 저기의 八音과 위차가 같지 않은 것은 편의에 따라 말했기 때문이다.

≪爾雅≫ 〈釋地〉에 이르기를 "九夷·八狄·七戎·六蠻을 四海라 이른다."라고 하였다. 夷狄도 오히려 3년 동안 음악을 중지하였으니, 華夏의 內國은 어느 정도였는지 알 수 있을 것이다. ≪儀禮≫ 〈喪服〉에는 諸侯의 大夫는 天子를 위하여 正服인 繐衰를 입고 이미 장례가 끝났으면 복을 벗은 것으로 되어있다.

지금 사방의 夷狄이 3년 동안 음악을 끊었다는 것은 堯임금이 盛德이 있어 恩化가 멀리 미쳐갔음을 말한 것이다.

月正元日에 舜이 格[1)]于文祖하시다

1) 格 : 孔傳과 蔡傳에는 다 至(이르다)의 뜻으로 보았는데, 조선시대 尹鑴의 ≪讀書記≫에는 "格은 感通을 이르니, 대개 神에 享祀함을 칭한 것이다."라고 하였다.

正月 元日(초하루)에 舜임금이 文祖의 사당에 이르셨다.

【傳】 月正은 正月이요 元日은 上日也라 舜服堯喪三年畢에 將卽政[1)]이라 故로 復至文祖廟告하시니라

1) 卽政 : 明代 王樵의 ≪尙書日記≫에는 "지금 상고하건대 孔安國은 ≪孟子≫에 근거한 것이다. ≪孟子≫에 '堯임금이 서거하시거늘 삼년상을 마치고 舜은 오히려 堯임금의 아

들을 피했다.'고 하였는데, 하물며 喪을 당한 명년에 문득 嗣子의 禮와 같이하겠는가." 라고 하였다.

明代 王夫之의 ≪尙書稗疏≫에는 "正月 元日에 文祖에 가신 것은 곧 堯임금이 서거하신 바로 다음 해이지, 삼년상을 마친 그 다음 해가 아니다. 1년 후에 改元하는 것은 始終의 大義이다. 蘇軾이 孔安國에 대해 의심을 가진 것은 당연한 일이다. 신하가 임금에 대해서, 아들이 아버지에 대해서 斬衰服을 입는 것은 같으나 居喪하는 것은 다르다. ≪孟子≫에 '堯임금의 아들을 피했다.'는 설과 같은 것은 고금의 疑案거리다. 요컨대 3년 동안 임금이 없이 천하를 비워둘 수는 없는 문제이다."라고 하였다.

조선시대 權近의 ≪五經淺見錄≫ 〈書淺見錄〉에는 "蔡沈의 ≪集傳≫에는 '무엇을 근거한 것인지 알 수 없다.'고 하였는데, 내가 상고하건대 ≪孟子≫에 '堯임금이 서거하시거늘 三年喪을 마치고, 舜이 堯임금의 아들을 南河의 남쪽으로 피해갔다가 朝覲과 獄訟이 모두 〈자기에게〉 돌아온 연후에 가서야 中國으로 가서 天子의 자리에 올랐다.'고 하였으니, 이것은 근거자료가 되기에 충분하다. 또한 더구나 上文에서 '百姓如喪考妣三年'이라 말하였고, 아래에서 '月正元日'이라 적었으니, 喪을 마친 이듬해가 워낙 분명하므로 다른 책을 가지고 증거를 댈 필요가 없다.

그런데 蔡沈의 ≪集傳≫에는 '여러 해를 임금이 없어서는 안 되기 때문에 ≪春秋≫에서 國君은 모두 喪을 당한 이듬해 정월에 즉위하였다.'고 하면서 孔安國의 말에 대해 의심을 가졌다. 그러나 옛날에는 임금이 서거하면 百官은 각각 자기들의 직무를 3년 동안 冢宰에게 결재를 받았다. 더구나 堯임금이 생존했을 때에 舜은 이미 攝位를 했지 아니한가? 그러므로 堯임금이 서거한 뒤에 丹朱가 主喪을 하니, 舜이 오히려 攝政하고 있다가 喪이 끝난 뒤에 가서야 丹朱에게 정사를 돌려주고 피해갔다. 그러나 正月 元日에 사당에 卽位를 고하였으니, 堯임금의 아들을 피한 시기는 응당 어느 때에 있었을까? 아마 堯임금의 서거하신 날이 12월 그믐이 아니었을 터인즉, 두 돌 되는 大祥 후, 이듬해 정월 전에 자연 피할 수 있는 날이 있었을 것이다."라고 하였다.

宋文欽의 ≪寒靜堂集≫에도 "孔安國이 舜임금의 卽位를 喪을 마친 다음 해에 한 것으로 본 것은 ≪孟子≫에 근거해서 말한 것 같은데, 蘇軾이 '근거가 없다.'고 한 것은 무슨 이유인가? 상고시대에는 풍속이 이미 質朴하고 또 어진 冢宰가 정사를 맡으면 國事에 본디 걱정될 것이 없거늘, 하물며 舜 같은 성인이 百揆를 맡아 攝位하였으니, 비록 3년 동안 卽位하지 않는다 하더라도 천하는 안온할 것이다."라고 하였다.

月正은 正月이고, 元日은 上日(초하루)이다. 舜은 堯임금의 喪에 삼년복 입기를 끝마치자 장차 즉위하시려 하였다. 그러므로 다시 文祖의 사당에 이르러 고하셨다.

詢于四岳하사 闢四門하시며

四岳과 의논하여 사방의 문을 활짝 열어놓으시고,

【傳】 詢은 謀也라 謀政治於四岳하여 開闢四方之門未開者하여 廣致衆賢하시다

詢은 모의하다라는 뜻이다. 四岳의 관원에게 정치에 대한 것을 상의하시어 사방의 열리지 못한 문을 활짝 열어서 어진 사람들을 많이 오게 하셨다.

明四目하시며 達四聰하시다[1)]

1) 詢于四岳……達四聰 : 조선시대 任聖周는 이 대문에 대하여 "이는 舜임금이 즉위한 후 최초로 작용한 첫 번째 호령으로 사방을 風動(교화)하는 뜻이 어찌 그리도 속이 시원하고 어찌 그리도 눈이 번쩍 띄고 어찌 그리도 정신이 번쩍 나는가."라고 하였다. ≪經書集說 書傳≫

사방으로 눈이 잘 보이게 하시고, 사방으로 귀가 잘 들리게 하셨다.

【傳】 廣視聽於四方하여 使天下無壅塞하시다

보고 듣는 범위를 사방에 넓혀서 천하에 소통되지 못한 곳이 없게 하셨다.

咨十有二牧曰 食哉惟時니

12牧과 상의하기를 "식량이 중요하니, 〈농사철을 경건하게 알려주도록 하며,〉

【傳】 咨는 亦謀也라 所重在於民食이니 惟當敬授民時니라

咨 또한 모의하다라는 뜻이다. 중요한 것은 백성의 식량에 있으니, 마땅히 백성들에게 농사철을 경건하게 알려주어야 한다는 것이다.

柔遠能邇하고 惇德允元[1)]하며

1) 惇德允元 : 蔡傳에서는 "元은 仁厚한 사람이니, 덕이 있는 사람을 후대하고 仁厚한 사람을 믿다."라고 풀이하였다.

멀리 있는 사람을 회유하고 가까이 있는 사람을 잘 안정시키며 德과 信을 두터이 행하여 善이 길러지게 하며,

【傳】柔는 安이요 邇는 近이요 惇은 厚也라 元은 善之長이니 言當安遠이라야 乃能安近하며 厚行德信하여 使足長善이니라

柔는 안정하다라는 뜻이요, 邇는 가깝다라는 뜻이요, 惇은 두텁다라는 뜻이다. 元은 善의 우두머리이니, 마땅히 멀리 있는 사람을 편안하게 하여야 가까이 있는 사람을 편안하게 할 수 있으며, 德과 信을 두터이 행하여 善을 풍족하게 기르도록 해야 함을 말한 것이다.

而難任人이면 蠻夷率服하리라

아첨한 사람을 거절하면 오랑캐도 서로 거느리고 와서 복종할 것이다."라고 하셨다.

【傳】任은 佞이요 難은 拒也라 佞人斥遠之면 則忠信昭於四夷하여 皆相率而來服이리라

任은 아첨하다라는 뜻이요, 難은 거절하다라는 뜻이다. 아첨하는 사람을 배척해 멀리하면 忠信이 사방의 오랑캐에게 밝게 알려져서 자연히 蠻夷가 모두 서로 거느리고 와서 복종할 것이다.

【疏】'月正'至'率服' ○正義曰：自此已下, 言舜眞爲天子, 命百官授職之事. 舜既除堯喪, 以明年之月正元日, 舜至於文祖之廟, 告己將卽正位爲天子也. 告廟既訖, 乃謀政治於四岳之官. 所謀, 開四方之門, 大爲仕路, 致衆賢也. 明四方之目, 使爲己遠視四方也, 達四方之聰, 使爲己遠聽聞四方也. 恐遠方有所壅塞, 令爲己悉聞見之. 既謀於四岳, 又別勑州牧, 咨十有二牧曰 "人君最所重者, 在於民之食哉, 惟當敬授民之天時, 無失其農. 要爲政務在安民, 當安彼遠人, 則能安近人耳. 遠人不安, 則近亦不安." 欲令遠近皆安之也. 又當厚行德信, 而使足爲善長, 欲令諸侯皆厚行其德, 爲民之師長. 而難拒佞人, 斥遠之, 使不干朝政, 如是則誠信昭於四夷, 自然蠻夷皆相率而來服也.

經의 〔月正〕에서 〔率服〕까지

○正義曰：여기서부터 이하는 舜임금이 진짜로 天子가 되어서, 百官을 임명하여 職을 주는 일에 대해 말한 것이다. 舜이 이미 堯임금의 喪을 마치고, 그 이듬해 正月 초하루에 舜이 文祖의 사당에 이르러서, 자기가 장차 正位에 나아가 天子가 될 것을 고하셨다. 사당에 고하는 일을 이미 마치고 나서 이에 四岳의 관원들과 정치에 관한 것을 논의하셨다. 논의한 바는 사방의 문을 활짝 열어 크게 벼슬길을 만들어서 여러 현인들을 오게

하신 것이다.

사방으로 눈이 잘 보이게 하였다는 것은 자기가 사방을 멀리 볼 수 있게 하는 것이고, 사방으로 귀가 잘 들리게 하였다는 것은 자기가 사방을 멀리 들을 수 있게 하는 것이다. 행여 먼 지방에 막히는 바가 있을까 싶어서 자기가 빠짐없이 듣고 보려고 하셨던 것이다.

이미 四岳의 관원들과 상의를 하고, 또한 별도로 州牧에게 주의를 시켰으며, 12牧과 의논하기를 "임금이 가장 소중하게 여기는 것은 백성들이 먹을 양식에 있다. 백성들에게 농사철을 경건히 알려주어 농사를 그르치는 일이 없게 하라. 요컨대 政務는 백성들을 편안하게 하는 것이 주목적이니, 저 멀리 있는 사람들을 편안하게 하면 가까이 있는 사람들 또한 편안하게 할 수 있다. 멀리 있는 사람이 편안하지 못하면 가까이 있는 사람 또한 편안하지 못하다."라고 하였다. 이것은 멀리 있는 사람이나 가까이 있는 사람이나 모두 편안함을 누리게 하려는 뜻에서였다.

또 마땅히 德과 信을 두터이 행하여 善을 풍족하게 기르도록 해야 한다고 하였으니, 이것은 諸侯들로 하여금 그 德을 두터이 행하여 백성의 師長이 되게 하려 하신 것이고, 이어서 아첨하는 사람은 거절하기 어려우므로 배척해 멀리하여 朝政에 간여하지 못하게 할 것이니, 이와 같이 하면 誠信이 사방의 오랑캐에게 밝게 알려져서 자연히 蠻夷가 모두 서로 거느리고 와서 복종할 것이라고 한 것이다.

【疏】傳'月正'至'廟告' ○正義曰：正, 訓長也, 月正, 言月之最長. 正月長於諸月, 月正, 還是正月也. 上日, 日之最上, 元日, 日之最長, 元日, 還是上日. 王肅云"月正元日, 猶言正月上日." 變文耳. 禮云"令月吉日." 又變文言"吉月令辰." 此之類也. 知'舜服堯喪三年畢 將卽政'者, 以堯存且攝其位, 堯崩謙而不居. 孟子云"堯崩, 三年喪畢, 舜避丹朱於南河之南, 天下諸侯朝覲, 不之堯子而之舜, 獄訟者, 不之堯子而之舜, 謳歌者, 不之堯子而謳歌舜, 曰'天也'. 然後之中國, 踐天子位." 旣言然矣, 此文又承三載之下, 故知舜服堯喪三年畢, 將欲卽政. '復至文祖廟告', 前以攝位告, 今以卽政告也. 此猶是堯之文祖, 自此以後, 舜當自立文祖之廟, 堯之文祖, 當遷於丹朱之國也.

傳의 〔月正〕에서 〔廟告〕까지

○ 正義曰：正은 長(우두머리)의 뜻이니, 月正은 달의 가장 우두머리임을 말한다. 正月은 여러 달에서 우두머리인데, 月正이 바로 正月인 것이다. 上日은 날의 가장 위이고, 元日은 날의 가장 우두머리인데, 元日이 바로 上日인 것이다. 王肅은 이르기를 "'月正元

日'은 '正月上日'이라 말함과 같다."고 하였으니, 문체를 변경했을 뿐이다. 禮(≪儀禮≫ 〈士冠禮〉)에 "令月吉日"이라 하고, 또 문체를 변경해서 "吉月令辰"이라 하였으니, 바로 이와 같은 類이다.

〔舜服堯喪三年畢 將卽政〕 이것을 알 수 있었던 이유는, 堯임금이 생존했을 때에는 攝位(攝政)를 하다가 堯임금이 서거하니 겸양하고 그 자리에 있지 않았기 때문이다. 孟子가 이르기를 "堯임금이 서거하시거늘 3년상을 마치고, 舜이 〈堯임금의 아들인〉 丹朱를 南河의 남쪽으로 피해가시니, 天下의 諸侯로서 朝覲하는 자들이 堯임금의 아들에게 가지 아니하고 舜에게 갔으며, 獄訟하는 자들이 堯임금의 아들에게 가지 아니하고 舜에게 갔으며, 노래하는 자들이 堯임금의 아들에게 가지 아니하고 舜을 노래하면서 '천운이다.' 라고 하였다. 그런 뒤에야 〈舜이〉 中國(都城)으로 가서 天子의 자리에 오르셨다."라고 하였다. 〈孟子께서〉 이미 그렇게 말씀하셨거니와, 이 글은 또 '三載'라는 문구의 아래를 이어받았다. 그러므로 舜이 堯임금의 喪에 삼년복 입기를 마치고 장차 즉위하시려 하였음을 안 것이다.

〔復至文祖廟告〕 앞에서는 攝位를 가지고 고하시고, 지금은 卽政(卽位)을 가지고 고하신 것이나. 아직까지는 堯임금의 文祖였고, 이후로는 舜임금이 응당 스스로 文祖의 사당을 세울 것이므로 堯임금의 文祖는 당연히 丹朱의 나라로 옮겼을 것이다.

【疏】 傳'詢謀'至'衆賢' ○正義曰:'詢 謀', 釋詁文. 闢訓開, 開四方之門, 謂開仕路, 引賢人也. 論語云 "從我於陳·蔡者, 皆不及門也." 門者, 行之所由. 故以門言仕路. 以堯舜之聖, 求賢久矣. 今更言開門, 是開其未開者, 謂多設取士之科, 以此廣致衆賢也.

傳의 〔詢謀〕에서 〔衆賢〕까지

○ 正義曰:〔詢 謀〕 ≪爾雅≫ 〈釋詁〉의 글이다.

闢은 열다라는 뜻으로 풀이하니, 사방의 문을 활짝 열어놓는 것은 벼슬길을 활짝 열어서 어진 사람들을 이끌어옴을 이른다. ≪論語≫에 이르기를 "나를 따라 陳나라와 蔡나라에서 함께 곤액을 겪던 사람들이 지금은 내 문하에 없구나."라고 하였다. 門이란 것은 다니는 사람이 경유하는 곳이다. 그러므로 門을 가지고 벼슬길을 말한 것이다. 堯임금·舜임금 같은 성인으로서 어진 사람을 구하신 지 이미 오래였다. 그런데 이제 다시 開門을 말한 것은 아직 열리지 못한 문을 여는 것으로 인재를 취하는 科를 많이 설시함을 이른 것이니, 이렇게 해서 많은 현인들을 널리 초치하는 것이다.

【疏】傳'廣視'至'壅塞' ○正義曰：聽謂耳聞之也. 既云'明四目', 不云'聽四耳'者, 目視苦其不明, 耳聽貴其及遠, 明謂所見博, 達謂聽至遠, 二者互以相見, 故傳總申其意"廣視聽於四方, 使天下無壅塞." 天子之聞見在下, 必由近臣, 四岳親近之官, 故與謀此事也.

傳의 〔廣視〕에서 〔壅塞〕까지

○ 正義曰：聽은 귀로 듣는 것을 이른다. 이미 '明四目'이라 하고서 '聽四耳'라 하지 않은 것은, 눈으로 보는 일은 밝게 보지 못함을 괴로워하고 귀로 듣는 일은 멀리까지 듣는 것을 귀하게 여기기 때문이다. 明은 보는 시야가 넓음을 이르고 達은 듣는 범위가 멀리 이름을 이르니, 두 가지는 상호적으로 연관성 있게 보는 것이다. 그러므로 孔傳에서 총체적으로 그 뜻을 풀어 "보고 듣는 범위를 사방에 넓혀서 천하에 소통되지 못한 곳이 없게 하셨다."라고 한 것이다. 天子의 듣고 보는 것은 아래에 있으므로 반드시 近臣으로 말미암아 듣고 보기 마련이니, 四岳은 親近한 관원인지라 그래서 그들과 더불어 이 일을 상의하신 것이다.

【疏】傳'咨亦'至'民時' ○正義曰：'咨 謀', 釋詁文. 以上'帝曰咨'上連'帝曰', 故爲咨嗟, 此則上有'詢于四岳', 言'咨十有二牧', 故爲謀也. 立君所以牧民, 民生在於粒食, 是君之所重. 論語云 "所重, 民食." 謂年穀也. 種殖收斂, 及時乃穫, 故"惟當敬授民時."

傳의 〔咨亦〕에서 〔民時〕까지

○ 正義曰：〔咨 謀〕 ≪爾雅≫ 〈釋詁〉의 글이다. 이상에 있는 '帝曰咨'는 위로 '帝曰'을 연했기 때문에 咨嗟로 본 것이고, 여기서는 위에 '詢于四岳'이 있고, '咨十有二牧'을 말했기 때문에 謀로 본 것이다.

임금을 세운 목적은 牧民을 하기 위한 것이고, 백성의 생명은 粒食에 매여 있으니, 이것이 임금의 중히 여길 바이다. ≪論語≫에 이르기를 "소중히 여기신 것은 백성들의 식생활이다."라고 하였으니, 그것은 매년 생산하는 곡식을 이른다. 심고 거두는 일을 제때에 해야 소득이 있는 법이다. 그러므로 "마땅히 백성들에게 농사철을 경건하게 알려주어야 한다."고 한 것이다.

【疏】傳'柔安'至'長善' ○正義曰：'柔 安'·'邇 近'·'惇 厚', 皆釋詁文. '元 善之長', 易文言也. 安近不能安遠, 遠人或來擾亂, 雖欲安近, 近亦不安. 人君爲政, (若)〔苦〕[1]其不能安近, 但戒使之柔遠, 故能安近. 言當安彼遠人, 乃能安近. 欲令遠(言)〔近〕[2]皆安也. 王肅云 "能安遠者, 先能安近." 知不然者, 以牧在遠方, 故據遠(近)〔言〕[3]之. '惇德'者, 令人君厚行德也. '允元'者, 信使足爲長善也. 言人君厚行德之與信, 使足爲善長, 民必效之爲善而行也.

1) (若)〔苦〕: 저본에는 '若'으로 되어있으나, 阮刻本에 "살펴보건대 '若'은 마땅히 '苦'가 되어야 한다."라고 한 것에 의거하여 '苦'로 바로잡았다.
2) (言)〔近〕: 저본에는 '言'으로 되어있으나, 阮刻本에 "살펴보건대 '言'은 마땅히 '近'이 되어야 한다. 아래의 '據遠言之'와 서로 바뀌어 잘못되었다."라고 한 것에 의거하여 '近'으로 바로잡았다.
3) (近)〔言〕: 저본에는 '近'으로 되어있으나, 阮刻本에 "宋板과 ≪纂傳≫에 '近'이 '言'으로 되어있으니, 살펴보건대 '言'자가 옳다."라고 한 것에 의거하여 '言'으로 바로잡았다.

傳의 〔柔安〕에서 〔長善〕까지

○ 正義曰 : 〔柔 安〕·〔邇 近〕·〔惇 厚〕 모두 ≪爾雅≫ 〈釋詁〉의 글이다.

〔元 善之長〕 ≪周易≫ 〈文言〉이다.

가까이 있는 사람은 편안하게 할 수 있어도 멀리 있는 사람은 편안하게 할 수 없으므로 멀리 있는 사람이 더러 와서 소란을 피우게 되니, 비록 가까이 있는 사람을 편안하게 하려고 해도 가까이 있는 사람 또한 편안할 수가 없다. 임금이 정치를 함에 있어서 가까이 있는 사람은 편안하게 하지 않고 다만 경계하여 멀리 있는 사람을 회유하는 일을 고민하기 때문에 가까이 있는 사람을 편안하게 할 수 있다는 것이다. 마땅히 멀리 있는 사람을 편안하게 하여야 가까이 있는 사람을 편안하게 할 수 있음을 말한 것이다. 멀리 있는 사람과 가까이 있는 사람을 모두 편안하게 하려고 한 것이다. 王肅이 이르기를 "멀리 있는 사람을 편안하게 하려고 하거든 먼저 가까이 있는 사람을 편안하게 할 것이다."라고 하였는데, 그런 뜻이 아님을 알 수 있는 것은, 牧民官이 먼 곳에 있으므로 먼 곳을 준거해서 말했기 때문이다.

'惇德'이란 것은 임금으로 하여금 德을 두텁게 행하도록 한 것이고, '允元'이란 것은 信이 善을 풍족하게 기르도록 한 것이니, 임금이 德과 信을 두터이 행하여 善을 풍족하게 기르도록 해야 백성들이 반드시 그를 본받아 善을 행할 것임을 말한 것이다.

【疏】 傳 '任佞' 至 '來服' ○ 正義曰 : '任 佞', 釋詁文. 孫炎云 "似可任之佞也." 論語說爲邦之法云 "遠佞人."·"佞人殆."[1] 故以難距佞人, 爲斥遠之, 令不干朝政, 朝無佞人, 則 "忠信昭於四夷, 皆相率而來服也." 擧蠻夷而戎狄亦見矣.

1) 遠佞人 佞人殆 : ≪論語≫ 〈衛靈公〉에 "鄭나라 음악을 추방하며 말재주 있는 사람을 멀리 해야 하니, 鄭나라 음악은 음탕하고 말 잘하는 사람은 위험하기 때문이다.〔放鄭聲 遠佞人 鄭聲淫 佞人 殆〕"라 하였다.

傳의 〔任佞〕에서 〔來服〕까지

○ 正義曰 : 〔任 佞〕 ≪爾雅≫ 〈釋詁〉의 글이다. 孫炎은 이르기를 "믿을 수 있을 법한 것이 佞이다."라고 하였고, ≪論語≫에서 나라를 다스리는 방법에 대해 말하기를 "아첨하는 사람을 멀리해야 한다."라 하고, "아첨하는 사람은 위험하기 때문이다."라고 하였다. 그러므로 아첨하는 사람은 거절하기 어렵기 때문에 배척해 멀리하여 朝政에 간여하지 못하게 해야 한다. 조정에 아첨하는 사람이 없으면 "忠信이 사방의 오랑캐에게 밝게 알려져서 자연히 蠻夷가 모두 서로 거느리고 와서 복종할 것이다."란 식으로 말씀하신 것이다. 蠻夷를 거론하였으면 戎狄도 서로 거느리고 와서 복종할 것임을 알 수 있다.

舜曰[1] 咨四岳아 有能奮庸하여 熙帝之載어든

1) 舜曰 : 蔡傳에서는 "이 章에서는 '舜曰'이라 일컫고, 이 아래에서 비로소 '帝曰'이라고 일컬은 것은 堯임금이 늙어서 舜이 攝政하였기 때문에 堯임금이 생존했을 때에는 舜이 한번도 帝라 일컫지 않았고, 이 뒤에야 舜이 비로소 진짜로 帝位에 올라서 帝라고 일컬었음을 나타낸 것이다."라고 풀이하였다.

舜임금이 말씀하시기를 "아, 四岳아. 능히 事功을 일으켜 帝堯의 일을 넓힐 자가 있거든

【傳】 奮은 起요 庸은 功이요 載는 事也라 訪群臣有能起發其功하여 廣堯之事者니라 言舜曰은 以別堯니라

奮은 일으키다라는 뜻이요, 庸은 功의 뜻이요, 載는 일이란 뜻이다. 여러 신하를 방문하여 "능히 그 사공을 일으켜 堯임금의 일을 넓힐 자가 있거든"이라고 한 것이다. '舜曰'이라 말한 것은 堯임금과 구별하기 위해서이다.

使宅百揆하리니 亮[1]采惠疇[2]오

1) 亮 : 孔傳에서는 '信'의 뜻으로, 蔡傳에서는 '明'의 뜻으로 보았다.
2) 疇 : 孔傳에서는 '誰'의 뜻으로, 蔡傳에서는 '類'의 뜻으로 보았다.

百揆에 앉히려고 하는데, 참으로 그 공을 세워서 그 일을 순조롭게 이룰 자가 과연 누구일까?"라고 하시니,

【傳】亮은 信이요 惠는 順也라 求其人使居百揆之官하리니 信立其功하여 順其事者 誰乎아

亮은 진실하다는 뜻이요, 惠는 순조롭다는 뜻이다. "적격한 사람을 구하여 百揆의 벼슬에 앉히려고 하는데, 참으로 그 공을 세워 그 일을 순조롭게 이룰 자가 과연 누구일까?"라고 한 것이다.

僉曰 伯禹作司空이니다

여러 신하들이 말하기를 "伯禹가 현재 司空으로 있습니다."라고 하자,

【傳】四岳同辭而對 禹代鯀爲(宗)〔崇〕[1]伯이라가 入爲天子司空하고 治洪水有成功이라하니 言可用之니라

1) (宗)〔崇〕: 저본에는 '宗'으로 되어있으나, 阮刻本에 "岳本에는 '宗'이 '崇'으로 되이있으니, 옳다."라고 한 것에 의거하여 '崇'으로 바로잡았다.

四岳이 이구동성으로 대답하기를 "禹가 鯀을 대신하여 崇伯이 되었다가 안으로 들어와 天子의 司空이 되었고, 홍수를 다스려 성공함이 있습니다."라고 하였으니, 쓸 만한 사람임을 말한 것이다.

帝曰 兪라 咨禹아 汝平水土하니 惟時懋哉인저

帝舜이 말씀하기를 "옳거니. 아, 禹아. 너는 水土를 평탄하게 다스렸으니, 이것을 힘써다오."라고 하셨다.

【傳】然其所擧하시고 稱禹前功以命之시니라 懋는 勉也라 惟居是百揆하여 勉行之니라 ○懋는 王云 勉也라하고 馬云 美也라

천거한 바를 인정하시고 禹가 전에 세운 공을 칭찬하며 명하신 것이다. 懋는 勉勵하다라는 뜻이니, 이 百揆의 자리에 앉아서 힘써 행하라는 것이다.

○懋에 대하여 王肅은 "면려하다라는 뜻이다."라고 하였고, 馬融은 "아름답다라는 뜻이다."라고 하였다.

禹拜稽首하여 讓于稷契(설)暨皐陶(요)하니

禹가 절하여 머리를 조아려 稷과 契 및 皐陶에게 양보하니,

【傳】 居稷官[1)]者棄也라 契皐陶는 二臣名이라 稽首는 首至地니라 ○ 稽首는 首至地니 臣事君之禮니라

1) 稷官 : 농사를 맡은 벼슬로 天官에 속한다.

稷官에 거한 이는 棄였다. 契과 皐陶는 두 신하의 이름이다. 稽首는 머리가 땅에 닿는 것이다.

○ 稽首는 머리가 땅에 닿는 것이니, 신하가 임금을 섬기는 禮이다.

帝曰 兪라 汝往哉인저

帝舜이 말씀하기를 "그렇겠지. 그러나 너는 가서 직무를 수행하라."고 하셨다.

【傳】 然其所推之賢하고 不許其讓하여 勅使往宅百揆니라

그가 추천한 현인에 대해서는 인정하고 그가 양보한 것은 허락하지 않고서 百揆의 자리에 앉도록 하신 것이다.

【疏】 '舜曰'至'往哉' ○ 正義曰 : 舜本以百揆攝位, 今旣卽政, 故求置其官曰 "咨嗟, 四岳等, 汝於群臣之內, 有能起發其功, 廣大帝堯之事者, 我欲使之居百揆之官. 在官而信立其功, 於事能順者, 其是誰乎." 四岳皆曰 "伯禹作司空, 有成功, 惟此人可用." 帝曰 "然." 然其所擧得人也. 乃咨嗟勅禹 "汝本平水土, 實有成功, 惟當居是百揆而勉力行哉." 禹拜稽首, 讓于稷·契與皐陶. 帝曰 "然." 然其所讓實賢也. 汝但往居此職, 不許其讓也.

經의 〔舜曰〕에서 〔往哉〕까지

○ 正義曰 : 舜임금은 본래 百揆로서 攝位하였다가 이제 이미 즉위했기 때문에 적임자를 구해 그 관직에 두기 위하여 말씀하기를 "아, 四岳들아. 너희 여러 신하 중에 공을 잘 일으켜 帝堯의 사업을 확대할 자가 있거든 나는 그를 百揆의 관직에 앉히려고 한다. 관직에 있으면서 참으로 공을 세워 그 일을 순조롭게 이룰 자가 과연 누구일까?"라고 하시

니, 四岳이 모두 말하기를 "伯禹가 지금 司空이 되었고, 홍수를 다스려 성공하였으니, 이 사람이 쓸 만합니다."라고 하였다. 帝舜이 말씀하기를 "옳거니."라고 하셨으니, 그들이 천거한 바가 적임자를 얻었음을 인정하신 것이다.

이에 한숨을 쉬며 禹에게 말씀하기를 "너는 본래 水土를 평탄하게 다스려 실제로 성공한 바가 있으니, 응당 이 百揆의 자리에 앉아 힘써 직무를 행할지어다."라고 하자, 禹는 절을 하여 머리를 조아려 稷과 契 및 皐陶에게 양보하니, 帝舜이 말씀하기를 "그렇겠지."라고 하여 그가 양보한 대상이 실제로 현인임을 인정하셨다. 그러나 너는 아무튼 가서 이 관직에 앉도록 하라고 하여 그 양보를 허락하지 않으셨다.

【疏】傳'奮起'至'別堯' ○正義曰：奮是起動之意, 故爲起也. 釋詁云 "庸, 勞也." 勞亦功也. 鄭玄云 "載, 行也." 王肅云 "載, 成也." 孔以載爲事也, 各自以意訓耳. 舜受堯禪, 當繼行其道, 行之在於任臣. 百揆, 臣之最貴. 求能起發其功, 廣大帝堯之事者, 欲任之. 舜既卽位, 可以稱帝, 而言舜曰者, 承堯事下, 言舜曰以別堯. 於此一別, 以下稱帝也.

傳의 〔奮起〕에서 〔別堯〕까지

○正義曰：奮은 여기서 起動의 뜻이기 때문에 起라 한 것이다.

≪爾雅≫〈釋詁〉에 이르기를 "庸은 功勞의 뜻이다."라고 하였으니, 勞 또한 功의 뜻이다.

鄭玄은 "載는 행하다라는 뜻이다."라고 하였고, 王肅은 "載는 이루다라는 뜻이다."라고 하였는데, 孔安國은 載를 일의 뜻으로 풀이하였으니, 각자 뜻을 가지고 풀이했을 뿐이다.

舜임금은 堯임금의 禪位를 받았으니 당연히 堯임금의 방법을 행해야 할 것이고, 행할 일은 바로 신하들을 임용하는 데에 있는 것이다. 百揆는 신하 중에 가장 귀중한 자리이다. 공을 잘 세워 帝堯의 사업을 확장할 사람을 구해서 임용하려고 하셨다.

舜임금은 이미 즉위하셨으니 帝라고 칭해야 옳은데, '舜曰'이라 말한 것은 堯임금의 사적의 아래를 이어받았기 때문에 '舜曰'이라 말하여 堯임금과 구별한 것이다. 여기에서 한 번 구별하고, 이하에서는 帝라 칭하였다.

【疏】傳'亮信'至'誰乎' ○正義曰：'亮 信', 釋詁文. '惠 順', 釋言文. 上云 "舜納於百揆." 百揆, 是官名, 故求其人, 使居百揆之官. 居官則當信立其功, 能順其事者誰乎. 此官任重, 當統群職, 繼堯之功, 故歷言所順而後, 始問誰乎, 異於餘官先言疇也.

傳의 〔亮信〕에서 〔誰乎〕까지

○ 正義曰 : 〔亮 信〕 ≪爾雅≫ 〈釋詁〉의 글이다.

〔惠 順〕 ≪爾雅≫ 〈釋言〉의 글이다.

위에서 "舜을 百揆에 앉혔다."라고 하였으니, 百揆는 바로 官名이다. 그러므로 적임자를 구하여 百揆의 관직에 앉히려 한 것이다. 그 관직에 앉히면 응당 진실로 그 공을 세워 그 일을 능히 순조롭게 이룰 사람은 과연 누구일까? 이 관직은 책임이 중하니, 마땅히 여러 관직을 통솔하여 堯임금의 功業을 계승해야 한다. 그러므로 순조롭게 이룰 일을 차례로 말하고 나서야 비로소 누구일까를 물으셨으니, 나머지 관원에 대하여 먼저 '누가'라고 말씀하신 것과는 다르다.

【疏】 傳'四岳'至'用之' ○ 正義曰 : 僉訓爲皆, 故云 "四岳皆同辭而對也." 國語云 "有崇伯鯀, 堯殛之於羽山." 賈逵云 "崇, 國名, 伯, 爵也." 禹代鯀爲崇伯, 入爲天子司空, 以其伯爵, 故稱伯禹. 言人之賢而擧其爲官, 知禹治洪水有成功, 言可用也.

傳의 〔四岳〕에서 〔用之〕까지

○ 正義曰 : 僉은 모두의 뜻으로 풀이한다. 그러므로 "四岳이 다 이구동성으로 대답했다."라고 한 것이다.

≪國語≫ 〈周語〉에 이르기를 "崇伯 鯀이란 이가 있었는데, 堯임금이 그를 羽山으로 誅責하였다."고 하였는데, 賈逵가 이르기를 "崇은 國名이고, 伯은 爵位이다."라고 하였다. 禹가 鯀을 대신하여 崇伯이 되었다가 안으로 들어와 天子의 司空이 되었는데, 그 伯爵이기 때문에 伯禹라 칭한 것이다. 사람의 어짊을 말하면서 천거하여 벼슬을 시켰으니, "禹가 홍수를 다스려 성공함이 있습니다."라고 한 것은 쓸 만한 사람이란 점을 말했다는 것을 알았던 것이다.

【疏】 傳'然其'至'行之' ○ 正義曰 : 禹平水土, 往前之事, 嫌其今復命之令平水土, 故云 "稱禹前功以命之." '懋 勉', 釋詁文.

傳의 〔然其〕에서 〔行之〕까지

○ 正義曰 : 禹가 水土를 평탄하게 다스린 것은 이왕의 일이니, 그에게 지금 다시 명하여 水土를 평탄하게 다스리도록 하는 것인가 하고 의심할까 싶었기 때문에 "禹가 전에 세

운 공을 칭찬하며 명하신 것이다."라고 하였다.

〔懋 勉〕≪爾雅≫ 〈釋詁〉의 글이다.

【疏】 傳'居稷'至'首至地' ○ 正義曰：下文帝述三人, 遂變稷爲棄, 故解之"居稷官者棄也." 獨稱官者, 出自禹意耳, 不必著義. 鄭云 "時天下賴后稷之功, 故以官名通稱." 或當然也. 經因稷·契名單, 共文言'暨皐陶', 爲文勢耳. 三人爲此次者, 蓋以官尊卑爲先後也. 周禮大祝 "辨九拜, 一曰稽首." 稽首爲敬之極, 故爲"首至地." 稽首, 是拜內(납)之別名, (爲)〔禹〕[1]拜乃稽首, 故云'拜稽首'也.

1) (爲)〔禹〕: 저본에는 '爲'로 되어있으나, 阮刻本에 "≪纂傳≫에는 '爲'가 '禹'로 되어있는데, 옳다."라고 한 것에 의거하여 '禹'로 바로잡았다.

傳의 〔居稷〕에서 〔首至地〕까지

○ 正義曰 : 아랫글에서 帝舜이 세 사람을 칭술하면서 결국 稷을 棄로 변경하였기 때문에 "稷官에 거한 이는 棄였다."라고 풀이한 것이다. 稷이란 벼슬만 칭한 것은 禹의 생각에서 나왔을 뿐이니, 굳이 그 뜻을 나타낼 필요가 없다. 鄭玄은 이르기를 "당시 천하가 后稷의 功을 힘입었기 때문에 벼슬 이름을 가지고 통칭한 것이다."라고 하였으니, 혹시 당연한 말일지도 모른다.

經에서 稷과 契의 외자 이름을 열거하고, 같은 글에서 '暨皐陶'라고 말한 것은 단순히 文勢를 그렇게 했을 뿐이다. 세 사람을 이처럼 차례한 것은 아마 벼슬의 尊卑를 가지고 先後를 삼았을 것이다.

≪周禮≫ 〈春官 大祝〉에 "九拜를 변별한다. 첫째를 稽首라 한다."라고 하였으니, 稽首는 경의를 극도로 표현한 것이다. 그러므로 "머리가 땅에 닿는다."고 한 것이다. 稽首는 바로 拜納의 別名이니, 禹가 절을 하여 머리를 조아렸다. 그러므로 "절을 하여 머리를 조아린다."라고 한 것이다.

帝曰 棄아 黎民阻飢에 汝后稷하여 播時百穀[1)2)]이니라

1) 播時百穀 : 조선시대 任聖周의 ≪鹿門集≫에는 "時는 古註에서 是의 뜻으로 읽었는데, ≪諺解≫에서 '때로 百穀을 파종하라.'고 풀이하였으니, 옳지 않다."라고 하였다.

2) 帝曰……播時百穀 : 蔡傳에서는 "이것은 禹의 양보로 인하여 거듭 명해서 옛 직책을 그대로 가지고 그 일을 마치도록 한 것이다.〔此因禹之讓而申命之 使仍舊職 以終其事也〕"라고 풀이하였다. 아래의 '契'과 '皐陶'에 대해서도 孔傳과 蔡傳은 각각 마찬가지로 풀이

하였다.

帝舜이 말씀하기를 "棄야, 백성들이 굶주림에 시달리고 있을 때 너는 君長으로 稷官을 맡아 이 百穀을 파종하였느니라."고 하셨다.

【傳】 阻는 難이요 播는 布也라 衆人之難이 在於飢에 汝后稷하여 布種是百穀以濟之라하니 美其前功以勉之니라 ○ 阻는 王云 難也라

阻는 시달리다라는 뜻이고, 播는 뿌리다라는 뜻이다. "여러 사람의 어려움이 굶주림에 있을 때 너는 君長으로 稷官을 맡아 이 百穀을 파종해서 그들을 구제하였느니라."라고 하였으니, 이는 이전의 공로를 찬미함으로써 권면한 것이다.

○ 阻에 대하여 王肅은 이르기를 "시달리다라는 뜻이다."라고 하였다.

【疏】 '帝曰棄'至'百穀' ○ 正義曰：帝因禹讓三人而官不轉, 各述其功以勸之. 帝呼稷曰"棄, 往者洪水之時, 衆民之難, 難在於飢, 汝君爲此稷之官, 教民布種是百穀以濟活之." 言我知汝功, 當勉之.

經의 〔帝曰棄〕에서 〔百穀〕까지

○ 正義曰：帝舜은 禹가 세 사람에게 양보한 것을 인하여 벼슬은 바꾸지 않고 각각 그 공을 칭술하여 권면하셨다. 帝舜이 稷을 불러서 "棄야, 지난번 홍수 때 여러 백성의 고난이 굶주림에 있었는데, 네가 君長으로 이 稷官이 되어, 백성들에게 이 百穀을 파종하는 방법을 가르침으로써 구제해 살렸다."라고 하셨으니, 이는 내가 너의 공을 알고 있으니, 마땅히 힘써야 하리라는 점을 말씀하신 것이다.

【疏】 傳'阻難'至'勉之' ○ 正義曰：'阻 難', 釋詁文. 播是分散之義, 故爲布也. 王肅云"播, 數也." 堯遭洪水, 民不粒食, 故衆民之難, 在於飢也. 稷是五穀之長, 立官主此稷事. 后訓君也. 帝言"汝君此稷官, 布種是百穀以濟救之." 追美其功以勸勉之. 上文"讓於稷契"·益稷云"暨稷"·呂刑云"稷降播種"·國語云"稷爲天官", 單名爲稷, 尊而君之, 稱爲后稷, 故詩傳·孝經, 皆以后稷爲言, 非官稱后也.

傳의 〔阻難〕에서 〔勉之〕까지

○ 正義曰：〔阻 難〕≪爾雅≫〈釋詁〉의 글이다.

播는 여기서 分散의 뜻이기 때문에 布라 한 것이다. 王肅은 이르기를 "播는 펴다라는

뜻이다."라고 하였다. 堯임금이 洪水를 당했을 때 백성들이 粒食을 하지 못했다. 그러므로 여러 백성의 고난이 굶주림에 있었던 것이다.

稷은 바로 五穀의 으뜸이니, 관직을 설립하여 이 稷에 관한 일을 주관하게 하였다. 后는 君의 뜻으로 풀이한다. 帝舜이 말씀하기를 "너는 君長으로 이 稷官을 맡아서 이 百穀을 파종함으로써 그들을 구제하였느니라."라고 하셨으니, 이는 그 공을 미루어 찬미하여 권면하신 것이다. 윗글에서는 "讓於稷契"이라 하고, 〈益稷〉에서는 "暨稷"이라 하고, 〈呂刑〉에서는 "稷降播種"이라 하고, ≪國語≫에서는 "稷爲天官"이라 하였다. 외자 이름으로 稷이라 하고 높여 임금으로 여겼으며, 칭하기는 后稷이라 하였다. 그러므로 ≪詩傳≫과 ≪孝經≫에서 모두 后稷을 가지고 말하였으니, 벼슬을 后로 칭한 것은 아니었다.

帝曰 契아 百姓이 不親하고 五品이 不遜하니

帝舜이 말씀하기를 "契아, 百姓이 親睦하지 못하고 五品이 和順치 못하니,

【傳】 五品은 謂五常이요 遜은 順也라

五品은 五常을 이르고, 遜은 和順하다는 뜻이다.

汝作司徒하여 敬敷五敎하되 在寬이니라

네가 司徒가 되어 五敎를 경건하게 베풀되 너그러이 대하는 쪽에 주력하였느니라."라고 하셨다.

【傳】 布五常之敎하되 務在寬은 所以得人心이니 亦美其前功이니라

五常의 가르침을 베풀되 너그러이 대하는 쪽에 주력한 것은 인심을 얻기 위함이었는데, 또한 그 이전의 공을 찬미한 것이다.

【疏】 '帝曰契'至'在寬' ○正義曰：帝又呼契曰 "往者, 大下百姓, 不相親睦, 家內尊卑五品不能和順, 汝作司徒之官, 謹敬布其五常之敎, 務在於寬, 故使五典克從. 是汝之功, 宜當勉之."

經의 〔帝曰契〕에서 〔在寬〕까지

○正義曰：帝舜이 또 契을 불러 말씀하기를 "지난번에 천하의 백성들이 서로 親睦하

지 못하고, 집안에서는 尊卑와 五品이 和順하지 못하였는데, 네가 司徒官이 되어 경건하게 五常의 가르침을 펴되 너그러이 하는 쪽에 주력하였다. 그러므로 사람들이 五典을 잘 따르게 하였다. 이것은 너의 공이니, 마땅히 힘쓸지어다."라고 하셨다.

【疏】 傳'五品'至'順也' ○ 正義曰 : 品謂品秩, 一家之內尊卑之差, 卽父·母·兄·弟·子是也. 敎之義·慈·友·恭·孝, 此事可常行, 乃爲五常耳. (傳上)〔上經〕[1]云"五典克從." 卽此五品能順. 上傳以解五典爲五常, 又解此以同之, 故云"五品謂五常." 其實五常據敎爲言, 不據品也. '遜 順', 常訓也. 不順, 謂不義·不慈·不友·不恭·不孝也.

1) (傳上)〔上經〕 : 저본에는 '傳上'으로 되어있으나, 文義를 살펴 '上經'으로 바로잡았다.

傳의 〔五品〕에서 〔順也〕까지

○ 正義曰 : 品은 品秩을 이르니, 집안의 尊卑의 차이로서 곧 아버지·어머니·형·아우·아들이 그것이다. 아버지에게는 의로울 것을 가르치고, 어머니에게는 慈愛할 것을 가르치고, 형에게는 우애할 것을 가르치고, 아우에게는 공경할 것을 가르치고, 아들에게는 효도할 것을 가르치니, 이 일은 항상 행할 수 있으므로 五常이라 한 것이다. 위의 經文에서 말한 "五典을 잘 따랐다."는 것은 곧 여기의 五品을 잘 따랐다는 것이다. 위의 孔傳에서 五典을 五常으로 풀이하였고, 또 여기서도 동일하게 풀이하였다. 그러므로 "五品은 五常을 이른다."라고 한 것이다. 그 실상은 五常은 敎에 의거해 말하였지, 品에 의거하지 않았다.

〔遜 順〕 일반적인 풀이이니, 不順(不遜)은 不義·不慈·不友·不恭·不孝를 이른다.

【疏】 傳'布五'至'前功' ○ 正義曰 : 文十八年左傳云"布五敎於四方, 父義·母慈·兄友·弟恭·子孝." 是布五常之敎也. 論語云"寬則得衆." 故'務在寬所以得民心'也. 治不遜之罪, 宜峻法以繩之, 而貴其務在寬者, 此五品不遜, 直是禮敎不行, 風俗未淳耳, 未有殺害之罪, 故敎之務在於寬. 若其不孝·不恭, 其人至於逆亂而後治之, 於事不得寬也.

傳의 〔布五〕에서 〔前功〕까지

○ 正義曰 : 文公 18년 조 ≪春秋左氏傳≫에 이르기를 "사방에 五敎를 펴게 하니, 아버지는 의롭고 어머니는 자애로우며 형은 우애하고 아우는 공손하며 아들은 효도했다."라고 하였으니, 이는 五常의 가르침을 편 것이다. ≪論語≫에 이르기를 "너그러우면 대중의 신망을 받는다."고 하였다. 그러므로 "너그러이 대하는 쪽에 주력한 것은 인심을 얻

기 위함이다."라고 한 것이다.

불순한 죄를 다스리는 데는 마땅히 준엄한 법으로 처벌해야 할 것이나 너그러이 대하는 쪽에 주력함을 귀중히 여기는 것은, 이 五品이 화순하지 않은 것이 단지 禮敎가 행해지지 않아 風俗이 순후하지 못할 따름이지, 殺害한 죄가 있는 것이 아니기 때문에 그들을 가르치되 너그러이 대한 쪽에 주력하였던 것이다. 그 不孝와 不恭의 경우, 그러한 사람을 반드시 逆亂을 저지른 뒤에 다스린다는 것은 사리에 있어서 도저히 너그럽게 대할 수 없는 경우이다.

帝曰 皐陶아 蠻夷猾夏하고 寇賊姦宄(궤)에

帝舜이 말씀하기를 "皐陶야, 蠻夷가 中夏(중국)를 어지럽히고 도둑 떼가 안팎에 들끓었을 때에,

【傳】 猾은 亂也라 夏는 華夏라 群行攻劫曰寇요 殺人曰賊이라 在外曰姦이요 在內曰宄라 言無敎(所)〔之〕[1]致니라

1) (所)〔之〕: 서본에는 '所'로 되어있으나, 阮刻本에 "古本과 岳本에 '所'가 '之'로 되어있다."라고 한 것에 의거하여 '之'로 바로잡았다.

猾은 어지럽다라는 뜻이다. 夏는 華夏를 나타낸다. 떼로 다니며 공격하고 겁박하는 것을 寇라 하고, 사람을 죽이는 것을 賊이라 한다. 밖에 있는 것을 姦이라 하고, 안에 있는 것을 宄라 한다. 〈불상사가 일어남은〉 교육이 없는 소치라고 말한 것이다.

汝作士하여 五刑有服[1]하니

1) 五刑有服 : 蔡傳에서는 服을 적용의 뜻으로 보아 "服은 그 죄를 적용하는 것이니, 〈呂刑〉에 이른바 '上服下服'이란 것이 바로 그것이다.〔服服其罪也 呂刑所謂上服下服是也〕"라고 하였는데, 上服下服은 곧 "上刑適輕下服 下刑適重上服"으로서 죄는 上刑(重刑)에 해당하나 정상참작하여 輕犯으로 판명되면 下刑(輕刑)을 적용하고, 죄는 下刑에 해당하나 정상참작하여 重犯으로 판명되면 上刑을 적용하는 것을 말한다.

네가 士(법관)가 되어 五刑을 中正하게 적용함에 죄인들이 服從하는 마음을 가졌으니,

【傳】士는 理官也라 五刑은 墨劓(의)剕(비)宮大辟(벽)이요 服은 從也니 言得輕重之中正이니라 ○ 大辟은 死刑也라

士는 죄를 다스리는 벼슬아치이다. 五刑은 墨刑·劓刑·剕刑·宮刑·大辟이고, 服은 從(복종)의 뜻이니, 〈죄인들이 五刑의 적용이〉 輕重의 中正함을 얻은 것을 말한 것이다. ○ 大辟은 死刑이다.

五服을 三就하며

五刑에 服從한 죄인들을 세 곳으로 가서 刑을 집행하였으며,

【傳】既從五刑이니 謂服罪也라 行刑當就三處니 大罪於原野하고 大夫於朝하고 士於市[1)]니라

1) 行刑當就三處……士於市 : 蔡傳에서는 孔傳에서 三就를 풀이한 것에 대하여 "무엇을 근거한 것인지 알 수 없다.〔不知何據〕"고 하였는데, 조선시대 尹鑴의 ≪讀書記≫〈讀尙書〉에는 "皐陶의 職은 이미 兵과 刑을 겸하였으니, 三就에 대한 풀이는 마땅히 孔安國의 註를 따라야 할 듯하다."라고 하였다.

이미 五刑에 복종하였기 때문에 服從한 죄인이라 이른 것이다. 刑을 집행함에 있어서는 마땅히 세 곳으로 가서 집행해야 하니, 중죄인은 들에서, 大夫는 조정에서, 士는 시장에서 집행한다는 것이다.

五流[1)]有宅하고 五宅三居[2)]하니

1) 五流 : 五刑에 해당하는 죄인에 대해서 너그럽게 용서하여 다섯 가지 등급으로 나누어 유배보내는 것을 말한다.
2) 三居 : 孔傳에는 죄의 경중에 따라 적소의 거리가 조종되는 것으로 풀이하였고, 蔡傳에서는 "〈武成〉의 '관작을 나누는 것은 다섯으로 하고 땅을 나누는 것은 셋으로 하였다.'는 것과 같다.〔如列爵惟五 分土惟三〕"라고 하였는데, 〈武成〉의 蔡傳에 "爵位에는 公·侯·伯·子·男의 다섯 등급이 있으나 封地에는 公과 侯는 100리, 伯은 70리, 子와 男은 50리의 세 등급이었다.〔列爵惟五 公侯伯子男也 分土惟三 公侯百里 伯七十里 子男五十里之三等也〕"라고 하였다. 조선시대 李滉의 ≪三經釋義≫〈書釋義〉에는 '五宅三居'를 "五宅을 세고대(세군데) 居홀디니(居할지니)"라고 해석하였다.

五刑의 流刑에는 각각 거처하는 바를 두고, 五刑의 거처하는 차등에는 세 등급으로 거처의 범위를 두었으니,

【傳】謂不忍加刑이면 則流放之를 若四凶者니라 五刑之流에 各有所居하고 五居之差에 有三等之居니 大罪四裔하고 次九州之外하고 次千里之外니라

차마 형벌을 가할 수 없으면 流放시키기를 마치 四凶과 같게 함을 이른다. 五刑의 流刑에는 각각 거처하는 바를 두고, 五刑의 거처하는 차등에는 세 등급으로 거처의 범위를 두었으니, 중죄인은 사방의 변두리에, 그 다음 죄인은 九州의 밖에, 그 다음 죄인은 천리의 밖에 거처시킨다는 것이다.

惟明이 克允이니라

너의 밝은 식견이 蠻夷를 信服시켰노라."고 하셨다.

【傳】言皐陶能明信五刑하여 施之遠近蠻夷猾夏하여 使咸信服하여 無敢犯者니라 因禹讓三臣이라 故로 歷述之니라

皐陶가 능히 五刑을 투명하고 신빙성 있게 적용하여, 멀고 가까운 곳에서 중국을 어지럽히는 蠻夷에게 실시하여 그들로 하여금 모두 信服하여 감히 범하는 자가 없게 했음을 말한 것이다. 禹가 세 신하에게 양보했기 때문에 〈세 사람의 사적을〉 차례로 기술한 것이다.

【疏】'帝曰皐陶'至'克允' ○ 正義曰：帝呼皐陶曰"往者, 蠻夷戎狄, 猾亂華夏, 又有强寇劫賊, 外姦內宄者, 爲害甚大, 汝作士官治之, 皆能審得其情, 致之五刑之罪, 受罪者, 皆有服從之心." 言輕重得中, 悉無怨恨也. "五刑有服從者, 於三處就而殺之, 其有不忍刑其身者, 則斷爲五刑而流放之, 五刑之流, 各有所居處, 五刑所居, 於三處居之. 所以輕重罪得其宜, 受罪無怨者, 惟汝識見之明, 能使之信服, 故姦邪之人, 無敢更犯. 是汝之功, 宜當勉之." 因禹之讓, 以次誡之.

經의 〔帝曰皐陶〕에서 〔克允〕까지

○ 正義曰：帝舜이 皐陶를 불러 말씀하기를 "지난번 蠻夷와 戎狄이 華夏를 어지럽히며, 또 안팎에 들끓는 强寇와 劫賊이 있어 해독이 매우 컸을 때에 너는 士官이 되어 그것을 다스리되 모두 실정을 잘 살펴서 五刑의 죄로 다스리자, 죄를 받는 자들이 모두 복종하는 마음을 가졌다."라고 하였으니, 그는 輕重의 형벌이 中正함을 얻어 모두 怨恨이 없었음을 말한 것이다.

"五刑에 服從한 자들을 세 곳으로 가서 처형하였고, 그 몸을 차마 처형하지 못할 경우에는 단연코 五刑을 관대하게 해서 流放시켰으며, 五刑의 流刑에는 각각 거처하는 바를 두고, 五刑에 거처하는 곳은 세 등급의 범위에 거처시켰다. 이렇게 輕重의 罪가 그 적의함을 얻었기 때문에 죄를 받아도 원망한 자가 없었다. 너의 밝은 식견이 그들을 信服시킬 수 있었기 때문에 간사한 사람이 감히 다시 범하는 일이 없었다. 이것은 너의 공 때문이었으니, 마땅히 힘쓸지어다."라고 하셨다. 禹의 양보로 인하여 차례로 경계하신 것이다.

【疏】 傳'猾亂'至'之致' ○正義曰：猾者, 狡猾[1]相亂, 故猾爲亂也. 夏, 訓大也, 中國有文章光華, 禮義之大. 定十年左傳云 "裔不謀夏, 夷不亂華." 是中國爲華夏也. 寇者, 衆聚爲之, 賊者, 殺害之稱, 故群行攻劫曰寇, 殺人曰賊. 成十七年左傳云 "亂在外爲姦, 在內爲宄." 是"在外曰姦, 在內曰宄也." 寇賊姦宄, 皆是作亂害物之名也. '蠻夷猾夏', 興兵犯邊, 害大, 故先言之. '寇賊姦宄', 皆國內之害, 小, 故後言之. 管子曰 "倉廩實知禮節, 衣食足知榮辱, 讓生於有餘, 爭生於不足." 往者, 洪水爲災, 下民飢困, 內有寇賊爲害, 外則四夷犯邊, 皆言無敎之致也. 唐堯之聖, 協和萬邦, 不應末年, 頓至於此, 蓋少有其事, 辭頗增甚, 歸功於人, 作與奪之勢耳.

1) 狡猾：≪騈雅≫ 〈釋天〉에 "狡·猾은 모두 귀신 이름이다."라고 하였다.

傳의 〔猾亂〕에서 〔之致〕까지

○正義曰：猾은 狡와 猾이 서로 어지럽히는 것이기 때문에 猾을 亂의 뜻으로 본 것이다.

夏는 大의 뜻으로 풀이한 것이니, 中國에 文章의 光華와 禮義의 큼이 있기 때문이다. 定公 10년 조의 ≪春秋左氏傳≫에 이르기를 "먼 곳 사람은 夏(中夏)를 도모하지 못하고, 오랑캐는 華(中華)를 어지럽히지 못한다."라고 하였으니, 여기서는 中國을 華夏의 뜻으로 본 것이다.

寇는 여럿이 모여서 하는 일이고, 賊은 殺害의 칭호이다. 그러므로 떼로 다니며 공격하고 겁박하는 것을 寇라 하고, 사람을 죽이는 것을 賊이라 한다. 成公 17년 조의 ≪春秋左氏傳≫에 이르기를 "亂이 밖에 있는 것을 姦, 안에 있는 것을 宄라 한다."라고 하였으므로, 이래서 "밖에 있는 것을 姦, 안에 있는 것을 宄라 한다."라고 한 것이다. '寇賊姦宄'는 모두 亂을 일으켜 사물을 해치는 것을 이르는 명칭이다.

'蠻夷猾夏'는 군사를 일으켜 변경을 범하는 일이니, 해가 크다. 그러므로 먼저 말한 것이다. '寇賊姦宄'는 모두 국내의 해독이니, 해가 작다. 그러므로 뒤에 말한 것이다.

管子가 이르기를 "倉廩이 가득 차야 禮節을 알고 衣食이 풍족해야 榮辱을 아니, 사양함은 有餘한 데서 생기고 다툼은 不足한 데서 생긴다."라고 하였다. 지난해 洪水가 재앙을 일으켰을 때 서민은 飢困에 시달렸으며, 안에서는 寇賊이 해를 끼치고 밖에서는 사방 오랑캐가 변경을 범하였다. 이것은 모두 가르침이 없는 소치임을 말한 것이다. 唐堯 같은 성인은 萬邦을 協和하였으니, 응당 만년에 갑자기 이러한 지경에 이르지 않았을 것인데, 아마 그런 일이 조금 있자 말을 불러 다른 사람에게 공을 돌려서 與奪의 형세를 지었을 것이다.

【疏】 傳'士理'至'中正' ○正義曰：士卽周禮司寇之屬, 有士師·(卿)[鄕][1]士等, 皆以士爲官名. 鄭玄云 "士, 察也, 主察獄訟之事." 月令云 "命大理[2]." 昭十四年左傳云 "叔魚攝理." 是謂獄官爲理官也. 準呂刑文, 知五刑謂墨·劓·剕·宮·大辟也. 人心服罪, 是順從之義, 故爲從也. 所以服者, 言得輕重之中正也. 呂刑云 "咸庶中正."是也.

1) (卿)[鄕]：저본에는 '卿'으로 되어있으나, 阮刻本에 "浦鏜이 이르기를 '鄕이 卿으로 잘못되어 있다.' 하였다."라고 한 것에 의거하여 '鄕'으로 바로잡았다.
2) 命大理：≪禮記≫ 〈月令〉에는 '命理'로 되어있고, 그 注에 "理는 獄을 다스리는 벼슬이다. 有虞氏는 士라 하고, 夏나라에서는 大理라 하고, 周나라에서는 大司寇라 했다.[理治獄官也 有虞氏曰士 夏曰大理 周曰大司寇]"라고 하였다.

傳의 [士理]에서 [中正]까지

○正義曰：士는 곧 ≪周禮≫ 〈秋官〉에 司寇의 속관으로 士師와 鄕士 등이 있으니, 모두 士로써 벼슬을 이름하였다. 鄭玄은 이르기를 "士는 살피다라는 뜻이니, 獄訟의 일을 주로 살핀다."라고 하였다. ≪禮記≫ 〈月令〉에 이르기를 "大理에게 명하여"라고 하였고, 昭公 14년 조의 ≪春秋左氏傳≫에 이르기를 "叔魚가 理職을 대행하였다."라고 하였으니, 이는 獄官을 일러 理官이라 한 것이다.

〈呂刑〉의 글에 준거하면, 五刑은 墨·劓·剕·宮·大辟을 말한다는 것을 알 수 있다.

사람이 진심으로 服罪하는 것이 바로 順從하는 뜻이다. 그러므로 從이라 한 것이다. 복종한다는 것은 輕重의 형벌이 中正함을 얻은 것을 말한 것이니, 〈呂刑〉에서 말한 "모두 거의 中正할 것이다."라는 것이 바로 그것이다.

【疏】傳'旣從'至'於市' ○正義曰：經言'五服', 謂皐陶所斷五刑, 皆服其罪, 傳旣訓服爲從, 故云"旣從五刑, 謂服罪也." '行刑當就三處', 惟謂大辟罪耳. 魯語云"刑五而已. 無有隱者, 大刑用甲兵, 次刑斧鉞, 中刑刀鋸, 其次鑽笮(작), 薄刑鞭扑, 以威民. 故大者, 陳之原野, 小者, 致之市朝. 五刑三次, 是無隱也." 孔用彼爲說, 故以三就爲原野與朝市也. 國語賈逵注云"用兵甲者, 諸侯逆命, 征討之刑也. 大夫已上於朝, 士已下於市." 傳雖不言'已上'·'已下', 爲義亦當然也. 國語云五刑者. 謂甲兵也, 斧鉞也, 刀鋸也, 鑽笮也, 鞭扑也, 與呂刑之五刑異也. 所言'三次'卽此'三就'是也. 惟死罪當分就處所, 其墨·劓·剕·宮, 無常處可就也. 馬·鄭·王三家, 皆以三就爲原野也, 市朝也, 甸師氏也. 案刑於甸師氏者, 王之同族, 刑於隱者, 不與國人, 慮兄弟耳, 非所刑之正處. 此言正刑, 不當數甸師也. 又市朝異所, 不得合以爲一. 且皆國語之文, 其義不可通也.

傳의 〔旣從〕에서 〔於市〕까지

○ 正義曰：經에서 말한 五服은 皐陶가 五刑을 단정함에 모두 그 죄를 복종함을 말한 것이니, 傳에서 이미 服을 從의 뜻으로 풀이하였다. 그러므로 "이미 五刑에 복종하였기 때문에 服從한 죄인이라 이른 것이다."라고 하였다.

〔行刑當就三處〕 大辟罪(사형죄)만을 지칭했을 뿐이다.

≪國語≫ 〈魯語〉에 이르기를 "刑은 다섯 가지 뿐이다. 숨기는 것이 있지 않으니, 大刑은 무장한 군사를 사용하고, 그 다음은 도끼를, 中刑은 칼과 톱을, 그 다음은 송곳과 끌을, 薄刑은 회초리를 사용해서 백성을 위협한다. 그러므로 大刑은 原野에서 집행하고, 小刑은 시장이나 조정에서 집행한다. 다섯 가지 刑을 세 곳에서 집행하니, 이는 숨김이 없는 것이다."라고 하였는데, 孔安國은 이를 인용해서 말했다. 그러므로 三就를 原野·朝·市로 여긴 것이다. ≪國語≫의 賈逵의 注에 이르기를 "兵甲을 사용하는 경우는 諸侯가 逆命할 때 征討하는 刑이다. 그리고 大夫 이상은 조정에서, 士 이하는 시장에서 집행한다."라고 하였다. 傳에서 비록 이상과 이하를 말하지 않았지만 뜻만은 역시 당연한 것이다.

≪國語≫에서 말한 五刑이란 것은 무장한 군사, 도끼, 칼과 톱, 송곳과 끌, 회초리를 이르니, 〈呂刑〉의 五刑과 다르다. ≪國語≫에서 말한 三次는 곧 여기의 三就가 그것이다. 오직 死罪만 처소를 나누어 가서 집행하고 墨刑·劓刑·剕刑·宮刑은 일정하게 시행하는 곳이 없는 것이다. 馬融·鄭玄·王肅 등 三家는 모두 三就를 原野·市朝·甸師氏로 여겼다. 상고하건대 甸師氏란 장소에서 刑을 집행하는 대상은 王의 同族이니, 숨겨

진 곳에서 刑을 집행하는 것은 국민을 의식하지 않고 兄弟만을 생각하는 일이니, 刑을 집행하는 正處가 아니다. 여기서 말한 正刑은 甸師를 거론하지 않아야 된다. 또 市・朝는 장소가 다르니 합해서 하나로 만들어서는 안 되는 것이다. 또한 모두가 ≪國語≫의 글들이니, 그 뜻이 통할 수 없다.

【疏】 傳'謂不'至'之外' ○正義曰：此'五流有宅', 卽'流宥五刑'也. 當在五刑而流放之. 故知謂"不忍加刑, 則流放之, 若四凶也." 鄭玄云"舜不刑此四人者, 以爲堯臣, 不忍刑之." 王肅云"謂在八議之辟, 君不忍殺, 宥之以遠." 八議[1]者, 周禮小司寇所云 議親·議故·議賢·議能·〔議功〕[2]·議貴·議賓·議勤, 是也. 以君恩不忍殺, 罪重不可全赦, 故流之也. '五刑之流 各有所居', 謂徙置有處也. '五居之差 有三等之居', 量其罪狀, 爲遠近之差也. 四裔最遠, 在四海之表, 故"大罪四裔." 謂不犯死罪也. 故周禮調人職云"父之讐, 辟諸海外." 卽與四裔爲一也. '次九州之外', 卽王制云"入學不率教者, 屛之遠方. 西方曰棘, 東方曰寄." 注云"偪寄於夷狄也." 與此'九州之外'同也. '次千里之外'者, 卽調人職云"兄弟之讐, 辟諸千里之外也." 立政〔傳〕[3]云 '中國之外[4]', 不同者, 言中國者, 據罪人所居之國, 定千里也, 據其遠近, 其實一也. 周禮與王制, 旣有三處[5]之別, 故約以爲言. 鄭玄云"三處者, 自九州之外, 至於四海, 三分其地, 遠近若周之夷·鎭·蕃也." 然罪有輕重不同, 豈五百里之校乎. 不可從也.[6]

1) 八議：評議하에 형벌을 감면하는 여덟 가지 조건으로 ① 임금의 內外親族, ② 임금의 친구, ③ 德行이 있는 사람, ④ 道藝가 있는 사람, ⑤ 국가유공자, ⑥ 高官大爵, ⑦ 前朝子孫, ⑧ 國事勤勞者가 이에 해당한다.
2) 〔議功〕：저본에는 없으나, 阮刻本에 "閩本에는 '議能' 아래에 '議功' 2자가 있으니, 살펴보건대 보충하는 것이 옳다."라고 한 것에 의거하여 보충하였다.
3) 〔傳〕：저본에는 없으나, ≪十三經正字≫에 의거하여 보충하였다.
4) 中國之外：≪尙書≫ 〈周書 立政〉의 "三宅에 義民이 없을 것이다.〔玆乃三宅無義民〕"에 대한 孔傳에 "중죄인은 관대하게 사방의 변두리로 내치고, 다음 죄인은 九州의 밖으로 내치고, 그 다음 죄인은 中國의 밖으로 내친다.〔大罪宥之四裔 次九州之外 次中國之外〕"라고 보인다.
5) 三處：≪周禮≫에는 海外・千里之外・不同國으로, ≪禮記≫ 〈王制〉에는 郊・遂・遠方으로 구별하였다.
6) 大罪四裔……不可從也：淸代 胡渭의 ≪禹貢錐指≫에는 "'大罪四裔'는 곧 荒服으로 이른바 '200리의 유배지'란 곳이다.……그 다음은 대개 要服으로 이른바 '200리의 유배지'

란 곳인데, 傳에서 '九州의 밖이다.'라고 한 것은 옳지 않다. 또 그 다음은 응당 綏服으로 奮武衛의 땅일 것인데, 傳에서 '千里의 밖이다.'라고 한 것은 몹시 분명치 못하다. 그 뜻을 가만히 살펴보면 아마 四裔는 海外에 있기 때문에 王者의 정치교화가 미치지 못하는 땅일 것이며, 九州의 밖이란 要服과 荒服을 가리켜 말하고, 千里의 밖이란 綏服을 가리켜 말한 것이다.

내가 생각건대, 三居는 里數로 계산할 수 없는 것으로, 劉原父가 이르기를 '輕罪면 要服에 유배시키고, 重罪면 荒服에 유배시키니, 이른바 「사방 변두리로 내치고, 먼 지방으로 내친다.」는 것이다.'라고 하였다.……이 말은 孔安國과 鄭玄에 비하면 우수한 말이다. 그 遠近의 차이는 응당 죄인이 거주하는 지역으로 한정하였으니, 이를테면 三苗는 남쪽에 있으니 서쪽 변두리로 귀양 보내는 식이다."라고 하였다.

傳의 〔謂不〕에서 〔之外〕까지

○ 正義曰 : 여기의 '五流有宅'은 곧 앞에 있는 "流放하는 법으로 五刑을 관대하게 한다.〔流宥五刑〕"는 것이니, 마땅히 五刑을 관대하게 해서 流放시켜야 할 범주에 두어야 한다. 그러므로 "차마 형벌을 가할 수 없으면 流放시키기를 마치 四凶과 같게 함을 이른다."는 것을 알았던 것이다.

鄭玄은 "舜임금이 이 네 사람에게 형벌을 가하지 못함은 堯임금의 신하이기 때문에 차마 형벌을 가하지 못하신 것이다."라고 하였고, 王肅은 "八議의 죄과에 들어 있기 때문에 임금이 차마 죽이지 못하고 멀리 유배시키는 것으로 관대하게 처리했다."라고 하였다. 八議라는 것은 ≪周禮≫ 〈秋官 小司寇〉에서 말한 議親・議故・議賢・議能・議功・議貴・議賓・議勤이 그것이다. 임금의 은혜로 차마 죽이지 못하고 죄가 무거워서 전부 사면할 수 없기 때문에 流放시킨 것이다.

〔五刑之流 各有所居〕 유배시킬 곳을 두는 것을 이른다.

〔五居之差 有三等之居〕 그 罪狀을 헤아려서 멀고 가까운 거리의 차이를 정하는 것이다. 사방 변두리가 가장 멀어서 四海의 밖에 있기 때문에 "중죄인은 사방의 변두리로 유배시킨다."고 하였으니, 죽을죄를 범하지 않았음을 이른 것이다. 그러므로 ≪周禮≫ 〈地官 調人職〉에 이르기를 "아버지의 원수는 해외로 피하게 한다."고 하였으니, 곧 사방 변두리와 동일한 것이다.

〔次九州之外〕 곧 ≪禮記≫ 〈王制〉에 이르기를 "입학하여 가르침을 따르지 않는 자는 먼 지방으로 내친다. 서쪽 지방으로 내치는 것을 棘이라 하고, 동쪽 지방으로 내치는 것을 寄라 한다."고 한 것인데, 그 注에 이르기를 "夷狄에 바짝 寓居시킨다."고 하였으니, 여기의 '九州의 밖'과 같은 것이다.

〔次千里之外〕 곧 〈調人職〉에 "형제의 원수는 천 리의 밖으로 피하게 한다."라는 것이다. ≪尙書≫ 〈周書 立政〉의 孔傳에 '中國의 밖에'라고 하여 동일하지 않은 것은, 中國이라 말한 것은 죄인이 사는 나라를 기준으로 해서 천 리를 정한 것인데, 그 멀고 가까움을 기준하면 그 실제는 동일한 것이다. ≪周禮≫와 ≪禮記≫ 〈王制〉에 이미 세 곳의 구별이 있기 때문에 대략적으로 말한 것이다. 鄭玄은 이르기를 "세 곳이란 것은 九州의 밖으로부터 四海에 이르기까지 그 땅을 3등분 하는 것이니, 멀고 가까운 것이 周나라의 夷服·鎭服·蕃服과 같은 것이다."라고 하였다. 그러나 죄에 경중의 차이가 있는데, 어떻게 500리로 통일할 수 있겠는가? 따를 수 없는 말이다.

【疏】 傳'言皐'至'述之' ○ 正義曰 : '惟明'謂皐陶之明, '克允'謂受罪者信服. 故王肅云 "惟明其罪, 能使之信服." 是信施於彼也. 但彼人信服, 由皐陶有信, (攷)〔故〕[1]傳言 "皐陶能明信五刑, 施之遠近蠻夷, 使咸信服." 主言信者, 見其皐陶有信, 故彼信之也.

1) (攷)〔故〕 : 저본에는 '攷'로 되어있으나, 阮刻本에 "宋板에는 '攷'가 '故'로 되어있으니, 살펴보건대 '攷'는 틀리다."라고 한 것에 의거하여 '故'로 바로잡았다.

傳의 〔言皐〕에서 〔述之〕까지

○ 正義曰 : '惟明'은 皐陶의 밝음을 이르고, '克允'은 죄를 받는 자가 信服함을 이른다. 그러므로 王肅이 이르기를 "그 죄를 밝혀 능히 그들을 信服하게 했다."고 하였으니, 이는 신의가 저기에 베풀어지는 것이다. 다만 저 사람의 信服은 皐陶에게 신의가 있음에 연유했을 뿐이다. 그러므로 傳에서 말하기를 "皐陶가 능히 五刑을 투명하고 신빙성 있게 遠近의 蠻夷에게 실시하여 그들로 하여금 모두 信服하게 했다."라고 한 것이다. 信을 위주로 말한 것은 皐陶에게 신의가 있음을 보았기 때문에 저들이 믿은 것이다.

帝曰 疇若予工[1]고 僉曰 垂哉니이다

1) 疇若予工 : ≪史記≫에는 '誰能馴予工'으로 되어있고, 裴駰의 ≪集解≫에서 "百工의 官을 주관함을 이른다.〔謂主百工之官〕"는 馬融의 말을 인용하였다.

帝舜이 말씀하기를 "누가 능히 내 百工의 일을 순리로 다스릴 사람인고?"라고 하자, 여러 신하가 말하기를 "垂가 있습니다."라고 하였다.

【傳】 問誰能順我百工事者오 朝臣擧垂하니 垂는 臣名이니라

"누가 능히 내 百工의 일을 순리로 다스릴 사람인고?" 하고 물으시자, 朝臣들이 垂를 천거하였으니, 垂는 신하의 이름이다.

【疏】 傳'問誰'至'臣名' ○ 正義曰：考工記云 "國有六職, 百工與居一焉." 工卽百工, 故云 "問誰能順我百工事者." 直言'帝曰' 無所偏咨, 故知'僉曰'是朝臣共擧垂也.

傳의 〔問誰〕에서 〔臣名〕까지

○ 正義曰：≪周禮≫ 〈冬官考工記〉에 이르기를 "국가에 여섯 가지 職이 있으니, 百工이 그 중에 한 가지를 차지한다."라고 하였다. 工은 곧 百工이다. 그러므로 "'누가 능히 내 百工의 일을 순리로 다스릴 사람인고?'라고 물으셨다."고 한 것이다.

단지 '帝曰'이라고만 말하고 특별히 지정해서 물은 바가 없다. 그러므로 '僉曰'은 바로 朝臣이 공동으로 垂를 천거한 것임을 안 것이다.

帝曰 兪라 咨垂아 汝共工[1)]이어다

1) 汝共工：≪史記≫에는 '以垂爲共工'으로 되어있고, ≪集解≫에서 "司空을 삼아 百工의 일을 다스리게 하였다.〔爲司空共理百工之事〕"는 馬融의 말을 인용하였다.

帝舜이 말씀하기를 "옳거니. 아, 垂야. 네가 工에 이바지하도록 하라."고 하시니,

【傳】 共은 謂供其職事라

共은 그 職事에 이바지함을 이른다.

【疏】 傳'共謂供其職事' ○ 正義曰：堯典傳云 "共工, 官稱." 卽彼以共工二字爲官名. 上云'疇若予工', 單擧工名, 今命此人云 "汝(作)[1)]共工." 明是帝謂此人堪供此職, 非是呼此官名爲共工也. 其官或以共工爲名, 要帝意, 言共謂供此職也.

1) (作)：저본에는 있으나, ≪十三經正字≫와 ≪群書拾補≫에 의거하여 衍文으로 처리하였다.

傳의 〔共謂供其職事〕

○ 正義曰：〈堯典〉의 傳에 이르기를 "共工은 벼슬을 일컫는다."고 하였으니, 곧 저기서는 共工 두 글자를 벼슬 이름으로 여겼다. 위의 경문에서 이르기를 '疇若予工'이라 하여 달랑 工의 이름만 들었고, 지금 이 사람에게 명하기를 "네가 工에 이바지하도록 하라."

고 하였으니, 분명 이것은 帝舜이 이 사람에게 이 職에 이바지하라고 이른 것이지, 이 벼슬 이름을 共工으로 부른 것은 아니다. 그 벼슬을 혹 共工으로 명명할 수도 있겠지만, 帝舜의 뜻을 헤아려보건대, 共이라 말한 것은 이 職에 이바지함을 이른 것이다.

垂拜稽首하여 讓于殳斨(수장)暨伯與한대

垂가 절을 하여 머리를 조아려 殳斨과 伯與에게 양보하자,

【傳】殳斨伯與는 二臣名이라

殳斨과 伯與는 두 신하의 이름이다.

帝曰 兪라 往哉하여 汝諧하라

帝舜은 말씀하기를 "그렇겠지. 그러나 가서 너는 이 관직을 잘 수행하도록 하라." 고 하셨다.

【傳】汝能諧和此官이라

너는 이 관직을 잘 수행하라고 한 것이다.

帝曰 疇若予上下草木鳥獸오 僉曰 益哉니이다

帝舜이 말씀하기를 "누가 내 上下(山澤)의 草木과 鳥獸를 순리로 다스리겠는가?" 라고 하시니, 여러 신하가 말하기를 "益이 있습니다."라고 하자,

【傳】上은 謂山이요 下는 謂澤이요 順은 謂施其政教하여 取之有時하고 用之有節이라 言伯益能之니라 ○ 益은 皐陶子也라

上은 山을 이르고, 下는 澤(못)을 이르고, 順은 그 政教를 베풀어 때에 따라 취하고 절도 있게 쓰는 것을 이른다. 伯益이 그 일을 잘해낼 수 있음을 말한 것이다.
○ 益은 皐陶의 아들이다.

【疏】傳'上謂'至'能之' ○ 正義曰：言'上下草木鳥獸', 則上之與下, 各有草木鳥獸, 卽周禮山虞澤虞之官, 各掌其教, 知'上謂山 下謂澤'也. 順其草木鳥獸之宜, 明是'施其政

教 取之有時 用之有節'也. 馬·鄭·王本, 皆爲'禹曰益哉', 是字相近而彼誤耳.

傳의 〔上謂〕에서 〔能之〕까지

○ 正義曰 : '上下草木鳥獸'라 말했으면 위와 아래에 각각 草木과 鳥獸가 있는바, 곧 ≪周禮≫에 山虞와 澤虞의 관원이 각각 그 교도 문제를 관장하였던 것이니, "上은 山을 이르고, 下는 澤을 이른다."는 의도를 알 수 있다. 그 草木과 鳥獸의 알맞음을 순리로 따르는 것은 분명 "그 政敎를 실시하여 때에 따라 취하고, 절도 있게 쓴다."는 뜻이다. 馬融·鄭玄·王肅의 本에는 모두 '禹曰益哉'로 되어있으니, 이것은 글자(僉과 禹)가 서로 비슷하지만, 저것이 잘못된 것이다.

帝曰 兪라 咨益아 汝作朕虞하라

帝舜이 말씀하기를 "옳거니. 아, 益아. 네가 나의 虞가 되어라."고 하셨다.

【傳】 虞는 掌山澤之官이라

虞는 山澤을 관장하는 관원이다.

【疏】 '作朕虞' ○ 正義曰 : 此官以虞爲名, 帝言作我虞耳, 朕非官名也. 鄭玄云 "言朕虞, 重鳥獸草木." 漢書王莽自稱爲予, 立予虞[1]之官, 則莽謂此官名爲朕虞, 其義必不然也.

1) 予虞 : ≪漢書≫ 〈王莽傳〉에 의하면 "王莽이 水衡都尉를 고쳐 予虞라 했다."라고 하였다.

經의 〔作朕虞〕

○ 正義曰 : 이 벼슬을 虞로써 이름하였기 때문에 帝舜이 나의 虞가 되어라 했을 뿐이니, 朕은 벼슬 이름이 아니다. 鄭玄은 이르기를 "나의 虞라고 말씀하신 것은 鳥獸와 草木을 중요시한 것이다."라고 하였다. ≪漢書≫ 〈王莽傳〉에 의하면, 王莽은 스스로 予라 일컫고 予虞란 벼슬을 설립하였는데, 그렇다고 王莽이 이 벼슬 이름을 朕虞라 불렀겠는가? 그것은 의미상 반드시 그렇지 않았을 것이다.

益이 拜稽首하여 讓于朱虎熊羆(비)[1]한대 帝曰 兪라 往哉하여 汝諧하라

1) 朱虎熊羆(비) : 蔡傳에서는 朱·虎·熊·羆 네 신하 이름으로 보았다.

益이 절을 하여 머리를 조아려 朱虎와 熊羆에게 양보하니, 帝舜이 말씀하기를 "그렇겠지. 그러나 가서 네 직무를 잘 수행하도록 하라."고 하셨다.

【傳】 朱虎와 熊羆는 二臣名이라 垂〔益〕[1]所讓四人은 皆在元凱之中이니라

1) 〔益〕: 저본에는 없으나, 阮刻本에 "살펴보건대 '垂' 아래에 '益'자가 빠졌다."라고 한 것에 의거하여 보충하였다.

朱虎와 熊羆는 두 신하 이름이다. 垂와 益이 양보한 네 사람은 모두 八元과 八凱 속에 포함되어 있다.

【疏】 傳'朱虎'至'之中' ○正義曰：知'垂〔益〕所讓四人皆在元凱之中'者, 以文十八年左傳八元之內, 有伯虎·仲熊, 卽此朱虎·熊羆是也. 虎·熊在元·凱之內, 明殳斨·伯與, 亦在其內, 但不知彼誰當之耳. 益是皐陶之子, 皐陶卽庭堅也. 益在八凱之內, 垂則不可知也. 傳不在伯夷·夔(기)·龍之下爲此言者, 以伯夷姜姓, 不在元·凱之內, 夔·龍亦不可知, 惟言此四人耳. 傳雖言殳斨·伯與, 亦難知也.

傳의 〔朱虎〕에서 〔之中〕까지

○ 正義曰：〔垂益所讓四人皆在元凱之中〕 이것을 알 수 있는 것은 文公 18년 조의 ≪春秋左氏傳≫에서 말한 八元 속에 있는 伯虎와 仲熊은 곧 여기의 朱虎와 熊羆가 바로 그것이다. 虎와 熊은 八元과 八凱의 속에 들어있으니, 殳斨과 伯與도 그 속에 들어 있는 것이 분명하지만, 다만 거기의 누가 해당된 것인지를 알 수 없을 뿐이다. 益은 바로 皐陶의 아들이고, 皐陶는 곧 庭堅이다. 益은 八凱 속에 들어있지만, 垂는 알 수가 없다. 傳에서 伯夷·夔·龍 이하를 포함하지 않고 이런 말을 한 것은, 伯夷는 姜姓으로서 八元과 八凱 속에 들어 있지 않고 夔와 龍 또한 알 수 없기 때문에 오직 이 네 사람만 말했을 뿐이다. 傳에서 비록 殳斨과 伯與를 말했으나 또한 알기가 어렵다.

帝曰 咨라 四岳아 有能典朕三禮아 僉曰 伯夷이니다

帝舜이 말씀하기를 "아, 四岳아. 나의 三禮를 맡을 자가 있는가?"라고 하시니, 여러 신하가 말하기를 "伯夷가 있습니다."라고 하자,

【傳】 三禮는 天地人之禮니라 伯夷는 臣名이니 姜姓이라

三禮는 天・地・人에 관한 禮이다. 伯夷는 신하의 이름이니 姜姓이다.

【疏】 傳'三禮'至'姜姓' ○ 正義曰 : 此時秩宗, 卽周禮之宗伯也. 其職云"掌天神·人鬼·地祇之禮." 雖三者倂爲吉禮, 要言三禮者, 是天地人之事, 故知三禮是天地人之禮. 上文舜之巡守, 言'修五禮[1]', 此云'典朕三禮', 各有其事, 則五禮皆據其所施於三處, 五禮所施於天地人耳. 言三足以包五, 故擧三以言之. 鄭語云"姜, 伯夷之後也. 伯夷能禮於神以佐堯." 是伯夷爲姜姓也. 此經不言疇者, 訪其有能, 是問誰可知, 上文已具, 此略之也.

1) 五禮 : 吉禮・凶禮・賓禮・軍禮・嘉禮를 이른다.

傳의 〔三禮〕에서 〔姜姓〕까지

○ 正義曰 : 이때의 秩宗은 곧 ≪周禮≫의 宗伯이다. 그 직책에 이르기를 "天神・人鬼・地祇의 禮를 관장한다."라고 하였다. 비록 세 가지가 吉禮를 아우른 것이라 하지만, 요컨대 三禮라 말한 것은 바로 天・地・人의 일이다. 그러므로 三禮가 바로 天・地・人의 禮란 것을 안 것이다. 윗글에 있는 舜임금의 巡守는 五禮를 닦음을 말한 것이고, 여기서 말한 '典朕三禮'는 각각 그에 대한 일이 있으므로, 五禮는 모두 그 세 곳에 시행하는 바에 의거한 것이니, 五禮는 天・地・人에 시행하는 것이다. 三을 말하면 족히 五를 포함할 수 있기 때문에 三을 들어 말한 것이다.

≪國語≫ 〈鄭語〉에 이르기를 "姜姓은 伯夷의 후손이다. 伯夷는 神에게 禮를 잘 챙김으로써 堯임금을 보좌했다."라고 하였는데, 이 伯夷가 바로 姜姓인 것이다.

이 經에서 '疇'라고 말하지 않았지만, 유능한 사람을 찾는 중이니, '누구냐'고 물었음을 알 수 있다. 윗글에서 이미 말했으니, 여기서는 생략한 것이다.

帝曰 兪라 咨伯아 汝作秩宗하노니

帝舜이 말씀하기를 "옳거니. 아, 伯아. 너를 秩宗으로 삼노니,

【傳】 秩은 序요 宗은 尊也니 主郊廟之官이니라

秩은 序의 뜻이요, 宗은 尊의 뜻이니, 郊祀와 廟祭를 주관하는 벼슬이다.

【疏】 傳'秩序'至'之官' ○ 正義曰 : 堯典傳已訓秩爲序[1], 此復訓者, 此爲官名, 須辨官名之義, 故詳之也. 宗之爲尊, 常訓也. 主郊廟之官, 掌序鬼神尊卑, 故以秩宗爲名. 郊謂祭天南郊, 祭地北郊, 廟謂祭先祖, 卽周禮所謂'天神人鬼地祇之禮'是也.

1) 堯典傳已訓秩爲序 :〈堯典〉'平秩東作'의 '秩'에 대한 孔傳에 序라고 하였다.

傳의 〔秩序〕에서 〔之官〕까지

○ 正義曰 :〈堯典〉의 傳에서 이미 秩을 序의 뜻으로 풀이하였는데, 여기서 다시 풀이한 것은 여기서는 벼슬 이름이 되기 때문이니, 모름지기 벼슬 이름의 뜻을 변별해야 한다. 그러므로 자세하게 다룬 것이다.

宗을 尊이라 한 것은 일반적인 풀이이다.

郊祀와 廟祭를 주관하는 관원은 鬼神의 尊卑에 따라 차례로 제사 지내는 일을 관장하기 때문에 秩宗을 가지고 이름을 붙인 것이다. 郊는 南郊에서는 하늘에 제사 지내고, 北郊에서는 땅에 제사 지내는 것을 이르고, 廟는 先祖께 제사 지내는 것을 이르니, 곧 ≪周禮≫에 이른바 天神·人鬼·地祇의 禮란 것이 그것이다.

夙夜惟寅하되 直哉惟淸[1)]하라

1) 夙夜惟寅 直哉惟淸 : 蔡傳에서는 "사람이 능히 경건하여 내면을 정직하게 해서 조금이라도 私曲한 마음이 없게 하면 그 마음이 청결하다.〔人能敬以直內 不使少有私曲 則其心潔淸〕"라고 풀이하였다.

밤낮으로 경건하되 정직하고 청명하도록 하라."고 하셨다.

【傳】 夙은 早也라 言早夜敬思其職하고 典禮施政敎하되 使正直而淸明이니라

夙은 아침이란 뜻이다. 아침저녁으로 그 職을 경건하게 생각하고 禮를 주관하여 政敎를 베풀되 正直하고 淸明하도록 당부함을 말한 것이다.

【疏】 傳'夙早也 言早夜敬思其職 典禮施政敎 使正直而淸明' ○ 正義曰 : '夙 早', 釋詁文. '早夜敬服其職', 謂侵早已起, (深夜)〔夜深〕[1)]乃臥, 謹敬其職事也. 典禮之官, 施行敎化, 使正直而淸明. 正直, 不枉曲也. 淸明, 不暗昧也.

1) (深夜)〔夜深〕: 저본에는 '深夜'로 되어있으나, 阮刻本에 "宋板에는 '深夜'가 '夜深'으로 되어있다."라고 한 것에 의거하여 '夜深'으로 바로잡았다.

傳의 〔夙早也 言早夜敬思其職 典禮施政敎 使正直而淸明〕

○ 正義曰：〔夙 早〕《爾雅》〈釋詁〉의 글이다.

〔早夜敬思其職〕 일찍 일어나고 밤늦게 잠자면서 경건하게 그 職에 종사함을 이른다.

禮를 주관한 관원은 敎化를 시행하되 正直하고 淸明하게 할 것이니, 正直은 枉曲치 않는 것이고, 淸明은 暗昧치 않는 것이다.

伯이 **拜稽首**하여 **讓于夔**(기)**龍**한대

伯이 절을 하여 머리를 조아려 夔와 龍에게 양보하니,

【傳】 夔龍은 二臣名이라

夔와 龍은 두 신하의 이름이다.

帝曰 兪라 **往欽哉**하라

帝舜이 말씀하기를 "그렇겠지. 그러나 가서 경건하게 직무를 수행하도록 하라."고 하셨다.

【傳】 然其賢하고 不許讓[1]이니라

1) 然其賢 不許讓 : 《史記》에는 "然其推賢 不許其讓也"로 되어있다.

어진 이를 추천함은 인정하고 양보함은 허락하지 않았다.

帝曰 夔아 **命汝典樂**하노니 **敎胄子**[1]하되

1) 胄子 : 《史記》에는 "以夔爲典樂 敎稚子"로 되어있고, 《集解》에서 鄭玄은 稚子가 國子라고 하였다.

이에 대하여 淸代 王引之의 《經義述聞》에서는 "상고하건대 〈孔傳의〉 '敎長國子'는 이 國子를 敎長함을 이르니, 馬融의 注에서 말한 '天下의 子弟를 敎長한다.'와 같은 것이다. -《爾雅》에서 育은 기르다〔長〕라는 뜻이라 하였으니, 敎長은 敎育이라 말함과 같은 것이다.- 이는 바로 敎胄를 敎長으로, 子를 國子로 풀이한 것이니, 胄子 두 글자를 연달아 읽어서 長子로 풀이한 것이 아니다. 또 弟를 겸해서 말했으니, 유독 長子만이 아니라는 것이 분명하다. 孔穎達은 잘못하여 長을 長子로 삼아서 해석하기를 '《說文解字》에 「胄는 胤의 뜻이다.」라고 했고, 《爾雅》〈釋詁〉에 「胤은 계승하다라는 뜻이다.」라고 했다. 父의 世代를 이을 자는 오직 長子일 뿐이다. 그러므로 胄를 長으로 삼은 것이다.'라고 하였으며, 또 잘

못 孔傳 안에 있는 '長國子'란 세 글자를 연달아 읽어서 해석하기를 '夔로 하여금 歌詩를 가지고 이 適長國子를 가르치게 했다.'라고 하여, -이후로 결국 서로 이어서 '教胄子'를 '教長子'로 하게 되었다.- 馬注와 鄭注 및 姚傳과 모두 서로 어긋났으니, ≪史記≫의 '穉子를 가르친다.'는 것보다 더 뜻이 통하는 것은 없다."라고 적고 있다.

帝舜이 말씀하기를 "夔야. 너에게 명하여 음악을 주관하게 하노니, 國子를 교육시키되,

【傳】胄는 長也요 〔子는〕 謂元子以下至卿大夫子弟니 以歌詩蹈之舞之하여 教長國子中和祗庸孝友니라 ○ 胄를 王云 胄子는 國子也라하고 馬云 胄는 長也니 教長天下之子弟라[1)]

1) 胄長也……教長天下之子弟 : 阮刻本에 "古本에는 '謂'자 위에 '子'자가 있고, '元'자는 '天'자로 되어있으며, '弟'자 아래에 '也'자가 있다. 상고하건대 孔傳에서 말한 '教長國子'는 '國子' 두 글자는 王肅에서 취하고, '教長' 두 글자는 馬融에서 취했으니, 孔安國의 생각도 '教胄'는 連文으로, '子'는 외자로 풀이한 것이다. 윗글에 이른바 '胄長也'란 것은 바로 '長養'의 '長'이지, '長幼'의 '長'이 아니니, 마땅히 古本의 '謂' 위에 '子'자가 더 있는 것을 따르는 것이 옳다. 그러나 孔疏를 가지고 상고하면 孔穎達 때에 이미 誤脫된 것이다. 가짜 孔傳은 글에 있어서는 王肅을 따르고, 뜻에 있어서는 馬融을 따랐으니 자못 엉성하다. 후인들이 '長'자를 그릇 해석하여 망령되이 '子'자를 删削하는 것은 오로지 이런 이유 때문이다."라고 하였다.

胄는 長(기름)의 뜻이고, 子는 元子 이하 卿·大夫의 子와 弟까지를 이르니, 歌詩를 가지고 舞蹈를 함으로써 國子에게 中(忠)·和(剛柔適中)·祗(敬)·庸(常)·孝·友의 여섯 가지 德性을 교육시킨다.

○ 胄에 대하여 王肅은 "胄子는 國子이다."라고 하였고, 馬融은 "胄는 長(기름)의 뜻이니, 천하의 자제들을 教長(教育)하는 것이다."라고 하였다.

直而溫하며 寬而栗하며

정직하면서 온화하고 너그러우면서 장엄하며,

【傳】教之正直而溫和하고 寬弘而能莊栗이니라 ○ 栗은 戰栗也라

正直하면서 溫和하고 寬弘하면서 莊栗할 수 있게 가르친다.

○ 栗은 戰栗의 뜻이다.

剛而無虐하며 **簡而無傲**케하라

강하되 포악함이 없으며 簡易하되 오만함이 없게 하라.

【傳】 剛失(之)〔入〕虐하고 簡失(之)〔入〕傲[1)]하니 教之以防其失이니라

1) 剛失(之)〔入〕虐 簡失(之)〔入〕傲 : 저본에는 '之'로 되어있으나, 阮刻本에 "두 '之'자가 古本, 岳本, 宋板, ≪纂傳≫에는 모두 '入'으로 되어있다."라고 한 것에 의거하여 '入'으로 바로잡았다.

剛强의 失錯은 苛虐에 빠져들고, 簡易의 失錯은 傲慢에 빠져드니, 가르쳐서 그 失錯을 막는다는 것이다.

詩는 **言志**요 **歌**는 **永言**이요

詩는 뜻을 읊는 것이요, 노래는 말소리를 길게 내는 것이요,

【傳】 謂詩言志以導之하고 歌詠其義以長其言이니라

詩는 뜻을 말하여 이끌어내는 것이고, 歌는 그 뜻을 읊어 그 말소리를 길게 내는 것을 이른다.

聲은 **依永**이요 **律**은 **和聲**이니

소리는 가락에 맞추어 길게 빼야 되고, 음률은 소리를 조화시키는 것이니,

【傳】 聲은 謂五聲이니 宮商角徵羽요 律은 謂六律六呂니 十二月之音氣라 言當依聲律以和樂이니라

聲은 五聲을 이르니 宮·商·角·徵·羽이고, 律은 六律·六呂를 이르니 12개월의 音氣이다. 마땅히 聲·律에 의하여 樂을 조화시켜야 함을 말한다.

八音이 **克諧**하여 **無相奪倫**[1)]하면 **神人以和**하리라

1) 無相奪倫 : 蔡傳에서는 倫을 次의 뜻으로 보아 "서로 侵亂하여 그 차례를 잃지 않는다.〔不相侵亂失其倫次〕"라고 풀이하였다.

八音이 잘 어울려 리듬이 서로 차례를 빼앗음이 없으면 神과 사람이 화열하게 될 것이다."라고 하셨다.

【傳】 倫은 理也니 八音이 能諧하여 理不錯奪이면 則神人咸和니라 命夔使勉之니라

倫은 理의 뜻이니, 八音이 잘 어울려 理(리듬)가 어긋나지 않으면 神과 사람이 모두 화열하게 된다. 夔에게 명하여 그렇게 되도록 힘쓰게 하신 것이다.

夔曰 於[1]予擊石拊石에 百獸率舞이니다

1) 於 : 〈益稷〉의 '於予'에 대한 注에 '於予幷如字'라고 하였다. 본 번역에서는 ≪正義≫의 '感歎詞'라 한 것을 따랐지만, 於는 如字임을 따라 '前置詞'로 보아도 무방할 것 같다.

夔가 말하기를 "아, 제가 石磬을 치고 石磬을 어루만짐에 온갖 짐승들이 따라서 춤을 추었습니다."라고 하였다.

【傳】 石은 磬也니 磬은 音之淸者라 拊亦擊也라 擧淸者和면 則其餘皆從矣니라 樂感百獸하여 使相率而舞면 則神人和可知니라 ○ 於는 如字니 或烏音而絶句者非也라

石은 경쇠인데, 경쇠는 소리가 맑게 나는 것이다. 拊도 擊과 같은 뜻이다. 맑은 것이 어울림을 들어 말했으면 그 나머지도 모두 따랐을 것이다. 음악이 온갖 짐승들을 감화시켜 서로 따라서 춤을 추게 하였다면 神과 사람의 화열은 따라서 알 수 있는 일이다.
○ 於는 如字(本音 어)이니, 혹 '烏'(오)로 발음하고 句를 끊는 것은 잘못이다.

【疏】 '帝曰夔'至'率舞' ○ 正義曰 : 帝因伯夷所讓, 隨才而任用之. 帝呼夔曰 "我(令)〔今〕[1]命女典掌樂事, 當以詩·樂敎訓世適長子, 使此長子正直而溫和, 寬弘而莊栗, 剛毅而不苛虐, 簡易而不傲慢. 敎之詩·樂, 所以然者, 詩言人之志意, 歌詠其義以長其言, 樂聲依此長歌爲節, 律呂和此長歌爲聲, 八音皆能和諧, 無令相奪道理. 如此則神人以此和矣." 夔答舜曰 "嗚呼, 我擊其石磬, 拊其石磬, 諸音莫不和諧, 百獸相率而舞." 樂之所感如此, 是神人旣已和矣.

1) (令)〔今〕 : 저본에는 '令'으로 되어있으나, 阮刻本에 "岳本에는 '令'이 '今'으로 되어있으니, 옳다."라고 한 것에 의거하여 '今'으로 바로잡았다.

經의 〔帝曰夔〕에서 〔率舞〕까지

○ 正義曰 : 帝舜이 伯夷가 양보함으로 인해 각각 재주에 따라 임용하였다. 帝舜이 夔를 불러서 "내가 지금 너에게 명하여 음악의 일을 관장케 하노니, 마땅히 詩와 樂을 가지고 세대를 잇는 適長子를 敎訓하되, 이 長子로 하여금 正直하면서 溫和하고, 寬弘하면서 莊栗하고, 剛毅하면서 苛虐하지 않고, 簡易하면서 傲慢하지 않게 해야 한다. 詩와 樂을 가르치는 까닭은, 詩는 사람의 뜻을 표현하는 것이고, 歌는 그 뜻을 읊어서 말을 길게 빼는 것이다. 음악 소리는 길게 뺀 이 노래에 맞추어 음절을 삼고, 律呂는 길게 뺀 이 노래와 어울려서 소리를 내는 것이니, 八音이 모두 잘 조화하여 서로 道理를 빼앗지 않아야 할 것이다. 이와 같이 하면 神과 사람이 이 때문에 화열할 것이다."라고 하자, 夔가 舜임금에게 답하기를 "아, 제가 石磬을 치고 石磬을 어루만짐에 모든 음률이 조화를 이루었으므로 온갖 짐승이 서로 따라서 춤을 추었습니다."라고 하였다. 음악이 감동을 주는 것이 이와 같으니, 神과 사람은 벌써 화열할 것이다.

【疏】 傳'胄長'至'孝友' ○ 正義曰 : 說文云"胄胤也." 釋詁云"胤繼也." 繼父世者, 惟長子耳, 故以胄爲長也. '謂元子已下至卿大夫子弟'者, 王制云"樂正崇四術, 立四敎[1), 王太子·王子·群后之太子, 卿大夫·元士之適子, 皆造焉." 是'下至卿大夫'也. 不言元士, 士卑, 故略之. 彼鄭注云"王子, 王之庶子也." 此傳兼言弟者, 蓋指太子之弟耳. 或孔意公卿大夫之弟亦敎之, 國子以適爲主, 故言胄子也. 命典樂之官, 使敎胄子. 下句又言詩歌之事, 是令夔以歌詩蹈之舞之, 敎此適長(曰)〔國〕[2)子也. 周禮大司樂云"以樂德敎國子中·和·祗·庸·孝·友." 鄭云"中, 猶忠也. 和, 剛柔適也. 祗, 敬也. 庸, 有常也. 善父母曰孝, 善兄弟曰友." 是言樂官用樂敎之, 使成此六德也. 樂記又云"樂在宗廟之中, 君臣上下同聽之, 則莫不和敬, 在族黨鄕里之中, 長幼同聽之, 則莫不和順, 在閨門之內, 父子兄弟同聽之, 則莫不和親." 是樂之感人, 能成忠·和·祗·庸·孝·友之六德也.

1) 樂正崇四術 立四敎 : 樂正은 國子의 교육을 담당한 樂官의 長이고, 四術은 네 가지 방법으로서 先王의 교과서인 곧 詩·書·禮·樂이며, 四敎는 이 네 가지를 가르치는 교육기관이다.
2) (曰)〔國〕 : 저본에는 '曰'로 되어있으나, 文淵閣四庫全書本에 의거하여 '國'으로 바로잡았다.

傳의 〔胄長〕에서 〔孝友〕까지

○ 正義曰 : ≪說文解字≫에는 "胄는 胤의 뜻이다."라고 하였고, ≪爾雅≫ 〈釋詁〉에는 "胤은 뒤를 잇는다는 뜻이다."라고 하였다. 아버지의 세대를 이을 자는 오직 長子일 뿐이

다. 그러므로 冑를 長으로 삼은 것이다.

〔謂元子已下至卿大夫子弟〕 ≪禮記≫ 〈王制〉에 "樂正이 四術을 숭상하고 四敎를 세우니, 王太子・王子・群后의 太子와 卿・大夫・元士의 適子가 모두 취학했다."라고 하였으니, 이것이 "아래로 卿・大夫에 이른다."는 것이다. 元士를 말하지 않은 것은 士는 지위가 낮기 때문에 생략한 것이다. 저 鄭注에서는 "王子는 王의 庶子이다."라고 하였는데, 이 傳에서 弟까지 겸해서 말한 것은 아마 太子의 아우를 가리킨 것일 것이다. 혹시 孔安國은 公・卿・大夫의 아우도 가르친 것으로 생각했는지 모른다.

國子는 適子를 위주로 하기 때문에 冑子라고 말한 것이다. 음악을 주관한 관원에게 명하여 冑子를 가르치게 한 것이다. 下句에서 또 詩와 歌에 대한 일을 말하였는데, 이것은 夔로 하여금 歌와 詩를 가지고 舞蹈를 해서 이 適長인 國子를 가르치도록 한 것이다.

≪周禮≫ 〈春官 大司樂〉에 "樂德을 가지고 國子에게 忠・和・祗・庸・孝・友를 가르쳤다."라고 하였는데, 鄭玄은 "中은 忠과 같은 것이고, 和는 剛과 柔가 알맞은 것이고, 祗는 敬의 뜻을 가진 것이고, 庸은 일정한 것이다. 그리고 부모를 잘 섬기는 것을 孝라 하고, 형제가 잘 지내는 友라 한다."라고 하였으니, 이것은 樂官이 음악을 이용해 가르쳐서 이 여섯 가지 德을 이루게 함을 말한 것이다. ≪禮記≫ 〈樂記〉에 또 "음악이 宗廟의 안에 있어서 君臣과 上下가 함께 들으면 和敬하지 않을 수 없고, 族黨과 鄕里의 안에 있어서 長幼가 함께 들으면 和順하지 않을 수 없고, 閨門 안에 있어서 父子와 兄弟가 함께 들으면 和親하지 않을 수 없다."라고 하였으니, 이것은 음악이 사람을 감동시켜 忠・和・祗・庸・孝・友의 여섯 가지 德을 잘 이루게 한다는 것이다.

【疏】 傳'敎之'至'莊栗' ○ 正義曰：此'直而溫'與下三句, 皆使夔敎冑子, 令性行當然, 故傳發首言'敎之'也. 正直者, 失於太嚴, 故令正直而溫和, 寬弘者, 失於緩慢, 故令寬弘而莊栗. 謂矜莊嚴栗, 栗者, 謹敬也.

傳의 〔敎之〕에서 〔莊栗〕까지

○ 正義曰：이 '直而溫'은 아래의 3句와 더불어 모두 夔로 하여금 冑子를 가르쳐 성품과 행실이 제대로 되게 한 것이다. 그러므로 傳에서 서두를 꺼낼 때 '敎之'라고 말하였다. 正直한 자는 너무 엄한 데에서 실수를 하기 때문에 正直하면서 溫和하게 한 것이고, 寬弘한 자는 緩慢에서 실수를 하기 때문에 寬弘하면서 莊栗하게 한 것이다. 〈莊栗은〉 矜莊과 嚴栗을 이르니, 栗이란 삼가고 공경한 것이다.

【疏】 傳'剛失'至'其失' ○正義曰：剛彊之失，入於苛虐，故令人剛而無虐．簡易之失，入於傲慢，故令簡而無傲．剛·簡，是其本性，教之使無虐·傲，是言教之以防其失也．由此而言之，上二句，亦直·寬，是其本性，直失於不溫，寬失於不栗，故教之使溫栗也．直·寬·剛·簡，卽皐陶所謀之九德[1]也．九德而獨擧此四事者，人之大體，故特言之．

1) 九德：〈皐陶謨〉에 있는 ①너그러우면서도 장엄한 것〔寬而栗〕, ②유순하면서도 꼿꼿한 것〔柔而立〕, ③삼가면서도 공손한 것〔愿而恭〕, ④다스리면서도 공경한 것〔亂而敬〕, ⑤익숙하면서도 굳센 것〔擾而毅〕, ⑥곧으면서도 온화한 것〔直而溫〕, ⑦간이하면서도 모난 것〔簡而廉〕, ⑧굳세면서도 독실한 것〔剛而塞〕, ⑨강하면서도 義를 좋아하는 것〔彊而義〕을 가리킨다.

傳의 〔剛失〕에서 〔其失〕까지

○正義曰：剛彊의 失錯은 苛虐에 빠져든다. 그러므로 사람으로 하여금 강하면서 포악함이 없게 한 것이다. 簡易의 실착은 傲慢에 빠져든다. 그러므로 간이하면서 오만함이 없도록 한 것이다. 剛彊함과 簡易함은 바로 그 本性이므로 가르쳐서 포학함과 오만함이 없도록 한 것이니, 이는 가르쳐서 그 실착을 막는 것을 말한다. 이것으로 말미암아 말한다면 위의 2句 또한 정직함과 너그러움이 바로 그 본성인데, 정직함은 온화하지 못한 데서 실수를 하고, 너그러움은 엄하지 못한 데서 실수를 한다. 그러므로 가르쳐서 온화하고 엄격하게 한 것이다. 直・寬・剛・簡은 곧 皐陶가 생각해낸 九德이다. 九德인데 이 네 가지 일만 거론한 것은 사람의 大體에 관한 일이기 때문에 특별히 말한 것이다.

【疏】 傳'謂詩'至'其言' ○正義曰：作詩者自言己志，則詩是言志之書，習之可以生長志意，故教其詩言志，以導胄子之志，使開悟也．作詩者直言，不足以申意，故長歌之，教令歌詠其詩之義，以長其言，謂聲長續之．定本經作永字，明訓永爲長也．

傳의 〔謂詩〕에서 〔其言〕까지

○正義曰：詩를 지은 작가가 스스로 자신의 뜻을 말한 것이라면 詩는 바로 뜻을 말한 글이니, 詩를 익혀 志意를 기를 수 있다. 그러므로 그 뜻을 말한 詩를 가르쳐서 胄子의 뜻을 유도하여 開悟하도록 하는 것이다. 詩를 지은 작가가 단순하게 한 말은 뜻을 펴기에 부족하다. 그러므로 길게 노래를 부르는 것이니, 그 詩의 뜻을 노래로 읊어서 그 말을 길게 늘이도록 가르치는 것은 소리를 길게 계속 내는 것을 이른다. 定本의 經에 永字로 되어있으니, 永을 長의 뜻으로 풀이한 것이 분명하다.

【疏】 傳'聲謂'至'和樂' ○ 正義曰：周禮大師云"文之以五聲, 宮商角徵羽." 言五聲之淸濁有五品, 分之爲五聲也. 又大師掌六律·六呂, 以合陰陽之聲. 陽聲, 黃鐘·太簇(주)·姑洗(고선)·蕤賓(유빈)·夷則(칙)·無射(역), 陰聲, 大呂·應鐘·南呂·林鐘·仲呂·夾鐘, 是六律·六呂之名也. 漢書律歷志云"律有十二, 陽六爲律, 陰六爲呂." 是陰律名同, 亦名呂也. 鄭玄云"律, 述氣也, 同助陰宣氣, 與之同也." 又云"呂, 旅也, 言旅助陽宣氣也." 志又云"律, 黃帝之所作也. 黃帝使伶倫氏, 自大夏之西, 崑崙之陰, 取竹於嶰谷之中(各)〔谷〕生[1], 其竅厚薄均者[2)3)], 斷兩節之間吹之, 以爲黃鐘之宮. 制十二筩, 以聽鳳之鳴, 其雄聲爲六, 雌鳴亦六, 比黃鐘之宮, 是爲律本[4]." 言律之所作如此. 聖人之作律也, 旣以出音, 又以候氣, 布十二律於十二月之位, 氣至則律應, 是六律·六呂, (述)[5]十二月之音氣也. '聲依永'者, 謂五聲依附長言而爲之, 其聲未和, 乃用此律呂, 調和其五聲, 使應於節奏也.

1) 取竹於嶰谷之中(各)〔谷〕生：孟康은 "解는 脫의 뜻이고, 谷은 대나무의 마디이니, 마디 없는 대나무를 취한 것이다. 一說에는 '崑崙의 북쪽 골짝 이름이다.' 했다.〔解脫也 谷竹溝也 取竹之脫無溝節者也 一說崑崙之北谷名也〕"라고 하여 '嶰'를 '解'로 적었다. 晉灼은 "골짝 이름이 옳다."라고 하였다.

저본에는 '各'으로 되어있으나, 阮刻本에 "살펴보건대 '各'자는 의심컨대 衍文이거나, 혹은 '谷'자의 오자인 듯하다."라고 한 것에 의거하여 '谷'으로 바로잡았다.

2) 其竅厚薄均者：晉灼은 "골짝 속의 대나무로서 날 때부터 구멍 두께가 자연 고른 것을 취하여 잘라서 筩을 만들고 다시 깎는 일을 가하지 않는 것이다.〔取谷中之竹 生而厚薄自然均者 截以爲筩 不復加削刮也〕"라고 하였는데, 顔師古는 "晉灼의 말이 옳다."라고 하였다.

3) 崑崙之陰……其竅厚薄均者：≪說苑≫ 〈修文〉에는 '乃崑崙之陰取竹於嶰谷 以生竅厚薄均者'로 되어있다.

4) 取竹於嶰谷之中……是爲律本：저본에는 '取竹於嶰谷之中 各生其竅厚薄均者 斷兩節之間吹之 以爲黃鐘之宮 制十二籥 以聽鳳凰之鳴 其雄聲爲六 雌鳴亦六 以比黃鐘之宮 是爲律之本'으로 되어있는데, ≪漢書≫ 〈律曆志〉에 '取竹之解谷生 其竅厚均者 斷兩節間而吹之 以爲黃鐘之宮 制十二筩 以聽鳳之鳴 其雄鳴爲六 雌鳴亦六 比黃鐘之宮 而皆可以生之 是爲律本'이라고 한 것에 의거하여 바로잡았다.

5) (述)：저본에는 있으나, 阮刻本에 "宋板에는 '述'자가 없다."라고 한 것에 의거하여 衍文으로 처리하였다.

傳의 〔聲謂〕에서 〔和樂〕까지

○ 正義曰：≪周禮≫ 〈春官 大師〉에 "五聲을 가지고 문식한 것이니, 五聲은 곧 宮·

商・角・徵・羽이다."란 식으로 적었는데, 五聲의 淸濁에 있는 五品을 나누어 五聲으로 만든 것을 말한다. 또 大師가 六律과 六呂를 관장하여 陰陽의 소리를 합하였다. 陽聲은 黃鐘・太簇・姑洗・蕤賓・夷則・無射이고, 陰聲은 大呂・應鐘・南呂・林鐘・仲呂・夾鐘이니, 이것이 바로 六律과 六呂를 이르는 명칭이다.

≪漢書≫ 〈律曆志〉에 "律에 열두 가지가 있으니, 陽의 여섯 가지는 律이 되고, 陰의 여섯 가지는 呂가 된다."라고 하였다. 이는 陰律이 이름이 같은데, 또한 이름을 呂라고도 한다. 鄭玄은 "律은 氣를 宣布하는 것이니, 陰을 동조하여 氣를 宣布해서 더불어 함께하는 것이다."라고 하였고, 또 "呂는 旅(거절)의 뜻이니, 陽을 동조하여 氣를 宣布함을 말한다."라고 하였다.

≪漢書≫ 〈律曆志〉에 또 "律은 黃帝가 제작한 것이다. 黃帝가 伶倫氏를 시켜서 大夏의 서쪽인 崑崙의 음지쪽으로부터 嶰谷 가운데에서 자란 것으로서 구멍의 두께가 고른 것을 취하여 두 마디의 사이를 잘라 불어서 黃鐘의 宮을 만들었다. 열두 개의 대통을 만든 다음 봉황새의 울음소리를 듣고 수컷의 울음소리 여섯을 만들고 암컷의 울음소리도 여섯을 만들어 黃鐘의 宮에 비견하였으니, 이것이 律의 근본이 된 것이다."라고 하였으니, 律이 제작된 과정이 이와 같음을 말한 것이다.

聖人이 律을 제작함에 있어서 이미 音을 만들어내고 또 候氣를 가지고 12律을 12월의 위치에 배포하여 氣가 이르면 律이 응하게 하였으니, 이것이 바로 六律과 六呂가 12월의 音氣이다. '聲依永'이란 五聲이 長言에 依附해서 되는 것을 이름이니, 그 소리가 어울리지 못할 때에 이 律呂를 써서 五聲을 조화시켜 節奏에 응하도록 하는 것이다.

【疏】 傳'倫理'至'勉之' ○ 正義曰：倫之爲理, 常訓也. '八音能諧', 相應和也. 各自守分, 不相奪道理, 是言理不錯亂相奪也. 如此則神人咸和矣. 帝言此者, 命夔使勉之也. 大司樂云"大合樂, 以致鬼神祇, 以和邦國, 以諧萬民, 以安賓客, 以說遠人." 是神人和也.

傳의 〔倫理〕에서 〔勉之〕까지

○ 正義曰 : 倫을 理라 한 것은 일반적인 풀이이다. '八音能諧'는 상호간 어울리는 관계를 가지고 있다는 것이다. 각각 스스로 분수를 지켜 서로 道理를 빼앗지 않는 것이니, 이것은 道理가 錯亂하여 서로 빼앗지 않음을 말한 것이다.

이와 같으면 神과 사람이 모두 화열할 것이다. 帝舜이 이를 말씀한 것은 夔에게 명하여 힘쓰게 하신 것이다. ≪周禮≫ 〈春官 大司樂〉에 "크게 음악을 합주하여 人鬼와

天神과 地祇를 이르게 하고, 邦國을 화열하게 하고, 萬民을 화해하게 하고, 賓客을 편안하게 하고, 먼 나라 사람들을 즐겁게 한다."고 하였으니, 이래서 神과 사람이 화열한 것이다.

【疏】傳'石磬'至'可知' ○正義曰：樂器惟磬以石爲之, 故云"石, 磬也." 八音之音, 石磬最淸, 故知磬是音之聲淸者. 磬必擊以鳴之, 故云"拊, 亦擊之." 重其文者, 擊其大小, 擊是大擊, 拊是小擊. 音聲濁者粗, 淸者精, 精則難和, 擧淸者和, 則其餘皆從矣. 商頌云"依我磬聲." 是言磬聲淸, 諸音來依之. '百獸率舞', 卽大司樂云"以作動物." 益稷云"鳥獸蹌蹌." 是也. 人神易感, 鳥獸難感. 百獸相率而舞, 則神人和可知也. 夔言此者, 以帝戒之云"神人以和." 欲使勉力感神人也. 乃答帝云"百獸率舞." 則神人以和, 言帝德及鳥獸也.

傳의 〔石磬〕에서 〔可知〕까지

○正義曰：樂器 중에 磬만을 돌로 만든다. 그러므로 "石은 磬이다."라고 한 것이다. 八音의 音은 石磬이 가장 맑다. 그러므로 磬은 바로 音의 소리가 맑은 것임을 알았던 것이다. 磬은 반드시 쳐서 울린다. 그러므로 "拊 또한 치는 것이다."라고 한 것이다. 그 글을 거듭 적은 것은 그 크게 작게 치는 것을 나타내기 위함이니, 擊은 바로 크게 치는 것이고 拊는 바로 작게 치는 것이다.

音聲이 흐린 것은 거칠고 맑은 것은 정밀한데, 정밀하면 어울리기 어려우므로 맑은 것을 들면 그 나머지는 모두 따를 것이다. ≪詩經≫ 〈商頌〉에 "우리 경쇠 소리에 의지한다."고 하였으니, 이는 경쇠 소리가 맑으므로 모든 소리가 와서 의지함을 말한 것이다.

'百獸率舞'는 곧 ≪周禮≫ 〈春官 大司樂〉에 "動物을 진작시킨다."라고 하고, 〈益稷〉에 "새와 짐승이 너울너울 춤을 춘다."고 한 것이 바로 이것이다. 사람과 神은 감동하기 쉽지만 새와 짐승은 감동하기 어려운 것이다. 그런데 온갖 짐승이 와서 서로 따라서 춤을 추었으니, 神과 사람의 화열함이 어느 정도였는지 알 수 있을 것이다. 夔가 이를 말한 것은 帝舜이 "神과 사람이 화열할 것이다."라고 하여 神과 사람을 감동할 수 있게 힘쓰도록 경계하셨기 때문이다. 그래서 帝舜에게 답하기를 "온갖 짐승이 따라서 춤을 추었습니다."라고 하였으니, 神과 사람이 화열한 것은 帝舜의 德이 새와 짐승에게 미쳐 감을 말한 것이다.

帝曰 龍아 朕堲[1]讒說殄行하여 震驚朕師일새

1) 堲 : 음을 諺解에서는 '즉', 疏에서는 '疾(즐)'에 가깝다고 적고 있다.

帝舜이 말씀하기를 "龍아, 나는 참소하는 말이 군자의 善行을 단절하여 나의 군중을 진동하고 놀라게 하는 것을 미워한 나머지,

【傳】 (卽)〔堲〕[1]은 疾이요 殄은 絶이요 震은 動也라 言我疾讒說이 絶君子之行하여 而動驚我衆일새 欲遏絶之니라

1) (卽)〔堲〕: 저본에는 '卽'으로 되어있으나, 阮刻本에 "毛本에는 '卽'이 '堲'으로 되어있으니, 옳다."라고 한 것에 의거하여 '堲'으로 바로잡았다.

堲은 미워하다라는 뜻이요, 殄은 단절하다라는 뜻이요, 震은 진동하다라는 뜻이다. 나는 참소하는 말이 군자의 선행을 단절하여 나의 대중을 진동하고 놀라게 하는 것을 미워하여 그를 막아 끊으려 한다라고 한 것이다.

命汝作納言하노니 夙夜出納朕命[1]하되 惟允하라

1) 出納朕命 : 孔安國의 傳에는 "納言은 喉舌 역할을 하는 벼슬이니"라 하고, 孔穎達의 ≪正義≫에는 "出納朕命이라 한 것은 상호적으로 보인 것이다.〔云出納朕命 相互見〕"라고 하였으며, 蔡傳에는 "納言은 벼슬 이름이다. 命令과 政敎를 반드시 살펴서 내용이 진실한 것이어야 내보내면 讒說이 행해지지 못하여 거짓이 영영 의탁할 곳이 없게 되고, 아뢰고〔敷奏〕 상주하는〔復逆〕 것을 반드시 살펴서 내용이 진실한 것이어야 들여보내게 하면 邪僻이 진입하지 못하여 功業이 제대로 상고할 바가 있게 될 것이다."라고 풀이하였다.

조선시대 학자들은 이에 대하여 이의를 제기하였는데, 金昌協이 宋時烈에게 묻기를 "≪集傳≫에서 命令·政敎를 敷奏·復逆과 더불어 나누어 말해서 '出納' 두 글자에 배당하였는데, 經文을 자세히 살펴보면 '朕命'이라고만 말했으니, 이것은 단지 命令과 政敎만을 가리켰을 뿐입니다. 敷奏·復逆과 같은 것은 바로 아래로부터 올라가는 것이니, 朕命에 해당이 없을 듯합니다.……二典(〈堯典〉·〈舜典〉)의 ≪集傳≫은 원래 朱子께서 정리하신 것인데, 이곳은 잘 살피지 못하신 것 같습니다. 그렇지 않습니까?"라고 하니, 宋時烈은 답하기를 "朕命 중에 옳은 것은 敷奏하고 불가한 것은 覆逆하는 것인데 무엇이 의심할 게 있는가?"라고 하였다.

이에 대하여 宋文欽은 "命龍章의 傳에는 의심스러운 것이 너무도 많은데, 尤翁은 '敷奏'를 敷奏하여 施行하는 뜻으로 여겼으니, 이것은 비록 '朕命'이란 두 글자에는 꼭 들어맞지만, 글 가운데 쓰인 '敷奏'란 글자에는 이와 같은 뜻이 없다."라고 이의를 제기하였고, 任聖周는 "'敷奏復逆' 一段이 '出納朕命'에 딱 들어맞지 않으니, 農巖(金昌協)이 의심한 것이

옳은데, 尤翁(宋時烈)의 답은 감히 알지 못할 점이 있다. 나의 생각에는 孔穎達이 말한 '互相見'이란 말이 잘 풀이한 것 같다."라고 의문을 표시하였다. ≪經書集說≫

너를 임명하여 納言을 삼노니, 밤낮으로 나의 명령을 출납하되 오직 誠信하게 하라."고 하셨다.

【傳】 納言은 喉舌之官이니 聽下言納於上하고 受上言宣於下하되 必以信이니라

納言은 喉舌 역할을 하는 벼슬이니, 아랫사람들의 말을 들어서 윗사람에게 알리고 윗사람의 말을 받아서 아랫사람들에게 전달하되 반드시 誠信하게 하는 것이다.

【疏】 '帝曰龍' 至 '惟允' ○ 正義曰：帝呼龍曰 "龍, 我憎疾人爲讒佞之說, 絶君子之行, 而動驚我衆人, 欲遏之, 故命汝作納言之官, 從早至夜, 出納我之敎命, 惟以誠信." 每事皆信, 則讒言自絶, 命龍使勉之.

經의 〔帝曰龍〕에서 〔惟允〕까지

○ 正義曰 : 帝舜이 龍을 불러 말씀하기를 "龍아, 나는 사람이 讒佞한 말을 하여 君子의 善行을 단절함으로써 나의 군중을 진동하고 놀라게 하는 것을 미워하여 그를 막으려고 한다. 그러므로 너에게 명하여 納言하는 벼슬을 삼노니, 아침부터 밤까지 나의 敎命을 출납하되 오직 誠信하게 하라."고 한 것은 매사가 모두 誠信하면 讒言이 저절로 끊어지므로 龍에게 명하여 힘쓰게 하신 것이다.

【疏】 傳 '堲疾' 至 '絶之' ○ 正義曰：堲聲近疾, 故爲疾也. '殄 絶'·'震 動', 皆釋詁文. 讒人以善爲惡, 以惡爲善, 故言 "我疾讒說, 絶君子之行." 衆人畏其讒口, 故爲讒也. 動驚我衆, 欲遏止之.

傳의 〔堲疾〕에서 〔絶之〕까지

○ 正義曰 : 堲은 발음이 疾에 가깝기 때문에 疾이라 한 것이다.

〔殄 絶〕·〔震 動〕 모두 ≪爾雅≫ 〈釋詁〉의 글이다.

참소하는 사람은 善을 惡이라 하고 惡을 善이라 하기 때문에 "나는 참소하는 말이 군자의 선행을 단절함을 미워한다."고 말한 것이다. 여러 사람이 그 참소하는 입을 두려워하기 때문에 讒이라 한 것이다. 그래서 나의 군중을 진동하고 놀라게 하므로 그를 막아 止息시키려 한 것이다.

【疏】 傳'納言'至'以信' ○正義曰：詩美仲山甫爲王之喉舌. 喉舌者, 宣出王命, 如王咽喉口舌, 故納言爲喉舌之官也. 此官主聽下言納於上, 故以納言爲名. 亦主受上言宣於下, 故言出朕命. 納言不納於下, 朕命有出無入, 官名納言, 云'出納朕命', 互相見也. '必以信'者, 不妄傳下言, 不妄宣帝命, 出納皆以信也.

傳의 〔納言〕에서 〔以信〕까지

○ 正義曰：≪詩經≫ 〈大雅 烝民〉에서는 仲山甫가 王의 喉舌이 된 것을 아름답게 여겼다. 喉舌이란 것은 王命을 宣出하기를 王의 咽喉와 口舌처럼 하기 때문에 納言을 喉舌의 벼슬이라 한 것이다. 이 벼슬은 주로 아랫사람의 말을 들어서 윗사람에게 알리기 때문에 納言으로 명명한 것이다. 또한 윗사람의 말을 받아서 아랫사람에게 전달하는 일을 주로 한다. 그러므로 나의 命을 내보낸다고 말한 것이다. '納言'은 아래에 알리는 것이 아니고, '朕命'은 나감은 있어도 들어옴은 없으므로 官名을 納言이라 한 것이며, '出納朕命'이라 한 것은 상호적으로 보인 것이다.

〔必以信〕 아랫사람의 말을 망령되이 전하지 않고, 제왕의 말을 망령되이 베풀지 않는 것을 말하니, 出納을 모두 誠信하게 하는 것이다.

帝曰 咨라 汝二十有二人아

帝舜이 말씀하기를 "아, 너희 스물두 사람아.

【傳】 禹垂益伯夷夔龍六人이 新命[1]有職하니 四岳十二牧 凡二十二人에 特勅命之니라

1) 禹垂益伯夷夔龍六人 新命：이에 대하여 宋代 王安石은 다음과 같이 주장하였다. "孔安國이 '禹·垂·益·伯夷·夔·龍은 다 새로 임명된 자이다.'라고 말한 것은 아마 실수일 것이다.……舜임금이 이 아홉 사람을 임명할 때는 모두 물어보고 임명하였는데, 왜 유독 夔에게만 그렇지 않았는가? 가사 夔가 새로 임명된 자라면 어찌 그 음악의 和美함을 칭찬했겠는가?……孔安國의 說은 아마 '너에게 명하여 음악을 주관하게 한다.'는 말에 홀린 모양인데, '너를 司徒로 삼는다.'는 것과 '너를 士로 삼는다.'는 글이 '너를 명하여 음악을 주관하게 한다.'는 말과 무엇이 다른가?" ≪臨川文集≫

禹·垂·益·伯夷·夔·龍 여섯 사람이 새로 임명되어 직위를 가졌기 때문에 四岳·12牧을 포함해서 총 22명에게 특별히 勅命하신 것이다.

欽哉하라 惟時면 亮天功[1]하리라

1) 欽哉……亮天功 : 蔡傳에는 "그들로 하여금 각각 그 직무를 경건히 수행하여 하늘의 일을 돕게 하셨다.〔使之各敬其職 以相天事〕"라고 풀이하였다.

직무를 경건히 수행하라. 〈너희들이 직무를 잘 수행하면〉 천하의 공을 세울 것이다."라고 하셨다.

【傳】 各敬其職하라 惟是乃能信立天下之功이리라

각각 그 직무를 경건히 수행하라. 〈너희들이 직무를 잘 수행하면〉 진실로 천하의 공을 세울 수 있을 것이다.

【疏】'帝曰咨'至'天功' ○正義曰 : 帝既命用衆官, 乃總戒勅之曰咨嗟, 汝新命六人及四岳·十二牧凡二十有二人(汝)〔等〕[1], 各當敬其職事哉. 惟是汝等敬事, 則信實能立天下之功. 天下之功成, (王)〔主〕[2]在於汝, 可得不敬之哉.

1) (汝)〔等〕: 저본에는 '汝'로 되어있으나, 阮刻本에 "'汝'가 宋板에는 '等'으로 되어있고, 上句에 붙였다."라고 한 것에 의거하여 '等'으로 바로잡았다.

2) (王)〔主〕: 저본에는 '王'으로 되어있으나, 阮刻本에 "宋板에는 '工'이 '主'로 되어있다."라고 한 것에 의거하여 '主'로 바로잡았다.

經의 〔帝曰咨〕에서 〔天功〕까지

○正義曰 : 帝舜이 이미 여러 관원을 임명하고 나서 총체적으로 戒勅하기를 "아, 너희 새로 임명된 여섯 사람 및 四岳·12牧 등 22명은 각각 응당 그 職事를 경건하게 수행해야 한다. 오직 너희들이 직사를 경건하게 수행하면 진실로 天下의 功을 세울 수 있을 것이다. 天下의 功이 이루어지는 것은 오로지 너희에게 달려있는데, 경건하게 수행하지 않을 수 있겠는가?"라고 하셨다.

【疏】傳'禹垂'至'命之' ○正義曰 : 傳以此文總結上事, 據上文'詢於四岳'·'咨十有二牧'及新命六官等, 適滿二十二人, 謂此也. 其稷·契·皐陶·殳斨·伯與·朱虎·熊羆七人仍舊, 故不須勅命之. 岳牧亦應是舊而勅命之者, 岳牧外內之官, 常所咨詢, 故亦勅之. 鄭玄云 "自'咨十有二牧', 至'帝曰龍', 皆月正元日, 格於文祖所勅命也." 案經格於文祖之後, 方始詢於四岳, 咨十二州牧, 未必一日之內, 卽得行此諸事. 傳既不說, 或歷日命授, 乃總勅之, 未必卽是元日之事也. 鄭以爲 "二十二人, 數殳斨·伯與·朱虎·熊羆, 不數四岳." 彼四人者, 直被讓而已, 不言居官, 何故勅使敬之也. 岳牧俱是帝所咨詢, 何以勅牧不勅岳也. 必非經旨, 故孔說不然.

傳의 〔禹垂〕에서 〔命之〕까지

○ 正義曰 : 傳에서 이 글을 가지고 위의 일을 총결할 때 윗글의 '詢於四岳'과 '咨十有二牧' 및 새로 임명된 6官 등이 마침 22명에 찬 것에 의거한 것은 이를 이른 것이다. 稷·契·皐陶·殳斨·伯與·朱虎·熊羆 등 일곱 사람은 예전 관직을 그대로 가졌기 때문에 勅命을 하지 않은 것이다. 岳과 牧도 응당 예전 관직을 그대로 가졌을 터인데 勅命을 한 것은, 岳과 牧은 안팎을 드나드는 관직으로서 항상 자문에 응하기 때문에 또한 칙명을 하게 된 것이다.

鄭玄은 "'咨十有二牧'으로부터 '帝曰龍'까지는 모두 正月 초하루 文祖에 이르렀을 때 勅命한 것이다."라고 하였다. 經을 상고하건대 文祖에 이른 뒤에 비로소 四岳에게 묻고 12州牧에게 물었으니, 반드시 하루 안에 이 모든 일을 행할 수 없었을 것이다. 〈이에 대해서는〉 傳에서도 이미 말하지 않았거니와, 혹시 여러 날 걸려 임명하고 총체적으로 勅戒한 일이지, 반드시 이 초하루에 행한 일은 아닐 것이다. 鄭玄은 "22명은 殳斨·伯與·朱虎·熊羆는 세고 四岳은 세지 않았다."고 생각하였다. 그러나 저 네 사람은 단지 양보만 받았을 뿐, 관직에 있었음을 말하지 않았는데, 어떻게 경건히 직무를 수행하도록 勅命할 수 있겠는가. 그리고 岳과 牧은 모두 帝舜의 자문에 응하는 사람들인데, 어떻게 牧만 칙명하고 岳은 칙명하지 않았겠는가. 반드시 經의 뜻은 아닐 것이다. 그러므로 孔安國의 說은 그렇게 하지 않았다.

三載에 **考績**하시고 **三考**에 **黜陟幽明**하신대

3년마다 행정업적을 살피시고 세 번 살펴서 업적이 없는 사람은 퇴출시키고 업적이 있는 사람은 승진시키시니,

【傳】 三年有成이라 故以考功이니라 九(歲)〔載〕[1]則能否幽明有別하니 黜退其幽者하고 升進其明者니라

1) (歲)〔載〕: 저본에는 '歲'로 되어있으나, 阮刻本에 "'歲'는 古本에 '載'로 되어있다."라고 한 것에 의거하여 '載'로 바로잡았다.

3년이면 업적을 이룰 수 있다. 그러므로 공적을 고찰하는 것이다. 9년이면 잘한 사람

과 못한 사람이 구별이 있게 되니, 못한 사람은 퇴출시키고 잘한 사람은 승진시켰다.

庶績이 咸熙러니 分北(배)三苗하시다

여러 공적이 넓어졌는데, 三苗를 구분해서 유배시키셨다.

【傳】 考績法明하니 衆功皆廣이니라 三苗幽闇하고 君臣善否하니 分北流之[1)]하여 不令相從하니 善惡明이라 ○ 北는 如字[2)]라

1) 分北流之 : 阮刻本에 "古本에는 '分' 위에 '竝'자가 있고 '北'은 '背'로 되어있다."라고 하였다.

2) 北 如字 : 여기서는 '背'자와 같은 뜻을 가진 글자임을 말한 것이다.

공적을 고찰하는 법이 투명하니, 여러 가지 시공이 모두 넓어졌다. 三苗는 대체로 혼암한데, 그 임금과 신하가 善하기도 하고 그렇지 않기도 하기 때문에 구분해 유배시켜 서로 따르지 못하게 하니, 善과 惡이 분명해졌다.

○ 北는 如字이다.

【疏】 '三載'至'三苗' ○ 正義曰 : 自此以下, 史述舜事, 非帝語也. 言帝命群官之後, 經三載, 乃考其功績, 經三考則九載. '黜陟幽明', 明者升之, 闇者退之. 群官懼黜思升, 各敬其事, 故得衆功皆廣. 前流四凶時, 三苗之君, 竄之西裔, 更紹其嗣, 不滅其國. 舜卽政之後, 三苗復不從化, 是闇當黜之. 其君臣有善有惡, 舜復分北流其三苗. 北, 背也. 善留惡去, 使分背也.

經의 〔三載〕에서 〔三苗〕까지

○ 正義曰 : 여기서부터 이하는 史官이 舜임금의 일을 기술한 것이니, 帝舜의 말씀이 아니다. 帝舜이 여러 관원을 임명하신 뒤에 3년을 지나서 그들의 공적을 고찰하셨고, 세 번 고찰을 거쳤으니, 그 기간이 9년이었음을 말한 것이다.

'黜陟幽明'은 잘한 사람은 승진시키고 못한 사람은 퇴출시킨 것이다. 여러 관원이 퇴출은 겁내고 승진을 염원하여 각각 그 직사를 경건하게 수행했기 때문에 여러 공적이 모두 넓어지게 되었다.

전에 四凶을 유배시킬 때에는 三苗의 임금을 서쪽 변두리로 귀양 보내고 다시 그 後嗣를 계승시켜서 그 나라를 멸망시키지 않았다. 舜임금이 즉위하신 뒤에 三苗가 다시 따라

서 변화되지 않았으니, 이는 혼암하기 때문에 응당 퇴출해야 할 대상이었다. 그러나 그 임금과 신하에는 善한 자도 있고 惡한 자도 있으니, 舜임금이 다시 그 三苗를 구분해서 유배시키셨다. '北'는 등지다〔背〕라는 뜻이니, 善한 자는 머물러 있고 惡한 자는 떠나가서 서로 나누어 흩어지게 한 것이다.

【疏】 傳'三年'至'明者' ○正義曰：三年一閏, 天道成, 人亦可以成功, 故以三年考校其功之成否也. 九年三考, 則人之能否可知, 幽明有別. 黜退其幽者, 或奪其官爵, 或徙之遠方. 升進其明者, 或益其土地, 或進其爵位也.

傳의 〔三年〕에서 〔明者〕까지

○ 正義曰 : 3년에 한 번씩 윤달이 들어서 天道가 이루어지고, 사람 또한 공을 이룰 수 있다. 그러므로 3년마다 그 공이 이루어졌는지 여부를 고찰한다.

9년 동안에 세 번 고찰하면 사람의 유능한 여부를 알 수 있어 잘한 자와 못한 자가 구별된다.

못한 자를 퇴출할 경우에는 혹은 그 官爵을 빼앗기도 하고 혹은 먼 지방으로 귀양을 보내기도 한다. 잘한 자를 승진시킬 경우에는 혹은 그 土地를 더 주기도 하고 혹은 그 爵位를 올려주기도 한다.

【疏】 傳'考績'至'惡明' ○正義曰：考績法明, 人皆自勵. 故得衆功皆廣也. '分北三苗', 卽是黜幽之事, 故於考績之下, 言其流之. 分, 謂別之. 云'北'者, 言相背, 必善惡不同. 故知三苗幽闇, 宜黜其君臣, 乃有善否, 分背流之, 不令相從. 俱徙之則善從惡, 俱不徙則惡從善, 言善惡不使相從, 言舜之黜陟善惡明也. 鄭玄以爲"流四凶者, 卿爲伯子, 大夫爲男, 降其位耳, 猶爲國君." 故以三苗爲西裔諸侯, 猶爲惡, 乃復分北流之, 謂分北西裔之三苗也. 孔傳'竄三苗'爲誅也[1]. 其身無復官爵, 必非黜陟之限, 其所分北, 非彼竄者. 王肅云"三苗之民, 有赦宥者, 復不從化, 不令相從, 分北流之." 王肅意彼赦宥者, 復繼爲國君, 至不復從化, 故分北流之. 禹繼鯀爲崇伯, 三苗未必絶後, 傳意或如肅言.

1) 孔傳竄三苗爲誅也 : 經文 '殛鯀于羽山' 아래 傳의 '殛竄放流皆誅也'를 가리킨다.

傳의 〔考績〕에서 〔惡明〕까지

○ 正義曰 : 공적을 고찰하는 법이 투명하자, 사람들이 모두 스스로 힘썼기 때문에 여

러 공적이 모두 넓어질 수 있었던 것이다.

'分北三苗'는 곧 혼암한 자를 퇴출한 일이기 때문에 '考績'의 아래에서 그 유배에 대한 일을 말한 것이다. 分은 분별함을 이른다. 北라 한 것은 서로 등져서 반드시 善과 惡이 같지 않음을 말한다. 그러므로 三苗가 혼암하다는 것을 알았으니, 마땅히 그 임금과 신하를 퇴출해야 하지만, 그들에게는 善함과 그렇지 않음이 있으므로 구분해서 유배시켜 서로 따르지 못하게 한 것이다. 한꺼번에 이동시키면 善이 惡을 따르고, 한꺼번에 이동시키지 않으면 惡이 善을 따를 것이므로 이는 善과 惡이 서로 따르지 못하게 함을 말한 것이고, 舜임금이 악한 사람을 퇴출하고 선한 사람을 승진시킨 일이 투명했음을 말한 것이다.

鄭玄은 "四凶을 유배시킨 것은 단순히 卿은 伯과 子로, 大夫는 男으로 삼아 그 직위를 낮추었을 뿐, 그대로 國君을 삼은 것이다."라고 생각하였다. 그러므로 三苗를 西裔의 諸侯로 삼았는데 여전히 惡을 하였으므로 이에 다시 구분해서 유배시킨 것을 西裔의 三苗를 구분해 유배시킨 것으로 여겼던 것이다. 孔傳에서 '竄三苗'의 '竄'을 '誅'의 뜻으로 풀이하였다. 그 몸에 다시는 官爵이 붙어 있지 않으니, 반드시 퇴출하거나 승진하는 한계에 놓인 것이 아니고, 구분해서 유배시킨 것은 저 投竄한 것이 아니다.

王肅은 "三苗의 백성 중에 赦宥된 자가 있었으나 다시 따라서 변화되지 않으니 서로 따르지 못하게 하려고 구분해서 유배시킨 것이다."라고 하였으니, 王肅의 생각은 저 赦宥된 자가 이어서 國君이 되었으나 다시 따라서 변화하지 않기 때문에 결국 구분해서 유배시켰다는 것이다. 禹는 鯀을 이어 崇伯이 되었으므로 三苗는 반드시 뒤가 끊어지지 않은 것으로 여겼으니, 孔傳의 뜻이 혹 王肅의 말과 같은지도 모르겠다.

舜生三十에 徵庸하시고

舜임금은 태어난 지 30년 만에 부름을 받아 등용되시고,

【傳】 言其始見試用이니라

처음으로 試用됨을 말한 것이다.

三十在位[1)]하시며

1) 位 : 孔傳에서는 臣位로, 蔡傳에서는 帝位로 보았다.

30년 동안 신하의 자리에 계셨으며,

【傳】 歷試二年이요 攝位二十八年이니라

시험을 거친 기간은 2년이고, 攝位한 기간은 28년이다.

【疏】 傳'歷試'至'八年' ○正義曰：上云 '乃言底可績三載', 則歷試當三年. 云'二年'者, 其一卽是徵用之年, 已在上句三十之數, 故惟有二年耳. 受終居攝, 尙在臣位, 故歷試弁爲三十. 在位, 謂在臣位也.

傳의 〔歷試〕에서 〔八年〕까지

○正義曰 : 위의 經文에서 말한 '乃言底可績三載'는 시험해보는 3년에 해당하고, '二年'이란 것은 그중 1년은 곧 불려 쓰인 해로서 이미 上句의 '三十'이란 숫자에 포함되어 있기 때문에 2년일 뿐이다. 마무리한 帝位를 받아 攝政한 기간은 아직 臣位에 있었기 때문에 시험해보는 기간까지 아울러서 30년이 되는 것이다. '在位'는 신하의 자리에 있음을 이른 것이다.

五十載에 陟方[1)]乃死[2)]하시니라

1) 陟方 : 蔡傳에서는 昇遐로 보았다.
2) 乃死 : 조선시대 宋時烈은 "군자가 죽으면 終, 소인인 죽으면 死라 하는데, 唐虞시대에는 꼭 이와 같지 않았기 때문에 死자를 舜임금에게 사용한 것인가?"라고 의문을 제기하였다. ≪經書集說≫

50년 만에 巡守 길에 올라 〈蒼梧에서〉 작고하셨다.

【傳】 方은 道也라 舜卽位五十年에 升道南方巡守하시고 死於蒼梧之野而葬焉이니라 三十徵庸하시고 三十在位하시고 服喪三年하시니 其一在三十之數하여 爲天子五十年이니 凡壽百一十二歲니라

方은 道(길)의 뜻이다. 舜임금이 卽位하신 지 50년 만에 南方의 巡守 길에 오르셨다가 蒼梧의 들에서 승하하셔서 장사 지냈다. 태어난 지 30세 만에 부름을 받아 등용되시고 30년 동안 신하의 자리에 계시고 3년 동안 服喪을 하셨으니, 1이란 숫자가 30의 숫자에 들어 있어서 天子 노릇을 50년 동안 하신 것이 되므로 壽가 112세이셨다.

【疏】傳'方道'至'十二歲' ○正義曰：論語云"可謂仁之方也已[1]."孔注亦以方爲道，常訓也. '舜卽位五十年'，從格於文祖之後數之. '升道'，謂乘道而行也. 天子之行，必是巡其所守之國，故通以巡守爲名，未必以仲夏之月，巡守南岳也. 檀弓云"舜葬蒼梧之野."是舜死蒼梧之野，因而葬焉. 孔以'月正元日'，在'三載遏密'之下，又孟子云"舜服堯三年喪畢，避堯之子."故'服喪三年'. 三年之喪，二十五月而畢，其一年卽在三十在位之數，惟有二年. 是舜年六十二，爲天子五十年，是舜凡壽百一十二歲也. 大禹謨云"帝曰'朕宅帝位三十有三載'."乃求禪禹，孟子云"舜薦禹於天子十〔有〕[2]七年."是在位五十年，其文明矣. 鄭玄讀此經云"'舜生三十'，謂生三十年也，'登庸二十'，謂歷試二十年，'在位五十載 陟方乃死'，謂攝位至死爲五十年，舜年一百歲也."史記云"舜年三十，堯擧用之，年五十，攝行天子事，年五十八，堯崩，年六十一而踐天子位，三十九年崩."皆謬耳.

1) 可謂仁之方也已：≪論語≫〈雍也〉에 보인다.
2) 〔有〕：저본에는 없으나，阮刻本에 "毛本에는 '十'이 '十有'로 되어있으니，옳다."라고 한 것에 의거하여 보충하였다.

傳의〔方道〕에서〔十二歲〕까지

○正義曰：≪論語≫에서 "仁을 하는 길(방법)이라 할 수 있다."라고 하였으니，孔安國의 注에서 또한 方을 道로 풀이한 것은 일반적인 풀이이다.

〔舜卽位五十年〕文祖에 이른 뒤부터 친 연수이다.

〔升道〕길을 타고 감을 이른 것이다.

天子의 행차는 반드시 제후들이 지키는 나라를 순행하는 것이기 때문에 통틀어 巡守로 명칭을 한다. 반드시 仲夏의 달에 南岳을 巡守하지는 못했을 것이다.

≪禮記≫〈檀弓〉에 "舜임금을 蒼梧의 들에 장사 지냈다."라고 하였는데，이것은 舜임금이 蒼梧의 들에서 승하하셔서 그대로 그곳에 장사 지낸 것이다.

孔安國은 '月正元日'이 '三載 四海 遏密八音'의 아래에 위치해 있고，또 孟子가 "舜임금이 堯임금의 복을 입어 三年喪을 마치고 堯임금의 아들을 피해 가셨다."고 했기 때문에 3년 동안 服喪을 하셨다고 한 것이다. 三年喪은 25개월 만에 끝나니，그중 1년은 곧 30년 在位한 숫자에 포함되어 있기 때문에 2년일 뿐인 것이다. 이는 舜임금이 62세에 天子가 되어 50년 동안 재위하셨으니，이래서 舜임금은 壽가 112세였다는 것이다.

〈大禹謨〉에 의하면 帝舜은 "내가 帝位에 있은 지 33년이다."라고 하면서 禹에게 禪位할 길을 찾으셨고，孟子는 "舜임금이 禹를 天子에게 추천하신 지 17년 만에"라고 하셨으니, 이는 在位 기간이 50년으로서 그 글이 명백한 것이다. 그런데 鄭玄은 이 經을 읽고서 "'舜生三十'은 태어난 지 30년 만임을 이른 것이고, '登庸二十'은 시험해보는 기간이 20년임을 이른 것이고, '在位五十載 陟方乃死'는 攝位에서 승하에 이르기까지의 50년임을 이른 것이니, 舜임금의 나이는 100세이다."라고 하였고, ≪史記≫에는 "舜임금의 나이 30세 때에 堯임금이 천거해서 임용했고, 50세 때에 天子의 일을 攝行했고, 58세 때에 堯임금이 승하하셨고, 61세 때에 天子의 자리에 올랐고, 39년 만에 승하하셨다."라고 하였는데, 모두 그릇된 말이다.

帝釐(리)下土하여 方設居方하시고

帝舜이 下土를 다스리는 차원에서 바야흐로 관직을 설치하여 그 자리에 앉히시고,

【傳】 言舜理四方諸侯하여 各設其官居其方이니라 ○ 釐는 馬云 賜也며 理也라 下土絶句하고 〔一〕[1]讀至方字絶句니라

1) 〔一〕: 저본에는 없으나, ≪經典釋文≫에 근거하여 보충하였다.

舜임금이 四方의 諸侯를 다스리는 차원에서 각각 그 관직을 설치하여 그 지방에 거처시킴을 말한 것이다.

○ 釐에 대하여 馬融은 "下賜하다라는 뜻도 있고 다스리다라는 뜻도 있다."라고 하였다. '下土'에 구두를 떼기도 하고, 한편으로는 '方'자까지 가서 구두를 떼기도 한다.

別生分類하시니라

족속을 구별하고 종류를 분별하셨다.

【傳】 生은 姓也라 別其姓族하고 分其類하여 使相從이니라

生은 姓의 뜻이다. 그 姓族을 구별하고 그 종류를 분별하여 서로 따르게 하셨다.

作汨(골)作과

〈汨作〉과

【傳】 汨은 治요 作은 興也니 言其治民之功興이라 故爲汨作之篇이니 亡이니라

汩은 다스리다라는 뜻이요, 作은 일어나다라는 뜻이니, 그 백성을 다스리는 공이 일어남을 말한 것이다. 그러므로 〈汩作〉篇을 지은 것인데, 없어졌다.

九共九篇과 槀飫(고어)니라

〈九共〉 9篇과 〈槀飫〉를 지었다.

【傳】 槀는 勞也요 飫는 賜也라 凡十一篇이니 皆亡이니라 ○ 槀飫도 亦書篇名也라 汩作等十一篇은 同此序러니 其文皆亡하고 而序與百篇之序同編이라 故存이니라 今馬鄭之徒는 百篇之序를 總爲一卷하고 孔以各冠其篇首하고 而亡篇之序는 卽隨其次篇하여 居見存者之間이니라 衆家經文竝盡此하니 惟王注本下에 更有汩作九共故逸이라 故亦作古니라

槀는 위로하다라는 뜻이요, 飫는 하사하다라는 뜻이다. 모두 11篇인데, 모두 없어졌다.

○ 〈槀飫〉도 ≪書≫의 篇名이다. 〈汩作〉 등 11篇은 이 서문을 함께하였는데, 그 글은 다 없어지고 서문만 100篇의 서문과 함께 편집되었기 때문에 존재한 것이다. 지금 馬融과 鄭玄의 무리는 100篇의 서문을 모두 1卷으로 만들었고, 孔安國은 각각 그 篇首에 놓고, 없어진 篇의 서문은 곧 그 차례에 따라 현존한 篇의 서문 사이에 끼워놓았다. 衆家의 經文에는 모두 이것이 다 없는데, 오직 王注本 아래에만 다시 "〈汩作〉과 〈九共〉은 예전에 일실되었다."는 말이 있다. 故는 또한 古로도 되어있다.

【疏】 '帝釐' 至 '槀飫' ○ 正義曰 : 此序也. 孔以書序, 序所以爲作者之意, 宜相附近, 故引之各冠其篇首. 其經亡者, 以序附於本篇次而爲之傳, 故此序在此也. 帝舜治理下土諸侯之事, 爲各於其方, 置設其官, 居其所在之方而統治之. 又爲民別其姓族之生, 分別異類, 各使相從. 作汩作篇, 又作九共九篇, 又作槀飫之篇, 凡十一篇, 皆亡.

書序의 〔帝釐〕에서 〔槀飫〕까지

○ 正義曰 : 이것은 서문이다. 孔安國은 "書序는 作者의 뜻을 밝히기 위한 것이기 때문에 서로 가까이 붙여야 된다."고 생각했다. 그러므로 끌어다가 각각 그 篇首에 놓았다. 經이 없어진 것은 서문을 本篇의 자리에 붙여서 전하였다. 그러므로 이 서문이 여기에 있게 된 것이다. 帝舜은 下土의 諸侯들의 일을 다스리는 차원에서 각각 그 지방에 관직을 설치하여 그 기관이 있는 지방에 앉아서 통치하게 하였다. 또 백성을 위하

여 그 姓族의 생태를 구별하고 다른 종류를 분별하여 각각 서로 따르게 하셨다. 〈汨作〉篇을 짓고, 또 〈九共〉 9篇을 짓고, 또 〈槁飫〉篇을 지었으니, 모두 11篇이었는데, 다 없어졌다.

【疏】 傳'言舜'至'其方' ○ 正義曰 : 在虞書, 知帝是舜也. 下土對天子之辭, 故云 "理四方諸侯, 各爲其官居其方." 不知若爲設之. 凡此三篇之序, 亦旣不見其經, 闇射無以可中. 孔氏爲傳, 復順其文爲其傳耳, 是非不可知也. 他皆倣此.

傳의 〔言舜〕에서 〔其方〕까지

○ 正義曰 : 〈虞書〉에 있으니, 帝가 바로 舜임금이란 것을 안 것이다. 下土는 天子를 상대한 말이기 때문에 "四方의 諸侯를 다스리는 차원에서 각각 그 관직을 설치하여 그 지방에 거처시켰다."고 한 것이다. 왜 그렇게 설치한 것인지는 알 수 없다. 이 3篇의 서문 또한 그 經을 이미 볼 수 없으니, 추측하여 맞출 수 없다. 孔安國이 傳(경서의 注解)을 단 것은 다시 그 글에 따라서 그 傳을 달았을 뿐이니, 옳고 그른 것을 알 수 없다. 다른 경우도 모두 이와 같이 보아야 할 것이다.

【疏】 傳'汨治'至'篇亡' ○ 正義曰 : 汨之爲治, 無正訓也. 作是起義, 故爲興也. '言其治民之功興', 以意言之耳.

傳의 〔汨治〕에서 〔篇亡〕까지

○ 正義曰 : 汨을 治의 뜻으로 풀이한 것은 정례적인 풀이가 없는 것이다.

作은 바로 起의 뜻을 가졌다. 그러므로 興이라 한 것이다.

〔言其治民之功興〕 뜻을 가지고 말했을 뿐이다.

【疏】 傳'槁勞也'·'飫賜也' ○ 正義曰 : 左傳言'犒師'者, 以師枯槁, 用酒食勞之, 是槁得爲勞也. 襄二十六年左傳云 "將賞, 爲之加膳, 加膳則飫賜." 是飫得爲賜也. 亦不知勞賜之何所謂也.

傳의 〔槁勞也〕와 〔飫賜也〕

○ 正義曰 : ≪春秋左氏傳≫에서 말한 '犒師'는 군사가 빠짝 말랐기 때문에 酒食을 가지고 위로한 것이니, 여기서는 槁를 勞의 뜻으로도 볼 수 있다. 襄公 26년 조의 ≪春秋左氏傳≫에 "賞을 주려고 할 때에는 〈상을 받을 자를 위하여〉 밥그릇 수를 더하였으니 밥그릇 수를 더하면 남은 것을 아랫사람에게 배불리 먹일 수 있다."라고 하였으니, 여기

서는 飫를 賜의 뜻으로도 볼 수 있다. 그러나 또한 위로해준 것이 무엇을 이른 것인지는 알 수 없다.

附錄

※ 이 부록은 본서의 내용을 쉽게 이해하기 위해 ≪五經圖彙≫ 〈尚書圖〉(松本幼憲 編, 林師彪 較, 國立中央圖書館 소장본)를 첨부한 것이다.

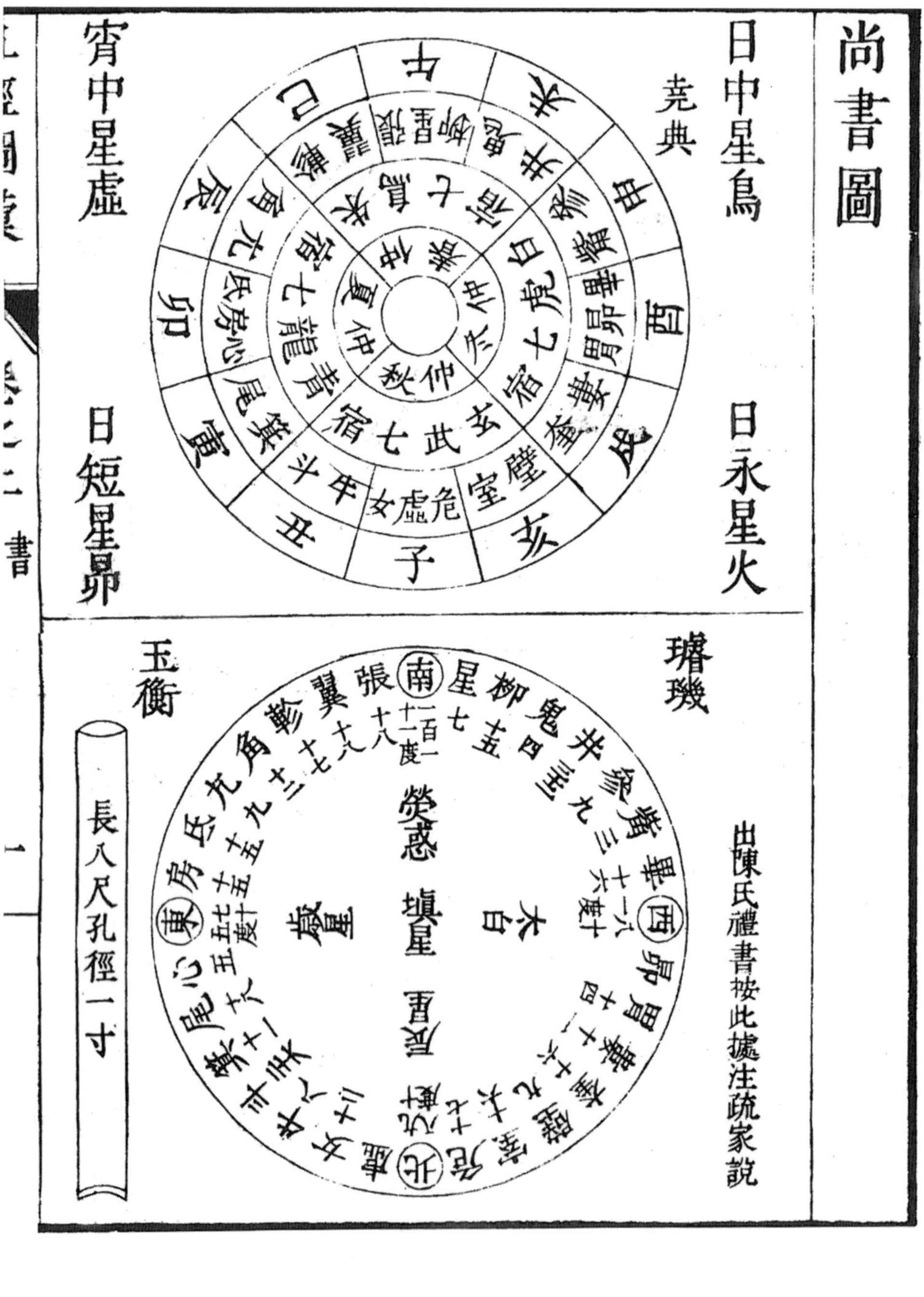

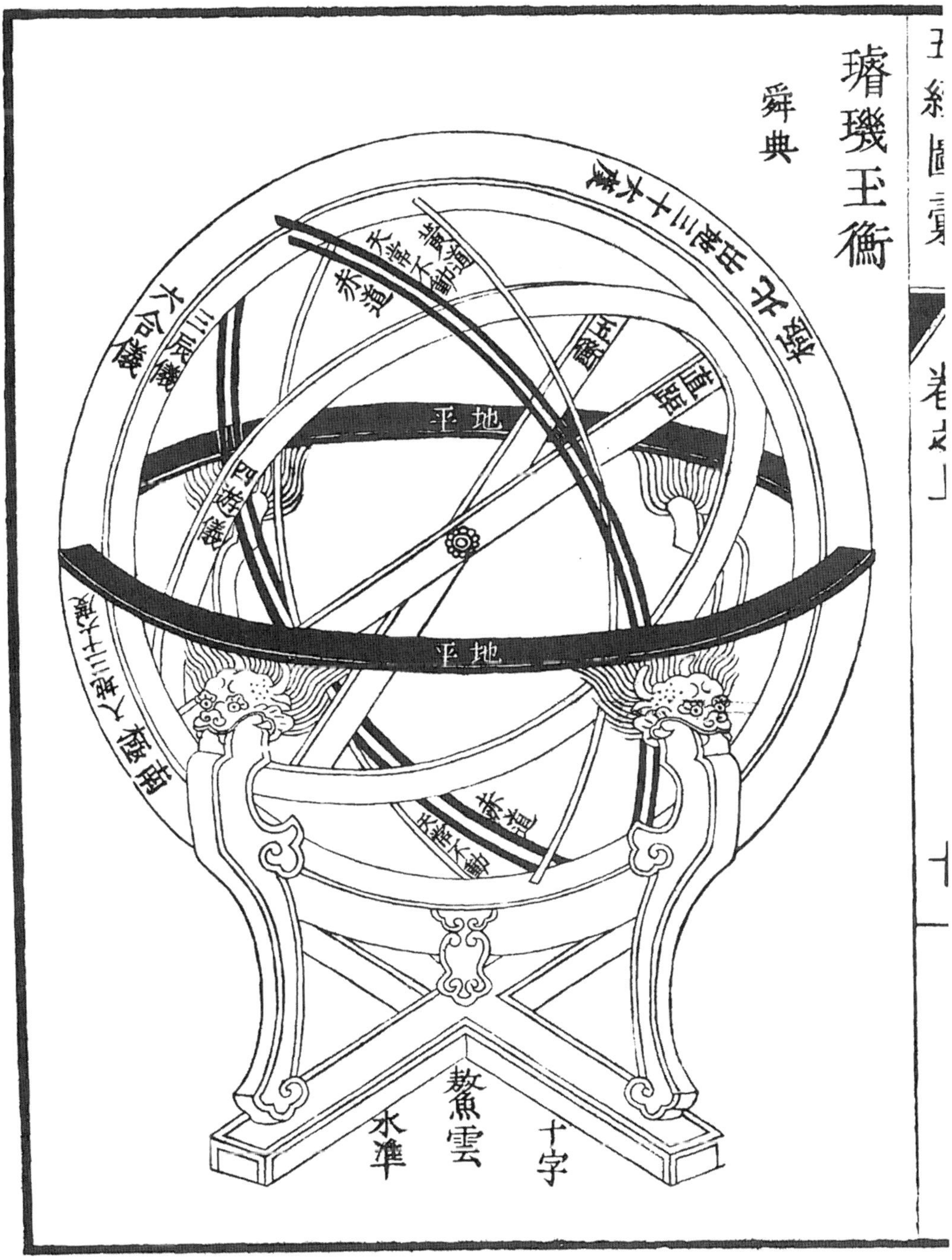
璿璣玉衡
舜典
北極出地三十六度
六合儀
三辰儀
黃道
天常不動
赤道
直距
地平
地平
南極入地三十六度
赤道
天常不動
鼇雲
水準
十字

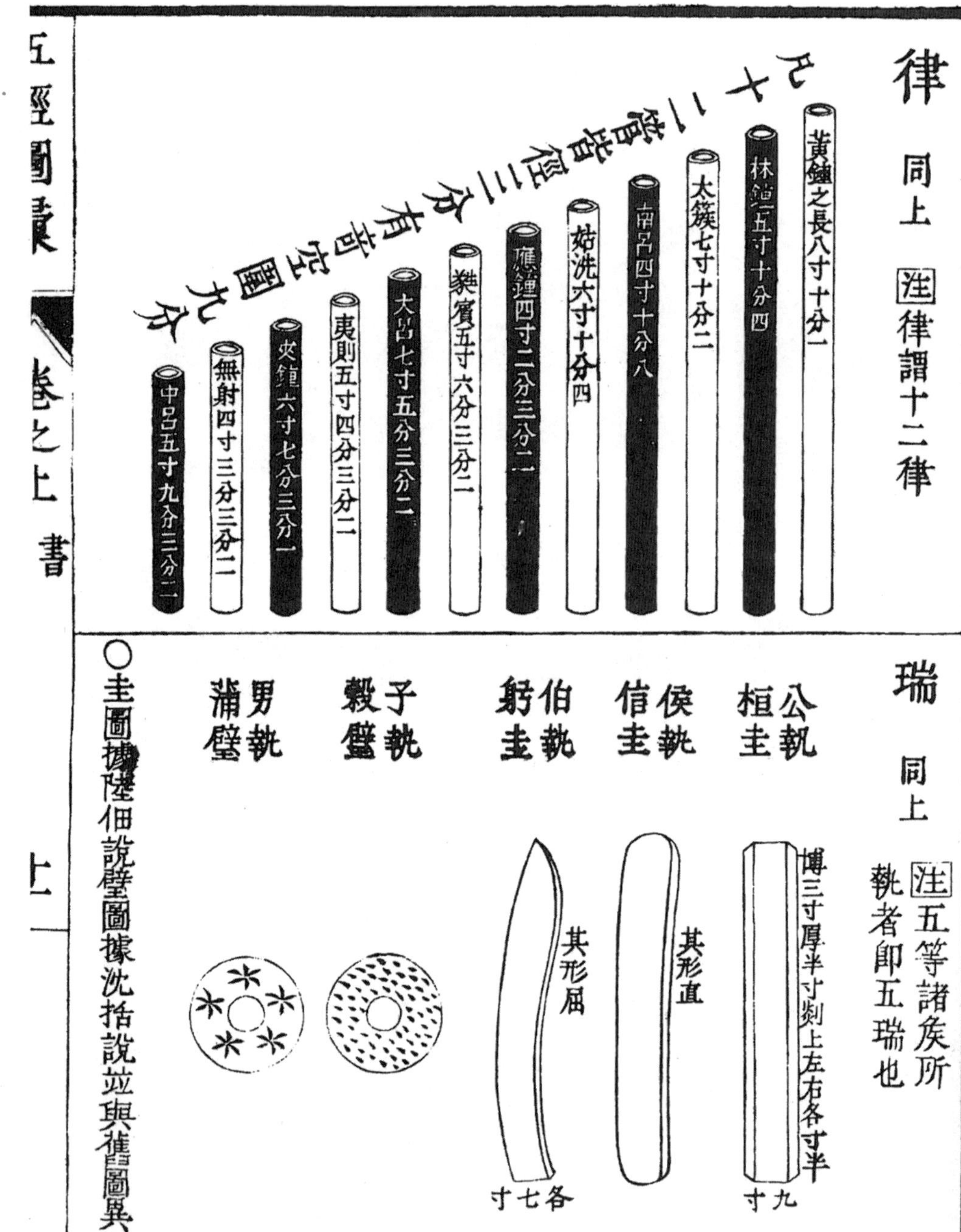
五經圖彙 卷之上 書 上一
律
同上 注 律謂十二律
黃鍾之長八寸十分一
林鍾五寸十分四
太簇七寸十分二
南呂四寸十分八
姑洗六寸十分四
應鍾四寸二分三分一
蕤賓五寸六分三分二
大呂七寸五分三分一
夷則五寸四分三分二
夾鍾六寸七分三分一
無射四寸三分三分二
中呂五寸九分三分一
已十二管皆徑三分有竒空圍九分
瑞
同上 注 五等諸侯所執者即五瑞也
公執桓圭
侯執信圭
伯執躬圭
子執穀璧
男執蒲璧
博三寸厚半寸剡上左右各寸半
九寸
其形直
其形屈
各七寸
○圭圖據陸佃說璧圖據沈括說竝與舊圖異

度

注 九十分黃鍾之長一爲一分而十分爲寸十寸爲尺十尺爲丈十丈爲引

量

注 黃鍾之管其容子穀秬黍中者一千二百以爲籥而十籥爲合十合爲升十升爲斗

衡

注 黃鍾之籥所容千二百黍其重十二銖兩籥則二十四銖爲兩十六兩爲斤三十斤爲鈞

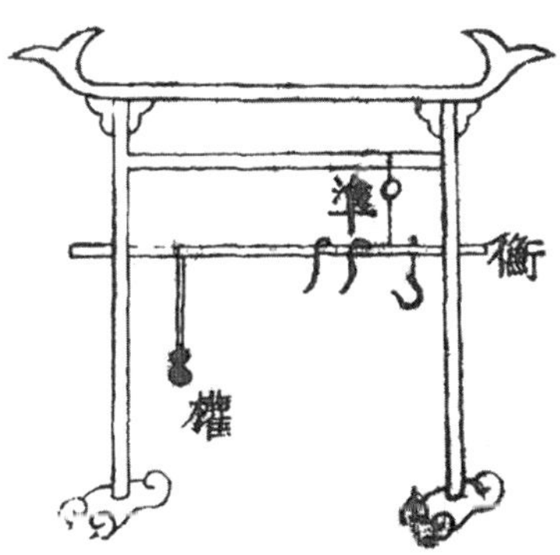

三帛

同上【注】諸侯世子執纁公之孤執玄附庸君執黃

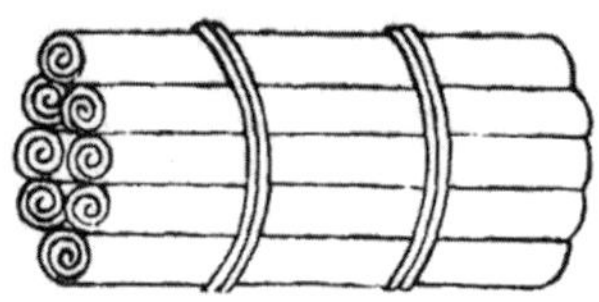

二生

同【注】卿執羔大夫執鴈

一死贄

士執雉

干

大禹謨【注】楯

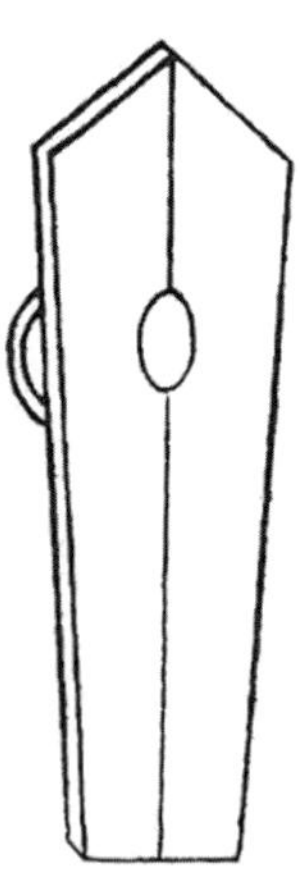

譯註者 略歷

金東柱

1942년 全北 任實 三溪 출생
剛齋 李起完 선생과 秋淵 權龍鉉 선생에게 修學
國史編纂委員會 校書室 근무
民族文化推進會 國譯硏修院 수료
民族文化推進會 專門委員・國譯委員
韓國精神文化硏究員 專門委員
傳統文化硏究會 國譯委員(現)

論文 및 譯書

〈磻溪遺集의 復元에 대하여〉
≪설화문학총서≫ ≪금강산유람기≫ ≪달마대사의 건강비법≫
≪高麗名臣傳≫ ≪城南金石文大觀≫ ≪益齋集≫ ≪象村集≫
≪退溪集≫ ≪栗谷全書≫ ≪宋子大全≫ ≪順菴集≫
≪星湖僿說≫ ≪燕行錄選集≫ ≪海行摠載≫ ≪大東野乘≫
≪藏書閣圖書韓國本解題輯(軍事類)≫ ≪龜峯集(太極問答)≫
≪牧民心書(吏典・戶典)≫ ≪東國李相國集(白雲小說)≫
≪靑莊館全書(士小節)≫ ≪林下筆記(7・8)≫ 등 多數

十三經注疏

譯註 尙書正義 1

25,000원

2013년 12월 30일 초판 발행
2014년 7월 20일 초판 2쇄

譯 註 金東柱
編 輯 古典國譯編輯委員會
發行人 李啓晃

發行處 社團法人 傳統文化研究會
서울시 종로구 낙원동 284-6 낙원빌딩 411호
전화 : (02)762-8401 전송 : (02)747-0083
전자우편 : juntong@juntong.or.kr
사이버書堂 : cyberseodang.or.kr
온라인서점 : book.cyberseodang.or.kr
등록 : 1989. 7. 3. 제1-936호

인쇄처 : 한국법령정보주식회사(02-462-3860)
총 판 : 한국출판협동조합(070-7119-1750)

ISBN 978-89-91720-99-2 94140
978-89-91720-93-0(세트)

※ 이 책은 2013년도 교육부 고전문헌 국역지원사업 지원비에 의해 초판 간행.